上海交通大学财务系列教材

公司财务案例

胡奕明　陈亚民　主编

中国财政经济出版社

图书在版编目（CIP）数据

公司财务案例/胡奕明，陈亚民主编．—北京：中国财政经济出版社，2007.12
（上海交通大学财务系列教材）
ISBN 978－7－5095－0386－7

Ⅰ．公…　Ⅱ．①胡…②陈…　Ⅲ．公司－财务管理－案例－高等学校－教材
Ⅳ．F276.6

中国版本图书馆CIP数据核字（2007）第187450号

中国财政经济出版社出版
URL：http：//ckfz.cfeph.cn
E－mail：ckfz@cfeph.cn

社址：北京市海淀区阜成路甲28号　邮政编码：100036
发行处电话：88190406　财经书店电话：64033436
北京财经印刷厂印刷　　各地新华书店经销
787×960毫米　16开　29.5印张　551 000字
2007年12月第1版　2014年1月北京第4次印刷
印数:6 081—8 090　定价：58.00元
ISBN 978－7－5095－0386－7/F·0319
（图书出现印装问题，本社负责调换）
反盗版举报热线:88190492、88190446

序

近年来，中国资本市场得到空前的发展，上证指数从1 000点起步在两年的时间里上升到6 000多点，市值翻了好几番。人民币升值压力巨大，市场流动性泛滥，房地产价格上升势头甚猛。这一切告诉我们，中国已经从一个资金缺乏的国家逐渐变成一个资金充裕的国家，从一个家底单薄的国家逐渐变为家底殷实的国家。随着国民财富的持续增长，个人财产性收入的不断提高，如何管理好自己的"财富"，或者说如何做好"理财"，就成了一个全社会关注的问题。

社会需求对于一个学科的发展来说至关重要。过去，在计划经济体制下，企业谈不上有真正的财务，资金来自上级的下拨、利润是上级下达的指令性计划，没有自主的融资、投资和分配活动。改革开放之后，企业和政府的关系逐渐得到理顺，在经营计划、物质分配和利润分成方面有了很多的自主权，企业开始对投资有了回报要求，积极开展引资活动，利润成为企业自主追求的目标，财务管理最主要的工作是融资和投资。不过在企业内部，财务和会计通常归属在一个部门，在很多人的概念中，财务就是会计，会计就是财务。财务管理则是会计学中一个分支学科。

随着市场经济的发展，财务的作用越来越大，除了传统的融资、投资、利润分配和日常营运资金的管理外，实务中财务经理们遇到的新问题不断出现，财务开始有了许多专门化的领域，如财务分析、税务筹划等。金融市场的发展，又极大地推动了一些新领域的发展。各种金融创新产品的出现，丰富了企业财务管理工具，拓展了理财视野。金融市场本身的千变万化，促使财务管理变得更加灵活，拓展了理财的深度和广度。金融风险管理、收购兼并、企业价值评估等不断被纳入到财务学的范围中来。此外，随着中国经济在世界经济中的地位和作用不断提升，跨国经营已成为未来企业发展的必然趋势，财务又面临一个如何在跨国背景下运作的问题。所有这些都加剧了财务学本身内涵的迅速扩张，也使得当今的财务学与金融市场的关系越来越密切。

《上海交通大学财务系列丛书》就是在这样一个背景下推出的。这个系列丛书包括财务学中的几个主要领域：公司财务、跨国公司财务、财务分析和企业价值评估、金融风险管理、收购兼并财务、税务筹划、公司治理等。公司财务是整个系列丛书的核心，因为后者均可以看成是公司财务中的一些专门问题。丛书以教材为主、配套有相应的案例集。这些案例集与教材之间有一定的呼应，但每一本也是自成体系、相对独立的。

编写这套丛书的一个基本思想是：（1）着眼中国实际。首先在资料的收集上，将以中国企业的实例为主，将中国企业在财务管理整体环境变迁下的种种变化呈现给读者，让人们能够用一种历史的眼光看待财务学在中国的发展；其次，丛书还将特别关注中国企业当前财务管理中的一些热点问题，特别是跨国经营和创新金融领域，介绍国外最新发展动态，丰富国内企业这方面的知识和经验；(2) 比照国际一流商学院的财务类教材，在内容选择、素材采集、写作风格等方面展现自己的特色，一改过去国内教材拼凑、剪贴、刻板的面孔，丰富和发展国内的财务类高端教材。

2007.12.5

前　言

“公司财务”一词的英文是“Corporate Finance”，而“Finance”一词近年来渐渐演绎出三层意思，一是指宏观的金融体系、制度、以及货币银行等金融领域，二是指证券、期货等与资本市场相关的金融领域，三则是指企业中的财务管理工作，主要偏重企业的投融资、日常资金运作与购并等，没有将成本管理、预算和财务分析等包括在内。因此“公司财务”一词更多的是着眼于企业层面涉及金融市场、金融行为的管理活动，与以财务数据为基础、对企业实行有效控制的财务管理不完全相同。

本书共收集整理了20个案例，按前面的界定，属于“公司财务”的范畴。这些案例主要涉及公司融资，如首次公开发行股票、发行各种类型债券、运用创新金融工具，还有以公司估值为基础的投资分析，涉及股利分配和管理层持股的利益分配，以及财务日常运作，如应收账款管理、金融风险管理等。此外，考虑到企业规模的差异，还收集了两个案例，一个主要反映创业型小企业的财务管理问题；另一个则反映集团型公司的财务管理工作。

说起编写本案例集的动机，当时主要有三点考虑：一是案例素材已非常丰富；二是国内目前有关的案例整理还很少；三是与正在编写的《公司财务学》一书形成配套教材。

我本人自第一次教“公司财务”课程到现在也已有十来年时间了，教过的学生从本科生、研究生，到MBA和EMBA，各个层次都有。当时，选择的教材只有国外教材，案例很少，选用的案例也大多以国外案例为主。但是，从书本到书本，没有自己熟悉的环境事物，只能生搬硬套，因此这样的案例教学似乎从一开始就注定效果不佳。当时为了收集案例，一些来自实务界的学生成了大家的老师，他们自身从事的许多工作，成为我们的第一手素材。但是现在，公司财务素材已大大丰富了。

国内经济的快速发展，成了案例取材的巨大天然来源。应该说，随着我国经济、社会的不断发展，企业内部管理水平的不断提升，以及在经济、金融和贸易的全球一体化背景下，国外比较先进的管理理念和管理工具正被越来越多的国内企业所采用。“公司财务”在实践中已经从模仿、学习的初级阶段发展到自如运用、不断提炼和创新的高级阶段。国内这些年来出现了大量公司财务方面的事例，它们或成功、或失败，但都不失为案例教学中的好题材，如蒙牛海外融资的成功、德隆资金运用上的失败等。

然而，国内公司财务方面的专门案例集却很少。在国内作者编写的教材中可以找到一些公司财务方面的案例，但受教材内容和篇幅的限制，这些案例的介绍和分析都不可能非常深入。在一些学术性期刊上，也有作者发表案例研究，如《管理世界》期刊。这些案例研究有一定深度，收集的资料也较有说服力，但研究性论文有其自己的风格和要求，与一般人试图通过案例了解财务活动本身的出发点大不一致，导致这些案例的实际应用价值被打了折扣。有好素材，却疏于整理，不啻于浪费。

正因为公司财务国内实践的迅速发展，也让我们有了编写一本以中国国情为背景的《公司财务》教材的想法。与其他教材不同的是，该教材的宗旨是“让更多的国内财务实践为国际所知”，而不是早期的以介绍国外情况为主。这样，与教材相配套，就需要将国内的案例进行提炼、加工和整理，以强化教材所体现的这一思想。

要编写一本以国内公司财务实践为主体的案例集，就必须注意到国内案例与国外案例的不同。我们认为，国内案例有这样两个特点：一是案例产生的背景或跨越的时期虽然不长，但其当事人却处在一个急速变化的经济环境中，使得案例本身对后人的昭示作用可能“时过境迁”，然而却能充分体味到一个新兴市场国家企业的发展，它从无到有、从小到大、从不规范到规范、从国内走向国际；二是案例素材丰富，但公开、可靠的资料或数据偏少，这就在一定程度上限制了对案例的深度挖掘，这与国内各类信息披露的管制有一定关系。

鉴于上述两个特点，我们在选择案例时依循如下原则：（1）案例要有代表性，选择一些经典案例，如民企蒙牛的成功上市、打破多项世界记录的中国工商银行 IPO、曾令市场争论不休的用友现金股利、以及国内第一个蝶式期权武钢期权等；（2）要能反映国内一些重大的市场变迁或规范事件，如上市公司清欠工作中的金花股份公司对清欠问题的解决、股权分置改革中的招商银行方案、管理层股权激励试行中的中信证券等；（3）要能体现一些国际通行、国内逐渐接受的公司财务学理念，如对基金和网盛股票进行投资价值分析；（4）目前在一些发展较好的企业（包括外资在国内开设的企业）中正在应用的公司财务理念和方法，以体现国内公司财务实践的当前风貌，如 AMC 公司对应收账款的管理、YD 公司对租赁项目风险的管理以及烟草行业的集团化财务管理等。

案例来源主要有两类：一是从公开媒介上发掘有价值的题材，这类媒介以财经类报刊为主，如《21 世纪经济报道》、《第一财经》、国内三大证券报、以及有关财经类网站等；二是我们自己的积累，有的是过去亲身参与过的工作，有的则是为案例专门进行的调研。在这些案例中，我们收集了 3 个 MBA 或 MPAcc（会计专业硕士）学生自己总结的实践经验和体会，还有1个是由本科生完成的小型社会调研报告。

随着国内企业逐渐向海外发展，国外跨国公司进入中国，公司财务也从过去单纯以国内环境和发生事件为主，逐渐有了更多的国际化色彩，使得公司的财务活动有时分不出国内还是国际。为更好地展现国内公司财务近年来的实践情况，我们同时还编写了另一本案例集《跨国公司财务案例》。以国外财务活动为主的，如涉及国际项目融资、债券发行、汇率风险管理等方面的放在《跨国公司财务案例》一书中。而本案例集则主要以国内财务活动为主，但有的也会涉及国际资本市场，如国际股权融资，有时企业本身可能就是跨国公司在中国的子公司，但它们根据中国国情调整了它们的财务管理工作。

本书各案例的编写风格比较统一，大体模式是：背景介绍、事件主体、分析。背景介绍包括当事人公司及行业基本情况、相应的国内经济和法律、法规环境等。事件主体则阐述某项财务活动的内容、过程，尽量做到客观、公允。所用材料以公开披露或自己调查的为主，尽量避免使用推测或演绎的方法。在分析部分主要运用相关财务理论知识，对事件本身的性质、利弊、以及利害关系等进行探讨，分析方法包括多项对比、财务比率分析等，如蒙牛一例中根据各避税地的规定对蒙牛上市前股权结构调整产生的税收利弊进行了比较分析，在缺乏关于德隆集团财务数据的情况下，运用其下属上市公司这个窗口，分析整个集团资金链的紧张态势。

与国外同类案例集不同的是，我们的案例不是单纯的教学用案例，只提供背景、事件主体，基本不作分析，我们的案例更多地像在“讲故事”。先把故事本身、发生的背景讲清楚，再加上自己的分析，分析这样做或那样做可能的原因或后果，以加深对读者对故事本身内涵的理解。我们也没有在案例集中布置思考题，但每个案例开始都有一小段“开场白”，在这里我们会提出各案例最核心的问题，让读者在阅读故事的同时与我们一起分析、思考。

本案例集的编写可以说从收集素材、选择主题时就开始了，而这一过程可以追溯到十年前。那时候，为丰富教学内容，我们收集了不少相关题材，如20世纪90年代的发行企业债券、南宁化工发行可转换债券、康恩贝买壳上市、房地产投资方案比较、三九企业集团内部资金运作、辽房天公司与万华建设投资公司的资产置换等，但这类案例大多资料不足、有的公司甚至已不复存在了。在教学中还经常用到一些例子，虽然信口拈来，但有的已经找不到出处了。还有不少素材是来自报刊的剪报，但其中一些剪报业已黄旧不堪。过去一些好的学生习作还留存着，看到十年前学生的名字陡升亲切感，然而这些同学有的失去联系甚久，编写案例时若要再做补充，可能连当事人自己都无法做到了。有的案例甚至我们的老师或学生还亲身参与，但受保护商业机密的限制，也不可能毫无保留地提交。诸种不便，也就使得题材的选择成了一项不小的工程，颇费心思。

题材选定之后，接着就是分头收集更详尽的资料。从资料收集到确定写作大纲，通常也要有个把来回。因为收集到的资料可能与最初的设想有差距，想写的东西又没找到相关资料。但是，“山重水复疑无路，柳暗花明又一村”，从收集到的资料中常常会发现新的亮点，然后重新确定写作重心。像准备蒙牛案例时，手头除了一般新闻报道外没有任何其他资料，重点写什么也不清楚。在采用地毯式资料搜索后，找到不少国外避税地方面的材料，结果在对蒙牛上市前股权结构调整动机的分析上就多了避税这一层。

题材和资料收集好之后是最后确定故事的主题和亮点，这一环节也颇费脑筋。这就像一部美术作品，绘画材料都差不多，但创意如何就决定了整个作品的品格。案例编写同样有这个问题。譬如选择德隆这个题材时，市面上已有不少有关德隆的书籍，加上对德隆庭审的跟踪报道，资料多得可谓铺天盖地。从哪个角度写、写什么主题，就成了最关键的问题。考虑到资料的可靠性和可获得性，以及我们自己在财务分析上的优势，加上公司财务中日常资金运营最核心的问题是流动资产和短期负债的合理搭配，最终确定写德隆的资金链问题，而这一问题也正是德隆帝国崩溃的根本原因。

全书各章节的分工情况如下：第一章由胡奕明、李国君编写，第二章由陈亚民、马玲编写，第三章由胡奕明、杜旻、王静编写，第四章由胡奕明、孙泽夏编写，第五章由陈亚民、马玲编写，第六章由胡奕明、孙泽夏编写，第七章由胡奕明、蹇中华、孙泽夏编写，第八章由胡奕明、杜旻编写，第九章由胡奕明、王静编写，第十章由胡奕明、杜旻编写，第十一章由胡奕明、夏钦编写，第十二章由胡奕明、王静编写，第十三章由胡奕明、夏钦编写，第十四章由王辉、胡奕明编写，第十五章由胡奕明、蹇中华编写，第十六章由陈欣、罗维思编写，第十七章由胡奕明、蔡震东、马绍松、刘磊、孙岚、潘旻岚、印子健、李爽、周妍编写，第十八章由郭世阳、胡奕明编写，第十九章由陈亚民、马玲编写，第二十章由胡奕明、夏钦编写。

案例集的编写是上海交大公司财务研究中心近年来的一项重点工作，也是交大会计系财务系列教材的组成部分。本书的编写得到上海交通大学经济与管理学院院长王方华、管理学院院长陈方若等人的支持，还得到中国财政经济出版社徐洁等人的帮助，在此一并表示感谢。因自身水平有限，书中难免有一些疏漏和错误，希望读者能予斧正。

编　者

2007 年 10 月 于上海

目　录

第 1 章

蒙牛公司香港上市的资本运作[①]

随着中国金融市场的逐步开放，越来越多的企业将走出国门，到资金实力更雄厚的国际市场中融资，同时越来越多的投资机构也正涌入中国，期望能够从中国蓬勃的经济中分一杯羹。为了能在与海外投资机构的交锋中尽量争取最为有利的条件、为企业做出最优的融资安排，了解国际资本市场中常见的资本运作方式就显得非常必要了。

2004 年蒙牛集团在香港上市是近年来众多红筹公司上市的一个缩影，它走的是红筹公司上市的一贯步骤：海外避税地注册—股权重组—资产注入—壳公司上市。但是由于涉及了一些国内不常见的资本运作方式，蒙牛在整个上市过程高潮迭起，精彩纷呈，堪称近年来 IPO（initial public offering，首次公开发行）的经典之作。事实上，蒙牛公司能在短短的 3 年内成功在香港上市，并且从一个默默无闻的中型乳制品企业一跃成为全国三大乳品巨头之一，这其中的原因和此次上市以及相应的资本运作不无关系。

1.1　蒙牛公司的股权安排和上市过程

1998 年建立的蒙牛公司起初只是一个普通的民营企业，但拥有远见卓识的领导团队，以牛根生为首的管理层很早便认识到，要想在国内竞争激烈的乳制品行业创出一片天地，资金和先进的治理结构是至关重要的基础，因此也就有了以后的蒙牛与摩根斯坦利合作创造的上市神话。

1. 初始股权安排

1999 年 8 月 18 日内蒙古蒙牛乳业股份有限公司（上市公司主营子公司）成立，股份主要由职员、业务联系人、国内独立投资公司认购，股权结构也十分简单，见图 1－1。其中，发起人占 73.5%，其他股东占 26.5%。

① 本案例完成于 2007 年 6 月。

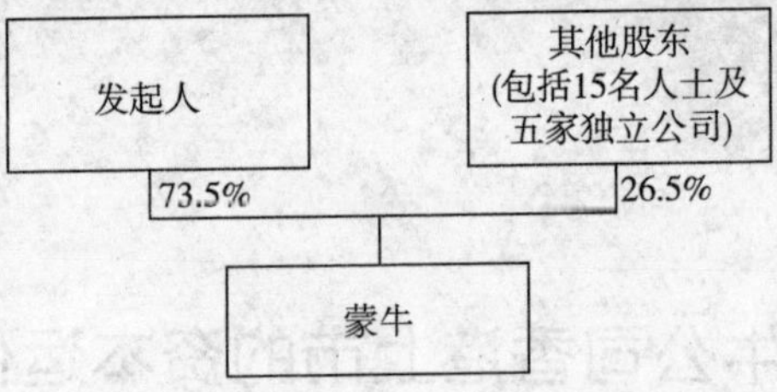

图 1－1 蒙牛公司的初始股权安排

2. 首轮投资前的股权安排

要在海外成功上市，首先要有资金让公司运转起来。然而蒙牛的原始股权结构过于僵硬，对大量的资金注入以及资本运作活动都将产生桎梏作用，因此蒙牛在风险投资团队的指导下，自 2002 年起就开始逐步改变股权结构，以便为日后的上市创造一个灵活的股权基础。

从 2002 年开始，蒙牛先后在避税地注册了四个壳公司，分别为英属处女（或维京）群岛（也称 BVI）的金牛、银牛公司，开曼群岛公司以及毛里求斯公司，见图 1－2。其中金牛和银牛公司的股东主要是发起人、投资者、业务联络人和职员等，通过这种方式，蒙牛管理层、雇员、其他投资者、业务联络员的权益都被悉数转移到两家公司中。透过金牛和银牛两家公司对蒙牛乳业的间接持股，蒙牛管理层理所当然成为公司股东。开曼群岛公司和毛里求斯公司是两家典型的海外壳公司，作用主要在于构建二级产权平台，以方便股权的分割与转让。这样，蒙牛不但可以对风险进行一定程度的分离，更重要的是可以在不同情况下根据自己需要，灵活运用两个平台吸收外部资金。

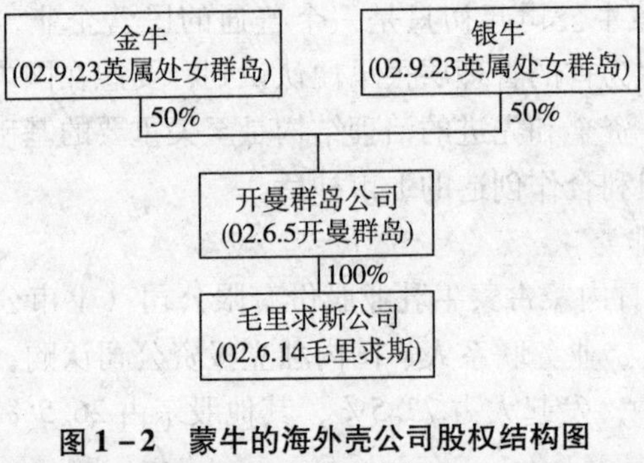

图 1－2 蒙牛的海外壳公司股权结构图

3. 首轮注资

2002年9月24日，开曼群岛公司进行股权拆细，将1 000股每股面值0.001美元的股份划分为同等面值的5 200股A类股份和99 999 994 800股B类股份。根据开曼公司法，A类一股有十票投票权，B类一股有一票投票权。次日，金牛与银牛以每股1美元的价格认购了开曼群岛公司1 134股和2 968股的A类股票，而MS Dairy、CDH和CIC三家海外战略投资者则用约为每股530.3美元的价格认购了32 685股、10 372股、5 923股的B类股票，总注资约为25 973 712美元。至此，蒙牛完成了首轮增资，三家战略投资者MS Dairy、CDH、CIC被成功引进，而蒙牛管理层与外资系在开曼公司的投票权是51%∶49%；股份数量比例是9.4%∶90.6%。[①]

紧接着，开曼公司用三家金融机构的投资认购了毛里求斯公司98股股份，而后者又用该款项在一级市场和二级市场中购买蒙牛66.7%的注册股本，蒙牛第一轮引资与股权重组完成。

值得一提的是，随着首轮投资的引入还有一份外资和蒙牛管理层的协议：如果蒙牛管理层没有实现维持蒙牛高速增长，开曼公司及其子公司毛里求斯公司账面上剩余的大笔投资现金将要由投资方完全控制，届时外资系将控制蒙牛股份60.4%（90.6%×66.7%）的绝对控制权。如果蒙牛管理层实现蒙牛的高速增长，一年后，蒙牛系可以将A类股按1拆10的比例转换为B类股。这样，蒙牛管理层可以实现在开曼公司的投票权与股权比例一致。即蒙牛系真正的占开曼公司的51%的股权。

2003年8月，蒙牛管理层提前完成任务。同年9月19日，金牛、银牛将所持有的开曼群岛公司1 634股（500股开曼群岛公司最初成立时金牛所持股份+1 134股管理层于首次增资前认购的股份）、3 468股（同上500股+2 968股）A类股票转换成B类股票，持有开曼公司51%股权和投票权。到此时，蒙牛系持有蒙牛股份的股权为67.32%（67.32%=51%×66.7%+（1-66.7%）)，外资持有蒙牛股份为32.68%（32.68%=49%×66.7%）。参见图1-3，即首轮注资后的股权结构图。

---

① 具体的股份数来自于《蒙牛资本狂奔寓言》一文，而后面的比例来自招股说明书中首轮注资中结构图上标的比例，其中投票权比例指的是管理层股东合共持有约51%，股份数量比例按面值计算占本公司已发行股本的比例。我们估算，A股管理层拥有的是全部的5 200股，除去金牛银牛的4 102股（1 134+2 968），剩下的1 098可能是管理层直接持有或者其他方式，B股则是发给三家战略投资者的总和48 980股（32 685+10 372+5 923）。因此，管理层拥有的投票权为5 120×10/（5 120×10+48 980）=51%；股份数量比例为5 120/（5 120+48 980）=9.4%。

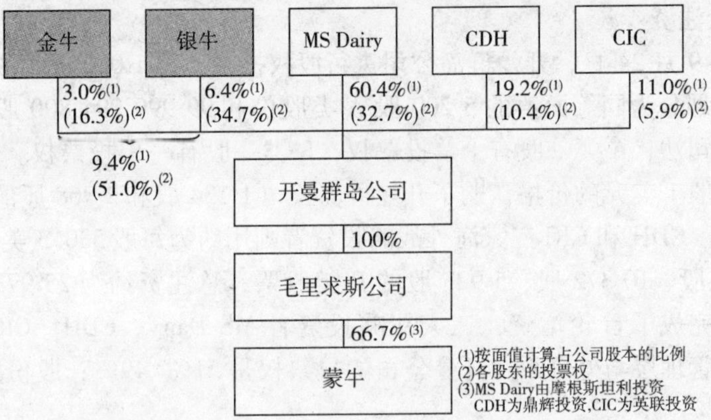

图 1-3　首轮注资后股权结构图

4. 二次注资

为了促使三家战略投资者的二次增资，2003 年 9 月 30 日，开曼群岛公司重新划分股票类别，以 900 亿股普通股和 100 亿股可换股证券①代替已发行的 A 类、B 类股票。金牛、银牛、MS Dairy、CDH 和 CIC 原持有的 B 类股票对应各自面值转换成普通股。2003 年 10 月，三家战略投资者认购开曼群岛公司发行的可换股证券，再次注资 3 523 万美元。9 月 18 日，毛里求斯公司以每股 2. 1775 元的价格购得蒙牛的 80 010 000 股股份。10 月 20 日，毛里求斯公司再次以 3. 038 元的价格购买了 96 000 000 股蒙牛股份，对于蒙牛乳业的持股比例上升至 81. 1% 。至此，二次注资完成，见图 1-4，即二次注资后的股权结构图。

二次增资的最大特点显然是发行可换股证券。根据当时的协议，外资方在开曼群岛公司股份首次公开售股完成后第 180 天以后最多可转化 30% 的可换股证券，而 IPO 完成一年后则可转化剩余部分。此次增资方案没有在发行同期增加公司股本规模，并且同时暗藏了三大玄机：其一，暂时不摊薄管理层的持股比例，保证管理层的绝对控制与领导；其二，确保公司每股经营业绩稳定增长，做好上市前的财务准备；其三，可换股计划锁定了三家风险投资者的成本。首先这笔可换股证券是以蒙牛海外母公司——毛里求斯公司的全部股权为抵押的，如果股价不尽如人意，那么此可换股将维持债券的模式，蒙牛有义务还本付息，这在最大程度上减少了三家机构的投资风险；其次本金为 3 523 万美元的票据在蒙牛上市后可转为 3. 68 亿股蒙牛股份，按 2004 年蒙牛的 IPO 价格 3. 925 港元计算，这部

① 可换股证券：在一定时间内不符合合约规定，持有人可将此证券（实为可转换债券）转化为股票（详见招股说明书）。

分股票价值达 14.4 亿港元。三家机构取得巨额收益的同时还获得增持蒙牛股权、巩固控制权的机会。此可换股证券还设有强制赎回及反摊薄条款，可以说是在最大程度上维护了投资者的利益，因此这种可换股证券更像是一种延期换股凭证，也从另一个角度反映了外资系和蒙牛管理层在博弈过程中的优势地位。

紧随二次注资后是新的对赌契约：自 2003 年起，未来三年，如果蒙牛复合年增长率低于 50%，蒙牛管理层要向外资股东支付最多不超过 7 830 万股蒙牛乳业股票——相当于蒙牛乳业已发行股本 7.8%，或者等值现金；如果实现目标，则外资股东向蒙牛管理层支付同等股份。所谓盈利复合增长 50%，即 2004 年至 2006 年每年的盈利平均增长 50%。BNP 百富勤的报告指出，蒙牛 2003 年的盈利为 1.64 亿元人民币，也就意味着管理层若想赢得 7 830 万股票，蒙牛 2006 年的盈利须达 5.5 亿元以上。此契约一出即在当时引起轩然大波，众多评论都认为蒙牛此举为自己套上了“紧箍咒”，这是外方资本对中国企业的明显欺压，更多的人拭目以待，究竟蒙牛的资本狂奔能否创造奇迹。

事实上 2004 年蒙牛公布的为 3.19 亿元，以 1 900 万险胜当年的“配额” 3 亿元，而此时摩根等外资股东却意外的提前终止了与管理层之间的对赌，代价是将其持有的金额近 5 000 万元的可换股证券转给蒙牛管理层控股的金牛公司，这接近机构投资者所持票据的 1/4。这些票据一旦行使，相当于新增发行 6 260 万余股蒙牛乳业股票，如以当时每股平均 6 港元的市值计算，约合 3.75 亿港元。

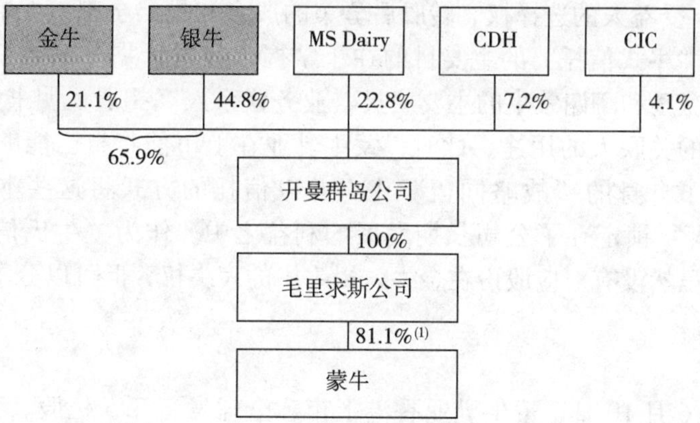

注：(1) 蒙牛公司四位执行董事及五位发起人合共直接持有蒙牛其余 18.9% 投票权的 10% 以上。

图 1-4　二次注资后的股权结构图

5. 员工持股与信托

最初的金牛、银牛公司的股权就是由公司高管层和部分重要员工持有，可随着开曼公司的上市，这两个公司的法定股本已全部用完。为了给新骨干留有期权奖励的余地，2004 年 3 月 22 日，两公司扩大了法定股本，并随即推出“公司权益计划”，以酬谢金牛、银牛的管理层人员、非高级管理人员、供应商和其他投资者对蒙牛集团发展做出的贡献。每份“公司权益计划”的股份数量不定，但价格均为 1 美元，代受益者将其转换成对应的金、银牛股权时，每股转换价格是：金牛 238 美元，银牛 112 美元。

权益计划是蒙牛乳业上市前一个很有特色的激励方式，虽然它本身不涉及上市公司股权，但在股东公司层面的这种激励方式从所涵盖的对象范围、换股价格等方面都具有很强的实际效果。特别是当金牛、银牛“公司权益计划”的受益人将此转换成对应股权时，在蒙牛乳业上市的情况下，其对应于上市公司的价值会随着蒙牛乳业二级市场股价的浮动而产生更富有成效的激励机制。

蒙牛乳业股份结构中另一特色之处在于“两重信托”。银牛股份第一大股东谢秋旭设有“谢式信托”，他拥有的银牛 63.5% 的股权中只有 5.149% 为其本人持有，其余是由 1 000 多人信托给他的股权，而他又同时将这些股票的投票权再托给了牛根生的“牛式信托”。

2004 年 3 月 23 日，牛根生买下绝大部分的权益计划，加上他原来的金牛公司股份共同设立了“牛氏信托”。此份信托规定股份的投票权和财产控制权，“权益计划”受益人的选择权、转股后募集的股金和投票全都信托给了牛根生本人。应该说“牛式信托”的主要目的在于掌握“权益计划”的控制权，从而达到根据业绩激励和酬谢蒙牛的主要雇员、业务联系人（招股说明书中为联系人）和他们各自的关联人的用途。此时，蒙牛乳业在上市前将自己能够“联系”上的人都纳入了自身的“战略同盟”中，并以信托的方式将这些本与公司股权“不相干的人”锁定在了公司长期发展的利益之中。作为“牛氏信托”的受益人，受益者虽然没有对应股份在金牛、银牛中的表决权，但可以分享蒙牛成长所带来的受益。

6. 上市

2004 年 6 月 10 日，蒙牛乳业香港上市，全球发售 3.5 亿股。其中，2.5 亿股为新发股票，1 亿股为外资系 MS 系（即摩根 + 英联 + 鼎盛）减持套现 3.925 亿元。蒙牛乳业的上市主体是中国蒙牛乳业有限公司。图 1 – 5 是全球售股前的股权结构，其中“本公司”指“中国蒙牛乳业有限公司”（成立于 2004 年 6 月 26 日）。

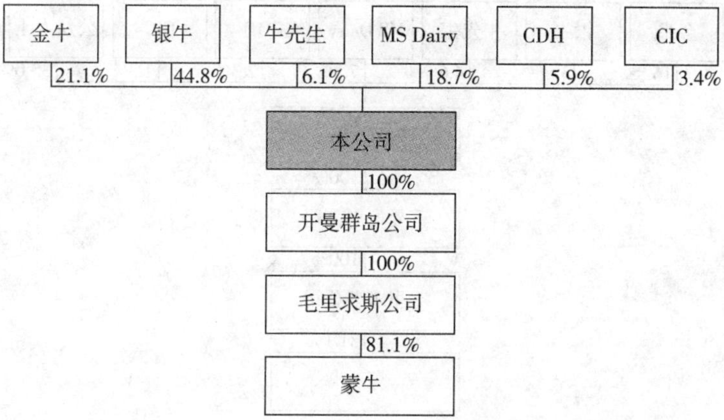

资料来源：招股说明书。

图 1－5　全球售股前的股权结构

中国蒙牛乳业（2319）开盘价为 4.425 港元，报收于 4.875 港元。与发行价 3.925 港元相比，涨幅达 24%。3.5 亿股份中，香港公开发售部分原定为 10%，因收到 206 倍的超额认购，此比例随后提高到 50%；面向机构投资者部分也收到超过 20 倍认购。事实上，公开售股之前，由于机构投资者强烈的认购热情，蒙牛乳业已将发行价指导区间由原来的 2.69 至 3.72 港元上调为 3.125 至 3.925 港元，最终将发行价定为 3.925 港元，相当于公司 2004 年预期每股收益的 19 倍。在此价位上，蒙牛共筹资 13.74 亿港元，其中 1 亿股为三家金融投资者所有，故此次蒙牛净筹资 9.21 亿港元①。图 1－6 是全球售股后的股权结构图（未实行超额配股权）。表 1－1 则为各类股东的股份数变动情况。

表 1－1　　各股东股份数量变化一览表

	金牛	银牛	牛先生	MS DAIRY	CDH	CIC	公众
首轮注资	16.3%	34.7%	0	32.7%	10.4%	5.9%	0
次轮注资	21.1%	44.8%	0	22.8%	7.2%	4.1%	0
上市前	21.1%	44.8%	6.1%	18.7%	5.9%	3.4%	0
上市后	15.8%	33.6%	4.6%	7.4%	2.3%	1.3%	35%

① 9.21 亿港元是指蒙牛公司净获得的，前面的 13.74 亿中有一部分（4.53 亿）为外资方售股所得。

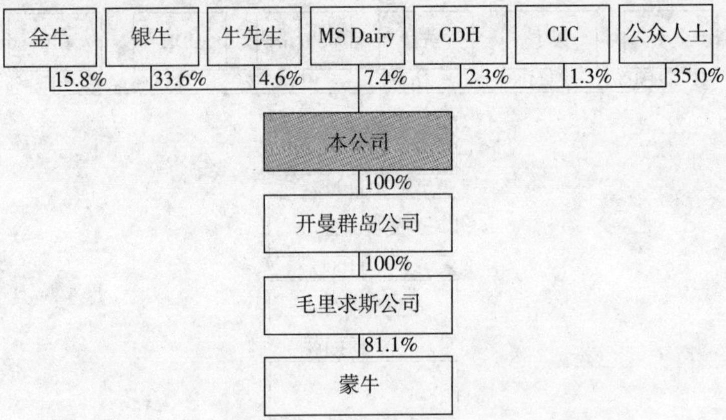

图 1－6　全球售股后股权结构图（未实行超额配股权）

1.2　关于蒙牛股权安排的分析

1. 投资机构设立的限制

蒙牛乳业传奇般 IPO 成功的融资背后，其实也隐藏着与跨国资本博弈的过程中孤注一掷的艰辛。李彤（2005）在《蒙牛融资全景解析》一文中对风险投资者加在蒙牛乳业之上的四种枷锁有过详细地分析，现简述如下。

第一是限制蒙牛管理层售股的规定。香港联交所的《上市规则》中对新上市公司控股股东设有 6 个月的禁售期，在禁售期满之后的 6 个月内也不允许其因减持而失去控股地位。然而，三家投资机构对蒙牛管理层可能的售股行为做出了更为严厉的限制。在对金牛股东出售股票的限制中规定：售股比例永远不得高于三家机构的售股比例，且累计出售股份不得高于 6 330 万股（2004 年 5 月 14 日金牛持有股份数的 30%）。这样，至少金牛股东所持股票的 70% 就不能变现。对银牛股东售股限制略有松动：上市第一年内不得售股，第二年最多可出售 1 亿股，第二年加第三年合共可售 2.68 亿股，上市满三年后银牛股东才可自由出售所持的股票。除了对整个管理层外，投资者还额外地对牛根生本人的行为做出了限制，即其五年内不会加盟蒙牛的竞争对手，即使当企业表现不佳，由外资控制蒙牛乳业、罢免牛根生时，他也不能跳槽或者再一次“因失业而创业”了。这些限制无疑是对管理层的鞭策，至此他们只能与资本共进退，与公司业绩共存亡。可以说，这些限制在一定程度上解决了公司的代理问题。

第二是有关可换股证券的相关规定。第二轮投资是以认购可换股证券来完成的，按约定可在蒙牛上市 12 个月后转为约 3.684 亿股。如果蒙牛业绩继续保持增长势头，三家机构通过转换股票后将持有总股本的 34.9%，而管理层持有的股份从 54% 被稀释到 39.5%，管理层就失去了绝对控股地位，只以 4.6 个百分点保住了第一大股东地位。而三家机构通过债转股既分享蒙牛的成长，又加强了对其的控制。如果蒙牛业绩不理想，三家机构可保留债权、放弃转股，由上市公司赎回票据并支付利息。但是后者显而易见不如前者获利丰厚，这就是为何外资系又与蒙牛管理层签订了新的对赌协议，希望通过外部激励促使可换股证券的成功转化。

第三是关于重新估值，也就是上述的对赌协议。蒙牛 2004、2005、2006 三个年度的复合利润增长率如果超过 50%，金牛股东将按超额完成的情况获得投资机构奖励的股票。反之，金牛股东要割让股份给三家机构。奖惩股票最高数额为 7 830 万股。如果管理层被罚 7 830 股，他们总共所持的股份将由 5.4 亿降至 4.6 亿，所占比率相应地由 39.5% 下降到 33.8%。同时，三家投资机构合共所持的股票将由 4.77 亿上升到 5.55 亿，所占比率由 34.9% 上升到 40.6%。此消彼长，管理团队将失去对上市公司的控制权，而投资机构就有了罢免他们的主动权。如果管理团队能使利润每年增长 50%，2006 年度利润将达 6.75 亿。管理团队得到奖励的 7 830 万股，双方的股权分别为 45.2% 和 29.2%，管理团队的控股地位得到巩固。三家机构虽然割让了所持股份的 16%，股价却可望飙升至 10 元以上，令投资机构所持股票的市值超过 40 亿，远比继续持有可换股票据获得的利息收入有利得多。况且，三家投资机构的目的在于快速变现，获得高额的投资回报，而非成为战略伙伴，分享公司成长中的财富增值，因此拥有控制权对它们的意义并不大。

第四是获取蒙牛股份认购权的协议。2004 年，三家国际投资机构取得了在十年内一次或分多批按每股净资产（摊薄前为 1.24 港元/股）购买上市公司股票的权利，虽然涉及的数额没有披露，但三家投资机构对蒙牛资产和股权的觊觎不得不防。

2. 对上市之后各方利益的估算

蒙牛公司在上市及之后的平稳运营过程中，无论是投资机构、公司管理层还是中小股东都获得了丰厚的回报。但是由于身份不同，他们所获得的回报不尽相同。下面通过对资本市场股价变化以及企业利润增加对股东的贡献来分析蒙牛对各方投资人的回报。

（1）投资机构在资本市场获得的回报

对于风险投资者而言，最重要的可能并非企业利润的增长，而是公司的证券在资本市场上的表现及由此带来的回报。因此我们首先从三家投资机构的角度进行回报估算。

表 1－2 是对风险投资机构在蒙牛乳业的投资回报计算表。从表 1－2 数据可见，MS Dairy、CDH 和 CIC 三家海外战略投资者从 2002 年 9 月第一次注资，到 2005 年 6 月基本退出，短短 3 年多时间，其投资翻了 5 番多。如此高的回报率实属罕见。

表 1－2　　三家投资机构的股价回报估算表　　单位：亿港币

	所购股份或证券	现金	总计
投资：			
第一次增资	1.18 亿股蒙牛股份	－2.03	
第二次增资	3 523 万美元的可换股证券在蒙牛上市后可转为 3.68 亿股蒙牛股份	－2.75	
			－4.78
回报：			
1	上市时外资抛售 1 亿股	3.925	
2	IPO180 天后可转化 30% 的可换股证券，约为 1.68 亿股	10.2	
3	2005 年 6 月 13 日，转化剩余 70% 可换股证券并配售，出售约为 1.94 亿股，股权比例剩下不到 0.1%	10	
			24.125
净利润：			19.35

注：以上计算只涉及实际发生的交易产生的收益，数据由于四舍五入以及汇率的问题并非是精确数值。

（2）公司价值的增长（2003～2005 年）

对于作为管理层的大股东而言，正常情况下是不会卖出股份套现的。如果以股票价格为衡量标准对其利益进行估算有失偏颇，那么我们从分析企业价值增长的角度来衡量管理层的利益增长幅度，同时这也是对其管理能力和经营方式的一种评价。

表 1－3 是蒙牛乳业 2003 年到 2005 年的部分损益表，数据均取自其年报。我们可以看到本公司股东应占利润，其净利润在 2004 年上涨了 94.31%，在 2005 年上涨了 43.04%。表 1－4 是蒙牛公司与其竞争对手伊利和光明的比较，显然，蒙牛的增长率要明显高于其竞争对手。

表 1－3　　蒙牛乳业 2003～2006 年部分损益表

单位：千元	2003 年	增幅	2004 年	增幅	2005 年	增幅	2006 年
营业额	4 071 468	77.18%	7 213 827	50.06%	10 824 950	50.08%	16 246 368
税前利润	293 788	39.75%	410 564	50.31%	617 135	52.69%	942 320
税项	(61 458)		(18 465)		(61 612)		(76 032)
税后利润	232 330	68.77%	392 099	41.68%	555 523		866 288
少数股东利润	(67 958)	6.99%	(72 706)	35.72%	(98 676)		(138 936)
本公司股东应占利润	164 372	94.31%	319 393	43.04%	456 847		727 352

表 1－4　　2004～2006 年三家乳制品企业经营业绩对比

	收入（亿）	收入增幅	净利润（亿）	净利润增幅
2004 年				
蒙牛	72.138	77.2%	3.194	94.3%
伊利	87	38.67%	2.39	19.81%
光明	67.86	13.45%	3.18	12.57%
2005 年				
蒙牛	108.25	50.1%	4.568	43.04%
伊利	121.75	39.38%	2.93	22.69%
光明	69.04	1.74%	2.11	-33.60%
2006 年				
蒙牛	162.46	50.08%	7.27	59.15%
伊利	163.39	34.2%	3.45	17.74%
光明	72.13	4.47%	1.53	-27.61%

图 1－7 和图 1－8 分别是对表 1－4 中三家公司连续三年收入和净利润增长率的对比情况。从图上可以更明显地看出三家公司财务增长的趋势变化。虽然从绝对值上来说伊利仍然占据国内乳品企业的头把交椅，但无论是从收入的增长值还是净利润的增长值来看，蒙牛的表现都远远超越伊利。

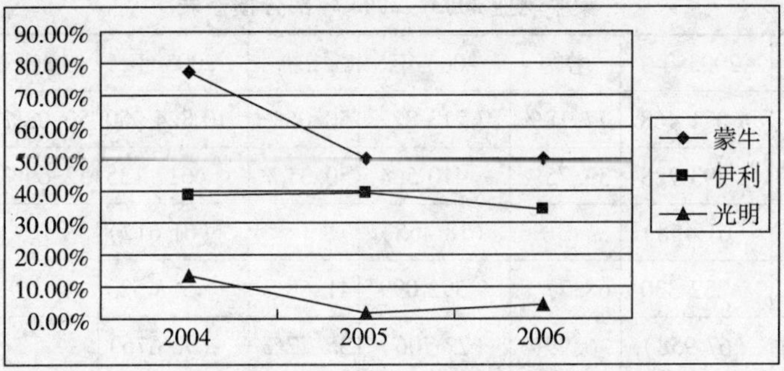

图 1-7　三家公司连续三年收入增长率对比图

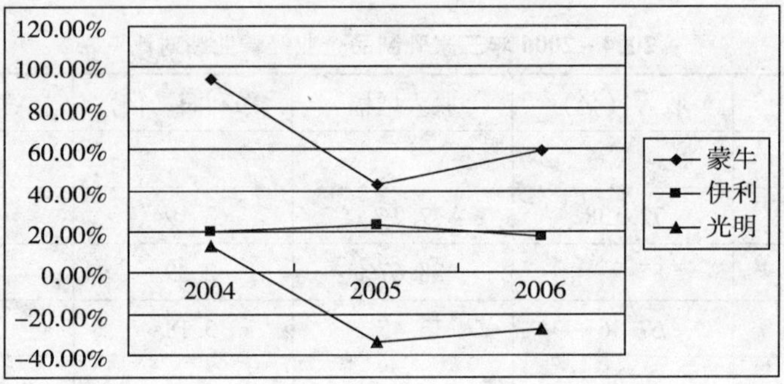

图 1-8　三家公司连续三年净利润增长率对比图

3. 注册地的选择—税收问题

外商在中国境内投资企业后的股份转让要受到一定的限制，如公司法和税法的限制、资本市场的规范要求、外汇管制以及人民币不可自由兑换等各种限制，通过上市后股权流通来退出对一些国际私人股权投资基金来说存在较大的障碍①。正是由于这一原因，海外风险投资者一般不选择直接投资中国企业的本土实体，而是要对企业进行改制，通过成立海外离岸公司来控制境内的实体公司。

这些海外公司注册地大多选择避税地，如英属维京岛、巴哈马、开曼群岛、百慕大群岛、巴拿马等世界著名的避税岛等，一方面由于避税地大多为原英属殖民地，其法律原属英美法系，更容易被国际上的证券交易所、监管机构以及国际投资人所理解和接受，另一方面还可以进行避税，因为这些避税岛对当地注册公

① 例如，根据中国法律，股份有限公司发起人持有的股份，自公司成立之日起三年内不得转让；外商合资企业的股权转让需有关部门批准；境内投资收益汇出需经外汇主管部门审核等等。

司每年只收取很少的年费，还可以豁免所得税、资本利得税、公司应付税和印花税等。

（1）避税地注册公司的比较

一般而言，注册在开曼群岛、英属维京群岛（BVI）等地的公司有如下优势：

①高度保密，股票可以不记名。离岸公司注册地的公司法大都以英国商业公司法或国际商业公司法为基础，公司的股东资料、董事名册、股权比例、受益状况等资料高度保密并受法律保护，公众不能查阅。即便是专业机构进行核查，公司注册代理也须征求公司股东的意见方可披露，因此使得公司的股权运作等更为灵活和隐蔽；

②在注册地境外之商业活动无需缴交当地之税款或以极低的税率（如1%）缴纳，可减轻税务负担；

③允许一人董事，股东；

④对董事、股东的国籍身份无限制，在一些国家限定比较多的公务员或者特殊身份的人均可拥有自己的离岸公司；

⑤可在其他国家开设银行户口，可避免外汇管制带来的不方便。世界各国政府都承认并允许离岸公司在本国开展业务或投资，世界各大银行也都承认离岸公司，为其设立银行账号，并为其财务运作提供方便；

⑥注册程序非常简单，有专业的注册代理机构代为完成，无需注册人亲自到注册地。管理也很简单，董事会、股东会可在世界任何地方召开，每年只需由商业秘书将年报材料和费用交给注册代理人，便可保证公司的正常合法运行，因此注册的总体成本非常低，设立离岸公司，进行海外上市、融资省却很多繁琐的行政手续；

⑦注册国一般与世界上一些发达国家保持良好的关系，可以绕过非关税贸易壁垒；

⑧注册地往往拥有比较完善的金融制度，因此许多保险公司、投资公司、轮船公司、石油公司皆选择这些地方作为他们境外公司的注册地。同时由于使用英美法的公司结构，更容易在其他国家直接申请挂牌上市。比如百慕大注册的公司可以在卢森堡、都柏林、温哥华及香港申请挂牌上市。

⑨提升品牌形象。当今世界经济日益一体化，商业呈现跨国界的发展趋势，企业也需要用跨国经营来扩大经营区域和增强实力。而注册离岸公司是企业走向世界，开展跨国业务，提升企业国际形象的捷径。离岸公司注册地法律对于公司名称及经营范围都几乎没有限定，中国企业往往可以依此开创自己的国际控股集团公司的事业。

（2）避税地比较及对蒙牛注册地选择的分析

尽管有以上的共性，不同的避税地法律仍然有少量的不同，而其细微的差别往往成为公司选择不同注册地的主要原因。表 1－5 是几个避税地相关事宜的比较。

表 1－5　　　　五处避税地特征的对比

特　征	百慕大	英属维京群岛	开曼群岛	香港	毛里求斯
最少股东数	1	1	1	1	1
最少董事数	2	1	1	1	1
允许法人董事	不允许	允许	允许	允许	允许
最少秘书数	1（本地居民）	0	0	0	0
标准法定股本	$12 000	$50 000	$50 000	HK$10 000	$10 000
征收离岸利得税	零	零	零	零	零
加中文名称	不可以	可以	可以	可以	可以
公司类别	国际商业公司	国际商业公司	豁免公司[1]	有限公司	境外公司
设立注册办事处	需要	需要	需要	需要	需要
呈递周年申报	需要	不需要	需要	需要	不需要
申递经审计账目	需要	不需要	不需要	需要	不需要
全球银行开户	可以	可以	可以	可以	可以
允许公司迁册	可以	可以	可以	不可以	可以

资料来源：思远投资咨询（上海）。

表1－6 是一家投资咨询公司提供的各地注册费用对比表格，虽然并不是原始的价格，但由此可以初步判断各地注册成本的大小。从五个避税地的情况来看，百慕大的注册费用远高于另外三者，这也可以从另一个角度揭示蒙牛公司没有在百慕大注册的原因。

表 1-6　　四处避税地费用对比表

US $	百慕大	英属维京群岛	开曼群岛	毛里求斯
公司注册费	3 499	195	774	200
政府费	2 080	350	586	200
注册代理费	0	125	440	350
注册办公室	1 700	125	350	350
全套注册费	7 279	795	2 150	1 100
每年年检费	3 780	600	1 376	500

由此可见，英属维京群岛和开曼群岛的法律限制比百慕大稍显宽松，且注册费用低于后者。虽然在开曼群岛注册的法定股本远大于在百慕大，但注册资本在设立时仅需认购，不需实缴，因此不造成任何实际限制，这也可以解释为何蒙牛最终选择注册在开曼群岛，而将金牛和银牛公司注册在英属维京群岛。事实上，近年来红筹上市的公司如盛大、蒙牛、百度、携程网、分众传媒、新东方都将注册地选择在开曼群岛，这从另一个角度也再次证实了它的同比优越性。

与以上的避税地相比，毛里求斯并未被列在"避税黑名单"中。它始终奉行国际通用会计准则，而同时又与包括中国、南非和英国在内的 29 个国家签订了避免双重征税的双边协议，这使得在毛里求斯注册的企业得以"合法避税"。另外，由于公司注册执照上可加注中文名称，使得运用境外公司投资大陆更为便利，因此拥有毛里求斯公司的法定文件认证，会比其他地区方便而更有效率。

根据香港联交所规定，在香港上市的公司其注册地只能是香港、中国大陆、百慕大和开曼群岛四地。由于通过香港和中国大陆注册的公司往往需要一些比较复杂的行政审批程序，因此许多企业选择购买或直接创立百慕大或开曼群岛壳公司达到香港上市的目的，从而避开了监管部分对内地企业海外上市的种种限制。

按照此结构改制后的蒙牛集团其税务负担主要有以下几个部分组成：

①开曼群岛税务。对个人或公司利润、收入、收益或增值不征收任何税项，并无承继税或遗产税，除不时因在开曼群岛司法群区内订立若干文件而支付的印花税外，蒙牛公司无其他重大税项。

②在中国大陆的税务。首先，根据中国大陆现行税法、法规及命令，透过毛里求斯公司向开曼公司支付的来自中国业务的股息免缴任何中国预提税或所得税①。其次，因为上市公司并非在中国大陆注册，因此在中国大陆拥有的主要经

① 在开曼群岛注册的豁免公司指可以在开曼群岛以外的地区经营，经营范围不受限制，每年支付政府拍照费和代理人费用，亦须递交周年报表。

营性子公司在向海外投资者分派股息时将免交中国税项。海外投资者转让或变卖公司股份也不触发中国税项。

③香港税务。主要由四块构成：

——股息。根据香港税务局现行惯例，开曼群岛公司无需就派付的股息缴纳任何香港税项。

——资本利得税。在香港从事证券买卖或交易的人士，因在香港联交所出售股份所得收益均须交纳香港利得税。公司适用税率为17.5%，个人为16%。

——印花税。买卖已登记的股份双方每次都须交纳印花税，合计一般为0.2%。若买卖双方有一方并非香港居民则由承让人交纳印花税，转让与香港境外股东名册中登记的股份无需交纳印花税。

——遗产税。若属于香港境内财产则按照本金征收，若属境外则无需。按照5%～15%的税率征收。

我们对表1－3中蒙牛乳业2003～2006年的部分损益表稍作计算可以发现，从2004年正式进行股权重组之后，实际税率大幅下降，税收优势十分明显，2005、2006年由于部分“两免三减半”的子公司开始进入第三年即缴一半税费的阶段，所以总体税赋比例有所上升。事实上，2006年伊利的总纳税额达到了10.32亿元，是蒙牛的13.57倍，这一税负的差距直接导致了蒙牛税后净利润的压倒性胜利。具体分析见表1－7。

表1－7　　蒙牛乳业2003～2005年税收减免公司数据表

	2003年	2004年	2005年	2006年
享受税收减免子公司数（个）	3	6	14	18
两年免税三年减半优惠公司数（个）	1	5	7	15
地方税务减免（个）	2	1	7	2
所缴税额（单位：千元）	61 458	18 465	61 612	76 032
占税后利润比例（实际税率）	20.92%	4.5%	9.98%	8.07%

总而言之，这样的安排大大减轻了税负，降低了附加于股息、利润之上的资产利得税税额，对海外机构投资人及公众股东都大有裨益。

4. 员工持股和信托制度——内部激励

（1）员工持股和股权信托

蒙牛开创了内地民营企业赴港上市最独特股本结构的先例，是一家没有政府性投资和国内投资机构入股、100%的自然人持股、同时又吸纳境外投资机构入股的企业。早先在金牛、银牛公司成立的时候，蒙牛便已确定了让核心员工入股的概念。在二次注资后，蒙牛还特地扩大了金牛、银牛公司的股本，为新骨干的股份和期权奖励留出空间。

在银牛公司，发起人之一谢秋旭认购了 31 761 股股份，占银牛当时已发行总股份的约63.5%。这部分股份，一部分是谢本人实际拥有的，另一部分则是谢透过“谢氏信托”持有的。招股书明确写道，谢在声明“谢氏信托”时，已将股份投票权（包括其本身实际拥有的股份的投票权）交托牛根生，因此，“自银牛注册成立以来，牛先生控制着其63.5%的投票权”。2004 年 3 月 22 日，银牛扩股配发 32 184 股，谢再次认购 20 446 股，并再次将投票权托付给牛根生，使后者的投票权仍为63.5%。

而“牛氏信托”则是在2004 年 3 月 23 日由牛根生声明的。“牛氏信托”的资产包括：23 019 股金牛股份（占金牛已发行股本的约 27.97%）、牛根生本人持有的 9 099 份金牛权益和牛根生本人持有的 17 816 股银牛权益。根据“牛氏信托”，牛根生作为受托人，“对于全部的信托资产，连同根据金牛公司权益计划及银牛公司权益计划授出的权益，获行使后成为信托资产一部分金牛股份及银牛股份，以及出售该等以信托方式为受益人持有的信托资产所得款项，保留绝对控制权”。

金牛和银牛在扩股后发行的股本分别为 82 294 股和 82 184 股。因此，牛根生在行使股权后透过两份信托对上述两家公司的实际控制权分别达到 35%和 70%。[①]

根据公告，目前金牛、银牛分别持有上市公司蒙牛乳业 14.3%和 30.3%的股权。透过两份信托，牛根生掌握了金牛、银牛的实际控制权，从而掌握了上市公司。

蒙牛招股书显示，蒙牛管理层、雇员及业务联系人在蒙牛香港主板上市后，将会合并直接或间接拥有 54%的发行股本。蒙牛的高管成为公司控股股东。按市值计算，蒙牛上市后将诞生 5 个亿万富翁、10 多个千万富翁、几十个百万富翁。从蒙牛发起成立时的 9 个人、900 多万元的第一批投入资金，到现在的 400 多亿元市值，蒙牛创造了中国投资回报率最高记录。虽然由于外资方设定了限制，蒙牛管理层拥有的股票 5 年内不能变现，现在的亿万财富还只能是纸上富贵，但如此高的回报率无疑会强化核心员工的忠诚度。

① 这两个数字来自于网上资料中的表述。但与我们的计算似乎有所出入。我们估计，金牛：27.97% +9 099/82 294 =39%；银牛：63.5% +17 816/82 184 =85%。

(2) 对蒙牛内部激励的分析

员工持股（ESOP）计划首创于美国，可分为广泛的员工持股计划和针对高管层两种，根据美国国家雇员持股中心（NCEO）2006年的统计表明，到2005年末此类持股计划项目已超过11 500个，参与人数超过1 000万，涉及资产总额超过5 000亿美元。斯坦福和密歇根大学的研究表明，实行员工持股的公司比不实行员工持股的公司利润要高，更有详细数据表明美国98家实行员工持股的企业比同行业其他公司利润高出50%，并且员工控有的股份在企业总股份中的所占比例越高，企业利润越大。通过将公司的未来市场表现与公司管理人员的利益紧密连接，公司管理人员与股东利益趋向一致从而达到对公司管理人员进行长期激励的效果。在这一机制下，公司管理人员将会努力实现公司价值的最大化，增加公司市场价值，从而最终实现自身的收益。

蒙牛公司的员工持股计划与其他同类计划相比有两点不同。首先，这些核心员工、高管层并非直接持有上市公司的股份，而是可以转化为上市公司控股股东的股份，一来有了上市公司股价作保证，“金牛”、“银牛”公司的股份有同样巨大的升值空间，虽然没有直接上市，它们的股票价格也已经“有价有市”了，也可以实现上市退出；二来由于这样的设计使得对上市公司控股权的稀释速度减慢，即使员工真的要卖出这些股份，由于并非直接上市无法在公开市场上操作，很有可能是由管理层直接购回，减少对控制权的稀释。

另一与众不同之处在于，和信托制度巧妙结合。员工持股信托（ESOT）是股权激励的一种新的探索，确保了持股安全和对员工的激励作用，因此逐渐成为美国企业实现员工持股的主流方式。这类信托一般有两种，一是为此计划融资使用的信托筹资，二是代理购买股份实施的股权收购信托。蒙牛公司使用的是代理表决权的股权管理信托。事实上在蒙牛乳业中有两层信托：银牛公司的股东先将一部分股份注入“谢式信托”中，此信托的信托人谢秋旭再将这一部分注入牛根生的“牛式信托”中，使得本身仅有4.6%控股权的牛根生成为上市公司的实际控制人。这样一来，将对公司发展有重要影响的群体利益绑到了一起，随信托的关系同进退，从而降低了管理费用和因为利益目标不同而产生的矛盾。同时由于各人的收益和公司的增长直接挂钩，这种方式又成为最强有力的激励手段。

员工持股信托在我国还是一种新兴的股权激励模式，应用的公司并不多，但是它可以解决职工出资能力不足、职工持股主体缺位以及由于职工持股造成的双重征税问题，因此是对员工持股计划的补充和完善，有利于形成有效的内部激励，促进公司的健康发展。

5. “对赌”契约——外部激励

(1) 蒙牛的对赌契约

如果将蒙牛的“员工权益计划”称为内部激励的话，那么蒙牛与摩根等投资机构签订的一系列“对赌”契约就是残酷而高效的外部激励。

事实上，蒙牛签订的此类契约主要有两个，两者均以公司的增长速度为赌注，而标的物则为公司的实质控制权。最早的一份是在第一次注资期间，三家投资机构与蒙牛约定，如果蒙牛管理层实现了蒙牛的高速增长，一年后，蒙牛系可以将A类股按1拆10的比例转换为B类股，这样管理层就可以在开曼公司达到投票权与股权比例的一致，即蒙牛系占开曼公司51%的股权，反之，开曼公司及其子公司毛里求斯公司账面上剩余的大笔投资现金将要由投资方完全控制，并且机构投资系将拥有蒙牛股份60.4%的绝对控制权。结果，2003年8月，蒙牛管理层提前完成任务，保住了自己的控制权。

与上市前的那个契约相比，第二个“对赌”契约更为有名。蒙牛赌上了7.8%的股权，而赌注则是连续三年超过50%的复合增长率。此举一出，业界一片哗然。当时三名股东——摩根士丹利、鼎晖投资及商联投资分别持有公司18.7%、5.9%和3.4%股份。上市后，三名股东的股权将稀释至7.4%、2.3%和1.3%。若公司发生合并、收购等股权变动时，包括摩根在内的三名现有股东，有权行使其总值3 523.3万美元的可换股证券，其兑换价为每股0.096美元，即可兑换成3.68亿股股份。若三家股东全数兑换，他们将持有蒙牛总股数的34.9%。

摩根等战略投资者之所以愿意参与这次“赌局”，是因为他们即使输掉7.8%股权的“赌局”，仍可获得27.1%的股权升值带来的收益，而一旦赢了，则可增持蒙牛股权至42.7%，成为公司的大股东。而反观蒙牛方，若是输了，则等于将辛苦换来的控制权拱手让人，而要想达标又谈何容易。在乳制品业，世界平均增长率为1%~2%，亚太地区为5%，即使在中国，当时乳制品两大巨头，伊利和光明也只能达到年增长率30%左右。所有的人都拭目以待，蒙牛如何能达到这个几乎不可能的任务。

此次博弈的结果在情理之中，但又出乎意料之外。蒙牛凭借高效的现代管理模式，创新产品，营销模式以及其特殊的股本结构带来的税收减免优惠（由于有6家子公司，主要是其中5家变身中外合资企业，获得了税收方面的减免优惠，近1.17亿元，而2003年这一优惠仅为4 000多万元），在2004年以1 900万元险胜3亿元的配额，完成任务，而摩根等外资股东也表示出对蒙牛的信任，愿意提前结束赌约，将其持有的本金额近5 000万元的可转股票据给蒙牛管理层控股的金牛公司，这接近机构投资者所持票据的1/4。这些票据一旦行使，相当于6 260万余股蒙牛乳业股票，如以当前每股平均6港元的市值计算，约合3.75亿港元。

总结一下摩根士丹利对于蒙牛乳业基于业绩的对赌协议，它有四个特点：一是投资方在投资以后虽然持有企业的原始股权，如摩根士丹利等三家国际投资机构持有开曼公司90.6%的股权和49%的投票权，但仅是财务型投资，而非战略经营性投资；二是除了普通股权外，还持有高杠杆性的、换股价格仅为0.74港元/股的可换股证券；三是高风险性，赌注是几千万股股份；四是蒙牛乳业虽然是创业型企业，但企业管理层富有行业经验，公司所属日常消费品行业，周期性波动小，企业一旦形成相对优势，竞争对手难以替代，投资的行业风险小。

(2) 对赌协议的应用

所谓"对赌协议"，英文原名是 Valuation Adjustment Mechanism（VAM），即"估值调整协议"，它是投资方与融资方在达成协议时，双方对于未来情况的一种约定。约定的条件出现与否代表着相应的投资方或者融资方某种权利的实现。因此，对赌协议实际上就是一种期权，并非如"赌博"般骇人听闻，它仅仅只是投资方和企业出于对企业未来前景的不确定性，为确保各自的利益而设立的一系列金融条款，其本身并无恶意、善意之分，区别在于是更加维护投资方利益还是更加有利于企业管理层。

对赌的最终目的是双向激励，提升公司管理层积极性和公司质量，努力实现企业盈利水平最大化，有效保护投资者利益，因此这一条款的创立实际上是为了提高交易的质量。事实上投资方往往是希望能够"输"掉赌约，因为这代表着融资方承诺的兑现，完成承诺给投资方带来的回报常常会高于投资方输掉赌约的成本，投资方"赢"得赌约很多情况下只是保护自身基本利益的无奈之举。

在西方资本市场，带有"对赌协议"性质的金融条款在风险投资或者管理层收购中都很常见。投资方在提供资金代价的同时，也需要一些相应的措施来有效保护自身的利益。通常情况之下，投资方会享有清算优先权、股息优先权、投票表决权、转换权、新股认购优先权、股票回购权，有时还约定反摊薄条款，以确保自己的股权数量不会因新股发行或新的投资方加入而减少，也使投资回报不会因股价的下跌而受到影响。棘轮条款（Equity Ratchet/Performance Ratchet）是投资方最常用的反摊薄保护形式。无论后期的投资者购买多少股份，以前的投资方都会获得额外的免费股票。有时棘轮也同认股权和可转换优先股结合起来，在实施认股权时附送额外的股票或在转换时获得额外的股票。这样做可以保证投资方持股比例不会因为以较低价格发行新股而发生股权摊薄现象，从而影响其表决权。棘轮条款在本质上与目前国内所谓的对赌协议一样，都会影响到企业估值的高低，也会对管理层的未来股权比例产生影响。然而，外资投资我国国内企业通常只是采用财务绩效条款，而且一般都以单一的"净利润"为标尺，以"股权"为筹码。

以财务绩效指标设立企业业绩的衡量标准时，投资方通常有三种选择。首先是设立单一目标，如以一年的总利润或税前利润为指标，一旦达到这一指标，则股权发生变化。若无法达成，则维持原状；其次是设立一系列渐进目标，每达成一个指标，股权发生一定的相应变化，循序渐进；第三是设定上下限，在此标准之内，股权变化即可实现。

除此之外，西方资本市场还经常使用一些非财务绩效的软性指标，除了以"股权"为"筹码"外，在国外的案例中，管理层和投资方之间还以董事会坐席、二轮注资和期权认购权多种方式来实现对赌。表1－8是对几种对赌协议的条款总结。

表1－8　对赌协议条款对比

条款类型	示例条款
财务绩效	如企业完成净收入指标，则投资方进行二轮注资
	如企业收入未达标，则管理层转让规定数额的股权获赔偿现金给投资方
	如企业资产净值未达标，则投资方的董事会席位增加三个
非财务绩效	如企业能让超过制定数量的顾客购买产品并得到正面反馈，管理层获期权认购权
	如企业完成新的战略合作或者取得新专利权，则投资方进行二轮注资
赎回补偿	若企业无法回购优先股，则投资方在董事会获多数席位或者累计股息将被提高
	若企业无法以现金方式分红，则必须以股票形式分红
企业行为	若企业无法在九个月内聘任新的CEO，投资方在董事会获多数席位
	若销售部或市场部采用了新的技术，投资方转让规定数额的股权给管理层
股票发行	五年内企业未上市，投资方有权将企业出售
	如企业成功获得其他投资，并且股价大到指定水平，则投资方的委任状失败
管理层去向	若管理层被解雇或者一定年限内辞职，则失去未到期的员工股
	若管理层仍然在职，则投资方追加投资

资料来源：周莹，"对赌协议是双向激励"，《新财富》，2006年10月30日。

在国内对赌协议还是一个新兴的名词。这几年来随着蒙牛的成功和永乐的失败，越来越多的人开始关注这一协议在中国企业艰难上市中扮演的角色。表1－9是近年来五家中国企业签订对赌协议的结果一览表。在这样一个赌局中，它们基本上处于胜负各半的状态。成功的有蒙牛、雨润，它们不但成功地保住了控制权，同时也飞速提高了自身的竞争力和市场占有率，为以后的健康发展打下了坚实的基础；而失败者如永乐、港湾则一夕易主，从此消失于人们的视野之外。

表 1-9　　对赌协议在中国实例表

	中国企业实例	结果
1	凯雷 VS 徐工机械：如果后者 2006 年的经常性 EBITDA 达标，则前者出资购股 85% 的金额为 3.15 亿美元，增资额为 6 000 万美元；反之的购股金额为 2.55 亿美元	对赌协议取消
2	摩根 VS 蒙牛：连续三年复合增长率 <50%，则转让 7.8% 股权	管理层胜出
3	高盛 VS 雨润：如果当年盈利 <2.592 亿元，大股东以溢价 20% 赎回所持股份	管理层胜出
4	永乐 VS 摩根士丹利：如果未达到赢利指标，向外资股东转让 9 394.76万股的股份	被国美收购
5	港湾 VS 华平/龙科：未能实现持续增长的销售额指标，投资方将会获得更多股权；一旦港湾上市不成，管理团队将失去对企业的控制权	被华为收购

百慧勤投资管理咨询公司董事长管维立曾经提出，“对赌协议”的成立，有赖于几个前提：一是企业的股权能够反映企业的整体价值，而这一整体价值的评估则依赖于企业未来的业绩；二是企业价值虽然是由品牌、技术、管理等多要素构成，但其最终将整体反映在企业未来的收益中；三是由于未来无法准确预知，因此企业价值的判断有赖于未来的实际业绩体现。

正是基于这些考虑，他认为对赌的核心应是股权出让方和收购方对企业未来的不同预期。但以上这些都是预期，如何能将预期转化为现实，并获得最终的赌局标的物才是关键之所在。正因为“对赌协议”能够为管理层带来类似期权的“激励效应”，高风险的“对赌协议”才受到管理层的追捧。

仔细研究以上实例可看出，对赌协议的产生往往发生在有着外资背景的私人股权投资机构、与具备大股东和经营者双重角色的企业实际控制人尤其是私营企业主之间。中国市场经济在发育了 20 多年后，市场上已经出现了一些经营管理能力相对成熟的企业家，能够并且愿意接受风险度高，同时回报程度也较高的“对赌”。但是，这些从企业中成长起来的经营者由于对资本市场和金融操作不熟悉，以及他们对于扩大规模所需的资金的极度渴望，也使得他们在对赌协议操作中屡屡陷于被动局面。正如管维立所述，对赌的核心是对未来的不同预期。要想在赌局中胜出，企业管理层首要的工作就是对企业自身的发展潜力有一个正确的认识和评价。高估自身的实力就会像永乐一样最终无法达成先前的允诺，成为赌局的牺牲品；低估自身的实力则会让利于风险投资者，让管理层的努力最终大半化作他人的嫁衣。

成就一项事业，资本的要素和创业企业家人的要素是缺一不可的，为了资本而放弃一定的权力是否值得，需要企业家理性的判断。而一旦企业接受了国际资本后，企业的管理层将面临着来自资本方的巨大压力，特别是资本方对于企业的增长速度、盈利能力的要求等等。在跨国资本用“动态调整评估法”来评估企业的价值时，企业的价值是和企业的成长性或者盈利能力挂钩的，公司管理层更是面临着盈利能力和成长性的双重压力。国内企业的高层管理者在利用外资上市或者融资的时候需要有足够的毅力和准备，全方面考虑投资方对于企业的种种压力，客观地评价自身能力，切忌好高骛远、心浮气躁，这样才能成就一段佳话，让参与游戏的各方获得共赢。

1.3　小　结

本章主要研究了三种资本运作安排，这些安排对蒙牛公司的价值起到很大的增强作用。其一是避税地安排。成立海外离岸公司来控制境内的实体公司解决了海外投资资金获利撤出的问题，同时也为公司带来了一定的节税效应。蒙牛在避税地的注册安排使得其在2004到2006年间平均税率为7.52%，远远小于正常的33%的企业所得税。其二是设立了员工持股信托。和员工持股计划相似，员工持股信托业是一种内部激励措施，由于它将员工的利益和公司的效益直接联系起来，因此可以提升员工的积极性和忠诚度。与前者不同的是，后者可以解决职工出资能力不足、职工持股主体缺位以及由于职工持股造成的双重征税问题，因此是对员工持股计划的补充和完善，有利于形成有效的内部激励和促进公司的健康发展。其三是应用了对赌协议。学名被称为“估值调整协议”的对赌协议其实在西方资本市场中早已流行多年，不过在中国还是刚刚起步。对赌的最终目的是双向激励，提升公司管理层积极性和公司质量，努力实现企业盈利水平最大化，有效保护投资者利益。这一条款的创立实际上是为了提高交易的质量。蒙牛公司之所以能在上市前后以惊人的速度成长，很大程度上都与这一协议的鞭策作用有关。但是在使用这一协议之前，公司应该对自己未来的盈利能力做出客观评价，过度自信会使自己成为赌局的牺牲品，而过度的悲观则会将辛辛苦苦的盈利拱手相让给他人。

综上所述，蒙牛乳业采用了典型的红筹上市模式，经验丰富的机构投资者和颇有实力的企业黑马之合作尤如双剑合璧，多重资本运作方式更使得整个过程高潮迭起、精彩纷呈。摩根等投资银行家们帮助蒙牛海外上市，重组了企业法律结构与财务结构，并协助其在财务、管理、决策过程等方面实现规范化，同时他们的品牌效应和丰富的IPO经验，也是对蒙牛乳业信用级别的一种潜在提升，对其成功地吸引资金起到至关重要的作用。

具体分析海外投资者帮助蒙牛乳业公司进行的种种资本运作，再将这些方式和蒙牛乳业上市后的利润增长相挂钩来思考，我们不难发现，无论是上市前股权架构的精心安排，内部员工股权信托的运用，还是大胆的“对赌协议”，每一步都是一种增值安排。蒙牛乳业能在近几年内蓬勃发展，创造一个又一个经营神话，很大一部分原因是得益于当初的设计与安排。

中国民营企业在思考IPO事宜时应该吸取蒙牛乳业上市过程中的经验和教训，客观地评价自身的水平和将要遇到的风险，选择适当的运作方式，尽量优化博弈的结果。上市不单单是一个融资的过程，同时还是一个重新改造自身、优化结构、增加企业竞争力的良机。西方资本市场中成熟的资本运作模式以及相应的股权激励措施，对于中国企业未来的发展不啻为无价之宝，这样正是研究蒙牛乳业海外上市的重要意义之一。

参考文献：

1. 经济合作与发展组织编写，“OECD Benchmark Definition of Foreign Direct Investment Third Edition”，2000年，第20～36页。

2. 南铁建，“国际避税地法律问题研究”，大连海事大学法学硕士论文，2005年3月。

3. 刘洋，“公司治理结构与中国上市公司治理问题研究”，复旦大学世界经济系博士论文，2003年10月。

4. 胥洋，“论我国现阶段员工持股计划的实施”，湘潭大学管理学硕士论文，2006年5月。

5. 王吉舟，“摩根精湛财技狩猎蒙牛”，
http：//www. wanglg. com/xinhu/alfx/AL11/Al1115. htm。

6. 李彤，“蒙牛融资全景解析”，《中国商业评论》2005年第1期。

7. 香港德恒专业服务（顾问）有限公司网页，
http：//www. deheng. com. cn/hongkong/web/articles/20040316－2. htm。

8. 北京佐盛投资顾问有限公司网页，http：//www. joesun. com. cn。

9. 思远投资咨询（上海）有限公司网页，
http：//www. cityscopeinvestments. cn/Default. aspx。

10. 张泽荣，“当代资本主义分配关系研究”，北京经济科学出版社。

11. 陈雨露，中国企业海外上市：动因、历史与整体评价
http：//blog. sfruc. edu. cn/chenyulu/articles/3560. aspx。

12. 洪煜，“在与摩根士丹利对赌中蒙牛被盈利牵往何方”，《证券市场周刊》，2005年4月22日。

13. 吕爱兵、王晨宁，“愿赌不输——对赌协议实证分析及应用”，《首席财务官》，2005年12月20日。

14. 周莹，“对赌协议是双向激励”，《新财富》，2006年10月30日。

15. 百里溪的BLOG，“对赌协议——转摘《南方周末》”，2006年8月23日，http：//blog. sina. com. cn/u/4985cd91010005g7。

16. 黄明，“蒙牛何以选择摩根”，《中国企业家》，2005年1月3日。

17. 郭琼，“资金供给充裕　私人股权基金投资中国难在何处”，《财经》，2005年9月9日。

第 2 章

无锡尚德的海外 IPO ①

在即将进入 2006 年的时候，有一个人把他在无锡的一家企业带到了纽交所上市，一夜之间他成功地踏入了中国百亿富豪的行列，然而这一切还不足以吸引人们对他高度的关注。直到 2006 年初，随着他名下上市公司股价的飙升，他以 22.44 亿美元的身家——远远超过“2005 年胡润百富榜”中身价 140 亿元人民币的首富黄光裕和“2005 福布斯中国富豪榜”中拥有财富 16.44 亿美元的首富荣智健——位列中国内地首富，人们开始记住了这个名字：施正荣。

从 2000 年施正荣带着几十万美元回国创业，到他名下的无锡尚德的原国有股东的完全退出和以施正荣为控股股东的“纯外资”公司的纽约上市，到 6 年后位列中国内地首富，期间施正荣和无锡尚德究竟发生了怎样的变化，这一切将从施正荣回国说起。

2.1 发展初期

1. 回国创业

施正荣 1988 年赴澳大利亚新南威尔斯大学，师从国际太阳能电池权威、2002 年诺贝尔环境奖得主马丁·格林教授，1995 年筹建太平洋太阳能研究中心后，施正荣任该中心研究员和澳大利亚太平洋太阳能电力有限公司执行董事，个人持有 10 多项太阳能电池技术发明专利。

2000 年，在澳大利亚 10 多年的施正荣带着几十万美元回国创业。为凑足 800 万美元的资本金，施正荣曾在投资人门口苦坐 3 个小时，连个人都没见到。但他得到了无锡市政府的帮助，当时无锡市分管工业的副书记说：“谁要是把施博士放走了，市委和市政府将追究其责任。”

于是，无锡国联、无锡高新技术风险投资股份有限公司、小天鹅集团、无锡

① 本案例完成于 2007 年 7 月。

水星集团、无锡市创业投资、无锡山禾集团等共同出资 600 万美元，施正荣则以 40 万美元现金和价值 160 万美元的技术参股占 25% 股份，2001 年 1 月注册成立了无锡尚德电力有限公司，2002 年开始运营。

尚德主要从事晶体硅太阳电池、组件以及光伏发电系统的研究、制造和销售。见图 2－1 和表 2－1。表 2－1 是无锡尚德电力刚成立时的股东结构。

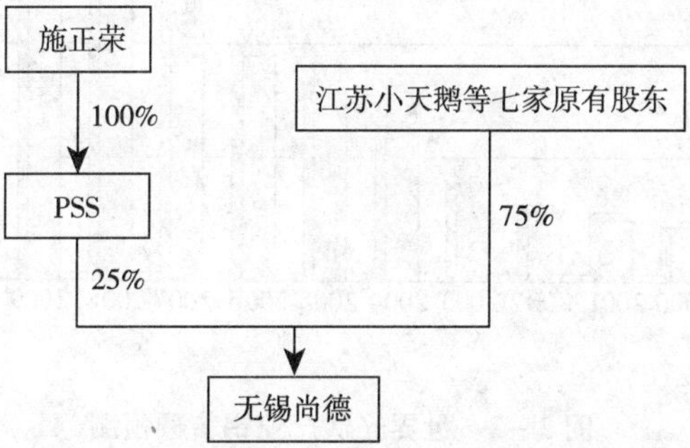

图 2－1　2001 年施正荣对无锡尚德的股权关系

表 2－1　　无锡尚德刚成立时的股东结构

股　东	比　例
施正荣	25%
无锡国联、无锡高新技术风险投资股份有限公司、小天鹅集团、无锡水星集团、无锡市创业投资、无锡山禾集团	75%
合计	100%

2. 创业初期

创业并非易事，刚开始的时候厂房很小，跟一般做太阳能热水器的民营企业没什么两样，最初艰难时，尚德有两个月发不出工资，靠股东担保、银行贷款才渡过难关。2002 年 3 月到 2004 年底，施正荣只拿 1/4 工资。没钱买机器，就想办法改变工艺，想办法买国产的、二手设备。公司人员的流动也很大，从澳大利亚请回的两名“嫡系”由于看不到希望而离开了。

2002 年 9 月，尚德在无锡建成了第一条 10 兆瓦的太阳能电池生产线，2003 年年底盈利 90 万美元。当无锡尚德公司的经营进入正轨，作为企业出资人，无锡的“土鳖派”开始试图参与企业管理，这给施正荣的管理带来了极大的麻烦，迫使施正荣必须收购其他股东的股权，方能够取得公司的控制权。与此同时，他有了上市的意图，以谋求公司更大的发展。

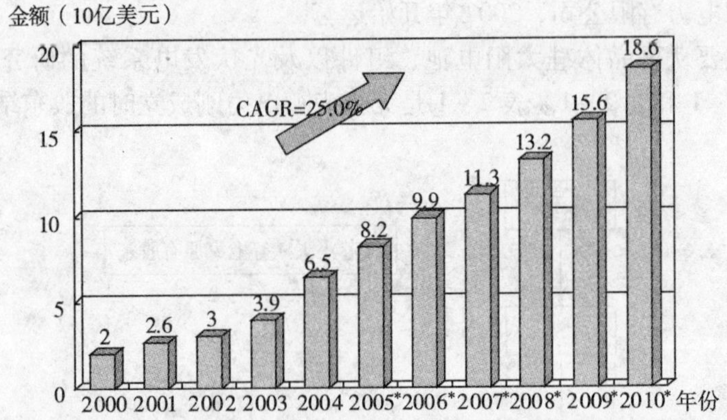

数据来源：Solarbuzz

图 2-2　世界光伏产业销售额预测

2.2　IPO 之前的重组

施正荣开始创业时的占无锡尚德股份的比例是 25%，而到最后上市前达到了 54.33%，上市后则占 46% 的股份。如果仅仅按照高盛等投资机构购买了国有股权这一点，显然无法解释这一结果。如何解释这一股权变化，要从尚德重组上市的过程中寻求答案。

表 2-2　　**无锡尚德上市前的主要业绩指标**　　单位：万美元

	2002 年	2003 年	2004 年	2005 年前 9 个月
收入	302.5	1 388.8	8 528.7	13 701
净利润	-89.7	92.5	1 975.7	2 007.3
净利率	-29.7%	6.7%	23.2%	14.7%
总资产	1 025	1 703	6 847	13 523
净资产	583.3	675.9	2 739.6	6 379.5

1. 过桥贷款

据《招股说明书》披露，到 2004 年 10 月，施正荣全资控股的澳大利亚公司

PSS（Power Solar System Pty. Ltd.）从其他股东手中购买了6.389%的股份，使得施正荣手中持有的股份上升到31.389%。这中间有一个关键的步骤，那就是施正荣通过过桥贷款（Bridge Loan）完成了这一非常重要的工作。

2005年1月11日，尚德BVI成立（Power Solar System Co.，Ltd.），该公司的股东架构如图2-3所示，公司由施正荣（60%）和百万电力（40%）共同持有。

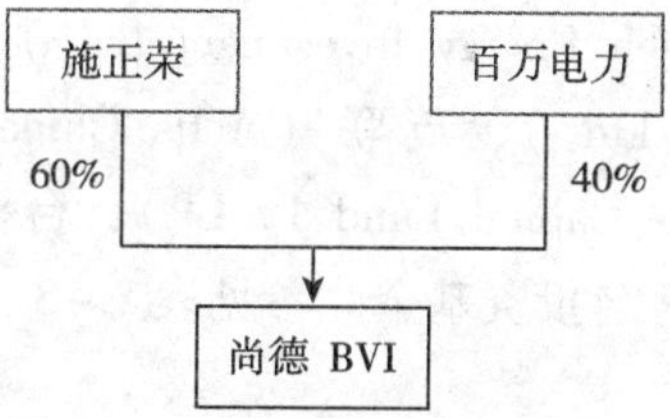

图2-3　尚德BVI的股权结构

百万电力（Million Power Finance Ltd.）公司的法定股本50 000美元，分50 000股，注册于BVI，其拥有者为David Zhang。

2005年1月6日，双方签订一份《过桥贷款协议》。按照协议约定，David Zhang通过壳公司百万电力向尚德BVI提供6 700万港元的贷款，作为尚德BVI收购无锡尚德国有股权的保证金。协议同时规定，百万电力对尚德BVI的债权可以转换成在尚德BVI的股权。转股比例分为两步：

第一步，当尚德BVI收购无锡尚德全部国有股权后（当时国有股占无锡尚德68.611%，施正荣控制的PSS持有31.389%），百万电力在尚德BVI的股权比例可以保持在40%不变，该贷款由负债自动转为股权；

第二步，尚德BVI从施正荣控制的PSS收购无锡尚德的31.389%股权。尚德BVI百分之百控股无锡尚德之后，百万电力持有尚德BVI25%的股权，施正荣持有75%。

上述步骤完成后，David Zhang等控制的百万电力用6 700万港币换取了无锡尚德25%的股份。按照2004年无锡尚德的利润为1 915.7万美元，则百万电力是按照2004年盈利的P/E约为1.675倍进入，其相应承担的风险是国有股能否顺利转让。但协议另有规定，如果国有股不肯转让，贷款期限为半年，到期后尚德BVI必须将贷款连本带息一起归还百万电力，否则每天按0.03%交纳过期罚金，施正荣还用自己所持有31.389%的股权作为提供抵押担保。

2. 收购国有股权

在百万电力提供过桥贷款作为保证金后，施正荣就可以与原国有股东签订股权收购的意向性协议，同时，由于不可控因素的降低，海内外的风险投资机构也开始接触施正荣，准备入股尚德 BVI。

2005 年 5 月，尚德 BVI 与海外风险投资机构签订了一份《股权购买协议》，拟以私募的方式向他们出售 34 667 052 股 A 系列优先股，每股 2. 3077 美元，合计 8 000 万美元。这些海外风险投资机构包括高盛（Goldman Sachs（Asia）Finance）、龙科（Dragon Tech Energy Investment Ltd.）、法国 Natexis（Financiere Natexis Singapore 3 Pte.，Ltd.）、英联（Actis China Investment Holdings No. 4 Ltd.）、西班牙普凯（Prax Capital Fund 1，LP）、台湾 Bestmanage（Bestmanage Consultants Ltd.）等国际著名投资基金。参见表 2 – 3。

表 2 – 3　　出售给风险投资机构的股份

购买者	发行日期	发行数量	占比（以完全摊薄股本为基数）	认购金额（美元）
高盛	2005. 5. 6	10 790 120 股 A 系列优先股	7. 809%	24 900 000
龙科	2005. 5. 6	5 460 061 股 A 系列优先股	3. 952%	12 600 000
英联	2005. 5. 6	5 416 727 股 A 系列优先股	3. 920%	12 600 000
法国 Natexls	2005. 5. 6	4 766 720 股 A 系列优先股	3. 450%	12 500 000
台湾 Bestmanage	2005. 5. 6	4 333 381 股 A 系列优先股	3. 136%	10 000 000
西班牙普凯	2005. 5. 6	3 900 043 股 A 系列优先股	2. 823%	9 000 000
咨询顾问和贷款提供者	2005. 5. 6	购买 4 699 383 股普通股的期权		N/A
董事、员工和顾问	2005. 9. 5	购买 6 110 000 股普通股的期权		N/A

数据来源：上市公司公告。

购买协议中说明，这些资金将主要用于公司重组，这里所说的重组其实就是指将无锡尚德从一个国有控股的中外合资公司，通过股权转让转变为尚德 BVI 全资控股的子公司。

根据购买协议，具体的重组步骤概括如下：

（1）尚德 BVI 从江苏小天鹅集团、无锡山禾集团、无锡市创业投资公司和无锡 Keda 风险投资公司手中购买无锡尚德 36.435% 的股权，从无锡高新技术投资公司手中收购 7.917% 的股权；

（2）由 David Dong 所控制的一家于 BVI 注册、上海办公的公司欧肯资本（Eucken Capital）从无锡国联信托投资公司和无锡水星集团手中收购 24.259% 的股权；

（3）尚德 BVI 从 David Dong 手中收购欧肯资本 100% 的股权；

（4）尚德 BVI 从施正荣手中收购 PSS 的 100% 股权（PSS 拥有无锡尚德 31.389% 的股权）；

（5）百万电力向一些自然人和机构转让部分尚德 BVI 股份。

按照上述安排，“重组”完成后，将形成下面的架构：尚德 BVI 持有 PSS 和“欧肯资本”100% 的股权及“无锡尚德”36.435% 的股权；同时 PSS 和“欧肯资本”持有“无锡尚德”其余 63.57% 的股权。根据《股份购买协议》，PSS 和“欧肯资本”应当在随后 90 天内把自己所持有的“无锡尚德”的股份全部转让给尚德 BVI，使尚德 BVI 直接拥有“无锡尚德”100% 的权益。

图 2－4 为这一重组过程，图 2－5 为重组后 5 月份的股权结构，图 2－6 则为战略投资者引入后的股权结构。

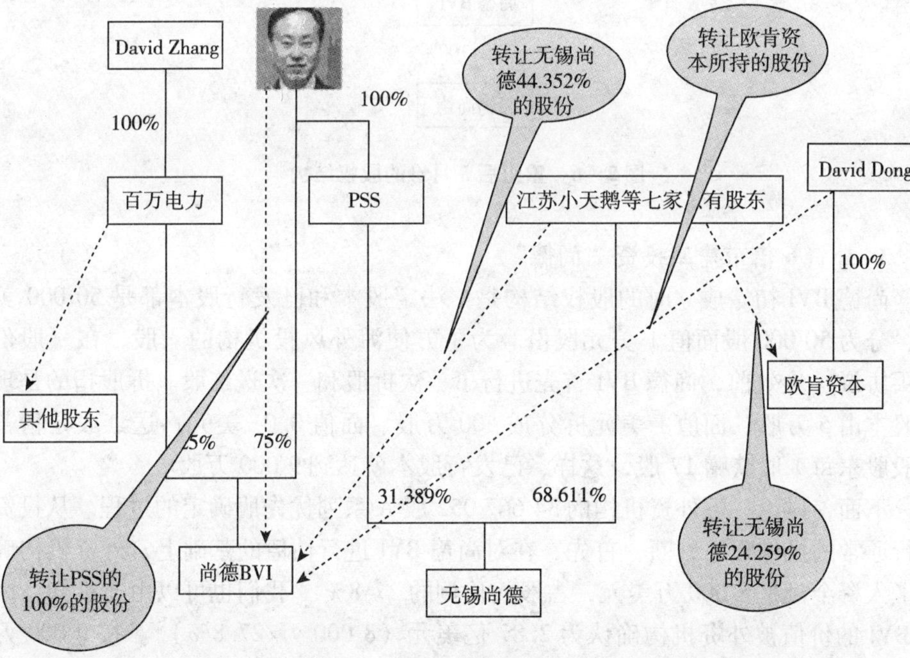

图 2－4　尚德 BVI 的重组过程

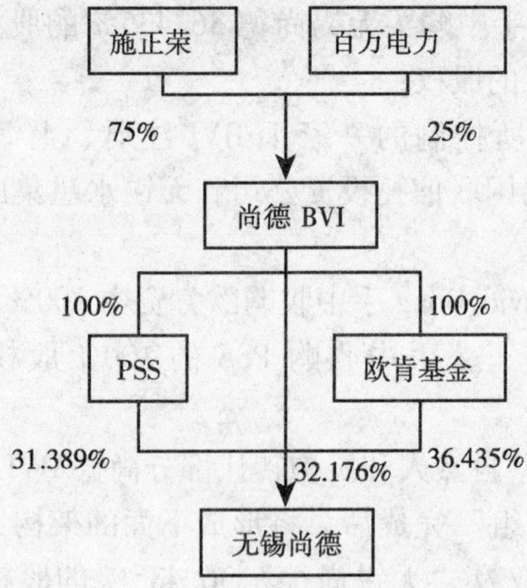

图 2－5　重组后 5 月份的股权结构

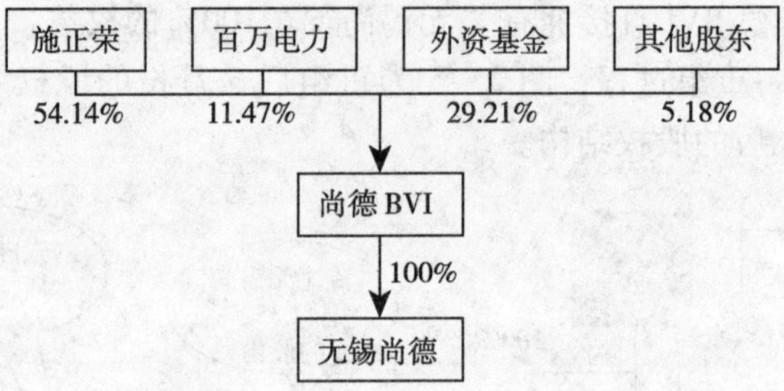

图 2－6　重组后 6 月份的股权结构

3. 外资 6 倍市盈率投资“尚德”

尚德 BVI 初始成立时的股权结构是：法定股本和已发行股本都是 50 000 美元，分为 50 000 股面值 1 美元股份。为了方便海外风投机构的入股，在《股份购买协议》生效前，尚德 BVI 首先进行了一次拆股和一次送红股。拆股指的是现有股本由 5 万股、面值 1 美元拆分成 500 万股、面值 0.01 美元；送红股是指普通股股东每 1 股获赠 17 股，这样，已发行股本就达到 9 000 万股。

下面，讨论一下外资机构的 34 667 052 股 A 系列优先股确定的过程。从投资银行通常的操作程序判断，首先，在对尚德 BVI 进行估值的基础上，外资机构确定了入资金额是 8 000 万美元，占股权比例的 27.8% ［我们也可以由此推知，尚德 BVI 的价值被外资机构确认为 2.87 亿美元（8 000 万/27.8%）］。按 9 000 万股对应 72.2% 的股份（100～27.8%）计算，尚德 BVI 的已发行股本确定为

124 667 052股，外资的持股数确定为 34 667 052 股。

表 2 -4　　尚德 BVI 股权结构

股东名称	股份类别	股数（股）
施正荣	普通股	67 500 000
百万电力	普通股	14 303 870
法国 Natexls（新家坡三期）	普通股	1 733 328
Shouai Wang	普通股	866 664
Ching Fong	普通股	841 614
Xianfeng Yin	普通股	654 588
Kok Fai Wong	普通股	177 674
Yingchih Chen	普通股	105 201
Tiptop Bright Limited	普通股	3 817 061
高盛	优先股	10 790 120
龙科	优先股	5 460 061
英联	优先股	5 416 727
法国 Natexls（新加坡三期）	优先股	2 600 060
台湾 Bestmanage	优先股	4 333 381
西班牙普凯	优先股	3 900 043
法国 Natexls（法国一期）	优先股	1 600 000
法国 Natexls（法国二期）	优先股	566 660
合　计		124 667 052

确定了外资持股数后，也就确定了最终的股权结构：尚德 BVI 法定股本扩大到500 万美元，拆分为面值 0. 01 美元的 5 亿股，包括普通股 465 332 948 股和 A 系列优先股 34 667 052 股；已发行普通股 9 000 万股，优先股 34 667 052 股，其余股份未发行。

外资机构为了保障自己的权利，要求 A 系列优先股必须享有超越所有普通股股东的大量不平等优先权，这使 A 系列优先股更类似于尚德 BVI 所发行的一种高息可转换债券，享有多种权益：

（1）赎回权。如果不低于2/3的优先股股东要求公司赎回全部已发行的优先股，或者发行的A系列优先股满37个月，则A系列优先股股东可以在任意时间要求赎回，在赎回任意A系列优先股的时候，公司的赎回价应为初始发行价的115%；

（2）定期分红权。每股优先股每年可收取红利为初始发行价格（即每股2.3077美元，8 000万美元/34 667 052股）的5%，而普通股只有在A系列优先股股利支付后才有权获得分红；

（3）清算优先权。如果公司发生清算、解散、业务终止等情况，A系列优先股享有优先权，优于公司普通股股东接受公司资产或盈余资金的分配，接受金额为A系列优先股初始发行价的115%加上截至清算日全部已宣布未分配红利，如果全部资产不足A系列优先股初始发行价的115%，则全部资产按比例在A系列优先股东之间分配；

（4）换股权。在公司IPO后，每股A系列优先股可自动转换为一股普通股，而且公司需保证IPO前的公司估值不低于5亿美元，公司通过IPO募集的资金不低于1亿美元。

同时，无锡尚德和海外风险投资机构之间还签订了外资风险投资机构经常采用的“对赌协议”，即A系列优先股转换成普通股的转股比例将根据尚德BVI的业绩进行调整。双方约定，在尚德BVI截至2005年末、经“四大”会计师事务所审计的、按照美国GAAP会计准则进行编制的合并财务报表中，合并税后净利润不得低于4 500万美元。假如低于4 500万美元，则转股比例（每股A系列优先股/可转换成的普通股数量）需要乘以一个分数—公司的“新估值”与“原估值”之比，即“新估值”/2.87亿美元。那么，这个“新估值”该如何确认呢？根据协议，“新估值”的数值应当是2005年的实际净利润乘以6，也就是说，外资认为按照6倍市盈率投资“无锡尚德”是比较合理的。

表2-5　　A系列优先股和普通股的权利比较

	A系列优先股	普通股
定期分红权	每股优先股每年可收取红利为初始发行价格的5%	只有在A系列优先股股利支付后才有权获得分红
换股权	公司IPO后，每股A系列优先股可自动转换为一股普通股	N/A

续表

	A 系列优先股	普通股
赎回权	如果发行 A 系列优先股满 37 个月，或者不低于 2/3 的优先股股东要求公司赎回全部已发行的优先股，则 A 系列优先股股东可以在任意时间要求赎回	N/A
清算优先权	公司发生清算、解散、业务终止，A 系列优先股享有优先权，优于公司普通股股东接受公司资产或盈余资金的分配	N/A
对赌协议	确保 A 系列优先股 6 倍市盈率投资	N/A
外资机构的股权比例上限	N/A	无论换股比例如何调整，外资机构的股权比例都不能超过公司股本的 40%
股票期权	N/A	公司的董事、员工和顾问取得了约 611 万股的股票期权

这种“对赌”无疑对外资规避风险非常有利，但施正荣也在协议中对自己的控制权设定了一个“万能”保障条款：无论换股比例如何调整，外资机构的股权比例都不能超过公司股本的 40%。

当然，施正荣也为公司的董事、员工和顾问争取到了约 611 万股的股票期权。虽然这会在一定程度上摊薄外资的权益，但强势的外资对此却并无异议，因为在海外风险投资商看来，公司股权对于能够留住人才具有价值。

为什么海外风险投资机构愿意出 6 倍的市盈率投资呢？根据海外风险投资机构目前已投资的国内项目来看，按 6 倍的市盈率投资于一家未上市的企业已经不算低，高盛等外资机构之所以能给“无锡尚德”如此高的投资溢价，与原国有股东的完全退出和以施正荣为控股股东的“纯外资”股权结构有很大关系。第一，国内《中外合资经营企业法》等法律法规对中方投资者尤其是国有股东的权利有严格的保护，在涉及股权增资、转让、发行上市等方面有复杂的审批程序，国有股的完全退出大大降低了外资在这方面的法律风险。第二，2005 年初国家外管局出台的“11 号文件”和“29 号文件”对大陆本土企业的海外红筹上市作出了严格限制，部分受此影响，直到 2005 年 10 月“75 号文件”出台以前，外资机构的投资热情一直处于低谷，而由于施正荣本人属澳大利亚国籍，“无锡尚德”在完成“重组”后已经成功地变身成为完全由外资投资的企业，不再适用上述规定，因而可以简化法律程序。

2.3 公司上市

1. 打造上市主体“尚德控股”

为了能够按照美国的上市要求顺利上市，在海外上市主承销商瑞士信贷第一波士顿和摩根士丹利的安排下，由施正荣完全控股的壳公司 D&M Technologies 于2005年8月8日在开曼群岛注册成立“尚德控股”公司，发行面值每股0.01美元。

那么，怎么样才能将“尚德控股”打造成最终控股公司呢？——换股！这也是海外上市实务中最常用的一种方式。8月16日，“尚德控股”和尚德 BVI 的全体股东一起签订了一份“换股协议”。根据这个协议的安排，“尚德控股”向16家尚德 BVI 现有的股东发行股票，为了方便上市操作，原应支付给施正荣的股份改为支付给 D&M Technologies 公司。那么，加上 D&M Technologies 公司注册“尚德控股”时的一股，“尚德控股”完全复制了尚德 BVI 的股权结构，即普通股90 000 000股，A系列优先股34 667 052股。

交换这些股东所持有的尚德 BVI 全部股份。交换后，“尚德控股”持有尚德 BVI100%股份，而尚德 BVI 的16家股东将拥有“尚德控股”100%的股权。如图2-7所示。

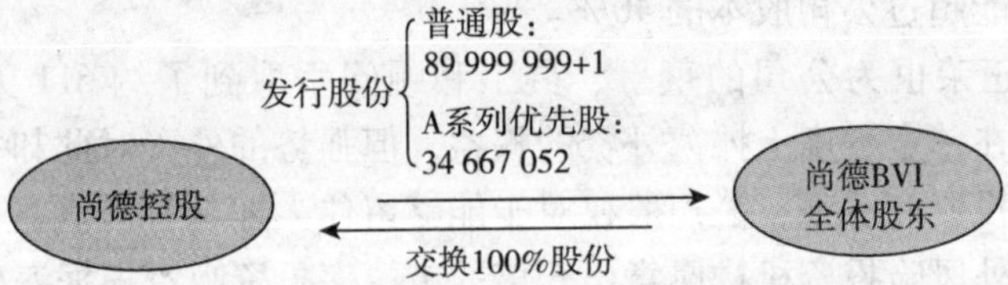

图2-7　尚德控股与尚德 BVI 的“换股”

从“尚德控股”的《公司章程》中可以看到，外资优势地位并没有受到“换股”的影响，“尚德控股”的A系列优先股享有和尚德 BVI A系列优先股同样的权利。除此之外，外资为了获得更大的控制权，对“尚德控股”作了额外的要求——必须任命高盛和龙科的代表进入董事会，并任命他们进入“无锡尚德”的董事会，并且授予这两名“投资者董事”批准公司几乎所有的重大经营管理事项的权力。这里说的重大经营管理事项包括利润分配、股票回购、高管股票出售、期权发放、关联交易、超过500万美元的负债、一年内累计超过100万美元的固定资产购买和租赁、证券买卖、账户变更、会计政策或方法变更、收购兼并 200 万美元以上的资产或业务、超出预算 10% 的费用支出等等。

外资拥有的这种强大控制力使纽交所相信，尽管施正荣在上市前拥有 54.14% 的股份，但“尚德控股”和“重组”前的“无锡尚德”一样，实际控制权都掌握在董事会手中，没有产生任何新的单个股东或一致行动股东可以控制“无锡尚德”。也是由于这一点，负责公司审计的德勤会计师事务所选择采用权益结合法而不是购买法作会计处理。“无锡尚德”的全部资产、负债都得以按账面价值并入尚德 BVI 和“尚德控股”，“尚德控股”的历史财务和运营记录与“无锡尚德”完全保持一致。

按照约定，一旦上市成功，“尚德控股”将启用第二套《公司章程》，这时外资的控制力将会大大减弱，“对赌协议”也随之失效。这说明，外资对国际公开市场的管治水平抱有极大的信任。图 2－8 是 2005 年 12 月上市时的尚德控股。

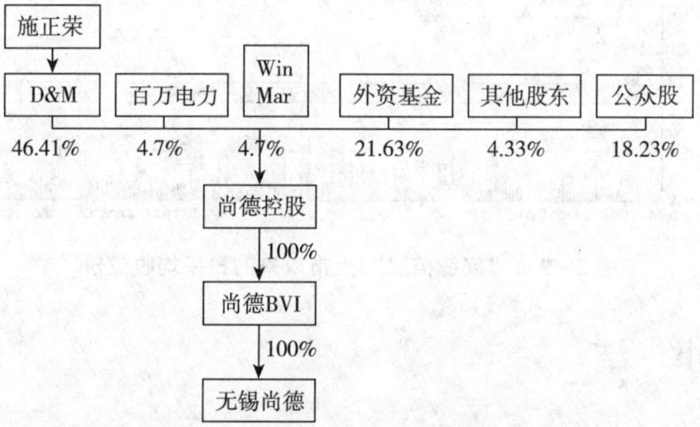

图 2－8　尚德控股上市前最终股权结构

2. 登陆纽交所

美国当地时间 2005 年 12 月 14 日，“尚德控股”在纽约证券交易所成功上市（上市代码为“STP”），成为中国内地首家在纽交所挂牌上市的民营高科技企业。

“最好的企业应该到最好的交易所上市”——正是纽交所 CEO 约翰·塞恩的这句话促使施正荣选择了纽交所。事实证明了施正荣的选择是正确的：公司一上市就受到了美国股市的热烈追捧。“尚德控股”向公众出售 2 000 万股新股，老股东向公众出售 638 万股旧股，总股本为 1.45 亿股。首日收盘价为每股 21.2 美元，较 15 美元的招股价上涨 41.33%，共募集资金 4 亿美元。

就对施正荣个人来说，除了“无锡尚德”成立之初的 40 万美元股金外，几乎没有追加任何资金投入，而最终拥有了 6 000 万股份，占 46.8%，资产达到

14.35 亿美元。就外资机构而言，“尚德控股”也让他们获得超额的投资回报：按公司发行价 15 美元计算，其 2.3077 美元的购股成本在半年内增值了 6.5 倍；按公司上市首日收盘价计算，增值了近 10 倍。

“尚德控股”成功上市之后，市场表现一直不错。2007 年 8 月 20 日，“尚德控股”的收盘价为 33.84，市盈率是 44.1 倍。图 2－9 为“尚德控股”上市以来的日平均收盘价。

图 2－9　“尚德控股”上市以来的日平均收盘价

2.4　小　结

“尚德控股”在海外的成功上市，使施正荣不但成功地取得了企业控制权，而且使个人财富得到惊人增值。在 2006 年胡润能源富豪排行榜上，施正荣以 155 亿元位列第一；在《福布斯》2006 年“全球富豪榜”上，他以 22 亿美元排名第 350 位。同时，10 倍左右的投资回报率也使“尚德控股”成为近几年来外资机构对华投资最成功的案例之一。

然而，“尚德控股”的上市意义应该远不止这些。

一个企业，要走向市场化和国际化，摆脱原来的运作模式和思维定势，其间必然要经历一个艰难与痛苦的嬗变过程。在这个过程中，公司可能会进行业务重组、资产重组，可能需要内部组织结构、法人治理结构的改变，可能要调整会计制度、精算制度等一系列与国内“游戏规则”不同的地方。无锡尚德顺利地走过了这一条漫漫征途，从成立尚德 BVI，到过桥贷款重组国有股权，再到向海外风险投资机构“私募”8 000万美元，到成立尚德控股，直至最后的成功登陆。

近年来，想寻求海外上市的国内优质企业越来越多，然而，向国际资本市场融资的道路充满艰辛，如何才能披荆斩棘，成功上市呢？或许，我们在“尚德控股”从“蜕变”到辉煌上市的整个过程中，能够获得一些借鉴与启发。

参考文献：

1. 无锡尚德施正荣财技，
http：//biz. 163. com/06/0316/16/2CBOIQM600020QEU. html#。
2. 无锡尚德公开报告，www. nyse. com/。

第 3 章

中国工商银行 IPO[①]

中国工商银行是四大国有商业银行之一。2005 年 4 月，国务院正式批准了工商银行改制的方案，工商银行的首发上市进入了实质性的启动阶段。2006 年 10 月 27 日，工商银行实现了 A + H 的同步发行上市，募集资金 1 486 亿人民币，为历来全球集资额之首。这样一个超级大盘股的上市，无疑给发行方、承销商和市场以巨大的压力。如何保证这一巨无霸的成功发行，是我们从这一案例中特别需要总结的。

3.1 公司背景

1. 公司简介

中国工商银行（以下简称工行或工商银行）成立于 1984 年 1 月 1 日，是四大国有商业银行之一，总部设在北京。1994 年，央行改组四大国有专业银行为一般意义的商业银行，工行从此开始转变为综合性商业银行。通过 16 997 家境内机构，98 家境外分支机构和遍布全球的 1 326 家代理行，向超过 241 万公司银行客户和 1.7 亿个人提供广泛的金融产品和服务。

工行业务范围广、业务量大，主要业务包括公司业务、个人业务、资金业务等，见图 3 - 1。

2. 公司业务

按其年报介绍，工行拥有中国最大的公司银行业务，支持了众多基本建设、基础产业、重大项目、重点企业，以及中小企业的发展。2005 年中国工商银行积极构筑统一营销平台和分层次营销体系，继续重点加强石油石化、电力、电信、公路、铁路、民航和港口等重点基础产业和基础设施领域营销；适度和有区别地增加城市基础设施、高新开发区建设、房地产业等行业贷款投放；有选择地

① 本案例完成于 2007 年 7 月。

加大对现代制造业、现代物流业、环保产业和新型服务业、文化产业、医疗卫生等新兴行业的信贷投放；积极拓展跨国公司、中小企业信贷市场；行业结构和客户结构持续优化。在巩固和发挥传统业务优势的同时，大力拓展现金管理、投资银行、资产托管和各类理财等高成长性、高技术含量和附加值的新兴中间业务，发展银团贷款、财务顾问、结构化融资、综合金融服务方案等高端业务，产品结构和收益结构日趋合理。

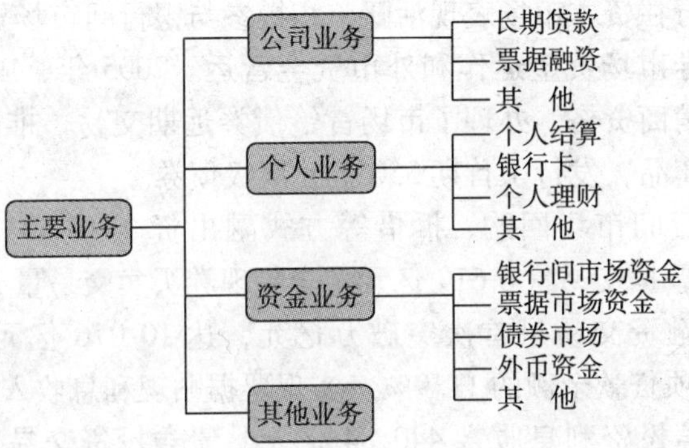

资料来源：工商银行网站。

图 3－1　中国工商银行主要业务

2005 年末，对公存款余额 25 438 亿元，对公贷款余额 27 622 亿元，主要集中在中长期贷款和票据融资。新增搭桥贷款、备用贷款和内保外贷等业务。境内银团贷款余额 723 亿元。

3. 个人业务

工行的个人金融业务居国内首位，构筑了以个人结算、银行卡业务、个人理财类产品为主的个人中间业务体系，并拥有最大的理财客户规模和银行卡客户群。2005 年，工行在居民储蓄、个人贷款、个人中间业务、银行卡等众多零售金融服务领域继续保持主导地位，客户结构得到持续优化，网点综合竞争能力和多渠道综合应用水平显著提升。连续第三年获得了《亚洲银行家》杂志“中国最佳国有零售银行”称号。

2005 年末，储蓄存款余额 31 166 亿元，个人贷款余额 5 274 亿元，其中个人住房贷款余额 4 593 亿元，个人贷款余额继续保持同业第一位。

2005 年实现个人手续费净收入 59.93 亿元，占手续费净收入总额的 56.8%。个人结算、银行卡业务、个人理财类产品销售构成个人中间业务收入的主要来源。面向高端个人银行客户，推出短信账单、理财课堂、银行管家服务等新功能与新服务，年末“理财金账户”客户总数达到188万户，增长51.6%。主要代理业务领域继续保持行业领先，代理销售凭证式国债市场占比31.2%，为最大分销商，代理销售开放式基金707亿元，代理销售保险产品保费总计322亿元。

年末，银行卡总发卡量14 522万张，银行卡总消费额2 410亿元。实现银行卡业务收入23.46亿元。发展基于芯片的EMV多功能信用卡，信用卡安全性进一步提高。

4. 资金业务

中国工商银行在资本市场表现活跃，积极参与银行间市场资金运作、票据市场资金运作、债券市场资金运作和外币资金营运。2005年，工行首批取得企业短期融资券主承销商资格，办理了市场首笔债券远期交易，推出“工行债市通”法人人民币理财产品，发行了首期350亿元次级债券。

全年通过银行间市场回购、拆借等方式融出资金16 131亿元，融入资金1 400亿元；央行票据交易量6 619亿元，全年现券买卖交易量1 886亿元。

2005年票据融资交易量首次突破万亿元，达10 076亿元，票据贴现余额3 928亿元，占各项贷款余额的11.9%。实现票据贴现利息收入90.45亿元。

全年实现债券投资利息收入440.84亿元，债券投资交易价差收益4.29亿元。工行2005年各项主要业务收入占比如图3-2所示。

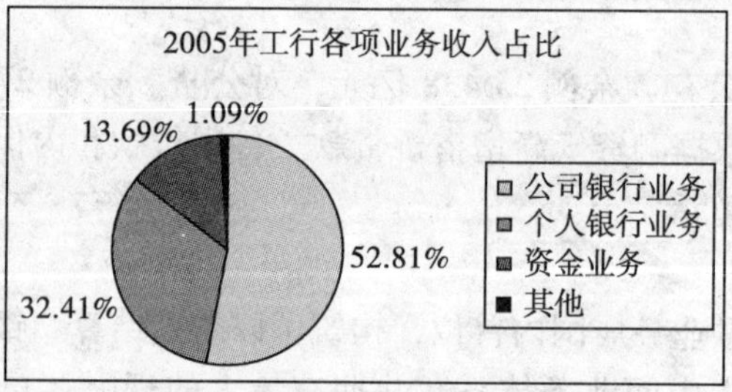

资料来源：工商银行招股说明书及其网站。

图3-2　2005年工行各项业务收入占比

3.2　所在行业概况

中国内地银行业曾经因为缺乏市场化机制和监督体制，导致管理和风险控制水平低下，不良贷款率较高，呆账准备金覆盖率较低。不过，经济的高速发展同时优化了银行的资产质量。近几年，随着内地经济的良性发展、银行业管理水平的提高，以及国家对包括工商银行在内的部分银行进行了注资和不良贷款的剥离，银行体系的资产质量正在逐步好转，不良贷款率呈现逐年下降的趋势。

当前，中国内地商业银行体系主要由 4 家国有商业银行、13 家股份制商业银行、115 家城市商业银行、200 多家外资商业银行以及为数众多的农村和城市信用社组成。其中，4 家国有商业银行和 13 家股份制商业银行可以在全国地域范围内设置网点，称为 17 家全国性商业银行；城市商业银行和信用社仅可以在特定地域范围内开设网点；外资银行之前受到一定的经营限制，但是依据入世承诺，2006 年 12 月之后我国将取消所有对外资银行的所有权、经营权的设立形式，包括所有制的限制，允许外资银行向中国客户提供人民币业务服务，给予外资行国民待遇。

2006 年，中国银行业继续保持积极的前进动力。大型商业银行的改革步入正轨，5 大商业银行中已经有 3 家经过资本重组并在香港上市。一些股份制商业银行引入战略投资者，并积极准备在海外上市。截至 2006 年末，银行业金融机构（境内）资产总额 43.950 万亿元，同比增长 17.3%；负债总额 41.711 万亿元，同比增长 16.5%。见表 3－1。同期不良贷款占比从两位数下降到一位数。到 2006 年第四季度，不良贷款占全部贷款的比例下降到 7.09%，达近年来新低。见表 3－2。

表 3－1　　银行金融机构季末资产结构　　单位：亿元、%

2006 年	第一季度	第二季度	第三季度	第四季度
总资产	391 927.0	409 511.6	420 846.3	439 499.7
比上年同期增长率	19.2	18.5	17.0	17.3
总负债	374 501.5	390 332.2	400 508.9	417 105.9
比上年同期增长率	18.6	17.9	16.2	16.5

资料来源：中国银监会网站。

表 3－2　　2006 年商业银行不良贷款情况表　　单位：亿元、%

	第一季度		第二季度		第三季度		第四季度	
	余额	占全部贷款比例	余额	占全部贷款比例	余额	占全部贷款比例	余额	占全部贷款比例
不良贷款	13 124.7	8.03	12 827.2	7.53	12 736.3	7.33	12 549.2	7.09

续表

	第一季度		第二季度		第三季度		第四季度	
	余额	占全部贷款比例	余额	占全部贷款比例	余额	占全部贷款比例	余额	占全部贷款比例
其中：次级类贷款	3 281.4	2.01	3 066.7	1.8	2 923.3	1.68	2 674.6	1.51
可疑类贷款	5 035.1	3.08	5 038.9	2.96	5 098.7	2.93	5 189.3	2.93
损失类贷款	4 808.2	2.94	4 721.6	2.77	4 714.2	2.71	4 685.3	2.65
不良贷款分机构								
主要商业银行	12 068.4	8.26	11 778.8	7.8	11 726.7	7.64	11 703	7.51
国有商业银行	10 588.2	9.78	10 557.6	9.47	10 558.1	9.31	10 534.9	9.22
股份制商业银行	1 480.2	3.92	1 221.2	3.09	1 168.5	2.91	1 168.1	2.81
城市商业银行	861.5	7.59	845.4	6.72	807.3	6.07	654.7	4.78
农村商业银行	158.1	6.96	166.4	6.64	166.9	6.58	153.6	5.9
外资银行	36.7	0.95	36.6	0.87	35.5	0.81	37.9	0.78

资料来源：中国银监会网站。

银行业金融机构包括政策性银行、国有商业银行、股份制商业银行、城市商业银行、农村商业银行、农村合作银行、城市信用社、农村信用社、邮政储汇局、外资银行和非银行金融机构。2006 我国银行业各金融机构资产占比如图 3－3所示，国有商业银行占比最高，达52%。

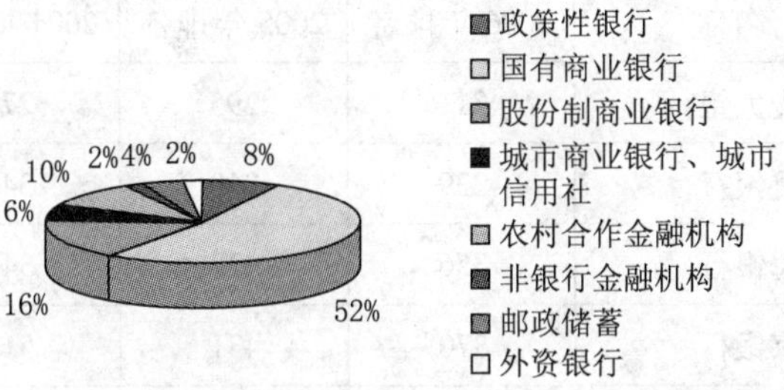

资料来源：中国银监会网站。

图 3－3　2006 年我国银行业金融机构资产占比

2006 年，由英国《银行家》公布的全球 1 000 家大银行排名中（见表 3－3），中资银行进入全球 1 000 家大银行由 2005 年的 19 家上升到 25 家。按一级资本排序，2006 年度进入全球 1 000 家大银行前 20 名的中资银行有 3 家，分别是中国建设银行（356 亿美元），排第 11 位；中国工商银行（317 亿美元），排第 16 位；中国银行（304 亿美元），排第 17 位。

表 3－3　　中资银行 2006 年度按一级资本在《银行家》全球 1 000 家大银行中的排名

排名	银行名称	2006 年排名	2005 年排名	2004 年排名	2003 年排名
1	中国建设银行	11	25	21	37
2	中国工商银行	16	32	25	16
3	中国银行	17	11	29	15
4	中国农业银行	60	37	36	25
5	交通银行	65	105	101	102
6	招商银行	173	198	214	187
7	中信实业银行	188	200	202	291
8	中国民生银行	247	287	310	405
9	浦东发展银行	251	270	261	308
10	兴业银行	297	325	434	400

续表

排名	银行名称	2006 年排名	2005 年排名	2004 年排名	2003 年排名
11	中国光大银行	311	295	273	217
12	华夏银行	339	360	348	440
13	上海银行	356	437	344	318
14	北京银行	370	431	515	N/A
15	广东发展银行	495	485	471	434
16	深圳发展银行	548	693	548	503
17	天津市商业银行	672	N/A	N/A	N/A
18	上海市农村商业银行	683	N/A	N/A	N/A
19	杭州市商业银行	821	N/A	N/A	N/A
20	深圳市商业银行	839	908	N/A	N/A
21	大连市商业银行	896	N/A	N/A	N/A
22	深圳市农村商业银行	927	N/A	N/A	N/A
23	宁波市商业银行	937	933	N/A	N/A
24	重庆市商业银行	963	980	N/A	N/A
25	南京市商业银行	1 000	N/A	N/A	N/A

资料来源：中国银监会网站。

3.3 工行上市概览

1. 工行的上市时间表

从2005年4月，国务院正式批准了工商银行改制的方案，工商银行的首发上市进入了实质性的启动阶段，一直到2006年10月27日，工商银行实现了A+H的同步发行上市，期间历经了多个关键性的时间节点，如图3－4所示。

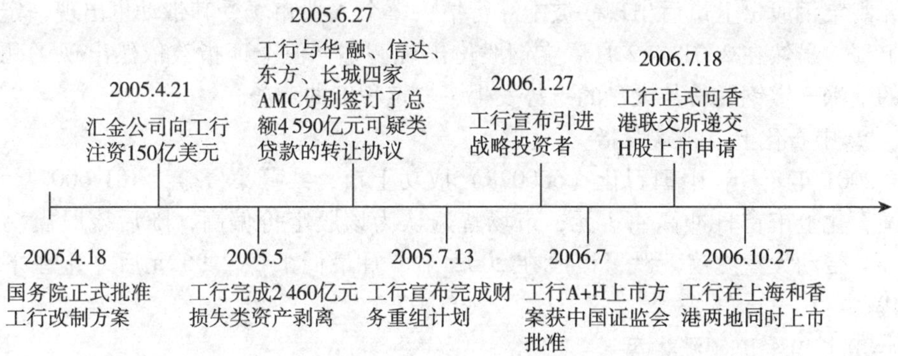

图 3－4　工行上市时间表

2. 工行上市创造多项记录

2006 年 10 月 27 号中国工商银行在内地与香港同步上市，创出多个世界纪录：

- 首日成交额最大：374.52 亿元占港股总成交一半
- 首日交易宗数最多：141 906 宗占港股总交易宗数约 32%
- 单一股份于单一交易日买卖盘最多：买卖盘达 244 672 个；其中曾在同一个价位有 8 000 个买盘
- 全球历来集资额最大：港沪共筹 1 486 亿元
- 历来最多港人认购：96.9 万人
- 冻结资金破香港纪录：4 115 亿元
- 首只获港交所开“绿灯”，准许正股、窝轮、期货及期权产品同日上市，又获准当日可沽空
- 首只 A＋H 同步同价上市新股
- 首只获特首曾荫权出席上市仪式的国企股
- 首次港沪两地直播上市仪式，由两地高官空中对话

3. 工行上市后市场表现

（1）历史上大盘股 IPO 后的市场表现

由于大盘股在指数中占有较大比重，其涨跌对于市场影响较大，往往权重股的涨跌会与指数涨跌保持较大的相关性。工商银行作为 2006 年度 A 股市场的超级大盘股，其上市后对大市的影响成为市场当时的关注点之一。那么，在工商银行 A＋H 发行前，权重大盘股上市后市场的表现如何呢？

① 宝钢上市引发上涨

2000 年 12 月，宝钢股份（600019）上市，此次发行共募集资金 7 845 860

万元。宝钢股份上市后出现一波上涨行情，整个A股市场受其带动也出现一定幅度上涨。虽然在2001年2月后宝钢股份出现调整，但上证指数依然出现了几个月的上涨，宝钢股份与大盘的走势发生了一定程度的背离。

② 中石化上市领跌股指

2001年8月，中国石化（600028）成功上市，共募集资金1 181 600万元。中国石化上市首日冲高4.7元，市场普遍认为该股定价偏高，随后该股震荡下跌，并带动大盘震荡下跌，该股在2002年1月最低下探2.96元后才止住下跌步伐。

③ 长电上市领涨大盘

2003年11月，长江电力（600900）上市，共募集资金1 000 180万元。长江电力的连续上涨成为推动大盘上涨的主要推动力。从市场走势可以看出，长江电力上市后震荡走高，周K线连续收阳，受长江电力上市后不断走强的影响，上证指数月K线也连收5根阳线。

④ 中行上市引发回调

2006年7月5，中国银行（601988）上市，共募集资金1 999 999.848万元。上市当日最高摸至4.05元，收于3.97元，随后一路下跌。与此同时，中行上市当日一度带动沪综指上涨73.67点，至收盘时仍上涨37.01点。随后沪综指一路下跌，跌至8月7日的1 541.41点才止跌。

从权重股的上市可以看出，宝钢股份、长江电力的上市引发市场出现一定幅度的反弹，而中国石化、中国银行上市之初由于定价过高，上市后很大一部分时间对于市场的影响是负面的。

（2）工商银行IPO后市场表现

2006年10月27日，中国工商银行在上海证券交易所和香港交易所首次公开发行股票，融资额高达219亿美元，为全球最大的IPO。工行上市后，沪深两市的市值急剧膨胀。根据沪深证券交易所提供的数据，工行上市前夕，沪深两市A股总市值合计为人民币52 539.42亿元。工行上市后，沪深两地市场A股总市值分别为47 039.71亿元和13 024.75亿元，合计达60 064.46亿元。图3－5给出了工行从上市以来到2007年4月20日的收盘价日度数据。我们可以看出其股份在这段时间的大致走势。

图 3－5　2006 年 10 月 27 日～2007 年 4 月 20 日工行股票日收盘价

3.4　工行上市前的基本财务状况

1. 工行整体状况

中国工商银行是中国内地最大的商业银行，拥有独占鳌头的市场份额和客户资源。截至 2005 年末，公司总资产和存贷款规模分别达到 64 572 亿元、57 369 亿元和 32 896 亿元，分别占银行业的 16.8%、19.4% 和 15.4%，分别占四大国有银行的 31.4%、32.6% 和 30.4%。以公司贷款余额、票据贴现余额和公司存款计算，工商银行是内地最大的公司银行；以个人贷款余额和个人存款余额计算，工商银行是内地最大的个人银行。截至 2006 年中期末，工商银行拥有超过 250 万公司客户和超过 1.5 亿个人客户，通过 18 038 家境内分行、98 家境外分行、1 610 家自助银行、19 026 部自动柜员机，以及一系列网上及电话银行网络为客户提供服务。见表 3－4。

表 3－4　　全国性商业银行规模及市场份额（2005 年）

单位：10 亿元、%	存款		贷款		机构数目
	金额	市场份额	金额	市场份额	
四大国有商业银行	17 375	58.71	10 810	50.51	72 972
中国工商银行	5 661	19.13	3 290	15.37	18 870

续表

单位：10 亿元、%	存款		贷款		机构数目
	金额	市场份额	金额	市场份额	
中国银行	3 704	12.52	2 235	10.44	11 618
中国建设银行	3 973	13.43	2 456	11.48	14 250
中国农业银行	4 037	13.64	2 829	13.22	28 234
股价制商业银行	5 008	16.92	3 503	16.37	5 855
交通银行	1 221	4.13	759	3.55	2 607
招商银行	634	2.14	472	2.21	456
中信实业银行	506	1.71	371	1.73	416
上海浦东发展银行	506	1.71	377	1.76	350
中国民生银行	489	1.65	378	1.77	240
中国光大银行	450	1.52	304	1.42	382
广东发展银行	306	1.03	209	0.98	500
兴业银行	355	1.20	243	1.14	328
华夏银行	311	1.05	234	1.09	266
深圳发展银行	202	0.68	156	0.73	238
恒丰银行	28	0.09	n. a	n. a	n. a
国内银行业总计	29 594	100.00	21 403	100.00	78 827

资料来源：各家银行年报或招股说明书，申银万国证券研究所。

2. 个人业务

(1) 工行业务整体情况

在零售市场上，工商银行的口号是："您身边的银行"。凭借 18 038 家境内分支机构，工商银行几乎在每个主要城市都拥有最多的网点，从而为客户提供非常便捷的服务。在工商银行的收入构成中，个人银行业务并非工行最大的收入来源。但是，我们相信在普遍以公司业务为主导的国内银行业中，个人银行业务在人口众多、个人金融渗透率较低、且国民财富不断增长的中国具有更广阔的发展空间。在国外银行的收入构成中，个人银行业务获取的收入通常占到收入的一半以上，比如依据汇丰银行 2005 年年报，当年来自个人银行的收入占总收入的 60%。从国内银行近年来的发展趋势看，个人银行的占比正在不断提高。我们认为工行目前具有国内最大的个人银行业务客户基础，拥有超过1.5亿名个人银行业务客户，在未来个人金融的发展过程中，工行具有明显的优势。参见表3-5。

表3-5　工商银行各项业务净收入占比及与同类银行的比较（2003年~1H2006年）

	工行2003年	工行2004年	工行2005年	工行1H2006年	建行2005年	中行2005年
公司银行业务	60.79%	57.11%	52.81%	50.88%	53.17%	48.47%
个人银行业务	25.81%	28.38%	32.41%	34.62%	26.27%	35.17%
资金业务	11.42%	12.82%	13.69%	13.89%	18.62%	8.34%
其他	1.98%	1.69%	1.09%	0.61%	1.95%	8.02%
净收入总额	100.00%	100.00%	100.00%	100.00%	100.00%	100.00%

资料来源：各家银行年报或招股说明书，申银万国证券研究所。

（2）个人贷款情况

工行是国内最大的个人按揭贷款提供行。虽然个人贷款占总贷款的比重低于同类银行，但在个人贷款中，工行按揭贷款的比重较高。依据央行的统计，个人贷款中按揭贷款是资产质量最好的部分，因此按揭贷款占比较高保证了工行在个人贷款方面的资产质量。依据工行提供的信息，工行计划进一步扩大个人贷款在总贷款中的比重，并提高个人按揭贷款的市场份额。参见表3-6。

表3-6　工商银行个人贷款金额、占比及与同类银行的比较（2003年~2005年）

百万元	工行2003年		工行2004年		工行2005年		建行2005年		中行2005年	
	金额	占比	金额	占比	金额	占比	金额	占比	金额	占比
住房按揭贷款	330 115	81.00%	412 449	84.70%	447 302	86.80%	348 219	76.70%	286 829	75.49%
个人消费贷款	74 695	18.30%	71 354	14.70%	64 309	12.50%	60 150	13.30%	91 200	24.00%
银行卡透支	2 862	0.70%	3 064	0.60%	3 431	0.70%	45 520	10.00%	1 929	0.51%
个人贷款小计	407 672	12.00%	486 867	13.10%	515 042	15.70%	453 889	18.46%	379 958	21.11%

资料来源：各家银行年报或招股说明书，申银万国证券研究所。

(3) 银行卡收入状况

工行发行的银行卡品种包括单币和双币贷记卡、准贷记卡和借记卡，其"牡丹卡"是国内知名的银行卡品牌之一。截至 2006 年中期，工行拥有 820 万户贷记卡和准贷记卡账户，以及 1.463 亿个人民币借记卡账户。根据央行的统计，2005 年工行银行卡的交易额在国内银行卡发卡行中名列榜首，市场份额为 36.8%。银行卡业务创造的收入总额自 2003 年至 2005 年期间以 51.7% 的年复合增长率持续增长，2006 年上半年的交易额已经超过 2005 年的一半。见图 3－6。

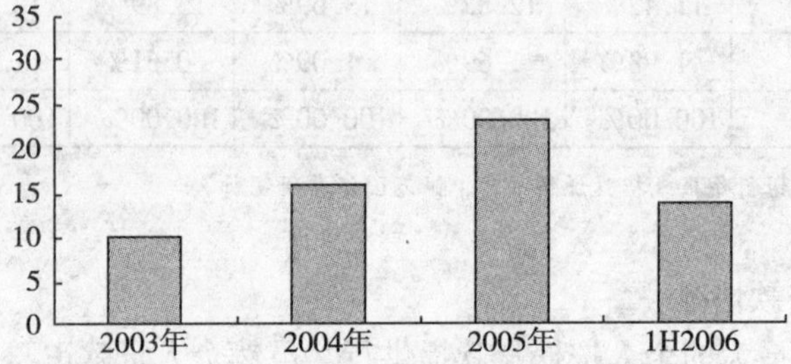

资料来源：工行招股说明书。

图 3－6　工行银行卡收入

(2003 年～2006 年上半年)(单位：亿元)

3. 工行的资产质量状况

(1) 不良贷款率逐年下降

依据工行提供的信息，工行从 1999 年开始提出了新增贷款不良贷款率控制在 2% 以内的目标。为此，工行加大了低风险票据贴现对流动资金贷款的替代，逐步退出不良贷款率较高和产能过剩的行业，以降低整体资产的风险水平。通过对新老贷款的划分，可以发现新贷款的不良贷款率在 2006 年 6 月末仍然控制在 2% 以内，而老贷款未到期余额的不良贷款率仍旧较高（见表 3－7）。

表 3－7　工行新老贷款总额及不良贷款率比较（2003 年～1H2006）

百万元	2003 年	2004 年	2005 年	1H2006 年
老贷款				
总额	1 273 948	997 945	208 451	161 710
不良贷款比率	62.17%	73.97%	47.73%	50.66%

续表

百万元	2003年	2004年	2005年	1H2006年
新贷款				
总额	2 051 912	2 610 560	2 976 704	3 187 943
不良贷款比率	1.48%	1.73%	1.80%	1.86%

资料来源：工商银行招股说明书。

从2006年上半年来看，工行资产质量继续转好，五级分类口径下的不良贷款实现双降，余额达到1 420亿元，减少123.9亿元，不良贷款率较年初下降0.6个百分点至4.1%。上半年核销数额为68亿元，还原后不良贷款余额仍较年初下降，证明资产质量确有改善。

表3-8　　工行贷款五级分类情况（2003年~1H2006）

百万元	2003年		2004年		2005年		1H2006年	
	金额	占比	金额	占比	金额	占比	金额	占比
正常	2 254 081	66.30%	2 619 708	71.00%	2 833 853	86.10%	3 042 289	87.90%
关注	323 548	9.50%	303 384	8.20%	301 283	9.20%	276 761	8.00%
小计	2 257 629	75.80%	2 923 092	79.00%	3 135 136	95.30%	3 319 050	95.90%
次级	94 498	2.80%	106 348	2.90%	93.049	2.80%	77 846	2.20%
可疑	355 260	10.40%	335 192	9.00%	56 704	1.70%	59 108	1.70%
损失	374 890	11.00%	343 116	9.30%	4 664	0.20%	5 076	0.10%
不良贷款小计	824 648	24.20%	784 656	21.20%	154 417	4.70%	142 030	4.10%
客户贷款总额	3 402 277	100%	3 707 748	100%	3 289 553	100%	3 461 080	100%

资料来源：工商银行招股说明书。

（2）低风险票据替代高风险流动资金贷款

据银行介绍，以往让借款人滚动办理流动资金贷款以满足长期融资需求的模式成为工行1993年以前不良贷款的最大来源。招股说明书中显示从2003年底至2005年底，流动资金贷款的实际数额和占总贷款比重均呈下降趋势，主要原因是：（1）工行实施了2001年推出的信贷政策，不再重新办理以满足借款人长期融资需求的短期贷款业务；（2）企业逐渐偏好使用资金成本相对较低的票据融资。

表3-9　工行按业务类型划分贷款余额占比和不良贷款率（2003年~1H2006）

	2003年		2004年		2005年		1H2006年	
	余额占比	不良率	余额占比	不良率	余额占比	不良率	余额占比	不良率
公司贷款	81.20%	29.62%	75.80%	27.62%	69.20%	6.25%	69.40%	5.47%
票据贴现	4.60%	0.00%	8.40%	0.00%	11.90%	0.00%	12.00%	0.00%
个人贷款	12.00%	1.05%	13.10%	1.41%	15.70%	2.12%	15.40%	1.87%
境外业务	2.20%	2.96%	2.70%	1.30%	3.20%	1.18%	3.20%	0.79%
客户贷款总额	100.00%	24.24%	100.00%	21.16%	100.00%	4.69%	100.00%	4.10%

资料来源：工商银行招股说明书。

（3）信贷成本下降，拨备覆盖率提高

2006年上半年，工行的年化信贷成本为0.68%，拨备覆盖率为60.37%。依据各家银行2006年中报披露数据，工行的信贷成本较同期建行的0.56%和中行的0.44%略高，拨备覆盖率水平较建行的71.4%，交行的77.4%，尤其是中行87%的差距较大。

表3-10　工行分类贷款拨备覆盖率（2003年~1H2006）

	2003年	2004年	2005年	1H2006年
公司贷款				
短期贷款	72.43%	70.89%	34.68%	38.51%
中长期贷款	78.43%	77.77%	33.10%	34.57%
小计	73.81%	72.58%	34.31%	37.52%
票据贴现				
个人贷款	147.88%	127.30%	79.98%	97.37%
境外运营	91.68%	123.26%	80.58%	102.16%
总计	77.15%	76.28%	54.20%	60.37%

资料来源：工商银行招股说明书。

4. 工行的盈利能力

（1）净息差处于行业中等水平

近年来，工商银行的净息差和净利差保持在 2.5% 左右的水平，但 2006 年上半年出现回落。净息差和净利差分别由 2005 年的 2.55% 和 2.53% 下降至 2006 年中期的 2.35% 和 2.30%。与同类银行相比，工行的净息差和净利差处于中等水平，略高于中行，但低于建行和交行。

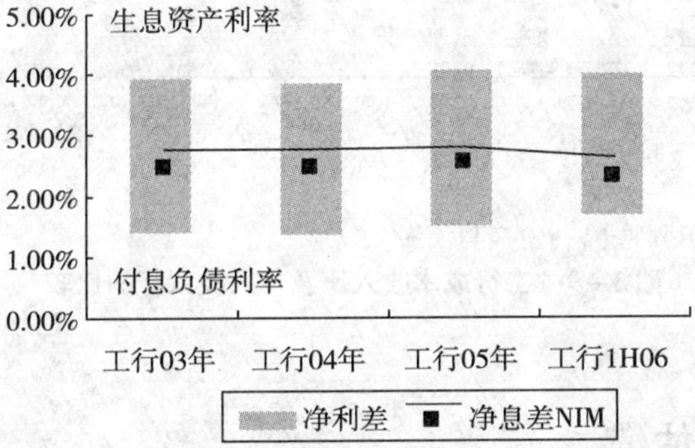

资料来源：工行招股说明书，申银万国证券研究所。

图 3－7　工行净息差和净利差（2003 年～1H2006 年）

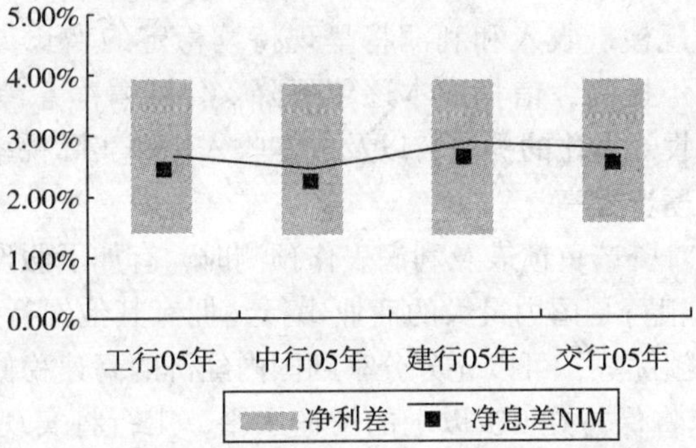

资料来源：工行招股说明书，申银万国证券研究所。

图 3－8　工行净息差和净利差与同类银行的比较（2005 年）。

（2）良好的成本控制

2006 年上半年，工行的成本收入比由 2005 年的 37.8% 下降至 33.9%，明显低于其他上市银行，表明工行在成本控制方面卓有成效。由于工行计划进一步精简人员，且 IT 方面的前期投入已经比较大，随着规模效应的逐步体现，工行未来在成本控制方面仍具优势，将保持36%左右的同业较好水平。

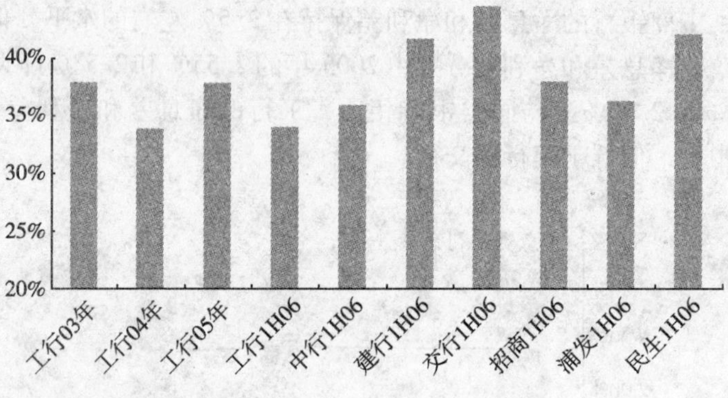

资料来源：工行招股说明书，申银万国证券研究所。

图3－9　工行成本收入比及与同类银行的比较

3.5　工行估值

1. 财务预测

在宏观经济快速健康发展的背景下，在工行管理能力不断提高的判断下，预计工行未来三年的规模、收入和利润将呈现持续稳定的增长，资产质量逐年好转，拨备覆盖率逐年提高，信贷成本逐年下降。伴随着净息差净利差的逐步扩大、手续费和佣金收入占比的提高，以及成本收入比和实际税率的下降，工行未来的盈利能力也将逐步提高。

申万研究所在对资产负债表及利润表作预测时，有如下假设：

（1）中国工商银行是国内最大的商业银行，拥有其他银行无法比拟的网点、客户资源和市场份额优势，可以充分分享到国内经济的高速稳健增长。预计未来3年国内GDP增速将保持在9%以上的增速水平，工行将实现超过10%的总资产、存款和贷款规模增长。

（2）工行近年来的信贷文化较为谨慎。通过增加低风险债券降低高风险贷款、用低风险票据贴现替代高风险流动资金贷款、从不良贷款率较高及产能过剩行业退出等方法，工行的资产质量逐步好转，新增贷款不良贷款率不到2%，低于建行和中行的新增不良贷款率。截至2006年中期，工行的不良贷款率为4.1%，低于中行高于建行；工行的拨备覆盖率为60.4%，低于建行和中行。预计工行至2008年末的不良贷款率可下降至3%，拨备覆盖率可上升至85.8%。

不过，这需要每年实施较大规模的计提和核销，给盈利能力带来些许负面影响。

（3）工行代表盈利能力的拨备前后ROA和ROE、净息差和净利差、单位网点和人员效率等指标处于国有银行的中等水平，但成本控制卓有成效。在未来净息差略有扩大、成本收入比进一步降低、实际税率下降、中间业务占比提高的情况下，工行的盈利能力有望逐步增强。预计工行2008年的ROA可上升至0.87%，其ROE可上升至13.87%。

表3-11　资产负债表预测

百万元	2003年	2004年	2005年	2006年E	2007年E	2008年E
资产						
客户贷款	3 402 277	3 707 748	3 289 553	3 585 613	3 980 030	4 417 833
减：损失准备	636 222	598 557	83 692	93 692	103 692	113 692
投资证券	1 116 955	1 253 212	2 396 689	2 875 481	3 191 784	3 542 880
存放中央银行款项	428 231	478 722	523 788	661 805	734 603	815 410
存放和拆放同业及其他金融机构款项	66 009	69 430	132 162	203 074	278 251	297 090
非生息资产	182 924	162 319	198 739	237 297	265 226	293 844
总资产	4 560 174	5 072 874	6 457 239	7 469 577	8 346 203	9 253 366
负债						
客户存款	4 706 861	5 176 282	6 425 290	7 132 072	7 916 600	6 425 290
同业及其他金融机构存入和拆入款项	267 645	260 436	344 774	382 699	424 796	344 774
已发行债券	3 376	6 974	44 978	109 978	109 978	44 978
非计息负债	117 776	133 677	174 745	195 506	216 702	174 745
总负债	5 095 658	5 577 369	6 989 787	7 820 256	8 668 076	6 989 787
少数股东权益	1 615	3 668	4 037	4 239	4 451	4 673
所有者权益						
实收资本/股本	160 671	160 669	248 000	334 019	334 019	334 019
资本公积	5 757	3 818	2 032	108 920	108 920	108 920
盈余公积	14 810	14 818	375	5 141	10 970	19 025

续表

百万元	2003 年	2004 年	2005 年	2006 年 E	2007 年 E	2008 年 E
一般准备	0	0	1 700	11 232	22 891	38 999
未分配利润/（累计亏损）	-718 592	-687 837	5 009	16 240	44 696	79 654
其中：建议分派股利			3 537	12 350	21 423	29 600
外币报表折算差额	255	369	-169	0	0	0
所有者权益合计	-537 099	-508 163	256 947	475 551	521 496	580 617

资料来源：工商银行招股说明书，申银万国证券研究所。

表 3-12　　利润表预测

百万元	2003 年	2004 年	2005 年	2006 年 E	2007 年 E	2008 年 E
利息收入	182 949	198 769	234 592	271 596	312 160	351 165
利息支出	66 361	70 161	86 599	109 105	125 830	139 532
利息净收入	116 588	128 608	147 993	162 491	186 330	211 633
手续费及佣金净收入	5 624	8 208	10 546	16 874	22 779	30 752
其他经营净收入	1 243	2 287	3 452	1 152	2 000	3 000
投资收益	632	239	387	419	419	419
总净收入	124 087	139 342	162 378	180 936	211 529	245 805
营业费用	46 936	47 067	61 293	65 137	76 150	88 490
营业税金及附加	7 279	8 270	9 419	10 905	12 533	14 099
营业利润	69 872	84 005	91 666	104 894	122 845	143 215
加：营业外收支净额	207	1 165	-1 776	0	0	0
计提资产损失准备前利润总额	70 079	85 170	89 890	104 894	122 845	143 215
减：资产损失准备	36 293	30 859	27 014	33 000	35 000	35 000
计提资产损失准备后利润总额	33 786	54 311	62 876	71 894	87 845	108 215
减：所得税	11 292	23 193	25 007	23 725	28 989	27 054
减：少数股东收益	120	355	464	510	561	618
净利润	22 374	30 763	37 405	47 659	58 295	80 544

资料来源：工商银行招股说明书，申银万国证券研究所。

2. 对工行的估值

作为第三家上市的国有银行，工行的定价很可能直接参照建行和中行的 PB 和 PE 估值水平，尤其是中行 A 股的估值水平，间接参照交行、招行、浦发、民生、华夏、深发展等银行的估值水平。为此，表 3－13、表 3－14 和表 3－15 给出了这些银行的相关估值数据。

表 3－13　　上市银行估值数据比较

	收盘价	EPS				每股净资产			
	07－4－20	2005 年	2006 年 E	2007 年 E	2008 年 E	2005 年	2006 年 E	2007 年 E	2008 年 E
招商 A	17.85	0.32	0.48	0.58	0.87	2.12	3.87	4.28	4.89
浦发	25.49	0.65	0.77	1.08	1.62	4.08	5.67	9.2	10.42
民生	13.17	0.26	0.38	0.44	0.66	1.52	1.9	3.41	3.91
兴业	27.41	0.62	0.95	1.06	1.6	3.2	4.05	7.24	8.43
华夏	10.79	0.3	0.35	0.38	0.49	2.49	2.77	4.3	4.67
深发展	20.8	0.16	0.67	0.9	1.33	2.59	3.33	4.53	5.86
中行 A	4.95	0.13	0.17	0.22	0.32	1.12	1.53	1.67	1.88
工行 A	5.14	0.15	0.15	0.18	0.24	1.04	1.4	1.56	1.73

资料来源：申银万国证券研究所。

表 3－14　　国内上市银行市盈率与市净率预测

	市盈率				市净率			
	2005 年	2006 年 E	2007 年 E	2008 年 E	2005 年	2006 年 E	2007 年 E	2008 年 E
招商 A	55.78	37.19	30.78	20.52	8.42	4.61	4.17	3.65
浦发	39.22	33.10	23.60	15.73	6.25	4.50	2.77	2.45
民生	50.65	34.66	29.93	19.95	8.66	6.93	3.86	3.37
兴业	44.21	28.85	25.86	17.13	8.57	6.77	3.79	3.25
华夏	35.97	30.83	28.39	22.02	4.33	3.90	2.51	2.31
深发展	130.00	31.04	23.11	15.64	8.03	6.25	4.59	3.55
中行 A	38.08	29.12	22.50	15.47	4.42	3.24	2.96	2.63
工行 A	34.27	34.27	28.56	21.42	4.94	3.67	3.29	2.97

表 3-15　　工行市盈率和市净率对应的价格区间

市盈率倍数	21	22	23	24	25	26	27	28
以 2006 年预测计算	3.15	3.3	3.45	3.6	3.75	3.9	4.05	4.2
以 2007 年预测计算	3.78	3.96	4.14	4.32	4.5	4.68	4.86	5.04
以 2008 年预测计算	5.04	5.28	5.52	5.76	6	6.24	6.48	6.72
市净率倍数	2.5	2.6	2.7	2.8	2.9	3	3.1	3.2
以 2006 年预测计算	3.5	3.64	3.78	3.92	4.06	4.2	4.34	4.48
以 2007 年预测计算	3.9	4.056	4.212	4.368	4.524	4.68	4.836	4.992
以 2008 年预测计算	4.325	4.498	4.671	4.844	5.017	5.19	5.363	5.536
市盈率倍数	29	30	31	32	33	34	35	36
以 2006 年预测计算	4.35	4.5	4.65	4.8	4.95	5.1	5.25	5.4
以 2007 年预测计算	5.22	5.4	5.58	5.76	5.94	6.12	6.3	6.48
以 2008 年预测计算	6.96	7.2	7.44	7.68	7.92	8.16	8.4	8.64
市净率倍数	3.3	3.4	3.5	3.6	3.7	3.8	3.9	4
以 2006 年预测计算	4.62	4.76	4.9	5.04	5.18	5.32	5.46	5.6
以 2007 年预测计算	5.148	5.304	5.46	5.616	5.772	5.928	6.084	6.24
以 2008 年预测计算	5.709	5.882	6.055	6.228	6.401	6.574	6.747	6.92

根据以上的分析，工行的合理价格水平应该在 3.5 倍的 PB 附近。

3.6　A+H 模式

2006 年 10 月 27 日，中国工商银行在内地与香港实现同步上市，这也是中国首只采用 A+H 发行模式的新股，真正实现了同步路演、同步询价、同步定价、同步发行和同步上市的“五同步”。A+H 创造性地解决了境内外信息披露一致、境内外发行时间表衔接、两地监管的协调和沟通、境内外信息对等披露等诸多问题，开创了资本市场的先河。

1. 采用 A+H 模式的原因

一直以来，H 股的发行价格都在 A 股之下，香港的投资者总是可以以相对便宜的价格来投资中资企业。从以往的例子来看，中石化（600028）、华能国际

(600011) 等内地优质企业几乎全部是先以 H 股的形式在香港低价上市，随后再以相对较高的价格回到内地发行 A 股。而 A + H 的发行模式可以让两地投资者以同样的投资成本投资，从这个意义上来说是一个很大的进步。

另外，随着 A 股市场的发展，监管层一直有让大型企业回归 A 股市场，并将 A 股市场作为主发行地的意愿。监管层面此时想实行 A + H 的最大的考虑可能是想实验回拨机制，以发展内地证券市场。所谓回拨机制，就是一旦 IPO 企业于内地 A 股市场发行的股份出现认购不足的情况，中介团队可人为地将一些本来打算于 A 股市场发行的股份，回拨至 H 股市场作国际发行。这是 A + H 上市模式的最大好处。工商银行这一类大型企业采用 A + H 模式在两地市场同时招股并根据实际需要将筹资规模在两个市场间灵活机动地分配，则可在确保招股活动圆满完成的情况下，让工行尽可能多地在内地市场发行股份。

2. A 股和 H 股 IPO 主要条件和流程的比较

A 股和 H 股在 IPO 主要条件上存在着一定的区别，主要体现在主体资格、发行主体的独立性、财务与会计、公众持股量等方面。比如在财务会计方面，H 股 IPO 市场要求按照采取盈利测试、市值/收益/现金流量测试和市值/收益测试中的一种对财务数据进行测试，而 A 股 IPO 市场并不存在三选一的方式。A 股和 H 股在 IPO 主要条件上区别具体见表 3 – 16。

表 3 – 16　　中国大陆公司 A 股和 H 股 IPO 主要条件的对比

	A 股市场	H 股主板市场
主体资格	发行人应当是依法设立且合法存续的股份有限公司，持续经营时间应当在 3 年以上，但经国务院批准的除外。	中国发行人必须是在中华人民共和国境内设立的股份有限公司，必须有足够的在同一管理层和所有权下的交易记录并且须符合一定的财务标准。
发行主体的独立性	上市主体必须保持资产、人员、财务、业务上的独立。	申请人在各个方面保持独立性。
财务与会计	发行人应当符合下列条件： • 最近 3 个会计年度净利润均为正数且累计超过人民币 3 000 万元，净利润以扣除非经常性损益前后较低者为计算依据；	申请人必须符合下列 3 种测试的一种： • 盈利测试：最近一年的盈利不得低于 2 000万港元，以及前两年累计的盈利不得低于 3 000 万港元；

续表

	A股市场	H股主板市场
	•最近3个会计年度经营活动产生的现金流量净额累计超过人民币5 000万元；或者最近3个会计年度营业收入累计超过人民币3亿元； •发行前股本总额不少于人民币3 000万元； •最近一期末无形资产（扣除土地使用权、水面养殖权和采矿权等后）占净资产的比例不高于20%； •最近一期末不存在未弥补亏损。	•市值/收益/现金流量测：适用的上市申请人在上市时市值至少为20亿港元、经审计的最近一个会计年度的收益至少为5亿港元、新申请人或其集团的拟上市业务于前3个会计年度的现金流入合计至少为1亿港元； •市值/收益测试：适用的上市申请人在上市时市值至少为40亿港元、并且经审计的最近一个会计年度的收益至少为5亿港元。
公众持股量	•向公众发行的部分不少于公司拟发行股本总额的25%； •公司拟发行股本总额超过4亿元人民币的，证监会可酌情降低该比例，但不得低于股本总额的15%。	•除H股外没有其他证券的发行人，其发行的总股本的25%必须由公众人士持有，申请人的证券中由公众人士持有的部分，预期在上市时的市值不得低于5 000万港元； •如发行人预期在上市时的市值逾100亿港元，交易所可酌情接纳一个较低的公众持有股份比例（但不能低于15%）。
董事身份		至少两名董事通常居住在香港。

除了在IPO主要条件上存在着一定的区别，A股和H股在首发上市的流程上也不尽相同。比如说，在A股市场IPO流程中，在向中国证监会递交相关上市申请材料前，必须由有辅导资质的主体对拟上市公司进行上市辅导，并接受中国证监会派出机构的验收，而在H股市场上并不存在辅导这一过程。在A股和H股IPO流程上主要区别详见图3－10。

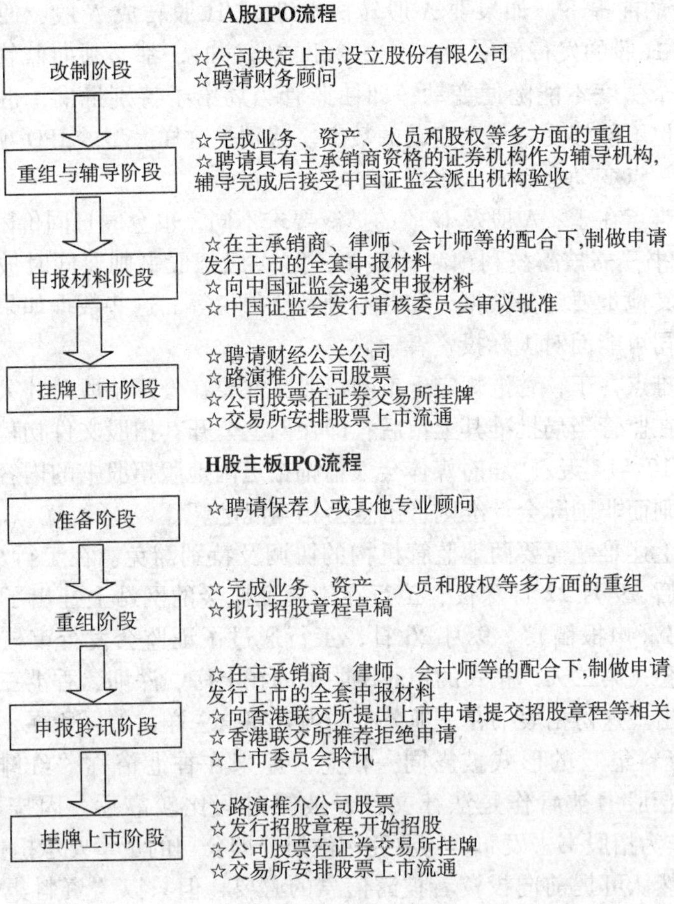

图 3－10　A 股和 H 股 IPO 流程对比

3. 采用 A＋H 模式时遇到的难题及解决方案

从上面的分析可以看出，A 股和 H 股在 IPO 主要条件和流程等方面存在着一定的区别，为了真正实现同步路演、同步询价、同步定价、同步发行和同步上市的“五同步”A＋H 模式，必然会遇到不少困难。

当初在工行上市的筹备过程中，A 股及 H 股的承销商发现在采用 A＋H 的模式时碰到了几个技术难题，其一是 A 股及 H 股的额度分配欠缺灵活性，难以采用回拨机制。当初 A＋H 同日同价招股的构想是，A 股及 H 股都有一个招股价的区间，两地的承销团可以视乎不同市场的接受能力，在区间内确定招股价，并可以将较多的新股拨给反应较好的市场。“这个原理与发行 H 股回拨机制类似：当散户的反应较热烈时，本来分配给机构投资者的部分股份会回拨给散户。但这是在同为H股的前提下，如果要A股转成H股或H股转成A股，便会很困难。”由于A股与H股的发行额度，在上市聆讯或路演时，都必须向监管当局与投资者披露，这个额度不能随便变动；即使监管当局给予特别批准，也不能随意变动，投资者也不能接受一个会变动的数字。特别是这样大型的IPO项目，涉及的资金太大，一点变动会涉及很多资金。

第二个难点在于，A股及H股的披露要求不同，也令同日同价困难重重。例如H股招股书只需披露盈利预测的数额，但A股招股书则要同时披露构成这个盈利预测的其他重要财务数据，如营业额及所得税等。这些数据如果日后未能达到，上市公司可能面对国际投资者索偿。

第三个难点在于，香港规定上市的招股文件要在公开招股时才公布定稿，但内地规定则在监管当局批准其上市后，即在网上公开其招股文件初稿，时间距离公开招股约10~14天。“届时媒体会大篇幅报道内地版招股书的内容，但是根据中国会计准则而非国际会计准则，讯息会相当混乱。”

要解决上述难题需要两地监管机构的协调及特别豁免。在工行9月21日香港通过聆讯后，9月22日深夜，工行在中国证监会的网站上挂出了此次IPO的“招股说明书（申报稿）”。9月26日，工行通过了证监会发行审核委员会的审核，顺利过会；第二天，正式的招股说明书即在上海、深圳、香港三地的交易所网站同时刊出。这份招股书在三地公布的内容完全一样，差异所在，是港交所以“上市公司资料集”的形式披露同一信息。原来在香港俗称“红鲱鱼”（Red Herring）的招股书被看作是法律文件，披露时间比较靠后。因按香港“公司法”，如果作为招股书去发布，需要登记注册，即公司的董事要承担责任。因此，此次香港虽然认可提前向投资者披露信息的必要，但只以“资料集”的方式在香港披露。为了配合在同一天挂牌，五家机构精心设计了流程，其中关键的一步是把上述预披露安排在香港聆讯成功之后。

之所以中国证监会一直到9月22日深夜才在网站上挂出工行的招股书申报稿，其原因是工行临时缩减了在A股的发行规模，由最初的179亿~200亿股左右缩为130亿股，行使超额配售后到149.5亿股。

4. A+H模式的未来

采用这种发行模式能够将内地IPO企业所发行股份在两个市场间灵活分配，以此降低内地市场可能出现的压力。而回拨机制的运用则可以保证一旦IPO企业于内地A股市场发行的股份出现认购不中的情况，证券中介团队可人为地将一些本来打算于A股市场发行的股份，回拨至H股市场作国际发行。而大型企业采取A+H招股模式的另一种意义在于，可尝试在内地市场中发行尽可能多的股份。这一点和管理层大力发展内地市场、推进大型企业在内地市场上市的思路是一致的。而且，H股同步发行不仅能够筹集更多的资金，拥有全球范围承接能力的H股对A股的发行还可以起到不可替代的保障作用。

这次工行为A+H同时发行趟出了新路，但未来国企大盘股的香港、内地同时上市，仍有很多不确定因素。比如，两地对流通股比例的要求不同，内地市场要求公司首次IPO不少于25%，如果发行规模超过4亿则可以降低到10%，但流通股的计算中包括了海外上市部分。香港有同样的要求，但不包括内地部分的流通股，假如公司发行规模超过100亿股，香港可以降低到15%。这也是2004年交行上市时最终放弃“A+H”同时发行的一个重要原因，交行如果同时发行A股，H股的发行量就达不到香港要求的15%。

对于“巨无霸”工行来说，这当然不是问题；但对于规模中型的国有企业就会产生影响，这需要香港也将A股市值计入流通市值才能解决。但这并不是简单的调整而已，首先需要A股的流通股定义与香港一致，更重要的条件是两地监管水平接近并彼此认可。香港现阶段之所以不将A股计入流通市值，原因正在于A股不在香港监管之下，且两地监管原则和手段相去甚远。

3.7　如何保障“巨无霸”的顺利上市

要保障工商银行这只“巨无霸”超级大盘股的顺利上市，除了科学合理地确定发行规模、发行模式和发行价格外，还有一些十分重要的因素，这些因素包括自身的充分准备、中介的努力以及监管机构给予的支持等。

1. 工商银行自身的充分准备

- 主动调整信贷结构（区域结构和行业结构），降低不良贷款的比例：比如降低东北地区贷款的比例，降低衰败行业的贷款比例。

- 区域结构：在贷款的区域结构上，上半年工商银行东部发达地区分行和中部、西部地区的分行贷款均保持了合理增长，贷款增量分布与区域经济的发展状况和有效信贷市场需求匹配；

- 行业结构：近年来，工行逐步完善信贷政策，在贷款的行业分布上，通过下发行业信贷指导意见，对19个行业的信贷投放提出了明确的要求，不但基本覆盖了国家已公布的存在产能过剩和潜在产能过剩的行业，也涉及目前存在较大市场进入空间的行业。以此为指导，工行督促分支机构加快从产能过剩行业和劣质市场退出。同时，通过先进的信贷科技管理系统，加强对信贷政策执行情况的跟踪分析，采取在信贷管理信息系统中直接录入授信额度、按月监测退出进度等措施，督促有关分行加快从有关行业的贷款中退出。

2005年下半年，工行对国家发改委公布的11个产能过剩行业的信贷余额仅增长了100亿元左右。在这些行业，工行也有进有退，使行业内的优势企业的信贷需求得到满足，这使得其信贷资产质量持续好转。截至2005年年底，工行对这11个行业的贷款的不良率平均为4%，比2005年6月末时下降了0.35个百分点。2006年上半年，工行对产能过剩行业的贷款余额又比年初减少了1.13亿元。与此同时，工行着重加强了对经济发展重点领域和薄弱环节的信贷支持，进一步改进和完善对公路、铁路、电网和港口等行业的信贷政策和金融服务，积极支持了石油、煤炭等能源、原材料行业中优质客户的信贷资金需要。截止2006年6月末，工行贷款余额最大的前3个行业依次是：制造业，交通运输、邮政和仓储业，电力、燃气及水的生产和供应业。

• 全面建设国内领先的客户数据信息系统，工行的客户数据系统处于国内领先的地位，已经有5年的客户信贷数据（国际领先水平也仅仅能做到10年），这一点是工行上市时重要卖点之一。有了领先的客户数据信息系统，工行可以通过数据分析，针对特定的目标客户进行主动营销特定的金融产品，还可以更好地控制银行业务相关风险。

• 整体工行人员的素质出众：上市前，工行已经将整体人员从36万精简到26万。

2. 良好的中介服务

2006年3月，工行选定了美林、瑞士信贷集团、德意志银行、中国国际金融有限公司和工商东亚作为其香港IPO的承销商；此外还选定了中国国际金融有限公司、中信证券、申银万国和国泰君安4家内地承销商负责A股市场发行。专业的中介团队为确保A+H IPO成功奠定了基础。

我们对申银万国胡强副总裁进行了走访，了解到作为联席保荐人及A股主承销商，申银万国在此次工行IPO过程中所承受的压力和发挥的作用。由于工商银行是全球资本市场有史以来首次公开招募股份最大的公司，同时也是申银万国自成立以来保荐及主承销规模最大的企业，所以公司内部从上到下对这个项目都非常重视。一拿到这个项目，申银万国马上成立了队伍庞大的工作小组到北京，准备相关上市材料，投行小组则由投行部总经理直接领导。据了解，在投行部60多名工作人员当中，有三分之二的人员参与了这个项目。申银万国在工行IPO项目中牵头部分的工作包括招股说明书的制定、在上海的路演及处理在上市过程中涉及到的相关法律事宜等。在承销阶段，为了能够顺利完成360亿元的网上申购资金目标，公司总裁冯国荣曾动员公司全体员工，制定最佳方案，积极营销，对表现出色的营业部给予嘉奖。2006年10月19日，在申银万国全体员工的齐心协力下，工行股票的网上申购工作圆满完成。据中央登记结算公司统计数据显示，申万客户的网上申购冻结资金达381.3亿元，超额完成了任务。

中介机构勤勉尽责的良好服务，也是工商IPO能够圆满完成任务的重要保障之一。

3. 获得监管机构的充分支持

作为首只A+H IPO的股票，工商银行上市过程中，和监管机构的充分沟通是十分重要的，这样一些手续因此而做出变更或调整，使得整个过程时间缩短、效率更高。

(1) 绿鞋机制（green－shoe）的启用

虽然在《证券发行与承销管理办法》中第48条中有“超额配售选择权”就是俗称绿鞋或绿鞋机制的明确规定：“首次公开发行股票数量在4亿股以上的，发行人及其主承销商可以在发行方案中采用超额配售选择权”。但是，于工商银行A+HIPO之前，在A股IPO市场上，绿鞋机制从未有使用的先例。

绿鞋的功能主要有：承销商在股票上市之日起30天内，可以择机按同一发行价格比预定规模多发15%（一般不超过15%）的股份。

这一功能具体体现在：如果发行人股票上市之后的价格低于发行价，主承销商用事先超额发售股票获得的资金（事先认购超额发售投资者的资金），按不高于发行价的价格从二级市场买入，然后分配给提出超额认购申请的投资者；如果发行人股票上市后的价格高于发行价，主承销商就要求发行人增发15%的股票，分配给事先提出认购申请的投资者，增发新股资金归发行人所有，增发部分计入本次发行股数量的一部分。

显然，绿鞋机制的引入可以起到稳定新股股价的作用。因此，今后对于可用绿鞋机制的新股，上市之日起30天内，其快速上涨或下跌的现象将有所抑制，其上市之初的价格波动会有所收敛。

下面举例说明工商银行使用绿鞋的具体操作程序（以15%为例）。

承销商在股票上市之日，共发行115%，其中100%为正常发售，另外15%（绿鞋）为主承销商向战略投资者借入的股票（战略投资者通常有半年到2年的投资锁定期），但此时主承销商仅仅就100%向证券交易所进行登记。

如果IPO发行后股价下滑，主承销商在股票上市之日起30天内，用开始发行时以取得的15%资金，从二级市场上买回15%股票，并将这15%（绿鞋）归还给战略投资者，此举有利于对二级市场股价的强力支持。这样操作后，实际发行股票100%，证券交易所登记100%，15%（绿鞋）并未真正实现。

如果IPO发行后股价上扬，主承销商此时不用在二级市场采取买入卖出行为，而只要在30天内向证券交易所行使15%（绿鞋）股票的发行登记，并将这15%归还给战略投资者。这样操作后，实际发行股票115%，证券交易所登记115%，15%（绿鞋）才真正行使。

(2) 申购资金冻结时间的修改

在工商银行上市前，我国A股市场对申购新股的资金锁定时间为4天。由于大盘股申购资金量十分可观，一日资金冻结的成本异常高。通过和监管机构的协商，在工商银行IPO过程中，将申购新股的资金锁定时间改为3天，趋同于香港市场。且从此之后，一般打新股资金锁定时间为4天，大盘蓝筹为3~4天。

参考文献：

1. 工商银行《工行招股说明书》，2006年9月。
2. 申银万国证券研究所研究报告，2006年。
3. 中国工商银行主页：www. icbc. com. cn。
4. 上市公司网站：http：//www. ginwa. com/index. asp。
5. 新浪财经频道：www. finance. sina. com. cn。
6. 《世界商业报道》ICXO. COM。
7. 央视国际 www. cctv. com。
8. 《21世纪经济报道》相关报道。
9. 《财经》相关报道。

第 4 章

德隆资金链的断裂①

近年来，许多民营企业为了应对激烈的市场竞争，壮大自身的实力，通过联合、兼并、控股参股等经营手段形成了跨行业跨部门跨经营的具有庞大经济规模的大型集团企业。这对调整产业结构、优化资源配置、提高企业的整体运营效益具有深远的意义。但企业并购给企业集团如何进行更优化的资金链管理提出了很高的要求。资金链问题已经成为许多集团企业发展中共同面临的问题。

本章选取德隆作为案例。德隆的规模极其庞大，横跨实业和金融两个领域，旗下拥有至少 177 家子公司以及 6 家上市公司，是一个复杂的集团公司。德隆的资金链状况比起一般的集团公司，更加错综复杂，其资金链的风险也更加隐蔽和难以控制。对于德隆存在的问题，许多人从不同角度进行了分析。本章的分析与他人不同之处在于，通过对德隆系上市公司这个窗口来观察其当时整个集团面临的资金链危机。

4.1　德隆帝国的崩塌

1. 德隆概貌

"德隆"这两个字的庞大，远远超过人们的想象。"德隆"不仅是指"德隆母公司"产生发展过程中的阶段性公司即新疆德隆国际实业总公司、新疆德隆（集团）有限责任公司、德隆国际控股有限公司、德隆国际战略投资有限公司等公司，还包括德隆旗下绝对控股的新疆屯河、沈阳合金、湘火炬等作为老三股的三家国有上市公司以及后来的天山水泥、中燕、重庆实业等被称为新三股的上市公司，以及以老三股为核心，控股、参股的一百七十多家涉及数十个产业的子公司、孙公司，二十余家信托、证券、租赁公司以及商业银行等金融机构。除此之外，"德隆"还包括由德隆国际的合伙人或者高层管理人员以自然人身份注册

① 本案例完成于 2007 年 6 月。

的、完全受德隆控制和摆布的、在最多的时候曾经达到130多家的“影子”公司或者说“壳公司”。

2004年之前的德隆，作为一个民营企业，同时又作为一个插手金融和实业两个领域的巨头，梦想着创建像GE那样产融结合的庞大的“金融控股公司”。至少在表面上，德隆当时已经将摊子铺得很大，做出了金融实业帝国的雏形。无论从实业领域、金融领域、还是股票市场上，德隆可以说都已经显露了“德隆帝国”的模样。

在实业领域，德隆在1997～2004年不到七年的时间里，通过并购，打造了漫长无比的产业链。据不完全统计，德隆旗下直接控股或由老三股控股参股的公司至少有177家，其涉及的产业包括番茄酱、汽车零部件、水泥、电动工具、精细化工、畜牧业、旅游、农业、文化娱乐等各个产业，“产业帝国”极其庞大。德隆一致宣称试图通过高速的并购来整合产业链——引用德隆国际董事局主席唐万里的话来说，德隆的并购是以“创造中国传统产业新价值为己任，谋求成为中国传统产业新价值的发现者和创造者。致力于通过产业整合的手段改善产业结构，增强产业竞争力以获取长期的利益回报和企业的可持续发展。”

在金融领域，德隆通过老三股（新疆屯河、沈阳合金、湘火炬）直接或间接控股的方式，将新疆金融租赁、金新信托、德恒证券、伊斯兰信托、恒信证券、中富证券、大江信托等多家金融公司也纳入麾下，其中金新信托、德恒证券先后成为德隆融资和炒作老三股的中心平台。而2001年后，由原重庆证券、金新信托注资成立的上海友联经济战略管理研究中心有限公司（简称“友联中心”）在上海成立之后，友联便成为德隆管理控制其参股或控股的各金融机构的中心公司。截至2004年，德隆共控制了包括证券、租赁、信托等在内的二十余家非银行金融机构，并在2001年后，开始进入商业银行体系，并分别参股控股了昆明市商业银行、株洲市商业银行和南昌市商业银行等多家商业银行机构。

在股票市场上，德隆的表现同样十分惊人。作为德隆三驾马车的“老三股”新疆屯河、湘火炬和沈阳合金的股价涨幅惊人。1997年至2003年以来，沈阳合金6年的累计涨幅达2 597%，而湘火炬、新疆屯河的累计涨幅接近1 000%。即使在2002年大盘狂跌的过程中，德隆系的这三只“老三股”仍然保持强劲的市场表现。股价持续上升时间之长，年度涨幅之大，使无数曾创造神话的牛股诸如银广夏、东方电子乃至后来的世纪中天、正虹科技等都难以望其项背。

2. 崩塌过程简介

早在2001年，中科创业的庄家吕梁操纵股价引起监管部门注意，而吕梁恰好也是德隆系两只股票的设计者，这引发了相关监管部门对德隆的一次摸底调查，一是看德隆并购那么多国企，有没有造成国有资产流失，二是看德隆资金的来源，三是查一下德隆有无明显的违法操作。结果不得而知，但无疑银行部门此后对德隆合作项目开始变得谨慎。当年，郎咸平对于德隆发展模式的疑问，也引发了市场对德隆信用的怀疑。德隆持股的金新信托在当年遭遇了客户挤兑风波，造成的资金缺口高达 20 多亿。德隆为了弥补这个缺口，开始大量挪用旗下上市公司的资金。这为后来的德隆资金链危机埋下伏笔。

2003 年，中国股市已经持续低迷两年多了，上证指数在当年 11 月 13 日降至 1 307 点，创出 1999 年来的股指最低点位。在当年，许多庄股不断“跳水”成了股市里的一道风景线。率先拉开序幕的是世纪中天，该股于 2003 年 4 月中旬开始连续拉出 12 个跌停板，随后紧跟而上的有正虹科技、徐工科技、昌九生化、宏智科技、科大创新等庄股，这些庄股少则拉出 4、5 个跌停板，多则 8、9 个跌停不等。而到了 11 月份新疆啤酒的跳水又再次向世纪中天的 12 个跌停板发起挑战。庄股的这种大面积高台跳水对于当时的中国股市无疑是雪上加霜。而到了 2004 年 4 月，德隆老三股的噩梦也开始了。

其实，早在 2003 年 11 月啤酒花事件之后，新疆的金融环境就开始非常紧张。啤酒花事件之后，银行不允许企业之间进行互相担保企业，而且原来的贷款也要重新变更贷款方式，必须用资产进行担保。德隆开始应银行的要求，频繁质押其在几家上市公司的股权，对原来的贷款进行质押保证。这引发了市场的不信任。2004 年 3 月，在国内一家地方杂志《商务周刊》发布了德隆资金链断裂的消息之后，市场上对德隆的质疑开始越来越强烈，德隆开始出现了信贷危机，一些银行开始拒绝向德隆发放贷款，之后，关于德隆资金链断裂的传言愈演愈烈。而德隆实际的资金环境也越来越紧张，各家银行的总行已经给多个分支机构发出不成文的指示，不再给德隆发放新的贷款，而且还在逐步收回已经发放给德隆的贷款，要求在年底之前全部压回。也就是说，德隆将成为没有银行贷款的企业。缺少银行贷款，这对于一个大型企业来说是致命的。2004 年 4 月，由于资金链危机，德隆决定卖出手中持有的老三股股票。然而在 4 月 13 日，健侨证券刚一抛出沈阳合金的股票，当天合金股票就跌停，4 月 14 日，新疆屯河和湘火炬跌停，而沈阳合金于同一天再次跌停。自 4 月 12 日至 4 月 21 日，新疆屯河、湘火炬、沈阳合金的跌幅分别为 46%、42%、42%，流通市值共缩水 61 亿元。德隆系的老三股自此全线崩盘。图 4 – 1 至图 4 – 3 是这三只股票的价格走势图。

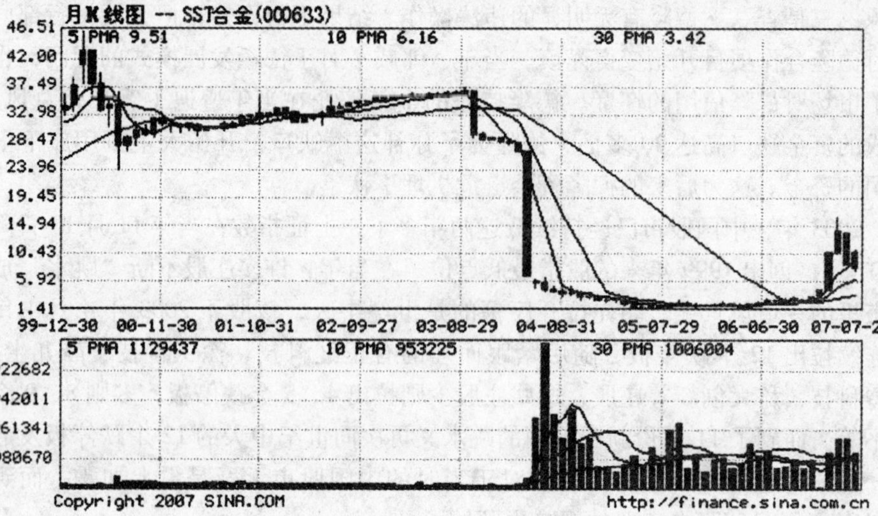

资料来源：新浪财经股票频道。

图4-1 沈阳合金月k线图

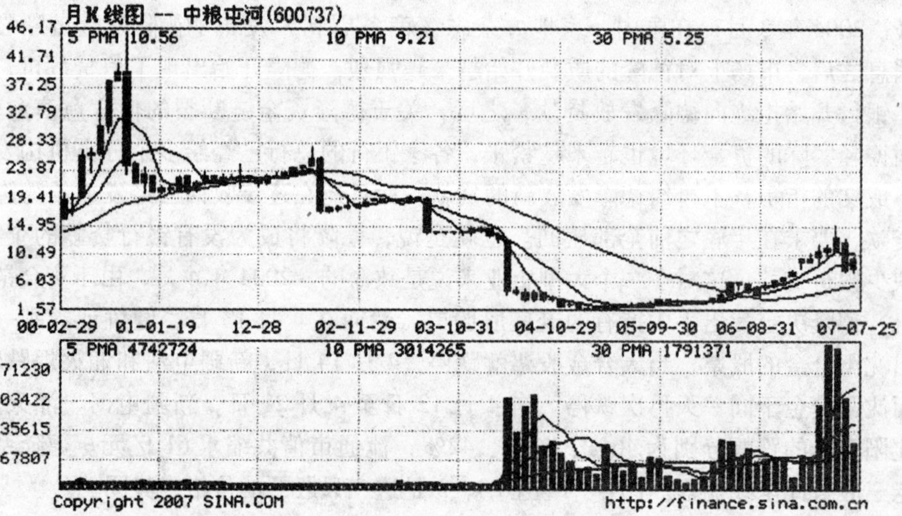

资料来源：新浪财经股票频道。

图4-2 新疆屯河（2005年改名中粮屯河）月k线图

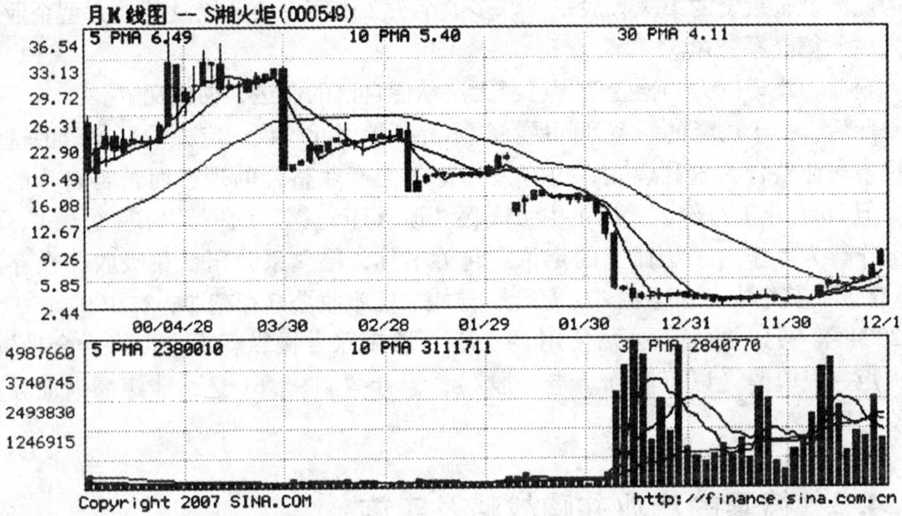

资料来源：新浪财经股票频道。

图4-3　湘火炬月k线图

自从老三股崩盘之后，德隆一系列优质资产被迫出卖。2004年5月，新疆建设兵团国资局控制的上市公司冠农股份（600251）以8 700万元价格收购罗布泊钾盐51.2%股权；6月，中国非金属材料总公司以2.6亿元购买德隆旗下全国第三大水泥生产企业天山股份（000877）5 100万股股权；8月，上汽集团洽购德隆旗下重庆红岩汽车股权。2004年5月30日，德隆国际首度公开承认“德隆全系统处于危机最深重、困难最严重的时期”。此后，德隆危机进一步升级。2004年6月，上海市第一中级人民法院同时开庭审理了两起有关德隆的案件，各地债权人纷纷通过法律途径向德隆索债，德隆在各地的资产大部分被冻结。

2004年8月26日，新疆德隆（集团）有限责任公司、德隆国际战略投资有限公司、新疆屯河集团与华融公司签订了《资产托管协议》，协议中称三家公司将其拥有的全部资产不可撤回地全权托管给了华融公司，由华融公司行使全部资产的管理和处置权利。2004年9月4日，华融接受中国证监会委托对德隆旗下的三家证券机构德恒证券、恒信证券、中富证券进行托管经营。华融接管德隆之后，对大多数资产采取了被动性处置资产的方法，德隆的许多已经整合或者正在整合的产业被拆开来，重新进入其他公司。华融先是向德隆系屯河股份和天一实业发放了总额为2.3亿元的过桥贷款，之后一系列重组德隆资产的活动开始展开。在2005年8月，湘火炬被重庆重汽收购；之后，世界五百强之一的中粮集团控股了新疆屯河，并将之改名为“中粮屯河”；2005年9月，辽宁省机械集团成为沈阳合金投资的第一大股东。许多国字头、中字头企业以及其他大型企业纷纷入主原德隆系公司。

至此，规模巨大的德隆帝国已经无法掌握自己的命运，彻底瓦解。

此后，关于德隆的一系列问题在学术界开始引起争议。有人质疑德隆的这种大规模产业整合的盈利模式，也有人称德隆为产业整合的理想而苦苦奋斗的勇士。但2006年1月份，武汉市中级人民法院终于对德隆的一系列融资方式、资本运作行为等作出了法律上的定论。起诉书称，德隆系公司变相吸收公众存款450亿元，其中未兑付金额172亿元，涉嫌非法吸收公众存款罪；自1997年3月至2004年4月，德隆系公司使用24 705个股东账号操纵新疆屯河、合金投资、湘火炬三只股票（以下简称“老三股”），累计盈利98.61亿，涉嫌操纵证券交易价格罪。

4.2 德隆的产业并购战略及实施

现在，我们回过头来看看德隆的战略。德隆在整个金融和实业领域的口号是，建立一个金融控股帝国。而在实业上的战略，德隆首先提出了“以‘创造中国传统产业新价值’为己任，谋求成为中国传统产业新价值的发现者和创造者。致力于通过产业整合的手段改善产业结构，增强产业竞争力以获取长期的利益回报和企业的可持续发展”的总体战略定位。德隆认为实现这个战略的方法是：通过行业研究确定目标，制定行业战略；选择目标企业并长期跟踪，伺机收购；通过兼并、收购，形成产业经营平台，取得行业领先地位；最后进行产业整合，发挥协同效应，拓展业务规模和范围，强化核心竞争能力。

一言以蔽之，德隆希图通过高速并购来实现对产业链的整合。德隆的远景是，在战略投资行业成为龙头，3至5年内成为全球五百强企业之一，建立一个世界级的“企业精英俱乐部”，汇集最多领袖级经营人才，成为连接中国与世界经济主流的桥梁。

正是在这样的产业整合思路下，德隆先后在1997年收购了新疆屯河，顺利完成了对新疆地区水泥产业的整合，并在1999年，又完成了新疆屯河从水泥产业向番茄产业的主业转换。1998年，德隆收购了沈阳合金、湘火炬两家上市公司，以这两家公司为平台完成了对机电制造、重汽车行业的进军。这两家上市公司和新疆屯河一起，并称德隆的“老三股”。

德隆的老三股对整个德隆帝国的构筑起着地基式的作用。德隆以老三股为平台，不但先后控股、持股多家信托、证券机构，构建起德隆系的金融帝国，更重要的是以一系列高速度、大规模的企业并购为手段进行产业整合，打造了一条条产业链，以达到德隆整合产业实现产业规模效益的战略。

德隆自从 1998 年开始，便开始了高速并购的行程，并且一发不可收拾。德隆充分利用资金，通过收购、兼并手段，以自己控制的六家上市公司为平台，至少形成了以下四条略具规模的产业链：以新疆屯河为平台的杏酱、番茄酱加工产业链，从种植一直到加工、销售；以湘火炬为平台的汽车行业的产业链；以沈阳合金为平台的机电制造产业链；以天山股份为平台的水泥建材制造产业链；其他的还有以深圳明斯克航母主题公园—大西部旅游—北京迪厅—喜洋洋文化为核心的文化旅游产业链；以罗布泊钾盐为代表的矿业等等。但德隆似乎对新三股的产业整合战略一直含糊其辞，同时由于后期资金一直紧张，新三股始终未能形成明确的主业和相应的产业链。

德隆在实施产业整合战略的过程中，一直在进行着规模巨大的企业并购活动。例如 2000 年沈阳合金，以 1.12 亿元收购嘉利电子科技（苏州）有限公司 51% 股权，同时以自有资金 3 000 万元参股厦门联合信托投资有限责任公司。合计需要 1.5 亿元资金。2000 年湘火炬以 3 606.8 万元控股江苏兴达钢帘线股份有限公司、7 000 万元受让湖南证券股份，合计需要资金 1.3606 亿元。如此大规模的并购活动，毫无疑问的需要大量的资金支持。

4.3　德隆系上市公司：五次配股融资

有资料显示，德隆至少控制了 10 多家上市公司，但其中规模比较大的有 6 家，即“老三股”和“新三股”。新疆屯河（全称新疆屯河投资股份有限公司）、湘火炬（全称湘火炬汽车集团有限责任公司）、沈阳合金（全称沈阳合金投资有限责任公司）构成德隆“老三股”，而“新三股”则有 1999 年后陆续控制的北京中燕、天山股份、重庆实业。

我们对德隆资金链危机的观察，主要从这六家上市公司入手。通过观察这六家上市公司的公开财务数据，来分析德隆的资金危象。

1. 新疆屯河等四家配股资金大半用于企业并购

一般说来，大股东通过上市公司再融资，配股、发行新股等都是正常的融资手段。根据公开资料显示，德隆通过其控制的上市公司进行再融资的记录有五次，即 1998 年 4 月沈阳合金以 10 配 3 募得资金 7 489 万元；1999 年，新疆屯河 10 配 3 募集资金 2.39 亿元；2000 年湘火炬 10 配 3 募集资金 5.6 亿元；2000 年，天山股份 10 配 3 募集资金净额 1.765 亿元；2000 年 11 月，重庆实业 10 配 3 募集资金净额 8 727 万元。前四次配股融资的总金额为 10.5039 亿元。

我们来看一下前四家上市公司配股资金的用途。1998 年，沈阳合金配股资金7 489万元，其中真正用于宣称的投资“太空梭”动感电影设备的有3 200万元，计划用于搬迁技术改造的有4 900万元，实际投入2 748万元，有2 000多万元用处不详；2000年，新疆屯河配股融资2.39亿元，其中科林番茄制品分公司技术改造的有7 183万元，另外1.67亿元改用于并购、投资活动，包括5 435万元收购屯和硫磺沟水泥厂，3 398万元兴建番茄汁制品公司，7 800万元用于增资控股畅通番茄制品有限公司；湘火炬2000年配股资金5.6亿元，其中用于宣称的上市公司各个技术改造、扩大生产等的资金为2.14亿元，另外3.4亿元的资金用于或改用于其他企业的并购和投资。而天山股份配股所取得的资金，完全用于并购新疆屯河的水泥产业，以帮助完成新疆屯河由水泥向番茄酱的“产业转换”大业。

沈阳合金、新疆屯河、湘火炬和天山股份的配股资金大部分用于并购新企业，基本与配股说明说中的资金流向相同。这说明在初期，德隆通过进行配股从股市融资是进行产业整合的一个重要的融资来源之一。然而值得注意的是，湘火炬2000年的配股资金出现了改变，不是按配股说明书中的用途来使用，而是用于企业并购。其中“汽车制动片扩产项目”计划投入4 010万元，实际投入1 003万元，剩余资金改用作并购山西重汽资金；钢连线设备制造项目，计划投入2 910万元，实际投入389万元，剩余资金也改用作并购山西重汽资金。从以上数据中可以看出，10.5039亿元的配股资金，大部分被德隆用为或改用为对其他新企业的并购和投资，配股资金在企业并购上的比例高达68%，达到7.155亿元。真正用于企业产品结构调整和技术改造的，只有约3.3489亿。3.3486亿元，对这四个如此规模巨大的上市公司来说，3.3489亿元的资金用于技术改造、扩大再生产，是远远不够的。德隆只是一味的并购，却不肯投入资源对原购进的企业进行整合和提高，好比不断买进工具、材料，却不愿花时间和精力进行整合生产，这样下去，是无法获得自己预期的产业整合效益的。而对德隆上市公司的财务数据进行分析，也证实了德隆产业整合效益不高这一点。

表4－1　　德隆系上市公司历年配股资金流向表　　单位：亿元

上市公司名称	配股时间	配股资金总额	用于新企业并购	用于原有产业技改、扩产等	并购资金所占比例
沈阳合金	1998年	0.748	0.32	0.2748	28.74%
新疆屯河	2000年	2.39	1.67	0.72	69.87%
湘火炬	2000年	5.6	3.4	2.14	60.71%
天山股份	2000年	1.765	1.765	0	100%
合计		10.5039	7.155	3.3489	68%

2. 重庆实业配股资金流向改变，改投德隆系关联公司

现在，我们再看一下 2000 年 11 月份重庆实业的配股资金流向。2000 年，重庆实业 10 配 3 配售新股人民币普通股 600 万股，配售价格为每股 15 元，扣除发行费用及中介机构费用后，实际募集资金 85 812 430. 35 元。

在原配股说明说中，重庆实业是这样描述其资金流向的：计划募集货币资金 9 000 万，扣除各种发行费用 273 万元后，配股资金原定用作以下用途：投资 4 000万元建设年产电力微机故障录波测距仪 600 套项目；投资 7 000 万元建设年产电力配电自动化系统 50 套项目；投资 2 500 万元对重庆泰格电气有限公司进行增资扩股；配股资金将全部用作这三个项目的投资，不足部分以银行存款支付。

但在配股回访书中，却发现资金流向已经有了改变：原定三个项目都未上马，配股资金先是用作几笔投向德隆关联企业委托理财资金，后改用作并购北京瑞斯康达和扬州东方易特公司的资金。

第一次配股资金流向改变，在 2001 年度配股回访报告中有这样的说明：2001 年将自有资金 1 700 万元委托重庆联动科技有限公司进行国债投资，委托期限为 2001 年 1 月 10 日至 2001 年 6 月 30 日，投资收益为 121. 125 万元，本金与收益已按时收回；将自有资金 2 000 万元委托重庆明慧科技资讯有限公司进行国债投资，委托期限为 2001 年 1 月 10 日至 2001 年 6 月 30 日，投资收益为 142. 5 万元，本金与收益已按时收回；将自有资金 2 000 万元委托中国科技国际信托投资有限责任公司进行国债投资，委托期限为 2001 年 3 月 7 日至 2002 年 3 月 7 日，双方约定年利率为 11. 02%，超额部分作为中国科技国际信托投资有限责任公司的管理费。到 2001 年底，此次配股资金合计有 2 000 万元作为理财资金投资在外，6 000 万资金没有说明用途。但重庆实业 2001 年年报显示：2001 年期末，公司短期投资为 226. 3 万元，长期投资为 0，产生的现金流量净额为 –5 372 万元。这与配股回访报告的不同不仅让人生疑，是不是被德隆挪作他用，已经不得而知。

第二次配股资金流向改变，重庆实业改用作并购北京瑞斯康达和扬州东方易特公司的资金。在公司 2002 年报中可以看出，这两家并购公司的法人代表都是罗敏，而罗敏同时既是重庆实业的总经理，又一度曾是德隆国际核心决策组织——执行委员会的成员。这两家公司，很明显是德隆系关联公司。继续看重庆实业在控制了这两家公司之后的事项。在第二年，即 2002 年，重庆实业就与中国农业银行扬州市分行签订了保证合同，为控股子公司扬州东方易事特向该行贷款提供 3 000 万元担保；又为北京瑞斯康达向中国建设银行北京长安支行申请授信额度 4 000 万元。2003 年 6 月，重庆实业再次为控股子公司北京瑞斯康达向华夏银行北京万柳支行申请授信额度 4 500 万元提供担保。

重庆实业募集资金流向的改变，从对原企业生产项目的投资改为对关联企业的委托理财，再改为对关联公司的并购投资，这说明德隆至少在重庆实业上放弃了对旗下上市公司的主业的巩固和发展，转而继续自己的大规模并购方法来做大自己。而在并购成功之后，德隆又立刻开始利用控股子公司从银行贷款，后面我们还将看到，这些银行贷款后来以关联交易、委托理财的方式被德隆大量占用。这不得不让人怀疑德隆并购新企业的目的是为了产业整合而并购，还是为融资而并购？

而2001年，随着德隆系的日益扩大和从监管机构对公司从股市融资的条件日益严苛，德隆的融资渠道变得狭窄，进行产业并购所需的大量资金来源减少了。德隆选择了并购一家公司之后，再由母公司为被并购公司提供担保的方式从银行获得资金，然后继续投入去并购新的公司，然后再进入新的融资循环。通过这样一种方式，使银行成为“血库”，支持德隆的资金连不致断裂。

重庆实业配股资金流向的改变，既可以看作是重庆实业沦为德隆提款机的开始，也说明德隆已经开始被资金所拖累，德隆维持高速并购的资金链已经开始变得紧张。

4.4 德隆系上市公司：获取银行信贷资金

2001年之后，由于当时宏观政策的影响，并且随着德隆系产业的扩大，上市公司再融资要受到多种条件限制。德隆从2001年起再也未能从股市上融资，利用上市公司从股票市场上再融资的道路被切断。从2001年到2003年，银行开始成为德隆系融资的“血库”。

德隆作为一个民营企业，能从银行获得大量贷款，这似乎比较奇怪。在我国，银行信贷历来以国有企业为主要对象。《2006年中国第七次私营企业抽样调查数据分析报告》中称：“私营企业向银行借贷是一个老大难问题。85.5%的业主感到贷款存在这样那样的困难，14.5%的人没有回答这个问题。贷款难的原因分布确实发生了一定程度的变化，手续繁杂问题的影响面缩小了，但是抵押、担保条件太苛刻等问题更加突出了，贷款成本高，其影响面扩大了37.8%。”但德隆却充分利用了这个体制缺陷，通过进入国有上市公司的方式，利用自己控制的数家国有上市公司的信誉获得了大量银行信贷资金。德隆高层曾说过，与德隆有过合作关系和股权关系的上市公司已超过120家，德隆可以动用的资产超过1 200亿。唐万里也说过，德隆所获授信额度是民营企业中最高的。对金融体制缺陷的巧妙运用，银行信贷在2001年到2003年，成为德隆通过上市公司融资的重要渠道之一。

1. 长、短期借款激增，出现短贷长投现象

首先，让我们先来看一下德隆的老三股即新疆屯河、湘火炬、沈阳合金 1998～2003 年 6 年间三家上市公司的银行长短期借款数据。

表 4－2　老三股历年银行贷款明细数目表　单位：亿元

公司	新疆屯河		沈阳合金		湘火炬	
年份	短期借款	长期借款	短期借款	长期借款	短期借款	长期借款
1998	1. 24	0. 591	2. 7	0. 6	1. 29	0. 1007
1999	1. 86	1. 01	3. 1	2. 6	3. 85	0. 4068
2000	4. 2	2. 9	3. 88	0. 7252	6. 4	1. 45
2001	15. 6	0. 67	6	0. 17	12. 5	0. 16
2002	30. 34	4. 2	8. 2	0. 118	17. 5	1. 4
2003	14. 2	4. 85	7. 8	0. 3	29. 99	2. 77

由表 4－2 中可以看出，1998～2003 年的 6 年间，“老三股”短期借款、长期借款均呈上升趋势，其中短期借款数目增长速度更快。到 2001 年，三家公司的短期借款增长率都超过 100%。2002 年，短期借款增长和数量更是达到顶峰。如此快速增长的长期、短期借款，它们的流向究竟是哪里呢?

我们再来详细看一下新疆屯河、沈阳合金以及湘火炬 2000 年到 2003 年有关银行贷款用于长期投资的数据，见表 4－3 至表 4－5。

表 4－3　新疆屯河银行信贷用途表　单位：亿元

年份	银行借款		用于长期投资的资金			
	短期借款	长期借款	并购或新建企业	参股金融机构	其他长期投资	合计
2000	4. 2	2. 9	1. 32	0. 8139	2. 0876	4. 2215
2001	15. 6	0. 67	5. 51783	0. 6	2. 2829	8. 40073
2002	30. 34	4. 2	4. 5593	0	2. 07	6. 6293
2003	14. 2	4. 85	3. 08	0	3. 1865	6. 2665

表 4-4　　沈阳合金银行信贷用途表　　单位：亿元

年份	银行借款		用于长期投资的资金			
	短期借款	长期借款	并购或新建企业	参股金融机构	其他长期投资	合计
2000	3.88	0.7252	0	0.3	0	0.3
2001	6	0.17	2.1734	1	0	3.1734
2002	8.2	0.118	3.2548	0.5	0	3.7548
2003	7.8	0.3	1.5097	2	0	3.5097

表 4-5　　湘火炬银行信贷用途表　　单位：亿元

年份	银行借款		用于长期投资的资金			
	短期借款	长期借款	并购或新建企业	参股金融机构	其他长期投资	合计
2000	6.4	1.45	1.0152	0.36	5.68	7.0552
2001	12.5	0.16	2.2316	0.25	0.9	3.3816
2002	17.5	1.4	4.3078	0	0	4.3078
2003	29.99	2.77	7.1449	0	0	7.1449

从上表中可以看到，2000 年到 2003 年，老三股用于长期投资的资金数额均高于长期借款总额，两者之间出现了不匹配。这说明老三股已经开始出现了“短贷长投”现象。“短贷长投”是我国民营企业的常见问题，往往导致企业投入到固定资产上的资金，几乎不可能在短期内收回。当一年期的贷款到期后，企业将面临着巨大的还贷压力，甚至根本无法还贷。更糟糕的是，德隆的“短贷长投”并不仅仅是购进固定资产、投入到原有企业的技改、生产项目，德隆资金的投资，大部分集中在新企业的并购、金融机构参股，与前者相比其回收期更长，产生净现金流回报所需要的时间更长。德隆将一年内到期的短期借款用作长期投资，在短期内可以通过自身强大的融资能力（通过上市公司间的互相担保借款、通过股权质押、存货质押从银行贷款）侥幸过关，维持资金链不断裂。但是一旦宏观政策有变化，银行缩紧银根，或发生周转失灵，银行贷款的支持将成问题，资金链很快变得紧张直至断裂。

2. 上市公司之间违规担保严重，循环担保风险更高

2003 年，因啤酒花事件，新疆担保圈被揭露了出来。新疆担保圈共爆出 18 亿元的对外担保，其担保圈涉及到天山股份、汇通水利、友好集团、新疆众和等

4 家新疆上市公司，而这 4 家上市公司的对外担保又牵扯出新中基、德隆国际实业、新疆屯河、天山纺织等其他众多上市公司。这其中涉及多家德隆系公司，“德隆担保圈”的问题开始暴露出来。

2003 年，证监会发布了《关于规范上市公司与关联方资金往来及上市公司对外担保若干问题的通知》，要求上市公司对外担保总额不得超过公司净资产 50%，试图以此来控制上市公司的担保风险。许多上市公司配合证监会以及证券交易所进行检查和自查，德隆利用旗下上市互相担保从银行获取资金，并进行大量违规担保事件的情况进一步表现出来。下面，我们来看一下截止到 2004 年 7 月份，德隆五家上市公司的违规担保情况（见表 4－6）。

表 4－6　　上市公司违规担保情况表　　单位：亿元

上市公司名称	对外担保总数	是否超过公司净资产的 50%	担保数额占公司净资产（2003 年）比率	逾期担保数额	逾期担保占公司净资产（2003）比例
新疆屯河	8.6323 亿	是	121%	无	—
沈阳合金	7.1892 亿	是	136.68%	无	—
湘火炬	22.0376 亿	是	168.94%	22 亿	16.87%
重庆实业	5.11 亿	是	183.80%	1.08 亿	38.80%
天山股份	2.282 亿	否	26.80%	1.14 亿	12.24%

相关的具体担保情况如下：2004 年 6 月 4 日，新疆屯河公布了新疆证监局巡检令，披露了新疆屯河为德隆系相关企业提供存单质押、股权质押担保的具体情况：截止到 2004 年 6 月，新疆屯河为实际控制人德隆国际有关的公司——为新疆生命红科技提供 1.9 亿元存单质押、为三维矿业提供 1 亿元存单质押，合计共 2.9 亿元；此外，新疆屯河于 2002 年 6 月将持有的金新信托股权全部质押给中国民生银行，为三维矿业在中国民生银行的 1 亿元贷款提供担保；新疆屯河于 2003 年 12 月将持有的新世纪金融租赁有限公司股权质押给宁夏银川商业银行，与多家单位共同为伊斯兰国际信托公司在宁夏银川商业银行 6 亿元授信额度担保，期限两年；新疆屯河于 2003 年 5 月为深圳市明思克航母世界实业有限公司在中信实业银行广州花园支行 2 亿元贷款中的 5 000 万元提供保证担保；新疆屯河于 2004 年 3 月为子公司新疆屯河水泥有限责任公司在中国农业银行昌吉州分行四笔总额为 7 600 万元贷款提供了担保，期限为一年；于 2004 年 2 月为新疆屯河水泥

有限责任公司在中国银行昌吉州分行的 2 000 万元的贷款提供了担保，期限为一年。

截止到 2004 年 6 月，新疆屯河对外担保约 8.6232 亿元，超过公司净资产的 121.22%，9.96 亿元资产被抵押。

2004 年 7 月 14 日，湘火炬发布公告，公告中称公司对外担保总额为 220 376 万元（对于新世纪金融租赁有限责任公司股权作质押的担保以 6 107 万元计算），占该公司 2003 年经审计的净资产的 168.94%。其中，母公司为控股子公司担保 160 978 万元，为持股 50% 以下的关联方提供担保 11 400 万元；为关联方提供担保 14 107 万元；为非关联方提供担保 6 191 万元；控股子公司提供担保 27 700 万元（其中 27 000 万元是控股子公司为母公司提供担保）。公司当时逾期担保为 22 000万元，占该公司 2003 年经审计净资产的 16.87%，均是该公司控股子公司为母公司贷款提供的担保，且是该公司已披露过的逾期贷款（其中，招商银行逾期贷款 10 000 万元；长沙商业银行逾期贷款 7 000 万元及中国工商银行奔龙支行的逾期贷款 5 000 万元）。

截止到 2004 年 7 月 14 日，湘火炬对外担保总额为 22.0376 亿元，占湘火炬 A 公司 2003 年经审计的净资产的 168.94%。逾期贷款 2.2 亿元，占本公司 2003 年经审计净资产的 16.87%。

2004 年 6 月 1 日，沈阳合金发表担保公告，公告中称公司已解除担保责任 9 800万元，当年累计担保余额为 71 892 万元，占公司 2003 年末经审计净资产的 136.68%，其中对外担保数额为 17 284 万元，对控股子公司担保数额为 54 608 万元，无逾期担保事项。

截止到 2004 年 6 月，沈阳合金对外担保总额为 7.1892 亿元，超过沈阳合金投资 2003 年净资产的 136.68%。

2004 年 5 月 31 日，天山股份发表公告，公告中称公司对外担保累计 22 820.97万元，逾期担保 11 497.97 万元，公司为控股子公司担保累计 17 585 万元，控股子公司之间的相互担保累计 94 774.6 万元。

截止到 2004 年 6 月，重庆实业发表公告，称对外担保累计数额高达 5.11 亿元，占净资产的 183.8%，其中逾期担保 1.08 亿元，占公司净资产的 38.8%。

根据以上数据，新疆屯河、湘火炬、沈阳合金及重庆实业截止至 2004 年 6 月，担保总额分别为 8.6232 亿元、22.07 亿元、7.1892 亿元和 5.11 亿元，均超过公司净资产的 100%，违反了《关于规范上市公司与关联方资金往来及上市公司对外担保若干问题的通知》所要求的不得超过公司净资产 50% 的规定。这种违规担保行为不仅给投资者和债权人造成重大损失，而且还将部分上市公司推到巨额亏损甚至退市的边缘，这就意味着银行信贷风险也随之凸显。担保风险的爆发不仅使相关上市公司陷入困境，也使银行呆坏账增加，影响了银行的正常经营。我们考察的德隆旗下这六家上市公司，有四家担保总额已经超过公司净资产的100%，可见德隆系财务风险已经非常之高。

而且，德隆旗下上市公司的担保中，很多公司的担保、债务、股权关系是相互牵制的，即每一笔负债都会由于信用担保或是股权质押担保或是资产抵押担保而与另一家具有股权关系的企业发生联系。

首先，我们来看一下天山股份和新疆屯河之间的关系。德隆的“新三股”之一天山股份拥有江苏天山水泥超过50%的股份，江苏天山水泥贷款1.7亿元，天山股份为其提供了信用担保，同时天山股份自身贷款1.3亿元，又以其拥有江苏天山水泥的全部股权作了质押担保，这是一种循环担保；同时，天山股份又为新疆屯河330万美元和370万欧元提供了担保，而新疆屯河又为深圳明斯克2亿元贷款和伊斯兰信托6亿元贷款提供了担保，这又是一种循环担保。

同样的，我们再来看一下沈阳合金、湘火炬和旗下子公司之间的债权债务关系。1999年5月20日和26日，沈阳合金及湘火炬董事会分别发布担保公告，各为沈阳合金旗下子公司星特浩公司提供2亿元银行贷款担保。如果星特浩不能按时还款，两家上市公司将向银行支付全部借款本息。星特浩与湘火炬没有任何股权或交易上的联系，只是因为德隆的幕后操纵，湘火炬便要承担起担保的责任。而同时，星特浩又通过存单质押的方式，为德隆关联公司东方网络传输科技有限责任公司提供全额担保4 000万元。德隆系内部许多公司就是这样，本身为其他企业提供大量违规担保，同时又利用其他企业对自己的担保从银行获得大量资金，这种担保链、担保圈，无疑又加重了德隆的财务风险。

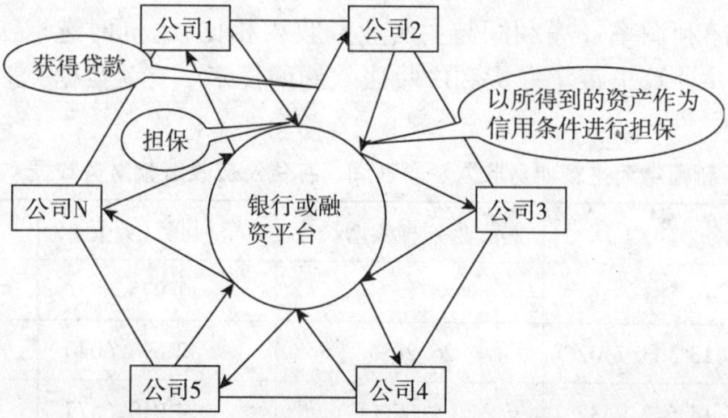

图4－4　德隆内部循环担保模式图

概而言之，德隆的上市公司的循环担保方式正如图4－4所示。违规担保规模巨大，已经使德隆上市公司集体财务风险加剧。这种错综复杂难以识别的债务链关系更进一步加大了德隆的财务风险，其弊端相当大。德隆的这种银行借贷不仅导致财务成本很高，而且这种复杂的担保关系，放大了财务风险，只要在某个环节出现问题，就会影响整个资金链，殃及整个德隆集团的资金运作。

4.5 德隆系上市公司：经营性现金流短缺

德隆为了自己的产业整合战略，至少将四家上市公司配股资金的68%即7.155亿元用作了新企业的兼并、购买，同时德隆系公司也从银行取得大量资金投入到企业并购中去。德隆为了产业整合战略，已经投入了不少的资金。那么德隆的产业整合效益究竟如何呢？这些产业能不能回报给德隆充足健康的经营性现金流呢？

我们先以德隆的大本营——新疆屯河的有关财务数据为例。

新疆屯河，全称新疆屯河股份有限公司，1996年以“新疆屯河”的名义在上海证券交易所挂牌上市。1996年10月，新疆德隆从原股东手里买下10.19%的股份，成为新疆屯河的第三大股东。1997年，新疆德隆收购了新疆屯河工贸（集团）有限公司下属的三家小型国有工厂；同年，新疆屯河、屯河工贸和新疆屯河农牧业有限责任公司联合成立了新疆屯河集团有限责任公司。新疆屯河取得了屯河集团51%的股份，屯河集团又占有新疆屯河15%的股份，加上德隆其他关联公司对新疆屯河的持股，新疆德隆直接和间接持有新疆屯河40%的股份，成为新疆屯河事实上的大股东。

从新疆屯河的历年年报中，我们可以选取主营业务收入和净利润两个数据，并由此推出了净利润率（净利润与主营业务收入相比）；同时选取了历年的存货和应收账款，并计算出每年存货和应收账款的增长率。有关数据见表4－7。

表4－7　新疆屯河主营业务收入、净利润、存货及应收账款财务数据

年份	主营业务收入（万元）	主营业务收入增长率	净利润（万元）	净利润率
1995	10 583		1 975	18.66%
1996	13 363.7302	26.28%	2 694.6040	20.16%
1997	14 542.9437	8.82%	4 019.6577	27.64%
1998	21 062.7771	44.83%	8 080.2164	38.36%

续表

年份	主营业务收入（万元）	主营业务收入增长率	净利润（万元）	净利润率
1999	31 176.5951	48.02%	8 875.0215	28.47%
2000	45 407.5534	45.65%	9 185.7924	20.23%
2001	76 726.1504	68.97%	5 066.5784	6.60%
2002	194 351.7384	153.31%	11 262.9851	5.80%
2003	217 379.9679	11.85%	11 926.1048	5.49%
年份	存货（万元）	存货增长率	应收账款（万元）	应收账款增长率
1995	1 670		3 360	
1996	2 394.038	43.36%	3 137.187	-6.63%
1997	4 176.87	74.47%	4 873.895	55.36%
1998	3 678.734	-11.93%	7 736.834	58.74%
1999	9 497.93	158.18%	13 408.75	73.31%
2000	32 313.82	240.22%	12 663.1	-5.56%
2001	56 805.89	75.79%	25 341.26	100.12%
2002	75 172.85	32.33%	39 812.24	57.10%
2003	50 925.26	-32.26%	26 840.44	-32.58%

在 1997、1998 年德隆入主初期，德隆围绕新疆屯河原有的主业——水泥陆续进行了并购，收购了周边的中小水泥厂，新疆屯河很快发展成为年生产能力过百万吨的大型水泥生产企业。从表 4－7 中我们可以看出，1996 年、1997 年、1998 年三年的时间，新疆屯河的主营业务收入和净利润率都呈上升趋势，净利润率更是从 20.16% 上升到 38.36%，经营状况比较好。

1999 年，新疆屯河的战略开始从“灰色产业”水泥转成“红色产业”番茄酱，先受托经营了新疆凯泽番茄制品有限公司，而后以低成本收购了几十家番茄厂。同年还收购了具有 20 多年生产经营历史的美国和意大利番茄酱制造商。这次的主业转移，从财务数据来看，无疑并不成功。从表 4－7 中可以看出，从 1998 年开始到 2003 年，新疆屯河的主营业务收入一路飙升，五年时间增长了约 10.32 倍，净利润率却从 38.36% 下降到 5.48%。新疆屯河的主营业务收入因为并购这个工具在合并后的财务报表中一年比一年膨胀，但净利润率作为一个公司盈利能力的重要指标却一直在下降，这与主营业务收入的膨胀不成比例，反映出整合的效益并未得到完全表现。

而从表4-7中还可以看出，在2002年之前，新疆屯河的存货和应收账款数据一直呈上升趋势，这也同时说明并购企业的资产和经营情况并不良好，现金流状况很成问题。

现在让我们进一步观察新疆屯河的现金流量状况，见表4-8。德隆入主以后，新疆屯河在1997~2003年的时间里共创造了5.84亿元的净利润，但这些净利润质量却极为低下。根据新疆屯河的现金流量表，1998年新疆屯河经营活动所产生的现金流量净额占当年净利润的比率即现金利润率为80.57%；1999年为48.67%，2000年为51.54%。2001年的净利润为5 066.578万元，但经营活动所产生的现金流量净额却为-1.96亿元，直到2002年，现金利润率才达到433.68%。而就在2003年，现金利润率降为232.48%，同时现金及等价物净增加额更是锐减，为-35 935.76万元。这也就是说，2002年之前，新疆屯河自身经营活动的现金能够满足生产经营的需求，但若是用于投资活动，新疆屯河本身并无多少现金可以使用。从图4-5中可以看出，新疆屯河的现金流，大部分是依靠融资活动现金流在支撑，其投资活动、经营活动产生的现金流在2002年之前一直是负值。

表4-8　　新疆屯河现金数据表　　单位：万元

年份	1998	1999	2000	2001	2002	2003
净利润	8 080.216	8 875.022	9 185.792	5 066.578	11 262.99	11 926.1
经营活动产生净现金流量	6 510.19	4 319.45	4 734.52	-19 618.78	48 844.94	27 726.12
现金及等价物净增加额	-677.24	2 169.46	3 663.83	9 103.55	66 559.84	-35 935.76
现金利润率	80.57%	48.67%	51.54%	-387.22%	433.68%	232.48%

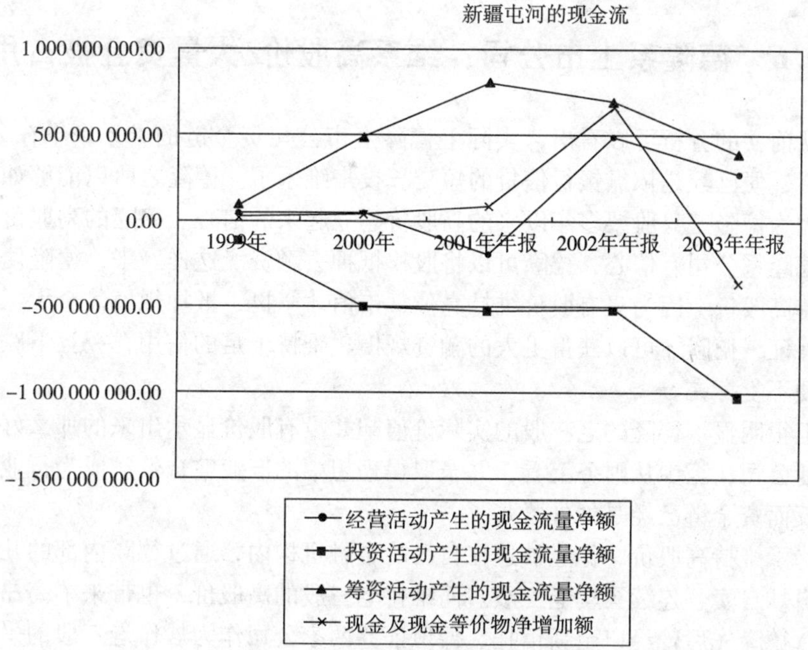

图 4－5　新疆屯河现金流变化图

沈阳合金、湘火炬的情况与新疆屯河类似。

沈阳合金的主营业务收入在 6 年的时间里扩大到原来的 22. 15 倍，净利润率却由 1997 年的 23. 18% 下降到 2003 年的 6. 29%；湘火炬的主营业务收入 6 年来累计增长 140. 99 倍，几乎每个月增加两倍，而净利润却从 1997 年的 18. 62% 下降到 2003 年的 2. 15%。观察这两家的现金流量表，沈阳合金和湘火炬的产业整合效益也不高，自我积累产生的现金流同样很少。

从 1997 年开始，德隆以这三家国有上市公司为核心，进行了一系列大规模的并购（参见附录二）。例如，从 2001 年开始，新疆屯河先后在 2001 年出资 1. 8 亿元控股屯河水泥、2003 年出资 2. 77 亿元控股天山水泥、2004 年出资 1 亿多元控股天山畜牧等等，其间伴随数额巨大的金融机构股权投资，包括对新疆金融租赁、上海新世纪租赁、金新信托等金融机构的股权投资，大部分并购都要求用现金收购。在自有经营性现金流短缺的情况下，德隆要维持如此高速度、大规模的产业并购整合，单单靠外部融资，在财务上的难度和风险可想而知。

4.6 德隆系上市公司：维系高股价/大量资金被占用

从前文的分析可以看出，实际上德隆上市公司资金链的维系，早在2001年底之后，便已经是依靠银行信贷的短贷长投来维系了。德隆之所以能够如此，完全是因为德隆三只股票多年以来的高股价建立起来的信心。德隆的高股价使得银行对德隆系公司有信心，德隆可以将股权抵押去融资。这样一来，德隆便只能继续维持高股价。因为只有股价维持高位，市值才坚挺，抵押规模才会大，信用才会有保证，德隆才可以获得更大的融资规模、维持十足的信用，一旦下跌，上述优势便不复存在。

但很明显，德隆的老三股的实际价值却并没有股价显示出来的那么好。德隆的实业公司，至少从财务上看，并未取得理想中的产业整合效益成为行业龙头老大，反而资金链已经是处处紧张了。

为了维持高股价，德隆被迫在自己的金融机构内，通过德隆内部的几家证券公司自炒自卖、连续买卖老三股。而维持老三股的高股价，也带来了高昂的护盘成本。德隆先后曾经以金新信托、德恒证券两家公司作为炒作老三股的平台。到后期，由于德隆很难再从银行获得贷款，护盘的成本更多的便开始依赖金融机构承诺固定收益率的委托理财（见附录一）。这种融资成本更加高昂。此时，上市公司的资金，也大多以委托国债理财、关联交易往来等方式被德隆金新信托、德恒证券这两家金融机构占用，以维持老三股的高股价，这进一步拉紧了德隆上市公司内部的资金链。

表4-9　　上市公司资金占用表　　单位：亿元

上市公司	关联交易、往来款占用资金	委托理财占用资金	合　计
湘火炬	3.04亿	1亿	4.04亿
沈阳合金	1.805亿	2.14亿	3.945亿
天山股份	—	3.25亿	3.25亿
重庆实业	2.35亿	—	2.35亿

湘火炬公司通过德隆影子公司或金融机构，采用公司间关联往来、委托理财挪用的资金总额为至少4.04亿元。具体情况是：2003年，其旗下控股子公司株洲湘火炬汽车电器有限责任公司大额存单质押贷款1.1亿元，提供给上海西域实业投资有限公司等；通过上海创索投资管理有限公司等单位的往来占用资金1.94

亿元。公司控股子公司中国航天火炬汽车有限责任公司在德恒证券有限责任公司下属武汉证券营业部购买的1亿元国债已被该营业部挪用。文中所提到的上海西域实业投资有限公司、上海创索投资管理有限公司的实际控制人均为德隆；湘火炬的这两笔资金分别进入这两家"影子公司"后，便直接进入上海友联，由上海友联又将其在旗下的金融公司间进行分配。

沈阳合金通过与德隆影子公司或金融机构，采用公司间关联往来或委托理财挪用的资金总额为至少3.945亿元。具体情况是：2003年，公司控股子公司星特浩6 400万元国债投资、苏州太湖8 000万元国债投资、苏州美瑞7 000万元国债投资已分别为德恒证券上海华山路营业部、恒信证券上海崂山东路营业部挪用；星特浩存单质押4 000万元、苏州美瑞存单质押660万元、苏州太湖存单质押3 000万元、南京二机床存单质押5 000万元，合计德隆共占用1.26亿元资金，这部分资金全部通过短期国债投资合同的方式进入德恒证券。除此之外，通过往来款的形式，德隆关联公司占用沈阳合金5 450万元资金，分别包括：沈阳合金总部应收上海创索投资管理有限公司股权收购款余款1 000万元；苏州太湖应收上海西域实业投资有限公司一年期借款余额200万元；南京二机床应收南京国信资产经营管理公司委托购买国债资金1 500万；苏州美瑞应收上海创索投资管理有限公司1 500万，列为其他应收款；星特浩应收上海西域实业投资有限公司1 250万期限为15天的短期借款余额。

天山股份通过与德隆影子公司或金融机构，采用公司间关联往来或委托理财挪用的资金总额为至少3.25亿元，其中3.05亿元属于表外银行贷款资金。具体情况是：1999年，天山股份对中企资产托管经营有限公司签订1.2亿元委托理财合同，该笔委托理财资金后转入德恒证券有限责任公司，采用逐年续签的方式，延续至2004年7月15日；2000年与金新信托签订两笔共1亿元、为期一年的委托国债投资合同，这笔资金后来转入德恒证券；2002年天山股份子公司江苏天山水泥与恒信证券签订4 000万、为期一年的委托国债投资合同；2003年，天山股份以乌鲁木齐瑞天科技开发有限公司的名义与金新信托签订1 000万元、为期一年的受托投资管理合同；2003年4月15日，天山股份以乌鲁木齐瑞天科技开发有限责任公司名义与恒信证券有限责任公司签订了为期一年、5 000万元的《受托投资管理合同》。天山股份自1999年起，存在3.05亿元未在会计报表中披露的银行贷款，利用该表外贷款资金分别在金新信托投资股份有限公司、德恒证券有限责任公司、恒信证券有限责任公司进行委托理财业务和国债投资业务。

重庆实业通过与德隆影子公司或金融机构，采用公司间关联往来或委托理财挪用的资金总额为2.35亿元。具体情况是：2004年4月27日，重庆实业分别与德农种业、山东德农农资超市签订资金占用协议，金额分别为1.1亿元、1.25亿元，合计2.35亿资金，这两笔资金实际在后来给了东方网络传输科技有限公司。

4.7 小 结

从前文的分析可以看出，德隆构建上述庞大产业链的融资渠道之一便是通过上市公司融资。德隆利用这六家上市公司进行融资，其中经历过两个不同的阶段：第一个阶段是在1998年到2000年，在这三年时间里，德隆利用上市公司融资的方式主要是，首先控制上市公司，接着通过配股的方式筹集资金，然后将筹集的资金用于并购企业等，提升公司业绩，再投入下一个融资循环。然而在2001年初，由于庄家吕梁操纵中科创业的事件而引起监管部门的注意，从而引发了2001年的严查风潮。德隆不但因此受到牵连，引发金新信托遭受客户挤兑风潮，更加严重的是从此股市融资的大门向德隆关闭了。2000年之后，德隆系的这六家上市公司再也没能从股市上获得资金。2003年湘火炬曾试图进行第二次配股融资，但是并没有获得通过。

第二个阶段是从2000年到2003年底，德隆主要是利用上市公司的资产抵押、股权质押、关联公司之间相互担保等方式，从银行获取信贷资金，不断地借新债还旧债，以此来维持德隆高速的产业并购。德隆的老三股在2001年、2002年长短期借款激增，为其他企业担保数额在2003年均超过公司当年净资产的90%。2003年，啤酒花事件爆发，新疆担保圈的问题开始暴露出来。国家监管机构开始对德隆信贷严查，德隆被迫进行了一系列的股权补充质押。并且在2003年12月之后直到老三股崩盘，德隆未能再从银行获得一分钱的贷款。这对德隆这么大的企业来说是致命的。

而显然，德隆高速产业并购战略为其自身带来了巨大的风险。德隆一直在不停的进行企业兼并、购买，虽然其中不乏优质资产，如重庆实业旗下的北京明斯达克，新疆屯河旗下的汇源果汁，深圳明斯克航母等，然而再优质的资产要立刻提供现金流，也需要一个两到三年较长的时期。对资金的需求和投资回报之间不能配比，显然，要维持自己的高速并购模式，从自身内部融资已经不够。

在中后期，德隆并购的融资模式总结起来是这样的：上市公司投入资金—子公司并购成功—利用被并购公司担保融资—投入下个并购，如此往复循环。德隆一味进行并购，投入大量资金进行新企业的并购，而在对原有企业的技改、项目改进方面却投入不多。因为并购成功之后，还可以利用被并购企业进行下一步的银行信贷融资，而单单投入到原有企业的技改、项目改进方面，却只能等待经营现金流的补充。德隆的资金链已经不能等待过长的资金回收周期，只能选择并购这样一种能够进入下个融资循环的方式，这样一来，融资不是为并购服务，并购反而成了融资的目的。到最后，德隆实业部分的资金链已经由于高速的并购而吃紧，再加上德隆金融发展不顺畅，不能从上市公司拿到钱，这进一步加剧了德隆的资金链紧张状况。

纵观德隆的案例，我们在看到德隆高超的金融运作技巧的同时，也看到了德隆产业整合的相对失败。虽然有部分优质资产，但一个无法否定的事实是，德隆的资金终究是短贷长投、短融长投，德隆过多地将短期融到的资金投向了股权收购的产业整合领域，而这个领域的投资产生回报的周期实在太长，除非进行出售，或者是抵押，否则无法凭借产业自身的现金流来应付将要在短期内必须兑付的债务。德隆可以凭借自己高超的融资技巧来维持资金链不致断裂，甚至创新了 20 余种融资方法来竭力从外部圈钱。但任何宏观环境的变化，都可以导致这个高速运转资金链断裂，而接下来的便是一系列的整体的破产危机（见图 4－6）。2003 年，媒体对于德隆资金链断裂的的公开报道只是一个导火索，它触动了德隆脆弱的底线，很快德隆便分崩离析了。

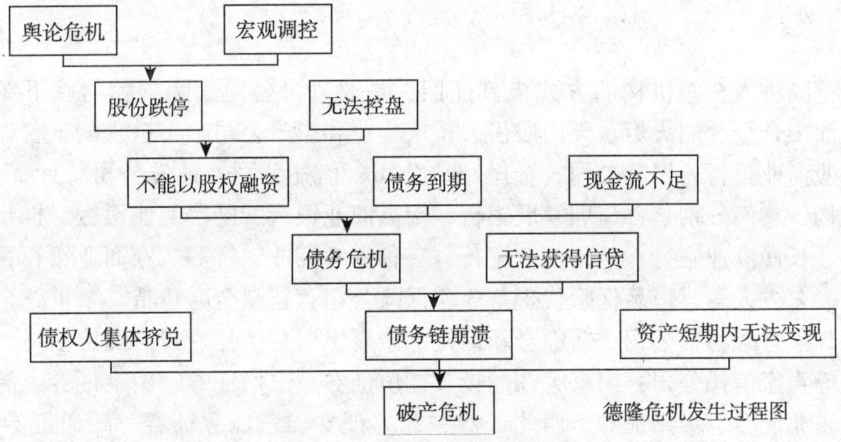

图 4－6 德隆资金链危机过程图

现在来看，德隆的战略以及整个产业整合的过程，似乎德隆的目标便是为了做大而做大，并没有充分考虑到自身的管理能力，也对自己的融资能力过于自信。德隆一直在宣称，德隆的目标是“建立一个金融控股公司”，“致力于通过产业整合的手段改善产业结构，增强产业竞争力以获取长期的利益回报和企业的可持续发展，进行产融结合”，而观察德隆的一系列并购、控股行为，德隆也的确在为这个战略目标而努力。

但是德隆在大规模扩张的同时，犯了一个严重的错误：那就是无主业，战略先行。即德隆尚未形成成熟清晰的主业，未形成可以获取稳定的现金流来源就开始进行扩张。当前有许多大型企业在选择或试图选择多元化的战略，例如蒙牛和联想，但二者都是在成为自身行业的老大之后，有了充足稳定的现金流来源才开始进行多元化战略的。反观德隆，不管是在水泥业还是后来的番茄酱业、汽车业等等所涉及的几十个行业，旗下没有一家公司做到了行业第一的位子。同时德隆也忽视了需要面对高昂的融资成本、快速增长的管理成本，而产业整合的效益又必须在很长的一段时期后才得以显现的现实。一旦融资渠道不通畅，企业越大越难以转动，越大的企业越不能发生资金链紧张问题。

可以说，是德隆的产业整合战略将德隆拖入了资金困境，因此，如何处理好企业并购中的资金问题，做大的过程中增强企业的竞争力，这也许是当前许多中国大型集团企业需要静下心来思考的问题。

附录1　德隆有关金融机构状况

德隆进入金融机构的方式极其迂回，是通过母公司德隆国际与旗下新疆屯河、沈阳合金、湘火炬、天山股份、重庆实业和影子公司暗中进入的。曾先后参股控股商业银行、保险公司、金融租赁公司、信托公司、证券公司总计27家金融机构，它们分别是：深圳发展银行、南昌商业银行、昆明商业银行、株州商业银行、长沙商业银行、兰州商业银行、乌鲁木齐商业银行等7家商业银行；华安保险、东方人寿、恒薪保险代理等3家保险公司；新疆金融租赁、新世纪金融租赁等2家金融租赁公司；新疆金新信托、宁夏伊斯兰信托、青岛海协信托、中泰信托等4家信托公司；南京大江国投、德恒证券、恒信证券、中富证券、健桥证券、东北证券、泰阳证券、西北证券、北方证券、三江源证券、海通证券等11家证券机构。

德隆进入这些金融机构，最初意图是试图整合整个金融产业资源，希望通过现有的银行、证券、信托、金融租赁、保险、期货等齐备的金融业务来做整合的金融产品，即满足不同客户的金融需求，又通过融资安排实施产业整合，以实业、金融为两翼，迅速实现德隆做大做强的目的。但后来资金链的紧张使德隆中断了金融整合的大业，德隆的金融机构沦为了德隆的融资工具。

德隆通过金融机构融资主要是通过参股或者暗中控制的信托、租赁公司等非银行金融机构，通过承诺保底和固定收益率的国债回购业务、委托理财资金等方式进行融资；此后德隆开始进入城市商业银行体系后，这些银行资金开始以违规贷款或是同业拆借的方式，转手德隆的信托公司，进入德隆；在后期，德隆旗下的证券公司也开始大量挪用客户保证金、信托公司开始挪用信托资，将钱圈入德隆体系。

具体看来，德隆的金融机构的融资方法主要有以下几种：

一是利用国债回购融资。德隆控制的证券公司或信托公司，通过承诺固定回报率的形式，大规模招揽社会企业和个人的资金购买国债，托管在自己的席位上，然后私自把客户存放在其席位上的国债给一些机构，这些机构再通过国债回购融资，并将所得资金注入股市，期满前将国债买回。

二是委托理财融资，德隆主要通过旗下证券公司，承诺高的固定回报率，向政府、事业单位、非银行金融机构、企业和个人等吸纳社会资金。例如，在“德隆刑事第一案”德恒证券的判决书上，就发现德恒证券以承诺保底和固定收益率的方式，向 413 家单位和 772 个人变相吸收资金近 209 亿元。

三是信托融资。例如 2003 年，金新信托通过交通银行上海分行发行“乳品行业战略并购项目集合资金信托计划” 8 600 万元，募集的信托资金将用于购买北京三元乳业科技股份有限公司 15% 的股权，新疆兵地天元乳业 50% 的股权和德隆畜牧玛纳斯乳制品 35% 的股权，并承诺一年以后，德隆国际按受托人当期收购价 106. 5% 的价格全额回购。

四是挪用客户资金或保证金。例如德恒证券，在早期的利用投资者在股票交易、国债回购业务的客户保证金，由开始的短期拆借使用发展到后期直接挪用，不但占用德隆系内部相关关联企业的资金，更挪用上海茉织华、上工、渝开发的客户保证金等。2004 年，德恒证券及其营业部挪用上海星特浩的 6 400 万元国债投资，挪用苏州太湖企业有限公司的 8 000 万元国债投资，挪用渝开发 4 000 万元保证金，挪用合金投资 1. 44 亿元，挪用上工股份 3 000 万元，挪用茉织华 5. 5 亿元。恒信证券挪用天山股份 9 000 万元国债投资，挪用合金投资 7 000 万元国债投资。

此外，德隆金融机构其他的融资方式还包括委托持股融资、流通股票第三方监管融资等等不一而足。在德隆案发后，有人作过粗略的统计，德隆金融机构的负债有 340 亿元，其中 6 家高风险金融机构的个人债务合计 79 亿元，涉及 17 个省市区。

德隆的融资手段非常高明，从上述德隆的几种融资手段中可以看出，固定回报承诺是德隆融资的特点之一。在这种方法下，德隆的融资成本变得很高；而在后期，随着德隆老三股的日渐走低，德隆面临的融资条件越来越苛刻，资金所要求的回报率越来越高。

我们可以来看几份由德恒证券及伊斯兰信托接受的较为典型的委托理财合同。

2003年4月26日，上海里奥高新技术投资有限公司与德恒证券签订了一笔5 000万的委托理财合同，在合同中，德恒证券许诺了10%的收益。2003年4月28日，上海里奥高新技术有限公司又与伊斯兰信托签订了两笔5 000万元合计共1亿元的委托理财合同，在合同中，伊斯兰信托同样允诺了10%的收益率。这两个合同还规定，德恒证券和伊斯兰信托应在2003年10月31日支付半年投资收益合计750万元。两个合同期限均为一年，到期日分别为2004年4月26日和2004年4月28日。这样算起来，德隆要融资1.5亿元，那么相应的融资成本若以10%的固定承诺收益率来计算，一年的融资成本便要达到1 500万元，同时还要归还本金1.5亿元。而据调查，德隆融资的固定承诺收益要远高于10%，例如在金新信托与江苏亚星客车集团的委托国债合同中，金新信托给出的固定承诺收益是13%，而在资金紧缺的时候，德隆曾经开出过22%的高回报率。平均而言，德隆的固定承诺回报都在12%～15%之间。德隆非法吸收的公众存款有450亿元，即使这些资金要求的回报率以10%计算，每年的融资成本也高达45亿，这还不算德隆为其融资人员开出的奖励（例如上海友联的融资团队如果每年融资额在40亿元以内，将按完成量的1‰提取奖金，在40亿元之上按完成量1.5‰提取）以及其他各项财务费用等。

除了高昂的融资成本，在前面几个合同中可以看出，德隆的金融机构融资大多是一年或半年到期的短期理财合同，而德隆立志的“产业整合”大业所投资的多是长期项目，而根据前文的分析，这些项目的效益并不好，其自身的经营现金流也很短缺。要承担如此高昂的融资成本，同时又要维系老三股的高股价，还要保持产业并购的高速度，德隆面对如此巨大的现金缺口，唯一的选择便是继续以更高的资金成本进行融资，寻找更多的融资来源，“拆东墙补西墙”，为融资而融资，这样的维系资金链条的方法，风险极大。

附录2　德隆上市公司部分并购、收购大事记

（1）湘火炬的一系列投资及交易

1998年7月，改组“株洲火炬房地产开发有限责任公司”，湘火炬投资180万元，占注册资本92.63%；改组株洲火炬建筑工程有限责任公司，投资102万元，占90%股权。

1998 年 9 月，收购“株洲活塞销厂”。此次收购为安置性收购，以安置原“株洲活塞销厂”职工为条件，并收购其全部经营性资产。当月，与“株洲天祥商贸有限公司”一起组建“株洲火炬活塞销制造有限责任公司”，注册资金2 500万元，其中“湘火炬”占 90% 股份。

1998 年 10 月，改组成立“火炬汽配进出口有限责任公司”，“湘火炬”投资1 800 万，占 90% 股权。

1999 年 8 月，与“日升集团株式会社”在上海外高桥保税区成立“湘火炬国际贸易（上海）有限公司”，注册资本 30 万美元，“湘火炬”占 75%。

1999 年 9 月，受让“香港鸿本实业有限公司”、“香港鸿源贸易公司”和“STEVE W. WANG”全资拥有的美国“MAT AUTOMOTIVE，INC”和“MID-WEST AIR TECHNOLOGIES，INC”两家公司及在中国的九家公司的 75% 的股份及其相应股份的所有权益。受让价格 3 300 万美元。

1999 年 10 月，收购“新疆机械进出口公司”（原隶属“新疆自治区机械电子工业厅”），转让价格 153 万元。收购完成后，“湘火炬”拟投资 900 万将其改制为有限责任公司。

1999 年 10 月，受让其 6 000 万股股份，占总股本 44. 58%，受让价格 1. 08 元/股。2000 年 4 月，终止与“江苏兴达钢帘线股份有限公司”的合作。

2000 年配股，每 10 股配 3 股，价格 15 元/股。募集资金主要用于上述投资。

2000 年 7 月，以 3 606. 8 万元受让其 23% 股权。

2000 年 11 月，受让其 3 621 万股及其 1999 年度股票红利 287. 9 万股，受让价 3 908. 9 万元。而“湖南证券”是“湘火炬”的主承销商，曾是“湘火炬”前十大股东。

2000 年 11 月，受让其 850 万股股权，占总股本 50%，受让价格 2. 65 元/股，共计 2 252. 5 万元。

（2）沈阳合金的其他投资

2000 年 1 月，以 1. 12 亿元收购“嘉利电子科技（苏州）有限公司”51% 股权。3 月要求以 10∶3 比例配股，募集这笔资金。

2000 年 11 月，以自有资金 3 000 万元参股“厦门联合信托投资有限责任公司”，占该公司总股本的 9. 48%，扩股后为该公司的第四大股东。

（3）新疆屯河的一系列投资

2000 年，用配股募集到的资金，收购“新疆屯河集团有限责任公司硫磺沟水泥厂”（5 435 万元）；增资控股“昌通番茄制品有限责任公司”（7 800 万元）；对公司下的“科林番茄制品分公司”技术改造（7 183 万元）；建“新疆乌苏番茄制品厂”（3 398 万元）。

2000年3月，与“新疆天山水泥股份有限公司”合作，将“新疆屯河”年产100万吨水泥生产能力的实物资产出售给“天山股份”，注册成立新的有限责任公司。新公司“新疆屯河水泥有限责任公司”注册资本3.5亿元，其中“天山股份”用2000年募集到的资金购买51%股权，“新疆屯河”以实物出资占49%的股权。受让“新世纪金融租赁”股权。7月，从昆山中联综合开发公司、海南港粤国际旅游有限公司、北京和讯信息科技有限公司受让“新世纪金融租赁有限责任公司”共31.46%的股权，收购价共5 094.9万元。受让“新疆天山建材”股权。11月，受让“新疆天山建材（集团）有限责任公司”持有的“新疆天山建材投资有限公司”30%股权，受让价格1.09亿元。参股“厦门联合信托”。12月，以自有资金3 000万元参股“厦门联合信托投资股份有限公司”，占总股本9.48%。公布收购“北京汇源果汁”，后修改原有方案，与该公司共组新公司。11月，“新疆屯河”公布信息收购“北京汇源果汁饮料集”股权。但到今年3月5日再次公告，修改原有方案。“新疆屯河”将与汇源果汁集团共同组建“汇源食品饮料（集团）有限责任公司”。合资公司注册资本8.3亿余元，“新疆屯河”占合资公司51%股权。屯河将以现金方式出资5.1亿元。

附录3　德隆内部整体资金链状况

这里主要借鉴采用了唐立久、张旭的著作《解构德隆》中的研究成果，在本章的资料收集过程中，我们所搜集到的资料也从不同方面验证了这部著作中有关德隆的融资技艺。在这部著作里，两位作者将德隆的融资技艺做了详尽的总结，总结出约20余种融资方法，其中包括德隆自创的至少5种融资方法。

现将这20余种融资方法分别在德隆系上市公司和金融机构之间进行划分，这样可以看出德隆的融资渠道主要有两个：一是通过实业领域的上市公司融资。德隆通过上市公司的几次配股进行过融资，但实际上，上市公司正常的融资不是德隆的主要方式。正相反，德隆的融资方法主要是：通过关联交易占用上市公司及其控股子公司资金；利用上市公司信誉，通过德隆系公司之间互相担保、存单存货质押、股权质押、贷款等方式从银行获取信贷资金；以及利用上市公司将资金委托给德隆控制的金融机构以挪用上市公司的资金三种方式。

二是通过金融机构融资。德隆最先是通过参股或者暗中控制的信托、租赁公司等非银行金融机构，通过承诺保底和固定收益率的国债回购业务、委托理财资金等方式进行融资；同时，在整个资金链越发紧张之后，德隆旗下的证券公司也开始大量挪用客户保证金、信托公司开始挪用信托资金。在2002年之后，德隆开始进入城市商业银行体系，这些银行资金又开始以违规贷款或是同业拆借的方式，转手德隆的信托公司，进入德隆。

德隆通过以上两个融资渠道，融得了大量的资金，但准确的融资数额以及每个融资渠道的融资规模到现在仍然是未知数。这里仍参考唐立久在《解构德隆》一书中的数据：德隆系实业部分的负债高达230亿元，其中债权银行的贷款167亿元，被德隆占用的贷款数额为40亿；金融负债340亿元，其中6家高风险金融机构的个人债务合计79亿元，涉及17个省市区。而根据2006年的武汉中级人民法院起诉书的数据，仅从2001年到2004年初这三年的时间内，德隆单单通过金融机构吸收公众存款的融资就高达450亿元，而从1998年到2003年的六年间，单单新疆屯河、沈阳合金、湘火炬三家国有上市公司就从银行获得短期、长期借款总额高达71亿多。德隆融资能力的巨大可见一斑。

德隆的资金大致有三个流向：一是流入德隆的信托、租赁等金融机构，用于支付高额的委托理财回扣费用，或是支付银行信贷的财务费用等；二是不断购买实业资产，并购其他实业公司，完成其宣称的产业整合的目标；同时不断暗中投入资金进行金融股权投资，试图形成自己的金融投资控股公司；三是先后以金新信托、德恒证券作为中心平台，将资金投入股票市场，用于自买自卖、连续买卖老三股，维持老三股的高股价。

关于第一个流向，由于德隆金融机构委托理财的承诺保底和收益率较高，一般在12%至15%左右，在资金紧缺的时候还曾开出过22%的收益率。此外，德隆还对自己的融资团队开出了高额融资奖励，例如上海友联的融资团队如果每年融资额在40亿元以内，将按完成量的1‰提取奖金，在40亿元之上按完成量1.5‰提取。因此2001年后，德隆每年用在委托理财高额回扣方面的开支很大，基本都在25亿元以上，三年自身循环消耗75亿元，而实业部分债权银行的贷款167亿元所形成的财务费用约1亿；关于第二个流向，德隆每年投入股票市场用于维持“老三股”股价的资金高达10~20亿元，而老三股每年自身积累所产生的利润只有6亿元，加上运作成本，德隆在股票市场上共投入约145亿元；关于第三个流向，德隆对金融机构的股权投资约150多亿元，国际并购资金（即前文提到的并购国外番茄酱经销商等）约1.1亿美元，折合人民币9亿元；实业部分六年来用于产业整合并购公司的现金约投入了40亿元。而2004年崩盘以后，德隆在整个证券市场又亏空了约160亿元。这就是德隆资金流向的大体框架。

参考文献：

1. 唐立久、张旭，《解构德隆》，浙江人民出版社（蓝狮子财经丛书），2004

年版。

2. 张信东、周宏波、覃海波，“德隆系：类家族企业的中国模式”，《新财富》，2004 年 4 月。

3. 西南政法大学新闻中心，[案例]“德隆神话的破灭——内部治理与外部监管的多重缺失”，http：//bbs. cqnews. net/dispbbs. asp？boardid = 170&ID = 38433。

4. 姚毅，“填平德隆黑洞”，《中国证券报》2007 年 7 月 26 日。

5. 李德林，《德隆内幕》，当代中国出版社，2003 年版。

6. 楚天报社，“德隆”主案特别报道，德隆阴影渐渐淡去，http：//www. cnhubei. com/200601/ca983085. htm。

7. 冉梦顺（和讯网），“唐万新真相：动用 2.5 万账户操纵股价盈利百亿”，http：//news. hexun. com/detail. aspx？sl = 1896&id = 1506954。

8. 新华网，“德隆：草根 400 元的发家梦”，
http：//news. xinhuanet. com/200501/ca33021. Htm。

9. 吴乐普，“抵押贷款悖论：短贷长投加速民企夭殇”，《第一财经日报》2006 年 12 月 6 日。

10. 史高飞、张鹏、刘占雄、彭鹏、罗玮，“德隆金融运作的案例分析”，《金融学苑》2004 年 2 月。

第 5 章

苏宁环球的买壳运作①

2005 年 9 月 5 日，中国证监会发布《上市公司股权分置改革管理办法》，其中第 26 条明确了关于绩差上市公司股改的思路，即股权分置改革与公司资产重组相结合，鼓励重组方通过注入优质资产、承担债务等方式，以实现公司盈利能力或者财务状况改善作为对价安排。这一政策为 A 股 T 类公司的股改指明了方向。在政策出台之前，市场已经出现了类似的案例——苏宁环球买壳 * ST 吉纸 (000718)。

5.1　交易各方背景

1. 被收购对象——* ST 吉纸简介

* ST 吉纸（吉林纸业股份有限公司）是吉林省较早进入资本市场的国有企业，1993 年 4 月由吉林造纸厂独家发起并采用定向募集方式设立的，吉林造纸厂将经评估的部分可形成独立生产体系的经营性净资产 18 900 万元，按 1∶1.5 的比例折为 12 600 万股国家股，同时定向募集内部职工股 3 300 万股、法人股 700 万股，形成总股本 16 600 万股。1993 年 5 月 10 日，公司在吉林市工商行政管理局依法注册登记，1997 年 3 月公开发行流通 A 股 6 000 万股，形成总股本 22 600 万股。

* ST 吉纸主要从事机制纸、纸板、胶带、纸制品制造、纸浆等产品的生产和销售。自 2002 年起，由于能源及原材料价格上涨、废纸脱墨系统进口设备出现较大问题，主导产品新闻纸成本高昂，一直处于亏损经营状态，导致财务风险急剧恶化，大量到期债务无法偿还。公司自 2002 年 6 月 21 日开始停产，2003 年 1 月 5 日至 2003 年 2 月 27 日短暂恢复生产后，自 2003 年 2 月 28 日起又处于停

① 本案例完成于 2007 年 7 月。

产状态。截至 2005 年 6 月 30 日止，公司资产总额为 21.32 亿元，负债总额为 23.35 亿元，累计未弥补亏损为 12.56 亿元。由于自 2002 年度起已三年连续亏损，2005 年 4 月 26 日公司流通股份停止交易，停牌前收盘价为 1 元；2005 年 5 月 13 日起被深圳证券交易所暂停上市。

吉纸曾经是中国第一个新闻纸生产基地，它的主营产品是新闻纸，但是，随着竞争的加剧，面对客户流失、市场收缩的局面，吉林纸业开始了设备和技术改造。

2000 年，吉林纸业募集资金 2 亿元用于“10 号纸机二期改造工程（包括将 10 号纸机改造为生产纸袋纸的机器及建设一条日产 300 吨废纸脱墨生产线）”，但是改造结果并不理想，主机改造升级后却发现无法和附属设备兼容。那套废纸脱墨生产装置自 2001 年 12 月末投入运行后，也经历数度维修，最终于 2003 年 8 月从国外运回。但此时，吉林纸业已经“短期内尚不具备启动生产条件。”

2002 年 11 月 25 日，吉林纸业第一次发布《业绩预警公告》显示：由于公司进行 10 号纸机的二期改造，改造后正常调试时间较长影响了生产。此后，吉林纸业还实施过多次改造项目，无一例外以失败结局。2004 年吉林纸业年报中显示，吉林纸业一直处于暂停生产状态。

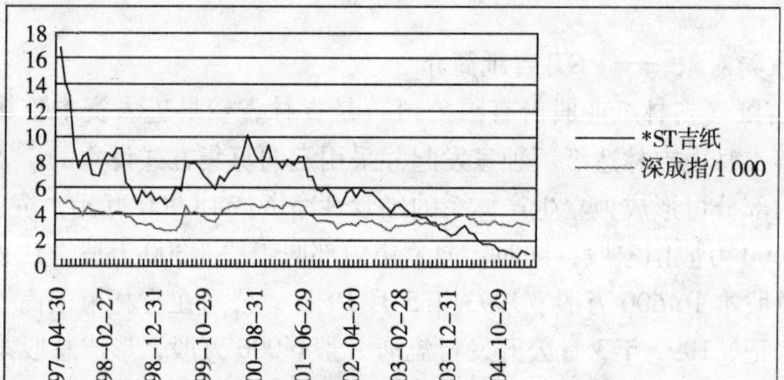

数据来源：“度量衡”数据库。

图 5－1　＊ST 吉纸股价走势与深成指走势比较（1997.3 至 2005.5）

表 5－1　　　　　　　　　　　＊ST 吉纸财务数据

	2004 年	2003 年	2002 年	2001 年
财务数据				
资产总计	2 104 378 685.00	2 482 601 066.00	2 801 070 113.00	2 771 204 342.00
负债合计	2 337 688 474.00	2 037 682 168.00	1 848 680 480.00	1 602 086 350.00
所有者权益总计	－233 309 789.12	444 918 897.50	952 389 633.50	1 166 632 422.00
主营业务收入	1 374 808.97	32 632 514.06	103 483 150.80	861 184 844.50
主营业务利润:	－481 420.23	－13 349 496.35	4 004 654.11	133 261 990.60
净利润	－678 228 686.65	－507 521 991.66	－228 170 319.88	11 834 395.69
每股指标				
每股收益（元）	－1.7	－1.27	－0.571	0.03
每股净资产（元）	－0.58	1.11	2.3825	2.92
获利能力				
销售毛利率（%）	－35.0172	－40.9085	4.5141	16.0144
销售净利率（%）	－49 332.5764	－1 555.2647	－220.4903	1.3741
经营能力				
应收账款周转率（次）	0.0389	0.4932	0.6258	3.698
存货周转率（次）	0.0271	0.4468	0.7223	5.3422
总资产周转率（次）	0.0005	0.0123	0.0368	0.311
偿债能力				
流动比率（倍）	0.0843	0.2644	0.5302	0.9613
速动比率（倍）	0.0527	0.1983	0.4054	0.8354
资本结构				
资产负债比率（%）	111.0868	82.0785	65.999	57.8119

数据来源："度量衡"数据库。

从表 5－1 中也可以看出，吉纸在 2002 年后的主营业务收入急剧下降，资产负债率节节攀升。经营能力和获利能力极差。

暂停上市时＊ST 吉纸总股本为 39 973.91 万股，大股东为吉林市国有资产经营有限责任公司（1999 年 8 月 11 日开始持有），拥有吉纸 50.06% 的股权。图

5－2为当时的股本结构。

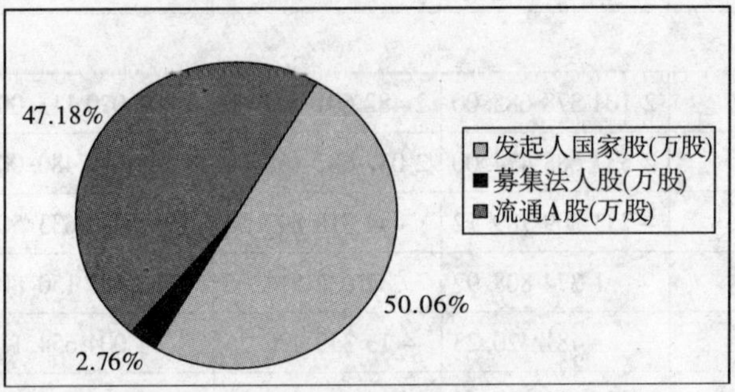

图 5－2　＊ST 吉纸暂停上市时的股本结构

2. 苏宁环球简介

苏宁集团始创于 1987 年，始创人张桂平先生。苏宁集团从电器贸易做起，1992 年开始进入地产界，如今集团已发展成为集房地产开发、商业连锁、医药科技、五星级酒店、新型建材生产、汽车贸易、采矿业、通用航空、门窗制造、物业管理等于一身，总资产超过 60 亿元的超级航空母舰，成为国内首屈一指的大型综合性民营企业。

苏宁集团主营业务为房地产开发。1992 年以来，先后开发了宁乐新苑、乐瑰园、碧瑰园、华瑰园、雅瑰园、馨瑰园、千秋情缘等住宅小区，建设了苏华商务楼、苏宁电器大厦、苏宁环球大厦、苏宁环球购物中心、苏宁环球汽车城等办公、商业楼盘，房地产开发业务是目前苏宁集团的主要利润来源。

苏宁集团的商业地产经营主要是以自建、自有物业进行商贸开发，主要包括位于南京繁华地段的苏宁环球购物中心商城，华东地区最大的苏宁环球汽车城，包含五星级苏宁环球套房饭店及甲级写字楼的苏宁环球大厦等。另外，苏宁集团还拥有为房地产开发配套的建筑公司、混凝土公司、门窗公司、矿业公司等。

为适应企业集团的高速度、多元化发展，2004 年，苏宁集团正式更名为苏宁环球集团。图 5－3 为苏宁集团买壳前的股权结构，从图中可知，其主要股东为张桂平和张桂民两人。表 5－2 是当时的各项财务指标。从净利润上看，总资产在没有增加的情况下，公司 2003 和 2004 年的净利润有所增长，这表明公司总资产回报率有所提高，同时主营业务收入从 3. 31 亿上升为 8. 99 亿，公司经济效益较好。

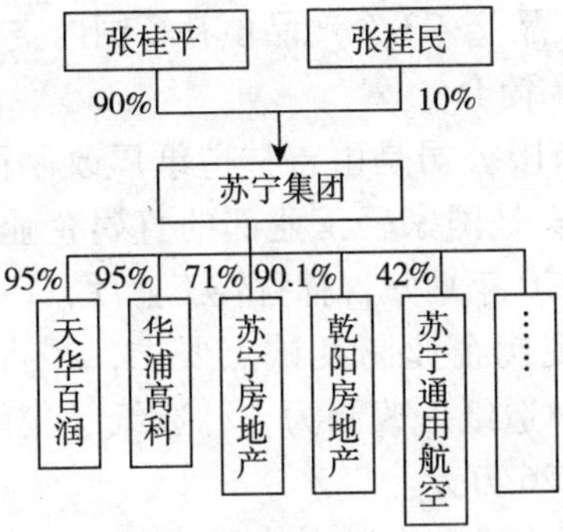

数据来源：收购报告书。

图5－3　苏宁集团买壳前的股权结构

表5－2　　苏宁集团买壳前的财务数据　　单位：元

	2004年度（合并）	2003年度（合并）	2002年度（母公司）
资产总计	1 217 628 525.30	1 511 556 435.07	235 152 246.88
所有者权益合计	191 645 989.84	146 104 791.48	96 190 949.35
主营业务收入	899 214 822.50	331 555 433.20	
主营业务利润	210 731 539.55	103 029 041.56	
净利润	42 771 559.23	19 614 065.15	－156 864.46

数据来源：收购报告书。

3. 吉林晨鸣简介

吉林晨鸣成立于2005年9月1日，是山东晨鸣纸业集团股份有限公司（以下简称“晨鸣纸业”）为收购和运营吉林纸业股份有限公司的资产，与深圳市凯华科技发展有限公司共同投资设立的公司，注册资金4 500万元，晨鸣纸业占注册资本的70%。吉林晨鸣控股股东晨鸣纸业注册资本89 772.7903万元，是在深圳证券交易所上市的公司（000488）。

山东晨鸣纸业集团股份有限公司是集制浆、造纸、能源生产于一体的大型企业集团，拥有武汉晨鸣、晨鸣热电、齐河晨鸣、湛江晨鸣、江西晨鸣、赤壁晨鸣、延边晨鸣等10多家子公司。总资产200多亿元，年纸品生产能力近400万吨，是国内最大的造纸企业。

其主导产品为高档铜版纸、白卡纸、轻涂纸、新闻纸、双胶纸、电话号簿纸、静电复印纸、箱板纸、书写纸、高密度纤维板、强化木地板等，其中12个产品被评为“国家级新产品”，23个产品填补了国内空白。

4. 吉林造纸（集团）简介

吉林造纸（集团）有限公司是由吉林造纸厂改制而成的。吉林造纸厂始建于1940元，建国以后一直是国家轻工业部的直属企业，是国家指定的新闻纸、纸袋纸专业生产厂家。1970年划归吉林省轻工业厅，1985年划归吉林市。

1996年8月，根据现代企业制度试点要求，经吉林省人民政府吉市政函［1996］4号文批准，吉林造纸厂改制为吉林造纸（集团）有限公司，为国有独资公司，注册资本为36 726万元。

1997年2月，吉林省人民政府以吉政函［1997］11号文授予吉林造纸（集团）有限公司国有资产经营权，持有和管理吉林纸业股份有限公司的国家股股权，行使出资者权力。

5.2 吉林纸业的债务重组

1. 中竹蜜月

2002年10月25日，为挽救吉林纸业，董事长张孝忠开始多方寻找投资。2002年11月22日，吉林纸业第一大股东吉林市国有资产经营有限责任公司与四川中竹纸业（集团）有限公司签订了意向协议书，拟将其持有的公司2亿股国有股转让给中竹纸业（集团）有限公司。转让结束后，中竹纸业集团持有吉林纸业社会法人股2亿股，占公司总股本50.06%，成为公司第一大股东。

中竹纸业大股东中产经投资公司隶属于国家经贸委机械工业局发电设备服务中心，于20世纪90年代初成立，当时拥有资产20亿元，净资产16.59亿元，2001年销售收入为23.8亿元。

协议规定以每股净资产2.9元计，转让金额在6亿元左右。中竹先期支付2亿左右用于结算职工的工资以及设备启动费用随后吉林纸业于2003年1月5日启动生产。

然而2月28日，生产再度停止，并一直持续到股改前。吉林纸业公开说明的原因是，“由于新闻纸市场问题、公司废纸脱墨生产系统有关设备问题以及公司自身存在的各方面沉重负担等”。

“解密吉林纸业破产玄机”一文中访问的吉林纸业决策层人士坦言，双方分手的关键在于吉林纸业公司与集团的债务没有分开。“与华泰股份等企业谈判出现僵局，也都是因为这一点。”“吉林纸业一向是集团公司的董事长兼任股份有限公司董事长，这样的结构，直到2002年在中竹方面的“强烈抗议”下，才改为二者分开，中竹集团法人代表倪日涛与张效忠，分别担任股份有限公司和集团公司的董事长。”

从2003年10月29日的一份诉讼公告中我们可以看出，吉林纸业公司与集团的债务关系是很混乱的。公告称：1994年，吉林纸业向中国人民建设银行吉林哈达湾支行借款合计人民币6 495万元，该债权于1998年划归给中国农业银行吉林市分行，此时吉林纸业便向中国农业银行吉林市分行提出将所涉借款转给吉林造纸（集团）有限公司（1998年4月前，吉林造纸（集团）有限公司为该公司的控股股东）并获得批准。2000年6月8日，中国农业银行吉林市分行永吉县支行向吉林造纸（集团）有限公司发出债权转移确认通知书，将所涉借款的债权又转让给了中国长城资产管理公司长春办事处。2001年6月，中国长城资产管理公司长春办事处、中国信达资产管理公司、吉林造纸（集团）有限公司、吉林市国有资产经营有限责任公司四家签订了《债权转股权协议书》，准备实施债转股方案。但由于最后《债权转股权协议书》没能履行，故长城资产管理公司长春办事处向吉林省高级人民法院提起诉讼，认为在《债权转股权协议书》没有履行的情况下，应由原借款合同借款人，即吉林纸业偿还本案所涉借款。法院最终判决吉林纸业在判决生效后10日内给付中国长城资产管理公司长春办事处6 459万元及利息（利息计算方法：各份合同签订日起至全部给付日止，按中国人民银行同期贷款利率计算。扣除已支付的1 719 780.00元利息），吉林造纸（集团）有限公司对吉林纸业股份有限公司偿还中国长城资产管理公司长春办事处6 459万元及利息承担连带偿还责任。一笔借款就拖延了如此长的时间，经历了一波三折，可见债务之混乱。

吉林纸业的重组事宜在停产后进入搁置状态。2004年8月19日，吉林纸业控股股东吉林市国有资产经营有限责任公司与中竹解除了国有股股权托管关系，双方彻底分道扬镳。

2. 债务形成及主要债权人

在吉林纸业23.35亿的债务中，金融债务占绝大部分，小部分为普通债权人债务。其中欠工商银行吉林哈达办事处399 299 970.00元短期借款和中国银行吉林市分行的6 055万美元长期借款，这一笔的金额最大。

提起诉讼的债权人有长城资产管理公司长春办事处，欠本金6 495万；吉林省国际信托投资有限责任公司清算组，欠本金1 677 972.13元；吉林市商业银行，欠本金5 550万；中信实业银行沈阳分行，欠本金3 000万；交通银行吉林分行，欠本金5 500万。

2005年4月30日，吉林市商业银行因公司不能清偿到期债务，向吉林省吉林市中级人民法院申请宣告被申请人吉林纸业股份有限公司破产。

3. 破产前的财务状况及运营状况

在其他应收款中，应收吉林造纸（集团）有限公司的款项为317 897 176.02元，吉林造纸（集团）曾经是吉林纸业的大股东。吉纸年报附注中解释：由于吉林造纸（集团）的经营及现金流量状况日趋恶化，已经主管部门批准即将进入政策性破产程序，因此公司对其应收款项按90%的比例计提了坏账准备。

公司非流动资产主要包括5 600mm新闻纸生产线两条，年生产能力15万吨，纸浆生产线5条，年生产能力36万吨，在建的6 346mm轻涂纸生产线一条（已终止建设），年生产能力20万吨，及以上生产设施占用范围内的房屋和土地使用权。

林木资产中有一部分为重点生态公益林，账面值为45 098.40万元，已纳入国家天然林保护工程实施范围，依据相关政策规定，无法变现。表5－3是吉林纸业破产前的资产情况，表内数据均摘自2004年年报，以账面价值反映。

表5－3　　破产前的资产状况

资产					账面净额
货币资金					440 400.18
应收账款					20 124 117.28
其他应收款					56 142 484.61
预付账款					11 053 572.53
存货					52 543 856.55
固定资产	房屋及建筑物	机器设备	运输设备	其他设备	
	201 611 117.95	347 885 600.49	2 806 109.18	9 085 723.56	561 388 551.18
工程物资					29 400 193.56
在建工程					533 990 046.48
土地使用权					154 537 135.02
林木资产					676 758 327.57

数据来源：公司2004年年报。

4. 破产裁定

2005年4月30日，吉林纸业股份有限公司（以下简称“吉林纸业”）收到吉林省吉林市中级人民法院关于债权人申请该公司破产事项的民事裁定书。2005年8月15日，吉林纸业在法院主持下，债权人会议通过了债务和解方案。公司将以全部资产抵偿全部债务，向第三方转让全部资产，所获资金在法院监管下依法清偿。相对应的，请求所有一般债权人停计 2005 年 1 月 1 日起全部贷款利息；免除 2004 年 12 月 31 日以前的陈欠利息；债权本金按 30.2288% 的比例偿付；解除吉林纸业股份有限公司及其担保单位的担保责任。2005 年 8 月 23 日，吉林纸业收到法院民事裁定书，裁定债务和解协议自法院公告之日起具有法律效力，中止公司破产程序审理。

2005 年 9 月 8 日，吉林纸业为履行债务和解协议与吉林晨鸣纸业有限责任公司签署了《资产收购协议》；与吉林造纸（集团）有限公司签署了《承债式收购资产协议》，将公司全部资产转让给上述两家公司。

其中，吉林晨鸣按 7.4 亿元的价格以现金支付价款的方式受让公司账面所有的固定资产、土地使用权及其他相关资产，主要包括 5 600mm 新闻纸生产线两条，年生产能力 15 万吨，在建 6 346mm 轻涂纸生产线一条，年生产能力 20 万吨，纸浆生产线 5 条，年生产能力 36 万吨，及以上生产设施占用范围内的房屋和土地使用权。资产原账面值为 141 428.19 万元，调整后账面值为 140 645.22 万元。

吉林造纸集团按 3 亿元的价格以承担公司按照和解协议应清偿的 3 亿元债务的方式受让公司账面的其他资产中的林木资产和所有流动资产，该部分资产账面值为 97 575.34 万元，调整后账面值为 105 927.73 万元。

2005 年 11 月 21 日，由于公司债务和解协议履行完毕，法院下达民事裁定书：宣告终结吉林纸业股份有限公司的破产程序。

至此，* ST 吉纸成为一家无资产、无负债、无业务的净壳公司。

5.3　苏宁的买壳运作

苏宁先用一元的象征性价格买下了零资产的 * ST 吉纸的 50.06% 的股权，作为买壳的对价，它把其子公司南京天华百润投资发展有限公司和南京华浦高科建材有限公司共 4 亿的资产置换入 * ST 吉纸，并豁免了 * ST 吉纸的债务。

1. 股权转让

2005 年 8 月 30 日，吉林纸业原控股股东吉林市国有资产经营有限责任公司与苏宁环球集团及张康黎先生签署了《股份转让协议》，同时，公司与苏宁环球集团及张康黎先生签署了《资产购买协议》、《债务豁免协议》。

根据协议，苏宁集团以 1 元的价格受让吉林市国有资产经营有限责任公司持有的 140 140 605 股国家股股份，占股本总额的 35.06%；张康黎先生以 1 元的价格受让 59 957 475 股国家股股份，占股本总额的 15.00%，总金额约 2 亿。苏宁集团实际控制人是张桂平先生，与张康黎系父子关系。

2005 年 9 月 15 日，吉林纸业与苏宁环球集团、张康黎先生、吉林市国有资产经营有限责任公司签署了《吉林纸业股份有限公司收购与重组的补充协议》。根据补充协议，张康黎先生不再作为受让主体受让吉林市国资公司持有的 * ST 吉纸 59 957 475 股国家股股份（占 * ST 吉纸股本总额的 15.00%），原由张康黎受让的股份全部转由苏宁集团受让，即苏宁集团以 1 元人民币的方式受让吉林市国资公司持有的本公司全部 200 098 080 股国家股（占股本总额的 50.06%）。

由于此次转让的股权超过了 30%，苏宁集团有要约收购的义务。2005 年 11 月 9 日，中国证券监督管理委员会发布证监公司字［2005］112 号文：同意江苏苏宁环球集团有限公司公告吉林纸业股份有限公司收购报告书并豁免其要约收购义务。

2. 资产重组与债务豁免

2005 年 8 月 30 日，吉林纸业原控股股东吉林市国有资产经营有限责任公司与苏宁环球集团及张康黎先生签署了《资产购买协议》、《债务豁免协议》。根据该次资产购买协议，吉纸集团公司按评估值（基准日 2005 年 7 月 31 日）购买苏宁集团及其一致行动人张康黎先生持有的南京天华百润投资发展有限公司和南京华浦高科建材有限公司各 95% 的股权，转让价款合计为 4 亿（402 779 018.16 元）人民币（股权转让价格的确定依据是中天华所以 2005 年 7 月 31 日为基准日对天华百润和华浦高科进行整体资产评估后的净资产价值）。

新注入“壳公司”的资产情况是：

天华百润注册资本为 18 000 万元，主要经营房地产开发业务。截止本次重大资产重组前，苏宁集团持有天华百润 71.54% 的股权，张康黎先生持有 28.46% 的股权。根据中喜所出具的中喜审字［2005］第 1488 号《审计报告》，截止 2004 年 12 月 31 日，天华百润总资产 320 001 537.86 元，净资产 141 913 087.72 元；2004 年度实现净利润 15 187 888.57 元。截止 2005 年 7 月 31 日，天华百润总资产 839 460 049.29 元，净资产 228 944 091.81 元；2005 年 1 ~ 7 月实现净利润 7 031 004.09 元。中天华所为天华百润出具的《资产评估报告书》中资产评估结果为：总资产 992 082 957.71 元，增值率 18.18%；净资产 381 567 000.23 元，增值率达到 66.66%。

华浦高科注册资本为 3 000 万元，主要从事混凝土搅拌加工、涂料生产与销售业务。截止本次重大资产重组前，苏宁集团持有华浦高科 71.54% 股权，张康黎持有该公司 28.46% 的股权。根据中喜所出具的中喜审字［2005］第 1489 号《审计报告》，截止 2004 年 12 月 31 日，华浦高科总资产 84 957 626.77 元，净资产 21 734 995.16 元；2004 年度实现净利润 2 022 197.66 元。截止 2005 年 7 月 31

日，华浦高科总资产 107 116 362.06 元，净资产 36 565 427.43 元；2005 年 1~7 月实现净利润 4 830 432.27 元。中天华所为华浦高科出具的《资产评估报告书》中资产评估结果为：总资产 112 961 848.25 元，增值率 5.46%；净资产 42 410 913.62元，增值率为 15.99%。

根据该次《债务豁免协议》，苏宁集团和张康黎同意全额豁免公司因购买前述股权而形成的对苏宁集团和张康黎的全部债务约 4 亿。

2005 年 11 月 8 日，中国证券监督管理委员会发布证监公司字［2005］113 号文：同意苏宁环球集团此次资产重组吉林纸业方案。

完成上述重组之后，*ST 吉纸成功完成三级跳，基本面脱胎换骨：净资产由 -2.33 亿元清零，然后升至 40 277.9 万元，每股净资产由 -0.58 元到 0 元再跳到 1.01 元；*ST 吉纸的主业由造纸变更为房地产开发和混凝土生产、销售。*ST 吉纸的上市地位可安保无虞。

3. 买壳结果

本次收购对 *ST 吉纸未来发展产生了重大影响。*ST 吉纸不仅得以保持上市公司资格，而且无偿获得价值 40 277.90 万元经营性资产，公司的内在价值得以大幅提高，*ST 吉纸的原流通股股东每 10 股获得 10.08 元净资产。

*ST 吉纸原大股东是吉林市国有资产经营有限责任公司，其背后就是吉林市政府。对政府而言，通过这一番动作，结束了一个资不抵债的国有企业，原企业的职工在晨鸣纸业生产线启动后，将优先被聘用，提高了就业率；而吉林炭素和吉林化纤与吉林纸业均有数亿元互联担保额，如果吉林纸业破产，会出现恶性的连锁反应，现在债务解决了，担保也就解除了，避免了其他国有资产的恶化，可谓一箭三雕。

作为整个重组的重要部分，原属吉林纸业的账面价值达 14 亿元的主业资产，被晨鸣纸业以 7.4 亿元的低价轻纳入囊，几近对折。

吉林造纸集团承担了 3 亿的债务，拿到了可变现的林木资产和所有流动资产约 5.5 亿。事实上，吉林造纸（集团）原本就欠吉林纸业 317 897 176.02 元，这次重组等于造纸集团还了应还的债，顺手牵走了可变现的 5.5 亿。

而苏宁环球集团无疑是最大的赢家。作为限制直接上市的房地产企业，通过收购它拥有了一家上市公司的控制权，打通了直接融资的渠道，集团也迅速成为全国知名企业。在付出方面，他们置入资产的账面价值只有 2.5 亿元，经资产评估后，净值达到 4 亿元左右，而这些资产置入 *ST 吉纸后，将获得 50.06% 股权，也就是说，以净资产角度衡量，苏宁实际只付出了约 0.5 亿元（2.5 - 4 × 95% ×50.06%），就得到了一个上市公司的资格。而苏宁恢复上市当天收盘 2.79 元，苏宁集团持有约 2 亿股，其市值就达到 5.58 亿，截至 2007 年 3 月 15

日（2006年年报公布日），苏宁收盘价为15.12元，其市值又翻了5倍多。

真正的输家的大概要数＊ST吉纸的债权人了，23亿的债权，最终以10.4亿清偿，其中还有3亿是吉林造纸集团承担的债务，而当时，吉林造纸集团的经营及现金流量状况日趋恶化，也已经被主管部门批准即将进入政策性破产程序，其承担的债务形同虚设，真正能清偿的现金也就7.4亿，如果再被职工安置费等优先级别高的清偿对象拿到一笔，那金融债权人实际得到的本金偿付比例怕是要比公布的30.2288%还要低了。

4. 股权分置

2005年11月19日，苏宁环球集团作为重组方，公告了吉林纸业股权分置改革方案，方案表明：苏宁集团以将经营性资产注入＊ST吉纸的方式，向全体流通股股东做出对价安排，以获得其将持有的＊ST吉纸股份的流通权（股改前流通股占比47.18%）。通过对价安排，流通股股东每10股获得10.08元净资产。苏宁集团本次收购完成后将持有＊ST吉纸的股份50.06%，并将于股权分置改革方案实施后首个交易日获得上市流通权。

在股权分置安排中，苏宁还安排了追加对价。苏宁集团承诺在本次股权分置改革方案实施后，未来三年＊ST吉纸如果发生下列情况之一时，苏宁集团将向流通股股东追加对价一次，流通股股东每10股将获得2.2股股份。第一种情况：ST吉纸实现的净利润在2006年度低于4 306万元；或2007年度低于5 500万元；或2008年度低于7 098万元；第二种情况：＊ST吉纸2006年度或2007年度或2008年度财务报告被出具标准无保留意见以外的审计意见；第三种情况，＊ST吉纸未能按法定披露时间披露2006年或2007年或2008年年度报告。追加对价以上述情况中先发生的情况为准，并只实施一次。

2005年12月9日，股改方案于在公司2005年第一次临时股东大会暨相关股东会议以占有效表决权股份总数98.18%的赞成票通过。12月26日公司股票恢复上市，股票简称由“＊ST环球”变更为“G＊ST环球”。

5.4 买壳效果的分析

1. 复牌后的市场反应

苏宁于2005年12月26日恢复上市，上市当天收盘2.79元，见图5－4。图5－5为深圳成份指数的涨跌情况。

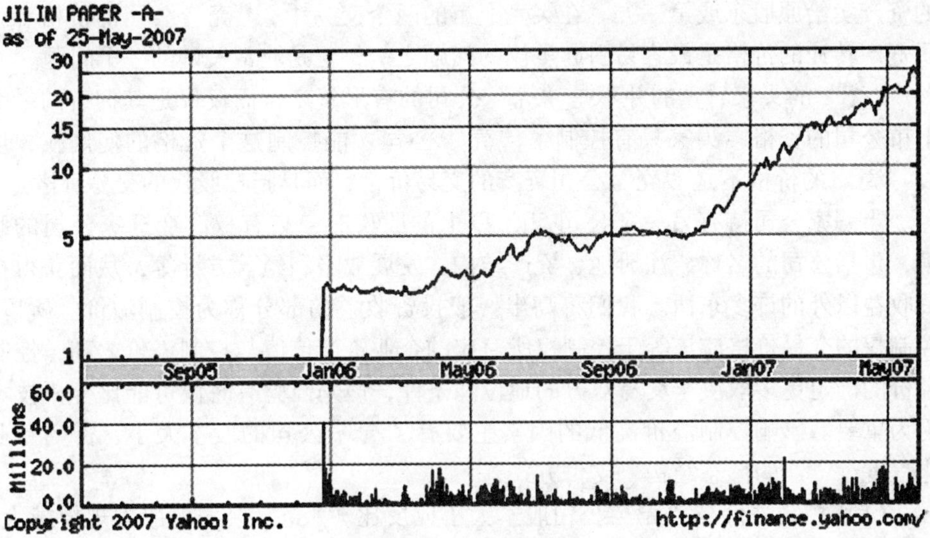

图 5-4　恢复上市后苏宁环球的股价表现

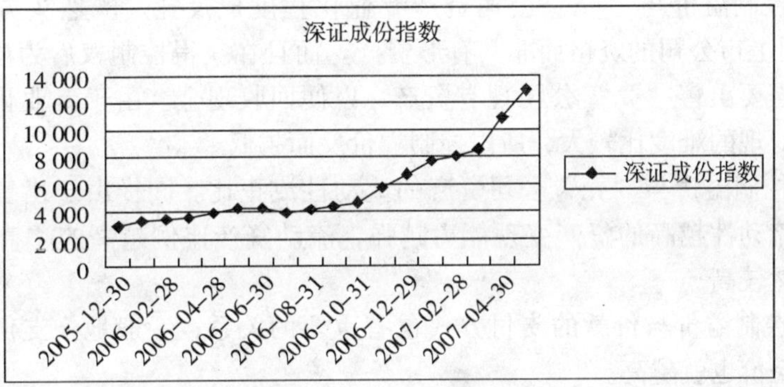

图 5-5　深成指走势图

比较图 5-4 和图 5-5 可知，相较大盘而言，苏宁环球在一年半的时间内股价翻了 9 倍，而大盘指数只翻了 4.5 倍，苏宁的股价远远领跑于大盘。

2. 壳资源的定价

所谓买壳上市，就是非上市公司通过对上市公司的控股达到间接上市的目的。一个典型的买壳上市由这样两个交易组成：一是买壳交易，非上市公司通过二级市场或内部协议转让的方式获得上市公司的控股权；二是资产转让交易，上市公司反向收购非上市公司的资产，一般应为有发展潜力和很强获利能力的优质资产，即非上市公司将自己的有关业务和资产注入到上市公司中去，而把原公司的资产卖给原股东或第三方。在买壳上市的两个交易中，“壳”公司的价格和优质资产转让的价格是最容易引起争议的问题之一，也是非常关键的一个问题。

“壳”的买家看重的并不是“壳”公司的有形资产，而仅仅是其拥有的一个上市公司的资格，买家只有控制了“壳”公司才能控制这个资格的使用权，所以“壳”的价格不是“壳”公司资产的交易价格，而是指控股权的交易价格。

当一家公司持有另一家公司50%以上的股份时，它有权改变这家公司的政策，包括公司的名称、注册地、资产结构、发展战略和经营方针等，从而获得投资收益以外的许多东西。我们将高出一般投资收益的部分称为控制溢价。所以，控制权的交易价格应该等于控制权所对应的企业资产价值与控制溢价之和，控制溢价的确定更多取决于交易双方的地位和条件，谈判经验有时候可能比分析技术更为重要。影响控制溢价高低的因素主要有“壳”公司的股本大小、资产专业化程度、资产的形态结构、支付方式等。

(1) 控制溢价与“壳”公司股本大小成反比。“壳”公司的股本规模越大，买方为获得控股权所支出的费用总额一般也越大，对获得控制权后注入的资产质量要求越高，控制溢价将低一些。

(2) 控制溢价与“壳”公司资产专业化程度成反比。既然买方看重的是“壳”公司上市公司的资格而非其有形资产。而且在获得控制权后为注入自己的资产常常需要出售“壳”公司现有资产，以便回收现金。由于专业化程度越高资产出售变现的难度比较大，所以控制溢价反而越低。

(3) 控制溢价与“壳”公司资产的流动性成正比。同样由于出售资产变现的原因，流动性越高的资产变现能力越强，流动资产比例越高的“壳”公司控制溢价自然较高。

(4) 控制溢价与价款的支付方式也有重要的关系，一般地，支付方式越优惠，控制溢价也就越高。

3. 壳运作的效果分析

作为房地产企业，在国内对房地产行业的宏观调控日趋严峻的形势下，苏宁环球走A股直接上市融资这条路是行不通的，单单是“受限制类行业”这条槛就足以将其挡在门外。而另一条可行的道路就是海外上市，比如2007年碧桂园在香港直接上市（获得21.3倍的超额发行市盈率，其上市前一年（2006）的利润为16.73亿）。而苏宁在2004年年底前整个集团的三年利润仅为6 000万，略高于香港主板上市业务纪录及盈利要求的5 000万，仅论注资的那两个企业，2004年利润仅1 700多万，还达不到最近一年2 000万的要求。如果苏宁在H股上市，2005年香港发行平均市盈率仅为10~12倍，远低于当时国内证券市场的20倍平均市盈率，同样的资产，很明显，买壳上市获得的收益最大。而且间接上市的好处是，资产可以在取得壳资源后慢慢装进上市公司，以达到卖个好价钱的结果。因此苏宁借股改的春风，买下吉林纸业的壳，一跃成为上市公司，不能不说是下了一着非常漂亮的棋。

5.5 小　结

通过买壳上市，张桂平不但取得了一家上市公司的控制权，提高了苏宁环球的知名度，为其房地产公司的融资打通了渠道，而且使得个人财富得到惊人增值。

其利用吉林纸业的破产危机，提出以资产重组作为股改对价的方式，获得了政府的大力支持，在很短的时间内，很顺利地用较低的价格获得了上市资格，而且在签协议时能够要求股权交易的成立条件是吉林纸业成为一个无资产、无负债、无业务的净壳公司，避免了买壳后隐形债务出现的问题，这种找准时机下手的做法对其他不具备直接上市资格的企业极具借鉴意义。

参考文献：

1. “解密吉林纸业破产玄机”，www. icxo. com，2005 年 5 月。
2. “度量衡”金融终端（数据库）。
3. “苏宁环球”公告，苏宁环球网站，www. suning - universal. com。

第 6 章

茂炼转债的转股风波[①]

可转换债券（简称可转债），是债券的一种。这种债券一般可以转换为债券发行公司的股票，其转换比率在发行时确定。可转换债券通常具有较低的票面利率，因为它具有可转换成股票的权利，作为对债券持有人的一种补偿。另外，将可转换债券转换为普通股时，所换得的股票价值一般要高于原债券价值。从本质上讲，可转换债券是在发行公司债券的基础上附加了一份期权，并允许购买人在规定的时间内将其购买的债券转换成指定公司的股票。

近年来，证券市场上出现了越来越多的可转换公司债券品种，可转换公司债券市场有了很大改观，2001 年时已经有 50 多家上市公司公布了发行可转换公司债券的计划。可转换公司债券兴起的关键与市场有很大关系，由于市场对上市公司增发、配股等“圈钱”行为的抵触情绪，加上行情的回落，使得上市公司进行再融资遇到了相当的困难，因此上市公司期望有着固定收益保障的可转换公司债券能得到投资者积极反映。另外值得一提的就是，《减持国有股筹集社会保障资金管理暂行办法》中国有股减持办法对可转换公司债券没有涉及，从而发行可转换公司债券也规避了因国有股减持而造成的股价压力。因此，上市公司对于发行可转换债券的兴趣日益变得浓厚。中国可转债市场自 1990 年也在不断发展。

6.1 中国可转债市场的发展

1. 国内上市企业发行探索

20 世纪 90 年代开始，我国企业开始尝试运用可转换公司债券来进行融资。1991 年 8 月起，先后有五家公司即琼能源、成都工益、深宝安、中纺机、深南玻等企业在境内外发行了可转换公司债券。其中，琼能源、成都工益两家公司是利用可转换债券来发行新股，琼能源获得了 3 000 万元中的 30% 的转股成功，并于

① 本案例完成于 2007 年 6 月。

1993年6月在深圳交易所上市；成都工益于1993年5月实现转股，并于1994年1月3日在上海证券交易所上市。

而深宝安、中纺机和深南玻三家公司发行了针对上市公司发行可转换公司债券。1992年底，深圳宝安公司发行了总额5亿元、年利率3%、期限3年、初始转换价格25元的可转换公司债券，并于1993年在深交所上市，成为我国第一家A股上市公司可转换公司债券。由于深宝安可转换公司债券的票面利率比同期企业债券低了将近7个百分点，优厚的发行条件为发债企业筹集了大量廉价资金，宝安可转换公司债券发行是相当成功的。但宝安可转换公司债券的转股却遭到了失败。1995年底，可转换公司债券到期，深宝安股价在2.8元左右，而除权除息后的转换价格却高达19.39元，在此情况下，宝安可转换公司债券转换成股票的比例只有发行额的2.7%。因此宝安公司要在1996年1月到期日支付约5亿元的现金，这对宝安公司的生产经营造成了一定的负面影响。

1993年11月19日，中纺机在瑞士发行了3 500万瑞士法郎的B股可转换公司债券，成为我国首家通过可转换公司债券在国际市场募集资金的企业。由于中国经济的快速发展，以及当时中纺机良好的经营状况，这次可转换债券的发行依然是很成功的。但是随着公司业绩大幅下滑以及B股市场整体回落，当时所制定的转股价格成为一个制高点。随后的股票价格逐渐与转股价格差距越来越大，投资者根本没有任何转股机会。因此到转债回售日当日，竟没有一张中纺机可转换公司债券转换成股票。绝大多数投资者选择了提前行使回售权（即按一定的价格要求公司买回），有3 470万瑞士法郎以面值110%回售，这给公司的现金状况造成了很大的压力。中纺机公司本身并没有相应的瑞士法郎收入，公司需要用美元兑换瑞士法郎来偿还债务。由于债券存续期间，瑞士法郎相对于美元的汇率大幅上升，中纺机公司承担了大量汇兑损失。根据中纺机年度业绩报告，1993年底瑞士法郎对人民币的汇率为1∶3.915，而到1996年底这一汇率变为1∶6.1541，即3 500万瑞士法郎的可转换公司债券，1993年折合人民币为1.37亿元，而到1996年折合人民币高达2.15亿元，中纺机公司虽享受了低利率融资的好处，却也因为汇率风险而最终结果并不理想。

1995年6月30日至7月6日，南玻公司在瑞士市场私募发行了4 500万美元的B股可转换公司债券。南玻公司对此次可转换公司债券的发行是相当慎重的，进行了大量准备工作，从而保证了发行的成功。并且，南玻可转换公司债券采用了特殊的发行方式，使得可转换公司债券是以美元或其他非瑞士法郎货币标价、受瑞士法律监管、在瑞士发行并主要在瑞士配售的新型可转换公司债券。可债券以美元计价，即使未来公司需向债券人支付本金，公司发债的外汇风险也已大大降低。另外，在转股境遇方面，南玻转债也与中纺机和宝安有很大不同。由于深南玻在B股1996年和1997年的行情中表现较好，其转股数量得以大大提高。截至1997年底，已有3 226万美元的可转换公司债券实现了转股，占发行总量的71.69%。中国可转换公司债券市场初见转股成功的希望。但是，由于随后股价走势开始疲软，南玻转债也逃脱不了被回售的命运。1998年8月31日，余下1 274万美元可转换公司债券的持有者行使了回售权，将可转换公司债券按照面值108.625%价格回售给了发行公司。

尽管三家公司可转换公司债券的发行、交易和转股情况因具体主客观因素的差异而各不相同，但它们发行可转换公司债券的尝试都从不同的角度、以不同的方式为以后中国可转换债券的运作积累了经验教训，为未来中国可转换债券的大规模推广打下了基础。

2. 海外上市企业发行探索

国内海外上市企业1998年以前也对可转换公司债券这一品种进行了有益尝试，共有三家公司发行了可转换公司债券，分别是镇海炼化、庆铃汽车和华能国际。这些企业的实践为我国可转换公司债券市场积累了充分的国际经验，推动了国内可转换公司债券市场的形成和完善。

镇海炼化是第一家发行可转换公司债券的H股公司。1996年12月12日镇海炼化发行了2亿美元的可转换公司债券，期限为7年，票面利率3%，转股价格为2.8港币。发行时，镇海炼化股价处于较好的上升态势。到1997年7、8月份，股票价格加速上扬，股价甚至升至5港币以上，一些可转换债券持有者开始将债券转换成股票。截至到1997年12月31日，也就是发行后一年左右的时间，已经有4 445万美元可转换公司债券转换成股票，占发行总额近四分之一。但随后镇海炼化的股价一落千丈，甚至一度跌破股票面值，市场不再存在转股的条件。截至2001年6月30日，镇海炼化尚有1.55亿美元可转换公司债券没有转换成股票。而在2001年下半年，镇海炼化的股价始终未能出现大幅反弹，股价继续维持在2港元以下。2001年12月19日，在镇海炼化回售日期之后，投资者纷纷行使回售权利。由于回售价格为面值的122.94%，镇海炼化公司承担了较大的还款压力。

庆铃汽车的可转换公司债券于1997年1月22日发行，期限5年，票面利率3.5%，转股价格4.5港币。与镇海炼化一样，发行后庆铃汽车的股价也出现了一定幅度上涨，而后则一路下跌。2001年虽出现一定幅度反弹，但价格已经与转股价完全背离了。同样，其转股也主要集中在1997年发生，但转股数量非常少。截至到2001年6月30日，庆铃汽车的可转换公司债券只转换了700万股股票。与镇海炼化的可转换公司债券有一个很大的不同，庆铃汽车并没有设立回售条款，而附加了强制性转股条款。根据该条款规定，可转换公司债券到期时，未转换的债券将按初始转股价格的 70% 全部自动转换为庆铃股票。根据该条款，庆铃转债根本没有还本付息的保障，投资庆铃转债与投资庆铃股票基本无异。因此庆铃转债与庆铃股票走势也非常一致，并没有出现像前面几只转债那样有一定价格底限（回售价格或还本付息债券价格），可转换公司债券所拥有的债性特征因强制性转股条款而丧失殆尽。2002 年初转债到期日时，庆铃股票的价格始终未能达到对债券持有者有利的转股价格。但由于强制性转股条款的限制，庆铃公司逃脱了还本付息的命运，但是对众多投资者来说，损失是惨重的，不但 3.15 港元的转股价与到期日不到 2 港元的庆铃汽车股票价格差距极大，而且损失了大部分债券本金。

1997 年 5 月，华能国际在纽约和卢森堡发行了面值为 2.3 亿美元，年利率 1.75%，于 2004 年 5 月 21 日到期的可转换公司债券。债券持有人可选择在 1997 年 8 月 21 日至债券到期日内任何时间，按 29.20 美元的初始转股价（在若干情况下可予以调整）转换成每份 40 股境外上市外资股的美国存托股份（ADS）。该可转换公司债券还设置了赎回条款，即若美国存托股在连续 30 个交易日内的收市价均少于每个该等交易日所适用的转股价的 130%。华能国际可以选择以相等于债券本金金额 100% 的赎回价，连同任何应计利息，赎回全部或部分债券。由于该可转换公司债券发行时，华能国际股票走势强劲，因此还执行了 15% 的超额认购发售权。但是随后市场表现却并不是很好，纽约市场交易的华能国际存托股份再也没有达到其初始转股价的水平。因此截至到 2001 年 6 月 30 日，华能国际可转换公司债券发行后近四年，仍没有任何持有人将可转换公司债券转换为美国存托股份。2000 年华能国际股价开始步入上升通道，并逐渐回升到 1997 年的股价水平，华能国际转债也逐步改变了颓势，一路上扬，华能国际仍有望在余下的存续期内实现转股。但是，2001 年到 2002 年，华能国际的股价并未能如管理者期望的那样上升到对投资者有利的的转股价格水平，许多投资者在 2002 年 5 月 21 日募集说明书约定的回收期第一天，便放弃了转股的权利，开始向华能回售债券。华能国际最终未能享受到债券融资转变为股权融资的好处，反而为赎回境外发行的 2.09 亿美元可转债，花了 2.85 亿美元，5 年合计利息是 0.76 亿美元。

回顾 1998 年以前发行的可转换公司债券的境遇，失败的教训是深刻的。不仅发行公司没有享受到从债权融资转变为股权融资的好处，可转换公司债券的投资者也没有得到很好的回报。归结起来，主要有以下几个方面的教训：第一，设计可转换公司债券的转换价格时，要考虑股市的非正常的、剧烈的波动；第二，是转换价格不能定得太死，要留下调整的余地；第三，发行公司要选择合适的发行时机，避免在标的股票市价特别高涨的时候发行。但无论如何，这些公司在可转换公司债券的探索都是极有意义的，它们所积累的经验和教训将为未来提供有益的启迪。

3. 国有非上市企业试点

在探索期过后，中国可转换公司债券开始进入试点阶段。1997 年 3 月 25 日，国务院证券委员会发布了《可转换公司债券管理暂行办法》，同时国务院决定在 500 家重点国有未上市公司中进行可转换公司债券的试点工作，发行总规模暂定为 40 亿元。1998 年，两家试点国有非上市企业可转换公司债券南化转债和丝绸转债进入资本市场，可转换债券的发行正式拉开了序幕。随后，1999 年，国企茂名石化也发行了可转换公司债券。

这三只可转换公司债券均为非上市公司可转换债券发行，在发行时机、发行条款上比以往更加审慎和细致，在许多方面也颇有创新。但由于是非上市公司发行可转换公司债券，其可转换股票是未来上市的股票，公司是否能发行新股、发行新股时股价如何都是未知数，因此这三只可转换公司债券显示出许多特殊的性质。最明显的一条，就是南化、丝绸和茂炼这三只可转换公司债券尽管有“可转换公司债券”之名却不具备这种可转可不转的选择权，都属于“必转”而非“可转换债券”。非上市企业发行可转换公司债券让发行者和投资者尝到了转股和获利的喜悦，但是，由未上市的国有企业发行可转换公司债券则是一个有风险的选择。由于未上市企业的股本结构、发行方式、发行时间、发行条件，尤其是决定可转换公司债券价值的转换价格和股票价值都不确定，从而给可转换公司债券价格的波动留下了很大的空间，也因此为市场的投机和市场的风险留下很大的余地。

此后，这三家试点企业的命运果然各不相同。南化转债和丝绸转债已经分别于 2000 年 6 月 16 日和 4 月 19 日实现了先期发行股票的功能，并成功从债券过渡到股票，完全实现了发行者的意图，而投资者也如投资新股一样，获得了高额回报。而与此形成对比的是，茂炼可转债则在资本市场引发了一系列的风波，最终成为中国资本市场第一个放弃转股的可转换债券。

6.2 茂炼可转换公司债券发行背景

1. 茂名炼油化工简介

1999 年 4 月 1 日，茂名石化炼油化工股份有限公司（简称茂名炼化）经国家经贸委批准设立，并于 5 月 12 日在广东省工商行政管理局注册登记，6 月 1 日正式挂牌运作。茂名炼化是由中国石化集团茂名石油化工公司（简称茂名石化）部分改制设立的。茂名石化隶属于中国石油化工集团公司（简称中石化集团），是国家特大型综合性的石油化工联合企业。茂名石化以其拥有的炼油厂、动力厂、销售公司经营性资产，联合茂名石化建设公司、中国石化国际事业茂名公司、中国石化销售茂名公司、广东省茂名石化外贸公司等五家法人单位共同发起设立茂名石化炼油化工股份有限公司。总股本为 10.64 亿股，其中茂名石化持有 10.62 亿股，占总股本的 99.812%；其余 4 家发起人各持有 50 万股，各占 0.047%。这四家发起人均是中石化集团的关联企业，像我国许多国有企业一样，在茂名炼化的股东中，中石化集团一股独大，是绝对控股的大股东。

2000 年 2 月，中石化集团独家发起设立中国石油化工股份有限公司（简称中石化股份公司）。中石化集团将茂名石化所持有的茂名炼化 106 200 万国有法人股全部划给中石化股份公司，茂名炼化整体进入中石化股份公司，成为中石化股份公司的控股子公司。2000 年 6 月 27 日，茂名炼化正式更名为“中国石化茂名炼油化工股份有限公司”（简称茂名炼油化工公司）。

茂名炼油化工公司的主要业务是加工原油及销售石油化工产品，所属行业为石油炼焦业（主要业务分布情况见图 6－1）。2003 年，茂名炼油化工原油一次加工能力达 1 350 万吨/年，二次加工能力达 700 万吨/年，是我国目前原油加工能力最大的企业之一，也是我国最大的进口原油加工基地之一。加工原油主要有沙特、阿曼、伊朗、越南等国家的原油，2003 年原油加工量 1 153 万吨，进口原油占原油加工量的 90% 以上。由于国企性质，茂炼公司在原油采购和产品销售等方面，必须将产品卖给大股东中石化，其交易石油价格是由国家按国际市场价规定的。可以说，茂炼公司的销售和原材料采购，都必须依赖中石化集团及其关联企业。

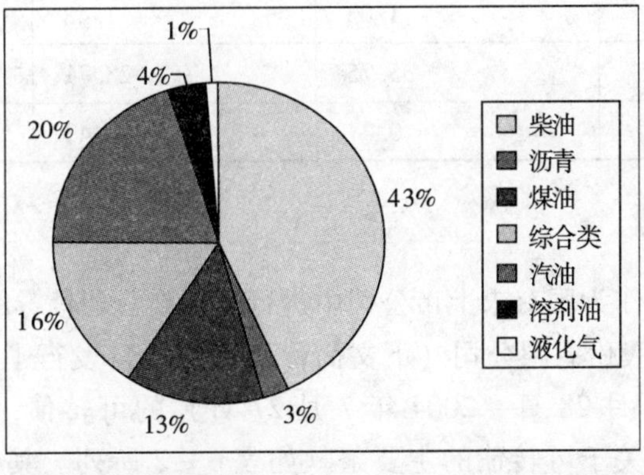

资料来源：和讯网——个股资讯。

图 6－1　茂名石油炼化各主要业务分布图

1999年7月28日，经中国证监会核准，当时的茂名炼化（茂名炼油化工公司前身）通过深圳证券交易所向社会公众发行了15亿元可转换公司债券，并于8月17日正式挂牌交易。可转债的募集资金全部用于收购茂名石化500万吨炼油改扩建项目中的渣油加氢脱硫装置和柴油加氢精制装置。作为被选中的三家国有非上市公司可转债发行试点企业之一，茂名炼化在可转债发行前一年及发行当年，主营业务利润率都比较高，净资产收益率也较高，这说明茂炼的经营和财务状况都比较好。

表6-1　茂名石油炼化1998、1999、2000年度主要财务数据

年　度	1998年	1999年	2000年
固定资产合计	703 673 728.00	3 052 877 824.00	2 912 440 350.95
流动资产合计	1 419 156 864.00	1 896 278 144.00	3 909 416 703.27
资产总计	2 122 830 592.00	4 949 155 840.00	6 833 217 623.01
流动负债	1 047 005 376.00	1 765 670 400.00	3 670 763 154.52
长期负债	0.00	1 608 125 056.00	1 571 449 760.41
负债合计	1 047 005 376.00	3 373 795 328.00	5 242 212 914.93
主营业务收入	9 490 560 000.00	11 973 124 790.32	21 476 439 258.16
主营业务利润率（%）	7.98	6.46	2.46
财务费用	51 430 260.00	34 816 846.49	112 609 484.38
净利润	381 290 368.00	452 345 357.94	5 292 433.43
每股净资产	1.03	1.48	1.50
净资产收益率（%）	35.75	28.71	0.33
每股收益	0.37	0.43	0.01

2. 债券发行

1999年7月，作为国有未上市公司中进行可转换公司债券的三家试点企业之一，茂名炼油化工股份有限公司（下文简称茂炼公司）发行了总额15亿元、期限5年（1999年7月28日~2004年7月27日）的可转债，即茂炼转债。在《募集说明书中》，关于可转债的主要条款如表6-2所列。其中，（1）发行数额：15亿；（2）债券期限：五年（1999.7.28~2004.7.27）；（3）票面利率：发行首年票面息率为1.30%，以后每年增加0.30个百分点；（4）转换期：股票上市日至转债到期日之间的交易日内；（5）转股价格：初始转股价确定为将来公开发行人民币普通股（即 A 股）时发行价的一定比例的折扣。如公司在一年、二年、三年、四年后上市，转股价格分别为股票发行价的 95%、94%、93%、92%；（6）转股价格调整：当公司初次发行 A 股后，每送红股、增发新股或配股时，转股价将进行调整；（7）强制转股条款：在转债到期日前未转换为股票的可转债，将于到期日强制转换为公司股票。实施到期无条件强制性转股时，转股价将进行调整，即以转债到期日前三十个交易日股票收盘价的平均值及当时生效的转股价两者较低者作为转股价格。若重新计算的转股价格低于当时生效的转股价格的 80%，则以当时生效的转股价格的 80% 作为实际转股价格；（8）回售条款：公司股票未能在距转债到期日 12 个月以前上市，转债持有人有权将持有的转债全部或部分回售予公司。回售价为转债面值加上按年利率 5.60%（该利率为单利）计算的四年期利息，再减去公司已支付的利息。

表 6－2　　茂炼转债募集说明书主要条款及内容

主要条款	条款内容
发行数额	15 亿
债券期限	五年（1999.7.28～2004.7.27）
票面利率	发行首年票面息率为 1.30%，以后每年增加 0.30 个百分点
转换期	股票上市日至可转债到期日之间的交易日内
转股价格	初始转股价确定为将来公开发行人民币普通股（即 A 股）时发行价的一定比例的折扣。如公司在一年、二年、三年、四年后上市，转股价格分别为股票发行价的 95%、94%、93%、92%
有条件强制转股条款	无
无条件强制转股条款	可转债到期日（即 2004 年 7 月 27 日）未转换为股票的可转债，将于到期日强制转换为公司股票
回售条款	公司股票未能在距转债到期日 12 个月以前上市，转债持有人有权将持有的转债全部或部分回售予公司。回售价为转债面值加上按年利率 5.60%（该利率为单利）计算的四年期利息，再减去公司已支付的利息，即 115.4 元/张

从募集说明书的设计中可以看出，茂炼可转债的转股价都是以未来股票的发

行价来确定的，在这种情况下可转换公司债券的合适价位无法确定，价格波动区间很大，可转换公司债券价格将会因为未来公司的盈利等条件的变动而发生大幅波动，具有很大的不确定性；同时，茂炼可转换公司债券是“强制转股”债券而非“可转”债券，这与国际市场上的惯例不同。按惯例，标准的可转换公司债券赋予投资者的是转换的的权利，而非义务：持有者可以将债券持有到期，也可转换成股票。除非茂炼公司的A股无法在规定的期限内发行上市，否则，一旦其股票上市，转股也就成为必然。茂炼可转换公司债券设置了“到期无条件强制性转股条款”，也就意味着投资人到期必须转股。与普通公司债券以现金还本付息的特征不同的是，此时，可转换公司债券将由企业以股票偿还，因此，茂炼公司的可转换债券更像“以股票偿还的公司债券”，投资人对此没有选择的余地。

然而市场的反应还是相当热烈的。由于此前的两只实验性可转换债券南化转债、丝绸转债在当时的转股形势日渐明朗，在茂炼可转债发行后，各大投资机构奔着上市后可转换成流通股获利纷纷购买巨额可转换债券，15亿的可转换债券很快就认购完毕。

3. 南化转债和丝绸转债的转换实践

1998年8月，在茂炼转债发行前一年，两家同样为国有非上市企业的南宁化工股份有限公司和吴江丝绸股份有限公司作为试点企业也分别发行了可转换公司债券，即南化转债和丝绸转债。在募集说明书中主要条款的设计上，南化转债、丝绸转债和茂炼转债有许多相同之处。如表6-3所示。

表6-3　丝绸转债、南化转债、茂炼转债募集说明书主要条款及内容对照

主要条款	条款内容		
	丝绸转债	南化转债	茂炼转债
发行数额	2亿	1.5亿	15亿
债券期限	五年 (1998.8.28~2003.8.27)	五年 (1998.8.3~2003.8.2)	五年 (1999.7.28~2004.7.27)
票面利率	发行首年票面利率为1.00%，以后每年增加0.2个百分点	发行首年票面息率为1.00%，以后每年增加0.20个百分点	发行首年票面息率为1.30%，以后每年增加0.30个百分点
转换期	股票上市日至可转债到期日之间的交易日内	股票上市日至可转债到期日之间的交易日内	股票上市日至可转债到期日之间的交易日内

续表

主要条款	条款内容		
	丝绸转债	南化转债	茂炼转债
转股价格	初始转股价确定为公司将来公开发行人民币普通股（即 A 股）时发行价的一定比例的折扣。如公司在一年、二年、三年、四年后上市，转股价格分别为股票发行价的 98%、96%、94%、92%	初始转股价确定为本公司将来公开发行人民币普通股（即 A 股）时发行价的一定比例的折扣。如公司在一年、二年、三年、四年后上市，转股价格分别为股票发行价的 98%、96%、94%、92%	初始转股价确定为将来公开发行人民币普通股（即 A 股）时发行价的一定比例的折扣。如公司在一年、二年、三年、四年后上市，转股价格分别为股票发行价的 95%、94%、93%、92%
有条件强制转股条款	无	到期日前，若股市收盘价高于转股价一定比例（一年 250%、二年 180%、三年 100%、四年 30%），则剩余可转债将被强制转股	无
无条件强制转股条款	在可转债到期日（即 2003 年 8 月 27 日）前未转换为股票的可转债，将于到期日强制转换为公司股票	可转债到期日（即 2003 年 8 月 2 日）前未转换为股票的可转债，将于到期日强制转换为公司股票	可转债到期日（即 2004 年 7 月 27 日）未转换为股票的可转债，将于到期日强制转换为公司股票
回售条款	公司股票未能在距可转债到期日 12 个月时上市，则转债持有人有权将持有的可转债全部或部分回售予公司。回售价为可转债面值加上按年利率 5.60%（该利率为单利）计算的四年期利息，再减去公司已支付的利息，即 117.2 元/张	公司股票未能在距可转债到期日 12 个月以前上市，可转债持有人有权将持有的可转债全部或部分回售予公司。回售价为转债面值加上按年利率 5.60%（该利率为单利）计算的四年期利息，再减去本公司已支付的利息，即 117.2 元/张	公司股票未能在距转债到期日 12 个月以前上市，转债持有人有权将持有的转债全部或部分回售予公司。回售价为转债面值加上按年利率 5.60%（该利率为单利）计算的四年期利息，再减去公司已支付的利息，即 115.4 元/张

从募集说明书主要条款的设计来看，南化转债和丝绸转债的发行规模大致相当，期限均为五年，而转换期、转股价格、无条件强制转换条款和回收条款的设计内容更是如出一辙。两只转债均设计了强制转换条款，这使得两只转债“可转债”的性质变得模糊，很大程度上成了“必转债”。而两只转债的转股价格条款都提到，转债的转股价格都是以未来股票发行价来确定的，因此其定价完全取决于股票上市价和发行价的差值，差值比例越大，可转换公司债券价格就越高。根据当时一级市场与二级市场的差距，股票价格将明显高于转股价，在股价大大高于转股价的情况下，只要两家公司能够成功上市，可转换公司债券到期前债券持有者行使转换权利几乎是一定的。而且值得注意的是，茂炼转债与之相比，发行规模大大增加，而在转股价格和票面利率的规定上，也与前两只可转债有一些差别。但三只可转债的募集说明书中，对公司无法上市时可转债该如何处理都没有详细规定，与之相关的仅仅只有一条回售条款。

南化转债和丝绸转债在募集说明书上主要条款的设计中，最大的不同是有条件强制转股条款的设计。这对两只转债的转换过程产生了一定的影响。2001 年 5 月25 日，南化公司因南化股票收盘价已持续收在高于转股价 180% 或 180% 以上达 25 个交易日而执行了赎回条款（到期日前有条件强制性转股），将剩余的可转换公司债券完全转换成股票。丝绸转债因没有设立此项条款，因而在 2001 年 5 月25 日，仍剩余几十万元可转换公司债券没有转换成股票，但由于可转债到期无条件强制转股条款的规定，实际在可转债到期日时，所有的可转债都被转成了股份。

2000 年 4 月和 6 月，丝绸股票和南化股票发行，当时的发行价格分别为 4. 65 元和 4. 18 元，根据两只可转换公司债券条款规定，其当时转股价为股票价格的 98%，因此南化和丝绸的转股价分别为 4. 56 元和 4. 10 元。2000 年 5 月和 7 月，丝绸、南化两只股票正式上市，上市开盘价分别为 13. 10 元和 12. 70 元，在这种情况下，可转债持有者纷纷行使转换权利。在不到 1 个月的时间，两只可转换公司债券都实现了 80% 以上的转股，并因可转换公司债券的流通数量小于 3 000万元，丝绸转债、南化转债分别于 2000 年 6 月 27 日和 7 月 31 日停止交易，最后收盘于 269. 70 元和 303. 59 元。

作为两只实验性转债，南化和丝绸转债已经顺利完成历史使命，实现了先期发行股票的功能，并成功从债券过渡到股票，完全实现了发行者的意图，而投资者也如投资新股一样，获得了高额回报。

6.3　茂炼转债转股风波

1. 茂炼转股计划多次受阻

2001 年，在茂炼公司可转换债券上市一年后，根据相关规定，茂炼公司可以开始进入 A 股上市进程。但不巧的是，茂炼公司的大股东——中石化此时也启动了在国内发行 A 股的计划。2000 年下半年时，茂炼公司曾提出了申请，但由于中石化的整体上市计划，茂炼公司暂时推迟了上市，为大股东让道。

2002 年 4 月 16 日，茂炼公司在公布 2001 年度报表的同时公告了董事会有关内容，即："因控股股东中石油化工股份有限公司在海外上市时，承诺对下属的上市公司进行整合。近期，又重申以此为战略目标。因此，公司判断，存在控股股东届时不同意本公司股票在境内交易所上市的可能"。中石化的整合承诺引起市场的强烈反应，茂炼公司的 A 股发行计划也就此蒙上了一层阴影。这时，距离茂炼可转债发行已经有了两年的时间了。与茂炼转债同属于试点发行的南化、丝绸两只转债在发行两年多后，都已经成功上市并实现转股。而茂炼却在此时发布了大股东可能不同意上市的公告，这很快在市场上激起了强烈的反响。

但投资人并未放弃对茂炼公司发股的期待。大多数投资者认为，既然茂炼公司已经发行可转债，基于可转换债券的基本性质，公司应该积极争取发行股票，以保障投资者行使转股的权利。而此前，南化转债和丝绸转债的顺利转股也给了投资者强力的信心。投资者普遍认为，由于《募集说明书》中没有对非上市公司发转债到期无法上市的情况做出相关补救措施规定，因而可以推测早在茂炼转债发行之初，管理层就默许了只要茂炼公司条件具备，一定会即刻批准其上市请求。因此，市场对于茂炼可转债的转股形势依然持乐观的态度。

2003 年 3 月下旬，茂炼公司与中石化同时召开董事会，讨论通过茂炼发行 A 股计划。但香港联交所在审核时发现，茂炼公司若上市，则茂炼分拆将构成在中石化 H 股上市不满三年时的分拆事项。按联交所规定，除经事先豁免，在港交所上市公司对于分拆上市子公司需经联交所豁免并在母公司上市三年后才能进行。茂炼公司发股再度遇上障碍。

2003 年 6 月，香港联交所认为茂炼发 A 股不与中石化股份公司构成同业竞争关系，具独立性，故豁免其分拆茂炼公司发 A 股上市，但需在中石化 H 股上市满三年的 2003 年 10 月 18 日后。对于投资者来说，这一豁免也让他们希望重燃。这时，只要茂炼转债符合以下三个条件，就可以发行 A 股了：一是公司业绩符合连续三年盈利；二是大股东中石化的同意；三是中国证监会的批准。在这三四年间，茂炼转债被一些市场分析人士誉为"证券市场一座被遗忘的金矿"。此时，距离可转债到期只有一年多的时间了。

2003 年 7 月 24 日到 8 月 4 日，由于在可转债到期日之前 12 月内公司未能上市成功，茂炼公司发布了可转债回售公告，此后，又连续 5 次公布可转债回售公告，结果 1 500 万张可转债仅回售 80 张，可见转债投资者对茂炼公司发行 A 股充满信心。并且，回售的可转债金额较小，这样就使得茂炼可转债仍能在市场上流通而不致被停牌，这为茂炼上市又争取了一年的时间。在此期间，很多中小投资者向茂炼公司询问转债进行事宜中，公司董秘以及一些高层多次承诺将积极进行转股工作，一再强化持债人的信心。这一方面表现在茂炼转债的价格逐步上升，同时其成交量上也一再放大。2004 年 2 月 10 日，茂炼公司就发行 A 股事宜发布风险提示公告，称 15 亿元转债即将到期，一旦无法发新股，公司将支付票面 2.5% 的利息，同时还将以每张 118.5 元的价格将所有转债赎回。同时，公司还称将很快对是否发行 A 股进行讨论。在这份风险提示公告中，茂炼公司称，每张 118.5 元的可转债券赎回价格是“按照当年《募集说明书》中约定的，在发行可转债后第五年支付 2.5% 的利息，并由本公司在可转债到期后 5 个工作日内全部赎回茂炼转债”。然而实际上，茂炼公司 1999 年的可转债募集说明书中与公司无法上市之后的可转债处置相关的条款并没有赎回条款设置，而仅仅有一条回售条款，而回售条款中约定的回售期是到期日前 12 个月时，回售价格为 115.4 元，并非在这份公告中提出的 118.5 元。

这个公告原本是风险提示性质，但后来反而成为炒家运作的题材。当时市场盛传茂炼公司不会无视投资者的要求而放弃发股，因此，在接下来的几天内，茂炼转债的价格被暴炒。公告见报当日，转债价格以 129 元开盘，最高冲上 134 元。在此后第二个交易日，茂炼转债更是收了一根长阳线，最高报价为 144.88 元，创出了其从 1999 年 8 月份上市以来的新高。两日内最大涨幅超过 12%。此后茂炼公司申请临时停牌，并将董事会召开日期提前至 19 日。

2. 公司公告停止发行 A 股，市场反应激烈

然而到了 2004 年 2 月 19 日，茂炼可转债转股的希望破灭了。当日，茂炼董事会以《中国证监会发布的有关规范股票首次发行上市的一系列有关规定和文件》，即 116 号文为依据，否决了茂炼发行 A 股计划。在公司宣布放弃发行 A 股后，茂炼转债立刻大跌。2 月 24 日恢复交易当日以 137.22 元开盘，这也是全天的最高价，之后一度跌至 118.5 元，收盘价为 119.47 元。与 2 月 12 日收市价 142.22 元相比，每张跌去 22.75 元，跌幅达 16%，一天损失的市值高达 3.4 亿元。当天成交量也放出上市以来的天量，共成交 388.73 万张，换手率达 25.92%，成交金额为 4.66 亿元。

由于茂炼转债的主要持有人大多数为机构投资者，在 2004 年 2 月 19 日茂炼公司宣布放弃发行的时候，机构仍然持有茂炼转债 60% 的数额。因此，放弃发行的消息无疑使这些机构投资者遭遇重创。许多机构投资者对茂炼公司停发 A 股的理由提出质疑，认为茂炼公司提出不发 A 股的理由是，根据《关于进一步规范股票首次发行上市有关工作的通知》（证监会 116 号文），董事会判断公司在关联交易、独立性等方面不符合新的上市要求，其所依据的新的上市标准是中国证监会 2003 年 9 月下发的，自 2003 年 10 月 1 日起施行，并不具有时效性。同时，也有一些机构投资者认为，茂炼此次发行新股并不能算是首次发行，而应该属于再融资性质。因为茂炼转债一直在履行上市公司的公开信息披露义务，并一直受到证监会上市部监管，首发公司是不接受证监会上市部监管的，不过这个理由极为牵强。更重要的是，茂炼转债作为可转债，五年却没有给投资人一次转股的机会，完全成了一张还本付息的企业债券。鉴于此，许多机构投资者认为这一决议是违约违法的，严重侵犯了转债持有人的合法权益。

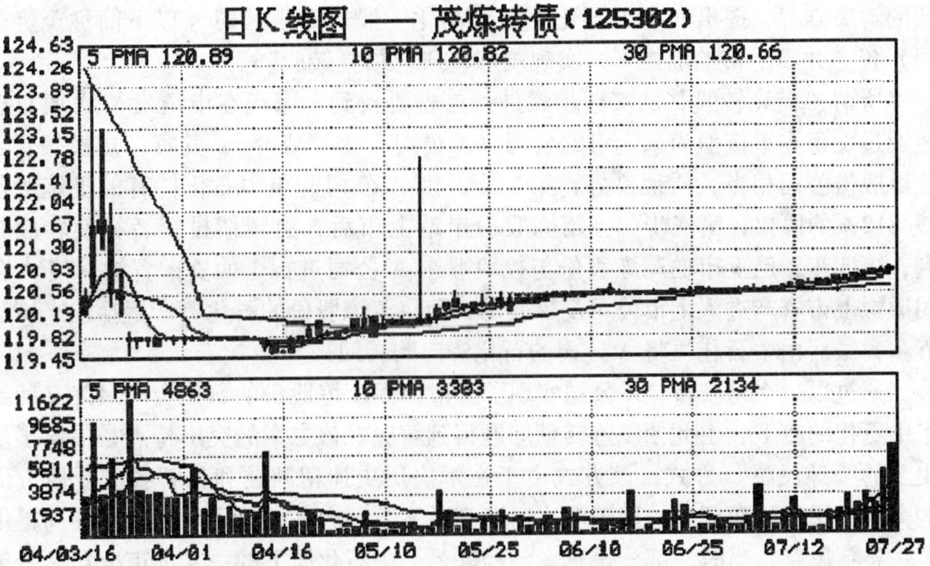

资料来源：新浪财经频道。

图 6－2　茂炼转债 2004 年 3 月 23 日 k 线图

此后，一些茂炼转债的投资者作出了种种努力，希望能促使茂炼债转股。一些个人投资者向港交所递交咨询件，认为茂炼转债于 1999 年 7 月发行在先，中国石化到香港上市在后，联交所对茂炼股份的分拆上市究竟有没有豁免权值得商榷。而恰恰是这一点，在很大程度上造成茂炼股份失去了最佳发行上市时机。许多投资者试图与茂炼公司大股东中石化面对面沟通，但没有成功。此外，甚至已有一批机构委托上海锦天城律师事务所严义明律师紧急征集其他持有者，召开茂炼转债持有者大会。当时已征集到30%以上茂炼转债的持有人参会。

但是，债权人的努力显然未能奏效。2004年3月23日，茂炼公司股东大会召开，紧接着发布公告称："鉴于中国证监会发布了《关于进一步规范股票首次发行上市有关工作的通知》，对照新的上市标准，本公司在关联交易、独立性等方面不符合上市要求。经本次股东会讨论，批准董事会关于公司停止申请发行A股工作的决定，并责成公司董事会处理'茂炼转债'到期赎回事宜，以保护'茂炼转债'持有人的利益。"公告显示，茂炼可转债即将成为第一个无法转股的可转换公司债券。当日，债券价格大跌。

3. "借壳转股"方案被拒绝，茂炼可转债摘牌并赎回

然而，尽管茂炼股东大会已经召开并公告了无法转股的消息，许多机构投资者仍然没有放弃种种转股的努力。2004年5月份，茂炼转债的部分持有人提出了新的解决方案，提出在中国石化茂名炼油化工股份有限公司（以下简称茂炼公司）资产并不上市的前提下，实现茂炼转债"借壳转股"。

所谓"借壳转股"的实施步骤是：首先要找到一家正在申请发行A股且已经通过发审委审核但尚未上市的公司（A公司）为"媒介"，其资产规模等要与茂炼股份公司相当，质地良好；第二步，由A公司购买中石化持有的茂炼股份99.812%的股权；第三步，当茂炼股份申请上市后，由转债投资者行使转股权利；第四步，已上市的茂炼股份与控股股东A公司进行全面资产置换，使A公司原拟上市资产进入上市公司茂炼股份，而将茂炼股份的石化资产置换出来；第五步，最后由中石化再将A公司的石化资产购买回来。

通过以上交易安排，A公司实现了上市，而茂炼股份的石化资产最终又回到了中石化的旗下，由此使茂炼转债问题得到解决。该方案的突出特点是借鉴了历史上的"琼民源"方式，该方式由于在解决历史遗留问题和化解各方矛盾方面的突出作用，因而还曾被用于解决通海高科案。新方案的提出则为化解僵局提供了一条新思路。当时，部分投资者已经联系了中石化属下的一家上市公司，希望将茂炼的摘牌过程同该公司正在进行的重组事宜相挂钩，以避免茂炼的摘牌命运。

然而中石化的相关管理层很快表示：股东大会已经表决通过停止上市决议，借壳转股方案实施起来困难极大。随后又表示，由于茂炼转债仍在交易，中石化不再对该方案发表意见。对于许多茂炼转债的持有人来说，如果茂炼公司届时不能顺利上市，则意味着茂炼转债的持有人将被迫接受强制赎回条款，而绝大部分的持有人由于持有成本较高，实际收益都将是负值。

2004 年 7 月 21 日，这是茂炼转债的到期日。茂炼公司发布了《关于茂炼转债 2004 年付息、赎回及摘牌公告》：茂炼转债于 2004 年 7 月 28 日起停止交易，并于同日到期自行摘牌，持有茂炼转债的投资者将于 2004 年 7 月 28 日收市后收到茂炼转债 2004 年利息款和赎回资金。至此，茂炼可转债风波尘埃落定。

4. 转债风波中的争议焦点

从整个茂炼可转债风波的过程来看，债券持有者和茂炼公司以及其大股东中石化之间存在着许多争议。债券持有者质疑的焦点集中在三个方面：第一，持有者们认为茂炼可转债转股是法律要约，停止发行 A 股违反了要约规定，属于违约问题而不是市场风险问题；第二，茂炼可转债停止申请发行 A 股的理由是不符合相关法律规定，持有者们对茂炼的情况是否适用该法律条款提出疑问；第三，大股东中石化在整个茂炼风波中表现出来的对债权人利益的漠视，进而引起了可转债持有人对大股东随意侵蚀投资者利益的极大不满，触发了关于诚信是否应作为证券市场上道德底线的激烈争论。

（1）焦点之一：茂炼公司是否存在关联交易与独立性问题

茂炼可转债明确表示不能转股，是 2004 年 2 月董事会以《中国证监会发布的有关规范股票首次发行上市的一系列有关规定和文件》即 116 号文为依据，认为茂炼在独立性和关联交易上不符合该文件规定，从而否决了茂炼发行 A 股的计划。那么，独立性和关联交易是否是茂炼可转债无法转股的真正原因呢？

116 号文件是 2003 年 9 月发布的，按其规定：发行人申请首次公开发行股票并上市，除了必须做到人员独立、资产完整和财务独立外，还应当符合下列要求：①与控股股东（或实际控制人）及其全资或控股企业不存在同业竞争；②具有直接面向市场独立经营的能力，最近一年和最近一期，发行人与控股股东（或实际控制人）及其全资或控股企业，在产品（或服务）销售或原材料（或服务）采购方面的交易额占发行人主营业务收入或外购原材料（或服务）金额的比例均不超过 30%；③具有完整的业务体系，最近一年和最近一期，发行人委托控股股东（或实际控制人）及其全资或控股企业，进行产品（或服务）销售或原材料（或服务）采购的金额占发行人主营业务收入或外购原材料（或服务）金额的比例均不超过 30%。

根据对于 116 号《通知》的第一条，即所谓“同业竞争”问题，茂炼的 2003 年年报称：“公司的主营业务范围为原油加工，石油化工产品生产、销售”；同时在 2003 年年报中，对公司控股股东中石化的主营业务范围描述说：“中国石化股份公司是中国和亚洲最大的汽油、柴油、航煤和大部分其他主要石油产品的生产、分销和营销商”。显然，茂炼的经营情况不符合第一条情况。同时，茂炼 2003 年年报披露：“本公司销售收入主要来自于对中石化股份和中石化集团系统内公司的销售。本公司的前五名客户于二零零三年度及二零零二年度销售收入分别为人民币 21 071 826 千元及人民币 17 626 492 千元，分别占本公司当期全部主营业务收入总额的 86% 及 89% 。”而此中的“本公司的前五名（销售）客户”，当为“中石化股份和中石化集团系统内公司的销售（客户）”。从以上分析来看，茂炼公司的确不符合 116 号文件的规定，在独立性和关联交易上无法申请公开发行股票。

但是，投资者普遍认为，证监会的该项通知主要是针对大股东及子公司、上市公司通过关联交易虚构利润，高价发行新股，侵害中小股东权益。而茂炼公司在原油采购和产品销售等方面，将产品卖给大股东中石化是由于其国企性质。按照国家政策，它必须卖给中石化，其石油价格是由国家按国际市场价规定的，因此茂炼与中石化的关联交易等是否构成独立性问题和对中小股东利益的侵占还有待商榷。此外，116 号文件是 2003 年 9 月发布的，茂炼可转债早在 1999 年就已经发行，茂炼转债发行在先，按照新法不溯及既往的法律适用原则，116 号文并不应对茂炼申请发 A 股具有法律溯及力。并且 116 号文件也并没有明确‘历史遗留问题’的处理方法，是另案处理还是要照章执行没有明确的说法。而按照惯例，茂炼这样的‘历史遗留问题’应属被豁免对象。此外，通常说来，能否符合证监会发行 A 股的有关条件应由证监会判定，很少出现企业自身对自身情况作出判断的情况。茂炼转债的上市资格并不是递交申请后被证监会发审委否决的，而是自己放弃终止申请的，这和此前公司多次公告提及的积极争取的态度有所违背，完全属于不尽义务，不作为。

因此，茂炼公司以在独立性和关联交易上不符合 116 号文件规定为由停止申请 A 股发行，这个原因并不能让债券持有人信服。

（2）焦点之二：可转债不可转是否涉及法律合同违约

许多机构投资者认为，茂炼可转债停止发行 A 股这一决议是违约违法的，严重侵犯了转债持有人的合法权益。在茂炼公司发布公告称停止申请发行 A 股的时候，就有一批机构委托律师征集其他持有者召开茂炼转债持有者大会，并且已征集到持有 30% 以上茂炼转债的持有人参会，要以法律途径来解决茂炼转债不可转的违约问题。

持这一观点的不在少数。上海证券报的周晓认为，茂炼公司在 4 年半前（1999 年 7 月 24 日）发行可转债时发布的上市公告书承诺要积极尽职地及早争取 A 股早日发行，并且强调最后要强制转股。这就表明，茂炼发行 A 股的态度非常坚决。而且更重要的是，茂炼公司发行可转债的《募集说明书》中已经承诺，将来如果公司业绩连续三年盈利，符合转股条件即可转股，并且茂炼在募集说明书中明确规定到期强制性地转换为茂名炼化的股票，而无任何其他约定。而

1999 年茂炼转债经证监会批准上市，茂炼已经成为和其他上市公司同样性质的股份公司，等同于其他上市公司公布年报、半年报、季报，按照上市公司的规范进行管理。实际上无论茂炼公司，投资人，证监会都已经把茂名炼化默认为上市公司。此外，茂炼转债是经证监会批准发行上市的，其性质是可转股债券，隐含的前提是公司能发行股票上市，而与茂炼类似的南化、丝绸转债都已经转股成功。公司发行可转债时，事实上已经承诺将来有股可转，而且这种承诺获得了证监会的批准。除非茂炼公司不符合上市条件，否则不实现这个承诺就相当于违约行为。

此外，由于茂炼的主要股东是中石化（持有茂炼 99.81% 股份），而中石化先有茂炼转债符合条件即可上市的承诺，而后又与香港联交所达成整合旗下控股上市公司、减少关联交易、尽量实施整体上市的协议，以至为了履行在港上市协议而放弃了茂炼转债 A 股上市的计划，这同样也引起中石化在港上市承诺是否大于在 A 股市场要约法律效力的争议。机构投资者认为，茂炼和中石化的终止茂炼转债申请上市的决定实际上违反了与债权人的合约，是有违诚信义务和当年在《募集说明书》中与茂炼债券持有人达成的合约的。

但是，这种说法也是有争议的。首先，根据相关法律条款规定，发债公司有权决定强制转股或不予转股。从法律上说，茂炼股票上市并非其法定义务。因此，持有人很难取得法律支持。其次，在茂炼将停止 A 股发行申请的风险告之市场前，在 2003 年 7 月 8 日和 28 日也曾连续公告："如果茂炼转债持有人没有在 2003 年 7 月 28 日后……选择回售，而 2004 年 7 月 27 日前本公司又不能完成公开发行 A 股股票，……本公司在可转债到期后 5 个工作日内全部赎回茂炼转债"、"能否在 2004 年 7 月 27 日前获得有关部门批准公开发行 A 股股票并上市，尚存在不确定性。公司提醒投资者…… 注意投资风险"，2004 年 2 月 11 日茂炼更是明确公告了"如果 2004 年 7 月 27 日前公司不能完成公开发行 A 股股票……"。显然，投资者们是在"搏"茂炼上市的可能。但是，在"赚取一、二级市场差价"的"套利空间"面前，机构投资者们似乎忘记了即便在 2003 年 7 月 28 日以后公司提出了 A 股发行的申请，按照现实中国股票发行的现状，没有一年半载也是无法通过证监会和发审委的核准并取得发行批文的。如果这样的话，2004 年 7 月 27 日前茂炼公司不能完成公开发行 A 股股票，可转债到期仍然会失去转股的可能。

历史上最早的几只可转债，都是在发新股成功后出现过暴涨，丝绸转债（后转成丝绸股份）就曾出现过一天涨了 100 元的壮观景象。市场人士也承认，一旦茂炼转债能够成功发行新股的话，有可能成为继 TCL 集团之后的又一个有暴利的投资品种。法制日报李曙光认为，投资者们愿意冒着巨亏的风险，在茂炼转债发行A股一事上大赌一把，而后失败。这在法律上很有可能会被归结到市场风险，因此投资者们的违约申诉很可能得不到法律的支持。

(3) 焦点之三：是否存在大股东中石化干涉

茂炼转债放弃发行A股，是否属于为中国石化国内整体的资产运营部署做牺牲，这也是争议之所在。投资者们认为，中石化以控股股东（中石化持有茂名炼化99.8%股权）身份阻挠茂名炼化上市，这是属于大股东严重干涉控股子公司运营行为。而茂炼以及中石化管理层坚持认为，茂炼可转债不能转股，完全是因为茂炼公司自身不符合116号文件的规定，中石化作为大股东支持茂名炼化上市，但能否上市要视其是否符合上市条件。

实际上，从种种情况看来，中石化的辩解并不能成立。关于116号文件是否适用，在前文中已经有过分析。茂炼股份在2004年的资金远不能应对近18亿元的回售压力，茂炼本来可以通过上市再融进资金获取现金流，或是卖壳再赚一笔，若是停发A股，茂炼毫无疑问要承受巨大的资金压力。对于茂炼公司自身来说，发行A股自然要比不发好得多。

而在中石化方面，2000年10月，中石化在全球发行H股的招股过程中，曾由于中石化的资产构成中，对国内石化企业的控股权过多而实体资产比重过轻，而受到海外投资者尤其是战略投资者的质疑。作为解决方案，中石化承诺对属下控股公司进行资源整合，将部分具有竞争力的控股公司改造为全资，以迎合广大境外投资者的口味，同时也达到避免同业竞争的目的。这种战略整合安排是这次事件的导火索。

而在2000年下半年，茂炼公司曾向中石化提出上市计划。由于中石化正忙于自己在海外整体上市的计划，茂炼的申请被搁置起来。2000年度茂炼利润达4亿多元，每股盈利达0.40元以上，正是上市的最好条件，同时由于中石化尚未在香港上市，也不存在港交所分拆的限制。然而中石化2000年海外上市时有了对属下控股公司进行资源整合的承诺，显然，中石化在这个时候，并不愿意支持茂炼上市，因为如果再将茂名炼化推举上市，无疑将大大增加其“资源整合”的难度和成本。

2002年，中石化还展开了试探性的战略布置，旗下湖北兴化被中国石化卖给了国家开发投资公司，湖北兴化由此更名为国投电力。如此的变更不仅仅使得湖北兴化迅速摆脱了业绩大幅下滑的不佳名声，而且还因为国家开发投资公司的实质性重组，使得公司股价持续大涨，市场形象由此改观，从而造成了多赢格局。在这样的趋势下，中国石化开始了第二步走的战略，中国石化已与清江水电等多家公司进行洽谈、以便重组中国凤凰，这就预示着中国石化整体上市的战略正在有条不紊地进行。在此大背景下，中国石化自然不会同意茂炼股份董事会提出发行 A 股的申请。并且，茂炼公司是中石化内部业务链条上最关键的一环之一，每年近 300 亿元的销售收入一旦被分拆上市，是对中石化内部整合管理思路的背道而驰。

2003 年，香港联交所发布了豁免函，认为茂炼上市与中石化不构成同业竞争关系，茂炼公司可以上市。然而此时，茂炼公司已经失掉了上市的最好时机。2000 年开始，由于经营风险加大、原材料成本变高、施行新的企业会计制度等原因、茂炼业绩直线下滑、截至 2001 年末，公司未分配利润为负 9 751.12 万元。2002 年仅上半年就亏损 4 709.2 多万。这不符合证监会有关公司上市的相关规定，因此中石化也随即宣称："茂名炼油能否上市及转债能否转换成上市股票，首先取决于茂名炼油明年是否符合 A 股上市条件，若不符合条件就根本无从谈起。"

中石化作为绝对控股股东，绝对不希望茂炼分拆上市，116 号文件成为中石化阻止茂炼发行 A 股的最好的借口。虽然茂炼转债发行转债在前，从时间顺序来说，为了中石化在香港联交所上市，对茂炼可转债的转股加以限制不合情理。然而，茂炼转债持有人成为了最大的牺牲者。

纵观整个茂炼可转债风波，可以说中石化海外整体上市是茂炼发股最大的障碍，茂炼发股几经波折直到最后宣布停发，中石化作为大股东对这项决策施加了许多影响。虽然说，中石化是茂炼的股东，大股东和小股东一样有权在股东大会上行使自己的权利，以维护自身的合法权益，无论是争取回报还是体现自己的战略意图。但是，正如复旦大学教授谢百三的观点，债券持有人从法理上的确不应该承受因茂炼大股东中国石化公司战略所带来的投资风险。

5. 转债风波中的经验教训

最终，茂炼转债的投资者放弃了对茂炼公司及其大股东中石化的起诉，15 亿茂炼转债被茂炼公司以每张 118.5 元的价格赎回，这场茂炼转股风波得到了平息。但是在这场可转债风波中，至少有三点是应当可以总结的经验和教训。

（1）投资者不够理性

在此次茂炼转债风波中，许多茂炼转债投资者的表现并不够理性。茂炼转债的投资者并不都是散户投资者，可转债证券的特殊性和复杂性使得大部分投资者都是机构投资者。有资料显示，2004 年 2 月份时，机构投资者手中至少有 60% 的茂炼转债筹码。

当茂炼转债 2004 年 2 月 12 日发布公告时称：如果公司不能在今年 7 月 27 日前发行 A 股，公司将按照 118.5 元/股的价格赎回全部转债。在 2 月 11 日收盘价 130.34 元的价位上，这一消息的公布一定程度上将打压转债市场价格，其打压程度应该相对于去年 7 月 8 日是有过之而无不及。然而，出乎意料的是，12 日市场一路上扬，涨幅高达9.11%，成交量3.687亿元，创历史天量。高位抛售股票当然是顺理成章的事情，但问题是谁又是接盘者呢？面对转债这样一个散户投资者很少参与的金融品种，机构投资者们的这样一种投资行为确实值得深思。在茂炼公司如期上市本身就存在很大悬念的情况下，在公司这种关键的消息公布之时，投资者需要的是理性与冷静，而不是赌一把的冲动。当茂炼公司控股股东中石化海外上市成功，并作出整合旗下子公司的承诺时，投资者应该对茂炼无法上市的风险有一定的警觉。但是，许多投资者还是对风险采取了漠视态度。

对于原始投资者来说，茂炼转债已经失去了转债的投资特性，完全成了一张按期付息的公司债券。如果投资者从一开始就持有茂炼转债，若五年内茂炼债券均按照募集说明书中的规定的利率每年付息，并在第五年以118.5元的价格将债券赎回，则可以计算出其内含报酬率5.36%，这个回售收益率与当时的公司债券收益率大致相当，其收益高于当时的五年期国债投资收益率。但是，许多茂炼转债的投资者并不是一开始即持有的，大部分是在可转债发行后高价从二级市场上购买进的，因此，许多茂炼转债的投资者仍然损失惨重。

（2）公司信息披露不够明确清晰

纵观茂炼公司的历次公告措辞中，均存在信息披露不明确、不及时的问题。根据《21世纪经济报道》（2002年5月29日）指出："有消息称，中石化从2000年开始为茂炼转债发行A股事宜召开了多次会议，倾向性意见是茂炼不发行A股"。但是，茂炼公司引起市场激烈反应的风险提示公告却在2002年4月才发布，与中石化有意施行战略调整的时间相差近两年半，这不能不让人怀疑"茂炼"是否真正完全履行了信息披露的义务。另外，在2002年4月17日的公告中："公司判断，存在控股股东届时不同意本公司在境内交易所上市的可能性。"公告中提供的信息模棱两可，投资者投资可转债本身就存在很大的不确定性，如果再加上这类"公司判断""可能性"的信息披露，会放大这种不确定性。

而继2002年4月发表过这份"判断存在控股股东不同意本公司境内交易所上市的可能性"的公告后，茂炼公司接下来在2003年7月，继续发布了一份公告，在公告中，茂炼公司仍称："本公司正在积极争取公开发行A股股票并上市。本公司控股股东——中国石油化工股份有限公司亦明确表示支持本公司公开发行A股股票并上市，并积极协助本公司进行必要准备工作。"而在2004年2月20日的公告中，茂炼公司则称"是否发行A股，公司拟于2004年2月22日的董事会决议研究。"这份公告与2003年7月发布的公告在措词上存在较大差异，而这一差异一定程度上与常规思维相背离。

虽然2004年2月13日，由于债券市场异动，茂炼公司向交易所申请了临时停牌，停牌时间一直持续到2月20日公司发布是否申请发行A股的董事会决议公布前一天，这在一定程度上保护了投资者的利益。然而此前茂炼公司一系列的信息披露，并不明确清晰。虽然茂炼公司曾经提示过转股可能失败的风险，但这种风险提示往往让投资者难以辨别。虽然这是由于作为茂炼转债的绝对控股股东，中石化在茂炼转债能否发行上市的态度上一直比较含糊，然而茂炼公司本身在信息披露的时间选择上以及信息披露的透明度和充分度上也有问题，这很容易给投资者以误导。而茂炼转债在公司治理结构和信息披露上的缺陷，可以说是导致茂炼公司债券持有人进行过度投机和最终受损的重要原因。

（3）可转换条款设计存在缺陷

现在来看茂炼可转债的募集说明书，当时的相关条款设计存在着一些缺陷，而这些相关条款设计上的缺陷，也成为日后公司上市失败后，茂炼可转债风波中投资者和公司争议的地方。

在这份 1999 年茂炼可转债的发行募集说明书的主要条款中（见表 1），与可转债无法上市后则如何处理可转债相关的条款只有两条，其中一条是“回售条款”，即：“公司股票未能在距可转债到期日 12 个月时上市，则转债持有人有权将持有的可转债全部或部分回售予公司。”另一条是有关于“到期日无条件强制转股条款”的规定，即：“本次可转债到期日前尚未转换股票的可转债将于到期日强制地转换为本公司股票。可转债持有人无权要求本公司以现金清偿可转债本金，但转股时不足一股的剩余可转债，可转债将兑付剩余的票面金额。”若转债持有人选择不回售，则转债到期日这些转债是否赎回，以何种价格赎回，在募集说明书中没有规定。而在“到期日无条件强制转股条款”中又规定：“可转债持有人无权要求以现金清偿可转债本金”，这说明，即使在债券到期日，茂炼公司未能实现 A 股上市，则仍将“强制转股”。而具体如何转股、转成何种股、是否可转为茂炼公司股份、法人持有者和自然人持有者都转成什么样的股，在募集说明书中都没有相应的规定。

此外，在募集说明书中的第六条，也出现了“本公司的董事、监事及高级管理人员将尽力工作，争取本公司股票尽早上市”的字样。现在看来，“茂炼转债”与一般的可转债还有所不同，它有两种特有的违约风险：一是公司债券部分包含的违约风险；另一是发行人不能够上市的违约风险。在募集说明书中，对于可转债的经营风险、市场风险、政策风险等等都有所提及，但整个募集说明书中，没有一条有关无法上市的违约风险的提示。

茂炼上市失败之后，“无条件强制转股条款”和募集说明书第六条出现的这些字样成为投资者借以起诉茂炼违约时所列示的依据之一。虽然茂炼管理层在 2004 年初时曾表示，募集说明书中的转换股票特指 A 股，因此茂炼无法 A 股上市之后，“强制性转股条款”失去了前提，茂炼可转债无法转为任何形式的股份。但上海君合律师事务所一资深律师指出，若募集说明书中的股票特指 A 股，那么这份强制转股条款表明，在 2004 年 7 月 27 日之前完成 A 股上市的程序是茂炼公司的合约义务，不论以何种原因造成的公司未能如期上市，都将可以被认定为公司对合同的违约。而上文所述的募集说明书第六条向投资者传达出强烈的暗示信息，使投资者认为茂炼公司是对上市作出了承诺。茂炼最后无法上市，投资者会认为是茂炼公司违反了诚信原则和相关合同义务。

总之，茂炼可转债的募集说明书条款设计并没有充分考虑到无法上市的风险，这也为茂炼转债风波埋下了伏笔。茂炼之后的可转债发行公司，在募集说明书的设计中应当充分考虑到各种不确定性，相关条款设计应当全面、合理。

6.4 小 结

茂炼可转债转股风波已经结束了。作为三家试点企业之一，在此之前的南化转债、丝绸转债都已顺利上市，茂炼转债是唯一一家没能成功上市，成功实现可转债转股的企业。而 2001 年，证监会发布了新的法规，禁止非上市企业发行可转换公司债券。在茂炼转债之后，也不会再出现由于上市失败而被迫赎回的可转换公司债券。类似茂炼转债转股风波这样由于发行公司未能实现 A 股上市的市场事件，以后也应该不会发生。

回头看整个茂炼转债风波中，茂炼可转债本身的条款设计存在缺陷，这是可转债投资者和茂炼公司冲突的根源。茂炼公司在最初发行可转债时，整个募集说明书设计没有充分考虑到上市失败的风险，因而对无法上市后可转债该如何处置的规定不详细，从而造成了投资者对有关信息的误解，引发了此后和茂炼公司之间的种种争议。而茂炼公司在控股大股东存在战略整合意图因而不同意茂炼公司上市的意向时，没有及时、充分地向债券投资者传递信息，反而一再发布模棱两可的公告信息，这对投资者形成了一定程度的误导。而茂炼公司的控股大股东中石化，先是在香港联交所上市时“技术化”地处理了茂炼可转债，随即向海外投资者作出了整合旗下子公司资源的承诺，从而为整个茂炼转债事件埋下了伏笔。而在投资者和茂炼公司冲突日渐升级时，中石化作为大股东依然仅从自身利益出发，为了整个集团企业的战略整合，而牺牲了部分债券投资者的利益。而在公告之后，茂炼公司和中石化对于和投资者的沟通并不积极，最终的可转债赎回解决方案也显得有些粗暴。这场转股风波的投资者、债券发行公司、发行公司大股东三者，在风波中的表现都不够理性。

可转换公司债券为企业筹资提供了一条新的渠道，作为一种成熟的国际金融产品，它的引入和发展，有望给我国证券市场带来新的活力，从而推动我国金融市场不断创新，并将在我国建立完善的市场信用机制方面发挥重要作用。可以预见，可转换公司债券将成为我国证券市场上一种重要的金融品种。茂炼转债作为我国转债市场尝试发展之初的产物，不尽完美的地方再所难免；我国证券市场发展时间不长，投资者科学投资理念的树立、严密投资决策机制的建立也需要一个过程。在茂炼可转债风波之后，我国的可转债市场应该朝着更加规范化的方向发展。

参考文献：

1. 佚名，“可转换公司债券实务——我国可转换公司债券发展及其经验”，《中税网》，http：//www. taxchina. com/tzlc/2004 –07/26/cms260968article. shtml。

2. 李曙光，“法眼看茂炼事件：可转债“不可转”引发的”，《法制日报》，http：//finance. sina. com. cn/t/20040303/1457654805. shtml。

3. 明皓，“谁操纵了茂炼转债事件”，《21 世纪经济报道》，http：//www. intonet. cn/business/Article/ShowArticle. asp？ArticleID =471。

4. 佚名，“由茂炼转债引发的财务思考”，《中华财税信息网》。

5. 何可，“茂炼转债：且看上市成几时”，《和讯网》，http：//stock. hexun. com/column/detail. aspx？id =427962。

6. 张炜，“茂炼公司输掉的是公司诚信”，《中国经济时报》，http：//www. ce. cn/cjzq/zq/yjfx/t20040329_ 542052. btk。

第 7 章

电广传媒的以股抵债①

2004 年 7 月 27 日，中国证监会和国资委表示原则上同意上市公司进行“以股抵债”试点。第二天，即 2004 年 7 月 28 日，“以股抵债”试点正式启动。首家执行以股抵债的电广传媒发布公告，宣布其公司董事会通过了拟实施的公司控股股东湖南广播电视产业中心以其持有的部分股份抵消拖欠上市公司债务的决议（以股抵债）。证监会和国资委于 8 月 12 日通过了电广传媒的以股抵债方案。一时间，“以股抵债”成为舆论和学术界关注的焦点。

7.1 电广传媒公司简介

湖南电广传媒股份有限公司成立于 1998 年，是经湖南省人民政府湘政函（1998）91 号批准，由湖南广播电视发展中心、湖南星光实业发展公司、湖南省金帆经济发展公司、湖南省金环进出口总公司、湖南金海林建设装饰有限公司共同发起，对湖南广播电视发展中心进行全资改组，同时向社会公开发行股票，通过募集方式设立的股份有限公司。湖南广播电视发展中心将其全部资产与负债投入股份公司，并以经湖南资产评估事务所评估后的净资产 13 716. 89 万元人民币，按 72. 9% 的比例折为 10 000 万股国有法人股，由湖南广播电视产业中心持有；并于 1999 年在深市上市。2004 年 6 月 30 日时，前五名股东持股股权比例、数量如表 7 -1 所示。

① 本案例完成于 2007 年 7 月。

表 7－1　　五大股东持股比例、数量表

持有人名称	持股比例（%）	持股数量（万股）	股本性质
湖南广播电视产业中心	50.31	16 900.00	国有法人股
深圳市芙蓉投资有限责任公司	1.51	507	一般法人持股
深圳市芙蓉投资有限责任公司	1.51	507	境内法人股
湖南金帆投资管理有限公司	1.01	338	国有法人股
恒泰证券有限责任公司	0.54	182.62	A 股流通股
湖南省金海林建设装饰有限公司	0.50	169.00	一般法人持股
合　计	55.38	18 603.62	

电广传媒公司主营业务为广告代理制作、影视节目制作与发行以及网络信息传输服务，兼营酒店旅游、房地产、报刊媒体等多项业务，经营地域已从湖南走向全国，形成了一个跨地域、综合化的传媒产业集团雏形。公司现有三大分公司：广告分公司、节目分公司、网络分公司，在省内外有控股或参股公司 40 多家。除以上三大主营业务外，公司还兼营酒店旅游、房地产、报刊媒体等多项业务。由于全权代理湖南卫视广告，挂靠湖南卫视强大的媒体资源，电广传媒在同行业中绝对算是佼佼者，2005 年湖南卫视的选秀节目“超级女声”红遍全国，电广传媒也跟着使自己的行业地位上了一个台阶。湖南卫视是电广传媒控股大股东湖南广播电视产业中心的数家隶属电视台之一，由此可见，电广传媒与其控股大股东之间的联系十分紧密。

图 7－2 为其近年来的股价走势，表 7－2 则为其历年来的主要财务数据。

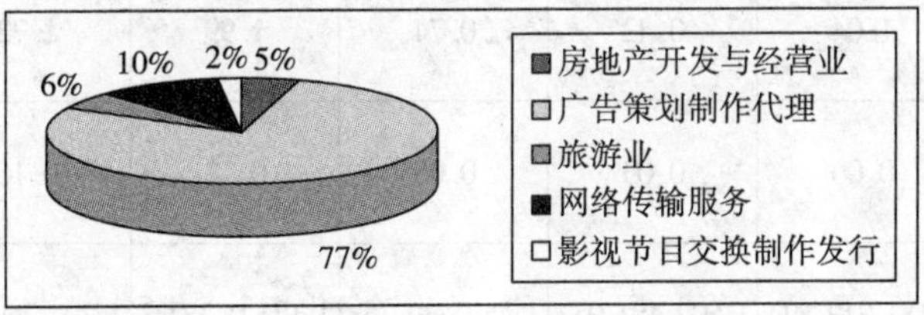

图 7－1　2004 年电广传媒各项业务贡献饼状图

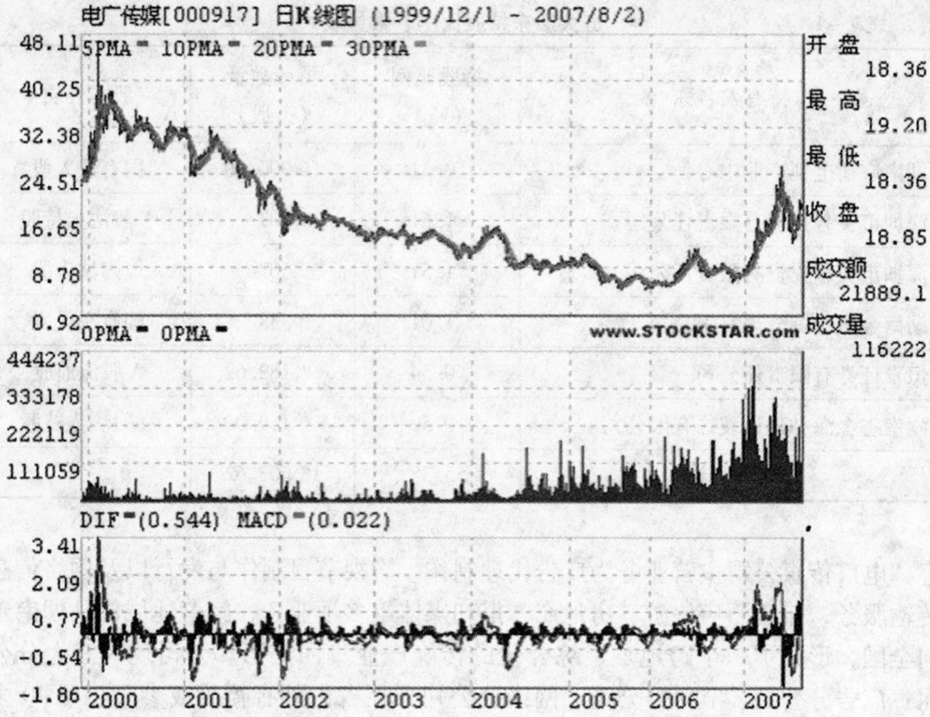

资料来源：证券之星——个股门户。

图7-2　1999年12月1日~2007年8月电广传媒股价日k线图

表7-2　　电广传媒历年主要财务指标表

年度	2006	2005	2004	2003	2002	2001
每股净资产（元/股）	5.5	7.08	7.05	9.24	9.04	8.98
净资产收益率（%）	1.04	0.42	0.74	1.99	1.73	3.28
每股收益（元/股）	0.06	0.03	0.05	0.18	0.16	0.29
固定资产合计（元）	1 581 812 824	1 502 481 057	1 452 249 763	1 175 043 023	1 204 769 767	1 311 637 937
流动资产合计（元）	2 219 117 974	2 035 917 892	2 147 779 702	2 387 565 864	2 295 843 398	1 898 006 109

续表

年度	2006	2005	2004	2003	2002	2001
资产总计（元）	5 192 999 895	4 848 392 385	4 874 687 031	4 984 539 543	4 877 097 569	4 525 100 089
流动负债（元）	1 499 763 596	1 666 053 458	1 729 847 143	1 651 381 040	1 752 292 260	1 263 476 151
长期负债（元）	1 571 111 625	1 101 679 452	1 070 998 125	763 462 891	595 000 000	717 350 000
负债合计（元）	3 070 875 221	2 767 732 910	2 800 845 268	2 414 843 931	2 347 292 260	1 980 826 151
主营业务收入（元）	2 029 747 128	1 814 384 516	1 513 167 804	968 086 490	684 044 441	692 964 550
主营业务利润率（%）	0.96%	0.43%	0.89%	4.91%	5.90%	10.99%
净利润（元）	19 422 181	7 823 033	13 491 270	47 571 864	40 338 676	76 124 499

7.2　以股转债方案的实施

1. 电广传媒的公告

电广传媒（000917）是中国证券市场中典型的剥离上市，其第一大股东是湖南广播电视产业中心。截至 2004 年 7 月 27 日，湖南广播电视产业中心持有电广传媒 33 592 万股中的 16 900 万股，占总股数的 50.31%。

根据电广传媒 2004 年 7 月 27 日发布的《对大股东关联方占用资金专项审计情况公告》显示："截至 2004 年 6 月 30 日，公司大股东湖南广播电视产业中心通过其下属或关联单位占用电广传媒资金共计 50 062.61 万元，资金占用费按三年期银行存款利率计算，计 3 863.42 万元，两项合计 53 926.03 万元。"而在该份公告中也同样显示了具体大股东及其关联方占用资金情况，如表 7－3 列示。

表 7-3　　电广传媒大股东及关联方占用资金表

资金占用方名称	2004 年 6 月 30 日资金占用金额	占用方式
长沙广达广播电视宽带网络有限公司	117 400 000.00	非经营性
湖南广播电视报社	3 800 000.00	非经营性
湖南金峰音像公司	2 000 000.00	非经营性与经营性
湖南国际会展中心	52 416 669.85	非经营性
湖南电视台	325 009 425.90	非经营性
合　计	500 626 095.75	

而2004 年 7 月 27 日电广传媒董事会公告称，董事会已经审议并通过了实施控股股东以股抵债方案，由控股股东湖南广播电视产业中心以所持公司股份抵偿其对公司的债务，公司按法律规定相应减少注册资本。电广传媒以股抵债方案，将控股股东关联欠款清偿、评估抵偿等值股份回购核销相结合，这种以股抵债金融模式在国内证券市场尚属首例。电广传媒在实施以股抵债方案时发布了多份公告，主要公告内容见表 7-4 所示。

表 7-4　　电广传媒以股抵债公告

编号	时　间	公告内容
1	2004 年 7 月 23 日	公司申请股票于 2004 年 7 月 26、27 日停牌两天，将于 7 月 28 日在《中国证券报》、《上海证券报》、《证券时报》公告重大事项，公告当日上午 10 点 30 分恢复交易
2	2004 年 7 月 27 日	公布中发国际对本公司的估值报告概要，以 2004 年 6 月 30 日为基准日，以收益现值法为估值方法，确定企业价值为 459 611.23万元，每股股权价值为 7.15 元
3	2004 年 7 月 27 日	公布开元会计事务所对大股东机关联方占用资金的专项审计情况，确定截至 2004 年 6 月 30 日大股东及关联方占用公司资金 500 626 095.75，并计提大股东占用的资金占用费38 634 215.05元
5	2004 年 7 月 27 日	公布公司《以股抵债报告书》，最终确定以股抵债的债务总额为 539 260 310.8 元，以股抵债每股单价为 7.15 元

续表

编号	时　　间	公告内容
6	2004年7月27日	公布启元律师事务所针对以股抵债的法律意见书，确认以股抵债方案的实施不存在法律障碍
7	2004年7月27日	公布以股抵债债权人公告，宣告注册资本将由335 920 000.00元减少到260 498 978.00元
8	2004年8月23日	公布2004年8月10日国务院国资委批准，同意公司的控股股东——湖南广播电视产业中心实施“以股抵债”方案
9	2004月9月23日	公布中国证监会同意公司实施“以股抵债”方案，并同意公司将控股股东——湖南广播电视产业中心用于抵债的7 542.1022万股予以注销
10	2004年09月23日	公布以股抵债方案实施后公司股本结构变化情况，公司第一大股东湖南广播电视产业中心持股比例由50.31%下降为35.92%，公司2004年上半年的每股收益摊薄为0.12元

2. 方案主要内容及实施结果预计

按照电广传媒公布的“以股抵债”方案，湖南广播电视产业中心将以所持电广传媒股份中的7 542万股，按照每股7.15元的价格，抵偿其对电广传媒53 926万元的债务，电广传媒同时将相应减少注册资本及总股本。本次以股抵债实施后，电广传媒总股本将从33 592万股下降为26 049.9万股；最近一期的每股收益从0.093元上升为0.12元，每股净资产则从7.123元下降为7.114元；净资产收益率从1.304%上升至1.683%，资产负债率从49.73%上升为55.18%。

以股抵债实施后，财务指标和股权结构变化情况如表7-5、表7-6所示。

表7-5　　方案实施前后的财务指标变化

财务指标变化情况			
序号	项　目	以股抵债前	以股抵债后
1	资产总额（万元）	506 814.61	456 752.00
2	负债总额（万元）	252 033.56	252 033.55
3	股东权益（万元）	239 254.54	189 191.93
4	净利润（万元）	3 138.76	3 138.76

续表

财务指标变化情况			
序号	项　目	以股抵债前	以股抵债后
5	每股收益（元/股）	0.09	0.12
6	每股净资产（元/股）	7.12	7.26
7	净资产收益率（%）	1.30	1.66
8	资产负债率（%）	49.72	55.18

表 7－6　　方案实施前后的股权结构变化

股权结构变化				
项　目	以股抵债前		以股抵债后	
	股本数（万股）	比例（%）	股本数（万股）	比例（%）
非流通股	18 252	54.34	10 709.90	41.11
其中：原控股大股东持有股份	16 900	50.31	9 357.90	35.92
其他社会法人股份	1 352	4.03	1 352	5.19
社会公众 A 股	15 340	45.66	15 340	58.89
总　计	33 592	100	26 049.90	100

由表 7－5 可以看出，在以股抵债方案实施之后，电广传媒注销股份引起净资产减少，导致公司资产负债率、净资产收益率都有一定程度的提高，公司的财务结构保持合理水平，公司净资产盈利能力得到一定程度的改善，但很明显，以股抵债方案实施后，对于公司经营能力的提高仍然是有限的，资产负债率从 49.72% 提高到 55.18%，净资产收益率从 1.30% 提高到 1.66%，增长幅度都很小；由表 6 中可以看出，在方案实施之后，非流通股所占比例下降，控股大股东产业中心“一股独大”的现象有所改善，这有助于公司治理结构的改善，也有助于更好的保护流通股东和小股东的合法权益；但是，原控股股东湖南广播电视中心仍然持有高达 35.92% 的股份，虽然由绝对控股变成了相对控股，但仍然是典型的“一股独大”。在以股抵债之后，这种依然保持的高比例集中持股并不能够十分有效地预防大股东资金占用现象。

3. 方案要点

湖南电广传媒股份有限公司董事长龙秋云接受采访时表示，在相关政策明确鼓励采取多种方式解决占用上市公司资金问题的情况下，公司在2003年开始成立专门小组研究解决方案，最终确定采取以股抵债方式来解决资金占用问题。电广传媒有关负责人表示，制定方案时采取了合理的定价原则、收取资金占用费和实行独立董事征集投票权等三项措施保护流通股股东。

关于抵债股份定价的问题上，公司与控股股东聘请了独立的市场评估机构及财务顾问机构，对公司价值进行第三方估值，再参照目前上市公司非流通股转让的价格情况以及公司的盈利能力和股票的一级、二级市场股票比价的情况下，初步确定每股单价7.15元，而当期每股净资产为7.12元，每股抵债价格与净资产基本一致。考虑到控股股东资金占用对公司的影响，双方协商确定对占用资金收取一定的资金占用费，并全部按3年期银行存款利率收取。

电广传媒披露的2004年半年报显示，公司2004年上半年实现净利润3 139万元，同比增长了10.20%。每股净资产7.12元，比去年同期的9.24元下降了22.94%。为确保以股抵债方案的顺利实施，公司依法冻结了湖南广播电视产业中心持有的公司股份7 540万股。半年报显示，如果实施以股抵债方案，电广传媒注销股份将引起净资产减少，导致公司资产负债率从49.72%提高到55.18%，以2004年中期数据计算的净资产收益率从1.30%提高到1.66%，公司净资产盈利能力得到一定程度的改善。

控股股东与电广传媒达成以股抵债"协议"，并在《公司章程》中增加保护社会公众股东利益、禁止违规资金往来、规范关联交易、以及在发生控股股东及实际控制人损害公司利益和社会公众股东利益时公司获得赔偿的制度安排等条款，报国资委和证监会并得到通过。

7.3　其他方案的可行性分析

大股东侵占上市公司资金这一问题，在我国当前的市场实践中已近是屡见不鲜的问题了。这与我国目前股权分置改革尚未进行完毕，"一股独大"现象仍然十分突出有关。从前些年的"猴王案"、"三九案"、"轻骑案"，到后来爆发的莲花味精、新天国际、华北制药、*ST龙涤、山西焦化、海南高速等欠款大案中，上市公司大多都充当了"提款机"的角色。这些案例，有的得到了妥善的解决，有的上市公司则被拖入了泥潭。下面，我们来看一下一些同样有大股东资金占用问题上市公司的解决方法在用于解决电广传媒问题时的可行性。

1. 第三方重组

2006年12月1日，内蒙古草原兴发股份有限公司（简称"草原兴发"）发布公告称，公司已与内蒙古平庄煤业（集团）有限责任公司（简称"平煤集团”）于2006年12月1日签订《资产置换协议》。平煤集团以其合法拥有的运输部铁路固定资产（经中资资产评估公司评估其价值为40 718.61万）与草原兴发对银联投资和万顺食品的其他应收款（合计3 913 925万元）进行置换。

草原兴发采取的是第三方资产置换的方法以解决原大股东的资金占用问题。由于在2006年11月7日，草原兴发已经与平煤集团签订了另一份协议，即草原兴发以其拥有的除109 080万元银行负债之外的全部资产及负债，置换平煤集团拥有的风水沟煤矿、西露天煤矿、六家煤矿、古山煤矿全部经营性资产及采矿权、老公营子在建工程固定资产及平煤集团总部销售公司、供应站、核算中心等经营性资产。此外，平煤集团已经与草原兴发的三大股东银联投资、万顺食品、大兴经贸签订了协议，受让其所拥有的草原兴发股权，成为草原兴发的新控股股东。因此实际上，这次的第三方资产置换实际上是股权转移的后续协议，是第三方以解决原大股东资金占用问题而取得上市公司的控股权的操作方式。

如果采取第三方资产置换的方法来解决电广传媒的大股东资金占用问题，首先必须具备两个最基本的条件：一是电广传媒的控股股东湖南广播电视产业必须存在转让控股权或部分控股权的意愿；二是必须存在一个第三方，能够承担湖南广播电视产业及其关联方在电广传媒的将近5.4亿元债务并愿意收购电广传媒股份。但从当时看来，这两个基本条件都不具备。

从2004年的数据来看，电广传媒的主营业务收入有77%都来自于影视广告策划与代理，而电广传媒主要的广告代理业务即来自对湖南卫视广告业务的全权代理，而湖南卫视隶属湖南广播电视产业中心。电广传媒在业务上与控股股东之间的紧密联系使得电广传媒自身也并不愿意被全新重组，控股股东并无出售上市公司股权的意图，而同样，第三方也并不愿意承担如此高昂的代价去收购一个与原控股股东业务联系紧密的上市公司。同时，当时的电广传媒并不能算是优良资产，其净资产收益率、主营业务利润率已经连续多年都处于低位，对第三方并没有多大的吸引力。

2. 大股东现金还款

如果采取大股东直接还款的方式来解决资金占用问题，对于上市公司来说，无疑将是最好的一种解决方式。而实际上，电广传媒在推行“以股抵债”方案之前，其控股股东湖南广播电视产业中心（简称“产业中心”）为清欠占用资金已经进行过努力。

2003年5月，由于证监会就电广传媒存在控股股东及关联方占用资金问题对电广传媒进行的内部批评和限期整改的要求，电广传媒高度重视并成立专项小组拟定了系列整改措施，制定了包括产业中心以自身资金直接还款、产业中心以资产进行抵押融资，并以融资款归还占用上市公司的资金、产业中心以优良资产进行置换，如以网络、新增媒体的广告经营代理权等盈利能力较好的经营性资产进行置换等多项还款方式。

然而，经过这一系列整改方式，电广传媒被大股东占用的资金仅仅收回了一部分，其中：由于产业中心用于购买电视节目制作及传输设备而占用电广传媒资金5.65亿元，此时因2003年收购控股股东所属深圳市荣涵投资有限公司96.97%的股权，收回原欠款2.40亿元，尚欠款3.25亿元；控股股东为修建湖南国际会展中心项目占用电广传媒资金总计为1.14亿元，归还原欠款中的0.61亿元，仍余欠款额0.52亿元；湖南广播电视报、湖南金蜂音像总公司为产业中心的全资子公司，由于业务发展资金紧缺，占用电广传媒资金分别为380万元，200万元；电广传媒为产业中心支付其到期债券，合计被占用1.17.亿。截止到2004年6月30日，产业中心合计共归还了约3.39亿元欠款。

由于部分项目属于广电基础设施建设，投资回收期很长，以及部分项目建成后收益状况没有达到预期，导致产业中心对上市公司的资金占用问题迟迟难以得到解决。根据证券之星记者的报道，产业中心在2004年6月份曾宣布，由于自身发展过快，在当时短期内解决对电广传媒的资金占用问题并不现实。但是，由于暂时无法找到湖南广播电视产业中心的财务资料，对于产业中心是否有能力和意愿归还占用资金，并不能做出判断。但从实际情况来看，虽然现金清偿对于上市公司的业绩影响最为直接，既可以增加上市公司货币资金，减少贷款；冲回对占款计提的坏账准备后，又可以增加当期资本公积，增厚每股净资产。但是，一般而言，许多占用资金额在1亿元以下的小额度上市公司才会采用这种办法，像电广传媒这样资金占用达5亿多元的上市公司，大股东现金还款的案例很少。

3. 大股东以资抵债

大股东以资抵债是当时解决大股东资金占用问题的主要思路。许多大股东采取以其他控股公司股权、土地设备等固定资产或商标品牌等无形资产抵偿上市公司债务，例如中国农垦集团以天房发展股权抵偿旗下上市公司SST中农的部分债务、“厦华”商标转让用于抵偿对上市公司债务等。

但是以资抵债有着许多缺陷。由于资产评估等原因，许多抵债资产评估值的水分往往也是较大的，这也是大股东选择以资抵债的重要原因之一。“厦华”商标转让权的评估值达到了81 743万元，上市公司就以“其他应收款”冲抵，不足部分另以现金补足，这引起了市场的强烈不满，最终没有得以实施。此外，上市公司的现金被大股东通过各种方式占用后，上市公司资产的流动性大大降低，资金严重短缺，许多募集资金投向被迫改变。另一方面，以资抵债使得上市公司的实物资产规模急剧扩张，但是，在现金短缺情况下，企业的经营压力非常大。以资抵债之后，大股东抵偿的资产很有可能成为许多上市公司不良资产的由来。

例如，闽福发大股东用来抵配股欠款的蓄电池厂负债达 3 200 多万元，而净资产还不到 50 万元。闽福发接受后，不仅未能获利，反而为其还债 1 600 万元，为其 1 400 多万元银行贷款承担担保责任。

具体到电广传媒，其控股大股东其实已经实施过以资抵债的方案。2003 年，电广传媒已经通过收购控股股东所属深圳市荣涵投资有限公司 96.97% 的股权，收回了被大股东占用的 240 421 781.58 元。此外，电广传媒 2003 年控股大股东当时仍对上市公司欠款 5 亿多元资金，如果继续采用以资抵债的方式还款，电广传媒的实物资产将大大增加。而当时，电广传媒净资产收益率已经连续三年低于 3.5%，主营业务利润率也已经连续三年低于 10%，电广传媒自身的经营能力并不良好。若被大股东塞进 5 亿多实物资产，电广传媒很有可能因消化不良而陷入困境。

其实，最终选择电广传媒作为“以股抵债”的试点是有其原因的。当时的电广传媒已每股净资产高达 7.12 元，要保证净资产收益率在 6% 以上，每股收益必须 0.42 元以上，大股东必须确保上市公司每年净利润在 14 000 万元以上，而 2003 年公司净利润不足 5 000 万元。电广传媒每股收益逐年下降，净资产收益率从 2001 年以后已经降低到 3% 以下，未来三年内不可能再融资，这表明公司股权对大股东的吸引力降低。因此，电广传媒的盈利能力逐年降低，已经失去了再融资的能力。因此大股东对于股份减持并不坚决反对。此外，当时电广传媒每股净资产在 7 元以上，比市场平均股价 6.3 元还高，更远远高于市场平均净资产。假如公司业绩不能改观，股价继续滑落的机会较大，将来国有股减持的价格很可能会很低。但是以股抵债后，大股东仍处于相对控股地位，并且将脱去占用上市公司资金的罪名，因此控股大股东完全乐意尽早减持股权。

7.4 关于以股抵债的讨论

1. 大股东债务形成动因

困扰上市公司发展的一大原因就是控股股东恶意占用巨额资金。自 2001 年以来，监管部门就一直非常关注控股股东侵占上市公司资金问题。市场各方也都在努力寻求破解途径，但是在实际运作中现金偿还的难度很大，以资抵债工作也遇到了一些问题，如何采取创新方式解决债务问题亟需突破。

2003 年 8 月，中国证监会和国务院国资委联合发布了《关于规范上市公司与关联方资金往来及上市公司对外担保若干问题的通知》（后被称为 56 号文），明确提出纠正和防止侵占行为发生的具体监管措施，针对部分作为上市公司改制存续企业的控股股东，自身经营困难大、债务重、现金清偿能力弱的特点，做出了解决侵占问题“原则上应当以现金清偿，在符合现行法律法规的条件下，可以探索金融创新的方式进行清偿”的意见。

为贯彻落实 56 号文，中国证监会与国务院国资委于 2003 年 12 月联合召开了解决控股股东欠款问题座谈会，20 多家占用资金比较大的上市公司及其控股股东代表被召到济南。在座谈会上有人提出，在控股股东没有现金和优质资产进行偿还的情况下，能不能采取以股抵债创新方式进行偿还？这一建议受到两部委负责人认可，随之国务院高层批复同意试点。

众所周知“一股独大”是造成目前上市公司资产质量低下的一个重要原因。在我国由于一股独大，大股东或者实际控制人拥有绝对话语权，在股东代表大会、董事会上我们能听到的仅仅是一家之言，这直接导致了大股东的恣意妄为，大股东及其关联方占用上市公司资金的正是在这一公司治理窘境下滋生的痼疾。据上市公司 2003 年年度报告统计，控股股东及其他关联方通过非经营性方式侵占上市公司资金的余额大约为 577 亿元，涉及的上市公司数量较多。由此可见，大股东侵占上市公司资金已经成为困扰我国资本市场的一大难题，它直接侵害了中小投资者的利益，影响了上市公司的正常经营。

一直以来，监管部门为解决这一问题都在进行着不断的努力，上市公司和许多业界人士也在为寻求解决这一问题的有效办法而不断探索。此次电广传媒推出的以股抵债方案就是为了解决大股东侵占上市公司资金问题、完善公司治理一次大胆尝试。乔海庆在其“‘以股抵债’要满足三个条件”一文中指出：“大股东以持股抵偿上市公司负债，相当于法院对于欠债者的“强制执行”，上市公司通过回购大股东手中的非流通股，不仅能够削弱大股东“一股独大”的基础，完善公司的治理结构，而且直接的好处在于上市公司资产质量将通过这种“缩股”的形式得到明显的提高，流通股在上市公司中所占比例将提高，有利于股本结构优化，中小投资者利益长期被损害的问题也能够得到一定程度的解决。

2. 大股东占款与股权分置

从表面上来看，以股抵债推出的原因是为了解决大股东占款问题。从整个证券市场来看，大股东占款、侵害中小股东利益并非电广传媒一家独有，而是带有一定的普遍性。造成这个问题的根本原因在于股权分置。

股权分置指的是中国股市由于特殊历史原因和特殊的发展演变中，在 A 股市场的上市公司内部普遍形成了“两种不同性质的股票”（非流通股和社会流通股），这两类股票形成了“不同股不同价不同权”的市场制度与结构。

《会计师》特约记者在“股权分制改革——中国资本市场发展里程碑”一文中指出，股权分置问题是由诸多历史原因形成的。从我国证券市场设立之初的相关规定来看，对国有股流通问题既没有明确的禁止性规定，也没有明确的制度性安排，总体上采取的是搁置的办法。由国有企业股份制改造产生的国有股事实上处于暂不上市流通的状态，对于其他公开发行前的社会法人股、自然人股等非国有股份也暂不安排流通，这在事实上形成了股权分置的格局；而通过配股、送股等孳生的股份，仍然根据其原始股份是否可流通划分为非流通股和流通股。这些情况累加起来，就形成了困扰股票市场发展的股权分置问题。

在股权分置的情况下，大股东持有的都是非流通股，而中小股东持有的多是流通股。这样就形成了非流通股东和流通股东的“利益分置”，公司非流通股东与流通股东缺乏共同利益基础。流通股股东的利益关注点在于二级市场的股价波动，而非流通股股东对此并不热心，二级市场的股价对其经济利益而言并无直接关系，其真正的利益关注点在于资产净值的增减，这样就使得大股东损害中小股东利益的现象时有发生。

3. 以股抵债方案的探讨

中国证监会、国资委对以股抵债的解释是，所谓“以股抵债”，是指上市公司以其控股股东“侵占”的资金作为对价，冲减控股股东持有的上市公司股份，被冲减的股份依法注销。单从字面上理解以股抵债是一种以所持股票抵偿所欠债务的行为，与以资低债并没有本质的区别，是一种交易行为，是控股股东与非控股股东双方民事法律行为。但综合考虑这次事件的背景，交易只是其中的一个部分，更深层的意义是指为了纠正、解决控股股东侵占上市公司资金问题，允许上司公司依照特定价格回购控股股东所持有的股份，并以回购应付价款与控股股东侵占上市公司资金所形成的负债相抵消的一种民事法律行为。

根据新华社2004年8月7日报道，中国证监会、国资委有关负责人就采取有效措施纠正控股股东侵占上市公司资金行为、实施以股抵债试点答新华社记者问中提出了，以股抵债是以纠正控股股东的侵占过错行为为前提，应当严格遵循公开、公平、公正的“三公”原则，采取切实有效措施充分保护社会公众投资者及其他利益相关者的合法权益。

首先，上市公司需要全面清理控股股东关联欠款，确定抵债总金额。抵债总额不仅包括控股股东所欠资金及按一定利率计算的利息，还包括一笔资金占用费。然后，要根据公司财务状况和经营状况，初步确认每股股份的抵债价格，根据每股股份的抵债价格和抵债总额确定抵偿的股份数量。最后，通过相关法定程序，将欠款股东的这部分抵债股份给予登记注销。

在整个“以股抵债”的操作过程中，最为关键的环节是每股抵债价格的确定，因为这一价格将直接牵涉到上市公司、大股东、中小股东等多方的利益。价格定得过高就有变相为持有非流通股的大股东套现的嫌疑；定得过低，则有可能对大股东自身的经营状况有所影响，造成国有资产的流失。对于抵债价格的确定问题，目前我国还没有相关法律做出明确规定。现阶段比较容易实行的定价原则是主要依据上市公司的每股净资产。考虑到“以股抵债”是以纠正控股股东的侵占过错为前提，证监会对以股抵债的定价基础也作了明确的解释：“在定价时应当考虑到纠正侵占过错的特殊性，而制定的价格也不应等同于上市公司控制权转让或者一般股权转让。”证监会的有关负责人还指出，定价应参考经审计的财务会计报告、独立财务顾问报告和以股抵债股份估值报告，合理确定价格，最终报股东大会审议批准。

由于采取了合理的定价原则、收取资金占用费和实行独立董事征集投票权等三项措施保护流通股股东，电广传媒的以股抵债方案至少从表面看来是比较合理的。而电广传媒的方案，其股权估值是由第三方中发国际为其进行的，这在一定程度上保证了股权价值定价的合理性。根据2004年的半年报，其每股净资产为7.12元，而以股抵债方案中的股权股价为7.15元，与每股净资产大致相当。但是，实际上，对于净资产定价是否合理仍然有争论。许多人认为，以净资产定价侵犯了流通股股东的权利，将会使流通股股东承担更大的债务风险和流动性风险。

4. 对“以股抵债”方案的批评

(1) 肯定的意见

第一证券首席经济学家陆满平博士撰文指出，以股抵债的积极作用主要体现在以下几个方面：首先，它不仅顺利地解决了大股东占款的问题，而且改善了上市公司的股本结构，流通股在上市公司股本结构中的比例将提高。其次，它使解决非流通股可流通的问题迈出了实质性的一步，该方式为上市公司解决股权分置问题找到了突破口，大幅降低了非流通股股东的持股比例，而直接注销后也不会对二级市场构成压力，避免了上市流通的问题。第三，能有效提升上市公司的资产质量、完善公司的治理结构。第四，增加了股票的投资价值。在效益不变的情况下，股本变小了，股东权益就会相应增加，这在一定程度上可以增加公司股票的投资价值。第五，避免了“以资抵债”给企业带来的包袱，有利于企业轻装上阵，同时也为企业的进一步发展创造了条件。

同样，证券时报发表评论认为，对于侵占上市公司资金，又缺乏现金清偿能力的控股股东来说，要让其清欠还债，难度的确不小，而“以股抵债”方式不失为一种现实有效的途径，为解决控股股东侵占上市公司资金问题提供了一种新思路、新方法。在电广传媒以股抵债方案推出之后，广州日报则以“电广传媒开先河，解决大股东占款新思路”为题，以股抵债解决了此类问题。在现金追讨难以实现的情况下，“以资抵债”成为众多上市公司解决控股股东欠款的主要形式。但是，在控股股东主体经营资产中，上市公司资产一般是相对较好的一块资产，而新抵偿进入上市公司的资产则主要是难以带来利润和现金流的辅助生产系统、难以套现的土地和房屋、回报较少的股权以及商标等无形资产，债务问题表面上是解决了，很多上市公司资产质量则是不升反降。以股抵债可谓顺利解决了此类问题。

许多人都认为，在解决大股东资金占用的问题上，以股抵债虽然不是最好的解决办法，但是却是比较现实的解决途径，同时对于大股东持股减持、对解决一股独大问题有所帮助。

(2) 否定的意见

尽管如此，以股抵债这种方式还是存在不少问题。业内对以股抵债方案的提出，同样也有不少批评之处。许多人还认为，以电广传媒为例，电广传媒的“以股抵债”方案推出以后，市场与业界做出得反应总体上而言比较消极负面，“以股抵债”方案的推出与管理层的初衷出现了“南辕北辙”的效应。

首先，“以股抵债”方案存在着明显的规则缺陷。“以股抵债”是中国股市中的一个重大决策：一是“以股抵债”涉及上市公司的股权变动，这种变动将对市场各方的权利与利益产生重大影响。二是大股东侵占上市公司的资金，直接挑战的是现代股份经济制度的根基，直接侵犯的是上市公司的其他股东特别是市场风险的最主要承担者——流通股股东的财产权。在保护私人财产已经写入我国宪法的情况下，对大股东的侵占行为如何处置，不仅直接关系到中国股市上的公平、公正与公开原则能否真正得到贯彻，而且也关系到宪法所规定的保护私人财产这一市场经济安身立命的基础能否在市场上得以体现。三是“以股抵债”涉及到了中国股市的非流通股问题，虽然“以股抵债”与非流通股问题的全面解决并不是一回事，但如果这个问题解决得好，在市场中产生积极影响，则可以为市场的全流通问题提供一些经验与借鉴，进而为解决长期困扰中国股市的股权分裂问题探索路径。正因为如此，“以股抵债”方案的制定与实施就应该格外慎重，特别是应广泛征询市场的意见并得到市场的理解与认同。

然而，现实的情况却并非如此。截至 2004 年底，没有任何相关部门发布的有关“以股抵债”的相应文件，也没有看到“以股抵债”的实施规则与相关细则。那么一旦“以股抵债”过程中发生纠纷，纠纷双方或各方维护自身权利与义务的任何法律与规章实际上都不存在，市场就会陷入更大的混乱之中。不仅如此，“以股抵债”方案的更大的缺陷是缺乏对侵占上市公司资金的大股东的惩戒原则。大股东侵占上市公司资金，是一种存在着对流通股股东财产的侵占行为，这种侵占行为如果得不到惩戒，就将对市场产生巨大的负面影响，并将给市场的规范与有序运行留下重大隐患。如果由大股东或由大股东控制的董事会来制定“以股抵债”方案，那么在这种情况下，就很难保证流通股股东不成为被大股东再次侵犯利益的对象。

其次，“以股抵债”方案的推出在当时时机不对。按照当时的“以股抵债”方案及其实施过程来看，大股东的“以股抵债”行为从上市公司的净资产值与股票价格两个方面对各方的利益产生影响。净资产值越高、股票价格越低，则大股东用于抵债的股本就越少，其得到的经济利益就越大，在这种情况下，大股东就可以以少量的股本换取从上市公司已经掠夺到手的大量的资金，其自身利益就可以通过“以股抵债”这种“正当”方式而得到实现甚至放大。相反，净资产值越低、股票价格越高，则大股东用于抵债的股本就会越多，对大股东就会产生与上述相对不同的结果。“以股抵债”方案的实施时机，恰恰对流通股股东最为不利。根据中国证监会提供的数据测算，2004 年 4 ~ 6 月，沪深股市流通股的平均价格分别是 6. 138 元、5. 90 元和 5. 179 元，股票平均价格处于近年来的最低点，大量的股票价格已经接近于净资产的水平，在这种情况下实施“以股抵债”，显然对大股东最为有利；而对于流通股股东与整个市场来说，其结果无疑是灾难性的。

再次，“以股抵债”能不能推广，关键在于“合理定价”。但在当前，以每股净资产作为定价的重要依据有不妥之处。首先，我国大部分上市公司目前股份并非全流通，尤其是控股股东的股份并不能上市流通，其股份大部分都是由股份制改造时原企业净资产评估价值折股而来，股份成本水分不少，而上市的流通股都是高溢价发行，每股净资产包括了这部分高溢价发行收入，如果以每股净资产作为“以股抵债”的定价基础，就会使得控股股东可以合法地把当年从流通股股东那里圈来的钱通过“以股抵债”变相装进自己的口袋，从而严重损害流通股股东的利益。其次，净资产等于资产减去负债，即企业所有者权益，其是以历史成本为计价基础的，也即财务报表上反映的净资产账面价值是历史价值，不是目前的现实价值，因此每股净资产并不能客观反映股份的现时价值。最后，由于控股股东对上市公司具体的会计处理方法有一定的自由选择空间，它会选择对自己有利的会计处理方法操纵每股净资产，提高“以股抵债”的价格，从而损害流通股股东的利益。

7.5　市场对以股抵债方案的反应

2004 年 7 月 23 日到 9 月 23 日，是电广传媒实施“以股抵债”方案的阶段。单单从这一阶段电广传媒的股价走势上来看的话，市场对这一方案还是比较认可的。从图 7 - 3、图 7 - 4 两张图可以看出，上证指数在 7 月 23 日至 9 月 23 日期间先是经历短期下降，然后横盘整理，随后在市场大规模扩容预期的压力下产生较为深幅的调整，最终在一系列利好政策的有力支持下，大盘产生井喷式的反弹。与此同时，电广传媒股票先期受其业绩预增及以股抵债的金融创新概念等利好消息的刺激，在前期走势比较强劲，这说明此前市场还是将“以股抵债”作为一个利好消息来反映的。

电广传媒推出的“以股抵债”创新试点为大多数投资者所认同，股票走势强于大盘同期指数，其中特别是在2004年7月28日方案公布及获国资委批准、中国证监会核准时都出现了大幅高开，这都是市场认同的有力证明。但是，随着市场对“以股抵债”的逐渐消化，影响力趋弱，最终走势与大盘趋同。

从电广传媒的实施效果来看，“以股抵债”方案本身不会对公司的现金流产生任何影响，但对公司的治理结构、每股收益、净资产收益率等方面却产生了积极的影响。在公司治理结构方面，“以股抵债”后，流通股东的股份比例由45.67%上升到58.89%，公司的治理结构将得到改善，小股东的权益将得到更好的保护。另一方面，“以股抵债”方案实施后，电广传媒公司2004年中期的每股收益将由0.09元上升到0.12元，上升了29.03%，净资产收益率也由1.33%上升到1.72%。而更为主要的是，方案的实施可彻底解决产业中心对公司的资金占用问题，有利于公司经营业绩的稳步增长和长期发展。可以说，“以股抵债”虽然是解决大股东资金占用问题的次优方案，但在当时的条件下，却是解决电广传媒的大股东资金占用问题的最优方案。

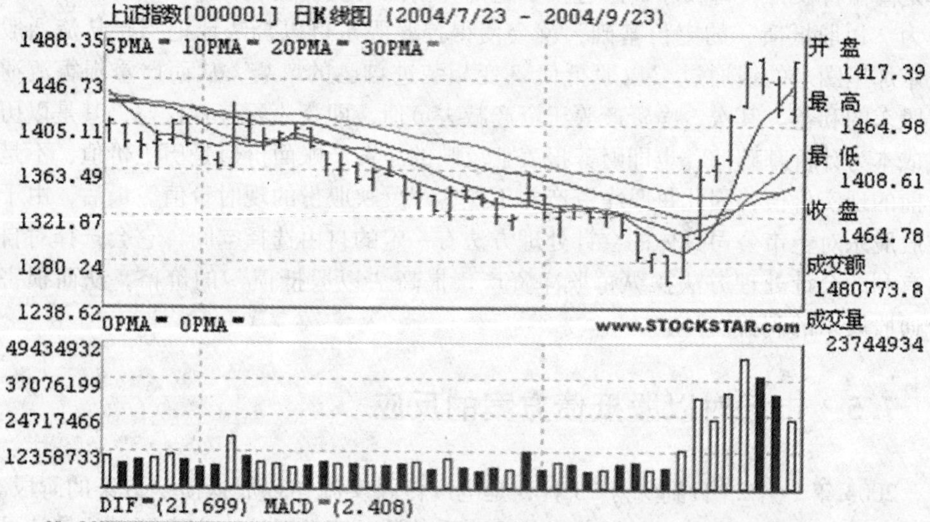

资料来源：证券之星——个股门户。

图7-3 上证指数2004年7月23日至2004年9月23日k线图

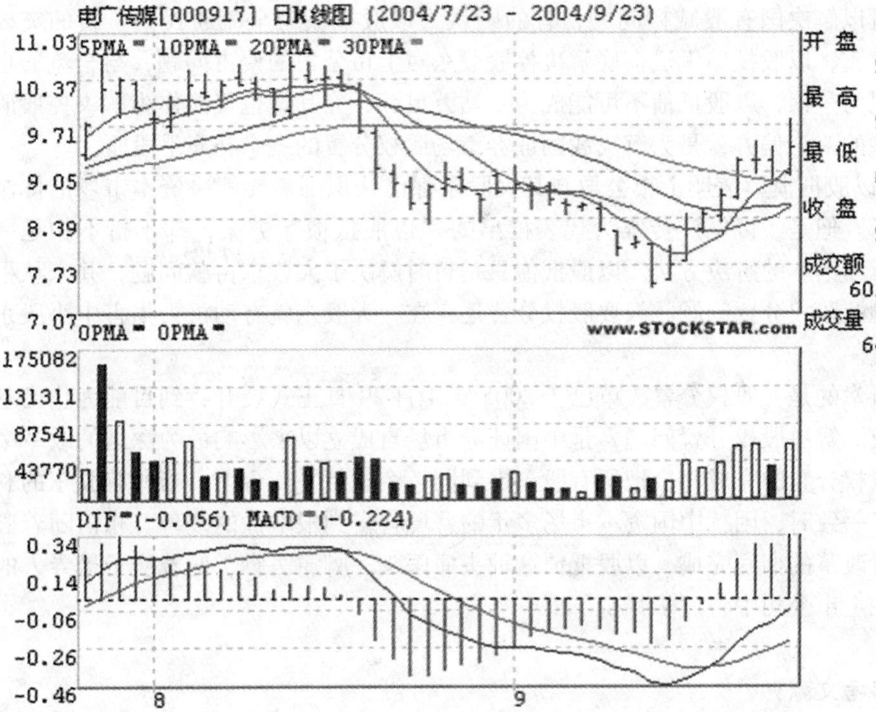

资料来源：证券之星——个股门户。

图 7-4　电广传媒 2004 年 7 月 23 日至 2004 年 9 月 23 日 k 线图

7.6　小　结

电广传媒作为“以股抵债”试点，在市场和业界的关注下，“以股抵债”方案得以顺利实施。控股大股东以持有的高达 7 500 多万股股份抵偿债务，在这些股份被注销后，控股大股东由绝对控股地位（占有高达 50% 以上）变为相对控股地位（占有股份达 35.12%）。“以股抵债”方案有利于改善公司的财务状况，减少大股东对上市公司的欠款，有利于改善公司的股本结构，通过以股抵债，大大减少大股东所持上市公司股份，优化股本结构，同时起到非流通股减持的效果，通过缩减股本，可以增加每股收益水平，提升股票内在的投资价值。因为上市公司将回购的股份进行注销，缩减了总股本，在盈利水平不变的情况下提高了公司的每股收益，使流通股股东将从中直接受益。

但是，“以股抵债”并不是灵药。在以股抵债刚推出不久，很多人对它是寄予了很高的期望，有人说，以股抵债可以解决控股股东对上市公司资金侵占问题，可以解决国有股减持问题，有的则认为以股抵债为全流通找到了新的突破口。其实，以股抵债无法彻底解决控股股东对上市公司的侵占问题，与全流通也不能混为一谈，以股抵债不可能成为一帖万灵药，充其量也仅能作为解决控股股东欠款的一个偏方，是为解决我国证券市场股权分置的一个补充手段而已。

“以股抵债”表明上市公司与其大股东都已认识到需要解决资本市场的体制问题了。但是，以电广传媒为代表推出的“以股抵债”方案，却不折不扣是一种治标不治本的解决方法。以股抵债只是暂时解决了大股东占款问题，并未从根本上触及股权分置问题。只要股权分置还存在，大股东就有动机去损害中小股东的利益。

所幸的是，股权分置改革已于2005年4月29日正式展开，到目前为止已基本完成。解决股权分置问题，是中国证券市场自成立以来影响最为深远的改革举措。股权分置的完成将会把所有股东推到同一个利益平衡台上，当所有股东的利益趋于一致时，困扰中国资本市场多年的窘境将得到根本性的改善。相信随着股权分置改革的彻底完成，以股抵债这种头痛医头、脚痛医脚、变着法子愚弄人的事情在上市公司中将逐步减少。

参考文献：

1. 佚名，“以股抵债抵制大股东违规——访湖南电广传媒股份有限公司董事长龙秋云”[N]，《证券市场周刊》，2004年8月16日。

2. 朱彦荣，“解决关联公司欠款：电光传媒以股抵债方案出台”[N]，《中国证券报》，2004年7月28日。

3. 王磊，“经济学家韩志国：以股抵债难以构成重大利好”[N]，《中国青年报》，2004年7月28日。

4. 尚征，“股权分置改革：中国资本市场发展里程碑”，http://finance.sina.com.cn/stock/stocktalk/20051011/09392023277.shtml。

5. 乔海庆，“‘以股抵债’要满足三个条件”，http://www.china.com.cn/chinese/2004/Aug/625971.htm，。

6. 刘俊，“电广传媒‘以股抵债’方案的实施情况及其效果分析”[J]，《传媒与经济》，2005年3月。

第 8 章

＊ST 金花的大股东占用资金清欠[①]

2005 年 6 月，证监会下发《关于集中解决上市公司资金被占用和违规担保问题的通知》。2005 年 11 月，国务院批转《证监会关于提高上市公司质量的意见》，提出清理资金占用工作的最后时限，要求确保在 2006 年底债务方全部偿还所占用资金，维护上市公司资产完整、提高上市公司质量，并由此掀起了我国上市公司清欠风暴。

＊ST 金花以控股股东占用资金近 8 亿元，位列中国证监会公布的 2005 年末上市公司未清欠排行榜的第六位，大股东以少量现金归还，剩余部分利用资产抵债和股权转让的形式，于 2006 年 7 月 19 日正式完成了清欠任务，彻底解决了大股东侵占上市公司资金的问题。由于其中涉及多种方式，成为上市公司债务重组的一个典型案例。

8.1　案例公司简介

1. 上市公司设立和上市情况

1996 年 2 月 14 日，经陕西省人民政府办公厅（陕政办函［1996］23 号文）批准，由金花投资有限公司（原来的陕西金花实业发展有限责任公司）等五家发起人企业以发起方式设立“金花企业（集团）股份有限公司”。经过中国证监会［证监发字（1997）178、179 号文］批准，1997 年 5 月 14 日，公司公开发行 3 000 万股社会公众股，于 1997 年 6 月 12 日上市交易，股票简称为“＊ST 金花”，股票代码为 600080。

2. 母公司情况

金花企业集团成立于 1991 年，是一家涉足投资、开发、制药、商贸、交通、房地产、酒店及高尔夫等领域，拥有国内及香港两家上市公司，员工 5 000

① 本案例完成于 2007 年 7 月。

多名，总资产80亿元（净资产48亿元）人民币的大型企业集团。

作为集团核心企业的是“金花投资有限公司”（即＊ST金花的控股母公司），经过十多年的发展逐步将投资由最初的房地产开发、建设转向以高科技项目、商贸、实业投资为主的发展方向。

目前，控股企业有以生物制药为主业的在上海证券交易所上市的金花企业（集团）股份有限公司、高品质的商贸零售企业世纪金花股份有限公司、在香港主板上市以旅游交通为主业的中国金展控股有限公司、西北一流的西安亚建国际高尔夫俱乐部和五星级的商务酒店金花豪生国际大酒店等家企业。一贯重视企业文化建设的金花企业集团在企业发展中始终秉承“恩泽惠于时代，挚诚馈效社会”的企业理念，十余年来积极参与各项社会公益事业，累计捐赠近亿元。2002~2003年金花企业集团先后被地方和国家有关部门评为“陕西省科技产业化重点科技企业”、“中国优秀民营科技企业”、“中国重质量讲诚信守规则企业”、“中国诚信单位”、“中国质量服务信誉AAA级企业”、“中国最大500家企业集团”、“中国名牌企业”。

3. 上市公司历次股份募集情况

1997年5月，经过中国证监会［证监发字（1997）178、179号文］批准，1997年5月14日，公司公开发行3 000万股人民币普通股，发行价为每股6.16元，共筹集资金17 880万元。

2000年8月，经过中国证监会核准［公司字（2000）77号文］实施配股，以1999年末的总股本20 480万股为基础，每10股配3股，配股价格为每股9元，实际配股数量为2 603.52万股，共募集资金23 431.68万元。

4. 上市公司所在行业情况

上市公司主营业务所处的行业是生物制药行业。医药行业是永续增长的朝阳行业，而生物医药则是朝阳中的朝阳，年复合增长率达到15%以上，远超全球药品市场增长率以及全球GDP成长水平。相对于传统医药行业，生物医药产业的市场集中度较高，更有利于优势企业的发展壮大，形成一批细分领域的领导型企业。

并且，未来十五年生物制药产业政策导向利好。2006年，国务院出台了《国家中长期科学和技术发展纲要（2006~2020年）》指出，未来15年，中国要在生物技术领域部署一批前沿技术，包括靶标发现、动植物品种与药物分子设计、基因操作和蛋白质工程、基于干细胞的人体组织工程和新一代工业生物技术等。这一部署无疑为我国生物制药领域注入了一针强心剂。

当然，良好的行业发展前景和政策利好导向，不可避免地吸引了大量竞争者进入生物制药行业，该行业的竞争日趋激烈。上市公司以此为单一主营业务的风险日趋增大。

5. 上市公司的股东情况和实际控制人

上市公司的控股公司为金花投资有限公司，2005 年末的持股比例为 44.55%，均为非流通股，其中质押 9 300 万股，其余股东持股比例均在 5% 以下，有北京市粮油食品进出口公司等。在流通股股东中，第一大股东为上海南江广告传播有限公司，持股比例为 0.12%。该上市公司 2005 年末的股东和流通股股东情况详见表 8－1。

表 8－1　　2005 年末上市公司前十名股东持股情况　　单位：股

报告期末股东总数	60 382			
前十名股东持股情况				
股东名称	持股比例（%）	持股总数	股份类别	质押或冻结的股份数量
金花投资有限公司	44.55	102 835 200	未流通	质押 93 000 000
北京市粮油食品进出口公司	4.59	10 600 000	未流通	冻结 10 600 000
陕西建银实业总公司	2.77	6 400 000	未流通	无
陕西金润物业发展公司	1.66	3 840 000	未流通	无
上海龙圣科技发展有限公司	1.03	2 370 000	未流通	无
上海创立投资管理有限公司	0.87	2 000 000	未流通	无
北京市金正资产投资经营公司	0.71	1 642 173	未流通	无
杭州迅达规划咨询服务有限公司	0.26	600 000	未流通	无
中国信达资产管理公司	0.24	557 827	未流通	无
上海南江广告传播有限公司	0.12	270 200	已流通	未知

表 8－2　　2005 年末上市公司前十名流通股股东持股情况

股东名称	持有流通股数量	股份种类
上海南江广告传播有限公司	270 200	人民币普通股
周　琦	238 200	人民币普通股
郑　武	231 100	人民币普通股
高　岳	228 800	人民币普通股
陈传真	223 793	人民币普通股

续表

股东名称	持有流通股数量	股份种类
陈志明	202 000	人民币普通股
顾海平	167 879	人民币普通股
王杏林	166 500	人民币普通股
刘　枫	166 400	人民币普通股
顾　萍	150 000	人民币普通股

上市公司的实际控制人是吴一坚先生。1960 年 12 月 10 日生于西安，金花企业集团总裁，金花企业（集团）股份有限公司董事长，世纪金花股份有限公司董事长。曾在解放军东海舰队服役、先后就读于西安理工大学、华中师范大学，经济管理硕士、经济师。

由于在经济和企业管理领域取得的突出业绩以及对社会的挚诚奉献，吴一坚总裁先后荣获"全国优秀青年企业家"、"中国优秀民营企业家"、第七届"中国十大杰出青年"、"国际优秀企业家贡献奖"、"中国 500 位企业改革者"、"关爱员工优秀民营企业家"、"优秀中国特色社会主义事业建设者"、陕西省"十大杰出青年"、"陕西省新长征突击手标兵"、"陕西省劳动模范"、"陕西省十大功勋企业家"、"陕西省创业领袖"等称号。吴一坚总裁现任全国政协委员、全国工商联常委、全国青联常委、中国青年科技协会副会长、中国工业经济联合会主席团主席、中华全国体育基金会理事、陕西省工商联副会长、陕西省青联副主席、西安市工商联副会长、西安市政协常委、西安理工大学、西北大学客座教授。

具体产权和控制关系见图 8－1。

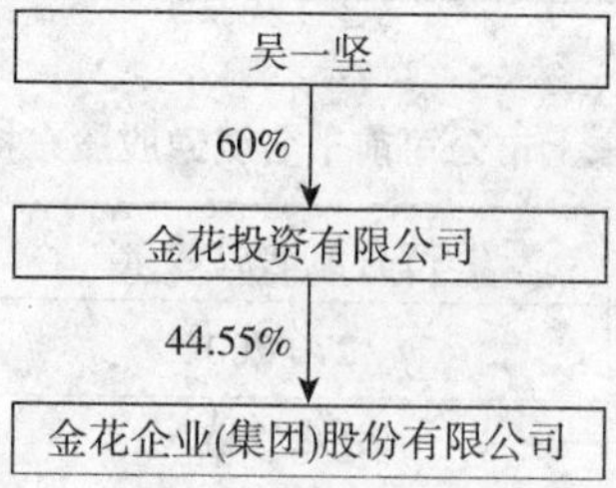

图 8－1　上市公司与实际控制人之间的产权及控制关系图

6. 2003~2005年的主要财务情况

2005年度，上市公司累计实现主营业务收入7.7亿，较上年同期下降2.96%，主营业务利润4.1千万，较上年同期下降43.93%，净利润-9.8千万，与上年同期出现较大幅度亏损。主要原因是一方面随着国家医药政策调整和监控力度加大，药品销售价格持续下降，主导产品盈利空间进一步被压缩；同时报告期内公司计提坏账准备2千万，管理费用较上年同期增长227.77%，增加额3千万；另外在2005年度公司资产状况自查工作中，清理出大股东以本公司名义办理银行贷款业务，占用本公司资金5.06亿元，报告期内公司财务费用较上年同期增长119.47%，增加额35 961 262.46元。

上市公司2003~2005年主要财务情况见表8-3和表8-4。

表8-3 上市公司2005年度主要财务数据 单位：元

扣除非经常性损益后的净利润	-83 285 101.88
主营业务利润	41 709 873.24
其他业务利润	313 291.93
营业利润	-92 776 487.71
投资收益	-1 274 445.44
补贴收入	
营业外收支净额	-5 870 725.83
经营活动产生的现金流量净额	-6 899 770.25
现金及现金等价物净增加额	-290 327 683.44

表8-4 上市公司2003~2005年主要会计数据和财务指标 单位：元

	2005年	2004年	2003年
主营业务收入	771 037 686.65	794 552 020.32	527 743 594.45
利润总额	-99 921 658.98	10 189 155.14	16 699 384.99
净利润	-98 439 421.49	9 037 981.96	14 255 121.80
扣除非经常性损益的净利润	-83 285 101.88	1 116 020.56	15 288 465.75
每股收益	-0.4264	0.0392	0.062

续表

	2005 年	2004 年	2003 年
最新每股收益			
净资产收益率（%）	-12.68	1.03	1.65
扣除非经常性损益的净利润为基础计算的净资产收益率（%）	-10.73	0.13	1.77
扣除非经常性损益后净利润为基础计算的加权平均净资产收益率（%）	-10.09	0.13	1.78
经营活动产生的现金流量净额	-6 899 770.25	78 363 274.98	57 270 281.52
每股经营活动产生的现金流量净额	-0.03	0.34	0.34
	2005 年末	2004 年末	2003 年末
总资产	2 286 809 691.23	1 854 963 757.99	1 464 029 684.78
股东权益（不含少数股东权益）	776 181 597.03	874 621 018.52	865 531 350.84
每股净资产	3.36	3.79	3.75
调整后的每股净资产	3.35	3.67	3.62

8.2 清欠工作的政策背景

1. 我国上市公司大股东占用资金的情况

大股东及控股股东非经营性占用上市公司资金，在中国是一道独特的“风景”。在西方经济发达国家，上市公司的财产能被某些股东非法占有，简直是不可思议的事情。

但是，这却是我国证券市场中上市公司的一大顽疾。大股东或实际控制人占用上市公司资金，有其深刻的历史背景。过去一股独大，股市曾被当作为国企脱困服务的工具，社会大众也根本不理解何为公司制。由于公司资金被大股东或实际控制人占有使用，曾经业绩不错的公司因资金短缺成为问题公司；有的曾经名噪一时的公司，被一天天拖垮，直至濒临退市。

但是，任何人都明白，公司的财产不同于自己的财产。控股股东和实际控制人违规占用上市公司的资金，是对上市公司法人财产权的侵犯，是严重损害上市公司和广大中小股东权益的违法行为，已经构成对上市公司健康发展的巨大障碍。

表 8－5 是 2005 年末上市公司资金占用排名前 20 位的公司。从表上可以看到，最多的可以欠到十几亿，如四川长虹和海南航空。2002 年年底，中国证监会曾对当时 1 175 家上市公司进行了普查，发现有 676 家公司存在大股东占款现象，占款总额高达 967 亿元；2003 年，共有 623 家公司的资金被占用，总额 577 亿元；2004 年，被占用资金额虽有所下降，但仍在 500 亿元以上。截至 2005 年底，沪深两市仍有 396 家上市公司存在资金占用问题，共计占款约 456 亿元。可见这一问题在当时已相当严重了。

2. 监管部门的清欠政策

为此，监管部门出台了一系列政策措施。早在 2001 年，大股东占用上市公司巨额资金问题就已经浮出水面，证监会下发《关于加强上市公司应收大股东及其关联方款项清收监管工作的函》，明确要求问题公司限期公告清欠方案，并加以解决。

表 8－5　2005 年末上市公司资金占用排名

名次	公司代码	公司简称	2005 年年末现（或原）控股股东、实际控制人及其附属企业对上市公司非经营性资金占用余额（万元）
1	600839	四川长虹	121 458.05
2	600221	海南航空	118 591.80
3	600186	莲花味精	105 723.43
4	600187	S*ST 黑龙	95 260.00
5	600810	神马实业	80 807.23
6	600080	*ST 金花	79 287.70
7	600876	洛阳玻璃	61 184.10
8	600608	*ST 沪科	59 783.10
9	600516	ST 方大	46 557.87
10	600812	华北制药	39 171.00
11	600737	中粮屯河	37 597.00
12	600598	北大荒	37 374.00

续表

名次	公司代码	公司简称	2005年年末现（或原）控股股东、实际控制人及其附属企业对上市公司非经营性资金占用余额（万元）
13	600702	沱牌曲酒	37 173. 23
14	600734	S＊ST实达	36 719. 53
15	600728	SST新太	35 957. 95
16	600094	＊ST华源	35 812. 33
17	600844	ST丹科	35 743. 69
18	600747	大显股份	29 321. 88
19	600629	S＊ST棱光	28 895. 96
20	600775	南京熊猫	27 531. 00

但2002年占资问题进一步严重，监管部门不得不采取了强制披露、限期整改等监管措施。占款问题也引起国务院领导的高度重视。2003年，证监会与国资委两家联合，发布《关于规范上市公司与关联方资金往来及上市公司对外担保若干问题的通知》，提出了纠正和防止侵占行为发生的具体监管措施，要求依法追究违规占用资金的责任。2004年，国务院发布《关于推进资本市场改革开放和稳定发展的若干意见》，明确提出：采取有效措施防止和及时纠正“大股东或实际控制人侵占上市公司资产的行为”。

如果说在此之前只是摸底，是“和风细雨”的要求，此后则可称之为掀起了关于清欠的风暴。

2005年，证监会下发《关于集中解决上市公司资金被占用和违规担保问题的通知》，国务院批转《证监会关于提高上市公司质量的意见》，提出清理资金占用工作的最后时限，要求确保在2006年底全部偿还所占用资金。

2006年6月，形成由证监会牵头，各地证监局及沪深两交易所配合的三点一线监管机制，全力解决清欠问题。温家宝总理在证监会《关于当前清理上市公司资金占用工作进展情况的报告》上作了“请各有关方面积极配合，抓紧解决清欠问题”的重要批示。11月8日，证监会等八部委联合发布了《关于进一步做好清理大股东占用上市公司资金工作的通知》，清欠已成全国总动员之势。

8.3　资金占用的形成

1. 形成过程

至 2005 年底，金花投资共占用上市公司的资金总额达到 79 282.5 万元，这笔大额的资金占用主要体现在以下几个项目上，是经过一段时间逐步形成的。

（1）金花酒店项目

上市公司临时股东大会于 2001 年 12 月批准通过收购大股东金花投资有限公司（以下简称金花投资）持有的金花国际大酒店有限公司（以下简称金花酒店）97.14% 的股权的协议，同时支付股权转让金 16 979 万元。同时，为了金花酒店的顺利开业，上市公司和金花酒店之间又签订了 28 000 万元的借款协议。上市公司受让金花酒店股权之前，曾经进行了充分的论证，包括项目前景和公司的支付能力，完全是有备而为的。

2002 年 10 月，根据有关方面建议，上市公司退回了对金花酒店的收购，解除该次股权转让。根据双方的协议，金花投资应当归还两项款项：股权转让款以及金花酒店的借款。这次解除股权转让的协议，是完全出于双方意料之外的，由于金花投资已经将股权转让所得款项用作了其他投资项目，只能以增加银行借款的方式归还这笔款项。

（2）河南濮范高速公路项目

近年来，由于上市公司所处的生物制药行业竞争日趋激烈，公司在发展主营项目的同时，也在积极拓宽其他新的业务领域，寻求新的业务作为自身的业务增长点，以期减少因为主营业务单一而带来的风险，从来确保公司长期的可持续发展能力。出于以上动机，2004 年，上市公司收回 2.8 亿元款项后，于 6 月出资 28 500 万元和金花投资共同联合投资于河南濮范高速公路项目。

但是，没有预计到的是，由于河南濮范高速公路项目设计的审批、拆迁工作的过程比较长，进展不尽如人意。同时，因为产业结构的调整，项目建设资金贷款无法及时到位，项目难以按预期开工。金花投资迫于银行还贷的压力，于 2004 年 11 月和 12 月起，将上市公司的 28 500 万元项目资金以全额存单质押担保的方式向银行贷款，以归还前期的银行贷款。

（3）银行借款转贷

公司的大股东金花投资作为以实业投资为主的公司，涉足的行业广泛，包括：制药、商贸零售、高速公路经营、高级商务酒店、旅游、高尔夫等众多领域。但是，2004 年国家金融形式发生了变化，我国采取了一系列宏观调控政策，银行信贷政策发生了调整，压缩贷款规模，加强了对借款主体的审核。

金花投资作为民营企业，从银行取得资金受到了相关政策的限制，融资受到了很大的阻碍。在这样的宏观情况下，金花投资调整了自身的投资规模，归还了大部分到期的银行借款。但金花投资的部分投资项目正面临着资金短缺、中途停止、遭受巨额损失的窘境。

鉴于上述原因，经过和银行的沟通协商，对于未到期的贷款，银行要求到期后变更借款主体为上市公司，再转贷，在金融形式好转后，可将借款主体再变更回金花投资。上述协商是有一定中国特色的。由于当时国内银行将同一集团内母子公司视为同一个贷款主体，而银行对上市公司的认可度高于对金花投资的认可，因此上市公司比较容易获得银行的贷款支持。另外，为保证公司的正常经营和公司在银行的正常贷款不受母公司影响，金花投资以上市公司作为到期贷款转贷的借贷主体，于2004年下半年到2005年上半年，陆陆续续将部分贷款3.17亿元转换为以上市公司为借贷主体，改贷款全额由金花投资或者其子公司的财产作抵押担保，金花投资承担所有的利息等借款费用。

金花投资作为上市公司的母公司，其风险必将影响到上市公司的稳定，考虑到上市公司的长期生产经营，采取了上述平稳的过渡方法。鉴于以上资金虽然由上市公司作为借款主体，但是资金的使用人为金花投资，贷款全额由金花投资或者其子公司的财产作抵押担保，由金花投资负责还本付息。这样，上述贷款就没有在上市公司的账面上反应。

2. 至2005年底上市公司资金被占用的情况

上市公司自2004年11月起，将投资于河南濮范高速公路项目的28 500万元以存单质押的方式为控股股东金花投资以及其关联公司提供全额银行承兑保证。该全额存单质押担保的方式的银行贷款已经在2005年6月到期，金花投资以及其关联公司未能如期还贷，上司公司的存款28 500万元已经被银行扣除。

此外，金花投资还以上市公司的名义借贷。金花投资实际使用并承担相关财务费用且主要由金花投资保证、以金花投资资产抵押或者第三方保证的10笔银行贷款共计31 700万元，但未在上市公司账面反映。

同时，金花投资后以转承银行借款的方式偿还了欠款3 000万元。

2005年末，为了配合清偿占用公司资金的工作，金花投资对旗下企业进行了重组，为了加快重组的进度，尽快解决清偿占用资金的问题，从有益于金花投资和上市公司双方的利益，上市公司于2005年12月底将3 900万元用于对金花投资重组资产的抵押。

2005年10月，公司对业务和资产结构进行全面清理，剥离亏损业务单元。鉴于控股子公司陕西金花新世界医药有限公司（以下简称新世界）连续三年亏损，公司对新世界进行减资、歇业清理，其后转让了股权，同时金花投资业务重组中，把贷款 18 000 万元转入新世界名下，形成公司对资金形式上的占用。

金花投资和上市公司以及下属以公司间正常往来款共计 182. 5 万元。

综合以上，至 2005 年末，金花投资共占用资金总额为 79 282. 5 万元具体构成可见图 2。

28 500万元	上市公司将28 500万元以存单质押的方式为控股股东金花投资以及其关联公司提供全额银行承兑保证。金花投资以及其关联公司未能如期还贷，上市公司存款28 500万元已经被银行扣除。
+	
31 700万元	以上市公司名义借贷。金花投资实际使用并承担相关财务费用且主要由金花投资保证、以金花投资资产抵押或者第三方保证的10笔银行贷款共计31 700万元，未在上市公司账面反映。
−	
3 000万元	金花投资后以转承银行借款的方式偿还了欠款3 000万元。
+	
3 900万元	上市公司2005年12月底将3 900万元用于对金花投资重组资产的抵押。
+	
18 000万元	金花投资业务重组中，把贷款18 000万元转入新世界名下，形成公司对资金形式上的占用。
+	
182.5万元	金花投资和上市公司以及下属以公司间正常往来款共计182.5万元。
=	
79 282.5万元	

图 8 – 2　上市公司资金被占用的情况小结

8. 4　上市公司的清欠方案

1. 具体方案

在制定清欠方案的时候，各方主要考虑了以下几个原则：

（1）保护上市公司和全体股东利益，确保上市公司经营业绩不受到影响，有利于上市公司的长期稳定发展；

（2）方案符合实际，切实可行；

（3）确保一次性解决大股东资金占用问题；

（4）方案的制定和实施遵循公开、公平、公正的原则。

在上述原则基础上，总额为 79 282. 5 万元的控股股东占用资金的解决方案分为以下几个部分：

（1）金花投资于2006年1月归还上司公司现金250万元；

（2）金花投资于2006年2月归还上司公司现金104.12万元；

（3）2006年4月归还上市公司现金3 900万元；

（4）2006年4月，公司通过转让陕西金花新世界医药有限公司股权和相关权益，解决了金花投资形式上占用上市公司资金18 000万元的问题。

（5）金花投资将其持有的金花国际大酒店公司的99.05%的股权作价抵债57 200万元。

对于金花国际大酒店抵债还有两点考虑：

第一，由于通常星级酒店需要经过5～6年的培育方可盈利，鉴于金花大酒店当时仍处于亏损状态，预计2008年方可进入盈利期，为保护上市公司和全体股东利益，确保上市公司经营业绩不受影响，金花股份与金花投资签订了《委托经营协议》，约定自《委托经营协议》生效之日起，金花股份委托金花投资经营金花大酒店两年，在委托经营期间，每一会计年度金花大酒店实现盈利时，则利润全部归金花大酒店所有；若发生亏损时，亏损额全部由金花投资补足。

第二，金花投资承诺，若金花股份从经营发展角度考虑，决定出让本次抵偿占用资金的资产（即金花大酒店99.05%股权）时，金花投资将积极协助寻找受让人。自该等股权变更至金花股份之日起的24个月之内，若金花股份向第三方转让该等股权，其转让价格低于57 200万元时，差额部分由金花投资向金花股份补足。

2. 清欠方案的难点和解决途径

制定和实施清欠方案过程中遇到的主要问题是：

第一，抵债资产金花国际大酒店有限公司下属的金花豪生大酒店是按照五星级的标准建造，由美国豪生国际酒店集团管理的智能商务化酒店，于2003年10月开始营业。由于通常星级酒店需要经过5～6年的培育方可盈利，鉴于金花大酒店目前仍处于亏损状态，根据相关审计机构出具的金花大酒店的审计报告和金花大酒店提供的经营分析，2005～2007年度金花大酒店将依然处于亏损阶段，预计2008年方可进入盈利期。对上市公司的业绩将产生较大规模的不利影响。

第二，金花投资本次以资抵债标的资产的账面净值为44 681.48万元，抵债的债务金额为57 200万元。根据当时的会计准则，抵债资产账面净值与抵债的债务金额之间的差额12 518.52万元将形成股权投资差额，需要公司在10年之内进行摊销，产生的股权投资差额的摊销对当期损益的影响为－1 251.85万元，因此对上市公司业绩的影响是比较巨大的。

对于上述问题，解决方法如下：

（1）关于近期金花大酒店的亏损问题

考虑到本次交易完成后，金花大酒店在 2006 ~ 2007 年度的盈利水平不佳，为了保护上市公司和全体股东的利益，确保上市公司的经营业绩不受到影响，金花投资和上市公司间签订了《委托经营协议》。双方约定：自《委托经营协议》生效之日起，金花股份委托金花投资经营金花大酒店两年，在委托经营期间，每一会计年度金花大酒店实现盈利时，则利润全部归金花大酒店所有；若发生亏损时，亏损额全部由金花投资补足。在委托经营期间，上市公司有权对金花投资的经营管理实施必要的监督，并保证金花大酒店二期装修设计计划投入资金或者协助金花大酒店解决融资问题。在受托经营期间，金花投资不得实施以下行为：占用金花大酒店的资金；以金花大酒店的资产为抵押为他人提供担保；处置金花大酒店的固定资产；改变金花大酒店的发展规划。此项安排下，金花大酒店仍然继续在豪生酒店管理公司的管理下独立运营。

（2）关于以资抵债交易完成后形成的 12 519 万元股权差额摊销的问题

由上市公司收购西安百万庄物业发展有限公司持有的金花大酒店 0.95% 的股权；金花投资将其持有的金花国际大酒店公司的 99.05% 的股权作价抵债 57 200 万元。

上述交易完成后，上市公司持有了金花大酒店 100% 的股份。根据《中华人民共和国公司法》的相关规定，金花大酒店将变更为一人有限责任公司，并且按照财政部财会字［1998］16 号文《关于股份有限公司关于会计问题的解答》中“公司购买其他公司 100% 的股权时，被购买企业保留法人资格的，被购买企业应当按照评估确认的价值调账”的规定，金花大酒店应当按照评估确认的价值调账，经过调整后金花大酒店账面资产应为 63 659.34 万元。这样，上市公司应当按照取得金花大酒店 100% 的股权成本 57 804.76 万元确定股权投资的账面价值，其所持有的金花大酒店 100% 股权对应的权益 63 659.34 万元与上述投资成本之间的差额 57 804.76 万元将计入“资本公积——股权投资准备”科目，不用在以后年度进行逐年的摊销，因此不会因摊销股权投资差额而减少上市公司的当期利润。

（3）金花投资对金花大酒店的资产价值承诺保障措施

金花投资还承诺，若金花股份从经营发展角度考虑，决定出让本次抵偿占用资金的资产（即金花大酒店 99.05% 股权）时，金花投资将积极协助寻找受让人；若自该等股权变更至金花股份之日起的 24 个月之内，金花股份向第三方转让该等股权，其转让价格低于 57 200 万元时，则金花投资将向金花股份补足差额部分。

3. 公司清欠方案的表决和实施过程

上述清欠方案在上市公司董事会和股东大会上进行了表决，表决情况如下：

（1）董事会表决情况

金花企业（集团）股份有限公司第四届董事会第十次会议于2005年12月16日在公司会议室召开，应到董事9人，实到8人，公司监事及部分高管人员列席会议。经讨论表决，通过了《关于金花投资有限公司以资产抵偿占用公司资金的议案》。表决结果是：同意5票，反对0票，弃权0票。这次以资抵债构成关联交易，4名关联董事回避了表决。公司独立董事对上述议案发表了同意的独立意见。

金花企业（集团）股份有限公司第四届董事会于2006年4月14日召开第十八次会议，决定于2006年5月12日召开公司2006年第二次临时股东大会，审议《关于金花投资有限公司以资产抵偿占用公司资金的议案》。

（2）股东大会表决情况

公司2006年度第二次临时股东大会通过和提示公告刊登在2006年4月18日、5月19日《上海证券报》和上海证券交易所网站上，会议按照现场和网络相结合的方式召开。现场会议于2006年5月12日下午于公司召开，网络投票时间为2006年5月12日。会议经过讨论，全体与会有表决权的股东所持表决权的二分之一以上且与会流通股股东所持表决权的二分之一以上表决通过《关于金花投资有限公司以资产抵偿占用公司资金的议案》。

根据上述以资抵债的方案，金花投资以持有的金花大酒店的99.05%的股份抵偿占用上市公司的57 200万元资金，上市公司再以549万元的价格收购了西安万庄物业持有的金花大酒店的0.95%股权。

该方案于2006年5月12日通过股东大会的决议后，股权过户以及金花大酒店的工商变更等手续于2006年7月19日正式办理完毕，并对外进行了公告。金花国家大酒店有限公司变更成为一人有限责任公司，上市公司持有的金花大酒店100%的股权。

4. 清欠方案的市场反应

上司公司完成清欠公告于2006年7月29日披露，自2006年7月29日到2006到8月7日，上司公司股价由2.32元涨至3.04元，涨幅为31%。可见，市场对这次清欠方案是持褒扬态度的。

5. 意义

清欠大股东占用资金对上市公司未来长期发展的积极意义，主要表现在：

（1）清欠彻底解决了大股东对上市公司的资金占用问题，使得上市公司的资产更加完整，有效实现了上市公司的独立运营和运作。

（2）生物制药行业的竞争日趋激烈，上市公司此前一直存在的主营业务过于单一而引发的风险日益增大，此次交易完成后，上市公司介入了旅游和商务酒店为龙头的旅游业。上市公司所在的西安市，作为中国西部的中心城市之一，是国内以及国际上著名的旅游城市，商贸旅游业的发展十分迅速而且发展前景良好。金花大酒店将成为上市公司的重要资产之一，为公司降低行业风险，实现长期的可持续发展提供了良好的契机。

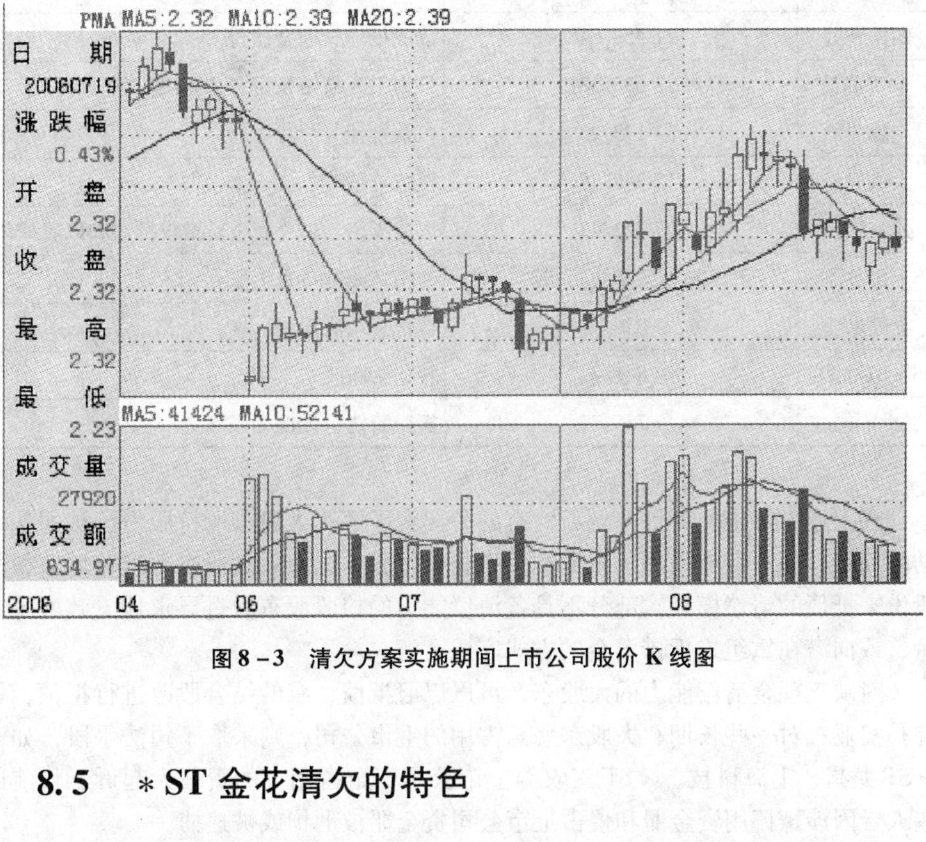

图 8－3　清欠方案实施期间上市公司股价 K 线图

8.5 ＊ST 金花清欠的特色

1. 各种清欠方式

2006 年以来，各种清欠方案可谓百花齐放，集聚了市场和监管各方的智慧。从形式上看，主要有：全额现金清偿、红利抵债、以股抵债、以资抵债、股权转让收入抵债、与引进战略投资者、资产重组、债务重组结合等模式。表 6 给出了部分上市公司的清欠方案。

表 8-6　　部分上市公司清欠方案

公司名称	截止 2005 年底占款金额（万元）	解决方案
*ST 广厦	1 650.31	现金清偿
神马实业	80 807.23	现金股利偿付、出让股权和定向回购
通化东宝	13 470.13	以股抵债、现金偿付
四川长虹	121 458.0481	以股抵债、现金偿付
*ST 联谊	22 635.58	计划引入战略投资者来解决欠款
沱牌曲酒	37 173.23	以资抵债
大成股份	12 345.78	以资抵债
莲花味精	105 723.43	以资抵债、以公积金转增权抵债和以股抵债
S*ST 万鸿	390（系历史拆借）	冲销坏账并备查追账
金健米业	2 826.785	诉讼、司法强制
S*ST 九江	10 841.7	转让给新股东
S 光电	5 755.79	折价清偿、计提坏账

在上述方案中，有许多创新。有的公司为了解决大股东所持股份已被司法冻结的问题，创造性地采用了先资本公积金转增股本，然后大股东再以转增获得的股份来抵债的清偿模式。部分不具备清偿能力的控股股东通过寻求地方政府等支持，或向潜在重组方拆借资金的方式完成了清欠。

对缺乏现金清偿能力的大股东，可以以股抵债，有的结合股改进行抵债，如神马实业；对一些长期、大股东恶意占用的上市公司，则采取了司法手段，如对*ST 龙昌、上海科技、*ST 三农等上市公司资金占用方的责任人起诉，目前这些人皆因涉嫌挪用资金罪和侵占上市公司资金罪被刑拘或被逮捕。

在解决高难度清欠时可采取一系列措施，包括积极并购重组、通过引进重组方帮助清欠、以资抵债、以股抵债、司法清欠、卖出被占用子公司等手段。如九江白鹿化纤有限公司占用 S*ST 九化的剩余资金 10 841.7 亿元与其他资产和负债一并打包转让给九江金源化纤有限公司，从而全部解决了上市公司的资金占用问题。

对于无法收回的欠款，也有一些公司采取折价清偿或计提坏账方式解决。比如 S 光电通过折价转让债权方式清欠，将拥有的对麦科特集团有限公司 5 755.79 万元债权，以 1 200 万元价格转让给宜华企业（集团）有限公司，从而使占用资金余额为零。

在清欠过程中，地方政府及国资部门在清欠攻坚过程中发挥了重要的作用。如 S＊ST 集琦，原拟通过将三宗工业、农业用地改变为经营性建设用地，由集琦集团代缴相关土地出让金的方式抵偿其对公司的占用款，在申请大宗农业用地转建设用地指标非常困难的情况下，桂林市国资委遂以增资的方式向集琦集团注入桂林台联酒店 100% 股权及部分土地使用权等资产，从而由集琦集团以该酒店等资产按时完成清欠。再如三九集团，在国务院国资委的精心推动下，三九集团正式启动引进战略投资者的工作。这也意味着深市资金占用第一大户的三九医药 37.4 亿元清欠工作将有进展。

2. ＊ST 金花方案的特色

从上面所述的各种清欠方式中，＊ST 金花选择的是“以现金偿付”和“以资抵债”方式。在这一方式中，金花投资转让的资产是其对金花大酒店的股权。如何对这一资产进行定价、以及保证其价值就成为这一清欠方案的关键。我们认为，这里的关键有一点，即金花投资对金花大酒店资产价值的保障性承诺。此外，还有从会计角度出发的对股权投资摊销的处理。总结起来，该方案的特色主要有：

（1）金花投资对金花大酒店的资产价值承诺了保障。按金花投资的承诺，若上市公司从经营发展角度考虑决定出让金花大酒店股份时，金花投资将积极协助寻找受让人。又承诺，在股权变更 2 年内，若金花股份向第三方转让这一股权，其转让价格低于 57 200 万元时，差额部分由金花投资向金花股份补足。

（2）通过收购剩余的抵债所得资产金花大酒店的剩余股份，将金花大酒店变更为“一人有限责任公司”，避免了股权投资差额摊销对上市公司当期业绩产生的负面影响。

（3）通过委托经营，解决了抵债所得资产近期亏损对上市公司业绩可能产生的不良影响。

（4）对上市公司章程的个别条款做出了修订。增加了当控股股东或者实际控制人的侵占行为损害上市公司利益时，公司以及社会公众股持有人获得赔偿的制度安排以及董事、经理应当承担相应责任的相关规定；明确公司控股股东或者实际控制人、董事以及高级管理人员应当履行的诚信义务，充分保护了公司以及社会公众股股东的合法权益。

参考文献：

1. 金花股份上市公司 2004 ~ 2006 年报。

2. 上海证交所网站清欠专题，http：//www. sse. com. cn。

3. 上市公司网站，http：//www. ginwa. com/index. asp。

4. 新浪财经频道，www. finance. sina. com. cn。

5. 王璐，“2006：‘铁腕’与‘创新’两手清欠”，http：//www. zjsr. com，2006 年 12 月 28 日。

6. 吴铭，“各方合力　消融清欠‘冻土层’”，http：//www. cs. com. cn，2007 年 7 月 1 日。

7. 上海证券交易所，《上市公司清欠案例精选 2006》，2006 年 11 月。

第 9 章

债务危机——严介和如何应对①

在过去的两年中，“严介和”这个名字频繁地出现在各大媒体新闻当中。从2005 年胡润富豪榜的第二名，到随即而来的银行“集体逼债”事件，严介和及其掌舵的太平洋建设集团似乎一直都处在舆论的风口浪尖上。直至最近，严介和终于“如其所愿”，债务危机得到“基本解决”。本案例通过对此次债务危机前因后果的分析，以及对严介和危机处理方式的探讨，以期获得一些启发。

9.1 债务危机的爆发

1. 债务危机的爆发

引爆这次追债风波导火线的是中国银行江苏分行。2005 年 12 月 20 日，中行江苏分行对太平洋建设集团的 7 000 万贷款本息申请诉前保全，此后中行南通分行就江海建设的 2 500 万元（太平洋建设及严介和个人分别提供担保）也进行了诉前保全。相继地，华夏银行南京分行、光大银行南京分行、南通商业银行、广发银行南京分行等多家银行纷纷向太平洋建设集团及严介和本人逼债。2006 年 9 月 25 日，国内一家财经媒体刊登了一篇题为《9 家银行逼债严介和》的报道。文中一一列举了太平洋建设集团与各家银行的业务往来情况，并提出了 4 亿元欠款的疑问。报道一出，严介和及其太平洋建设集团再次被推向了“负债门”的风口浪尖上。2006 年 10 月 16 日，南京市中级人民法院发出了首个限制高消费令，限制严介和的消费水准，规定严介和不得居住豪华住宅，乘坐高档车辆。

2. 债务发生的始末

在此次追债的银行当中，中国银行是最大的债权人——太平洋系对中行的欠款额有 9 500 万元，其中中行江苏分行 7 000 万元，中行南通支行 2 500 万元。

中行与太平洋系的几个借款纠纷中，还包括了严介和个人名义提供担保的

---

① 本案例完成于 2007 年 7 月。

160余万元借款。2004年，太平洋系旗下子公司长城消防有限公司向中行南京下关支行贷款500万元，而严介和以个人名义为此提供连带责任担保，但自这笔贷款到期后，银行屡次催收并将长城消防告上法庭，并要求严介和承担连带清偿责任，长城消防仍欠银行借款本金140.2万元及其利息。

而中行南通分行对太平洋系及严介和的追债的缘起主要还是受中行江苏分行的影响。2003年8月，太平洋建设集团在南通如皋经济开发区获得了一份总额达1亿元的道路工程施工协议，并由江海建设进行施工。随后，江海建设向中行南通分行提出了贷款申请。据中行南通分行高层表示，当时对这笔贷款的审核工作也是比较细致与全面的，调查下来发现无论是江海建设还是太平洋集团，资产状况都比较好。按照协议，这笔贷款共分为三笔，前两期各1 250万元的合同均顺利执行。至于到期日分别为2006年1月30日和2006年6月27日的最后一笔2 500万元的贷款，江海建设方面却没能按合同约定归还。

2005年12月，中行江苏分行对太平洋建设集团的7 000万元贷款本息申请诉前保全，南通分行获知该情况后，要求江海建设及严介和提前还款。由于与债务人的沟通没有结果，中行南通分行向南通市中级人民法院提出申请，请示对江海建设、太平洋建设集团和严介和价值2 532.6587万元的财产予以诉前保全。南通中院批准了这一申请。随后，南通中院保全了如皋经济开发区总公司欠太平洋建设集团的部分应付工程款（由于另一家银行当时已抢先一步冻结了其中1 200万元的应付工程款），另外，南通中院还在南京查封了12套以严介和名义购买的房产。不过，在南京中院之前，已经有另一商业银行提前查封了其中的7套。2006年1月，中行南通分行正式起诉了江海建设、太平洋集团及严介和本人。

3. “形影不离”的媒体

用严介和的话说，此次的债务危机与媒体的密集报道有极大的关系。2006年9月国内一家财经媒体的报道使严介和及太平洋系陷入了这一场“暴风骤雨”当中，也使其成为了众多媒体关注的焦点。媒体对其调查与报道的不断深入最终也加剧了这一场债务危机。之后，有关严介和的惊爆新闻接踵而至。先是有消息称严介和的多项国企资产收购连续被地方国资委叫停，其中较大两项为江西景德镇80亿元国企资产和吉林省百亿元国企资产。之后媒体又传出严介和手上至今掌握着2 700亿元的政府订单。

在严看来，在媒体连篇累牍的报道下，现金流越加吃紧的太平洋建设的困境也因此越陷越深。在严介和所面临的一波又一波的风波中，媒体的报道无疑起了推波助澜的作用，增加了银行的恐慌，导致银行对公司信任度下降，对到期贷款不再续贷，还对未到期贷款提前收贷，继而提起诉讼。与此同时，媒体报道和胡润的财富榜又导致法院怀疑其有钱不还，因而加大执行力度，继而又被媒体密集报道，形成“恶性循环”。

9.2　严介和的起家与变身

1. 严介和的成长路线

教师出身，当过厂长的严介和，1992 年，注册成立了淮安引江建筑工程有限公司并盯上了由政府一手操办的基础设施建设，他认为，这种项目的竞争者少，而且资金有保证。第一次承包政府工程，严介和就本着要赔钱先吃亏的原则，在亏损 8 万元，用了一半工期的情况下，完成了工程。工程的指挥长在验收后找到严介和，让引江建筑公司做指令性分包业务——草台班子包工终于修成正果。在南京市绕城公路工程中，严介和总共承接到了 3 000 万元的工程。南京市绕城公路完工时，严介和就赚到了被他自己称为人生第一桶金的 800 多万元。由于在第一次工程中建立起良好的信誉和口碑，严介和此后业务不断。他的财富道路也变得宽阔起来：

1995 年，严介和出资 4 000 多万元注册成立了太平洋工程有限公司。

1997 年，在探索中，严介和找到了创造机遇的切入点——先垫资后付款的施工模式，即 BT 模式。BT 是 BOT（建设—经营—移交）的一种交换形式，是指一个项目的运作通过项目管理公司总承包后，由承包方垫资进行建设，建设验收完毕再移交给项目业主。严介和的第一笔采取“BT”模式运作的订单是在江苏宿迁市建立一条南北走向的市府大道。宿迁在建市之初一穷二白，又急需进行城市建设和改造，严介和的这种 BT 模式也正好符合了宿迁市当时的环境。

2001 年，开始大量采用 BT 模式动作基建项目，并以正负资产打包形式大规模并购国有企业。其具体操作模式是：有关部门把正资产的企业与负资产的企业打包，使得整个并购包变成负资产或零资产，太平洋建设再进行“零资产并购”。此外，严介和还把国企并购与 BT 模式捆绑起来，与市一级政府进行谈判，打包收购当地的亏损国企，垫资为当地修建基础设施。到 2005 年年底，太平洋收购了 31 家国有企业，涉及资产总额达 60 亿元。

2003 年，太平洋建设集团发展速度竟高达 1 300%。太平洋建设集团是整个“太平洋系”的旗舰，其下属的企业主要从事公路、市政、水利基础设施投资与建设，同时涉及机械、新材料、化工、陶瓷、建筑、地产等领域。年底，太平洋建设与南通市签订 60 亿元的市政建设项目开始，到 2004 年，有数字显示，2004 年太平洋集团工程项目数比 2003 年翻了三番，在手订单超过 1 100 亿元。

2005 年，太平洋建设集团在手的“BT”模式项目订单已经超过 2 700 亿元。严介和个人资产达 125 亿，在当年胡润中国富豪排行榜上排名第二。

2. 链接胡润百富榜

1999年，还在安达信（上海）会计事务所工作的胡润出于个人兴趣开始做中国大陆首富排行榜。通过朋友的帮助和自己对中国媒体信息的收集，胡润在当年做出了仅有19人的中国首富企业家排行榜，刘永好兄弟名列第一。之后他给福布斯发去传真，受到该杂志的关注。不过，当年的排行榜只以英文刊登，并没有引起什么反响。

2000年在福布斯的财力支持下，中文刊发的“福布斯中国内地50名首富”使胡润顿时名声大噪。这一年，他辞去了安达信的工作，开始在欧美20多个大学宣传自己的新事业，并在香港注册了“亚润商务智源咨询公司”；2003年，由于分歧，胡润结束和《福布斯》的合作；然后是2005年初，胡润开始以“胡润百富”的名义推出百富榜以及一系列相关产品。也是在这一年，严介和以125亿元的资产成为百富中的榜眼，从2004年的66名（15亿资产）到第2名，严介和也成为了当年“最大的黑马”，见表9－1。

表9－1　　2005年胡润百富榜前十位财富变化表

财富排名	姓　名	2005年财富	2004年财富
1	黄光裕	140亿	105亿
2	严介和	125亿	15亿
3	陈天桥	117亿	88亿
4	丁　磊	102亿	50亿
5	许荣茂	100亿	70亿
6	荣智健	90亿	85亿
7	鲁冠球家族	80亿	61亿
8	宗庆后	65亿	19亿
9	朱孟依	65亿	45亿
10	吕　慧 陈宁宁	63亿	54亿

那么胡润是根据什么标准来制定这份榜单的呢？据胡润自己的介绍，标准就是看企业家的个人资产。公司在国外上市的，按其持有股份，乘以基准日市值；公司在国内上市的，凡是不流通的法人股，按股票市值再除以4；公司没有上市的，一般按每股净资产计算。为了对企业家的市场价值有一个相对准确全面的评

估，胡润团队需要收集很多的信息。其中信息来源主要有四个渠道：一是所有重要的中、外媒体报道；二是股市公告，包括国内和香港主板、创业板、新加坡股市、纳斯达克、纽约、多伦多、伦敦和悉尼证券市场；三是实地采访，胡润团队走遍全国各地采访企业家、记者和当地政府机关并参加相关研讨会；四是其团队6年来建立起来的遍布全国的有效信息网络和巨大的数据库。“百富榜”调研总监严侃坦言，严介和2004年排名较低是一个失误，因为接触比较少，没有面对面采访，只计算了其在江苏的一些资产，而2005年胡润团队和严介和的接触超过10小时。

9.3　探析债务危机产生的原因

如果没有上胡润百富榜，严介和的债务纠纷或许不至于发展为“危机”；如果没有媒体的“刨根揪底、穷追不舍”，或许也不会出现银行“群起而逼之”的现象。然而，无论是胡润榜还是诸多媒体，对于这场债务危机来说都只是外部因素罢了，要探究这场危机的根本原因还是应该从太平洋建设集团及严介和本身着手。

据了解，太平洋负债率历史上最高曾超过60%，但在近年来逐年下降：2003年约为45%，2004年约为35%，2005年约为22.5%。太平洋建设集团2005年财务报表显示，公司当年主营业务收入高达25.44亿元，净利润近10.6亿元。对这样一个报表上花团锦簇的企业，3.83亿元的欠款本不足以引起这么大的危机。那么，撇开这些财务上的数字，导致这场危机产生的原因到底是什么呢？

1. 8个杯子7个盖的魔术——关于BT模式

（1）BT模式介绍

BT模式由BOT模式（建设—经营—移交）变换而来，指承建方以全部垫资的方式来建设一个项目，项目验收完成后转交给项目业主，由项目业主通过分期付款的方式来偿还项目基金。自2002年以来，随着中国城市化进程的加速，全国基础建设项目纷纷上马。一时间，建设新城区、改造老城区成为各地拉动经济增长的重要引擎之一。但是，随着国家宏观调控的加强、银行紧缩信贷，政府在基建项目启动上的财力匮乏也日渐凸现。在这种情况下，严介和的“BT模式”，对于各个急需城建资金的都市而言，就成了一场“及时雨”。

（2）BT模式引发的问题

严介和的BT模式主要是依靠银行短期借款承建项目，然后靠完工后长期回收工程款来实现资金周转，也就是“短贷长投”，短期贷款用于长期投资。具体来说，太平洋建设从政府拿单，再利用政府信誉向银行申请贷款，利用银行短期贷款启动项目，再靠占用下游供货商或工程队资金，最终获得政府的长期回款。这就好比“8 个杯子 7 个盖”的“魔术”，靠不装饰变动茶杯盖来保持茶杯的水温，在资金运作上难免拆东墙补西墙。

就以新闻报道中对 BT 模式最为详尽的个案——江苏如皋项目为例。2003 年 8 月，太平洋建设集团以 BT 模式与如皋经济开发区管委会签订了道路工程施工协议。该项工程中，设备部分造价约 2 000 万元，工程部分造价约 8 000 万元。当时双方约定，在项目建设期内，如皋方面支付工程预算造价的 25%，即 2 000 万元；当施工量达到 50% 时，支付工程总造价的 15%，即 1 200 万元（800 万元现金，400 万元用 100 亩土地抵扣）；施工完毕交付使用时，如皋方面再支付 10%，即 800 万元；余款 6 000 万元在项目结束后，分三年还清，每年年底支付总工程款的 25%，即 2 000 万元。而上述款项的支付由如皋市政府担保。随后，太平洋建设以此项目向中行南通分行申请贷款 5 000 万元。后来由于太平洋方面资金不到位，如皋项目工期一拖再拖，到规定时间才做了一半，太平洋建设最终被赶出了如皋。

这种模式引发的一个最大问题就是流动性太差。从银行获得的大都是短期借款，而项目回收周期却相当长，一旦工期拉长风险便会立刻突现。另外，拖欠下游账款，工程队拿不到资金自然就把业务停搁下来，不能如期完成任务，业主自然就不会按期付款。在这种情况下，太平洋系的应收账款就如滚雪球般越来越大。其实早在 2004 年 7 月，原南通市经贸委主任蔡树东刚刚被任命为太平洋建设总裁时，就充分意识到了应收账款总量太大下的资金链危机。蔡树东曾在一次内部会议上说，不仅要从金融、资本市场和企业内部找资金，而且要主动同政府业主商量把应收账款提前归位。尽管蔡树东早在 2005 年 5 月就已辞任，但太平洋建设应收账款这个问题始终没有得到有效的解决。严介和也承认：“在追债风波发生之前，由于自己亲自在调度各地的资金，因而整个太平洋建设的资金调拨比较顺畅，基本满足了工程建设需要的资金支持。随着自己辞去董事局主席的职务，太平洋建设内部的资金调度出现了问题。”

根据太平洋建设集团有关资料显示，截至 2005 年 12 月 31 日，该公司的应付账款高达 3.59 亿元，身处“负债门”的太平洋建设集团可以说已经陷入了一个恶性循环的怪圈。

2. “太平洋系”自身流动资金的短缺

据《21 世纪经济报道》2006 年 9 月份的文章，太平洋全系大大小小 200 多个子公司孙公司中，主要出资方严介和或太平洋建设集团很少投入现金，大多以机械设备作为出资。比如太平洋建设集团，其前身为太平洋工程集团有限公司，严介和以价值 3 800 万人民币的机械设备出资，占股 95%，张万峻以价值 200 万机械设备，占股5%。而江苏北极光化工有限公司（后更名为江苏北极光橡胶有限公司）成立时，太平洋建设集团以实物形式出资80万人民币，占股80%，个人沙浩仁以20万人民币出资，占股20%。其他太平洋建设集团官方网站上的核心企业，如江苏太平洋酒业公司、江苏太平洋房地产公司、江苏太平洋装饰工程公司等，太平洋建设集团皆以固定资产出资形式占股。

太平洋系自身流动资金短缺，加上BT项目本身的“短贷长投”，这种双重作用很容易把严介和及其太平洋建设集团带进“负债门”的深渊。

（1）成也萧何，败也萧何——关于“零资产收购”国企

严介和曾经表示通过收购国有企业可以成名，通过拯救国有企业可以显示一个人真正做企业的智慧和实力。“零资产并购”就是在这种心理的推动下应运而生的。从这层意义上来说，严介和收购国企并不是为了优化太平洋建设集团自身的资产结构，也不是为了提升集团的价值，他并购拿到的只是政府急欲脱手的“烫手山芋”。其实严介和或者说太平洋建设集团的BT项目之所以能从政府拿单，很大程度上与“零价格”收购亏损国企，为当地政府卸包袱有关。如果将国有企业收购后能够经营得好，这对当地政府还是太平洋建设集团本身来说无疑都是极好的；但是，收购之后若企业经营得不好，就难免会因此影响到BT项目本身。事实也证明，严介和大张旗鼓地收购国有企业之后，面临的情况大多是后者。

例如，收购ST纵横之后，有些隐藏甚深的陈年旧债因为严介和名声太响而陆续浮出水面，这些是始料不及的。一位ST纵横内部人士说，“起初严很想搞好ST纵横，但投入产出比实在太低，给几个股东填窟窿都还不够。”在这种情况下，纵使严介和想给纵横国际摘帽，似乎也是心有余而力不足。

根据纵横国际公开披露的数据显示，2004年度，太平洋建设置入的东辰公路在报告期内给纵横国际带来1 886.64万元净利润，而上市公司当年度净利润总额才402.12万元（见表9-2）。也就是说，纵横国际主营的机床业务还是巨亏。而2005年上半年所创造的净利润也仅仅335.41万元，且同比减少了10.49%，说明经营状况实际上是在恶化。

而在上文提到的如皋项目中，也存在类似的情况。其实在拿到这个项目之前，2003年3月，太平洋建设集团收购了当地一家国有企业——如皋橡胶厂，并将其更名为江苏北极光橡胶有限公司。然而，在几番变更后，该公司的业绩并未能出现明显好转，2005年8月，太平洋建设集团将该厂转手给了当地一家民营企业。

表 9-2　　纵横国际利润表（2003~2005 年）

变动时间	2005-9-30	2005-6-30	2004-12-31	2004-9-30	2003-12-31
变动原因	季报	中报	年报	季报	年报
一、主营业务收入	30 458.43	20 237.67	56 528.01	40 116.70	28 928.78
减：折扣与折让	0	0	0		
主营业务收入净额	0	0	0	40 116.70	28 928.78
减：主营业务成本	23 047.05	15 600.32	46 893.11	33 620.08	26 121.59
主营业务税金及附加	377.27	248	959.51	621.16	216.07
二、主营业务利润	7 034.12	4 389.35	8 675.39	5 875.46	2 591.11
加：其他业务利润	519.43	323.69	985.65	266.21	315.51
营业费用	1 071.45	703.8	1 245.29	972.86	1 982.14
管理费用	4 210.63	2 551.37	3 591.43	1 406.87	10 615.23
财务费用	1 932.88	1 255.04	2 546.80	1 795.87	2 691.99
三、营业利润	338.58	202.84	2 277.53	1 966.07	-12 382.74
加：投资收益	301.29	314.48	-230.25	-180.7	-813.88
补贴收入	100		104.7	101.7	212.01
营业外收入	364.13	300.69	906.01	890.9	5 005.46
减：营业外支出	42.96	32.4	490.95	261.16	1 365.64
四、利润总额	1 061.03	785.61	2 567.04	2 516.81	-9 344.79
减：所得税	596.02	338.49	1 536.53	968.4	7.74
减：少数股东损益	72.75	71.73	589.92	427.81	-1 198.66
五、净利润	339.9	335.41	402.12	1 120.59	-8 110.18
加：年初未分配利润	-76 748.43	-76 748.43	-76 867.54	-76 396.73	-68 479.12
盈余公积转入	0	0	0		
六、可分配利润	-76 408.52	-76 413.01	-76 465.42	-75 276.13	-76 589.30
减：提取法定盈余公积金			188.67		
提取法定公益金			94.34		
七、可供股东分配的利润	-76 408.52	-76 413.01	-76 748.43	-75 276.13	-76 589.30
八、未分配利润	-76 443.65	-76 413.01	-76 748.43	-75 276.13	-76 589.30

在江苏，另外一个案例是在以改革著称的宿迁市，严介和曾颇费心机拿到具备公路工程施工一级总承包资质的江苏东辰公路工程有限公司。但在 2005 年 7 月，东辰公司从泗阳整体搬迁到苏州，并更名为苏辰。对于搬迁的原因，严介和的公开说法是东辰“摊子太烂，在那个环境已经无法正常发展”。事实上，即使在搬迁到苏州之后，形势也未见好转。据 ST 纵横 2005 年年报披露，自合并入 ST 纵横以来，苏辰公司承建的 21 个工程项目中，截至 2005 年 12 月 31 日已完工并通车 17 个，但完工的 17 个项目大多未能获得建设单位的验收资料，从而未能办理竣工决算手续，公司当年亏损 482 万元。到 2006 年上半年，苏辰公司的亏损已达到 1 281. 94 万元，而政府对此显然是不大高兴的。

严介和其实从 1996 年就开始在欠发达的江苏苏北地区搞 BT 模式，在那里他只是闷声发财。他想通过低价收购国企并重组的方式来实现利润最大化，相比于前一种赚钱方式，后一种似乎要轻松得多。可是，严介和当初并没有意识到，在现实中，处处需仰仗政府鼻息的太平洋建设，显然需要面对层出不穷的变数，国企并购及重组出现问题的同时也加剧了 BT 模式带来的风险。

9. 4　债务危机的处理

2005 年胡润百富榜确实让严介和声名远播，但是接踵而至的债务危机恐怕也让他深深地体会到了什么叫“树大招风”。或许对于榜眼的位置，严介和一开始更多的是欣喜与自豪，不过随着媒体愈来愈多地“关注”，债务危机的不断发展，严介和对胡润榜也渐渐地充满了“怨恨”。他曾经多次在媒体面前直言“胡润富豪榜对我伤害很大”，胡润榜上第二的位置“让我几乎损失了 20 个亿，很多媒体对我追着不放，银行也质疑我的个人资产”。不管胡润富豪榜在这场债务危机中充当了什么角色，严介和及其太平洋建设集团已经被推到了风口浪尖上，没有办法再向以前那样“闷声不响地发财”了。那么，从债务危机发生到现在，作为“消防员”的严介和是如何在救这场火的呢？

1. 苏商集团的“张”与“弛”

(1) 苏商集团的“张”

苏商集团的前身是江苏长城建设有限公司。在 2006 年 1 月 4 日，江苏长城从南京迁往上海。1 月 16 日，浦东工商局准予其变更为苏商集团。虽然严介和是苏商集团的法人代表，但与之没有任何的产权关系。在苏商集团 5 500 万元的注册资本中，陈晓明、沙正大、胡建军、胡宽和张文每人出资 1 100 万元，各自持股 20%。

苏商集团的成立发生在中行江苏分行向太平洋建设集团 7 000 万元的诉前保

全申请之后，我们无法考究它们之间是否存在直接的联系，但是，苏商集团的成立多少有些“金蝉脱壳”的味道。虽然苏商集团和太平洋建设没有产权关系，但太平洋建设控制下的大量优质资产却迅速向其积聚。上海苏商建设集团有限公司成立以后，严介和已经开始对原属于太平洋建设集团的子公司进行一系列调整，而从下属子公司的历史来看，苏商集团实质上承继了太平洋建设的部分核心业务。浦东工商局的一份《企业集团设立登记申请书》显示，上海苏商建设集团有5个下属子公司，分别为辽宁、广西、怀化太平洋建设有限公司和安徽五洲、江苏江山建设有限公司。辽宁太平洋建设有限公司是太平洋集团下辖的一家独立法人企业，重点以公路、市政基础设施投资与建设为核心产业，拥有国家公路和市政工程两个总承包一级资质及多项专业一级资质。该公司曾负责太平洋在辽宁的大部分市政工程项目。江苏江山建设曾为太平洋建设集团的市政工程业务打下半壁江山，太平洋全国战略的第一单——湖南怀化生态工业园项目便由江山建设承建。此外，山东阳信、沈阳丁香湖、内蒙通辽等工程项目均是江山建设公司的手笔，太平洋集团一位人士透露，江苏江山建设公司是集团实力较雄厚的企业之一。

用严介和的话说，苏商集团在2006年底的总资产已达到30亿元左右，而净资产占到80%以上。苏商集团把太平洋建设旗下大量优质资产拿走的同时，却把子公司的贷款担保责任留给了将成“壳”的太平洋建设。严介和也承认，2006年太平洋建设在江苏省内承担的2.83亿元担保贷款，苏商集团下子孙公司占了相当部分。

(2) 苏商集团的“弛”

债务危机爆发后，面对媒体层出不穷的报道，严介和曾向《中国经济周刊》细算了负债的账目，并称全部债务只分布在江苏、华北、内蒙古3个省份或区域。“江苏负债2.83亿，内蒙古0.44亿，辽宁负债是0.55亿。”严介和表示，“太平洋建设目前的全部贷款余额为3.82亿元，这些贷款相对公司上百亿的资产根本微不足道。”据一些媒体记者了解，历史上，太平洋负债率最高曾超过60%，但在近年来逐年下降：2003年约为45%，2004年约为35%，2005年约为25%。“到了2006年肯定不超过15%。这是太平洋全系的资产负债率，包括200多个大大小小的子公司孙公司。”

既然负债率越来越低，且“贷款对公司上百亿的资产根本微不足道”，银行又为什么要频频催款呢？严介和在最初回应媒体时，将银行的群起逼债归结于银行对风险意识的考虑。不过，随着媒体对这起债务危机调查的不断深入，严介和最终坦言这起追债风波与其在上海设立苏商建设集团有限公司有关。

苏商集团成立后，大量优质资产的转移使贷款银行面对一个微妙的态势：持有贷款公司股权的苏商集团和银行没有担保关系，而有担保责任的太平洋建设却是个近乎虚拟的“壳公司”。因此，尽管严介和一再表示自己有数倍于贷款金额的应收账款可以保证贷款的安全，但江苏的银行仍然毅然地通过司法途径以求尽快拿回贷款。于是，苏商集团从上海撤回南京，成为严介和开始“救火”的核心步骤。其实，在2006年9月后，受太平洋建设集团债务风波的影响，严介和精心打造的业务新旗舰——苏商集团在上海的贷款也遇到了阻碍。2007年1月，苏商集团从上海移回了南京。

2. 从“包工头”到“公关”的转变

1987年，当时“一直都是视金钱如粪土”的严介和因为超生被处罚款，“开始认识到财富的重要性”，从教师这一职业倒向了那时更有“钱”途的小工厂和包工头职业。随着“BT模式”及“零收购国企”模式的创立，曾经的语文教师也完成了从“包工头”到“公关”的转变。不容否认的是，这位前高中语文教师有着相当的演说能力。言语之间，经常要么引用一段段的古诗文，要么说出一些带有严氏风格的格言警句，寥寥数语便令听者陷入他营造的概念与义理之中。每次与政府的谈判桌上，严介和更像是谈判桌上的布道者，而不是真正意义上的谈判者。他主持下的谈判，完全按照他所设计的节奏步骤走。

2004年，“严大嘴”解密太平洋赚钱的秘诀——太平洋75%的利润都是在谈判桌上赚回来的，只有25%的利润是一线员工们辛辛苦苦干回来的。严介和对于他自己的公关能力及其发挥的作用显然颇有自信。也正因为如此，当债务危机发生后，他仍然不遗余力地充当“公关”，只是这一次公关的对象更多的是媒体。

胡润富豪榜的排名出现后，严介和发家之谜、财富之谜等被广大媒体集体关注。对于媒体的“穷追猛打”，严介和想必一开始也是无计可施；而媒体“一石激起千层浪”的功力也让严介和及其太平洋系一度处于极为不利的境况。就如在2006年9月，国内某财经媒体关于9银行逼债的报道一出，关于严介和及其太平洋集团的负面消息就铺天盖地般地飞过来，迫使严介和“连夜从上海赶回来”，“召见”南京主要媒体的财经记者。

骄傲与自负的严介和当然无法接受这种现状，为了改变自己“被动挨打”的处境，他一改以往低调的行事风格，准备“自己拯救自己”，对待媒体关注的态度变成兵来将挡，水来土淹。此后，严介和在各种场合频频曝光。后来由于接到的采访要求太多，严介和才不再坚持以往来者不拒的“开放性态度”。他表示：第一，没有接受采访的，那尽可能见一下面，已经接受过采访的就婉言谢绝；第二是相对比较权威的媒体；第三就是对太平洋建设误解比较深的媒体。

高曝光率无疑在某种程度上可以提高太平洋建设集团和严介和本人的知名度，有利于政府、银行及媒体了解更多的情况，为解决债务危机创造条件。但是，这种高曝光率同时也将当事人置于一个类似放大镜下的状态，一旦有异动便迅速扩散开来，甚至产生连锁反应。

3. 向政府寻求“良友”

严介和的发家致富与政府的关系无疑是最为密切的：太平洋建设需要从政府手中拿单，“零资产收购国企”需要得到政府的批准，项目开展的资金又需要用政府的信誉向银行贷款，而最终更需要从政府手中拿回长期回款。“没有原罪”的严介和的公共关系学显然修得比一般人都好的多，对于怎么样和政府打交道，严也“吃得非常之透”，知道什么是能做的，什么是不能做的。确实，太平洋建设集团起初“既聪明，又能干，更听话”的形象让严介和在处理与政府的关系上游刃有余。

也正因为这种比较“特殊”的关系，当太平洋建设集团陷入债务危机的旋涡时，严介和把政府当作了为其排忧解难的良友，因为他深信“如果政府要帮，肯定没有问题”。在2006年10月20日，太平洋建设集团向江苏省各有关部门递交了《关于请求协调解决太平洋建设集团公司临时困难的紧急报告》。报告说，媒体、银行和法院三种压力形成了互动制裁的“恶性循环”，导致的后果一是公司资金紧缺，在建工程项目推进困难或被迫暂停；二是江苏省内相关法院封账，造成完工项目决算被迫停止，工程款无法收回；三是企业内部管理难度加大，员工中出现不稳定的苗头。报告还说，在当前这种环境下，公司已很难正常运转，随时可能出现失控局面。如果任其发展，后果不堪设想。太平洋建设在该报告中请求获得一个稳定的经营环境和时间空间，通过两三年时间的努力，待大量的工程款收回，“所有问题都会得到妥善解决”。由于“最大压力来自于省内”，太平洋建设请求江苏省委、省政府协调法院、银行和媒体的关系，争取还贷时间，并得到善意的舆论环境。尽管严介和在接受部分媒体采访时，否认对此报告知情。但据知情者透露，这份报告确系由严本人授意。而从严的角度来说，这与其说是一份求助报告，毋宁说是一份主动的情况说明。“这么多年来，各级党政（部门）给我们很多关爱和支持。求助报告嘛，其实我回来之前就有很多的情况反映，（送到）对口的部委厅局，（这些）都得去把情况反映一下。”严介和对此的解释。

对于严介和的求救函，江苏省领导在当时并没有明确表态。其实，通过调查发现太平洋建设集团与政府间的关系并不如严介和口中的那么友好。“零资产收购”的模式使太平洋建设集团的摊子越铺越大，对于与政府谈判时提出的“资金注入、出钱安置下岗员工”等种种诺言，严介和也开始显得力不从心。而这无疑会在很大程度上影响当地政府与太平洋建设集团的关系，这个从ST纵横收购案中可见一斑。

纵横国际是严介和冲浪资本市场的第一个形象工程。2003 年 11 月，太平洋建设通过旗下江苏中山路桥工程有限公司（简称中山路桥）协议受让江苏省技术进出口公司（简称江苏技术）所持纵横国际 6 720 万股法人股，成为纵横国际的大当家。股权转让早在 2004 年 6 月就由中国证监会通过，但因迟迟未获得国务院国资委同意，股权一直没有过户。

当严介和捡到纵横国际这只烫手山芋时，这家上市公司已退市在即。之前，江苏华容集团、北京德林海投资公司、江苏交通控股集团曾介入重组，但最后都知难而退。而严介和冒险收购了纵横国际，让政府甩掉了包袱，政府和严的关系因而一度走得很近。2004 年 9 月，严介和辞去原先兼任的太平洋建设集团总裁职务，由蔡树东接任，而此人之前的身份是南通市经贸委主任。但是，严介和与政府的友好关系并没有得到维持。据知情人透露，2003 年在帮助政府听取纵横国际问题后，严和政府相继签订的几十亿路桥投资意向就陆续缩水，只有在 2003 年与如皋、海安、如东等签订了一些小项目，由南通政府作保，由当地银行为其提供相关贷款。此后，关于裁减员工的补偿费用，上市公司的土地问题，都距离当初的承诺相去甚远，而南通市政府对严的态度也从“大力支持”转变为“谈严色变”。

2007 年 5 月，ST 纵横终于在北京宣布与严介和太平洋建设划清了界限，并更名为南通机床科技集团有限公司，而据了解，ST 纵横事实上在今年 2 月份就开始密谋抽身。

4. 用“重组”建筑防火墙

林子大了，什么鸟都有。太平洋建设集团此次的债务危机与其数量庞大的下属公司不无关系。据严介和自己介绍，他以个人名义替子公司、孙公司担保的贷款总额就有 1 个多亿。股神巴菲特有一名名言：“只有退潮时，你才知道谁在光着身子游泳。”已经“沾湿衣襟”的严介和显然已经意识到了控制庞大数量的子孙公司的重要性，并采取一系列的手段在集团内建立防火墙。

在遭遇信用危机和逼债风波前后，严介和加速集团的资本化与下属企业独立化，将太平洋建设集团分为投资、工程、工业三大非法人集团，管理着旗下苏商、沪商等六大区域性集团，均为独立法人。根据严介和的解释，这六大区域集团的资本拥有人都是未来太平洋建设的股东，但是太平洋建设不是六大集团的股东；整个集团内任何人不得以个人名义为贷款担保。各个区域集团之间也没有任何股权和债务上的联系，有比较严格的防火墙。

这是很清楚的一个资本链条，就是由集团以少量股权控制下属独立的法人企业，下属企业各自在区域市场拓展，万一区域市场有了风险，不至于祸延集团总部或其他市场，而通过资本管道，一旦总部发生风险，区域市场的资金能保障其生存。这种布局能够有效抵挡太平洋来自经营模式、各地政府以及资金上的风险。

另外，为规避法律陷阱，太平洋集团从BT（建设—转让）模式转型至BOT（建设—经营—转让）模式与BT模式并重。BOT模式的核心之一是地方政府与建设商之间的互信，必须借助地方政府的资源以及项目，使后者能够在绷紧的资金链上维持经营。据有关人士指出，太平洋建设集团的这种转变肯定是受了“6号令”的影响。6号令是指2006年1月建设部、发改委、财政部和央行联合下发的《关于严禁政府投资项目使用带资承包方式进行建设的通知》，其中明确规定政府项目一律不得以建筑企业带资承包的方式进行建设，不得将带资承包作为招投标条件或者列入补充条款。

据严介和介绍，“BT模式一般动作周期大概在5年左右，需要的资金量不如BOT多，但是所花的精力和所承受的压力要大得多；相反，如果做BOT则要轻松得多，但是需要大量的资金。”为了保证BOT项目所需的资金，严介和正着手准备引进国际资本。

9.5 拨云见日——“在风暴中成熟”

经过严介和一年多马不停蹄的“救火”后，目前太平洋系的欠款已经基本还清了。据严本人介绍，与中行江苏省分行的7 000万元贷款，他们以连云港苏红公司和太平洋酒业400亩土地进行了保底抵押，这块土地只要银行进行变现便可收回现金。而广发银行南京上海路支行、光大银行、南通商业银行等其他银行的欠款也都已陆续还清，还款的金额也主要是来自太平洋建设集团内部应收账款的回笼。

在2007年8月，严介和在接受采访时说，“债务已基本还清，现在到‘扫尾’阶段了”。而此时“无债一身轻”的严介和也已不受“威慑机制限制”的影响，债务危机的乌云也终将慢慢散去。那么，经过此次对债务危机的处理，最终“在风暴中成熟”的严介和给了我们什么样的启示呢？

从债务危机的爆发到目前危机的尾声，严介和深刻明白此次危机当中银行、媒体及政府间存在着什么样的关系。所以在面对危机时，他会采取内外兼顾的策略。一方面，他积极地面对新闻媒体，充当“公关”，极力地传达对自己、对太平洋建设集团正面的信息，努力地澄清种种虚假报道；另一方面，他加紧对整个集团的资本运作，结构重组，将太平洋建设集团改造成“1+6”的模式并将苏商集团迁回南京，以加强对子公司、孙公司的控制，在各集团公司间建立有效的防火墙。

与此同时，严介和对自己在整个危机中所处的位置，所扮演的角色也非常之清楚。他知道自己在整个债务风波当中所承受道德风险过高，所以他在 2007 年 7 月 1 日召开的太平洋集团股东大会上，他辞去了董事局主席和集团董事的职务，以求在债务纠纷中能全身而退。但是，严介和虽然辞去了董事局主席一职，但仍是太平洋集团的法定代表人、集团的大股东。而董事长则由严介和妻子张芸芹担任。严氏家族的控制并没有松动，而严也仍然是企业数年内的实际控制者。

当然，太平洋建设集团此次能够顺利地渐渐摆脱危机，在很大程度上是取决于其项目的回款能力和资产的变现能力。在前述中也提到，大部分的欠款都是靠应收账款的回笼来还清的。然而，我们并不能因此否认严介和采取的一系列措施所发挥的积极作用，不过，对于其中的一些措施我们觉得还是有必要再进行些许探讨。

(1) 关于严介和的“公关”：严介和在面对可能对自己、对太平洋建设集团不利的报道时，选择勇敢地站在媒体面前，“自己救自己”，这固然是值得肯定的。不过，凡事都有度，物极则必反。面对媒体对他越来越高的曝光率，严介和似乎已经乐此不疲，一会儿宣扬自己的书香血统，一会炮轰清华北大的 MBA 为蠢才，一会又高调唱出自己是没有原罪的民营企业家……那张“严大嘴”宛如脱缰之马，严自己看来也没有办法控制了，完全忘了自己首先是一个企业家，而不是一个布道者。作为一个新时代的富豪，严介和显然背离了大众心目中对一个企业家的习惯认知，与一个人的道德评判标准也产生了很大的差异，让大众无法接受。处在债务危机的旋涡中，严介和反而渐渐的把自己放在了大部分人的对立面，在这种情况下，他及其太平洋建设集团怎么可能得到“善意的舆论环境”呢？

(2) 关于向政府的求助：在媒体、银行、法院的“危逼”之下，严介和以正式报告的形式向江苏省领导求助。太平洋建设集团的做大做强离不了政府和银行的鼎力相助，所以，当企业遇到债务风险时也自认为有足够的理由向政府伸出求助之手。但是，没有人能保证政府一定会出手相助，即使政府出手也要讲究章法，遵循合法与理性的程序，而且政府救得了一时也救不了永远。

“当遇到危机时，无论如何要记住，最终还是靠自己。既没有神仙，也没有救世主。”这是债务危机发生时严说的最多的一段话。不过，比照现实，他的话更像是说给别人听的。在危机处理的过程中，严介和显然把过多的期望放在了政府身上，一心想着“只要政府帮忙，肯定没有问题”。殊不知，无论在何种情况下，市场都有自己的法则，企业也有自己的能力所限，必须按照市场的规律运作。

参考文献：

1. 黄君发，“严介和式的信用困局”，《当代经理人》，2007 年第 6 期第36～37 页。

2. 叶蓉，“财富榜上的黑马——访太平洋建设集团董事局主席严介和”，《财富人生》，2006 年 2 月第 18～23 页。

3. “严介和隐退　太平洋建设债务遗难待解”，《21 世纪经济报道》，2007 年 7 月 4 日。

4. 芃聪，“寒流逼近严介和”，《经营者》，2007 年第 66～68 页。

5. 白红义，“身陷‘债务门’的严介和”，《中国新闻周刊》，2006 年第 11 期第 44～46 页。

6. “严介和——产业政治家的创富神话”，《经营者》，2006 年第 36～37 页。

7. 谈佳隆，“太平洋系拆分背后的‘严氏思路’”，《中国经济周刊》，2006 年第 21 期第 44～45 页。

8. 王勇、周健，“严介和 12 个月布局河南——‘大嘴’个性惹人忧”，《中国经济周刊》，2005 年第 49 期第 44～45 页。

9. 谈佳隆，“严介和‘身价’骤降——资金链断裂传言再起”，《中国经济周刊》，2006 年第 41 期第 42～43 页。

10. 金帆，“严介和的商道和人道”，《大陆侨》，2006 年第 7 期第 33～34 页。

11. 黄淑慧、李明杰，“严介和遭遇信用危机”，《法人》，2006 年第 11 期第 52～54 页。

12. 严介和，“严介和自述：我的名利场”，《经营者》，2006 年第 119～125 页。

13. 黄君发，“严介和式的信用困局”，《当代经理人》，2007 年第 6 期第 36～37 页。

14. 秦静，“严介和一个人的帝国”，《招商周刊》，2006 年第 11 期第 42～44 页。

第 10 章

武钢的创设期权及其市场表现[①]

2005 年 11 月 10 日，武汉钢铁股份有限公司（以下简称“武钢股份”）股东大会审议通过了《武汉钢铁股份有限公司股权分置改革方案》，该方案中体现了首次在国内 A 股市场运用了组合权证、允许券商创设权证等亮点，因此武钢认沽和认购权证从上市到最后注销期间一直受到市场的追捧。但是，由于市场对武钢组合权证这一全新的金融创新产品尚缺乏成熟的理解，使得武钢权证在上市的这一年中出现了一系列戏剧性的波动，这也带给市场一个宝贵的学习机会。本章将对此进行阐述和分析。

10.1　案例公司简介

1. 武钢集团

武钢（集团）公司（下称武钢集团）是新中国成立后兴建的第一个特大型钢铁联合企业，是中央和国务院国资委直管的国有重要骨干企业，与鄂钢、柳钢联合重组后，集团公司已成为年产钢 2 000 万吨规模的大型企业集团，在中国排名第 3 位，世界排名第 16 位。武钢集团是中国重要的板材生产基地，拥有矿山采掘、炼焦、烧结、冶炼、轧钢及配套公辅设施等一整套先进的钢铁生产工艺设备。到 2006 年底，武钢累计产钢 1.77 亿吨，累计实现利税 854 亿元，其中上缴国家 598.92 亿元。

武钢集团的钢铁产品主要有热轧卷板、热轧型钢、热轧重轨、中厚板、冷轧卷板、镀锌板、镀锡板、冷轧取向和无取向硅钢片、彩涂钢板、高速线材等几百个品种。其中，武钢生产的冷轧硅钢片、汽车板、桥梁用钢、管线钢、压力容器钢、集装箱用钢、帘线钢、高性能建筑用钢等“双高”产品和优质名牌产品在国内外市场享有广泛的声誉。2005 年集团公司资产总额达 722 亿元（含鄂钢、

① 本案例完成于 2007 年 8 月。

不含柳钢）。

武钢集团现有直属全资子公司20家、控股公司7家、分公司4家、直属厂2家、集体企业2家、上市公司1家；集团公司出资委托二级单位管理的全资子公司12家、控股公司11家。近年来，武钢先后获得国家技术创新奖、全国质量管理奖、全国质量效益型先进企业、全国用户满意先进单位、全国企业管理杰出贡献奖和全国文明单位等荣誉称号。

2. 武钢股份

武汉钢铁股份有限公司于1999年8月3日在A股和B股市场上市，简称武钢股份（600005）。

武钢股份主营业务为热轧板、冷轧板、涂镀板与硅钢，主要从事热轧板卷、中厚板、大型材、高速线材、棒材、冷轧及涂镀板、冷轧硅钢等钢材产品的生产和销售，钢材产品涉及7大类、500多个品种。

2006年公司面对严峻复杂的市场形势，公司广泛开展以“让股东满意、让用户满意、让职工满意”为主题的“三满意”活动，以技术进步推进品种结构优化和产品质量的提高，以对标挖潜促进各项技术经济指标进步，确保实现降成本、费用目标，以精细化管理确保生产安全，克服了原燃料价格持续高位运行的困难，超额实现了全年生产经营目标。全年生产铁1 100.25万吨、钢1 100.00万吨、材998.74万吨，分别完成年调整目标的103.21%、102.80%、100.88%，比上年分别增长8.35%、5.92%、4.99%，产销率为102.32%，实现销售收入413.17亿元，完成年调整目标的102.27%，实现利润58.04亿元，净利润38.97亿元。

根据2006年年报披露，上市公司的股本结构和前十名股东持股情况分别如表10－1和表10－2所示。其中，非流通股份占63.82%，流通股份占36.18%。在前十大股东中，武钢集团是第一大股东（63.82%），其他均为各类基金，个别持股均不到1.5%。

表10－1　　武钢股份股本结构

	发行总股本（万股）	比例（%）
尚未流通股份合计：	500 201.24	63.82
1. 发起人股份	500 201.24	63.82
2. 募集法人股	0	0
3. 内部职工股	0	0

续表

	发行总股本（万股）	比例（%）
4. 机构配售	0	0
5. 其他尚未流通股	0	0
已流通股份合计：	283 598.76	36.18
1. 境内上市的人民币普通股	283 598.76	36.18
2. 境内上市外资股	0	0
3. 境外上市外资股	0	0
4. 其他已流通股	0	0
股份总数	783 800	100

表 10－2　　武钢股份前十名股东持股情况　　单位：股

报告期末股东总数（户）	58 166					
前十名股东持股情况						
股东名称	股东性质	持股比例（%）	持股总数	年度内增减	持有有限售条件股份数量	质押或冻结的股份数量
武汉钢铁（集团）公司	国有股东	63.82	5 002 072 832	－465 927 168	5 002 012 399	无
广发策略优选混合型证券投资基金	其他	1.39	108 591 934	108 591 934	0	未知
华夏优势增长股票型证券投资基金	其他	1.36	106 580 291	106 580 291	0	未知
景顺长城内需增长贰号股票型证券投资基金	其他	1.28	100 009 851	100 009 851	0	未知
易方达策略成长二号混合型证券投资基金	其他	1.12	87 607 880	87 607 880	0	未知
上投摩根成长先锋股票型证券投资基金	其他	1.07	83 509 640	83 509 640	0	未知

续表

股东名称	股东性质	持股比例（%）	持股总数	年度内增减	持有有限售条件股份数量	质押或冻结的股份数量
易方达价值精选股票型证券投资基金	其他	0.99	77 563 578	77 563 578	0	未知
广发证券股份有限公司	其他	0.86	67 651 745	-62 348 255	0	未知
丰和价值证券投资基金	其他	0.82	64 345 840	64 345 840	0	未知
科瑞证券投资基金	其他	0.82	64 145 820	64 145 820	0	未知

近三年武钢股份的主要财务数据如表 10－3 所示。

表 10－3　　2004～2006 年武钢股份主要财务数据

项　目	2006	2005	2004
利润总额	5 803 998 866.77	7 066 796 368.13	5 803 998 866.77
净利润	3 897 006 180.25	4 824 890 360.52	3 897 006 180.25
扣除非经常性损益后的净利润	3 821 656 889.46	4 868 495 909.21	3 821 656 889.46
主营业务利润	6 926 943 883.71	8 058 532 040.15	6 926 943 883.71
其他业务利润	-6 855 004.69	-7 677 214.08	-6 855 004.69
营业利润	5 949 988 234.54	7 167 026 804.14	5 949 988 234.54
投资收益	17 325 522.03	11 447 038.72	17 325 522.03
营业外收支净额	-163 314 889.80	-111 677 474.73	-163 314 889.80
经营活动产生的现金流量净额	6 220 003 287.70	8 318 928 662.07	6 220 003 287.70
现金及现金等价物净增加额	-2 296 217 046.08	1 021 880 354.78	-2 296 217 046.08

作为主营业务为钢铁的上市公司，武钢股份上市后的股价随国家的宏观经济形式和宏观行业调控政策而周期性波动。上市以来，在全体股东和全体员工的共同努力下，武钢股份运作规范、业绩优良、注重回报，在 2005 年已成为国内资本市场十大蓝筹上市公司之一。

3. 行业周期

行业周期对公司盈利有明显影响。从行业的周期判断，2005 年下半年，钢铁行业仍处于周期的下跌阶段，下跌阶段已经过了 1/2，比较猛烈的价格下跌可能已经过去，后期将进入缓慢的调整期，预计将持续到 2006 年底～2007 年中。在下跌阶段，价格会出现次数不等的反弹。同时，行业基本具备了价格反弹的条件，例如：第二产业投资同比连续三个月增长、钢材供给同比连续三个月下滑、需求出现连续三个月恢复、普线价格连续处于综合成本区以下、国际钢价开始反弹，这些因素均可能支持钢价在 2006 年出现反弹。

10.2　武钢的股改方案

1. 改革背景

股权分置试点方案是我国证券市场制度的一大创举，具有划时代的意义。首先，股权分置问题的解决将促进证券市场制度和上市公司治理结构的改善，有助于市场的长期健康发展；其次，股权分置问题的解决，可实现证券市场真实的供求关系和定价机制，有利于改善投资环境，促使证券市场持续健康发展，利在长远；第三，保护投资者特别是公众投资者合法权益的原则使得改革试点成功成为可能，这将提高投资者信心，使我国证券市场摆脱目前困境，避免被边缘化。

武钢股份属于第三批全面股改（共 32 家）的上市公司。武钢股份于 2005 年 9 月 26 日公告了《武钢股份关于股权分置改革的提示性公告》，正式拉开了股权分置改革的序幕。2005 年 11 月 10 日，股东大会审议通过了《武汉钢铁股份有限公司股权分置改革方案》。股权分置改革进度的进度见表 10－4。

表 10－4　　武钢股份股权分置改革进度

证券代码	最晚复牌日期	股权登记日	网络投票起始日	股东会议召开日
600005	2005 年 10 月 18 日	2005 年 10 月 18 日	2005 年 11 月 8 日	2005 年 11 月 10 日

2. 股改方案

2005 年 11 月 10 日，武汉钢铁股份有限公司（以下简称“武钢股份”）股权分置改革相关股东会议审议通过了《武汉钢铁股份有限公司股权分置改革方案》（以下简称“《股权分置改革方案》”）。其中主要条款如下：

（1）对价安排

非流通股东向流通股东每 10 股送 2.3 股＋1.5 份美式认沽权证。其中，每份认购权证可以2.90元的价格，向武钢集团购买1股武钢股份的股份；每份认沽权证可以3.13元的价格，向武钢集团出售1股武钢股份的股份。

（2）认购权证安排

全体股东每10股获得1.5份6个月、行权价2.9元的美式认购权证，认股权证行权募集资金用于收购武钢集团下属与本公司钢铁主业紧密相关资产，在认股权证存续期的最后5个交易日，武钢股份上市流通的认股权证持有者有权将所持有的武钢股份认股权证以0.20元/份的价格出售给武钢集团。

根据《股权分置改革方案》，武汉钢铁（集团）公司于2005年11月17日向武钢股份流通股股东支付对价，包括4.74亿股武钢正股、4.74亿份认购权证、4.74亿份认沽权证。

根据《武汉钢铁（集团）公司关于武汉钢铁股份有限公司人民币普通股股票之认购权证和认沽权证上市公告书》，“武钢JTB1”认购权证和“武钢JTP1”认沽权证的存续期间为2005年11月23日至2006年11月22日，共计365天。

根据《上海证券交易所权证管理暂行办法》的规定，权证存续期满前5个交易日终止交易。“武钢JTB1”认购权证及“武钢JTP1”认沽权证的行权期限为2006年11月16日~2006年11月22日期间5个交易日。行权终止日尚未行权的“武钢JTB1”认购权证及“武钢JTP1”认沽权证将予以注销，不再具有任何价值。

（3）分红承诺

武钢集团承诺自2005年开始连续三年提出公司现金分红比例不低于当年实现可分配利润的50%。

根据武钢的《股权分置改革方案》，上市公司于2005年11月17日，向武钢股份流通股股东支付总共4.74亿股武钢正股、4.74亿份认购权证、4.74亿份认沽权证的对价。

“武钢JTB1”认购权证和“武钢JTP1”认沽权证的存续期间均为2005年11月23日至2006年11月22日，共计365天，相比较于先前的存续期间为378天的宝钢权证和18个月的长电权证的18个月，明显较短。

根据相关法律法规的规定，我国市场上的权证于存续期满前5个交易日终止交易，因此，“武钢JTB1”认购权证和“武钢JTP1”认沽权证的最后一个交易日为2006年11月15日，于2006年11月16日起停止交易。

3. 武钢股改方案中权证设计的五大亮点

2005年11月10日，武钢股份通过的股改方案中，首次推出了“认购+认沽”的组合权证方案。与以往的权证方案相比，武钢股份的这个组合权证方案创新不断，凸现了五大亮点：组合权证、美式权证、存续期短、认购权证不计入对价、允许创设。见表10－5。

表10－5 武钢权证的设计亮点分析

•组合权证亮相	•同时推出认购权证和认沽权证的方式；在对价中，流通股股东每10股将获得1.5份认沽权证，此外，武钢还将向全体股东每10股发行1.5份的认购权证。 •组合权证的投资策略要比单向权证更为灵活多样，投资者可以根据自己的偏好，构建出适合的投资方案。 •组合权证可以使投资者回避掉方向性风险。
•美式权证首度出现	•美式权证是指权证持有人可以在到期日之前的任意一天要求行权。 •相对于欧式权证来说，美式权证更为灵活。欧式权证的最大缺点在于，由于所有权证在同一天行使，上市公司需要在短时间内送出大量股票，这会对股价造成一定的冲击压力，如果采用美式权证，由于权证持有人可在到期前的任意时刻行使换购股票的权利，因而送股不会对股价造成过大压力。此外，由于美式权证可随时行使，投资者可拥有更多的投资策略选择。
•存续期较短	•武钢权证在存续期方面，是至此所有权证方案中最短的，只有6个月，远远短于宝钢权证的378天和长电权证的18个月。 •存续期较短将使武钢权证的时间价值大大降低，对投资者来说，应当特别注意短线操作，在股票中常用的长期持有策略不适合用于武钢权证身上。
•认购权证不计入对价	•在股改方案中，对价安排和认购权证计划被作为并列的两部分。 •保荐机构也明确指出，认购权证部分不计入对价，但它显然有助于强化武钢股份股权分置改革方案对于流通股股东利益的保护机制。
•允许创设权证	•首度允许有创设资格的券商创设武钢权证。

10.3 权证带来的投资机会

武钢集团股改方案中发行的权证，既有认购权证，又有认沽权证。这两种权证的存续期和行权比例都是一致的，但行权价格不一样。通常，我们把这样的权证组合称为“宽跨式权证”（Strangle），利用它们和标的股票可以构成多种投资工具组合，为不同类别的投资者提供相应的投资策略。按照投资者的对于武钢股份股价的不同预期，可以形成四大类、共计七种投资策略。参见表10－6。

表 10－6　　关于权证的投资策略

对股价的预期	投资策略	投资策略说明
预期武钢股票将上涨	直接持有认购权证	由于权证的杠杆效应，可以带来高额收益。
	同比例持有股票和认沽权证	• 如果投资者认为武钢股份将上涨，又希望规避其下跌的风险，则可以按照 1:1 的比例购买股票和认沽权证，即购买 1 手武钢股票的同时，持有 100 份武钢认沽权证。 • 投资者可以获得股票上涨带来的收益，若判断失误，损失也有限。 • 持有该投资组合等同于持有 100 份武钢认购权证和一定量的现金。 • 从风险收益特征上来看，可以视为自制了认购权证。
	持有带式权证组合（straps）	• 如果投资者认为武钢股份会有较大波动，且上涨的可能性较大，那么可以持有一个带式权证组合。 • 带式权证组合是指具有相同到期日的两个认购权证和一个认沽权证。
预期武钢股票将下跌	直接持有认沽权证	由于权证的杠杆效应，可以带来高额收益。
	持有条式权证组合（strips）	• 如果投资者认为武钢股份会有较大波动，且下跌的可能性较大，那么可以持有一个条式权证组合。 • 条式权证组合是指具有相同到期日的两个认沽权证和一个认购权证。
期望规避风险	Delta 动态对冲策略（套期保值）	• 如果投资者不能把握武钢股份的走势，则投资股票的同时，按照 Delta 值购买认沽权证进行风险对冲，可以获得低风险的稳定收益。 • 这种策略多为专业机构所采用。
预期武钢股票将发生大的波动	持有宽跨式权证组合（strangle）	• 如果投资者预计武钢股份将有较大波动，比如涉及到并购等，但是不能确定是上涨还是下跌，则可以持有一个宽跨式权证组合。 • 宽跨式权证是指具有相同到期日，但执行价格不同的一个认购权证和一个认沽权证的组合。

以武钢权证存续期中某一日为例，该日武钢股份正股收盘价为 2.0 元，“武钢 JTB1”认购权证该日收盘价为 0.5 元，“武钢 JTP1”认沽权证该日收盘价为 0.4 元。“武钢 JTB1”认购权证行权价格为 2.9 元，“武钢 JTP1”认沽权证行权价格为 3.13 元。

如果投资者预期武钢股票将上涨，又希望规避其下跌的风险，可以同比例持有股票和认沽权证：即购买 1 手武钢股票的同时，持有 100 份武钢认沽权证。如果行权日武钢正股价格 S 低于 3.13 元，投资者将选择对认沽权证行权，投资者总收益将锁定为为：0.73 =（3.13 - S）（认沽权证行权收益）+（S - 2）（持有正股股票的损益）- 0.4（购买认沽权证）；如果行权日武钢正股价格 S 高于 3.13 元，投资者将选择对认沽权证不行权，投资者总收益将为：0（认沽权证行权收益）+（S - 2）（持有正股股票的损益）- 0.4（购买认沽权证），上不封顶。

10.4　权证的市场表现

1. 市场对权证的炒作

权证作为目前中国证券市场上唯一一类可以 T + 0 交易的品种，一上市即受到市场资金的疯狂炒作。

2005 年的 8 月 22 日，首只权证宝钢认购权证开始上市交易。25 日，创出历史高点，2.088 元。一个月后的 9 月 22 日，跌破首发价位 1.68 元。11 月 9 日，上交所发布暂停宝钢权证经纪通知。次日，宝钢权证首度跌停。紧接着，武钢蝶式权证面市，认沽权证登场。12 月 5 日，深市三只权证钢钒 PGP1、万科 HRP1、鞍钢 JTC1 同时上市。此后，机场 JTP1、华菱 JTP1、招行 CMP1、沪场 JTP1、包钢 JTP1、包钢 JTB1、五粮 YGP1、五粮 YGC1、邯钢 JTB1、原水 CTP1、首创 JTB1、万华 HXP1、万华 HXB1、深能 JTP1、雅戈 QCB1、雅戈 QCP1、海尔 JTP1 等相继上市，权证队伍日渐壮大。

权证队伍的壮大吸引了众多市场资金的参与，两市成交金额排行榜经常被权证成员占据，也有过权证炒手日进斗金的辉煌。

然而，权证价格与内在价值却不断出现背离的情况。以 2006 年 6 月初为例。根据 Wind 资讯的数据，此时，在已发行流通的 26 只权证中，有 13 只权证其内在价值为零，占了总数的 50%。但截至 6 月 2 日，这 13 只没有内在价值的权证平均市场价格高达 1.396 元。此外，这 26 只权证平均市场价格溢价率高达 29.42%，严重脱离权证的实际价值。

举个例子，在这 13 只“空壳”权证中，市场价格最高的，是最新上市的茅台 JCP1（580990. SH），该权证在 6 月 2 日收盘报 2. 727 元，就在不久前，其价格最高甚至涨到了 4. 08 元。而这只权证按照其正股 G 茅台（600519. SH）的价格计算，其内在价值为零。茅台 JCP1 是 2007 年 5 月 29 日才能行权的欧式认沽权证，行权价格是 30. 3 元，行权比例为 4∶1，当时 G 茅台的市场价格是 47. 11 元。茅台 JCP1 的溢价率就高达 58. 83%，为 26 只权证中溢价率最高的权证。按照 Black – Scholes 期权定价模型，假设隐含波动率 32%，根据 30. 3 元的行权价格、360 天的存续期及 2. 25% 的无风险收益率得出，当 G 茅台正股价格在 42 元、40 元、38 元、36 元、34 元时，其认沽权证茅台 JCP1 的理论价格也仅仅是 0. 2 元、0. 26 元、0. 33 元、0. 43 元、0. 56 元。市场价格已经大大超过理论价格。

2. 权证火爆的原因分析

自宝钢权证上市以来，权证市场演绎了一波又一波的火爆行情。对于权证市场这种难言理性的状况，舆论界毁之者甚多，誉之者甚少。即便是有人愿意给它某些正面评价，主要也是着眼于权证活跃对于券商经纪业务有拉动作用。然而，作为一种市场行为，权证交易能够持续火爆，必然有其内在的合理因素。

原因之一：交易规则

权证交易之所以如此火爆，最主要的就是 T + 0 的交易制度和涨跌幅度比较大。T + 0 的特点在于，投资者买入证券后，马上就可以卖出。这从某种角度来说，的确会加大证券品种价格的波动，由此也必然会放大风险。当年，管理层将股票 T + 0 制度改为 T + 1，原因也就在此。不过，T + 0 交易由于能够让证券持有者在第一时间将证券卖出，这又有助于其迅速转移风险。因此在某种程度上，对于操作灵活的市场参与者来说，T + 0 交易更容易让他们控制风险。由于现在沪深证券市场上只有权证品种实行 T + 0，这种交易制度上的差异使得权证交易客观上具有了其他证券品种所不具备的优势地位。凭借这一点，它对市场短线资金的吸引力就大大高于其他品种，行情火爆也就是顺理成章的事情了。

虽然作为交易制度，T + 0 和 T + 1 只是在股票持有时间上有所不同，但从权证交易的实践来看，在特定时期它对市场的影响力是非常大的，明显具有提高资金使用效率、营造市场气氛的作用。特别是从一个大市场的视角出发，部分品种搞 T + 0，部分品种搞 T + 1，这只能强化 T + 0 交易品种的市场地位。现在，仅有几个品种的权证交易在成交金额上已经占到了整个证券市场中非债券、基金交易的 1/3 强，且每每超过深市股票交易总额，有人估计以后还会超过沪市股票交易总额，而这无疑是交易制度在起重要作用。有鉴于此，加强对交易制度的研究已成当务之急。

原因之二：财富效应

权证交易能够持续火爆，与它所显现的财富效应也是分不开的。尽管很多市场参与者也明知权证价格不合理，可还是不愿放弃介入，其原因就在于他们在权证交易中发现了盈利机会。显然，权证在当前证券市场具有强烈的财富效应，这种财富效应甚至还扩散到相关的股票上。具有讽刺意义的是，一些大盘蓝筹股一直处于超跌状态，机构投资者纷纷撤出。但是市场形成了创设权证概念以后，这些股票却受此拉动出现上涨。在这里，投资的价值远不如权证题材刺激。而所有这一切，就因为权证的财富效应已经得到了市场的广泛认同。

投资当然是为了盈利。再有投资价值的品种，如果不能给投资者带来盈利，它也只能被遗弃，这就是市场的残酷性。2001～2005 年，人们一直感叹股市失去了吸引力，究其原因就是股指的持续下跌使股市严重缺乏财富效应。没有财富效应，怎么会有增量资金自觉介入呢？权证市场因财富效应而火爆，再次告诫人们，如果不能营造股市的财富效应，那么它在与权证市场的竞争中将会继续处于下风。而要抑制权证市场的非理性行情，最重要的是提高股市本身的吸引力。

原因之三：存在交易机会

以当时权证品种的价格来说，明显是缺乏价值的，但不可否认，缺乏投资价值的品种在某种条件下还可能存在交易机会。也就是运行过程中价格的巨大变动，它为短线操作提供了差价空间。

客观而言，中国股市初生之时，由于各种条件的制约，并没有多少投资空间，彼时它就一直是以交易机会大而著称的。当然，这种状况并不正常，过多的股市泡沫也令越来越多的投资者却步。后来市场崇尚价值投资理念，这是一个巨大的进步。可现在看来，也存在以价值投资涵盖一切、忽视市场交易机会的现象，市场存在股票分析等同于财务分析、股票买卖当作债券买卖的现象。以致于宏观经济增速才回落 0.1 个百分点，很多绩优蓝筹股就没有人要了。这种以一概全的投资思路显然也未必合理，更不符合投资规律。

权证火爆的行情实际上告诉人们，市场中的交易机会很大，也是可以把握的。在一个正常的市场环境下，重视价值，把它作为投资的重要前提是对的，但这并不等于可以忽视、甚至是无视市场的交易机会。即便这种交易机会的背后是投机，但只要这种投机没有违规，也应该有它存在的理由。

3. 武钢认购、认沽权证一年的市场表现

（1）武钢认购（武钢 JTB1）

武钢认购权证，于 2005 年 11 月 23 日上市，刚刚一亮相就连续拉出三个涨停板，但第四天开盘即告跌停板，随后在巨大买盘的推动下创出 1.84 元的历史最高价，然后就开始震荡下行。

在 2006 年 4 月底开始的一轮钢铁权证启动行情中，武钢 JTB1 短短 18 个交易日便上冲到最高 1.629 元，涨幅达 188%，但形成大顶后便开始直线跳水，在

10月10日最低跌至0.352元，跌幅达78.39%。

经过13天横盘之后，伴随着钢铁股价值回归行情的开始，武钢认购再次启动行情，其中30日当日涨幅58.98%。2006年11月15日（武钢JTB1的最后交易日），武钢JTB1收于0.497元，单日下跌21.24%。

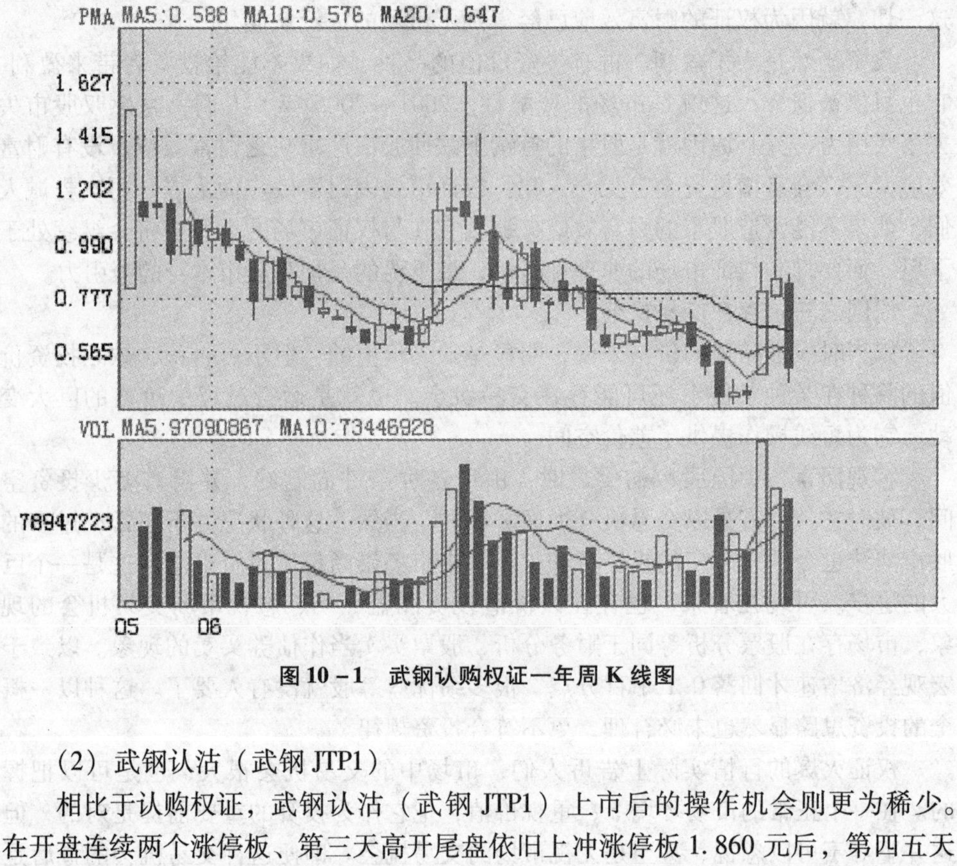

图10-1　武钢认购权证一年周K线图

（2）武钢认沽（武钢JTP1）

相比于认购权证，武钢认沽（武钢JTP1）上市后的操作机会则更为稀少。在开盘连续两个涨停板、第三天高开尾盘依旧上冲涨停板1.860元后，第四五天便全日跌停板。

此后武钢JTP1也走出一个标准的下降通道，其间只有在2006年4月28日出现一波100%不到的反弹行情，最高上摸1.210元，之后下跌速度反而加快，在10月30日曾出现一轮有力的联袂上攻行情，单日最高涨幅达68%。

在11月13日创下0.052元的新低后，几乎所有的人都认为沽权归零已成定局。但次日沽权单日最高涨幅500%的骇人表演就开始了（注：详细情况见末日轮部分）。2006年11月15日（武钢JTB1的最后交易日），该权证报收于0.060元，跌幅为46.90%。

武钢蝶式“双雄”给沉寂已久的权证市场重新带来了活力、热钱和巨大的想象空间，在刷新了许多新纪录的同时，也在相当程度上打破了此前“权证到期归零”的惯性思维。

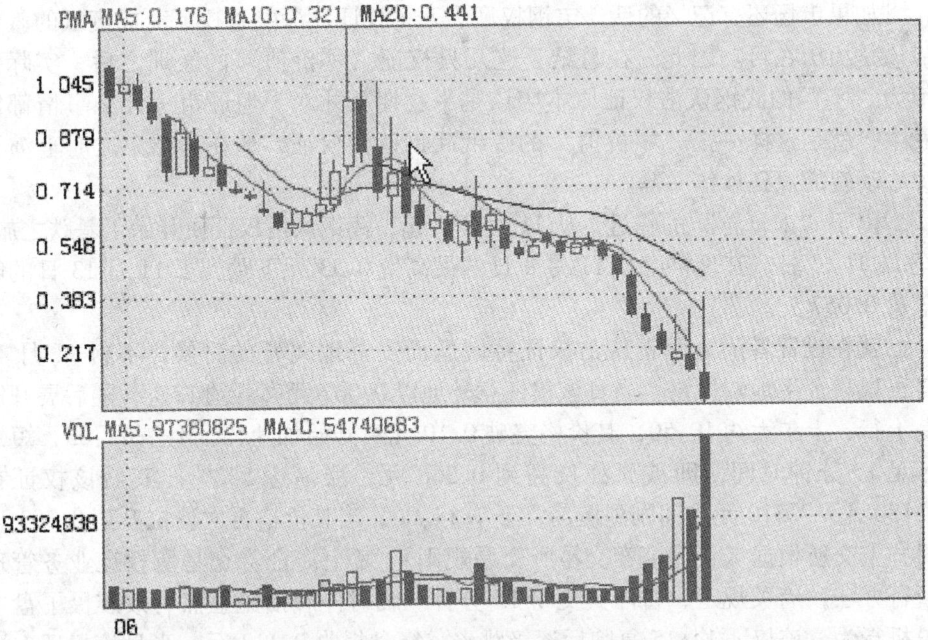

图 10－2　武钢认沽权证一年周 K 线图

4.“武钢 JTP1”（认沽）的末日轮

“权证就是权证，一个彻头彻尾的投机品种”。这是面对武钢认沽权证（“武钢 JTP1”，下同）的“末日轮”表演，不少投资者所得出的结论。

作为又一家到期的股改权证，武钢蝶式权证的行权日为 2006 年 11 月 16 日～22 日期间 5 个交易日。根据规定，“武钢 JTB1”认购权证及“武钢 JTP1”认沽权证经分红除息调整后的行权价格分别为 2. 62 元及 2. 83 元。投资者每持有一份“武钢 JTB1”认购权证，就有权在 2006 年 11 月 16 日～22 日期间 5 个交易日以 2. 62 元的价格向武钢集团购买一股武钢股份股票，成功行权获得的股份在次交易日可上市交易；每持有一份“武钢 JTP1”认沽权证有权在 2006 年 11 月 16 日～22 日期间 5 个交易日以 2. 83 元的价格向武钢集团卖出一股武钢股份股票，成功行权获得的资金在次交易日可使用。此外，在其权终止日尚未行权的“武钢 JTB1”认购权证及“武钢 JTP1”认沽权证将予以注销。

武钢权证到期的前几天，正股价格分别为：11 月 13 日 3.17 元、14 日 3.22 元、15 日 3.35 元，因此，除了行权价格 2.62 元的武钢认购权证存在一定的价值外，行权价格为 2.83 元的武钢认沽权证，其实际价值为“零”。但武钢权证的“末日轮”故事偏偏就在实际价值为零的武钢认沽权证身上上演了。

如果市场还有记忆的话，宝钢权证、万科权证、深能源权证变成废纸的教训应该是历历在目。因此，在总结了这几只权证“零价值”的教训之后，实际价值为“零”的武钢认沽权证原本应该是平稳谢幕才对。但股市里什么事情都能发生，就是这样一张“零价值”的废纸武钢认沽权证，却在其结束之时上演了惊心动魄的疯狂炒作一幕。

由于“末日轮”的临近，从 11 月 8 日起，武钢认沽权证便开始了暴跌之旅。至 11 月 13 日，其价格已从 11 月 8 日的最高价 0.33 元下跌到了 11 月 13 日的收盘价 0.057 元。

就在投资者认为武钢认沽权证将因此而安静地离开的时候，不料 11 月 14 日，该权证平地响惊雷。当日该权证意外地以 0.067 元高开约 17%，随后展开震荡上行，上午大约 10:50，其价格突破 0.10 元后开始加速，至上午 11:03，短短不足 15 分钟时间，即被疯狂拉高到 0.366 元，涨幅达 542%。其后该权证在 0.180 元~0.310 元之间剧烈震荡，下午 14:00，当其价格再次被拉升到 0.303 元时，上交所根据《上海证券交易所交易规则》、《上海证券交易所权证业务管理暂行办法》有关规定，暂停其交易 15 分钟。临时停牌措施显然有效震慑了盘中投机行为，该权证 14:15 复牌后逐级跳水，终盘报收 0.113 元。当日该权证上涨 98.25%。在当日的交易中，该权证创下了盘中最大涨幅 542.11%、当日换手率 1 695.05% 的惊人纪录。

而在 11 月 15 日最后一个交易日的交易中，武钢 JTP1 全天的交易同样跌宕起伏。武钢认沽权证直接以 6% 的涨幅高开，并在随后的几分钟里一路拉升，最高涨幅达到了 165%。随后，该权证在高位出现大幅震荡，成交极度活跃。上午 11:15，因交易异常，上海证券交易所暂停该品种交易 15 分钟。下午开盘后，大量抛单逐渐涌出，武钢认沽也一 路下跌，最终收报 0.060 元。全天，该品种换手率达到 1 528.52%。一些投机资金在最后一个交易日继续大量参与武钢认沽，应该是将交易视作“击鼓传花”，期望找到接住烫手山芋的下家，自己就可以全身而退。而上证所披露的数据也显示，在武钢认沽前五大交易营业部中，当天买入数与卖出数惊人一致，说明许多权证炒家都遵守了不持有权证到期的操作策略。

因此，武钢认沽权证的“末日轮”表演较之于宝钢权证来说，无疑更加“精彩”，更加“动人心弦”。但再精彩的“末日轮”表演，也改变不了武钢认沽权证变成一张废纸的事实。其“末日轮”的表演越精彩，就越是增加了市场的投机风险。武钢JTP1的行权价为2.83元，而武钢股份2006年11月15日收于3.35元，也就是说武钢JTP1的内在价值为零，如果在未来的5个行权日中，武钢股份不出现15%的跌幅，武钢JTP1就是一张废纸。但是，到2006.11.15（武钢权证的最后交易日）收盘，武钢JTP1的收盘价还有0.06元（而此前同样价值为零的万科认沽证最后收盘价仅为0.001元，深能认沽权证也仅为0.002元），该权证有47 400万份，总市值达2 844万元。如不出意外，这2 844万元的总市值最后将变为零。

武钢权证的疯狂投机炒作让人们认识到，像盘中停牌这种提示市场风险的做法显然是不够的，它只会进一步助长市场的投机炒作之风。记得2005年11月1日，上交所还发出“调查令”对宝钢权证的异常交易进行调查。当时（2005年10月31日）宝钢权证盘中的最大涨幅不过只有62%、换手率不过420.34%而已。因此，相对于武钢认沽权证的末日轮炒作来说，当时宝钢权证的所谓“异常交易”不过是小巫见大巫罢了。

为抑制“末日轮”的疯狂投机行为，交易所方面不断推出相应的操作规则，比如推出“末日轮”涨跌停板制度，规定“末日轮”权证的价格涨跌不得超过其实际价值的100%，或不超过上一个交易日收盘价格的100%，把“末日轮”的权证投机炒作控制在一定的范围之内。

2007年6月13日，为遏制市场对于认沽权证的过度投机，上海证券交易所紧急召集了具有权证创设资格的22家创新类券商开会，鼓励券商们可无限量加大权证的创设，以增加市场供应量，平抑市场上出现的过度投机行为。

据统计，在此前的一周内，认购权证平均周涨幅为26.83%，而认沽权证平均周涨幅为103.9%。而上周两市14只权证的成交量为5 575.5亿元，比前一周增加了79.54%，一举超过了深市5 096.21亿元的股票成交量。此前的一周权证市场日平均换手率在400%以上。

5. 武钢权证的行权结果

“武钢JTB1”认购权证及“武钢JTP1”认沽权证的行权期限为2006年11月16日~2006年11月22日期间5个交易日。行权终止日尚未行权的“武钢JTB1”认购权证及“武钢JTP1”认沽权证将予以注销，不再具有任何价值。

截至2006年11月22日，共计465 987 601份“武钢JTB1”认购权证成功行权，465 987 601股武钢股份股票从武钢集团账户转移至成功行权的认购权证持有人账户，占了该权证发行总额4.74亿份的98.3%；共计60 433份“武钢JTP1”认沽权证成功行权，60 433股武钢股份股票从成功行权的认沽权证持有人账户转移至武钢集团账户占其发行总额的0.0127%。武钢股份总股本在行权前后没有变化。

武钢认购权证是自去年宝钢权证上市以来的首只价内权证。根据 2006 年 12 月 22 日（两只权证的最后行权日）的收盘情况来看，武钢正股报收 3.82 元，相较武钢认购权证的行权价 2.62 元，有 1.20 元的价值（不计行权费用）。同时，行权价为 2.83 元的认沽权证则处于深度价外，价值为零。

值得注意的是，尽管多方提醒，但武钢权证行权仍出现了有价值的权证未行权和无价值的权证误行权的情况。一方面，仍有 800 多万份武钢认购权证未能行权，这部分权证将全部注销，以 1 份权证内在价值 1.2 元计算，投资者损失约 960 万元。另一方面，共有 6.0433 万份武钢认沽权证误行权，以 2.83 元的行权价计算，持有人损失约 4 万多元。

业内人士认为，作为沪市首只允许创设的权证和首只到期行权的蝶式权证，武钢蝶式权证一只处于价内、一只处于价外的交易结果相当完满，其交易过程也较充分地展现了权证产品的特征、功能及其魅力。当然，该权证在交易期间也出现过如波动幅度过大、认购认沽齐涨齐跌等现象，这表明权证市场投机气氛仍然较浓。为抑止这些现象，上证所曾在交易过程中采取暂停盘中交易等措施，并曾多次提示价内权证的行权事宜。另外，在武钢认购权证行权期首日，发生了部分券商操作失误导致投资者行权失败的一幕，更表明了权证市场有待于进一步的成熟。

附录　权证基础知识

1. 什么是权证?

权证是一种新的证券品种，是发行人赋予权证持有人在特定的到期日，以特定的价格，购入或卖出相关资产的一种权利。

2. 权证的分类

• 按照发行人的不同，权证可以分为认股权证与备兑权证（又名衍生权证）。备兑权证与认股权证的最大差别在于：备兑权证是由证券公司等金融机构发行，而认股权证由上市公司发行。我国证券市场上曾经出现过的宝安认股权证以及配股权证、转配股权证等均属于认股权证。备兑权证所认兑的股票不是新发行的股票，而是已在市场上流通的股票。发行备兑权证不是上市公司的行为，不会增加股份公司的股本。

• 按照交易方式分为认购权证和认沽权证。认购权证：赋予持有人在约定时间内，以约定价格，买入约定数量标的股票的权利；认沽权证：赋予持有人在约定时间内，以约定价格，卖出约定数量标的股票的权利。

- 按照发行时履约价格与标的股票价格的高低，权证可以分为价内权证、价外权证及价平权证三类。对认购权证而言，所谓价内是指，标的股票市场价格高于认购权证的履约价格；若标的股票市场价格低于认购权证的履约价格，则称为价外；标的股票市场价格等于认购权证的履约价格，则称为价平。对认售权证而言，恰好相反，标的股票市场价格高于认购权证的履约价格，称为价外；低于为价内；等于是价平。
- 按照行权时间分为美式认股权证和欧式认股权证。美式权证持有人有权在最后到期日前任一交易日要求履约执行；而欧式权证持有人则仅能于最后到期日当天要求履约执行。

3. 权证历史

全球最早的权证可追溯到1911年的美国。当时，一家名叫美国电灯和能源公司（American Light & Power）发行权证进行了融资。上世纪60年代，许多美国公司利用股票权证从事并购其他企业的融资，由于权证相对廉价，因此部分权证甚至被当成了推销手段，权证在控制风险、进行投机等方面的快速发展，则是上世纪70年代以后的事。

沪深股市中最早的权证出现在1992年至1996年间，当时的转配股认股权证即所谓A2权证，就是一例。而1992年产生大批暴发户的认购证，从广义上讲也是一种权证。该权证价格30元，后被炒至几百元，由于当时股票市场有暴利，几乎无人放弃行使权。1993年第二批认购证引来大量买家，甚至引发长龙排队和混乱，这次投入者几乎全赔，从此认购证消失。

直到这次沪深股市股权分置改革全面展开，权证才再次回到了我国金融市场的大舞台上。

4. 创设权证

创设，是指权证上市交易后，有资格的机构发行与原有权证条款完全一致的权证的行为。

需要指出的是，创设与券商发行备兑权证有一定的区别。创设是对市场中已有权证的发行，创设而来的权证，其条款、证券简称、交易代码都与原有权证一样。例如，如果某券商创设了5 000万份武钢认购权证，那么，武钢认购权证（简称武钢JTB1）就如同进行了一次权证增发，其权证的流通盘增加了5 000万份，而不是设立了一个流通盘为5 000万的“武钢JTB2”；而如果是券商发行备兑权证的话，那就是创立了一个新权证，证券简称、交易代码都会与原有权证有所不同。

根据我国的相关法律法规，创设权证需要经过以下几个步骤：以创设1 000万份武钢认购权证为例，首先，券商要在中国结算上海分公司开立一个专门的账户，并存入1 000万股武钢股票用于担保；第二，券商要向交易所提出创设申请，并提供中国结算上海分公司出具的其已提供行权担保的证明，交易所审核后会通知中国结算上海分公司在该券商权证创设专用账户生成1 000万份武钢认购权证；第三，生成的1 000万份武钢认购权证当天并不能交易，必须等到第二天以后，券商才能在二级市场上按照市价卖出。

对于券商来说，创设是有成本和收益的。其成本是需要承担用于抵押的股票价格下跌的风险以及资金成本；而收益是高价卖出权证得到的资金。利润则是二者之差。

下面举例说明。

假设，创设权证时武钢股份的价格为S元，创设的权证卖出时，认购权证价格为X元、认沽权证的价格为Y元，年利率为5%。

（1）对于创设认购权证而言，以5%的利率借入S元，从市场上以S的价格购买一股武钢股份，质押给中登公司，然后创设一份认购权证，在市场上以X的价格卖出。

若一年后G武钢价格S′高于行权价2.90元，则冻结的G武钢被用于行权，创设人的损益为权证的收入X元加上以2.90元卖出G武钢的收益（2.90－S）元减融资成本0.05S，共计（X＋2.90－1.05S）元；若到期时G武钢价格S′低于行权价2.90元，则权证持有人不能行权，创设人的收益 为X元加G武钢的买卖价差，共计（S′＋X－1.05S）元，当G武钢S′跌破（1.05S－X）元时，创设人将发生亏损。

（2）对于创设认沽权证而言，以5%的利率借入3.13元，质押给中登公司，然后创设一份认沽权证，在市场上以Y的价格卖出。

若一年后G武钢价格S′高于或等于行权价3.13元，则权证持有人不能行权，创设人的收益为（Y－0.05×3.13）＝（Y－0.1565）元；若G武钢价格S′低于行权价3.13元，则权证持有人行权，创设人的收益为［Y－（3.13－S′）－3.13×0.05］＝［S′－（3.29－Y）］元，即G武钢价格S′跌至3.29－Y元以下，创设人将发生亏损。

当然，创设权证后，如果有合适的机会，创设人可通过购回权证并进行注销的方式来盈利，相比持有到期可能是更好的选择。

作为权证市场的一项重要制度，创设无论是对股票还是权证，都将产生一定的影响。

对权证而言，创设将使权证价格向理性价值回归。对权证市场来说，如果权证价格被严重高估，必定有多家有资格的券商会进行创设，新增供应量必然对权证价格进行打压，而随着权证价格的逐渐下降，券商们则根据自己的风险承受能力进行创设操作，直到权证价格接近于合理价格。通过这种市场机制，权证的价格大幅偏离理论价格的现象将得到有效控制。

创设对标的股票股价将起一定的推动作用。由于认购权证价格高估时，创设人需要买入标的股票作为担保进行创设，再加上投资者对此的预期可能也导致投资者跟风买入标的股票，因此标的股票有可能随认购权证价格高估出现上涨，而这也将有利于权证与标的股价走势的一致。

此外，创设将同时增加权证市场和股票市场的流动性。创设权证与权证回购注销将增加权证市场的流动性，同时创设担保所需的标的股票的买卖也将极大地增加标的股票市场的流动性。

参考文献：

1. 中国股权分置改革专网，
http：//finance. sina. com. cn/stock/chinaggzw/index. shtml。

2. 上海证券交易所网站，http：//www. sse. com. cn/。

3. 武钢股份 2004 ~2006 年度年报。

4. 上海证券报，“武钢权证方案凸现新意”，2005 年 9 月 27 日。

5. 全景网络，“首度允许有创设资格的券商创设武钢权证”，2005 年 11 月 29 日。

6. 杨海成，“武钢权证带来的投资策略”，《上海证券报》，2005 年 11 月 23 日。

7. “‘武钢 JTP1’的末日轮”，www. eastmoney. com，2006 年 11 月 20 日。

第 11 章

基金的投资价值分析——基金泰和[①]

自2006年股市开始复苏以来，封闭式基金也取得了非凡的业绩，在2006年初至2007年4月26日期间，上证封闭式基金指数从850.38点上升至2 845.38点，涨幅为234.6%，而同期深圳封闭式基金指数则从779点上升至2 692.96点，涨幅为245.69%，而该期间上证指数的涨幅仅为220.34%。封闭式基金正是凭借着其专家理财所带来的低风险高收益而受到广大投资者的青睐，然而不同基金有着不同的业绩，其涨幅也大相径庭，但是，如何才能选择一支良好的封闭式基金并从中获得令人满意的收益？封闭式基金的投资价值究竟应该如何分析呢？本章将以一只封闭式基金——基金泰和为例解答上述问题。

11.1 基金泰和简介

1. 基金业在我国的发展情况简介

我国封闭式基金的发展是从1998年开始的。1997年10月，我国颁布了《证券投资基金管理暂行办法》，标志着我国具有现代意义、规范的证券投资基金试点正式拉开帷幕。1998年3月23日，第一批两只规范的封闭式证券投资基金——基金金泰、基金开元通过上网定价发行方式发行，基金管理人分别是国泰基金管理有限公司和南方基金管理有限公司，托管人均是中国工商银行，存续期限15年，发行份额均为20亿份。按照暂行办法的相关规定，基金80%投资于股票，20%投资于国债；持有一家上市公司的股票不能超过基金资产净值的10%；基金以及由基金管理人管理的其他基金持有一家上市公司发行的证券总和不能超过该证券的10%；基金管理人持有3%份额的基金，其中一半可以在上市一年后交易。

此后，我国封闭式基金业开始蓬勃发展。1998年，共发行了5只封闭式基

① 本案例完成于2007年6月。

金，其募集规模为 100 亿元。1999 年共发行了 17 只封闭式基金，其募集规模为 405 亿元。2000 年共发行了 11 只封闭式基金，其募集规模为 55 亿元。2001 年共发行了 13 只封闭式基金，其募集规模为 124 亿元。2002 年共发行了 8 只封闭式基金，其募集规模为 133 亿元。

特别值得一提的是 1999 年，这是我国证券投资基金快速发展的一年。首先，基金管理公司的扩容。1999 年间，鹏华、长盛、嘉实、大成和富国等 5 家基金管理公司相继成立，经中国证监会批准成立的基金管理公司数量达到 10 家，基本完成基金经理人的初步构建。其次，证券投资基金扩容，特别是新基金“一拖二”式（即由一家基金管理公司同时管理 2 只或 2 只以上的基金的方式）试点拉开序幕，出现了一家基金管理公司管理多家基金的现象。1999 年全年新设立证券投资基金多达 17 家，是 1996 年的 3 至 4 倍，发行额 407.109 亿元基金单位，同比增长 3.07 倍。10 家基金管理公司共发行新基金 22 只，基金发行总量规模达到 507.109 亿元。截止 1999 年底，证券投资基金资产净值超过 500 亿元，占当时股市流通市值的 6% 以上。而到了 2002 年 9 月，包括 1997 年前的老基金转换的封闭式基金以及新发行的封闭式基金在内，封闭式基金数量达到了历史最高点的 54 支，此后基金的发行就由发行封闭式基金转向了发行开放式基金。如火如荼的封闭式基金发行就这样持续了 5 年（封闭式基金发展规模图见图 11 - 1）。

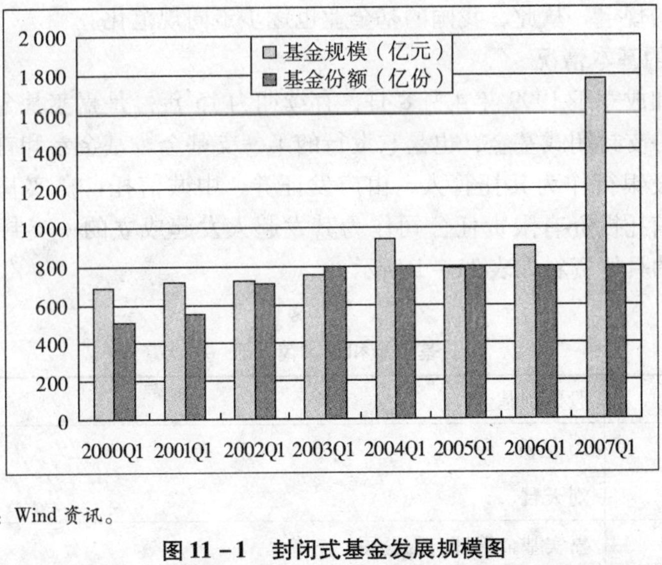

数据来源：Wind 资讯。

图 11 - 1　封闭式基金发展规模图

但是，我国在封闭式基金试点阶段，也存在着很大的问题，直接影响了基金绩效和经济效应，主要表现在：证券投资基金的投资理念不成熟，尚不具备专业理财的能力，封闭式基金初期投资理念与证券公司的自营理念很相似，即通过集中持股或联合“坐庄”等方式来炒作股票，而没有形成招募说明书上所说的投资理念。在新基金发展初期，证监会为扶植证券投资基金的发展，特意赋予证券投资基金享有新股配售特权，但是从我国学者对我国证券投资基金业绩的实证研究来看，在扣除新股配售特权后，基金并没有表现出战胜市场的能力。特别是进入2001年后，中国股市进入了巨幅调整时期，封闭式证券投资基金出现了巨额亏损。

随着封闭式证券投资基金的初步试行及其暴露出来的问题，管理部门也认识到了以法律为依据规范发展的重要意义。1997年10月，我国颁布了《证券投资基金管理暂行办法》，之后伴随着不断的实践，不断出台各种法律法规，如《上海证券交易所证券投资基金上市规则》和《深圳证券交易所证券投资基金上市规则》、《关于做好证券投资基金试点工作有关问题的通知》、《关于证券投资基金配售新股有关问题的通知》、《关于做好基金管理公司监管工作有关事项的通知》等，逐渐形成了以《证券投资基金暂行管理办法及其6项实施准则》为核心的基金监管法规体系。证券投资基金逐步走上了规范运作之路：基金由基金管理公司运作，由托管银行托管，基金管理公司的设立必须符合相应的法律法规，基金的信息披露也有明确的格式要求，对基金投资证券的比例、范围及分红方式等都有明确的规定。从此，我国的基金业也逐步走向规范化。

2. 泰和的基本情况

基金泰和成立于1999年4月8日，存续期为15年，是嘉实基金管理有限公司旗下的第一支封闭式基金，也是它发行的第一支基金。基金泰和首发20亿份，是由中国建设银行作为其托管人，由广发证券、中诚信托、嘉实基金、瑞银证券、吉林省信托投资有限责任公司作为其发起人发起成立的一支封闭式平衡基金。该基金的具体资料如表11－1所示。

表11－1　　基金泰和基本情况表

基金类型	股票型基金
发行数量	20亿份
现任基金经理	刘天君
基金管理人	嘉实基金管理有限公司
基金托管人	中国建设银行

续表

基金发行日	1999 年 4 月 2 日
基金到期日	2014 年 4 月 7 日
管理费率（%）	1.5
托管费率（%）	0.25
投资风格	平衡型
投资目标	为投资者减少和分散投资风险，确保基金资产的安全并谋求基金长期稳定的投资收益
投资范围	投资于良好流动性的金融工具，主要包括国内依法公开发行、上市的股票、债券以及经中国证监会批准的允许基金投资的其他金融工具

数据来源：公司网站。

3. 基金经理简介

基金泰和自成立以来，共更换过 7 位基金经理，具体情况如表 11－2 所示。2006 年之后的基金经理是刘天君，1978 年出生，毕业于北京大学光华管理学院，获经济学硕士学位。具有 6 年证券基金从业经验。2001 年 7 月至 2003 年 4 月任招商证券研发中心行业研究员，2003 年 4 月加入嘉实基金管理有限公司，历任行业研究员、研究部副总监。2006 年 8 月至今任泰和证券投资基金经理。此外，他同时还是开放式基金嘉实成长的基金经理。

表 11－2　　　　历届基金经理表

姓名	性别	出生年月	学历	任职日期
刘天君	男	未公布	硕士	2006 年 8 月 3 日
田　晶	女	未公布	硕士	2005 年 6 月 10 日
魏上云	男	未公布	硕士	2004 年 4 月 6 日
蒋　征	男	1973	硕士	2003 年 1 月 24 日
杨毅平	男	1964	硕士	2002 年 3 月 21 日
冯肖武	男	1969	硕士	2000 年 10 月 31 日
波　涛	男	未公布	博士	1999 年 4 月 8 日

数据来源：Wind 资讯。

4. 基金公司简介

嘉实基金管理有限公司成立于1999年3月，是国内最早成立的10家基金管理公司之一，于2002年底被选为全国社会保障基金首批投资管理人。2005年6月，德意志资产管理公司参股嘉实，使嘉实成为目前国内最大的合资基金公司之一。2005年8月，嘉实被劳动和社会保障部选为首批企业年金投资管理人。同年，嘉实基金荣获《证券时报》颁发的“2005年度最佳持续回报奖”。

2007年4月底，嘉实管理资产总规模超过1 000亿元，是中国基金业第一个管理资产规模超过千亿的基金公司。嘉实管理着2只封闭式基金、11只开放式基金以及5个全国社保基金投资组合，拥有较完善的投资产品线，产品覆盖股票型、配置型、货币型、债券型、保本型、指数型等主要基金产品类型。

该公司的信念是，创造卓越投资业绩的关键在于优秀的团队、科学的理念和正确的方法。为保持持续竞争力，嘉实建立了一只业内规模最大的投资研究队伍，并致力于成为研究和投资中国上市公司的最佳团队。公司认为，市场并非有效，通过“研究驱动”和“团队协作”，同时加以深入的研究、积极主动的管理、坚持纪律性投资风格和强调风险控制将能够获得超额回报。

11.2 基金的投资价值分析

作为可选择的投资品种之一，基金凭借其专家理财带来的低风险和高收益广为投资者所青睐。随着2006年牛市的到来，基金无论从品种上还是发行数量上均有了大幅度的飞跃，然而面对着令人眼花缭乱的基金，我们究竟如何才能在纷繁复杂的基金产品中选择一支符合自己风险——收益要求的基金呢？在选择基金的时候我们又应当遵循一个什么样的原则呢？

首先，投资者应该对自己有一个比较客观的自我评估。如果你是一个相当富裕的投资者，拥有大量的财产，同时，大量的财产又保证了你的生活，你便可能利用包括股票、债券、基金、地产之类的投资工具来使你的资产保值增值。但是，如果你是一个工薪阶级，只拥有为数不多的可自由支配收入，并且你又想利用你的收入来进行投资获利，然而由于你缺乏时间、专业知识以及大量的信息来管理你的钱财，那么投资基金便是你理想的投资工具。通常来说，对自己的自我评估应包括以下几个方面的内容：（1）分析自己的生活状况。包括分析自己的家庭状况、收入水平、未来收入的来源、未来生活的必需支出以及需要考虑的偶然支出等，并以此作为自己进行资产配置的依据。（2）清楚自己的投资目标。也就是说投资者在投资时应当考虑你究竟是注重当期收入还是资本的长期成长，又或者是两者的均衡。并根据自己的投资目标来决定你所选择投资基金的种类是成长型、收入型还是均衡型。（3）检查自己的风险偏好。这是指投资者应该清楚自己的风险偏好是属于风险偏好型还是风险厌恶型，并以此作为自己选择基金的种类，如果是风险厌恶型则可选择债券型基金或货币型基金，如果是风险偏好型则可选择股票型、指数型基金。

然后，我们应当对基金公司进行选择。基金公司的整体实力是挑选的重要因素之一，有实力的基金公司往往不止一只金牌基金，而是在不同的产品线上有一个系列的基金组合，而且该公司旗下的基金业绩排名都比较靠前，绝大部分时间都可以或超过其预设指标。优秀的基金管理公司不仅能抓住短线机会，更注重把握中长线的投资方向，给投资者提供稳定持续的投资回报。（1）选择具有良好品牌形象和信誉的公司。具有良好信誉的基金公司不但对投资者身怀责任感、信守经营承诺，在内部治理和风险控制方面也有严格的规范。（2）选择产品种类丰富的基金公司。一家基金公司如果有比较完整的产品线，投资人就可以在其中选择适合自己的组合，也能够在市场变换时适时地调整自己的投资，此外，同一家基金公司间的基金转换只需要支付较低的转换费用，节约了交易成本。（3）选择业绩稳健的基金公司。在选择基金公司的时候，要对其旗下产品的业绩做出中、长期比较，看看这支基金能否超越业绩基准或同类产品。（4）选择提供完善、高质量服务的公司。基金公司应具备全方位整体服务的能力，这是考量一家基金公司整体实力的基本条件。（5）选择资产规模大，研究能力强的公司。资产规模大表明公司的实力和投资者的信任程度，随着全球化投资时代的来临，资产全球布局能成为掌握投资先机、分散风险、提高获利能力的关键。

最后，我们应当对具体基金的风险——收益进行全方位分析。（1）应该对基金业绩进行长、中、短期进行分析。在业绩的分析过程中，对于偏股型基金，我们可以将基金业绩与同期市场整体状况进行比较，看基金是否获得了超过市场的收益率；此外，我们还应当将基金业绩与同行业其他基金进行比较，从而判断该基金业绩在同行业中的地位。（2）应该对基金的风险进行综合分析。在分析的过程中应当分析包括基金的系统风险以及基金的总风险，其中，系统风险是指基金相对于大盘的相对变动程度，而基金的总风险则是指基金收益的平均变化程度。通过对基金风险的分析来判断基金是否在承担一定风险的前提下获得了较高的收益。（3）基金红利分析。基金红利是投资者投资基金获得收益的一个重要组成部分，对于封闭式基金来说，由于在红利发放前或发放后存在填权的现象（即由于红利的发放导致了折价率的增大并偏离内在价值，从而产生投资机会并最终导致基金价格的上涨），因此红利的发放是投资者投资的成果之一，红利发放的次数以及数量都会对投资者的收益产生影响，因此投资者应当选择分红次数以及数量相对较多的基金。然而对于开放式基金来说，由于基金的份额可以随时申购和赎回，基金红利的发放实际上只是一种变相的强制投资者赎回，在大额分红之后，往往伴随着新的认购或申购，因此对于对基金看好并且准备长期持有的投资者来说分红并没有什么实质的意义，甚至由于再次申购的成本会使得投资者的收益减少。（4）对基金经理的分析。由于基金业的发展在我国的历史较短，大家对基金文化的理解有限。国际上著名的基金经理，不仅仅是大家所理解的一个优秀经纪人，一个优秀操盘手，更是一种理财理念的掌门人，经过市场的锤炼成长为经济专家，基金经理的知识构成以及工作经历等都会对其投资理念以及投资业绩产生重大影响。历史业绩是分析基金经理的一个重要部分，但是投资者在选择基金经理的时候，不要以一时的成败论英雄，与任何投资相同，基金经理过去的业绩并不是其未来成功的保障。一个优秀的基金经理的韧性尤为重要，投资者有必要研究基金经理的投资策略；经常关心基金经理最近的运作是否发生了变化，有无一贯性；基金经理为客户提供自己对市场的看法与自己的投资目标是否一致等。（5）对基金的投资风格进行分析。不同的基金经理、研究团队以及不同的基金公司文化和理念都会导致不同的投资风格，而不同的投资风格又会导致不同的基金运作业绩。因此，要对基金投资的风格进行分析，包括分析基金的股票仓位、股票集中度以及行业集中度等。

以下将以基金泰和为例，举例说明如何对基金进行分析。

11.3 泰和基金的业绩分析

1. 泰和收益分析

截止至2007年4月26日，基金泰和的复权基金净值已增长到了4.9元，年算术平均增长率①与复合平均增长率②分别约为48.17%与21.83%，远远高于同期上证指数的28.79%与16.11%。泰和复权净值增长率与上证指数增长率走势如图11-2所示。从图中可以看出，基金泰和的运作业绩总体上也要强于上证指数。

自2004年以来，基金泰和的复权净值增长率及排名情况见表11-3。从表中可以看出，泰和的业绩是在飞速上升的过程中，排名由2004年的第34名飞跃到了2006年的第5名，并且在2005年及2006年中，其净值增长率均远大于行业的平均水平（数据来源：Wind资讯库）。

---

① 年算术平均增长率 $=[(P_t-P_0)/P_0]/n$

② 复合平均增长率 $=(P_t/P_0)^{1/n}-1$

但是，如果仅从基金净值增长率来判断基金的收益水平，则忽略了风险的因素，因为高的收益有可能是由高风险所带来的。一般来说，国际上通用的基金风险调整指标主要有 Sharpe 指标、Treynor 指标和 Jensen 指标。

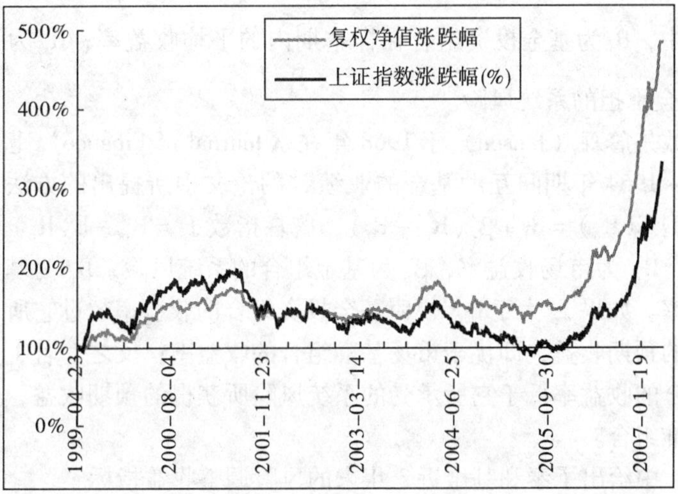

数据来源：Wind 资讯。

图 11－2　基金泰和成立以来复权净值走势图

表 11－3　　近 3 年基金泰和复权净值增长率表

指标	2004 年		2005 年		2006 年	
	净值增长率	排名	净值增长率	排名	净值增长率	排名
基金泰和	－7.33%	34/44	6.00%	12/44	125.78%	5/44
行业平均水平	－2.69%	无	3.17%	无	107.17%	无

数据来源：Wind 资讯。

其中，夏普指数是夏普（William. F. Sharpe）于 1966 年在《Journal Of Business》上发表的“互助基金业绩”一文中所提出的方法。他利用单位总风险所获得的超过无风险的超额收益率来评价基金绩效，具体公式如下：$S_p = \frac{\overline{R_p} - R_f}{\sigma_p}$其中，$\overline{R_p}$为基金投资组合在样本期内的平均收益率，$R_f$ 为研究期间市场的无风险收益率；σ_p 为基金投资组合在样本期内的总风险。

特雷诺指数是特雷诺（Treynor）于 1965 年在《哈佛商业评论》上发表的一

篇名为“如何对管理投资基金评级”中提出的评价基金绩效的方法。他认为基金管理者可以通过有效的投资组合来完全消除非系统，所以他认为对基金进行评价时只需考虑系统风险，对系统风险进行补偿。该指数就是利用单位系统奉献所获得的超过无风险收益的超额收益率来评价基金绩效的。具体公式如下：$T_p - \frac{\overline{R_p} - R_f}{\beta_p}$，其中，$\overline{R_p}$为基金投资组合在样本期内的平均收益率；$R_f$ 为无风险收益率，β_p 为基金承担的系统风险。

詹森指数是詹森（Jensen）于 1968 年在《Journal of Finance》上发表的一篇名为“1945～1964 年期间互助基金的业绩”的论文中所提出的方法。根据资本资产定价模型 $E(R_p) = R_f + \beta_p(R_m - R_f)$，詹森指数 $J_p = R_p - E(R_p)$ 其中，R_f 为无风险利率，R_m 为市场收益率，β_p 为基金组合的系统风险，R_p 为基金投资组合的实际收益率。如果 J_p 大于 0，说明基金投资组合的收益率超过它所承受的系统风险所获得的预期收益，即优于市场基准组合的收益率；反之，若 J_p 小于 0，则基金投资组合的收益率低于它所承受的系统风险所获得的预期收益，此时，绩效劣于市场基准组合。

表 11－4 中给出了泰和基金近 3 年来的风险调整收益指标。

表 11－4　　近 3 年基金泰和风险调整收益指标表

年份	指　标	基金泰和	行业平均
2004	Sharpe 指标	－0.07168	－0.03547
	排名	33/44	无
	Treynor 指标	－0.00239	－0.001209
	排名	32/44	无
	Jensen 指标	0.00084	0.00155
	排名	32/44	无
2005	Sharpe 指标	0.04634	0.02145
	排名	11/44	无
	Treynor 指标	0.00146	0.00071
	排名	11/44	无
	Jensen 指标	0.00229	0.00162
	排名	10/44	无

续表

年份	指　　标	基金泰和	行业平均
2006	Sharpe 指标	0.61057	0.53153
	排名	4/44	无
	Treynor 指标	0.02307	0.01982
	排名	5/44	无
	Jensen 指标	0.00464	0.00240
	排名	4/44	无

数据来源：Wind 资讯。

从表 11－4 我们可以看出，泰和经过风险调整的收益率指标同样也经过了飞速的发展。在 Jensen 排名中，从 2004 年的 32 名左右，上升到了 2005 年的 10 名和 2006 年的第 4 名，并且近两年收益都远大于行业平均水平。

2. 泰和风险特征分析

泰和的风险特征可以从两个方面分别进行分析：总风险与系统风险。其中，总风险用基金复权净值收益率的标准差来描述，该指标反映了基金的包括系统风险与非系统风险在内的总风险；非系统风险则利用 Beta 系数来描述，该系数是基金收益率与上证指数收益率通过最小二乘回归所得到的回归系数，反映了基金相对于市场的波动程度。其总风险与系统风险分别如表 11－5 所示。

表 11－5　　近 3 年基金泰和风险特征表

	收益标准差（%）	排名（风险从高到低）	Beta	排名
基金泰和	2.57028	16/44	0.69078	10/44
行业平均	2.54718	无	0.65920	无

数据来源：Wind 资讯。

从表 11－5 可以看出，以 3 年计算出来的泰和的总风险为 2.57% 相对整个行业的平均水平来说风险较大，略高于行业平均水平的 2.55%，行业排名为 16 名；而其 Beta 为 0.69，同样略大于行业平均水平的 0.66，行业排名为第 10 名。以上数据说明，泰和的高收益下伴随的是相对行业平均水平来说较高的风险，但是结合风险调整指标来看，承担这种高风险的结果是获得了高收益，也就是说相对于其业绩来看，基金泰和所承担的超过平均水平的风险均已被超过平均水平的收益所弥补。

3. 泰和红利分析

从分红的角度看，自基金泰和成立以来，累计分红6次，累计分红额度20亿，高于行业的平均水平17.2亿（见表11－6）。然而考虑到受到基金规模的影响，仅从分红数额的绝对数量上难以比较基金分红的水平，因此本文利用“累计分红额度/基金份额”来描述基金分红的程度。

表11－6　　基金泰和累计分红情况表

	累计分红额度	累计分红额度/基金份额	累计分红次数
基金泰和	2 000 000 000	1.14	6
行业平均水平	1 720 454 545	0.71	4.23

数据来源：Wind资讯。

从表11－6可以看到，泰和的累计分红额度与基金份额比为1.14，也就是说自成立以来单位份额的基金累计可以分到1.14元的红利，远远高于行业的平均水平0.71，且在44家封闭式基金中排名为第7名。但是，从泰和具体分红的年度来看，泰和仅在2000年分红2次，2001年分红2次，以及2006年和2007年各分红1次；而在2002年到2005年之间没有任何分红。

4. 基金经理业绩分析

良好的业绩凸现了基金经理优秀的选股能力。基金泰和现任基金经理是刘天君，北大经济学硕士毕业的他有着6年从业经验。毕业后，他先任招商证券研发中心行业研究员，之后又加入了嘉实基金管理有限公司，历任行业研究员、研究部副总监。自2006年8月3日至今任职。在其任职期间，基金泰和单位复权净值从2.22元增长到了2007年4月26日的4.9元，增长了120.5%，在行业间排名第3，略低于基金丰和与基金隆元（见表11－7）。而在此期间，行业其他封闭式基金平均只增长了94.3%。凭借着优秀的选股能力，在优秀的基金经理以及优秀的分析团队的合作下，基金泰和未来将会有更加优良的业绩。

表11－7　　期间净值增长率排名前十基金

证券简称	复权单位净值 2006年8月3日	复权单位净值 2007年4月26日	净值增长率	排名
基金丰和	1.47	3.42	1.33	1
基金隆元	1.20	2.76	1.30	2

续表

证券简称	复权单位净值 2006 年 8 月 3 日	复权单位净值 2007 年 4 月 26 日	净值增长率	排名
基金泰和	2.22	4.90	1.20	3
基金开元	3.02	6.63	1.20	4
基金景宏	1.85	3.98	1.15	5
基金裕阳	2.69	5.73	1.13	6
基金科汇	2.43	5.13	1.11	7
基金天元	2.05	4.29	1.09	8
基金普惠	2.12	4.32	1.04	9
基金裕隆	1.82	3.70	1.03	10
行业平均	1.94	3.77	0.94	无

数据来源：Wind 资讯。

5. 基金管理公司分析

国金证券指出，2007 年基金管理行业进入了诸侯纷争、群雄割据的“战国时代”，基金管理公司的综合实力对旗下基金业绩的稳定性和持续性的影响越来越突出。嘉实基金管理公司突出的综合实力正是基金泰和的业绩持续优秀、保持行业优势的重要基础。

作为老牌基金管理公司，嘉实基金管理公司凭借先发优势和优秀业绩迅速发展。2007 年 4 月末，其资产合计已达 860 亿元，处于同行业领先地位，而且，公司市场品牌良好，客户数量稳定增长，并且建立了包括多家银行和券商的广泛销售渠道，为其进一步的市场开发和公司发展提供了优良的平台。

到 2007 年 4 月末，公司旗下有基金 13 支，包括 11 支开放式基金和 2 支封闭式基金，已经形成了较为完善的产品线结构，涵盖了股票性、混合型、债券型、货币型和指数型基金。并且在股票型和混合型两种优势产品线下进行了进一步的细分，给投资者提供了更多的选择。

嘉实基金管理公司在研究方面为旗下基金投资运作提供了强有力的支持，这也是其旗下基金业绩表现出色的重要因素之一。一方面，嘉实基金公司注重内部研究力量的培养，通过系统化的研究培训提升整体研究水平；另一方面，公司注重投资、研究的沟通，在加强研究的投资操作性和前瞻性同时促进整个投资、研究团队在研究方法和思路上的相互启发，并形成了团结合作的氛围。

嘉实基金管理公司主要以价值型作为其投资风格。2007 年一季报显示，嘉实基金管理公司所持股平均市盈率为 32.05，低于行业的 54.97；持股市净率为 5.66，低于行业平均水平 7.48。而其股票集中度和行业集中度分别为 30.38% 和 87.66%，低于行业的平均水平的 39.87% 与 88.55%，在一定程度上有效地规避了风险，但是其投资集中度略高于行业平均水平。参见表 11－8。

表 11－8　　嘉实基金公司投资特征表

公司名称	持股市盈率	持股市净率	股票集中度（%）	行业集中度（%）	投资集中度（%）
嘉实基金管理公司	32.05	5.66	30.38	87.66	1.89
行业平均	54.97	7.48	39.87	88.55	1.51

数据来源：Wind 资讯。

注：（1）持股市盈率根据基金十大重仓股的市盈率加权估算得出：

$$市盈率 = \frac{\sum 持仓市值}{\sum\left(\frac{持仓市值}{报告期总市值} \times 报告期净利润\right)}$$

（2）持股市净率根据基金十大重仓股的市净率类似市盈率的计算方法计算得出

（3）股票集中度指基金的前十大重仓股的投资占该基金股票持仓市值的比例

$$股票集中度 = \frac{\sum 个性持仓市值}{基金股票投资市值}$$

（4）行业集中度指基金的前十大行业的投资占该基金股票持仓市值的比例

$$行业集中度 = \frac{\sum 行业持仓市值}{基金股票投资市值}$$

（5）投资集中度指基金的前十大重仓股股数占该股流通股比例的加权平均

$$投资集中度 = \sum \frac{持股数}{流通股} \times W_i$$

$$其中：W_i = \frac{个股持仓市值}{\sum 个股持仓市值}$$

6. 泰和折价率分析

由于封闭式基金在证券交易所的交易采取竞价方式，并且在未到期时不得向基金公司进行赎回导致了流动性缺失风险，因此交易价格受到市场供求关系以及市场对基金未来预期的影响而并不必然反映基金的净值。而各个封闭式基金不同的折价率，通常被认为是因为流动性缺失、市场对各基金管理人的评价不同、基金的费率水平不同、基金投资的专业化程度不同、距离到期时间不同以及运行绩效不同和对未来市场的预期等因素引起的。

由于价格是始终围绕价值波动，当基金的折价率过小，低于其合理水平，则此时基金被高估，最终将会通过基金价格的下降来使得基金折价率回归相应水平；当基金的折价率过大以至于脱离其基本面，这时基金价值就被低估，并且最终将以折价率缩小至合理的水平而给投资者带来丰富的回报。

学术界对折价率产生的原因也进行了广泛的研究，但尚无一个标准的定论，目前主要有以下解释。

（1）代理成本理论。这一理论主要涉及管理费用和管理业绩两个方面。Boudreaux（1973）指出，如果管理费用过高或者预期未来的投资组合的管理水平过低时，代理成本就会使封闭式基金产生折价现象，但该理论却无法解释为什么投资者看到现有的封闭式基金折价交易时仍然溢价买入新发行的基金以及开放式基金业存在代理成本，却没有出现和封闭式基金相同的折价问题。

（2）业绩相关理论。Malkiel（1977）认为基金的折价反映了市场对基金经理未来业绩的评估，他利用过去的或当前的业绩作为市场对未来管理业绩的替代变量。但研究发现，基金的折价和管理业绩之间没有显著的相关性。Chay、Charles和Trzcinka（1999）认为，如果基金市场是有效的，那么基金的折价应该包含有已经公开的信息，例如过去的NAV业绩、费用率以及投资组合的变幻情况等。他们的研究结论表明基金当前的折价与它未来两年的业绩，特别是未来第一年业绩之间存在显著的正相关，与过去的NAV业绩只存在正的但不显著的关系。他们认为，由于投资者能够理性预测基金未来业绩特别是短期业绩的增长，投资者根据期望的未来收益来确定基金的折价，因此折价反映了市场为基金的管理业绩的一种定价。

（3）投资者情绪。Lee、Shleifer和Thaler（1991）的研究认为，投资者情绪在解释基金价格变化和折价的原因方面非常有效。他们的主要理由是：1）各基金的折价走势是趋同的，这是因为受到投资者情绪的影响；2）在该期间，散户是基金的主要投资者，因此，他们的情绪变化会影响到基金的折价。当投资者对基金未来的收益持悲观态度时，基金的折价增大，相反，当投资者对未来的收益乐观时，折价率就变低。Malkiel（1977）检验了美国封闭式基金折价的各种传统解释，被检验的因素包括：1）尚未实现的资本升值；2）红利分发政策；3）资产的流动性；4）代理成本（管理费用）；5）持有的国外股票；6）基金业绩；7）基金投资组合的转换。结果发现基金折价与尚未实现的升值（在基金未实现的升值期间）、资本收益的分配政策、资产的流动性以及国外股票的持有情况有一定相关性。然而他指出这些因素的解释力有限，只解释了问题的一小部分，因此推测市场心理对折价的形成和变动可能有很重要的作用。

而在我国学者对封闭式基金折价率的研究中，顾娟（2001）认为基金折价与基本面因素关系不大，但并没有解释影响基金折价率的因素是什么。上海交易所综合研究报告（2002）发现基金规模大小、上市时间、分红情况以及集中投资度等因素对基金折价率具有显著影响，但并没有解释清楚基金折价到底是如何形成的。张俊喜、张华（2002）从行为金融的角度，认为投资情绪是导致我国封闭式基金折价的原因，但他们没有解释清楚为什么基金折价会长时间大比例存在。王擎（2004）的研究认为折价的决定既包含噪音成份又包含理性预期成份，但更主要体现为噪声交易，且股票市场噪声交易程度大于基金市场噪声交易程度是封闭式基金折价的主要原因。此外，他的研究表明基金的公司特征因素对基金折价的影响较小，反映出基金的管理能力并未体现出差异性。

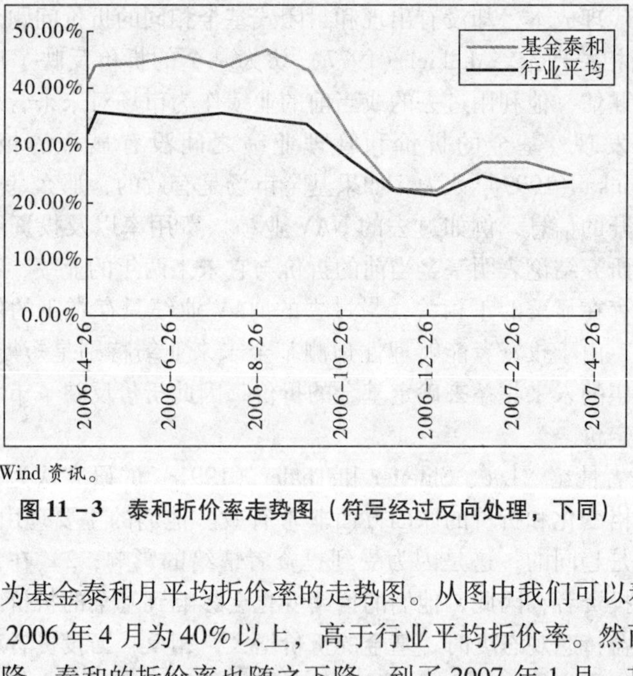

数据来源：Wind资讯。

图11-3　泰和折价率走势图（符号经过反向处理，下同）

图11-3为基金泰和月平均折价率的走势图。从图中我们可以看出，泰和的平均折价率在2006年4月为40%以上，高于行业平均折价率。然而随着行业平均折价率的下降，泰和的折价率也随之下降。到了2007年1月，基本与行业折价率水平相同，而之后又微高于行业平均水平。在预期未来市场持续牛市的情况下，我们可以预计未来封闭式基金的折价率将会有一定程度的减小，为此，在泰和持续增长的业绩表现以及优秀的管理团队的支持下，泰和必将最终为投资者所青睐，因此我们认为其折价率将有进一步接近并最终小于行业平均水平的趋势，从而最终给投资者带来丰厚的投资收益。

表11-9为2007年4月26日封闭式基金的折价率表，从表中我们可以看出

除了近期即将到期的几个基金：科讯、安久、同德、隆元、兴安、景阳等折价率小于 10% 外，其余封基折价在 10.41% 到 35.21% 之间分布。而与基金泰和于同一年到期的基金金鑫、基金安顺、基金裕隆、基金天元、基金汉盛、基金普丰、基金景宏、基金汉兴、基金同益、基金普惠、基金兴和、基金同盛和基金景福折价率则在 16.95% ~35.21% 之间，其均值为 31.85%，远高于泰和的折价率 26.3%。那么泰和是否被高估了呢?

表 11-9　　2007 年 4 月 26 日封闭式基金折价率表

证券代码	证券简称	基金到期日	折价率	证券代码	证券简称	基金到期日	折价率
500029	基金科讯	2008-1-11	3.50%	184721	基金丰和	2017-3-22	30.38%
184709	基金安久	2007-8-30	4.58%	500008	基金兴华	2013-4-28	30.59%
500039	基金同德	2007-11-30	5.23%	500056	基金科瑞	2017-3-12	30.79%
184710	基金隆元	2007-12-29	6.15%	500006	基金裕阳	2013-7-25	31.84%
184718	基金兴安	2007-12-29	6.51%	500003	基金安信	2013-6-22	32.04%
500007	基金景阳	2007-12-31	6.71%	184692	基金裕隆	2014-6-14	32.36%
184719	基金融鑫	2008-2-4	10.41%	184698	基金天元	2014-8-25	32.44%
184712	基金科汇	2008-12-13	10.76%	500005	基金汉盛	2014-5-9	32.73%
184700	基金鸿飞	2008-4-14	11.12%	184693	基金普丰	2014-7-14	33.17%
184713	基金科翔	2008-12-13	14.86%	184691	基金景宏	2014-5-5	33.18%
184703	基金金盛	2009-11-30	15.15%	500015	基金汉兴	2014-12-30	33.20%
500011	基金金鑫	2014-10-20	16.95%	184690	基金同益	2014-4-8	33.24%
500025	基金汉鼎	2008-12-31	18.33%	184689	基金普惠	2014-1-6	33.51%
184706	基金天华	2009-7-11	22.10%	184722	基金久嘉	2017-7-5	33.65%
184705	基金裕泽	2011-5-31	24.69%	500018	基金兴和	2014-7-13	33.81%
500002	基金泰和	2014-4-7	26.30%	184728	基金鸿阳	2016-12-9	34.51%
500058	基金银丰	2017-8-14	27.09%	500038	基金通乾	2016-8-28	34.51%
184688	基金开元	2013-3-27	28.72%	184699	基金同盛	2014-11-5	34.92%
500009	基金安顺	2014-6-14	29.36%	184701	基金景福	2014-12-30	35.21%
500001	基金金泰	2013-3-27	29.93%				

数据来源：Wind 资讯。

从图 11－4 中我们可以看出，与泰和到期时间最为接近的 2 个封闭式基金的折价率走势与泰和具有一致性，它们出现较大的分歧是在 2006 年 12 月，并且折价率的差额存在扩大的趋势。从其历史业绩来看，泰和自刘天君担任基金经理以来知道 2007 年 4 月 26 日止，泰和期间复权净值收益率为 120%，排名第 3，景宏为 115%，排名第 5，而同益则远低于景宏，排名也在前十之外。从管理费率和托管费率和发行份额来看，三个基金都相同，分别为 1.5% 和 0.25% 与 20 亿份。

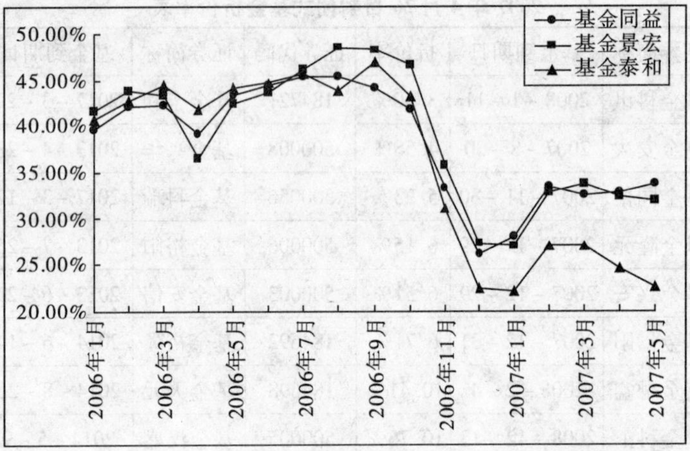

数据来源：Wind 资讯。

图 11－4　基金同益、景宏、泰和月均折价率走势图

出现该现象的主要原因在于泰和前十大重仓股之一的东阿阿胶开始股改，12 月 4 日起停牌，由于市场预期阿胶复牌之后会出现较大幅度的上涨，因此使得泰和的折价率开始远小于同类其他封闭式基金。由于预期未来市场的持续牛市，预计未来封闭式基金的整体折价率将会有一定程度的减小，假设将来一个合理的折价率水平为 28%，则泰和此时的净值应该增长 2.36%，由于阿胶市值约为 2.17 亿元，占泰和净值比为 4.09%，也就是说要求阿胶复牌后的收益率为 2.36%/4.09% =57.7%，才能使泰和的折价率回复到 28% 的折价率水平。而由于预期阿胶复牌之后，其复权收益率将在 100% 以上，因此泰和此时存在巨大的成长潜力。

7. 基金泰和投资风格分析

泰和投资风格用几个字概括就是“高股票仓位，积极投资”。

基金泰和的股票投资仓位及股票集中度图分别如图 11－5 和图 11－6 所示。从泰和的投资仓位图可以看出，2005 年上半年，泰和的仓位均远高于行业平均水平，这主要是因为基金经理认为 2005 年大盘已经见底，因此大量建仓，增加了其仓位水平。结果由于大盘长期仍未回调，导致泰和在 2005 年下半年降低其仓位，并使其小于行业平均水平。

到了 2006 年 2 季度，出现大盘上涨行情，泰和又积极上调其仓位至平均水平以上。直至 2007 年 1 季度，在基金公司普遍看空的情况下，正确判断了行情，仍然较高持有其仓位，并获得了较高收益。正确判断大势并积极调整仓位，这也正是泰和业绩取得飞速增长的主要原因之一。

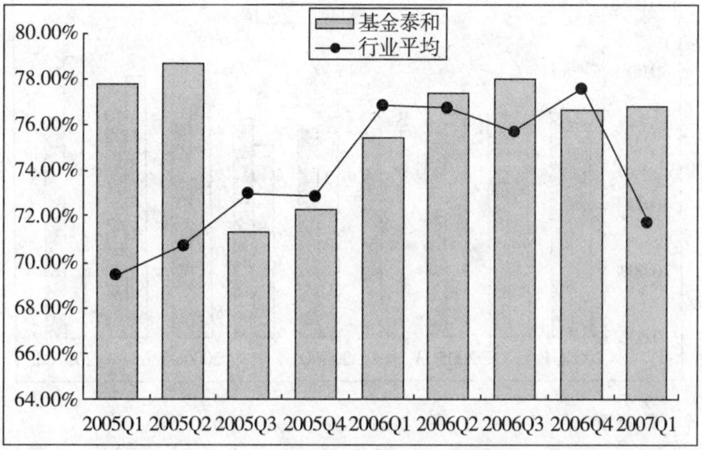

数据来源：Wind 资讯。

图 11－5　泰和股票投资仓位图

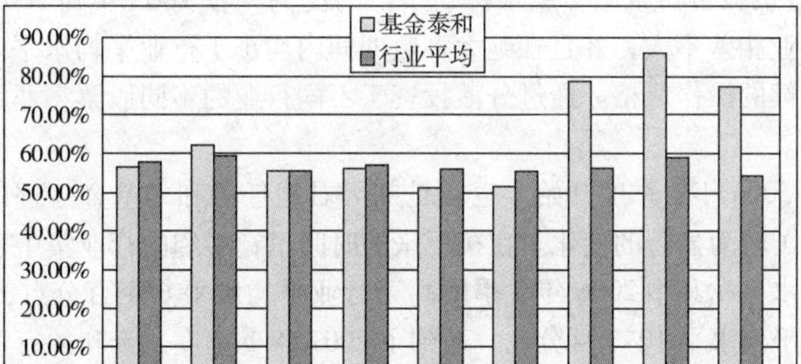

数据来源：Wind 资讯。

图 11－6　泰和股票集中度图

从泰和的股票集中度图（见图 11－6）来看，2006 年上半年以前泰和均比较保守，前十大股票市值占其股票市值的股票集中度均基本上低于行业平均水平。而从 2006 年下半年开始，泰和加大了股票的集中度，并从中获得了较高的收益。这也显示了从基金经理刘天君任职后泰和的投资风格逐渐变为积极型，这种投资风格在牛市中固然能够获得较高的收益。但是，一旦牛市转为熊市，如果不能及时调减仓位，则将可能面临较大损失。

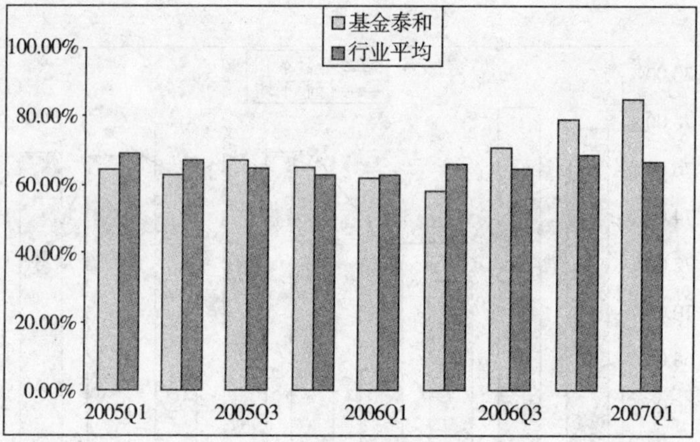

数据来源：Wind 资讯。

图 11－7　泰和行业集中度图

基金泰和的行业集中度如图 11－7 所示。我们可以看出，泰和的行业集中度（前五大行业的投资占该基金股票持仓市值的比例）在 2005 年到 2006 年前半年基本上与行业相差不大，并且在绝大多数期间内均小于行业平均水平。这种配置显示了其稳健的操作风格。通过分散投资于不同行业的不同股票将非系统风险尽量分散化了。

而到了 2006 年 3 季度开始，也就是刘天君担任泰和的基金经理以来，这种投资风格有了较为显著的变化。在接下来的时间里，泰和的行业集中度均大于同行业的平均水平，其中 2006 年 3 季度高于行业平均水平 6 个百分点，2006 年年底高于行业平均水平 10 个百分比，而到了 2007 年 1 季度，泰和的行业集中度竟然高出行业平均水平 17 个百分点。

联系上面泰和的股票集中度图我们不难发现，泰和如今的投资风格已由原来的保守稳健型转变为积极投资型，这种配置导致的结果是使得该基金的风险增大，并且基金的业绩将更加取决于基金经理选择行业的眼光以及选择个股的能力。不过目前看来，这种投资风格的转变给泰和的业绩带来了较为明显的改善，使得泰和的复权净值增长率从 2006 年 8 月 3 日到 2007 年 4 月 26 日之间增长了 120.47%，仅低于基金丰和和基金隆元的 133.11% 和 130.47%，在所有封闭式基金中位居第三。这也充分显示了基金经理刘天君及泰和团队卓越的选股及投资水平。

表 11－10　　基金泰和 2007 年一季度行业分布表

行业名称	市值（万元）	占净值比（%）	占股票投资市值比（%）	市值增长率（%）
综合类	–	–	–	–
金融、保险业	87 199.66	16.46	21.42	114.47
传播与文化产业	–	–	–	–
木材、家具	–	–	–	–
电子	–	–	–	–
制造业	260 382.69	49.16	63.97	20.47
金属、非金属	82 005.70	15.48	20.15	–30.35
电力、煤气及水的生产和供应业	–	–	–	–
机械、设备、仪表	97 950.07	18.49	24.06	139.69
采掘业	12 194.80	2.30	3.00	1 734.87
石油、化学、塑胶、塑料	46 733.21	8.83	11.48	33.34
交通运输、仓储业	–	–	–	–
批发和零售贸易	13 066.02	2.47	3.21	–54.38
造纸、印刷	–	–	–	–
房地产业	29 777.96	5.62	7.32	31.47
食品、饮料	12 034.64	2.27	2.96	1 773.14
社会服务业	3 270.48	0.62	0.80	–70.65
医药、生物制品	21 659.07	4.09	5.32	–0.20
农、林、牧、渔业	–	–	–	–
其他制造业	–	–	–	–
信息技术业	–	–	–	–
纺织、服装、皮毛	–	–	–	–
建筑业	1 166.40	0.22	0.29	1 214.62

数据来源：Wind 资讯。

从表 11 - 10 可以看出，一季度泰和主要持有的前五大行业有制造业，金融、保险业，机械、设备、仪表业，金属、非金属业以及石油、化学、塑胶、塑料业市值总和共占其基金股票市值的 86%。在 2007 年 1 月 4 日到 4 月 26 日期间，这五个行业均有不俗的表现，根据 wind 的行业指数数据计算，制造业在此期间收益率达到 99.07%，金融服务业的收益率达到 36.89%，机械、设备仪表业在此期间收益率达到 99.55%；金属、非金属业在此期间收益率达到 91.92%；石油、化学、塑胶、塑料业在此期间收益率达到 118.43%，而期间沪深 300 指数涨幅仅为 68.99%。可见泰和在选择行业上的前瞻性。

表 11 - 11　　基金泰和近两期十大重仓股

2007 年一季				2006 年年报			
股票名称	持股总量（万股）	持股总市值（万元）	持股市值占基金净值比（%）	股票名称	持股总量（万股）	持股总市值（万元）	持股市值占基金净值比（%）
沪东重机	537.92	42 721.53	8.07	宝钢股份	4 509.05	38 417.13	8.85
金发科技	1 230.28	39 024.56	7.37	海螺水泥	1 236.01	37 043.21	8.54
民生银行	3 062.60	38 282.45	7.23	鞍钢股份	3 588.42	35 955.94	8.29
三一重工	936.11	37 865.68	7.15	招商银行	2 175.60	35 309.91	8.14
宝钢股份	3 589.05	35 495.73	6.70	金发科技	851.89	34 876.27	8.04
招商银行	2 006.59	35 095.19	6.63	王府井	1 182.04	28 640.85	6.60
海螺水泥	950.26	31 444.17	5.94	沪东重机	732.15	23 238.42	5.36
万科 A	1 415.00	23 489.07	4.43	S 阿胶	1 578.65	21 659.07	4.99
S 阿胶	1 578.65	21 659.07	4.09	万科 A	1 373.62	21 249.95	4.90
海油工程	357.41	12 194.80	2.30	华侨城 A	498.94	11 141.23	2.57

数据来源：Wind 资讯。

从表 11 - 11 中可以看出，泰和 2006 年年报与 2007 年一季报中披露的十大重仓股中持续持有的股票有宝钢股份、海螺水泥、招商银行、金发科技、沪东重机、S 阿胶与万科 A，也就是说十大重仓股中泰和仅换手了 3 个股票，并且结合泰和长期持有的股票来看，泰和的投资理念还是以价值投资为主，买入并且长期持有是泰和成功的秘诀。而持有的这 7 个股票中，除了 S 阿胶停牌外，其余六个股票在 2007 年 1 月 4 日到 4 月 26 日期间亦获得了不错的收益，其中宝钢股份期间复权收益率为 26.15%、海螺水泥期间复权收益率为 37.6%、招商银行期间复权收益率为 25.56%、金发科技期间复权收益率为 55.05%、沪东重机期间复权收益率为 213.91%、万科 A 期间复权收益率为 19.9%。

综上分析，基金泰和是一支具有优秀的基金经理及研究团队的封闭式基金，通过积极的投资风格进行运作，其历史业绩表明基金泰和净值的持续上升及丰富的分红给投资者均带来了丰厚的报酬，在投资者获得丰厚报酬的同时却承担着相对较小的风险。此外，由于预期泰和持有的东阿阿胶正在股改中，预计阿胶的复牌将为泰和净值带来较大的增长。因此，投资基金泰和一方面可以从其基金净值的增长上获利，另一方面，由于预期未来牛市将带来一定程度上的封闭式基金折价率的整体降低，投资者还可以从其折价率的降低上获利。

11.4　小　结

综合上述分析，封闭式基金的投资要点是：

（1）封闭式基金由专家理财，具有规模优势、专业优势和信息优势

（2）封闭式基金具有低风险的特性

（3）随着牛市的持续，封闭式基金将给投资者带来丰厚的收益

（4）基金的投资策略为买入并一直持有，不需要短线操作，可以节省大量时间和精力

（5）创新性封闭式基金预期的推出将极大减少封基折价率

（6）预期股指期货的推出将使得封闭式基金成为套期保值的最好品种，这将进一步增加封闭式基金的需求

而基金泰和的投资要点如下：

（1）优秀的基金经理及研究、管理团队

（2）持续上升的历史业绩及丰富的分红

（3）相对较高的折价率

（4）积极有效的投资风格

（5）风险相对其业绩来说较小

（6）持有股改中的阿胶，未来预计阿胶复牌之后将给泰和净值带来较大增长

参考文献：

1. 彭聪，“我国基金经理对基金业绩的影响研究”，重庆大学硕士学位论文，2005 年。

2. 汪光成，“投资基金折价问题研究”，《金融研究》2001 年第 12 期。

3. 上交所综合研究报告，“中国封闭式基金折价率的实证研究”，2001 年。

4. 张俊喜、张华，“解析我国封闭式基金折价之谜”，《金融研究》2002 年第 12 期。

5. 董超、白重恩，“中国封闭式基金价格折扣问题研究”，《金融研究》2006 年第 10 期。

6. Boudreaux, Kenneth J., 1973: “Discounts and Premiums on Closed - Funds: A Study in Valuation”, 《Journal of Finance》 28: 515 ~ 522.

7. Chay, J., & Trzcinka, C. 1999: “Managerial performance and the cross - sectional pricing of closed - end funds”, 《Journal of Financial and Economics》, 52, 379 ~ 408.

8. Lee, Charles MC., Andrei Shleifer, and Richard H. Thaler. 1991: “Investor Sentiment and the Closed - end Fund Puzzle.” 《Journal of Finance》 46: 76 ~ 110.

第 12 章

网盛科技的价值分析①

2006 年 12 月 15 日，A 股市场上第一只纯正互联网络股—网盛科技(002095)在深交所挂牌交易。以计算机和互联网为代表的新技术带来了这个时代的巨大变化，形成了一股不可忽视的新生经济力量，此次网盛科技在中国的上市无疑具有里程碑式的意义。但同时，网盛科技也给没有网络股先例的 A 股市场出了一道难题——如何给网盛科技这样的网络股一个适当的估值呢？本章通过比较现行比较常见的估值方法，最后选择采用相对估值法对网盛科技进行价值分析。

12.1　公司介绍

1. 公司概况

公司前身为杭州中化网络技术有限公司，成立于 2000 年 8 月 7 日。2003 年 10 月 27 日，经浙江省企业上市工作领导小组批准，杭州中化整体变更为浙江中化网络股份有限公司，并于同年 11 月 7 日在浙江省工商行政管理局办理了注册登记手续。2004 年 6 月 18 日，股份公司依法更名为浙江网盛科技股份有限公司。

公司是专业从事互联网行业信息服务、行业电子商务、行业应用软件开发的高新技术企业，拥有并经营中国化工网、全球化工网、中国纺织网、医药网等行业类专业网站。经过多年的发展，公司已成为国内领先的行业类专业网站运营商。根据国际权威的全球网站流量统计网站 Alexa 的统计，截至 2006 年 6 月 30 日，中国化工网平台（包括全球化工网）在全球所有商业网站中的流量排名为第 3 038位，在我国专业化工网站中位居第一，中国纺织网排名也在国内同类网站中位居前列，其 Alexa 流量排名为第 5 913 名。目前，公司成功运用“会员 + 广告”的商业模式运营下属行业类专业网站，树立了良好品牌，在业内居于领先地位。

---

① 本案例完成于 2007 年 6 月。

公司以经营中国化工网、全球化工网和中国纺织网为主，主要业务包括化工行业和纺织行业的商务资讯服务、网站建设和维护服务以及广告服务。公司经营的主要网站包括中国化工网（中文版：www. chemnet. com. cn 英文版：www. chinachemnet. com）、全球化工网（www. chemnet. com）、中国纺织网（英文版：www. chinatexnet. com 中文版 www. texnet. com. cn）。

目前公司拥有3家控股子公司和2家参股子公司：上海涉奇网络有限公司（90%），主要从事互联网咨询、软件服务；杭州中德电子有限公司（90%），主要从事计算机硬件销售；上海生意宝网络科技有限公司（90%），尚未开始经营活动；杭州世讯信息技术有限公司（32.15%），主要从事中国农业网的经营；韩国化工网株式会社（50%），主要从事韩国化工网的运营（见图12－1）。

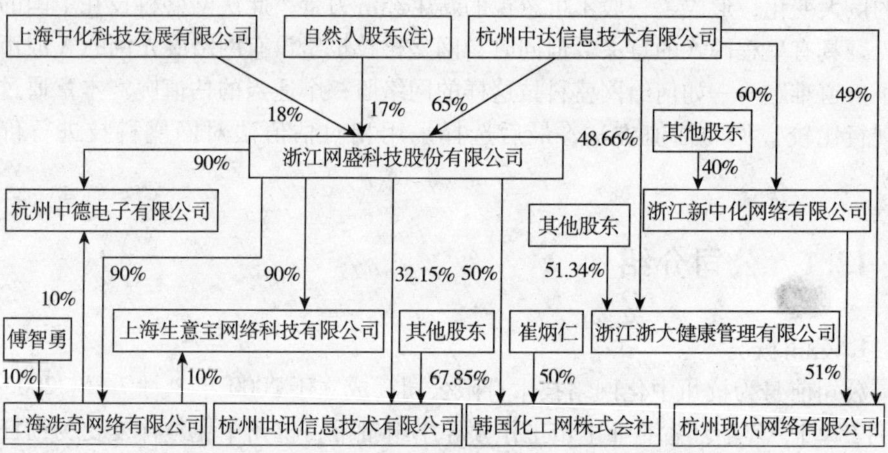

资料来源：网盛科技招股说明书。

图12－1　网盛科技组织结构图

2. 公司的商业模式

公司经营的各专业网站一直以来都采用免费信息服务、商务增值信息服务、网站建设维护服务与专业广告业务相结合，以获得会员费收入和广告费收入的商业模式（见图12－2）。

在“会员+广告”的盈利模式下，网盛为客户提供三大类别的服务：网络基础服务、网络信息推广服务和广告发布服务。会员是公司的主要客户基础和收入来源。其中，网络基础服务和网络信息推广服务捆绑向会员提供，标准收费为12 000元/年，如果会员仅需要信息推广服务，则收费为6 000～8 000元/年不等。其中：

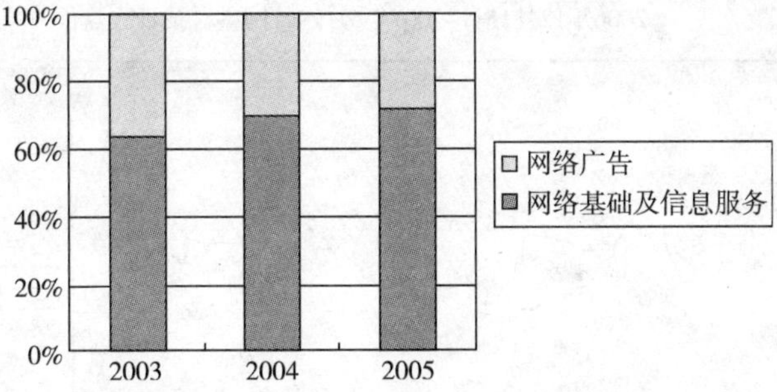

资料来源：国金证券研究所。

图 12－2　2003～2005 年“会员＋广告”模式的收入构成

（1）网络基础服务包括网站基础建设、广告页面设计制作、企业基础信息录入三类。

（2）网络信息推广服务，与网络广告类似，主要包括：①将入网会员发布的企业信息、供求信息等在站内各相关频道被提交浏览和查询；②贸易撮合服务：公司将所掌握的站内、站外的交易信息与入网会员交易信息相匹配，主动提供给入网会员；③个性化信息服务：将行业商务资讯经过分析、筛选、加工，有针对性地提供给入网会员。

（3）广告发布服务，指为客户在合同期内提供的广告宣传服务，主要包括关键字广告、静态广告、动态广告、漂浮广告、弹出广告等的发布服务。

2006 年 12 月 15 日，网盛科技在上海证券交易所首次公开发行股票，募集资金近 2 亿。作为 A 股市场真正意义上的第一家网络科技股，网盛科技首日开盘涨幅之大就令投资者目瞪口呆：发行价每股 14.09 元的股票最高见到了 78.00 元，报收于 62.08 元，较发行价涨幅达 345.71%。图 12－3 给出了网盛科技从上市以来到 2007 年 4 月 20 日的收盘价数据。我们可以看出其股价在这段期间的大致走势。

12.2　所在行业简介

1. 我国互联网行业概况

自 1987 年从北京寄出第一封电子邮件以来，互联网在我国已经历了近二十年的发展。1994 年，64K 国际专线的开通标志我国实现了与国际互联网的全功能联接，真正成为拥有 Internet 的国家；1995 年，互联网在我国正式步入商用化阶段。随后几年，在人们对短期内互联网商业应用的过高预期下，大大小小的网

资料来源：新浪财经网。

图 12－3　网盛科技日收盘价

络公司应运而生，网络概念被极度炒作，一些门户网站先后实现海外上市，风险投资蜂拥而至，互联网行业呈现出一派繁荣景象。但产业技术基础和市场基础的薄弱、服务内容的单调空泛，加上风险投资盲目投资后的迅速撤退，终究导致了世纪之交网络神话的破灭，众多网站纷纷倒闭，互联网行业进入了阶段性的寒潮期。但互联网的作用和潜能终究不可能被否认和忽视。随着政府对产业的有效引导和大力推动、网络设施基础环境的逐步完善、人们的网络知识和网络需求的日益增长、网站服务内容和商业价值的广泛挖掘以及资本的投入由风险投资转为战略投资，互联网行业的发展形势逐渐好转。2003 年，部分商业网站开始实现盈利。自 2004 年以来，盛大网络、Tom、e 龙、第九城市、掌上灵通、空中网、前程无忧、金融界、百度等多家国内互联网企业在美国纳斯达克成功上市，其业务分别涉及游戏、旅行、移动增值、人力资源、证券服务、搜索等众多应用领域，显示国内互联网行业在经历了自我调整之后，已开始步入健康发展的轨道，并逐渐发展成为我国最具影响力和增长潜力的新兴行业之一。根据信息产业部中国互联网络信息中心第十七次《中国互联网发展状况统计报告》（2006 年），截至 2005 年 12 月 31 日，我国互联网用户数达 11 100 万人，上网计算机总数 4 950 万台，与 2004 年底相比分别增长了 18.09% 和 18.99%；我国域名总数为 2 592 410 个，其中 CN 下注册的域名总数为 1 096 924 个，同比增长了 153.90%，目前 CN 域名注册量在国家顶级域名中，稳居亚洲第一，在世界排名也从年初的第 13 位上升到目前的第 6 位；我国网站总数达到了 694 200 个。我国电子商务伴随着互联网的普及应用也得到了快速发展。

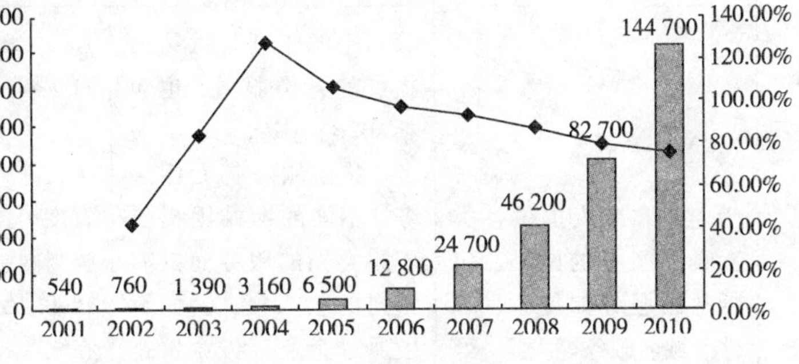

资料来源：iresearch。

图 12－4　中国电子商务交易额（单位：亿元）

世纪之交的网络泡沫破灭之后，绝大多数随泡沫而生的互联网企业销声匿迹，生存下来的互联网内容服务商都回归主业、务实经营，一方面推出丰富多彩的网络应用和服务，一方面控制成本，在技术与市场之间寻找立足点，各自逐步形成了自我生存、自我发展的商业模式。根据服务内容和盈利模式，目前我国的商业网站可归为五类：综合类、无线增值类、网络服务类、行业类（B 2 B 电子商务）和娱乐类。具体介绍见表 12－1。

表 12－1　　我国商业网站的分类

网站类别	简要描述	收入来源	代表网站
综合类	给用户提供较为广泛的信息及互联网服务。包括门户网站、综合性新闻网站、各地信息港与新兴的宽带门户网站。	收入模式比较齐全，收入可来源于短信等无线增值业务、在线游戏业务、收费邮箱业务和网络广告业务。	新浪、搜狐、网易、上海热线、人民网
无线增值类	依托于移动运营商所提供的增值服务平台，为用户提供短信、彩信、WAP、IVP 等无线增值服务。	收入来源比较单一，通过提供无线增值服务收取费用。	Hawa 网、掌上灵通、空中网、美通无线

续表

网站类别	简要描述	收入来源	代表网站
网络服务类	为企业和个人提供各类互联网服务的网站。包括基础服务如搜索、邮件、域名服务等。	收入来源于通过网络所提供的各类服务，也包括 B2B、B2C、人才服务、旅游服务等专门服务。不同的网站因提供不同类别的服务而具有不同的收入模式。如百度通过企业广告竞价排名收费；易趣、当当网通过 B2C 电子商务收费；搜房网等收取信息提供中介费等。	百度、搜房网、易趣、当当网、携程旅行网、智联招聘网、亚商在线
行业类	面向国民经济的各个行业，如制造、化工、冶金等行业，提供行业内的商业信息以及相关服务。属通常所说的 B2B 电子商务网站范畴。这是互联网和传统行业结合的最紧密领域，也是对企业信息化和业务推动贡献最大的领域。在各自服务的行业中都颇具行业影响力。	主要通过提供有偿网络信息服务和网络广告服务收取费用。	阿里巴巴、慧聪网、中国化工网、中国纺织网、金蚕网

资料来源：招股说明书。

2. 网盛科技在行业中的基本状况

行业类网站与传统产业及其商务活动的结合更为紧密，其提供的行业信息更加深入、商务服务更加专业，能够有针对性地满足行业内用户的商业诉求，因此比综合类网站更具竞争优势。行业类网站的发展也顺应了互联网产业内容层“信息—知识—商务—服务”的演进趋势。网盛科技经营的网站均属于行业类网站。

行业类网站细分为行业类综合网站和行业类专业网站。面向多个行业提供商务服务的网站属于行业类综合网站；专注于某一个行业商务服务的网站属于行业类专业网站。公司下属的中国化工网、全球化工网和中国纺织网分别属于专业化工网站和专业纺织网站，主要面临两方面的竞争：行业类综合网站和其他专业化工网站或专业纺织网站。

（1）相对行业综合网站的竞争

阿里巴巴和慧聪网是比较具有代表性的行业类综合网站，均致力于为传统行业提供信息资讯和商务服务。慧聪网和阿里巴巴等行业类综合网站与公司经营的行业类专业网站最大的区别在于：行业类综合网站服务的对象涉及包括化工、纺织等在内的众多行业，比如阿里巴巴的“中国供应商”业务中，化工行业客户只占“中国供应商”客户总数的8%左右（资料来源：阿里巴巴网站），而公司经营的化工网、纺织网等专业网站分别只专注于单一行业的网络服务；行业类综合网站服务于众多行业的客户，因此会员产品的标准化程度较高，主要通过其网站和代理商来发展客户，而公司经营的化工网或纺织网只专注于为某一行业的客户提供服务，对本行业客户的需求更为了解，较注重服务内容的个性化，往往为单一客户提供网络基础服务、网络信息推广服务、广告发布服务、软件服务等组合服务，客户的开发主要由公司的营销队伍采用走访、电话销售等方式完成。公司经营的化工网站和纺织网站是商业网站中与化工行业和纺织行业联系最为紧密的类别，仅仅锁定于化工或纺织这一特定的领域，对行业资源和需求更为熟悉，服务内容更加深入和细化，较行业类综合网站具有明显的专业优势。更为重要的是，化工行业和纺织行业的行业特点，决定了化工和纺织是互联网比较容易涉足并可能长期深入发展的领域，更适合于专业网站的发展。

当然，行业类综合网站服务于较多的行业，拥有较多的收入来源和渠道，其受某一行业领域不利因素影响的风险被有效分散。而单一的专业化工网站或专业纺织网站则在较大程度上受到化工行业或纺织行业不利因素的影响。

（2）专业性网站领域的竞争

①专业化工网站领域的竞争

网站流量是目前评判一个商业网站是否成功并占据一定市场份额的重要参考依据。Alexa 网站是国际权威的全球网站流量统计网站，其提供的 Alexa 流量世界排名是迄今为止衡量网站流量的最著名指标。根据 Alexa 的网站流量统计，截至2006 年6 月30 日，公司所经营的中国化工网平台（包括全球化工网）在全球所有网站中的流量排名为第3 038 位，与2004 年12 月31 日的排名相比又上升了306 位，远远领先于我国其他专业化工网站而位居第一。截至2006 年6 月30 日，我国主要专业化工网站的 Alexa 流量排名具体见表 12 -2。

表 12-2　我国主要专业化工网站的 Alexa 流量排名（截至 2006 年 6 月 30 日）

网站名称	域　名	Alexa 流量排名（位）
中国化工网/全球化工网	www. chemnet. com. cn	3 038
中国化工信息网	www. cheminfo. gov. cn	13 752
中国石油和化工网	www. chemall. com. cn	19 517
世易化工网	www. echinachem. com	43 009
中华化工网	www. echemnet. com. cn	59 172
中国华东化工网	www. nbchem. com	97 431
华夏化工网	www. hxchem. net	126 179
华东化工网	www. cechem. net	137 174
东方化工网	www. ech. com. cn	161 789
西部化工网	www. cnwestchem. com	171 881
中国国际化工网	www. intchem. net	189 299
中国精细化工网	www. china - finechem. com. cn	236 212
中国化学化工网	www. sinocnet. com	248 545

资料来源：招股说明书。

②专业纺织网站领域的竞争

与专业化工网站相类似，公司在专业纺织网站领域也颇具竞争优势，中国纺织网排名在同类网站中位居前列。截至 2006 年 6 月 30 日，公司所经营的中国纺织网在全球所有商业网站中的 Alexa 流量排名为第 5 913 名，较 2004 年 12 月 31 日的排名上升了 464 位。表 12-3 给出的是截至 2006 年 6 月 30 日我国主要专业纺织网站 Alexa 流量排名。

表 12-3　我国主要专业纺织网站的 Alexa 流量排名（截至 2006 年 6 月 30 日）

网站名称	域　名	Alexa 流量排名
中国纺织网	www. texnet. com. cn	5 913
中华纺织网	www. texindex. com. cn	5 897
全球纺织网	www. globaltexnet. com	8 838
世纪纺织网	www. 21fz. com	18 834

续表

网站名称	域　名	Alexa 流量排名
中国纺织经济信息网	www. ctei. gov. cn	26 567
锦桥纺织网	www. sinotex. net	37 776
中国纺织服装网	www. texmarket. com. cn	53 743
纺织导报	www. texleader. com. cn	384 328
南方纺织网	www. gd - textile. com	583 312
新天地纺织商务网	www. newworldtex. com. cn	987 950
纺织交易网	www. tradetextile. com	2 731 181
东方纺织网	www. ecf. com. cn	4 680 703

资料来源：招股说明书。

12.3　公司财务状况

1. 主营业务情况

2003 年度、2004 年度、2005 年度和 2006 年 1 ~ 6 月，公司实现主营业务收入分别为 3 625. 77 万元、5 318. 08 万元、6 374. 36 万元和 3 214. 44 万元，总体呈现良好增长态势。其中，2004 年度比 2003 年度增长了 46. 67%，2005 年度比 2004 年度增长了 19. 86%。

按网站分，公司主营业务收入主要来源于化工网（含中国化工网和全球化工网），其中 2003 年度化工网收入占公司主营收入的 91. 56%，2004 年度占 81. 5%，2005 年度占 88%，2006 年 1 ~ 6 月占 85%。公司纺织网发展稳定，从 2004 年度起，其收入占比一直保持在公司主营业务收入的 10% 左右。见图12 – 5。

而按业务类别划分，公司主营业务收入主要分为两部分：互联网服务收入和为互联网服务配套的软件硬件销售收入。其中互联网服务收入构成公司收入的最主要部分，而软硬件销售收入则占很小的比例，2003 年度、2004 年度、2005 年度和 2006 年 1 ~ 6 月互联网服务收入占公司主营业务收入的比例分别为 96. 4%、88. 1%、97. 5% 和 98. 8%。公司从 2006 年起终止了盈利能力较低的硬件销售业务，集中资源拓展互联网服务业务，见图 12 – 6。

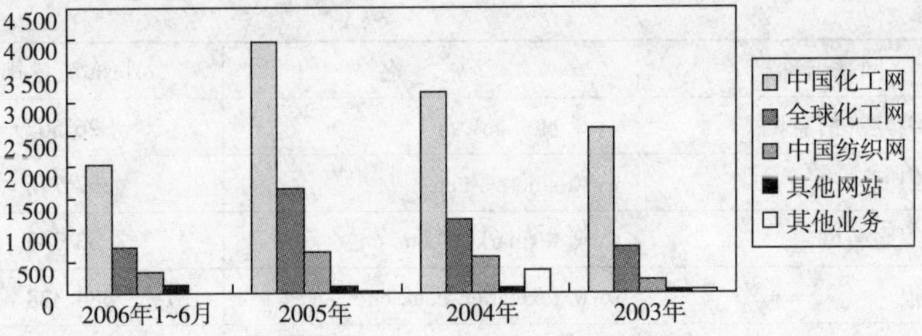

资料来源：招股说明书。

图 12－5　公司业务结构（分网站）

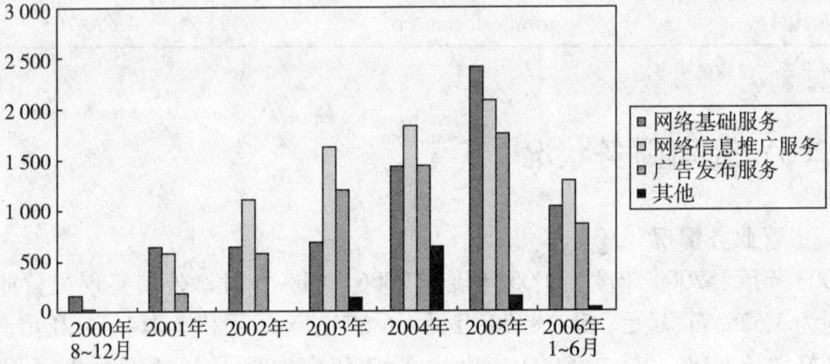

资料来源：招股说明书。

图 12－6　公司业务结构（分业务）

公司主营业务成本由网络和软件服务成本、硬件销售成本构成，2003 年度、2004 年度、2005 年度和 2006 年 1～6 月的主营业务成本率分别为 10.79%、11.72%、7.49% 及 7.79%。从中可以看出，主营业务成本率近两年下降比较快，维持在一个较低的水平。营业费用率及管理费用率近几年来也维持在一个较稳定的水平，分别在 20% 和 16% 左右，而公司的财务费用历年来均为负数，说明公司的利息收入一直大于其利息支出。其中，网络和软件服务成本主要由工资福利费、折旧、域名费和链路费等部分组成，见表 12－4。

公司主营业务综合毛利率基本维持在 90% 左右；按照公司业务分类，网络服务和软件服务收入毛利率均保持在 90% 以上，而硬件毛利率的比较就相对比较低。于是在 2006 年的时候，公司终止了硬件销售服务。见表 12－5。

表 12－4　　按业务类别列示公司设立以来主营业务情况　　单位：万元

项　目	2000 年 8～12 月	2001 年	2002 年	2003 年	2004 年	2005 年	2006 年 1～6 月
业务收入总计	201. 58	1 395. 89	2 310. 64	3 625. 77	5 318. 08	6 374. 36	3 214. 44
其中：							
网络基础服务	162. 5	632. 74	632. 27	678. 23	1 434. 33	2 398. 32	1 026. 00
网络信息推广服务	26. 52	579. 40	1 102. 78	1 628. 50	1 825. 96	2 075. 87	1 300. 43
广告发布服务	1. 56	183. 75	575. 59	1 188. 15	1 423. 69	1 742. 53	849. 25
软件服务	–	–	–	87. 32	277. 45	133. 89	38. 15
硬件销售	–	–	–	42. 85	348. 53	19. 35	–
其他	–	–	–	0. 72	8. 12	4. 40	0. 61
主营业务成本	2. 22	90. 82	300. 86	391. 25	623. 24	477. 25	250. 31
营业费用	28. 62	533. 46	631. 25	1 040. 57	1 047. 83	1 461. 37	745. 17
管理费用	7. 58	119. 28	345. 86	623. 84	593. 40	1 020. 42	516. 95
财务费用	－0. 61	－4. 05	－10. 50	－10. 35	－58. 88	－106. 15	－49. 81
营业利润	152. 58	578. 91	915. 04	1 405. 69	2 850. 45	3 181. 66	1 576. 84
利润总额	152. 58	583. 34	1 016. 30	1 470. 61	2 984. 33	3 191. 20	1 644. 10

资料来源：招股说明书。

表 12－5　　公司毛利率分析　　单位：万元

项　目	2006 年 1～6 月	2005 年	2004 年	2003 年
主营业务收入	3 214. 44	6 374. 4	5 318. 1	3 625. 8
主营业务成本	250. 31	477. 3	623. 24	391. 3
综合毛利	2 964. 13	5 897. 11	4 694. 84	3 234. 5
毛利率	92. 21%	92. 51%	88. 30%	89. 20%
网络服务和软件收入毛利率	92. 21%	92. 51%	94. 00%	90. 13%
硬件毛利率		4. 45%	6. 78%	12. 40%

资料来源：招股说明书。

2. 资产结构分析

公司的资产结构较传统企业具有比较明显的特点，即公司资产主要由流动资产构成，而流动资产中货币资金比重较大，这是成功的互联网公司共有的特征。在与海外市互联网公司资产结构的分析中，网盛科技的现金/流动资产比率比较高，达到91.35%，仅低于该比值为96.20%的金融界。而流动资产/总资产的比率也在50%以上，在几家主要的海外上市互联网公司中位于中偏下的位置。该比率最高的仍然是金融界，达到93.56%，见表12－6。

表12－6　　网盛科技及海外上市互联网公司资产结构分析　　单位：万元

财务指标	盛大	携程	e龙	金融界	51job	腾讯	慧聪	网盛科技
现金	59 892	850	5 245	866	15 267	32 933	2 584	9 500
流动资产	76 311	1 271	12 097	900	20 560	55 446	11 197	10 400
现金/流动资产	78.50%	66.90%	43.40%	96.20%	74.30%	59.40%	23.10%	91.35%
总资产	92 898	1 836	14 284	962	24 865	64 242	22 181	15 100
流动资产/总资产	82.14%	69.20%	84.70%	93.56%	82.70%	86.30%	50.50%	68.89%

资料来源：招股说明书。

12.4 网盛科技的盈利预测与估值

1. 盈利预测

由于公司上市带来的品牌与注意力集中效应，而且平台升级与专业搜索项目顺利实施后，可能引起访问量、注册用户与广告的强劲增长，公司将继续保持在国内化工网的领先地位。并且，通过募集项目的陆续投入，公司将在化工互联网内容提供与住处服务方面提供全方位的网上服务，由此未来三年业绩将会有一个高速的增长。

在对利润表作预测时，我们作如下假设：

(1) 根据公司招股说明书及募集资金投向，网盛科技来自化工类网站的收入将保持稳定甚至上升。

表 12－7　　此次募集资金项目及投资计划

项目名称	固定资产投资	办公场地	铺底流动资金	投资总额	浙发改高技
化工专业搜索信息服务平台项目	4 100	900	700	4 800	［2005］56 号
化工专业信息平台升级项目	3 300	900	1 200	4 500	［2005］51 号
私有交易平台和供应商关系管理系统项目	4 100	1 200	850	4 950	［2005］44 号
营销及服务网络建设项目	4 500	主要		4 500	
总计	16 000		2 750	18 750	
项目名称	投资总额	第一年度	第二年度	第三年度	剩余年度
化工专业搜索信息服务平台项目	4 800	2 680	1 740	160	220
化工专业信息平台升级项目	4 500	1 770	1 390	770	570
私有交易平台和供应商关系管理系统项目	4 950	1 400	1 630	1 500	420

资料来源：招股说明书。

在表 12－7 中，我们可以看出，此次募集的大部分资金将投资于化工类网站的升级与建设，在 18 750 万元的总投资额当中，用于化工类网站的投资额共有 9 300万元，达到 50.27%。在之前的行业分析当中，我们看到，截至 2006 年 6 月 30 日，公司所经营的中国化工网平台（包括全球化工网）在全球所有网站中的流量排名为第 3 038 位，远远领先于我国其他专业化工网站而位居第一。网盛科技在国内专业化工网的地位不言而喻。

另外，在对公司进行的财务分析当中，我们也提到，化工网收入是公司主营业务收入的主要来源，在 2003 年、2004 年、2005 年及 2006 年 1～6 月化工网收入占公司主营收入的比例分别达到 91.56%、81.5%、88% 和 85%。

根据以上几点，我们假设网盛科技来自化工类网站的收入将保持稳定甚至上升。

（2）假设公司未来几年的主营业务收入将会有大幅的上升。

由于前期的研发投入，公司将在 2007 年上半年推出化工专业搜索引擎，同时开展关键字搜索排名竞价广告出售。由于专业搜索的需求巨大，因此我们认为该项目的实施会带来大量新增的访问量，而2008年关键字搜索排名竞价广告也可能会带来广告收入16%~25%之间的额外增长。

另外，公司“会员+广告”的盈余模式本身还能够给公司带来5%~10%左右的年增长。而专业化工搜索项目的顺利实施也增加了公司高速增长的能力。

根据以上几点，我们假设公司在未来几年主营业务收入的增长将维持在一个较高的水平，我们预计2008年的年增长率将达到25%，2009年的年增长率为26%。而相应地，成本也将维持在一个较稳定的水平。

(3) 根据招股说明书的披露，所得税率由7.5%升至15%。

由表12-8可以看出，经过预测得到的网盛科技2007~2009年净利润增长率分别为19.25%、24.21%及22.79%。按发行后的总股本6 000万计算，则得到对应的每股净收益分别为0.60元、0.75元及0.92元。

表12-8　　利润表预测　　单位：万元

	2003	2004	2005	2006E	2007E	2008E	2009E
主营业务收入	3 625.8	5 318.1	6 374.4	7 139.3	8 567.2	10 709	13 493.3
主营业务成本	391.3	623.2	477.3	571.1	685.4	1 070.9	13 493
主营业务税金及附加	196.6	265.3	346.3	392.7	471.2	589	742.1
主营业务利润	3 037.9	4 429.5	5 550.8	6 175.5	7 410.6	9 049.1	11 401.9
其他业务利润	21.9	3.3	6.5	0	0	0	0
营业费用	1 040.6	1 047.8	1 461.4	1 713.4	2 056.1	2 409.5	3 103.5
管理费用	623.8	593.4	1 020.4	1 142.3	1 370.8	1 659.9	2 158.9
财务费用	(10.3)	(58.9)	(106.2)	(142.79)	(171.34)	(214.18)	(269.87)
营业利润	1 405.7	2 850.5	3 181.7	3 462.6	4 155.1	5 193.9	6 409.3
投资收益	25.3	31.8	(35.7)	90	90	90	90
补贴收入	30.2	103.3	29.6	30	30	30	30
营业外收支净额	9.4	(1.3)	15.7	15	15	15	15
利润总额	1 470.6	2 984.3	3 191.2	3 597.6	4 290.1	5 328.9	6 544.3
所得税	78.9	238.7	264.9	539.6	643.5	799.3	981.6
少数股东损益	41.8	46.9	24.2	14.3	17.1	21.4	27
净利润	1 349.9	2 698.8	2 902.1	3 043.7	3 629.4	4 508.1	5 535.7

资料来源：招股说明书。

2. 对网盛科技的估值

网络公司与传统公司不同的地方在于，许多网络公司当前没有现金收益。然而，为什么投资者要购买网络公司股份呢？这与投资者购买其他非网络公司的股票的理由是相同的，即投资者希望参与这些公司的未来收益分配。大多数情况下，投资者购买股票是因为投资者认为公司在未来的投资收益将大于因购买股票所产生的风险。

可是在对网络公司进行投资之前，投资者往往会遇到对网络公司估值的问题。由于网络公司自身的特殊性，目前还没有一个专门针对网络公司的比较权威的估值方法。而现行比较流行的估值方法主要有折现现金流量法、市盈率法及客户价值法三类（周金泉，2006）。

（1）折现现金流量法

该方法是指根据公司目前现金流量的增长率分别预测公司未来各期的现金流量，并予以折现从而得到网络公司目前的估计价值。公司财务管理认为公司的价值应当与公司未来股利的现值之和相等，现金流量法就是基于这个原则。但是，由于网络公司的未来现金流量难以预测，故这种方法在现实中的应用比较困难，存在的不确定性也比较高。

（2）相对估值法（市盈率法）

该方法是以公司的收益和市盈率来确定公司价值，以行业平均的市盈率水平大体不变为前提。上市公司的股票价格反映了市场对该公司未来相关风险的预期，公司的市场价值就等于股票市价乘以发行在外的普通股股数，这反映了投资者对公司一致认可。因而，市盈率最充分表达了证券分析理论中基础分析法的投资理念与手段，在投资运作实践中被广泛采用。

（3）客户价值法

所谓客户价值法是指采用一些网络行业特有的指标，从用户的角度对网络公司价值进行评估。客户价值法一般采用的指标有访问量、点击率、停留时间、浏览页数及到达率等，通过上述指标的统计可以得到对客户的一个量化的分析。但是，收入才是网络公司的重要价值，而价值并非与客户数量成正比（詹朝晖，2000）。正因为如此，客户价值法的应用也受到了一定的限制。另外，统计所需要的数据本身也是一项较繁琐的工作。

基于以上分析，我们决定采用相对估值法。由于目前的国内市场缺乏可比较对象，目前全球也没有业务模式类似的上市公司，因此我们根据在 Nasdaq 上市的中国网络股的平均 PE 为基础，从而得到对网盛科技的估值。

以 2007 预测的 EPS 为准，Nasdaq 上市的中国网络股平均 PE 为 30 倍（30X），美国电子商务公司平均 PE 为 23X。鉴于网盛科技是国内化工行业的龙头企业，再加上电子商务美好的发展前景，我们给公司的 PE 为 25X - 30X。在盈利预测中，我们预计公司 2007 年的每股收益为 0.60 元，对应的合理价位区间为 15.00 ~ 18.00 元。

表 12 - 9　　Nasdaq 上市的中国网络股

股票名称	总股本（百万股）	流通股（百万股）	摊薄 EPS（2007E）	PE
新浪	54	36	0.99	29
网易	131	126	1.1	16
搜狐	37	16	0.88	29
TOM 在线	53	53	0.5	30
CHINA CDC Corp	112	84	0.41	21
盛大互动娱乐	71	54	0.94	18
携程网	32	32	1.28	44
e 龙	25	17	0.26	54
掌上灵通	26	26	0.29	20
空中网	35	32	0.5	17
前程无忧	27	27	0.59	30
金融界	20	20	0.12	40
第九城市	24	23	1.81	15
华友世纪	22	22	0.3	26
百度	21	21	1.74	66
均值				30

资料来源：Bloomberg/国金证券研究所。

表 12 - 10　　美国主要电子商务上市公司

股票名称	总股本（百万股）	流通股（百万股）	摊薄 EPS 2007E	PE
EBAY	1 394	1 088	1.24	26
GSOL	38	9	0.7	20
均值				23

资料来源：Bloomberg/国金证券研究所。

参考文献：

1. 詹朝晖，“简论网络股估值”，《国际金融研究》，2000年第4期第74～76页。

2. 周金泉，“网络公司价值评估的理论模式”，《江苏社会科学》，2006教育文化版第187～192页。

3. 殷逸健，“网络股定价：基于新增长模式的深入分析”，2000年第2期第30～34页。

4. 侯合银、王浣尘，“新经济环境下互联网股票价值评估问题”，《预测》，2002年第1期第55～58页。

第 13 章

招商银行股改估值[①]

随着股权分置改革的进行，我国非流通股占据大半江山的局面终于被打破。然而在流通股股东承担了多年的风险和磨难之后，非流通股的上市又可能对现有流通股股东带来巨大的影响。为了弥补流通股股东的损失、保护中小股东的权益，各股改公司的股改方案纷纷亮相，并都以送股、分红和送权证等为条件来取得投资者对股改的赞同。然而，对股改中的公司应如何进行估值？股改之后公司的价值将会有何变化？其估值水平究竟是偏低还是过高？股改之后公司股票的走势又将如何？本章将通过招行银行一例对上述问题进行讨论。

13.1 招行简介

招商银行成立于1987 年4 月 8 日，是我国第一家完全由企业法人持股的股份制商业银行，总行设在深圳，其注册资本为 14 703 421 227 元。自成立以来，招商银行先后进行了三次增资扩股，并于 2002 年 3 月成功地发行了 15 亿 A 股，4 月 9 日在上海证券交易所挂牌交易（股票代码：600036），是国内第一家采用国际会计标准上市的公司。2006 年 9 月又成功发行了 22 亿 H 股，9 月 22 日在香港联交所挂牌交易（股票代码：3968）。10 月 5 日行使 H 股超额配售，共发行了 24.2 亿 H 股。到 2006 年，招商银行总资产逾 8 000 亿元，在英国《银行家》杂志“世界 1 000 家大银行”的最新排名中，资产总额位居 114 位，同时，该行也是国内第一家取得基金托管人资格的上市银行。

2005 年末，招商银行人民币存款总额占市场份额 12.73%，在 12 家股份制银行中排名第二位，人民币储蓄存款总额占市场份额 22.41%，排名第二位，人民币贷款总额占市场份额 13.51%，排名第二位，人民币个人消费贷款总额占市场份额 17.80%，排名第一位，行业地位相当突出。

---

① 本案例完成于 2007 年 6 月。

招商银行财务状况良好。净利润持续增长，2006 年更是增长了约 80%；在其净利润增长的同时，不良贷款率持续下降，从 2004 年的 2. 87% 下降到了 26 年的 2. 12%；与此同时，其资本充足率却在不断上升，与 2005 年相比，其资本充足率上升了 2. 4 个百分点，其良好的财务状况凸显了其投资价值。具体财务状况见表 13 – 1。

表 13 – 1　　招商银行的财务状况（近 3 年）

年度	ROE（%）	EPS	资本充足率（%）	存贷比（%）	不良贷款率（%）	拨备覆盖率（%）	净利润（亿元）
2004	15. 06	0. 46	9. 55	62. 58	2. 87	101. 36	31. 4409
2005	15. 93	0. 38	9. 01	59. 23	2. 58	111. 04	39. 3038
2006	12. 88	0. 48	11. 4	63. 30	2. 12	135. 61	71. 0753

资料来源：Wind 数据库。

招商银行的股价走势也充分反映了它的投资价值，见图 13 – 1。从招商银行的股票走势图上我们可以看出，投资者对该股票显示出了极度的认同。该股股价从 2004 年 3 月 11 日的每股 4. 61 元，迅速上涨，直至 2007 年 5 月 14 日的 22. 16 元，上涨了 380. 7%。而与此同时，代表市场走势的沪深 300 指数只从 1 357. 84 上升至 3 604. 64，上涨幅度为 165. 5%。

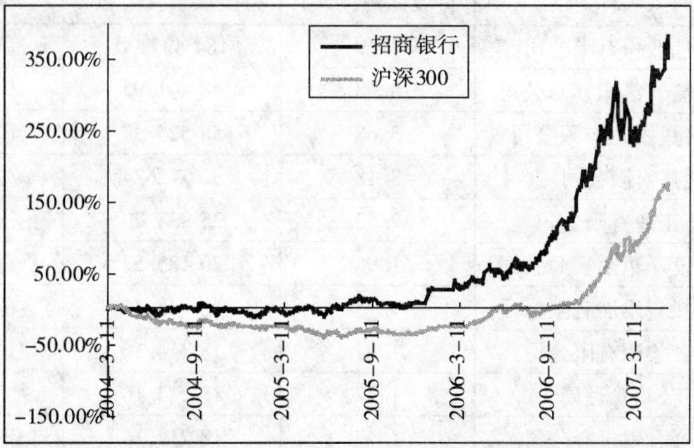

数据来源：Wind 数据库。

图 13 – 1　招商银行历史股价走势图

13.2 招行的股改方案

1. 招行的股权分置状况

据招行2005年3季报显示，股改之前招商银行的股权结构如图13-2所示。流通的A股为273 361.537万股，仅占总股本的26.52%；国家股为401 954.54万股，占总股本的39%；募集法人股为355 272.71万股，占总股本的34.47%。其前十大股东中招商局轮船股份有限公司为其第一大股东，持股比例为17.9%，第二大股东为中国远洋运输（集团）总公司，其持股比例为8.58%，第三大股东为广州海运（集团）有限公司，其持股比例为5.68%，且其性质均为国有法人股。招商银行前十大股东名称见表13-2。

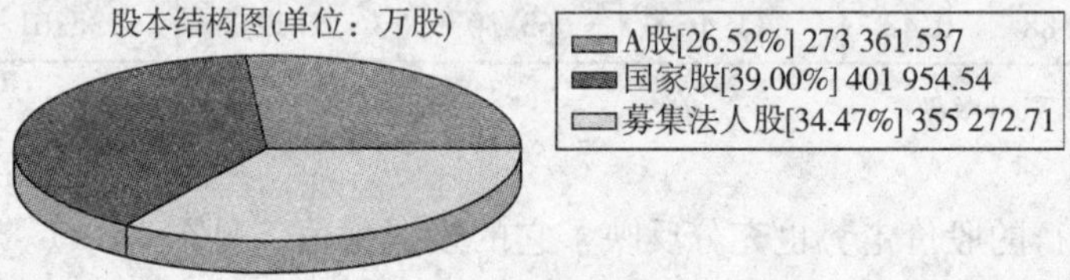

数据来源：金融界网站。

图13-2　招商银行股本结构图

表13-2　　**招商银行05年3季度前十大股东**

持有人名称	持股比例（%）	持股数量（万股）	股本性质
招商局轮船股份有限公司	17.9	184 437.20	国有法人股
中国远洋运输（集团）总公司	8.58	88 441.95	国有法人股
广州海运（集团）有限公司	5.68	58 525.37	国有法人股
友联船厂有限公司	3.18	32 772.24	外资法人股
上海汽车工业有限公司	2.52	25 938.20	国有法人股
中国港湾建设（集团）总公司	1.96	20 185.57	国有法人股
深圳市晏清投资发展有限公司	1.95	20 045.35	国有法人股
秦皇岛港务集团有限公司	1.77	18 214.16	国有法人股
广东省公路管理局	1.77	18 214.16	国家股
山东省交通开发投资公司	1.77	18 214.16	国有法人股
中国海运（集团）总公司	1.77	18 214.16	国有法人股

数据来源：金融界网站。

2. 可转债发行风波

由于2004年11月23日招商银行公布可转债上市公告书，宣布发行65亿可转债，可转债的起止日期为2004年11月29日至2009年11月10日。而这一时间正跨越了股改时间，使得招商银行面临更为复杂的情形。为此，我们首先介绍围绕这次可转债发行曾发生的风波。

2003年8月26日，招商银行发布公告，拟发行不超过人民币100亿元可转换债券，发行方案由招商银行上市发行的主承销商——中金公司设计。由于可转债的发行将对流通股股东造成巨大的损害，所以消息一经传出，便引起了市场各方的广泛关注。其中，机构投资者的反应尤其激烈。

首先，由于市场竞争的激烈性和证券市场的不确定性，公司状况或者股价在将来都有可能出现剧烈的变动。可转换债券的持有人在转换期内既可以将其持有的债券转换成股票，也可以继续持有或转让，任何人也无法确保可转换债券在转换期内可以顺利转股。如果到期未能转股，大量的债券赎回将会使招商银行的资本金急剧减少，不能达到资本充足率的要求，不利于招商银行的稳健经营。从这一角度来看，流通股股东的长期利益就面临着巨大的风险。

其次，由于可转换债券即是债又是股，这么大的发行计划出台，市场会一下子预期未来招商银行的股票会大增，必然改变短期的供求关系，对二级市场的股价产生不利的影响。到那时，股价的下跌并不会对非流通股股东产生多大的影响，因为在股权割裂的现实下，非流通股股权转让价格更多的是参考每股净资产，然而，靠二级市场股票买卖差价盈利的原流通股股东们就得遭受严重的损失。

另外，招商银行可转换债券的发行将摊薄现有股东权益。为了上市筹集资金，流通股股东已付出巨大牺牲，没想到上市后仅仅过了一年的时间，资本金又告不足。如果进行再融资，一旦原有股东拿不出资金，股本就会被稀释，股东权益也会被稀释。在招商银行未来业绩无法预测的不确定性因素影响下，包括投资基金在内的流通股东利益受损的可能性极大。

基于上述原因，以基金为代表的流通股股东组成“基金联盟”多次向招行提出意见，对抗中金方案。而对于招商银行来说，发行可转债具有可以为招行补充资本金，延后摊薄、可以为招行提供较低成本的资金供应并且不会对股价构成即时冲击，不会导致股价出现较大波动的好处，因此发行可转债为招行所青睐。双方就该问题进行了多次对决，然而由于我国资本市场存在“一股独大”的体制缺陷，虽然以“基金联盟”为代表的流通股股东齐心奋起反对，却最终不敌持股比例约为2/3的非流通股股东。在2003年10月15日召开的招商银行临时股东大会上，招商银行取得了最终胜利，议案获得了通过。

2003年10月16日，招商银行发表公告称，招商银行股份有限公司于2003

年10月15日召开2003年第一次临时股东大会，会议审议通过发行可转换公司债券的议案：本次发行规模不超过人民币100亿元，期限为5年，建议年利率第一年1.0%，逐年递增0.375个百分点，最后一年2.5%。与此同时，基金联盟发表《部分流通股股东关于对招商银行股东大会通过发债议案的联合声明》，谴责招行违法违规，呼吁全社会都来关注并谴责招商银行这一违法违规并严重侵犯流通股东利益的行为，呼吁招商银行的流通股股东团结起来，为争取自己的合法权益而抗争，为推动我国证券市场的健康发展尽一份力量，并对可转债议案最终获得股东大会通过深表遗憾。

2004年2月18日，招商银行董事会公告显示，招商银行已修改此前百亿可转债券方案为35亿次级债和65亿可转换债券的新融资方案。新方案受到了法人股东与流通股东的欢迎，持续了半年之久的招行可转债风波终于恢复平静。2004年4月9日，招商银行35亿元次级债的发行计划获银监会批准。中国太平洋保险（集团）股份有限公司购买其中25亿人民币的次级债。2004年4月14日，中国平安人寿保险股份有限公司、泰康人寿保险股份有限公司与招行达成协议，分别购买了公司7亿元人民币、3亿元人民币的次级定期债务。招商银行完成了中国银监会批准发行的35亿元人民币次级定期债务。

2004年7月13日，招商银行发布公告称其发行65亿元可转换公司债券的申请获发审委会议审核通过。2004年11月23日，招商银行公布可转债上市公告书，宣布发行650万张面值为100元的可转债，初始转股价格为9.34元/股，可转债的起止日期为2004年11月29日至2009年11月10日。可转换股票的日期为自发行日6个月起至可转债到期日。可转债按照票面金额从可转债发行之日起开始计息，年利率第一年为1.0%，第二年为1.375%，第三年为1.75%，第四年为2.125%，第五年为2.5%。在可转债存续期满之后的5个工作日内，发行人对到期未转股的可转换公司债券还本付息。除按2.5%的利率支付第五年利息外，还将补偿支付到期未转股的可转换公司债券持有人相当于债券票面面值6%的利息。

至此，备受争议的招行可转债风波终于画上了句号。

3. 股改历程

招商银行于2005年12月19日停牌并公布其初步股改方案，大概内容为10股送1.6股股票和2份续存期为24个月，行权价为5.53元，行权比例为1∶1的认沽权证（该方案相当于10送1.92股）。然而，该方案一出，便招来了很多流通股股东特别是基金的不满，他们认为招行的对价与民生银行的10送3，浦发银行相传的10送3相比均过低，而招行认为其股票质地好，1.6股的送股比较合理，同时招行又恐送股过高会减少其控制权，因此双方就对价问题进行了多次协商。终于，招商银行于2005年12月29日对其19日的股改初步方案进行了修改，具体内容主要有以下几个方面（新旧方案对比见表 13－3）。

（1）公司“派发认沽权证”对价安排有所调整

原方案为：招商局轮船股份有限公司接受委托向本次方案实施股权登记日在登记结算公司登记在册的流通股股东按转增前每 10 股无偿派发 1.6 股股票和 2 份存续期限为 24 个月的认沽权证。权证的初始行权价为 5.53 元，初始行权比例为 1∶1（即 1 份认沽权证代表 1 股招商银行股票的卖出权利），行权期间为权证存续期满前 5 个交易日。

新方案为：招商局轮船股份有限公司接受委托向本次方案实施股权登记日在登记结算公司登记在册的流通股股东按转增前每 10 股无偿派发 1.6 股股票和 6 份存续期限为 18 个月的认沽权证。权证的初始行权价为 5.65 元，初始行权比例为 1∶1（即 1 份认沽权证代表 1 股招商银行股票的卖出权利），行权期间为权证存续期满前 5 个交易日。

（2）新方案对限售价格承诺进行修改

原方案为：招商局轮船股份有限公司、友联船厂有限公司、深圳市晏清投资发展有限公司、国家开发投资公司、招商局蛇口工业区有限公司、香港海通有限公司等六方（该六方所持股份为招商局集团控制）承诺，在股权分置改革方案实施之日起的第 37 个月至第 48 个月期间，当公司股票价格首次达到或超过 6.64 元（该限售价格相当于认沽权证初始行权价的 120%，若股权分置改革方案实施的次日起至本承诺期届满前，本公司发生派息、送股、公积金转增股本及其他股份变动而涉及除权、除息事项的，则该限售价格相应除权、除息）之前，该等股东所持的原非流通股份仍不进行上市交易或转让，若违反上述承诺转让股份的，转让股份所得的资金划入招商银行归全体股东所有。

新方案为：招商局轮船股份有限公司、友联船厂有限公司、深圳市晏清投资发展有限公司、国家开发投资公司、招商局蛇口工业区有限公司、香港海通有限公司等六方（该六方所持股份为招商局集团控制）承诺，在股权分置改革方案实施之日起的第 37 个月至第 48 个月期间，当公司股票价格首次达到或超过 8.48 元（该限售价格相当于认沽权证初始行权价的 150%，若股权分置改革方案实施的次日起至本承诺期届满前，本公司发生派息、送股、公积金转增股本及其他股份变动而涉及除权、除息事项的，则该限售价格相应除权、除息）之前，该等股东所持的原非流通股份仍不进行上市交易或转让，若违反上述承诺转让股份的，转让股份所得的资金划入招商银行归全体股东所有。

（3）调整后的股改方案增加了长期激励计划承诺

承诺的内容为：所有承担认沽责任的非流通股股东补充承诺，在本次股权分置改革方案完成后，将建议招商银行董事会制定包括股权极力在内的长期激励计划，并由招商银行董事会按照国家相关规定实施或提交招商银行股东大会审议通过后实施该等长期激励计划。

至此，招行的股改方案基本划定。

表 13－3　　招行股改新旧方案对比

	12 月 19 日旧方案	12 月 29 日新方案
支付对价方案	向流通股股东按转增前每 10 股无偿派发 1. 6 股股票和 2 份存续期限为 24 个月的认沽权证。权证的初始行权价为 5. 53 元，初始行权比例为 1:1。	向流通股股东按转增前每 10 股无偿派发 1. 6 股股票和 6 份存续期限为 18 个月的认沽权证。权证的初始行权价为 5. 65 元，初始行权比例为 1:1。
限售价格承诺	在股权分置改革方案实施之日起的第 37 个月至第 48 个月期间，当公司股票价格首次达到或超过 6. 64 元（该限售价格相当于认沽权证初始行权价的 120%，若股权分置改革方案实施的次日起至本承诺期届满前，本公司发生派息、送股、公积金转增股本及其他股份变动而涉及除权、除息事项的，则该限售价格相应除权、除息）之前，该等股东所持的原非流通股份仍不进行上市交易或转让。	在股权分置改革方案实施之日起的第 37 个月至第 48 个月期间，当公司股票价格首次达到或超过 8. 48 元（该限售价格相当于认沽权证初始行权价的 150%，若股权分置改革方案实施的次日起至本承诺期届满前，本公司发生派息、送股、公积金转增股本及其他股份变动而涉及除权、除息事项的，则该限售价格相应除权、除息）之前，该等股东所持的原非流通股份仍不进行上市交易或转让。
长期激励计划承诺	无	在本次股权分置改革方案完成后，将建议招商银行董事会制定包括股权极力在内的长期激励计划，并由招商银行董事会按照国家相关规定实施或提交招商银行股东大会审议通过后实施该等长期激励计划。

4. 股改方案简评

首先，新股改方案使公司流通股股东获得的对价大幅提高，是一个“多赢”的方案设计。招商银行调整后的股改方案依然为“资本公积转增股本＋非流通股将转增股份送给流通股东＋欧式认沽权证”。但是调整后的方案在权证数量、权证存续期、行权价格、限售价格以及长期激励计划承诺等方面作了一定的修改。

根据修改后的股改方案，公司流通股股东获得的对价由原来的约 10 送 1. 92

股提高到约 10 送 2.53 股（6 份认沽权证按 B－S 模型计算的理论价值为 5.40 元，相当于每 10 股流通股获得 0.91 股的对价）。新方案给予流通股股东的对价基本符合预期。

另一方面，虽然调整以后的股改方案增加了承担认沽责任的非流通股股东执行对价安排的义务，但并不加重其他非流通股股东在原方案下的义务，因此新方案获得非流通股股东认可的可能性很大。

对于承担认沽责任的非流通股股东来说，派送权证由 2 份增加到 6 份，表面上是增加了这些股东到期执行对价的负担，但是由于权证初始行权价很低（由原来的 5.53 元上调到新方案中的 5.65 元），对于一家质地优良的商业银行来说，流通股的按期行权带给大股东的很可能是低价增持的良好机会。

总体来看，新的股改方案对于非流通股股东和流通股股东来说，是一个“多赢”的方案设计，因此当时机构普遍认为估计新方案获得通过的可能性较大。

其次，新股改方案中关于可转债相关条款没有变动，这将促使可转债持有者大量转股。在可转债相关条款方面，新方案依然仅就公积金转增部分而对转股价格进行调整，对可转债持有者的应有权益没有给予充分考虑，这将加快可转债持有者转股的速度，并促使可转债持有者大量转股，而这也正是忙于补充资本金的公司管理层所乐意看到的结果。

可转债大量转股以后，公司的每股收益将有所摊薄，每股净资产则有所上升，由于银行业的估值更加偏重于“市净率”指标，因此可转债转股将使招商银行市净率下降，对投资者的吸引力提升。

13.3　股改对价及权证价格计算

1. 股改对价的计算

（1）招行的计算

按招行股改说明书中的计算，股改总对价为每 10 股获送 2.51 股，较修订前提高 31%。根据新方案，经调整后，每份认沽权证理论价值（由 B－S 公式计算）由 0.9375 元调整为 0.9 元；认沽权证理论价值总额由 1.875 元提高到 5.4 元，以招商银行股改说明书中公布的招行股改后的理论价格 5.92 元为基数（数据来自招行股改说明书），折算为送股方式的对价由每 10 股送 0.32 股提高到每 10 股送 0.91 股。总对价由每 10 股获送 1.92 股提高到每 10 股流通股获送 2.51 股，较修订前提高 30.73%。

（2）国泰君安的计算

根据国泰君安的计算（数据截止日为 2005 年 12 月 31 日），股改总对价为每

10股获送2.35股，较修订前的1.85股提高27%。

模型采用了B－S模型，其认沽权证价格计算公式如下：

$P = Ke^{-rt}N(-d_2) - SN(-d_1)$，其中 $d_1 = \frac{\ln(S/K) + (r + \sigma^2/2)t}{\sigma\sqrt{t}}$，

$d_2 = \frac{\ln(S/K) + (r - \sigma^2/2)t}{\sigma\sqrt{t}} = d_1 - \sigma\sqrt{t}$，

S为标的资产价格，K为行权价格，L为行权比例，t为剩余期限，r为无风险利率，σ位标的资产波动率，N（x）为标准正态分布函数。

在应用B－S模型时他们对招行选用的参数略作如下调整：①由于其期限较长，为18个月，故将无风险收益率由1.81%调升为2.0%；②对招行最近3年的历史数据计算，可知其年均波动率在22%～29%之间，故选取波动率为25%，替代原来的33%；③原模型未考虑分红，本模型假设在2006年6月20日作一次分红：每10股分2元；④将权证发行时的正股价预测值由5.45元调整为5.30元。可见国泰君安的参数调整的结果与招行的相比要相对稳健，导致最后折算的送股数量相对招行的计算较小，因此我们认为这种稳健的方法是可以接受的，两者的具体差异见表13－4。

表13－4　调整B－S模型参数（分红时间假设在2006年6月20日）

参　数	招行参数	本模型参数
权证发行时正股价格预测	5.45	5.3
认沽行权价格（元）	5.65	5.65
存续期（月）	18	18
无风险收益率	1.81%	2.00%
波动率	33%	25%
每股分红（元）	0	0.2
每份权证的理论价值（元）	0.9	0.72
6分权证的理论价值（元）	5.4	4.34
折算为每10股获送股数	0.91	0.75

资料来源：国泰君安公司研究报告。

经过以上参数调整后，按B－S模型计算出来的招行认沽权证理论价值在修订前后均为每份0.72元（见表13－5）；流通股每10股获送的认沽权证理论价

值总额由 1.45 提高到 4.34 元，折算为送股方式的对价由 0.25 股上升到 0.75 股。因此总对价水平由每 10 股获送 1.85 股上升到 2.35 股（见表 13－6），较修订前提升 27.12%。

表 13－5　　招行权证价值敏感性分析——理论价值为 0.72 元

波动率\正股价	4.80	5.00	5.20	5.30	5.45
23%	0.94	0.83	0.72	0.67	0.61
25%	0.98	0.87	0.77	0.72	0.66
27%	1.03	0.92	0.82	0.77	0.71
29%	1.07	0.96	0.87	0.82	0.76
31%	1.11	1.01	0.92	0.87	0.81

表 13－6　　招行股改方案前后比较

	2005 年 12 月 19 日公布的初步方案	2005 年 12 月 30 日公布的修正方案
权证方案：		
权证获送份数	2	6
行权价格（元）	5.53	5.65
存续期限	24 个月	18 个月
每份权证理论价值（元）	0.72	0.72
每 10 股所获权证理论价值（元）	1.45	4.34
折算为每 10 股获送股数	0.25	0.75
转增送股：		
折算为送股	10 送 1.6 股	10 送 1.6 股
对价合计	10 送 1.85 股	10 送 2.35 股
限售价格调整	限售价*6.64 元	限售价 8.84 元

注：限售价是指，招商局轮船股份有限公司等 6 家部分承担认沽责任的非流通股股东承诺在 36 个月的禁售期限届满后 12 个月内，当公司股票价格首次达到或超过该价格之前，其所持有的原非流通股东仍不进行上市交易或转让。

资料来源：国泰君安公司研究报告。

2. 权证的交易价值将驱动招行股价上涨

根据招行股改新方案，招行公积金转增后除权价为 6.06 元，送股后的自然除权价为5.22元；再考虑认沽权证的内在价值除权，则按总对价自然除权后价格为4.97元，权且记为5元；对应的PB为2.01倍。接下来估算招行复盘后的股价变化趋势，为此，需测算每股招行股票在股改后的交易价值。

股改后的股票交易价值将由两部分组成：股改后的股票交易价值和股改后权证交易价值。它们分别取决于股改后的股票价格、股改后权证价格涨幅。根据每股招行股票在股改后的交易价值，可简单算出复盘后招行股票潜在涨幅。假定股改后股票价格为5元（对应的PB为2.01倍），股票交易价值为6.3元；权证价格涨幅100%，即为0.72元的2倍也即1.44元，每股所获权证的交易价值为0.87元；则招行股票在股改后的总交易价值上升为7.17元。相对复盘前的6.58元涨8.89%（见表13－7）。如果权证价格涨幅仍为100%，而股票价格为5.3元，则招行股票的潜在涨幅为14.63%（见表13－8）。总之，若考虑到债转股后的股票抛压，招行股票的潜在涨幅大约在10%左右。

表13－7　招行股改复盘相关指标测算（假设全部债转股）

<table>
<tr><td colspan="3">已知公积金转增比例a</td><td>0.08589</td></tr>
<tr><td colspan="3">流通股东获送股票对家系数K</td><td>0.16</td></tr>
<tr><td colspan="3">非流通股东送出率</td><td>7.91%</td></tr>
<tr><td colspan="3">转增后除权价（元）</td><td>6.06</td></tr>
<tr><td colspan="3">对价后流通股股东股数增量</td><td>0.25963</td></tr>
<tr><td colspan="3">送股后自然除权价（元）</td><td>5.22</td></tr>
<tr><td colspan="3">每股所获权证内在价值（元）</td><td>0.26</td></tr>
<tr><td colspan="3">按总对家自然除权后参考价（元）</td><td>5</td></tr>
<tr><td colspan="3">对应参考价的PB</td><td>2.01</td></tr>
<tr><td>权证名称</td><td>规模（亿份）</td><td>首日开盘价涨幅</td><td>首日参考价</td></tr>
<tr><td>万科HRP1</td><td>21.4</td><td>157.07%</td><td>0.389</td></tr>
<tr><td>招行认沽权证</td><td>22.46</td><td>100%</td><td>0.72</td></tr>
<tr><td colspan="3">招行每份权证交易价值（元）</td><td>1.44</td></tr>
<tr><td colspan="3">目前每股在股改后的交易价值测算（元）</td><td>7.17</td></tr>
<tr><td colspan="3">股票交易价值（元）</td><td>6.3</td></tr>
<tr><td colspan="3">权证交易价值</td><td>0.87</td></tr>
<tr><td colspan="3">债转股收益率</td><td>15.01%</td></tr>
</table>

表 13-8　　招行复盘后股票交易价值潜在涨幅敏感性分析*

对应股价的 PB 值	1.93	2.01	2.09	2.13	2.19
权证涨幅 \ 股改后股价	4.8	5	5.2	5.3	5.45
80%	3.75%	7.57%	11.40%	13.32%	16.19%
90%	4.40%	8.23%	12.06%	13.98%	16.85%
100%	5.06%	8.89%	12.72%	14.63%	17.51%
110%	5.72%	9.55%	13.38%	15.29%	18.16%
120%	6.38%	10.21%	14.04%	15.95%	18.82%

注："潜在涨幅"是指股改期间股票总交易价值的相对变化幅度。

资料来源：国泰君安公司研究报告。

3. 预计大部分可转债将转股

招行股票和可转债交易将于1月4日复牌直至1月11日股权登记日。在股改之前可转债的交易时间为：1月4日~1月11日；可转债的转股时间为1月4日~1月11日或者相关股东会议决议公告之日起的两个交易日（预计为1月23日~1月24日；只转股，不交易）。在股改完成之前，对可转债持有者而言，他将面临以下三种选择：（1）抛售可转债（1月4日~1月11日）；（2）债转股（1月4日~1月11日；1月23日~1月24日）；（3）一直持有可转债。虽然万科股改后尚有不少可转债未转股，但招行和万科不同，它除了认沽权证外，还有转增送股，这部分是确定性收益。由于未转股的可转债持有人不享受股改对价，转股价将不因对价而调整。考虑到招行实际送股1.6股（每10股流通股获送股数）以及6份认沽权证的投机价值，因此，预计绝大多数可转债持有者将选择转股。因为按照以上假设估算，转股后可在短期内获得包括认沽权证交易价值在内的总收益率15%甚至更高（见表13-9）；而持有可转债到期是很难获得上述收益率，且还需扣除时间成本。

表 13-9　　招行债转股收益率敏感性分析

对应股价的 PB 值	1.93	2.01	2.09	2.13	2.19
权证涨幅 \ 股改后股价	4.8	5	5.2	5.3	5.45
80%	9.57%	13.62%	17.66%	19.68%	22.72%
90%	10.27%	14.31%	18.36%	20.38%	23.41%

续表

对应股价的 PB 值	1.93	2.01	2.09	2.13	2.19
100%	10.97%	15.01%	19.05%	21.07%	24.11%
110%	11.66%	15.70%	19.75%	21.77%	24.80%
120%	12.36%	16.40%	20.44%	22.47%	25.50%

资料来源：国泰君安公司研究报告。

4. 股改后合理价位估算：约6.8元/股

招商银行股改自2006年1月12日停牌，至2006年2月27日复牌。根据香港和美国银行，尤其是交行和建行的市盈率（PE）、市净率（PB）水平，分别按当前合理的PB=2.6~2.8；及动态PB=2.3~2.5倍预测，可得出相应得招行预测牌价位为：6.5~7.0元/股。考虑到招行复牌后，有相当部分债转股将择机抛出，因此，选取其中的6.8元作为股改后复牌的合理价位预测值。

复盘价位6.8元对应的目前PB值为2.73倍，2006年动态PB值为2.42倍；此时流通股东总市值涨幅约为15%（假定权证涨幅50%，权证价为0.48元）。

13.4 招行股改对价的合理性分析

1. 股改对价的比较

招行股改的初步对价相当于10送1.92股，之后在流通股股东与非流通股股东的协商下又提高到相当于10送2.51股的水平，而该水平与同行业的民生、浦发、浦发的10送3相比较低（具体对价及承诺见表13-10），这也正是流通股股东所不满的主要原因。然而，由于非流通股股东的持股比例较大，并且对对价的支付上拒不让步，流通股股东考虑到招行的盈利能力与成长能力均不错，最后还是接受了该支付对价比例。因此，我们认为与行业其他银行横向比较，招行的对价支付水平偏低，不过考虑到招行的股票相对分散等困难，我们认为该对价还是可以接受的。而同行业的深发展由于其股权比较分散，并且公司盈率水平较低，因此没有能力支付过多的股权，这也正是其股改一再推迟的主要原因之一。这里我们认为深发展不具有可比性。对于对价的承诺，各银行则大同小异，对流通股股东来说，影响不会太大。

表 13－10　　　　银行股股改对价方案及承诺对比

银行名称	对价方案	对价承诺	公告日期
民生	经民生银行计算相当于 10 送 3	非流通股股东股改后 12 个月内不得上市交易或转让，持有股份总数 3% 以上的非流通股股东在上述限售期满后至少 12 个月内不得上市交易	20050912
浦发	10 送 3	非流通股股东股改后 12 个月内不得上市交易或转让，持有股份总数 5% 以上的非流通股股东在上述限售期满后出售数量占浦发银行股份总数的比例在 12 个月内不得超过 5%，24 个月内不得超过 10%	20060227
深发展	上市公司向全体流通股东每 10 股送红股 1 股派现金 0.09 元（相当于流通股股东每 10 股获得 0.257 股的对价），派发 1 份存续期 6 个月、行权价 19 元的百慕大式认股权证，派发 0.5 份存续期 12 个月、行权价 19 元的百慕大式认股权证	NEWBRIDGE ASIA AIV Ⅲ，L. P. 承诺，本次认股权证计划实施后，如果 NEWBRIDGE ASIA AIV Ⅲ，L. P. 因行使本次获派权证之认股权利，导致 NEWBRIDGEASIA AIV Ⅲ，L. P. 持有深发展股权比例超过 20%，或导致外资持有深发展股权比例超过 25%，则超过部分将不得行权	20070524
华夏	10 送 3	持有股份 5% 以下的非流通股股东在股改后 24 个月内出售限售股不超过限售股总数的 15%，36 个月内累计不超过限售股总数的 30%；持有 5% 以上的非流通股股东在股改后 24 个月内不出售限售股，36 个月内出售限售股不超过其限售股总数的 30%	20060327

资料来源：金融界网站。

表 13－11 是招行股改前及预测的经营指标。2004 年招行的净利润为 31.4 亿元，预计 2005 年和 2006 年将分别增长 28.7% 和 22.3% 到达 40.5 亿元和 49.5 亿元；而每股净收益由于可转债转换为股权的原因，将使得其分母变大从而导致每股收益的降低，预计 2005 年与 2006 年分别由 2004 年的 0.46 元降低为 0.39 元与

0.4元；招行的净资产收益率2004年约为15.1%，预计2005年及2006年分别为16.3%和14.3%。

表13－11　　招行主要经营指标

项目/时间	2004A	2005E	2006E
主营收入（百万）	22 495	28 081	34 878
主营利润（百万）	4 930	6 238	7 392
净利润（百万）	3 144	4 046	4 948
每股净收益（元）	0.46	0.39	0.40
每股净资产（元）	3.05	2.39	2.81
净资产收益率	15.060%	16.310%	14.320%
总资产收益率	0.522%	0.496%	0.503%

资料来源：国泰君安公司研究报告。

表13－12则为上市银行的估值比较。从该表中我们可以，看出招行的市盈率和市净率分别为22.2倍和3.35倍，高于上市银行的平均水平21.5倍于2.83倍，说明招行的估值相对过高，而市场对招行的这种偏好则是与其公司质地息息相关。从其不良资产率来看，招行为2.57%，高于浦发银行的2.15%和民生银行的1.44%，低于华夏银行的3.13%和深发展的10.74%，在行业中处于中等水平；从其拨备覆盖率（指呆、坏账准备金的提取比率）来看，招行的105.7%低于浦发银行的143.3%和民生银行的108.5%，高于华夏银行和深发展的70.3%和41.5%，在行业中也处于中等水平，它提取的准备金能够覆盖其全部坏账。从其资本充足率来看，招行的9.27%在行业中排名第一，高于浦发的8.24%、民生的8.05%、华夏的8.41%和深发展的3.14%，反映了招行的自有资本较为充实，具有较强的抵御风险的能力。从其每股收益来看，招行2004年为0.459元，仅低于浦发银行的0.493元，在行业中排名第二，其每股净资产为3.049元，同样低于浦发银行的3.451元，排名第二。从净资产收益率来看，招行2004年的15.1%，略低于民生的15.8%，在行业中也排名第二，高于13.7%的平均水平，反映了招商银行相对较好的盈利能力。

总体来说，虽然招行的质地处于中上等水平，但是与浦发银行和民生银行相比，并没有明显的优势，因此以招商银行质地优良为借口，给出相对较低的对价，我们认为是不成立的。

表 13－12　　　　　　　上市银行估值比较

	市盈率 PE			市净率 PB			股价（元）	总股本（百万）	流通股（百万）	不良率	覆盖率	资本充足率
	04A	05E	06E	04E	05E	06E	05 年 6 月					
招行	22.2	17.4	16.9	3.35	2.84	2.42	6.80	10 272	2 700	2.57%	105.90%	9.27%
浦发	18.5	14.3	11.6	2.64	2.32	2.01	9.10	3 915	900	2.15%	143.30%	8.24%
民生	17.3	13.2	12.7	2.73	2.32	1.72	4.91	6 222	1 876	1.44%	108.50%	8.05%
华夏	17.9	14.1	11.7	1.89	1.74	1.56	4.32	4 200	1 200	3.13%	70.30%	8.41%
深发展	45.6	30.6	21.3	2.82	2.58	2.02	6.79	1 946	1 409	10.74%	41.50%	3.14%
平均	21.5	16.4	14.6	2.83	2.45	2.03	N/A	N/A	N/A	N/A	N/A	N/A
交行	122.9	24.6	21	3.68	2.86	2.58	5.05	N/A	N/A	N/A	N/A	N/A
建行	15	18	16	3.75	2.92	2.54	3.78	N/A	N/A	N/A	N/A	N/A

	每股收益（EPS）			每股净资产（BVPS）			净资产收益率			总资产收益率		
	04A	05E	06E	04A	05E	06E	04A	05E	06E	04A	05E	06E
招行	0.459	0.39	0.403	3.049	2.391	2.815	15.1	16.3	14.3	0.52	0.5	0.5
浦发	0.493	0.635	0.788	3.451	3.927	4.517	14.3	16.2	17.4	0.47	0.53	0.57
民生	0.393	0.373	0.387	2.409	2.117	2.854	15.8	17.6	13.6	0.46	0.48	0.46
华夏	0.242	0.307	0.371	2.288	2.489	2.767	10.6	12.3	13.4	0.33	0.36	0.37
深发展	0.149	0.222	0.295	2.408	2.63	3.117	6.20	8.50	9.50	0.14	0.19	0.23
平均	0.392	0.397	0.443	2.81	2.586	3.089	13.7	15.4	14.3	3.51	3.93	4.22
交行	0.041	0.205	0.24	1.371	1.765	1.957	N/A	N/A	N/A	N/A	N/A	N/A
建行	0.252	0.21	0.236	1.007	1.293	1.485	N/A	N/A	N/A	N/A	N/A	N/A

资料来源：国泰君安公司研究报告。

2. 市场反应

招商银行股改自 2006 年 1 月 12 日停牌，至 2006 年 2 月 27 日复牌。而对于招行股改支付对价的方案市场众说纷纭，在其公布最终股改方案之前，一些基金经理已表示了对 1.6 的对价表示不满，因为与民生银行相当于的 10 送 3 的对价相比，招行的对价实在少得可怜，并且从招行三季报显示，部分基金的确大幅减持了该股，与半年报比较，仅第二大流通股股东易方达 50 指数基金就减持了

1 112万股。而另一些投资者则表示并没有对对价水平有过高的要求，他们表示他们关注的是股改后招商银行市盈率的降低，投资价值的提升，他们持有招商银行，不是为了投机炒作，更多看重的是招商银行的长期成长性，对股改的对价多少并不特别苛刻。

招行支付这个对价也有自己的苦衷，它的非流通股持有者非常分散，在股改方案设计过程中，大股东招商局与100多家非流通股股东进行了深入的沟通，要想让非流通股票支付高对价难度很大，因为招商银行这几年质地优良、成长迅速，持有非流通股每年的分红就非常丰厚，即使可以流通，非流通股股东也不愿意，而现在要为获得流通权支付对价，自然不太心甘情愿。这可能是大股东并不想支付太多对价的另一个原因，也是众多非流通股股东较难达成一致让步的原因。

在与非流通股股东的协商谈判过程中，流通股股东与非流通股股东双方均有一定让步，其协商终于达成一致，招行的对价由原来的10送1.92提高到2.51股，尽管这个对价与其他银行相比偏低，在最终的股东大会的投票中，68.35%的流通股股东参加了投票，招行股改方案以96%的流通股东赞成率获得高票通过。至此，招行股改方案终于最终落下了帷幕。

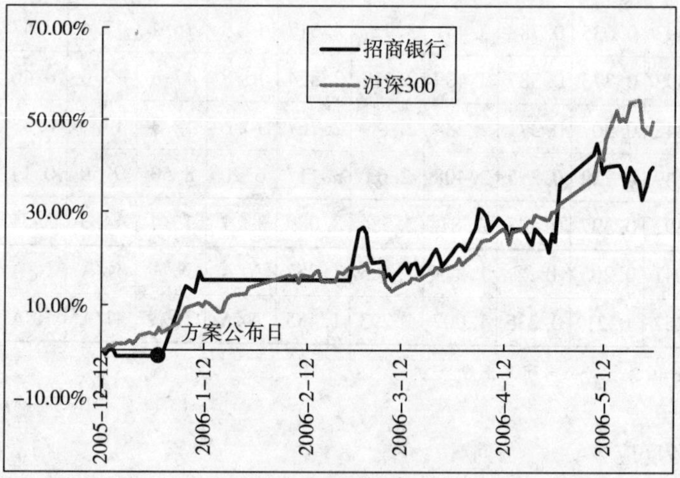

图13-3 股改复牌后招行股价走势图

注：随着股市2006年的走牛，招行的可转债截至2005年末，已有63.59亿元“招行转债”转换位公司股票。而到了2006年9月25日，招行的可转债未转换数量少于3 000万元。根据规定，招行转债在2006年9月29日起停止交易。

然而最终的市场对招行支付对价的接受程度还需由市场来说话，招行的二级市场表现就是市场对招行对价的最好答复。从最终方案公布后 1 周内招行股票强劲的走势来看，我们认为市场对于招行提高对价的行为还是比较欣喜，并且通过招行的股价表现表达了投资者对招行对价水平的接受。

参考文献：

1. “招商银行股份有限公司股权分置改革说明书”，2005 年 12 月 18 日。

2. “招商银行股份有限公司关于股权分置改革方案沟通协商情况暨股权分置改革方案的调整公告”，《上海证券报》，2005 年 12 月 30 日。

3. 国泰君安证券研究所，“招行股改对价方案评析”，2005 年 12 月 21 日。

4. 国泰君安证券研究所，“权证交易价值将驱动股价上涨——招行股改修订方案简评”，2006 年 1 月 5 日。

第 14 章

融资租赁项目的风险管理[1]

从行业主体和总体经营质量上看，目前融资租赁行业已经变成了高风险行业。影响我国融资租赁发展的因素有很多，如缺乏支持融资租赁发展的税收政策；缺乏政府机构和法律法规的支持；对融资租赁普遍缺乏认识；企业缺乏融资渠道，筹资成本较高；租赁模式单一，结构失衡，缺乏创新手段；租赁公司类型少，租赁主体单一；租赁人才缺乏等。但是，除了上述因素外还有一个非常重要的原因，那就是融资租赁企业目前的风险管理水平普遍较低。

为了系统地研究融资租赁项目风险管理方法，本章选择一个有代表性的案例F总院融资租赁项目，对其各种风险的要素进行提炼和分析，并总结出相应的风险管理策略和要点，将这些要点融入到企业的风险管理流程中去，对企业的管理流程进行了重新再造。希望通过对融资租赁项目风险管理的研究和探讨，为国内同类企业提高经营和管理能力提供参考。

14.1　融资租赁业务相关背景

1. 融资租赁行业的沿革与特点

1952年5月，美国人H. 叙恩菲尔德首创了世界上第一家采用融资租赁方式开办设备租赁业务的企业，即美国租赁公司（后改名为美国国际租赁公司）。这一公司的诞生，标志着现代租赁业的开端。从此，融资租赁以其特有的魅力在世界各国特别是经济发达国家得到蓬勃发展。

我国《中国融资租赁管理暂行条例》中，对融资租赁作了如下定义："融资租赁是指由出租方融通资金为承租方提供所需设备，具有融资融物双重职能的租赁交易，它主要涉及出租方、承租方和供货方三方当事人，并由两个或两个以上合同所构成。出租方根据承租方的要求和选择，与供货方订立购买合同并支付货

① 本案例完成于2006年6月。

款，与承租方订立租赁合同，将购买的设备出租给承租方使用，租期一般不低于二年。在租赁期间，由承租方按合同规定，分期向出租方支付租金。租赁设备的所有权属于出租方，承租方在租赁期内对该设备享有使用权。在租赁期满时，设备可以由承租方按合同规定留购、续租或退回出租方。”

融资租赁从其产生起到现在只有短短四十多年时间，却得到了迅猛的发展，与融资租赁的特点及其功能有很大关系。融资租赁方式自身的独特优势是其快速发展的内在因素。融资租赁具有融资和融物的双重功能，满足了企业更新设备（融物）和筹措资金（融资）的双重需要。

据世界银行所属国际金融公司（IFC）统计，截止 2004 年全世界已有 120 多个国家开展了租赁业务，其中包括 50 多个发展中国家。与其他融资方式相比，目前融资租赁已经成为仅次于银行信贷的第二融资方式，在国际资本市场中占有非常重要的地位。发达国家始终领导着世界融资租赁业的潮流，占有主导地位。在 2003 年世界租赁业前 50 位排名的国家中，发达国家占了 31 家，在当年世界租赁业的份额中占了 87.3%。同时，发达国家融资租赁的市场渗透率始终保持着较高的比率，达 20% ~30%，说明金融租赁已成为发达国家成熟的融资方式，已经广泛地被社会所接受。

2. 我国融资租赁业的发展过程与趋势

我国实行改革开放政策以后，在荣毅仁先生的倡导下，中国租赁有限公司和中外合资的中国东方租赁有限公司于 1981 年先后成立，以融资租赁为代表的现代租赁业开始在我国出现。由于当时金融和流通领域的对外开放程度不够，合资租赁公司作为吸引外资和引进国外先进技术和设备的重要手段到了较快的发展。在此期间，中外合资租赁公司被作为限制性行业，由当时的外经贸部依据中外合营企业法审批设立。80 年代中期，计划经济体制下的物资和机电公司也开始积极探索设备流通中的融资租赁业务，各类租赁公司如雨后春笋般出现在大江南北；90 年代初期，由于国内整体经济的快速增长，融资租赁业务整体业务量和市场渗透率（市场渗透率是衡量融资租赁业在资本市场中地位的重要指标，也就是设备租赁额占全部设备投资额的比重。据近年来的《世界租赁年鉴》资料，美国租赁的市场渗透率近几年来都超过 30%，韩国约为 20%，而中国很少超过 1%）都有了迅速的提升（相关数据参阅图 14 -1）。

我国融资租赁业到 90 年代后发展相对趋缓，融资租赁业的市场占有率总体呈现波动下降的态势，企业对融资租赁的需求明显不足。究其原因，可能会有很多，但总体看来，融资租赁在我国发展受阻的一个重要问题是欠租问题。融资租赁的一个特点是租期长，还款期限长，这为企业设备更新、技术改造提供了便利条件。但另一方面，租期长、还款期长也容易“夜长梦多”。承租企业的经营机制、经营状况直接影响融资租赁公司的经营效益和资产质量。关于该项特点及产生结果，在后文中会有详细的分析。

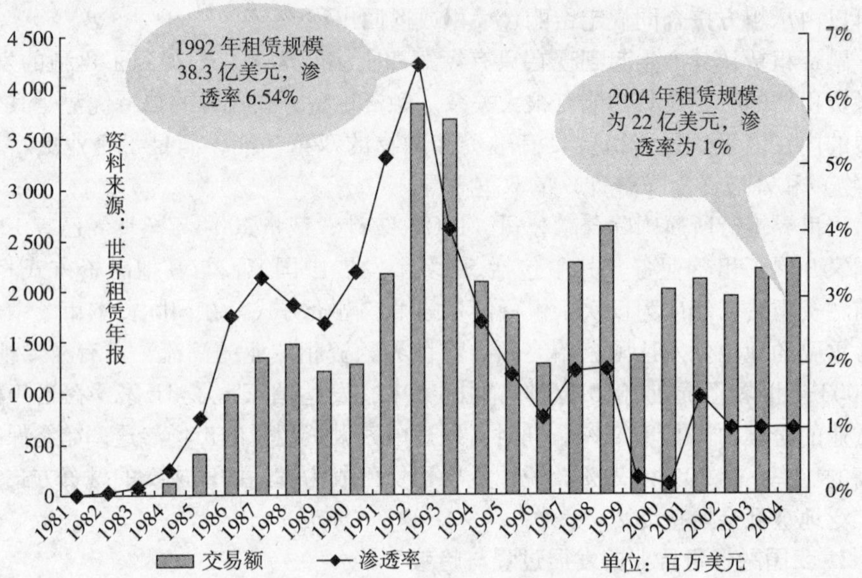

图 14－1　中国历年的租赁规模和渗透率

融资租赁业务在中国产生之初，只具有单一的融资功能。现在，在中国开展业务的租赁公司，除了开展直接融资租赁业务外，还开展了出售回租、转租赁以及根据承租人现金流量来安排租金支付等多种灵活变通的租赁形式，开展了由几家租赁公司共同为一个承租人进行融资的联合租赁、由租赁公司接受存款人的委托，并按委托人指定的承租人的请求进行租赁的委托租赁等。租赁的设备类型主要有工业设备、IT 通讯设备、保健医疗设备、建筑设备、运输设施。

目前，中国的租赁业由三类企业构成：

一类是由中国人民银行批准成立的中资金融租赁企业。1981 年，中国第一家金融租赁公司——中国租赁有限公司宣告成立。

一类是由外经贸部批准成立的中外合资租赁企业，80 年代初，由中信公司、北京市物资局与日本欧力士株式会社联合组建了中国第一家中外合资租赁公司——中国东方租赁公司。目前，在中国租赁市场中，中外合资的租赁公司占据优势地位。

一类是由中国人民银行批准兼营租赁业务的金融企业，如兼营租赁业务的信托投资公司、企业集团财务公司等。

总体看来，中国租赁业在二十多年的业务发展过程中，走过了一条“快速发展、盲目扩张、萎缩停滞、清理重组、二次发展”的道路。我国融资租赁业是伴随着改革开放和经济体制转换的历程逐步发展起来的。由于经济政策、管理体制、信用机制及汇价的剧烈变化以及租赁公司自身的原因如注册资金少、高负债、不规范经营、不突出主业，再加上金融业实行分业经营后，资金来源缺乏、资金周转发生严重困难等等，所有这些主客观原因，最终导致一些成立较早的租赁公司大量租金被拖欠，资产状况恶化，一些合资租赁公司在合营期限到期或因中外方股东投资政策变化及自身经营状况的原因，90 年代以来停止了新业务，一些外方投资者处于观望状态，有的租赁公司已清盘。而同时新进入和重组之后的金融租赁公司及中外合资租赁公司如远东国际租赁有限公司在新的租赁经营管理理念下在某些业务领域如医疗设备、交通运输工具、印刷设备、IT 电讯设备租赁方面取得了令人瞩目的业绩。

随着 WTO 的开放承诺，融资租赁领域在 2005 年开始全面开放。2004 年 1 月商务部批准 GE 在中国设立独资融资租赁公司，4 月批准卡特彼勒在中国设立独资融资租赁公司，2005 年初商务部批准了 8 家内资融资租赁公司，同时还有多家外国银行、专业租赁公司、制造企业正在准备向商务部提出设立租赁公司。我国融资租赁行业将在开放和竞争中，迎来新的发展高峰。

3. 发展中存在的问题

融资租赁业在我国改革开放初期曾被誉为“朝阳产业”，但在 90 年代以后却停滞不前，租赁公司欠租问题日益严重。1988 年至 1998 年的 10 年间，融资租赁行业出现了全行业性的租金拖欠。有些项目因承租人经不起利率、汇率的变化，适应不了经济体制的转变，导致经营每况愈下，无力还款；有的企业甚至想方设法逃废债务，令租赁公司束手无策；有些为项目提供担保的地方政府因转换职能，失去履行担保的能力。进入 1997 年后全行业陷于困境，广东国际租赁有限公司、海南国际租赁有限公司和武汉国际租赁公司由于严重的资不抵债相继倒闭，同样原因中国华阳金融租赁有限责任公司在 2000 年也宣布破产清算。融资租赁公司面临严重的经营危机，全行业进行清理整顿增资扩股工作。

从行业参与主体角度上看，自改革开放以来由人民银行按《非银行金融机构管理办法》批准的金融租赁公司曾有 16 家，经过前几年的治理整顿，到 2002 年底尚存 12 家，截至目前仍然具备正常经营能力的不超过 5 家（包括重组后的浙江租赁、外贸租赁、江苏租赁等）。由当时外经贸部审批的外资租赁公司约有 40 多家，根据中国外商投资企业协会租赁业委员会 2002 年 10 月的统计，在其 36 家会员单位中，开展和积极准备开展业务的单位 19 家，占 52.8%，处于犹豫观望状态的11家，占30.5%，准备清盘和转让的5家，占13.9%，进入破产清算程序的1家，占2.8%。而发展到2005年，活跃在市场上的外资租赁公司相对数目要高于金融租赁公司，但由于设立周期短、专业人员不足、涉足行业等各方面原因，尚未形成真正的龙头品牌或行业优势。可以看出，中国融资租赁行业虽然已渡过了最艰难的时期，但现状依然不容乐观。

从目前的行业主体和总体经营质量上看，融资租赁行业已经变成了高风险行业，扩大业务也被认为是扩大风险。究其原因，影响我国融资租赁发展的因素有很多，如缺乏支持融资租赁发展的税收政策；缺乏政府机构和法律法规的支持；对融资租赁普遍缺乏认识；企业缺乏融资渠道，筹资成本较高；租赁模式单一，结构失衡，缺乏创新手段；租赁公司类型少，租赁主体单一；租赁人才缺乏等。由于国家没有明显的扶植政策，没有完善的针对融资租赁的法律法规，并且由于社会对融资租赁的认识不够经常容易出现合同纠纷，或是出现办理所有权或抵押权登记手续时政府机构不知该如何处理的情况，再加上融资租赁本身的业务复杂特性，且许多融资租赁公司又缺乏有效的业务管理和运行机制，最终导致出现大量租金拖欠问题。

除了上述因素外，作者认为，影响国内融资租赁行业发展的另外一个重要因素，就是融资租赁企业风险管理水平普遍偏低。在外部环境无法迅速改变的情况下，如何有效地降低风险，就成为中国融资租赁企业的首要问题。

14.2　F总院项目背景及基本情况

1. F总院简介

本章的F总院项目，为某军区F总医院PET－CT融资租赁项目的简称。

某军区F总医院，建于1949年8月，是一家具有光荣历史的医院。经过半个多世纪的建设和发展，已成为学科齐全，技术力量雄厚，设备先进，诊疗环境优良，集医疗、预防保健、教学、科研为一体的大型综合性的“三级甲等医院”，亦是卫生部国际紧急救援中心、福建省“120”医疗急救网络医院、省交通事故救治定点单位以及省、市首批医保定点医疗机构。

医院拥有床位1200张，设有53个专业学科，现有国家中医药管理局肿瘤重点专科和14个全军及军区的专科中心及研究所（全军儿科中心、全军检验中心、全军临床药理基地、全军医院信息化研究与技术支持基地、全军计划生育优生优育技术中心，某军区器官移植研究所、肝胆外科中心、肿瘤中心、骨髓移植中心、肾病中心、消化病中心、中医中心、药械中心、临床解剖中心等）；现有高级技术职称的专家200多名，具有博士、硕士学位者180多名，在国家、军队及省市担任各类学会学术职务的有 150 多人（次）。医院现有 21 个博士、硕士联合培养点和一个博士后工作站。

医院拥有先进的 2.0T 磁共振仪、双螺旋高速 CT、全身 γ－刀、ECT、DSA、数字胃肠机（DR）、数字拍片机（CR）、头颅 X－刀、直线加速器、流式细胞仪、电子显微镜、大型彩色多普勒仪、电视胃肠镜、自动麻醉机、体外震波碎石机、高压氧舱群、全层流净化手术室等一流的高、精、尖医疗设备，设备总值达 2 亿多元。2005 年，医院的年门诊量达 60 余万人次，年住院病人 2.8 万余人次，年手术量 1.3 万多台次。医院实施以“器官移植为龙头、带动多学科发展”的战略，器官移植基因配型及基因生物蕊片研究，肾脏、肝脏、心脏及肝－肾联合、胰－肾联合移植、骨髓移植等手术的种类、数量和质量居国内先进水平，成为国内重要的大型器官移植中心之一。心脑血管病、神经内科、老年病内科、消化内窥镜、肾脏病内科、肝胆外科、脊柱外科、心脏外科、颅脑外科、泌尿外科、创伤外科、微创外科、血液净化、妇科女性尿失禁、肿瘤综合治疗、检验、放射、介入治疗等成为重点学科，其临床诊疗技术进入国际、国内先进水平。

2. F 总院项目进度背景

为了充分运用当代国际上先进的 PET－CT 及回旋加速器检查系统，在医院开展医疗、科研和咨询活动，不断提高医院的诊断及治疗水平，使检查中心成为国内第一流的医疗、科研的现代化医疗机构，1998 年前后，医院决定启动 PET－CT 的论证和采购。

经过长时间的可行性评估、现场考察和论证，2001 年，经总后卫生部审批、国际招标，医院确定了最终的设备配置和价格（设备供应商为 GE，设备为 Discovery LS 的 PET－CT 和 PETtrace 回旋加速器），当时与医院一同中标的还有某军区合肥 105 医院。从中标开始，在和供应商深化设备配置谈判的同时，医院开始广泛接触社会机构，洽谈落实设备的采购资金问题。

2001 年底，医院先后和福建当地两家投资公司洽谈，由于当时国内同类设备还没有装配历史（尤其是医院的回旋加速器部分），因此，谈判进行得比较艰难，持续了一年多时间后，有关各方依然没有达成共识。

2002 年，在和投资公司谈判同时，医院开始了解到融资租赁这种业务形式，并开始和某省租赁公司进行接触，在双方互相考察后，开始了实质性谈判。但由于 2001 年，医院就以“投资管理”的名义将设备采购形式上报军区并得到批复，而在医院“投资管理”的业务形式之前已被卫生部等部门明令禁止；而且，由于之前医院已经确定了管理公司，所以要求租赁公司向管理公司融资，医院不承担任何融资和经营风险、不在财务报表中体现该笔负债，因此，租赁公司在谈判中非常被动。由于医院相对良好的资质和强硬的谈判态势，租赁公司业务部人员被迫将管理公司作为承租人的论证报告上报公司，2002 年底，该项目被租赁公司项目评估委员会否定，项目陷入僵局。

2003 年 2 月初，YD 租赁业务人员了解到有关该项目的信息后，专程赴当地，与管理公司并通讨管理公司与医院进行了交流。现场考察的感觉看，管理公司、医院都迫切需要一家公司能够提供融资支持，但在具体操作方案上面，却依然坚持要租赁公司租赁给管理公司、之后由管理公司以“投资”的形式和医院共同经营，医院不体现任何负债，并不承担任何还款责任。

收到项目有关信息，YD 租赁业务、管理部门经过讨论，初步认为在项目安全的情况下，可以尝试解决该项目的融资问题，由此开始了本案例融资租赁项目的运作。

3. 项目各方主体与交易结构

（1）YD 租赁。租赁设备的购买人、出租人、管理委托书中委托人之一及项目合同及补充协议中租赁相关权益的受益人。成立于 1991 年，隶属于中国中化集团公司，是中外合资、从事融资租赁业务的专业公司。

（2）F 总院。租赁设备的承租人、租赁配套设备的购买人、管理委托书中委托人之一。

（3）通用电气医疗系统集团（GE MEDICAL）。租赁设备的卖方、售后服务的提供者。

（4）FZ 辉瑞公司。租赁项目的管理公司，转让协议中的受让人、管理委托书中的被委托人。

（5）FJ 利嘉集团、FZ 好美家、JLXU。相关担保合同中的连带责任担保人（其中 JLXU 为 FZ 辉瑞公司、FZ 好美家两家公司的法人代表）。

图 14－2 为 F 总院项目的交易结构图。

14.3 F 总院项目风险管理

一般来说，融资租赁项目风险有多种，主要包括信用风险、物件贬值风险、物件毁损风险、法律政策风险、利率和汇率风险、税收风险、商业操作风险、政治风险。F 总院项目从整体交易结构、有关交易要件来看，项目风险涉及的范围较广，既包括常规融资租赁项目下风险，如信用风险，也包括该一些独有的风险，如交易结构法律风险。

1. 交易结构的法律风险

（1）风险分析

2003 年 2 月份，在 YD 介入项目时，由于 F 总院之前与投资商、某省租赁公司接触的经历，已经在实质上认定了由租赁公司作为出租人、管理公司作为承租人形成租赁关系，之后由管理公司以投资形式与医院合作的业务形式（具体合作结构参见图 14－3），这种交易结构尽管也符合《合同法》、租赁会计准则有关融资租赁合同的要件结构，但也存在着一些潜在的风险，主要表现在以下几个方面：

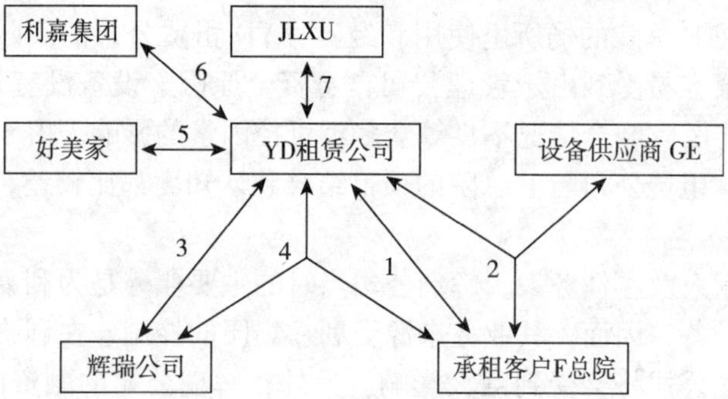

说明：

1. 融资租赁合同—YD 租赁公司、F 总院
2. 购买合同—YD 租赁、F 总院、设备供应商 GE
3. 转让协议—YD 租赁、辉瑞公司
4. 管理委托书—YD 租赁、辉瑞公司、F 总院
5. 保证合同—YD 租赁、好美家
6. 保证合同—YD 租赁、利嘉集团
7. 保证合同—YD 租赁、JLXU

图 14－2　F 总院项目调整后的交易结构图

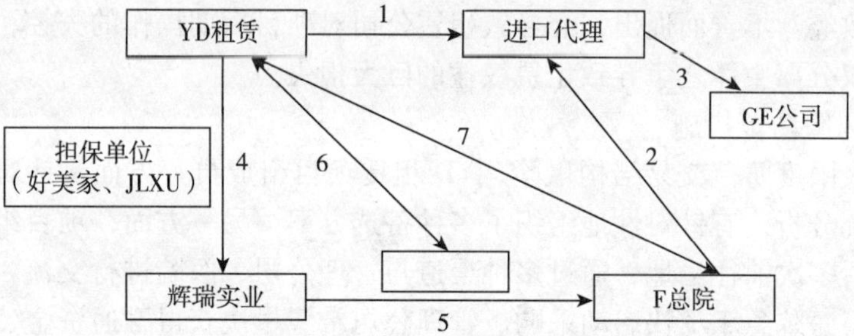

说明：

1. YD 租赁与进口代理签订委托代理协议 1；
2. F 总院与进口代理签订委托代理协议 2（1 的权利大于 2）；
3. 进口代理与 GE 公司签订外贸合同；
4. YD 租赁与辉瑞实业签订租赁合同，担保单位签担保合同；
5. 辉瑞实业与 F 总院签订合作协议，其中申明是租赁设备；
6. YD 租赁对 PET 中心进行收费监管；
7. YD 租赁与 F 总院签订设备使用场地、所有权的确认书。

图 14－3　F 总院项目初始交易结构图

①尽管交易结构中，明确约定项目租金由辉瑞实业负责偿还，并通过F总院与进出口代理签订代理协议、与辉瑞公司签订合作协议、与YD租赁签订就场地和设备所有权的确认书等形式，YD租赁与F总院间建立了业务关系，但是这种关系是间接的，并没有形成直接地、实质上、可以受法律保护的债权债务关系，而租赁物件又在F总院的场所里使用和经营，YD租赁公司的实际控制能力非常低，租金回收很容易受到由于管理公司自身资金原因、设备没有达到实用效果、甚至管理公司与医院磨合情况不良等众多不可控因素的影响。由于没有与F总院建立直接联系，租赁公司与F总院的项目结合和认知度都比较差，使得项目再融资能力降低。

②作为承租人及主债务人，辉瑞公司当时的主要业务是为利嘉集团提供配套的建筑材料及设备，因而，其业务来源受利嘉集团的控制，在利嘉集团的经营出现问题时，辉瑞公司将会受到巨大影响。另外，辉瑞公司的融资能力比较有限，融资成本也比较高，在租赁项目收益出现问题时，其解决资金的能力也有限。

③从担保情况看，JLXU的个人资本实力不是非常雄厚，可以说还处于发展阶段，其中，好美家公司的项目收益还需要时间，并且也会再投入到新的项目开发中，因此存在很多不确定因素。

④承租人及担保单位在当地有一定的社会地位，政府关系比较好，若项目出险，则对后期项目处理增加难度。

上述的所有结构风险中，最重要的还是第一个，由于没有和F总院建立直接的业务关系，租赁公司对业务的过程把控能力很低，一旦管理公司由于自身或其他原因导致经营不善而退出，会导致租赁公司对项目后期操作的失控，甚至有可能因为两权分离主体之争导致租赁权益的巨大损失。

(2) 风险防范措施

为最大限度防范交易结构风险，YD租赁项目组成员一方面，针对客户要求进行了系统分析，有针对性地组织了多种备选方案。另一方面，项目组中事业部的成员先后多次前往当地，通过多种渠道与管理公司、医院进行交流。最终，在有效利用了医院急于尽快启动采购、管理公司希望尽快获得融通资金、抢得市场先机的心态，从保证业务完整和发行、保护各方权益的角度出发，先有效地说服了管理公司，再通过管理公司做通了医院方面有关决策人员的工作，该项目完成了结构调整（详见图14－2)，并在交易结构安全性方面实现了两个重要突破：

首先，与F总院直接签订融资租赁合同，确定了主债权债务关系，并通过转让协议、委托书等方式，再满足合同各方个性化要求的前提下，详细约定了各方权益，理顺了交易关系。

其次，在交易条件上，管理公司的业务手续费、保证金由原有的10%提高到30%，增加了管理公司的参与成本、提高了违约条件，最大程度地避免了由于管理公司原因可能导致的项目风险。

2. 信用风险

承租人是租赁法律关系上的直接还款人，承担还款义务。承租人本身的还款能力和还款意愿是项目的主要风险之一。而在本项目中，由于承租人只是按照设备产出情况支付租金，而刚性的租金还款义务由委托管理公司承担并提供担保，因此，在分析承租人自身信用状况的同时，也有必要对管理公司和担保人状况进行系统分析。

（1）承租人 F 总院信用风险分析

①承租客户具有所在省医疗行业领导者的地位。承租客户年收入 2.8 亿元，占该省所有医疗机构收入的3.77%，是该省医疗机构的领先者，具有较强的影响力和竞争力。

②资产规模大、病源多。承租客户拥有 1 200 张病床，2 亿多元的医疗设备；2002 年门诊量超过 50 万人次，住院人数超过 2 万人。

③医技和科研力量雄厚。承租客户拥有高级技术职称的专家 200 多名，具有博士、硕士学位者 180 多名，在国家、军队及省市担任各类学会学术职务的有 150 多人（次）。现有 18 个博士、硕士点和一个博士后工作站。“九五”以来，获国家、军队和省科技进步奖、发明奖、医疗成果奖共 145 项，其中国家科技进步二等奖 2 项，军队科技进步一等奖 3 项、二等奖 9 项，省科技进步二等奖 2 项；在国内外期刊上发表学术论文 3 000 余篇，出版专著 20 多部。

④医疗设备先进。拥有包括 2.0T 磁共振仪、双螺旋高速 CT、全身 γ－刀、ECT、DSA、数字胃肠机（DR）、数字拍片机（CR）、头颅 X－刀、直线加速器、流式细胞仪、电子显微镜、大型彩色多普勒仪、电视胃肠镜、自动麻醉机、体外震波碎石机、高压氧舱群、全层流净化手术室等一流的高、精、尖医疗设备，设备总值达 2 亿多元。

⑤管理先进、信息化程度高。建立了以信息技术开发和推广应用为主要内容的国家金卫工程“军字一号”，700 多个计算机工作站联网并正常运行，使全院日常医疗、护理、教学、办公实现数字化，尤其是“医学图像传输与存贮系统”（PACS）的开发及临床广泛应用居国内领先水平，被评为“全军达标先进单位”，是“全军医院信息化管理研究与技术支持基地”，初步达到数字化医院的目标。

（2）管理方辉瑞公司信用风险分析

①资产规模和收入水平中等、盈利状况良好。2002 年末，辉瑞公司总资产为 5 254 万元，其主营业务为钢铁贸易和房地产的出租，2002 年营业收入为 11 760万元，净利润为 970 万元。

②财务结构稳定。2002 年末，辉瑞公司的流动比率、资产负债率和利息保障倍数分别为 221%、17.91% 和 11.32 倍，财务结构比较稳定。

③经营活动产生现金的能力较强。根据测算，2002 年辉瑞公司经营活动产生的现金为 449.6 万元。

④合同中的义务。PET－CT 中心安置场所和部分配套设施的建设与购买，投资总额 500 万元左右；支付履约保证金 500 万元；在每月项目净收入支付的租金不足 51 万元时，保证支付其间的差额；负责中心的营销和管理；负责与设备供应商的关系协调，确保租赁物件的顺畅运行。

⑤合同中的权利。在前 5 年 YD 租赁本息回收期内，享受租赁项目每月产生的净收入超过应付租金的部分；在 YD 租赁应收租金（本息）回收完毕后，获得租赁物件后 8 年产生净收入的收益权，按照约定的比例获得收入。

（3）担保方利嘉集团信用风险分析

①资产规模大，收入和盈利水平高。利嘉集团是所在省最大的房地产企业，2002 年末调整前资产总额达到 30 亿元，调整后资产总额为 22 亿元；2002 年收入为 49 513 万元，净利润为 12 547 万元。

②融资能力强。利嘉集团银行评级大部分为 AA 级，全部在 A 级以上。利嘉集团 2000 年末借款余额为 46 710 万元，2002 年借款余额为 93 868 万元，且贷款全部是以土地使用权、房地产抵押和股权质押实现，贷款的稳定性较强。同时，由于房地产开发企业的特点，随着各项工程的不断进展，可以用于抵押的房产增多，利嘉集团（含其关联企业）未来融资能力较强。

③财务结构稳定。2002 年末，利嘉集团调整前的流动比率、资产负债率和利息保障倍数分别为 131%、42.66% 和 19.30 倍，调整后的流动比率和资产负债率为 112% 和 57.66%，优于行业内 70% 的平均负债水平，财务结构稳定。

（4）担保方好美家公司信用风险分析

主要资产情况：在所在市投标取得一块土地，土地款已全部付清，建设用地 12 664 平方米（19 亩），总建筑面积 33 335 平方米。正在办理手续的土地有四幅：工业路南侧 12.8 亩（已付土地款 1 000 万元）；沿江边的土地有三块，面积分别为 7 581 平方米、5 805 平方米和 20 010 平方米。

（5）担保方 JLXU 信用风险分析

JLXU 的财务状况如下：拥有的辉瑞实业有限公司，2002 年末净资产 4 310 万元；拥有好美家房地产有限公司 45% 的所有权，实际出资额为 1 460 万元；拥有福建华茂有限责任会计师事务所等实体和其他资产。

从上述分析情况看，一方面，承租人经营状况好、技术能力强，本身具备运用设备、产生支付租金现金流的前提，这种状况下，一旦管理公司出现不利局面，YD 租赁还有与医院直接合作、挽回损失、创造超额收益的可能；另一方面，考虑到实际还款来源并非承租人，因此主要考虑的财务风险是承租人或管理方会否挪用租金和能否偿还差额未到部分的租金。控制租金来源对于项目风险防范尤为重要，因此项目结构设计中，详细约定了 YD 租赁对设备使用情况、有关账户进行监管和稽查的权利，以防止租金被挪用。同时，在合同中严格要求 F 总院作为承租人，必须将所有应分配的收益直接支付给 YD 租赁，由 YD 租赁将超出刚性租金部分转付管理方，如果不足，管理方必须补足。

在担保方方面，YD 租赁业多次与相关机构和人员交流，就担保有关义务进行了全面系统的告知，并进行了认真的合同结构和文字安排。

3. 租赁物件贬值毁损风险

所有的租赁物件，尽管其性质和形状不同，但都会存在贬值和毁损的风险。在福州军总项目中，主要从租赁物件分析和交易结构设计方面加以防范。

（1）租赁物件的先进性和高性价比

PET 是继 CT、MR 之后应用于临床的一种新型影像技术，其全称为：正电子发射型计算机断层显像。其原理是将人体代谢所必须的物质，如葡萄糖、蛋白质、核酸、脂肪酸等标记上短寿命的放射元素（如 F18）制成显像剂（氟代脱氧葡萄糖，简称 FDG）注入人体后进行扫描成像。因为人体不同组织的代谢状态不同，所以，这些被核素标记了的物质在人体各种组织中的分布也不同，如在高代谢的恶性肿瘤组织中分布较多，这些特点能通过图像反映出来，从而可对病变进行诊断和分析。PET 是目前唯一可在活体上显示生物分子代谢、受体及神经介质活动的新型影像技术，现已广泛用于多种疾病的诊断与鉴别诊断、病情判断、疗效评价、脏器功能研究和新药开发等到方面。

PET - CT 是为了解决 PET 与 CT 的图像融合问题，在 1998 年才推向市场的，临床使用表明，该设备使 PET 与 CT 得到了有机的结合，解决了以前通过网络进行两者图像融合精确度差、而且不能进行衰减校正等技术难题，在临床诊断的精确性方面又上了一个台阶。

对本项目而言，最重要的是，由于 F 总院技术、品牌、对价能力等因素，通过招标，获得了 270 万美元的超低价格，在该机器 2003 年年底安装后一年多的时间内，市场上比该配置低一档次机器的成交价格还在 350 ~ 400 万美元之间，因此，从产品性价比的角度看，该套产品本身贬值的风险要小得多。

（2）交易结构中的设计

为最大程度避免该风险，YD 租赁一方面从交易结构上进行设计，将融资比例降低到项目总金额的 70% 左右，保证了在租赁期间租赁设备的价值始终高于未偿还的租金，从而避免租赁物件的贬值风险；另一方面，通过对租赁合同、购买合同文本的调整，明确由供货商负责租赁物件维修服务的同时，也明确了供货商对租赁物验收前承担毁损灭失风险，验收后由承租人承担该风险；同时，为了进一步转移风险，要求管理方在租赁合同有效期内，连续对租赁物件进行投保。

4. 商务操作风险

由于 PET－CT 和回旋加速器是国际最先进的分子影像学检测设备，在国内安装使用并不多，且涉及到的软件、硬件结构复杂、数量多，并且由于重量、放射源等原因，对运输调试的专业性要求很高，因此该设备采购后，随之而来的便是设备制造、运输、安装、调试、验收等，工作量巨大，存在项目操作风险。见图 14－4。

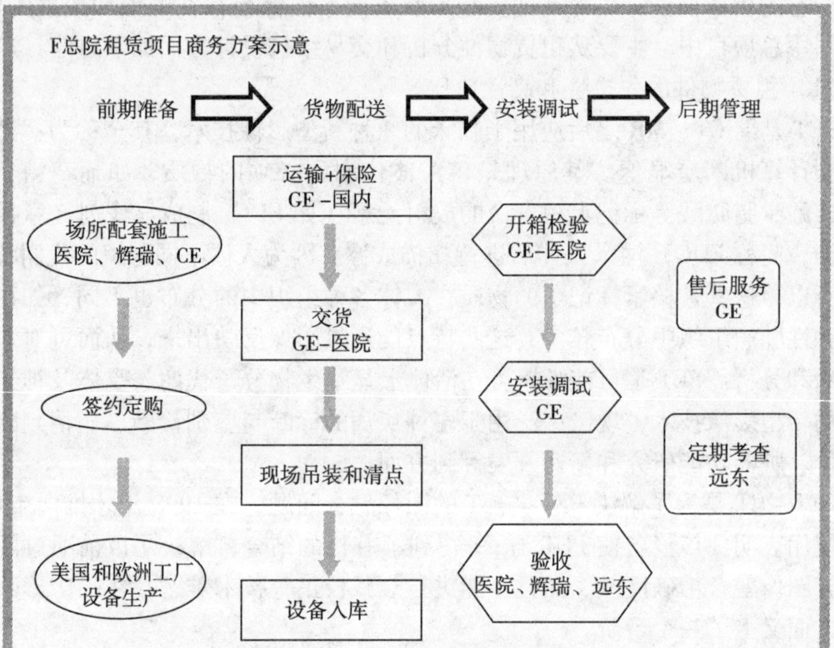

图 14－4　F 总院项目商业方案图

为了抑止商务执行过程中的风险，YD 租赁除了通过购买合同，详细约定了交货责任、相关罚则外，项目工作组中的商务人员，自 2003 年 5 月各方签约后，就与 GE、医院、管理公司保持着密切联系，随时了解有关环节的具体进度并协助解决有关问题。2003 年 9 月，PET－CT 主机到达医院，商务人员在现场参加了整个货物集装箱吊装、现场部分拆箱卸货、场地验收、后续设备如回旋和放射源到位计划的落实等，保证同步了解商务信息的同时，也加强了管理和监督，避免了相关风险的发生。

5. 其他风险

由于设备均为人民币标价采购，因此在租赁期间没有汇率风险。项目存在的其他风险，如税收风险、利率风险、后期运营过程中使用不当导致的风险等，发生的可能性不大或是发生后产生的损失较小。由于发生这些风险主要是影响 YD 租赁的收益状况，因此一方面通过硬性保险的要求，另一方面根据融资租赁业务本身的业务特征，以合同约定的形式，将这些风险转移给承租人。

14.4　F 风险管理总体策略

1. 风险评估与立项

YD 租赁自 2003 年 2 月初正式介入该项目，为尽可能规避信用风险，公司在完成前期外围调查后，在两个多月时间里，派人多次进行了实地考察，如：与某军区联勤部、某军区联勤部相关人员进行交流，表明公司运作该项目的意向并取得了上述主管部门的认可；与 F 总院、管理公司、担保公司和个人会谈，就交易框架、主要条款、风险防范、物流运作等进行沟通；对周边的对租赁物件后期运营效果、竞争力有关的医院、机构进行系统的实地考察、数据采集和分析。

YD 租赁公司项目人员经过初步考察后认为，该项目已获得主管部门正式配置批复、技术先进、各种手续齐全、收费文件具备，整体来说具备操作的可行性，最终的成败主要取决于结构设计是否严谨周全，具体操作是否精细严密，后期管理是否有序到位。经过反复讨论，2003 年 2 月底，同意对 F 总院项目立项。公司正式成立了以事业二部（2003 年 12 月改组为医疗系统事业部）总经理为组长，质控部、财务部、融资部、商务部共同参与的 F 总院项目工作小组，开始进行结构设计和可行性论证。

公司对承租人的信用状况进行了详尽的分析，最终认为通过风险补偿转移等方式降低风险后，尽管仍存在一定信用风险，但是剩余的信用风险是可以接受的，并可以通过多方的共同努力逐步削减。

2. 总体风险管理策略——风险分散、转移和补偿策略

对 F 总院、辉瑞公司的资信评估通过，只是了解到客户的真实情况，规避客户基本的信用风险。由于本次项目融资金额并没有超过公司单一客户的授信额度上限，且 YD 原有的租赁资产也没有过于集中在医疗行业，从风险分散策略考虑此项目是合适的。然而风险仍旧是客观存在的，为了进一步降低风险，公司还采取了风险转移和补偿的策略。

为了满足F总院历史审批情况并符合国家、行业监管机构合法性的要求，首先，YD租赁与F总院签订了融资租赁合同，但在合同中对于租赁的描述没有使用常规的固定租赁，而是用了根据设备使用和产出情况、以收支结余为基数、按一定比例收取的租赁方式。

为了保证基本的租金收入，通过转让协议，与辉瑞公司签订了转让协议，约定固定租金的同时，明确约定将固定租赁以上的超额分配款的收益权转让给辉瑞公司。

为保证租赁合同、转让协议之间的勾稽关系和执行有效性，保证转让协议受让人的有关权益，YD租赁又与F总院、辉瑞公司共同签订了委托管理书，详细约定了委托与受委托的相关权利和义务。

为了转移利率风险，在转让协议中，租金的计算采取了浮动利率的方式，租赁利率将根据人民银行公布的利率做相应调整，从而保证了整个租赁期间租赁收益不会因利率变动的原因减少。

为了补偿部分信用风险并有效约束管理公司，YD租赁还通过认真考察和对比，在辉瑞公司提供的担保措施清单中，选择了利嘉实业（FJ）集团有限公司（该省最大的房地产企业）、FJ好美家房地产有限公司和JLXU三方对转让协议提供了连带责任的担保。

通过以上风险管理策略，大大的降低了F总院项目的风险。

3. 风险抑制和消化策略

为了有效地抑制项目运作中的风险，公司还成立了专门的小组，从一开始就对项目持续监控，项目有任何问题都将能够随时发现预警，及时沟通处理，及时解决。在前台事业部门不断收集有关项目进展、运营信息的同时，公司多个职能部门配合从后台监控，并通过开发的租金管理软件监督项目运作情况，时时更新最新进展数据。在项目操作过程中，从签约、付款、发货、报关、到场、安装、调试、临床直至后期运营和管理，公司工作组的人员先后到达现场，分别从不同角度现场监督项目进度和沟通解决问题。因此，在项目运作过程中，由于医院场所建设、供应商发货瑕疵等风险能够在最短时间被发现，并能及时决策妥善解决，风险得到了有效抑制，整个项目进展相对顺利。

4. 前期的总体效果

融资租赁是以融物的形式达到融资的目的，虽然原理简单，但是在实务操作上却涉及了融资、贸易、财务、风险控制等各个环节，任何一环出现问题都会直接影响租金的顺利回收。作为一项特殊交易结构的医疗设备融资租赁业务，YD租赁相关人员不辞辛苦、不言放弃，极富创造力地完成了全部交易结构的设计，并最大限度地满足了出租人、承租人、管理公司各方的要求，保证了2 000多万的项目从接触到签约、3 个月内完成所有工作的奇迹。但这只是开始，合同签订后，摆在 YD 租赁面前的第一个挑战就是如何防范 F 总院工程的完工风险，以保证租金的回收不受工程施工进度的影响。为了做到心中有数，YD 租赁项目组的前台、商务部人员，自 2003 年 9 月 PET－CT 主机到达现场后，先后派出近 20 人/组深入施工现场，进行巡检并了解进度，每天一次与上海总部联系，通报进度，交换信息；同时，还通过多种渠道就有关问题向行业专家进行咨询，协助解决施工过程中的技术、人员协同等问题。2004 年 12 月，YD 租赁收到由医院签发的《租赁物件验收合格确认书》，尽管其中就供应商提供硬件还提出了不少问题，但从合同义务上看，YD 租赁就该项目的商务风险基本全面消除。

5. 存在的问题

尽管从合同内容上看，项目租金的回收已经得到较充分的保障，但自 2004 年 3 月 6 日设备投入使用至今，还是多次出现了承租客户迟付、晚付租金的情况（详情参照表 14－1），经多渠道了解和现场考察，公司认为主要的原因包括医院—管理公司结算关系、管理公司操作能力和设备配置不完整，针对这些问题，公司也先后尝试给予了解决。

（1）医院—管理公司结算关系问题

产生上述问题的原因主要是由于管理公司没有深入了解医院付款的签批程序，草率地认为只要院长支持，结算方面应该问题不大。但在执行过程中，却发现在约定的结算日和实际收款日之间没有留足冗余，导致应收租金每次都被延误 15 天左右。为了解决该问题，YD 租赁一方面协助管理公司，多方面地接触医院有关人员，强调合同有关义务同时，协商解决办法，缩短付款流程；另一方面，针对该项目实际情况，在医院决定特事特办的前提下，从第 7 笔租金开始，将原有的租金回收日期延迟了一周，比较有效地解决了医院—管理公司之间结算导致的租金回收风险。

（2）管理公司操作能力问题

由于管理公司传统业务以房地产为主，对医疗行业的运行方式和运行规则了解程度不深，参与操作该项目，更多地是基于利益方面的考虑。在项目运行前期，由于医院固有的品牌、存量病患原因，中心效益很好，大家相安无事；但在运行一年多左右，由于一直没有进行相关的市场营销，坐吃山空，诊断病人逐渐减少，设备产生的收益与应付租金之间出现了逆差。这种情况下，管理公司“支付启动资金、后期靠项目产出养项目”心态的副作用开始表现出来，先后几次出现了付款不足和延迟支付的情况。针对这种现象，YD 租赁有关人员也从两方面进行了努力，其一，通过现场接触、电话交流等方式，一再重申租赁业务的严肃性和违约后果；其二，以公司的名义，邀请了包括上海华山医院、北京 301 医院的技术和管理专家到医院现场进行辅导，从专业化的角度侧面培养设备和中心的技术力量、改善管理水平，提高中心产出潜力。

（3）设备配置问题

由于F总院项目所选用的回旋加速器，在安装时国内尚没有使用先例，因此，从招标时的配置选择，到后期的放射药品制造与合成，都出现了不少问题。2004年8月，又发现防护设备的问题，还出现了放射线泄漏、中心人员身体受损的情况，很大程度上影响了中心的正常经营，为租金回收埋下了隐患。YD租赁在了解和确认有关情况后，一方面，以正式函件的方式通知医院和管理公司，建议其行使购买合同中的有关权益，向设备供应商直接提出改良要求；另一方面，作为GE公司国内最大的合作伙伴之一，YD租赁也多次与GE公司产品部、区域、维修部等人员沟通，寻找解决办法，确定实施步骤，向医院和管理公司提供增值服务。

上述种种措施的实施，有效地推动了相关问题的顺利解决，深化了客户的认知度和忠诚度，并保证了租金回收的顺畅。自2005年初开始，项目的租金回收进入相对的正常阶段。

表14-1　　　　F总院部分租金偿还情况图

期次	应收日期	应收金额	实收金额	延迟日期
1	2004-3-13	430 602.17	430 602.17	-2
2	2004-4-13	430 602.17	500 000.00	6
3	2004-5-13	430 602.17	500 000.00	15
4	2004-6-13	430 602.17	430 602.17	12
5	2004-7-13	430 602.17	268 359.63	24
6	2004-8-13	430 602.17	430 602.17	-2
7	2004-9-20	430 602.17	430 602.17	-3
8	2004-10-20	430 602.17	430 602.17	1
……				
25	2005-3-20	432 909.23	432 909.23	-3
……				

6. F总院项目风险管理的改进建议

F总院项目在租赁结构设计、后期项目管理方面都非常成功，后期租金的足额及时回收也说明了整个项目的风险管理是相对成功的。当然在这过程中也出现了一些小小的问题，值得探索和总结。

由于租赁物件数量大，配置零散，运输分散，物流等商务操作环节复杂、人员专业性不足，导致后期管理方面的一些问题。

安装过程当中，由于缺少专业指导，且设备采购与场地基建进度无法同步展开，基建先后调整了几次，整体施工期过长，导致原定 2003 年底安装调试日期延迟，直到 2004 年 3 月全套设备才安装到位。

负责设备配套的国内公司，由于实力原因，安装和培训与原有承诺也有差异，影响了租赁物件使用效果，甚至对部分医生形成了不良的身体影响，尽管已进行了设备配置的补救，但造成的副作用还是非常令人遗憾。

重点关注了全面系统的合作结构设计，但忽略了管理公司行业经营专业性、延续性的审核，也忽略了管理公司参与租赁业务而导致租金回收不稳定的因素，这在后期的项目考察和具体操作中需要重点改良。

正因为以上几个方面原因，导致 YD 租赁在直接收取租金方面，比原计划有滞后现象，也加大了项目管理成本，产生了部分运营风险。

产生以上风险，特别是对于政治和法律政策风险，主要是因为风险要素分析的不够透彻，虽然对全套法律政策已经一一核实，从整体上规避了政治和法律政策不支持的风险，但是从局部操作上遇到了一些问题。因此，对于这些政策问题，不光要考虑政策的合法性，还要考虑到政策在实际情况中的适用性，最重要的是，要全面、深入地了解各项目参与主体考虑问题的角度、在不同运行阶段可能会出现的问题，从而有针对性地给予解决。

回顾整个项目的过程，F 总院融资租赁项目成功运作的原因是通过合同结构设计，在合作初期满足了各方要求，并在商务等环节进行了大量细致的工作，确保项目有一个良好的开始；同时，在租赁期内通过现场巡视等各种手段，强化后期追踪管理，加强管理力度，增强客户信息合作和忠诚度。这些手段的落实，有效的控制了项目存在的各种风险。

14.5　小　结

现将本章的主要观点概述如下：

（1）对融资租赁的认识不足，从而导致企业缺乏有效的项目风险管理策略，是影响我国融资租赁企业发展的其中一个重要原因。

（2）融资租赁项目主要有八种基本风险：信用风险、商务操作风险、租赁物件贬值风险、租赁物件毁损风险、政治风险、税收风险、法律政策风险、利率和汇率风险等，通过F总院项目，对这八种风险进行了分析。

（3）融资租赁项目风险管理策略包括风险规避、风险转移、风险补偿、风险分散、风险抑止和风险消化的基本策略，F总院项目对风险的控制主要采用了风险规避、转移、分散和消化等多种措施。从项目一开始的评估、交易结构设计、交易过程各环节的管理以及后期的追踪，都融入并体现了风险管理的基本思想。

在分析中我们没有涉及融资租赁风险管理的各个方面，也没有详细地说明风险管理的具体细节，而是通过实际操作的F总院项目，分析风险要素和风险管理策略。文中的经验总结和分析对融资租赁企业的经营管理具有一定的现实意义，希望对我国融资租赁企业项目风险管理能力的提高有所裨益。

附录1　医疗设备融资租赁简介

医疗设备，是医疗机构最能动的物质手段。尤其是随着医学科学以及生物工程技术的发展，医院对于诸如MRI、CT、PET高科技成像设备及激光设备的需求激增。先进医疗设备的装备、充实和更新，决定着医疗服务的覆盖面和质量，甚至可以节约医疗保健成本。先进医疗设备不断应用于医院，为医院提高诊疗效率、降低误诊率和扩大规模提供了广阔的空间，使医院树立了形象、吸引了病人。

融资租赁是通过融资与融物的结合，兼具金融与贸易的双重职能，在通过提高筹资融资效率的同时，还能保证承租人与先进技术的及时、充分结合，具有非常明显的推进作用。对医疗机构而言，通过租赁业务，租赁公司购进医院选购的设备、由医院分期支付租金，取得设备的使用权和收益权、并在租期结束后以名义价格留购，除了给医院提供了一种财政拨款、贷款外的便捷高效融资工具，还加速了医院设备的更新和技术进步；在不影响医院银行授信额度的同时，还可以用设备投入后产生的经济收益缓解基础工程和配套固定资产实际投放成本的负担，可谓一举多得。

因此，以融资租赁为代表的租赁业务，近几年来，在美国、欧洲、日本等地区的医疗设备采购方面，行业渗透率一直保持在15%～30%的较高水平，而在中国，随着医疗行业整体经济容量的快速增加和对租赁业务认知程度的提高，从2000年开始，医疗设备的融资租赁业务得到了迅猛的发展，在医疗设备采购渗透率方面，也由十几年来一直维持的1%提高到2005年的接近8%（全国新增医疗设备销售总量约500亿人民币，对应的融资租赁业务约40亿元人民币）。2001年以后，随着国内经济发展、WTO和大量金融服务手段的涌现，原本与租赁业务无缘的医疗行业开始越来越多地关注融资租赁业务，越来越多的医院也本着融资渠道多元化的立足点、开始尝试融资租赁业务，面向医疗行业的融资租赁业务和租赁公司，面临着前所未有的发展机遇。

附录 2　融资租赁项目风险要素分析

融资租赁公司面临的风险很多，直接相关的主要风险要素大体分为以下几种类型：

图 14－5　融资租赁项目风险种类

1. 信用风险

信用风险，又称违约风险，是指承租人由于种种原因，不愿或无力偿还租金，使租金无法收回，形成损失的可能性。在融资租赁企业经营中，信用风险是影响其安全高效运营的主要原因，具体表现为承租人到期不能偿还租金的风险；承租人侵犯出租人租赁财产所有权，如发生越权抵押、转让或处分等行为的风险。信用风险可能是由于承租方财务管理不当，没有合理的安排资金计划；也有可能是承租方内部管理混乱，不注重技术改造，没有满足市场需求的变化，缺乏有效的营销手段或战略或是原材料辅助材料的价格上涨等造成企业经营状况恶化，无力偿还到期租金。除经营能力外，信用风险也与客户的道德品质相关，如恶意欺骗侵占出租人资产，或是承租方使用了虚假的评估信息通过了出租方的信用评估，其本身的经营状况本来不足以偿还租金。信用风险是融资租赁项目最大的风险，出租方需要对客户的还款能力和还款意愿做严格的信用审查。

2. 商务操作风险

与信贷等其他形式的融资方式不同，融资租赁是融资与融物相结合，在整个融资租赁过程中，除租赁形式外，必然会产生租赁物件相关的购买、运输、安装、保险、验收等等环节，因此可能会产生商务操作风险。如由供货商拒绝或推迟交货，或发生货物达不到合同规定，不能被验收，造成的风险。由于相关人员工作疏忽、过失，如不及时向运输公司订舱、弄错装卸港口等使承租人不能及时使用设备，影响了承租企业按计划实施项目及生产的正常进行造成的风险。

3. 租赁物件贬值风险

在融资租赁业务中，租赁物件贬值后的价值如果大大低于应偿付的租金，将大大影响承租人的还款意愿，在当前信用体系不完善的市场环境下，承租人有可能拒付租金，而此时出租人即使收回租赁物件，也不能从二手市场获得相应的价值补偿。租赁物件的陈旧过时还可能会使预计的经济效益和残值收益不能实现，也会增加租赁标的物转产出售的困难；此外，通货膨胀也会加大的生产成本，削弱租赁标的物的盈利能力，缩短经济寿命。经济寿命的缩短，使承租方收益减少、租金支付来源受阻。技术落后风险系指由于技术和市场需求不断变动而造成设备陈旧过时的风险。此外还存在租赁物件技术落后的造成物件贬值的风险，在科学技术不断革新的今天，承租方在签订租赁合同之前，要根据技术市场的行情及其发展趋势，进行租赁业务的决策，要十分重视该项风险。

4. 租赁物件毁损风险

造成租赁物件毁损的原因是多样的。有自然灾害风险包括：火灾、雷击、暴风、龙卷风、暴雨、洪水、海啸、地震、雪暴、雪崩、雹灾、泥石流等灾害。这些灾害一旦发生，将对租赁双方或一方造成极大损失。也有可能是承租人使用不当造成租赁物件损害，此外租赁物件还有可能被偷窃、人为破坏等，这些都将影响到项目后期的正常租金偿还。

5. 政治风险

政治风险指影响金融机构、企业正常活动的政治环境或政府采取的出乎人们意外的影响金融机构和企业运作的行动所产生的风险。政治风险一般指如下三种类型：（1）转移风险：政府在资本市场、产品市场、技术市场以及利润和人员转移等方面采取的限制措施。（2）所有权风险：它包括资本的国有化，对外资股权的限制，取消特许专卖权，在投资部门和地区等方面的限制。（3）企业运转风险：即政府在企业生产、销售、筹资等方面的干预。此外，工潮、动乱、战争、政变、民族冲突、政策变更等也会造成政治风险。虽然政治风险发生的可能性不大，但一旦发生则影响巨大。

6. 税收风险

在以税收为基础的融资租赁交易中，纳税条款和税率变动会对租赁公司的收益产生极大的影响，因为这些租赁公司向承租人收取的租金是考虑纳税上给予的优惠待遇而订的。如果在租赁期间发生不利变动，租赁公司要受到损失。此外，在国际租赁中，大多数国家对国外出租人的租金收入征收预提税。征税的基础和税率各国不同。关于征税的基础，有的国家按全部租金收入纳税，有的按租金扣除货价后的净额征税，因而税率和税基的变动将直接影响出租人的利益。

7. 法律政策风险

法律规章风险是指金融法制还不健全，法律与法律之间、法律与政策之间经常出现不一致或不断变化，使出租人、承租人的权益得不到保护或者不能稳定的风险。法律制度的不完善或者执法不严，可能会出现地方政府干预，影响租赁当事人的正常的权益关系。

8. 利率风险和汇率风险

所谓利率风险，是指由于国际、国内政治、经济、军事等原因，利率水平的不确定变动，导致行为人受到损失的可能性。汇率风险，就是两种或两种以上货币在进行兑换时可能发生的损失。在国际金融业务中，汇率是经常发生波动的，因此，汇率风险亦是机遇性风险。如 1996 年底突发的东南亚金融危机就属于机遇性风险，其风险度较大。汇率风险根据其具体的内容可以分为商业风险和融资性风险。商业风险主要是指在国际贸易中进出口商所承担的外汇风险。在租赁合同的签订到租赁合同的完成，一般要经过比较长的时间，在这段时间里，即使进出口商品的价格不变，但汇率发生变化，进出口商的效益就会受到影响。如对进口商而言，计价外币的汇率上升，其实际的进口成本就可能增加；对出口商而言，计价外币的汇率下降，其实际收入就会减少。融资性风险主要是指在筹措资金的过程中债权债务双方因汇率变动所承担的风险。

参考文献：

1. 王豫川，《金融租赁导论》，北京大学出版社，1998 年版。

2. 钱存阳、周英章、蒋振声，“国外金融租赁业的成功发展对我国的启示”，《金融科学》2001 年第 3 期（总第 53 期）第 9 ~ 102 页。

3. 裘企阳，《融资租赁理论探讨与实务操作》，中国财政经济出版社，2001 年版。

4. 韩宝明，“加快我国金融租赁业发展的机遇和对策”，《浙江经济高等专科学校学报》，第 12 卷第 4 期 2000 年 7 月第 23 ~ 24 页。

5. 田玲、齐子朋，“论中国融资租贷业发展的障碍与对策”，《经济评论》，1998 年第 5 期第 83 ~ 85 页。

6. 李晓春，“论中国金触租赁业的发展趋势”，《新金融》，2001 年第 1 期第 11 ~ 13 页。

7.《中国外商投资企业协会租赁业委员会 2004 年会资料汇编》，2004 年。

8. 姜仲勤，《融资租赁在中国问题与解答》，机械工业出版社，2003 年版。

9. David porter; World leasing yearbook (1995 ~ 2002); Euromoney Publication; 1995 ~ 2002.

10. 施兵超、杨文泽，《金融风险管理》，上海财经大学出版社，2002 年版。

11. 张武、何平，“论融资租赁的风险控制机制”，《中央政法管理干部学院学报》，2001 年第 4 期第 4 ~ 7 页。

12. 何平，“论融资租赁的风险与防范对策”，《安徽农业大学学报（社会科学版）》，2001 年 3 月第 10 卷第 1 期第 56 ~ 58 页。

13. 章彰，《商业银行信用管理》，中国人民大学出版社，2002 年版。

14. 刘纤之、范莉，“促进我国金融租赁业发展的政策分析及建议”，《上海改革》，2002 年。

15. 林后春、蒋三庚、成小洲，《金融风险及其防范》，中国发展出版社，2000 年版。

16. 任兆璋，《金融风险防范与控制》，社会科学文献出版社；1998 年版。

17. 王燕凌，“融资租赁业的风险及其控制”，《经济与管理》，1999 年。

18. 许崇正、刘雪梅，“论我国商业银行金融风险预警指标体系”，《经济问题》，2002 年第 2 期第 1 ~ 4 页。

19. 贺晓波、张宇红，“我国商业银行风险预警指标体系的构建”，《管理现代化》，2001 年第 4 期第 58 ~ 61 页。

20. 李志辉，“国际金融业风险管理发展的新趋势：综合风险管理”，《南开经济研究》，2002 年第 1 期第 62 ~ 66 页。

21. 刘瑞波，“我国融资租赁业发展的主要的障碍及对策研究”，《哈尔滨金融高等专科学校学报》，1998 年第 2 期第 45 ~ 48 页。

22. 和秀星、曹严礼，“我国金融租赁业存在的问题及对策”，《西南金融》，2001 年第 9 期第 58 ~ 61 页。

23. 王淑敏、陆世敏，《金融信托与租赁》，中国金融出版社，2002 年版。

24. 凌宗连、王孝平、沈鹤良，《金融租赁理论与实务》，立信会计出版社，1998 年版。

25. Steven R. Grenadier; Leasing and credit risk; Journal of Financial Economics; Volume 42; Issue 3; November 1996.

26. 互联网，www. chinaleasing. org。

第 15 章

用友公司：高现金股利政策①

随着上市公司整体业绩的提高，公司治理的逐渐完善，上市公司发放现金股利的家数以及发放的总额都在逐年增加。2004 年度现金分红总额 694 亿元，2005 年度的 734 亿元，而 2006 年又在此基础上进一步增加。而且，中国 A 股市场中还涌现出了一批持续高派现群体，他们选择高现金股利政策，将全年业绩几乎全部进行发放。2005 年股利支付率高达 100% 左右的上市公司就有二十多家。

对此现象理论界众说纷纭，有人认为发放高现金股利是大股东出于自身利益出发，对中小股东利益的侵犯，有人认为高现金股利政策是市场自己选择的结果。本章希望通过对用友公司股利政策的研究，分析决定上市公司选择高现金股利政策的关键因素。

15.1　现金股利政策的影响因素

1. 什么是股利政策?

股利是指公司股东从公司的利润中所得到的收益，以股东的投资比例为标准进行分配。最常见的股利形式就是现金股利，它是以现金形式发放的股利，我国通常称为“红利”，发放现金股利称为派现或分红，发放现金股利会减少公司资产负债表上的现金和留存收益。另一种常见的形式是股票股利，即以本企业的股票分配给股东的股利，发放股票股利通常称为送股或送红股。股票股利虽然增加了股东持有的股票数量，但送股后公司股票的每股权益也相应降低，因而它实际上并不会影响公司的股东权益总额，只是股东权益的结构发生了变化，股东也并未取得任何资产。

公司一般会将净利润留存、以后进行再投资，或是作为股利发放给股东。股利政策是以公司发展为目标，股价稳定为核心，在平衡企业内外部相关集团利益

① 本案例完成于 2007 年 4 月。

的基础上，对于净利润在提取了各种公积金后如何在这二者之间进行分配而采取的基本态度和方针政策。股利政策主要包括诸如股利支付率高低、股利支付具体形式、股利支付率的增长、股利策略的选择、股利发放程序等内容。股利支付率高低，就是确定每股实际分配与可分配盈余的比率的高低；股利支付的具体形式有现金股利、股票股利等；股利支付率增长政策，与公司未来股利的增长速度预期有关；股利发放策略，涉及是采取稳定增长股利政策，还是剩余股利政策，或者是固定股利政策等；股利发放程序则包括如发放频率、股利宣布日、登记日、除息日和发放日的确定等。

股利政策的类型通常有四种：（1）剩余股利政策，该政策是指公司的利润会首先用于满足预期收益率超过资本成本率的投资资金需要，如果有剩余利润，才会用于派发股利；（2）稳定股利额政策，即公司把股利作为一个优先考虑的目标，股利金额不随公司的利润和资金需求的波动而波动；（3）固定股利支付率政策，该政策是指公司从税后利润中提取固定的百分比作为股利分配给股东。（4）低正常股利加额外股利政策，即公司每年会稳定地支付数额较低的正常股利，如果某年公司的利润较高，公司则会将盈余以额外股利的形式派发给公司的股东。

2. 股利政策影响诸因素

（1）股东价值最大化

根据现代公司理论，公司的首要目标是实现股东价值最大化。因此公司的留存受益在再投资与现金股利发放之间进行权衡时，主要取决于公司预期的投资回报率与资本市场必要回报率之间的关系。若公司预期的投资回报率高于资本市场必要回报率，那么公司应该保留留存受益进行再投资，以期实现股东价值最大化。反之，则应发放现金股利，让股东选择其他更加“有利可图”的投资渠道。

（2）法律因素

由于保护债权人利益，公司股利的发放在某些方面受到法律的限制。中国《公司法》主要针对以下三个方面做出了限制：第一，公司的资本不得因发放现金股利受到侵蚀；第二，现金股利的来源局限于公司的当期受益以及累积的留存收益；第三，公司资不抵债时不得进行现金股利的发放。任何违反了上述三条规定的企业和个人都将承担法律责任接受法律的制裁。

（3）契约因素

为了保障债权人的利益，公司与债权人之间通常会制定一系列的契约，这些契约条款有可能会涉及到关于公司现金股利发放的政策。比如，盈利未达到某一水平不得进行现金股利的发放；股利发放的金额不得超过留存受益的一定比例等等。

（4）通货膨胀

当发生通货膨胀时，资产重置成本增加，使公司资金流需求增大，在一定程度上会制约现金股利的发放。

（5）股权结构

公司的股权结构决定了控制权的分布，体现了所有者与经营者的代理关系，所以股权结构是影响股利政策的重要因素之一。

表 15－1　　　　截止至 2005 年 6 月中国上市公司股权结构

项　目	期末数（亿股）	比重%
尚未流通股份		
发起人股	4 277.9	56.96
定向募集法人股	475.66	6.33
内部职工股	5.33	0.07
其他为流通股	16.15	0.22
尚未流通股合计	4 775.11	63.58
已流通股份		
境内上市人民币普通股	2 110.57	28.10
境内上市外资股	211.14	2.81
其他为流通股	16.15	0.22
境外上市外资股	413.22	5.50
已流通股份合计	2 734.93	36.42
合　计	7 510.04	100.00

数据来源：中国证券监督管理委员会网站。

中国上市公司大多由原国有企业改制而来，国有股控股股东与国有法人股控股股东存在“一股独大”的特点。在未实现完全流通（即股权分置改革及非流通限制流通承诺解除之前）之前，控股股东为了弥补非流通所导致的资本利得的损失，有可能倾向于现金股利分配。表 15－1 为我国上市公司 2005 年底的股权结构状况。

国内许多学者对此问题进行研究。其中袁振兴、杨淑娥（1996）《现金股利政策：控制权人挖掘利益侵占“隧道”的工具》认为：“传统经典的股利理论都把现金股利政策看作实现股东价值最大化的工具，并通过市场的反应对其进行检验，但是，它们忽略了公司的‘法律’性和控制权对现金股利里政策的影响，现金股利政策是公司的‘法律’之一，它是控制权人意志的体现，渗透着控制权人的利益倾向，现金股利政策可能成为公司控制权人利益侵占隧道的挖掘工具，控制权人利用现金股利挖掘利益侵占隧道可能有三种情况：经营者对股东利益侵占隧道的挖掘，大股东对小股东利益侵占隧道的挖掘，公司对债权人利益侵占隧道的挖掘，在我国还存在一种特殊的利益侵占隧道——非流通股东对流通股东利益侵占隧道。"

(6) 行业

行业也是影响上市公司现金股利政策的重要因素之一。比如新兴行业由于公司成长快，发展潜力大，而造成现金紧张，所以一般在股利政策中倾向于送股而不进行（大规模）现金股利的发放。同样，具有有利投资机会的行业也可能不倾向于进行现金股利的发放，这也符合股东价值最大化的目标。

(7) 盈利能力

公司发放的现金股利来源于公司当期经营所得即税后利润以及累积的留存收益，所以公司的盈利能力直接影响着现金股利政策。一般而言，公司的盈利与现金股利的发放成正相关的关系，所以"多盈多分，少盈少分"的现象也就司空见惯。但是随着中国市场化程度加强，公司的股利政策的连续性相继成为一些上市公司考虑的重点。具有稳定的盈利能力的公司期望通过维持稳定的股利政策，稳定股价，建立良好的上市公司形象。因此公司盈利的多少以及盈利的稳定性，可预期性直接决定公司的现金股利支付率。

盛亦工（2004）以截至2004年4月30日公布年报的1259家上市公司为研究样本，通过实证研究表明，盈利多少是影响上市公司股利分配的最重要因素，而公司的派现金额与每股收益呈正相关关系。冯卫兵、李现宗（2004）针对民营上市公司作实证研究表明：不分配现金股利的公司占多数，其中每股收益成为左右是否发放股利的重要指标。而发放现金股利的公司现金股利支付率与公司盈利能力正相关。

(8) 现金流

如前所述，现金股利源自于公司当期经营收益以及累积的留存收益之和，但是拥有大量留存收益并不等同于能够支付现金股利。公司的现金流是否健康、充裕是公司存在并发展的关键所在，所以现金股利的发放应该以维持公司合理的现金流为前提。因此现金股利的发放不仅取决于留存收益的多寡，还受到公司经营性现金流的制约。会计学上现金流量表中现金流包括现金（库存现金、银行存款及其他货币资金）及现金等价物，其中现金等价物是指公司持有的期限短、流动性强、易于转化成已知金额现金、价值变动小的资产。公司资产的流动性与变现能力影响公司的现金流，也制约着公司的现金股利政策。即使公司账面上由比较可观的当期收益与留存收益，但是如果其资产的变现能力不容乐观，此时现金股利的支付就有可能使公司陷入现金困境，影响公司的日常经营，甚至是生存状况。

刘淑莲、胡燕鸿（2003）通过研究证明：经营现金净流量与现金股利政策密切相关，而股权自由现金流则不然。一般而言，现金股利小于账面上的留存收益，但有的公司发放的现金股利超过其股权自由现金流量，其超额部分来源于配股融资。

（9）资本结构

在公司财务中，负债率是衡量公司财务状况的重要指标，往往过高的负债率被视为财务状况恶化的标志，所以负债率与现金股利的发放呈负相关的关系。赵春光、张雪麓、叶龙（2001）通过研究表明，负债率高的公司在股利政策中倾向于股票股利而非现金股利，从而把利润留下来规避财务状况进一步恶化的风险。

但是针对中国上市公司的独特性，其国有企业的背景以及与国有银行千丝万缕的联系，是造成过高的负债率的主要原因之一，所以高负债率不会影响企业的经营思路，也不会影响企业的现金股利政策。刘淑莲、胡燕鸿（2003）通过实证研究表明负债率与股利政策无关。

（10）筹资能力

公司的融资方式包括以留存收益再投资、债务融资和股权融资。前者为内部筹资，而后两者为外部筹资。内部筹资与外部筹资本身就存在着矛盾：发放大量现金股利为公司营造良好的口碑为外部融资铺平道路，但却牺牲内部筹资并承担高昂的资金成本；反之，如果公司少发甚至不发现金股利，虽然节约了筹资成本，但却在一定程度上损害公司外部筹资环境，可能会制约企业进一步发展。所以，管理层在内部筹资与外部筹资的决策上需要结合公司实际情况制定较为均衡的股利政策。

一般而言，规模小的公司由于外部筹资较难，内部筹资是较为切实可行的办法，所以其倾向于少发或者不发现金股利，从而以留存收益进行再投资。而规模大的公司其由于较长的历史，积累了良好的信誉，融资能力较强，此时可以考虑多发放现金股利。

中国上市公司大多以股权融资为首选，这是由于我国高市盈率以及上市公司的稀缺资源，上市公司募集的资金总是数量巨大，加之公司治理结构的弊病，使得募集资金全部由实际控制人操纵。中国证监会在 2001 年出台的政策中规定，上市公司年度净资产收益率超过 6%，3 年平均达到 10% 即具备配股资格。于是，有些公司为了符合证监会的配股要求，蓄意发放高额的现金股利，从而降低公司的净资产来提高未来的净资产收益率。

（11）股利政策的连续性

Lintner（1956）提出平稳化股利政策模型，他认为公司有长期的目标股利支付率，股利的变动只是对其目标的局部调整。管理层愿意维持稳定的股利政策，而非减少或者取消股利，因为股利政策传递着管理层对未来的预期。

于延超、朱莉（2003）通过实证研究表明：公司支付股利过少受滞后股利与当期每股收益的影响；而公司是否支付股利受去年是否支付股利与当期每股收益的影响。原红旗（2004）采用修正的 Lintner 模型，通过对中国上市公司进行实证研究表明：连续发放现金股利的公司不愿意轻易更改股利，股利政策具有稳定性，管理层根据过去股利政策，结合收益对当期股利进行调整。

15.2 中国上市公司股利政策现状

从统计数据看（见表 15－2），总体上看，中国上市公司不分派现金股利的公司居多，而且居高不下。不派发股利的公司占总上市公司数 1995 年为 23.84%，到 2004 年，这一比例仍不降反升为 44.76%。从股利类型看，相对而言，分配股票股利的公司数量正逐步减少，随之而来的发放现金股利的公司正慢慢增加。1995 年，含现金股利分配的公司为 173 家，占总数的 53.56%，含股票股利分配的为 156 家（有的公司既有现金股利也有股票股利），占总数的 48.3%。到 2004 年，上述数字分别变为：现金股利 729 家，占 53.84%；股票股利 161 家，占 11.89%。

表 15－2　1995～2004 年国内上市公司历年股利分配情况

项目	分配中包含现金股利		分配中包含股票股利		不分派股利		上市公司总数
	股数	所占比例	股数	所占比例	股数	所占比例	
1995	173	53.56%	156	48.30%	77	23.84%	323
1996	175	33.02%	238	44.91%	139	26.23%	530
1997	220	29.53%	168	22.55%	374	50.20%	745
1998	250	29.38%	144	16.92%	485	56.99%	851
1999	335	36.26%	246	26.62%	560	60.61%	924
2000	686	66.15%	162	15.62%	322	31.05%	1 037

续表

项目	分配中包含现金股利		分配中包含股票股利		不分派股利		上市公司总数
	股数	所占比例	股数	所占比例	股数	所占比例	
2001	677	60.66%	136	12.19%	414	37.10%	1 116
2002	614	51.73%	125	10.53%	544	45.83%	1 187
2003	605	48.17%	197	15.68%	611	48.65%	1 256
2004	729	53.84%	161	11.89%	606	44.76%	1 354

资料来源：万德数据库。

表 15－3 给出了历年来最大股东持股比例列前 10% 的公司其股利状况。从表中数据可见，这些公司的股利占总市场股利的大约两成。可见，最大股东持股比例处于前 10% 的公司派现比例远远高于所有上市公司的平均派现比例，成为了名副其实的高派现公司。这导致人们得出这样的结论：一些高派现的公司在逐渐增加，其中股权越集中，派现倾向性越强。

表 15－3　2000～2004 年最大股东持股比例列前 10% 的公司派现情况

年　度	2000	2001	2002	2003	2004
最大股东持股比例列前 10% 的公司派现数量	70	63	77	76	90
A 股派现公司总数	686	667	614	605	729
现金分红总额（百万元）	12 556.09	22 566.99	44 623.58	55 430	76 582
最大股东持股比例列前 10% 的公司派现总额（百万元）	3 629.7	2 963.89	7 987.69	10 916	18 866.07
最大股东持股比例列前 10% 的公司占派现公司比重（%）	10.20	9.31	12.54	12.56	12.35
最大股东持股比例列前 10% 的公司占派现总额比重（%）	28.91	13.13	17.90	19.69	24.64

资料来源：万德数据库。

万德数据库显示，从现金分红的总额上看，2004 年度现金分红总额 694 亿元，2005 年度的 734 亿元仅仅是在 2004 的基础上稳步抬升。而从表 15－4 给出的2005年上市公司年度分红派现前二十名中可以看出，现金股利的发放越来越多，高现金股利政策越来越受到上市公司的青睐，他们乐于把利润毫无保留地分配给股东。排名前二十名的公司中，几乎所有的公司都将利润全部以现金股利形式发放掉。

高现金股利政策在中国资本市场显得越来越抢眼，这引起人们极大的兴趣。

表15-4　　2005年度上市公司派现率排名前20　　单位：元

证券简称	净利润	股息总额	派现比率
内蒙华电	67 969 697.84	237 746 400.00	349.78%
复星医药	159 030 715.7	282 866 811.74	177.87%
中技贸易	72 580 007.65	125 136 000.00	172.41%
北大荒	497 147 735.7	783 194 688.00	157.54%
航天机电	64 580 890.6	93 568 000.00	144.88%
宇通客车	185 677 970.3	266 611 140.00	143.59%
中色股份	179 017 111.4	226 512 000.00	126.53%
成霖股份	53 326 230.66	67 242 810.60	126.10%
威孚高科	181 905 034.5	226 910 398.00	124.74%
吉林森工	77 037 607.54	93 150 000.00	120.91%
平高电气	105 395 931.8	124 780 000.00	118.39%
盐田港	684 480 488.8	809 250 000.00	118.23%
建发股份	212 871 861	247 040 000.00	116.05%
用友软件	98 835 041	114 048 000.00	115.39%
南京高科	93 175 149.68	103 243 766.40	110.81%
哈空调	93 579 781.54	98 292 480.00	105.04%
宁沪高速	696 456 020	730 473 387.50	104.88%
一汽轿车	337 624 711.7	325 500 000.00	96.41%
华兰生物	52 542 887.69	50 250 000.00	95.64%
云内动力	52 495 076.62	49 950 000.00	95.15%

注：剔除净利润小于5 000万元的公司。

资料来源：港澳财经。

15.3　用友公司及其股利政策简介

1. 用友公司简介

1988 年，用友现任董事长王文京与合作伙伴筹集了 6 000 美元，在北京中关村创立了用友公司。成立之后，用友公司便有了长足的发展。由于当时财政部决定不对任何非国有企业开发出的财会软件予以审查认证，1996 年用友占据了财会软件市场 40% 的份额。1999 年 10 月 29 日，由原北京用友软件（集团）有限公司的五家股东——北京用友科技有限公司（以下简称“用友科技”）、北京用友企业管理研究所有限公司（以下简称“用友研究所”）、上海用友科技咨询有限公司（以下简称“上海用友科技咨询”）、上海益倍管理咨询有限公司（以下简称“上海益倍”）和上海优富信息咨询有限公司（以下简称“上海优富”）作为发起人，将原北京用友软件（集团）有限公司依法变更为北京用友软件股份有限公司。

用友软件股份有限公司主要从事自有知识产权软件产品的开发与推广，业务主要在管理软件和其他企业应用软件产品的研发、销售和服务。2001 年 10 月 24 日，用友软件发布公告称，它与欧洲软件公司 IFS（工业金融系统公司）于 2001 年 10 月 22 日达成合资协议，成立北京用友艾福斯软件系统有限公司。该公司投资总额拟定为 233 万美元，先期注册资本为 133 万美元，其中用友以等值人民币现金出资 100 万美元，占合资公司注册资本的 75%；IFS 以实物及无形资产出资 33 万美元，在其中占有 25% 的股份。2002 年 1 月 8 日，北京用友艾福斯软件系统有限公司在北京宣布成立。在此之前，用友已经投资了两家软件公司，第一家为华表软件，其核心能力在报表中间件方面，用友控股 70%；第二家是开元通宝，其主要业务能力集中于企业财务报表分析方面，用友控股 68%。

用友软件是目前中国最大的独立软件厂商和中国最大的管理软件公司、中国最大的财务软件公司。用友公司拥有优秀的软件人才队伍，具有完整的管理软件产品线，建有覆盖全国的销售服务网络，设有目前国内最大的企业应用软件研究开发机构——用友软件产品研究开发中心，并设有企业应用软件博士后科研工作站。

表 15－5　　用友软件公司 2001～2006 年主要财务数据　　单位：元

年份	2001	2002	2003	2004	2005	2006
每股净资产	10.02	10.34	9.28	7.97	6.98	5.35
每股收益	0.7	0.92	0.62	0.48	0.57	0.5
每股现金含量	1.0329	0.838	0.87	0.7402	1.2008	0.1114
每股资本公积	8.8323	8.8323	7.2361	5.9245	4.8112	3.4579
固定资产合计	64 087 375	75 492 018	144 844 091	201 909 697	328 028 147	487 494 505
流动资产合计	1 058 573 027	1 053 750 312	961 538 726	939 703 890	979 988 943	755 372 350
资产总计	1 167 865 248	1 218 117 870	1 282 611 512	1 337 378 193	1 492 476 728	1 421 737 526
长期负债合计	1 000 000	2 000 000	1 775 000	10 605 000	16 392 932	11 897 234
主营业务收入	333 483 187	488 215 150	601 572 932	725 871 735	1 000 763 354	711 768 480
财务费用	－12 541 312	－8 176 339	－8 973 645	－11 010 911	－6 409 819	4 991 602
净利润	70 400 601	91 605 983	74 911 911	69 441 387	98 835 041	111 010 416

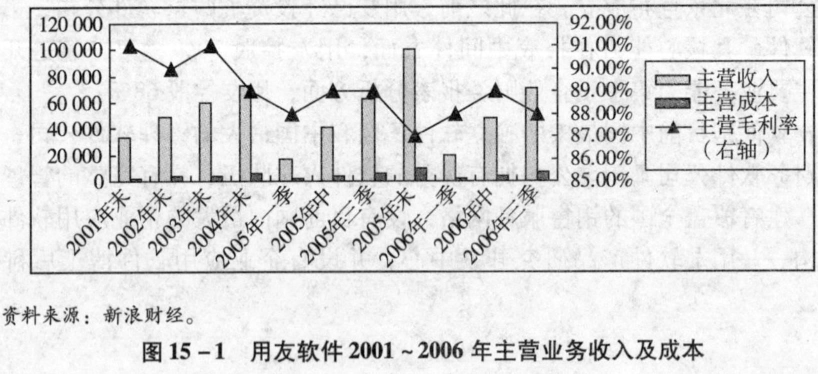

资料来源：新浪财经。

图 15－1　用友软件 2001～2006 年主营业务收入及成本

2001 年 4 月 18 日，北京用友软件股份有限公司在上海证券交易所上市。目前，用友是中国最大的独立软件厂商和中国最大的管理软件公司、中国最大的财务软件公司。上市之后，用友公司一直保持着快速的增长。

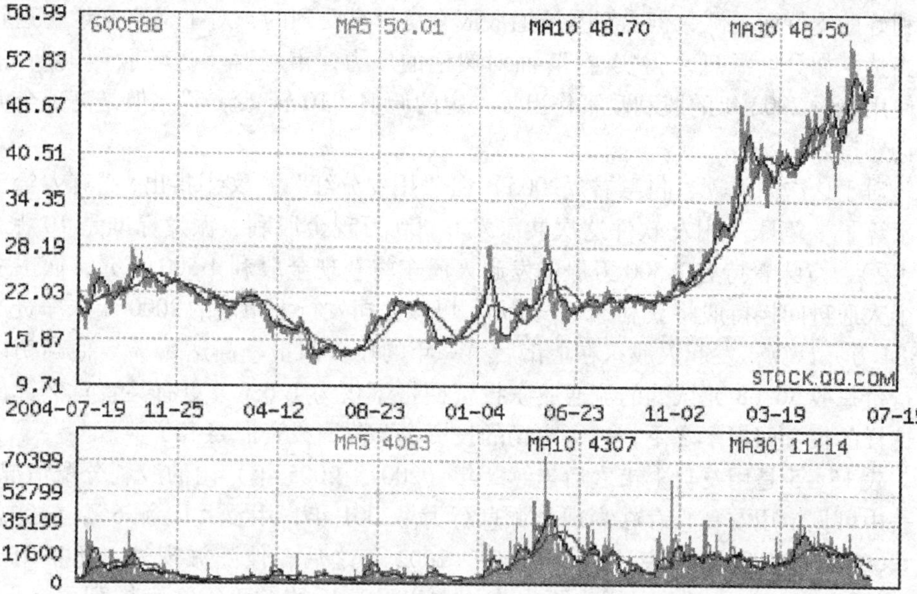

资料来源：腾讯股票频道。

图 15－2　用友软件 2004～2007 年价格分时走势图

2. 用友公司历年来的股利发放

中国资本市场的发展历程伴随着太多的神话以及耀眼的明星，北京用友软件股份有限公司注定是其中较为闪耀的一颗。用友在 2001 年 3 月 16 日有幸成为第一家按核准制要求发行股票的企业之后，在 5 月 18 日在上海证券交易所挂牌上市，上市当日就创出百元的天价，“用友神话”一时成为业界最为炙手可热的话题。

而用友公司在 2002 年 4 月公布分红预案每 10 股派 6 元，这在当时中国 A 股市场罕见的高现金股利分配引起各方争议，突如其来的舆论“臭鸡蛋”也直接制约了用友的股价。2002 年 4 月 5 日《南方日报》以《用友大把“分钱”市场嘘声四起》直接质疑用友分红。该文描述道：“去年上市的用友软件，在资本市场受尽追捧，堪称我国证券市场的第一高价股。近日，用友公布了其业绩不俗的 2001 年度报表和高比例现金派息的年度分配方案，每股派现 0.6 元（含税）。然而，用友年报公布当日复牌后大幅低开低走，股价连挫，从而市场上嘘声四起。看似利好的分红公告何以激起反面的市场反应？有钱拿的股民为何还‘拿脚投票’？”“股民们无非盼着用友采用‘送转股’的分配方案，使原来在二级市场上高价买入的股票风险降低。若选择送转股的方案，用友在二级市场的股价可能得到利好的支持而上涨，但这只是流通股股东可以享受到的，对王文京来说，送转股当然不如分红派息来得实惠。”面对舆论的压力，市场对“送转股”的期待，迫使用友对2002年的股利政策作出了一定的调整“10转2派6”，但是高现金派息仍然持续。

对于这次高派现，付惠君（2005）在“用友分红”一文中指出，“有人给王文京算了一笔账。用友软件这次共派发6 000万现金股利，派发标准是10派6（含税），意味着持有7 500万股的发起人股东将获现金股利4 500万元，而王文京个人通过间接持股将获利3 321万元。以该公司发行上市前的2000年末净资产8 384万元计算，发起人股东在上市后第一年的投资回报率高达54%，而当初以发行价每股36.68元认购的流通股东投资回报率仅为1.6%，更有甚者竟然算出在这样的投资回报率之下，二级市场的投资者要收回投资需要133年”。

表15－5是用友自上市之后连续5年（2001～2005年）内的股利分配情况。从表中可见，用友一直存在高现金派息行为。2001年，用友“10派6”，分红总额6 000万，股利支付率达到85.71%。2002年之后，伴随派现外，还采用了“送转股”① 方案。高派现行为再次将用友以及幕后的舵手王文京推到了台前，又一个“用友神话”的诞生，再次让用友成为万众瞩目的焦点。用友高派现的原因成了理论界与实务界关注的一个热点。

表15－5　　　　用友公司历年股利政策

分红年度	分红方案	总股本	分红总额	每股收益	股利支付率
2001	10派6	1亿	6 000万	0.7	85.71%
2002	10转2派6	1亿	6 000万	0.92	65.22%
2003	10转2派3.75	1.2亿	4 500万	0.62	60.48%
2004	10转2派3.2	1.44亿	4 600万	0.48	66.67%
2005	10转3派6.6	1.728亿	11 405万	0.57	115.79%

15.4　用友公司的股利政策分析

1. 股权结构角度

用友在上市发行前，由北京用友科技有限公司、北京用友企业管理研究所有

① 转送股：即以以前年度利润转为股本。与送股不同，送股是以本年度利润转为股本。

限公司、上海用友科技投资管理有限公司、南京益倍管理咨询有限公司、山东优富信息咨询有限公司五家公司作为发起人出资 7 500 万元认购了用友 75% 的股权。五家公司的持股比例如表 15－6 所示。

表 15－6　　　　用友五家发起人公司持股比例

编号	股东名称	持股数量（股）	持股比例（%）	股本性质
1	北京用友科技有限公司	41 250 000	41.25	境内法人股
2	北京用友企业管理研究所有限公司	11 250 000	11.25	境内法人股
3	上海用友科技咨询公司	11 250 000	11.25	境内法人股
4	上海益倍管理咨询有限公司	7 500 000	7.5	境内法人股
5	上海优富信息咨询有限公司	3 750 000	3.75	境内法人股

根据其招股说明书上披露的信息得知（见表 15－7），五家公司的股权主要分布在几个自然人手中，而作为用友创始人的王文京理所当然的成为五家发起人公司的大股东，从而间接持有用友 55.2% 的股份。显然，用友的话语权高度集中在公司董事长王文京手中。

表 15－7　　　　五家控股公司股份分布

	王文京	郭新平	吴政平	邵　凯	杨祉雄
北京用友科技有限公司	73.60%	11.50%	8.00%	2.00%	0.50%
北京用友企业管理研究所有限公司	73.60%	11.50%	8.00%	2.00%	0.50%
上海用友科技投资管理有限公司	90.00%	5.00%	5.00%		
南京益倍管理咨询有限公司	42.80%	26.375%	10.125%	6.00%	1.50%
山东优富信息咨询有限公司	86.00%	1.25%	12.75%		

在上市后五年间（2001～2005 年），虽然五家发起人公司对用友的持股比例曾发生变化（如表 15－8 所示），但五家公司持股总数仍然维持在 75%，而实际控制人王文京董事长 55.2% 的控股比例也未发生实质性的变化。

所以，用友的股权结构具有中国特色的非流通股东“一股独大”的特点。而如前所述，这种股权结构使得王文京具备利用合法的“利益隧道”挖掘工具进行利益输送的动机，以此来弥补非流通法人股在资本利得上的损失。

表 15-8　　　　用友五家控股公司的持股比例

股东名称	持股数量（股）	持股比例（%）	股本性质	王文京持股比例
北京用友科技有限公司	37 500 000	37.5	境内法人股	73.60%
北京用友企业管理研究所有限公司	18 750 000	18.75	境内法人股	73.60%
上海用友科技咨询公司	7 500 000	7.5	境内法人股	90.00%
上海益倍管理咨询有限公司	7 500 000	7.5	境内法人股	42.80%
上海优富信息咨询有限公司	3 750 000	3.75	境内法人股	86.00%

用友 2001 年上市后第一年派现 6 000 万，使持有 7 500 万股的五家发起人公司获得现金 4 500 万，而实际控制人王文京个人得到大约 3 312 万。这直接导致了发起人在用友上市后第一年的投资回报率高达 54%（以 2000 年末公司上市前净资产 8 384 万作为投入）。而相比之下，流通股东的投资者获利微乎其微，每股 0.6 元的税前股息仅占新股发行价每股 36.68 元的 1.6%。尽管造成这一巨大反差的根源或许在于中国资本市场的制度性缺陷，但是无论如何从表面上看来，导演高派现的根源就在于非流通股东的利益动机。

在以后的四年中，也许在舆论以及流通股东的压力下，用友的股利政策由 2001 年的单一现金股利改为混合型股利政策，但是依然维持高派现的惯例。五年累计派发现金股利 32 505 万元，王文京一人获得税后现金股利 14 354（32 505 ×55.2% ×80%）万元。而王文京的作为董事长与总裁，其薪酬仅为 139.95 万元，与现金股利的回报相比微不足道，所以现金股利无疑是对替用友软件开疆辟土的王文京最好的、也是最正当的回报。

2. 盈利能力角度

用友公司作为我国软件行业的龙头企业，自公司成立起，专注于软件业务的发展开拓，抓住中国 ERP（企业管理软件）普及的历史机遇，使用友软件成为中国管理软件市场上最有影响力和竞争力的品牌。在连续数年保持在中国 ERP 软件市场、管理软件市场、财务软件市场、财政管理软件、金融企业管理软件、EAM 软件占有率第一的地位，并逐步提高市场份额。这一切直接导致用友公司靓丽的年报上主营业务收入每年稳定增长 1.5 亿左右（如图 15-3 所示）。

用友在上市前三年（2001~2003）执行“全面升级、扩张发展”三年战略，公司的经营也在前两年取得了很大突破，但众所周知软件行业的发展日新月异，前进的浪潮很快将用友推到了瓶颈期。2003 年，用友在管理软件市场上遇到了

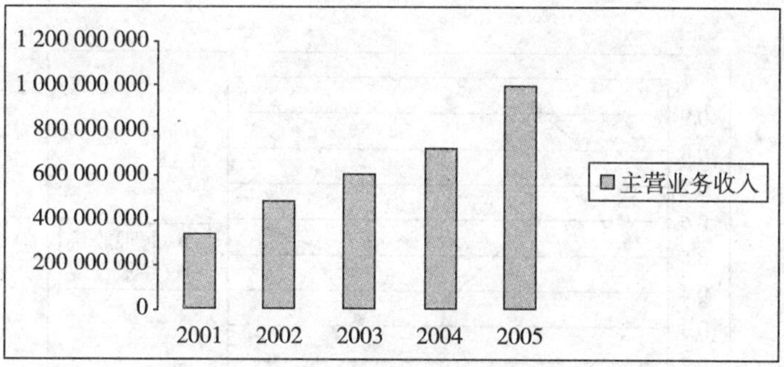

图 15－3　用友 2001～2005 年主营业务收入

国际厂商的残酷竞争，部分国际厂商采取了的价格竞争手段，影响了用友的利润率。尽管 2003 年主营业务收入继续稳定增长，但其净利润却出现滑坡的迹象。面对国际化的市场环境，公司在此关键时刻，做出了新的三年战略规划：“以国际竞争力建设为核心，以国际化为先导，夯实基础，实现突破，做强做深中国市场业务，开展国际经营，促进公司突破性的新发展”。2003～2006 年，用友继续专注于主营业务的发展，“突破固有模式、打通业务流程、落实经营责任、积极成长业绩、提高净资产收益率”。经历 2004 年的业绩冰点后，2005 年公司苦心孤诣投资培植的多项软件业务顺利进入收获期，公司主营业务企业管理软件继续增长并创造了 2.7 亿的天量增幅，净利润增长了约 3 000 万，达到了历史最高点，一举结束了前两年利润业绩下滑不利局面，成为公司自上市以来业绩成长的新拐点。

所以，我们认为，用友成立十八年、上市六年来，用友已成为中国软件行业的领头羊之一。通过管理层兢兢业业的辛勤耕耘，公司能够在激烈的市场竞争中立于不败之地，创造稳定可期的经营业绩。这一骄人的业绩，也是对用友高现金股利的最有力的支持，见图 15－4、图 15－5。

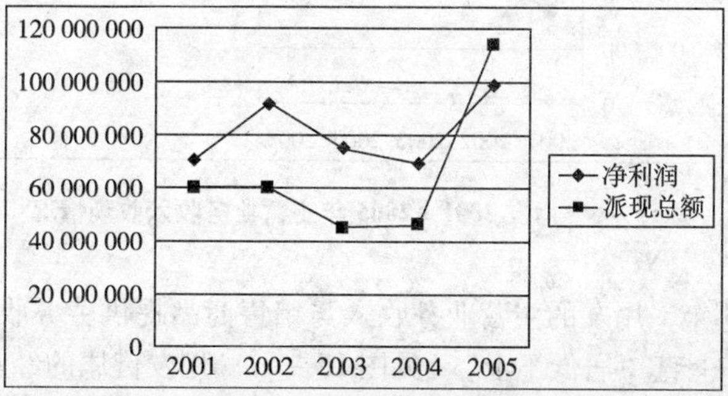

图 15－4　用友 2001～2005 年净利润与派现总额

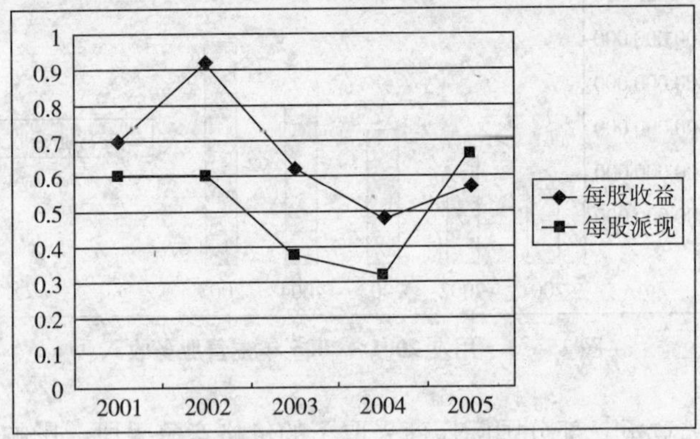

图 15-5 用友 2001~2005 年每股收益与每股派现

3. 现金流角度

2001 年4 月23 日，用友软件以发行价每股36.68 元、市盈率64.35 倍在上海证券交易所上网定价发行2 500 万 A 股。凭借上市，用友募集资金达8 亿多元，数亿的真金白银流入用友囊中。据2001 年年报披露，用友的货币资金从2000 年不起眼的3 867 万翻了近二十倍，激增到68 993 万，从此用友进入了有米之炊的惬意时代。

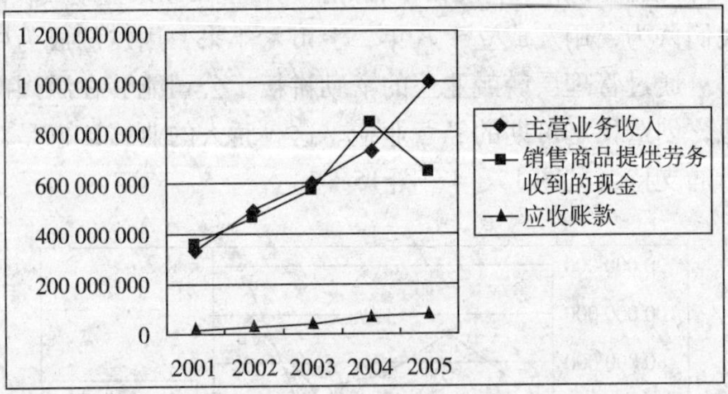

图 15-6 用友 2001~2005 年主营业务收入收现情况

2001~2005 年，用友的主营业务收入与销售商品提供劳务收到的基本持平，其应收账款水平一直“居低不上”（见图 15-6）。用友健康的经营状况创造了良好的现金流，其经营活动产生的现金流量净额在2001~2005 五年间大多维持在8

亿元上下浮动（见图 15－7）。良好的创现能力使得用友的货币资金数有增无减，上市后一直维持在 7 亿元左右（见图 15－8）。在上市公司屡次传出大股东“挪动”上市公司的丑闻的中国资本市场中，面对“香饽饽”的诱饵，管理层不仅没有大肆挥霍，这些精明能干的“巧妇”还用这些米打造一台稳定优质的“印钞机”。

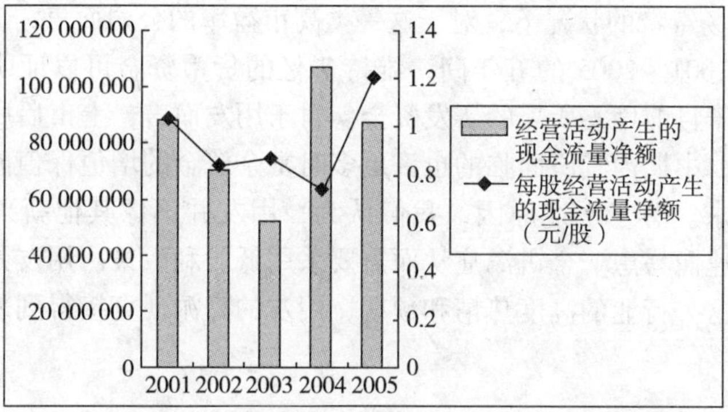

图 15－7　用友 2001～2005 年经营活动现金状况

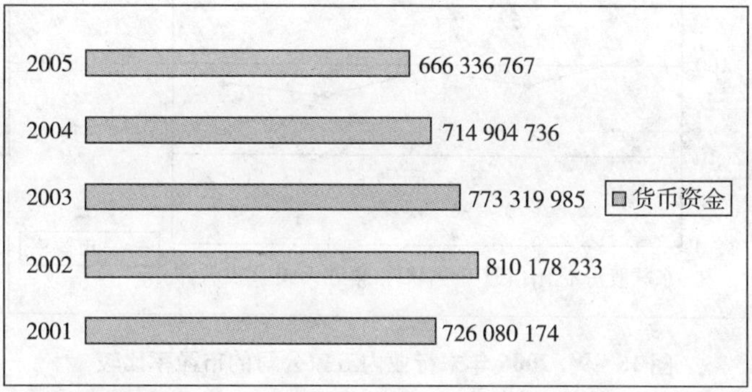

图 15－8　用友 2001～2005 年的货币资金状况

如果从现金流来分析，用友的现金显然很充分，而且充分得几乎让人觉得“上市融资”完全没有必要，因为其货币资金始终在 7 亿左右，与上市所融资金 8 亿规模相差不大。充足的现金，从另一方面也说明公司可能缺乏更好的投资机会。2001 年上市后，公司甚至拿出 1 亿元购买国债，2 亿元委托给兴业证券进行委托理财。从股东利益最大化角度看，如果充足的资金找不到更好的投资渠道，还不如返还给股东，高派现就是常用的手段之一。

4. 行业角度

图 15－9 是中国 A 股市场软件开发行业 5 家巨头的市盈率，平均大约 70 倍的市盈率，是 2006 年末 A 股市场平均市盈率的两倍多。这佐证了用友所属行业的特点——新兴行业，发展迅速，投资者对其发展潜力具有较高的期望。

一般而言，新兴行业由于公司成长快，发展潜力大，容易造成现金流短缺，所以一般在股利政策中倾向于送股而不进行（大规模）现金股利的发放。但是在中国 A 股市场奇特的状况下，对于这一类高市盈率的公司而言，上市就意味着“钵盘满盈”。2001～2005 的五年间，维持 7 亿的货币资金可以证明新股发行募集的资金数倍于目前用友所需的研发资金。对于用友而言，上市后所有的资金问题都迎刃而解，中期内其所面临的也许更多时富余资金的增值保值问题，而非下一轮的筹资需求。鉴于上述原因，我们认为，用友并不像其他新兴行业中的企业，因发展迅速而易患资金饥渴症从而需要采用低股利政策。用友是特例。它的背后是市场对这一行业的高度热情和预期，用友的高派现直接得到来自行业高市盈率的支持。

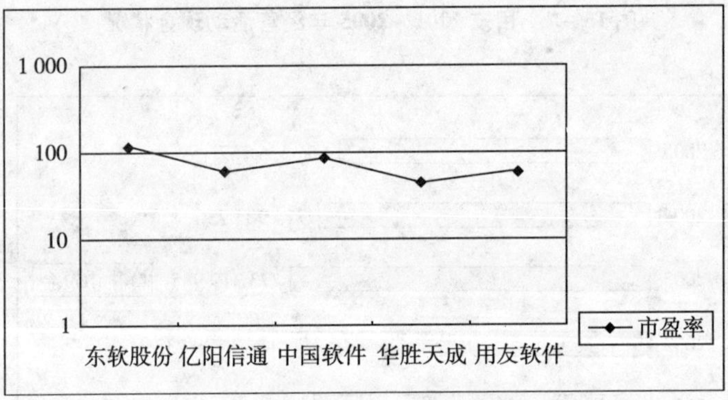

图 15－9　2006 年末行业内五家公司的市盈率比较

综合上述分析可知，有三大因素是支持用友高派现的重要原因：控股股东、盈利能力强和现金充沛、行业特殊性。就股权结构而言，用友具备发放高现金股利的动机；从盈利能力和现金流方面看，用友也具备发放高现金股利的资格；而且，从所属行业在中国的特殊性而言，用友拥有发放现金股利的土壤。三者合力造成用友连续数年的高额派现。

15.5　横向比较——关于用友股利政策的进一步分析

用友公司的股利政策是否合适，上述部分仅仅分析了它自身的情况，而整个行业状况如何尚不清楚，特别是其他公司在派现问题上的立场。为此，我们选取了两家公司——华胜天成和东软股份——与用友进行对比，从这一角度对用友的连续高额派现做进一步的分析。

1. 对比公司的概况

华胜天成。它在商业智能服务领域形成了一套有特色的方法论、应用模型和应用模块，其主营业务产品包括硬件及集成服务（产品），软件（产品）以及专业服务收入（产品），目前公司在邮政、电信领域的业务决策支持系统业务上已处于国内领先地位，并正在积极开拓金融、能源、交通等行业市场。2005 年，中国移动业务保障系统招标中，公司以明显的技术优势获得了三分之一以上省份的合同。同时，公司这一技术领先的优势还延伸到金融市场。2005 年一举获得了中国银联 450 万美元的存储项目。公司在城域网及企业集团融合通讯领域已处于行业领先地位，形成了集成语音、数据及各种增值应用的融合通讯解决方案，在金融市场为中国工商银行、交通银行等大型金融企业提供了服务。

东软股份。作为软件行业资产最为雄厚的公司，其主营业务产品包括软件及系统集成（行业）和医疗系统（行业），其软件及系统集成业务持续稳定发展，经营质量逐步提升。在保持电信、社保、烟草、电力、网络安全等行业优势的同时，还在企业管理软件、金融、税务等领域有了新的拓展，业务规模扩大，综合竞争能力加强。

2. 股权结构对比

表 15 - 9 是根据华胜天成和东软两家公司的年报编制的大股东持股结构表。

2004 年上市的新兴上市公司华胜天成发起人由六名自然人及一个法人组成，持股比例分别为：苏纲（25%）、王维航（19%）、刘建柱（16%）、刘燕京（15%）、胡联奎（10%）及荆涛（2.5%）、北京华胜计算机有限公司（12.5%），经过几次股权转让 2006 年底股权结构如表 9 所示。如果说用友的实际控制人是王文京，那么华胜天成的实际控制人为若干个“王文京”，作为自然人控股股东，他们与王文京具有相同的利益动机。

东软股份作为 1996 年较早上市的公司，由东软集团有限公司控股，其法人股占 50.3%，形成了一股独大的局面，属于典型的中国式上市公司。如前所述，它也具备了发放高现金股利的动机，因为为了弥补非流通不能获得的资本利得，控股股东会倾向于让上市公司分配现金股利，获取现金。现金股利政策有可能成为控股股东挖掘“利益隧道”的合法工具。

表 15-9　　两家对比公司的大股东结构

股东名称	持股数（万股）	占总股（%）	股本性质	增减情况
华胜天成				
苏　纲	3 084.90	16.83	自然人	未变
王维航	2 344.52	12.79	自然人	未变
刘建柱	1 974.34	10.77	自然人	未变
刘燕京	1 850.94	10.10	自然人	未变
北京华胜计算机有限公司	1 542.45	8.41	境内法人股	未变
胡联奎	1 233.96	6.73	自然人	未变
总　和		65.63		
东软股份				
东软集团有限公司	14 157.98	50.30	流通受限股份	减少
景福证券投资基金	693.19	2.46	流通 A 股	未变
中国银行——海富通收益增长证券投资基金	60.00	2.13	流通 A 股	增加
景博证券投资基金	595.00	2.11	流通 A 股	增加
交通银行——海富通精选证券投资基金	500.00	1.78	流通 A 股	未变
兴和证券投资基金	482.29	1.71	流通 A 股	未变
总　和		60.49		

东软股份的控股股东为东软集团有限公司，而东软集团的主要股东为东北大学科技产业集团有限公司、华宝信托投资有限责任公司、阿尔派株式会社、阿尔派电子（中国）有限公司、宝钢集团有限公司，为五家法人机构，但东软股份的最终控制人是谁无法获知。

3. 盈利能力与现金流对比

图 15-10 至图 15-13 是三家公司财务状况的比较情况，分别为净利润、每股收益、主营业务利润和经营活动现金流。从净利润和每股收益的比较可以看出，用友软件与华胜天成的经营状况较为稳定，净利润稳步增加，每股收益保持稳定。由于这两家公司的在其所属市场上属于领先者，市场份额正在稳步扩大，

经营业绩良好，主营业务利润逐年增加。两家公司的主要财务指标具有一定的趋同性，上升下降的趋势相似。但是，从净利润绝对数、每股收益看，华胜天成略高于用友。但从主营业务利润和经营活动现金流来看，用友略好于华胜天成。

三家中东软股份的情况比较不同。三年来，其主营业务利润在原地踏步。2004 年净利润畸形，主要来自于营业外收入：数字医疗向飞利浦投资出售与 CT、MRI、X 线机、B 超产品相关的部分有形资产（设备），以及所有相关专有技术和非技术信息等无形资产而确认的资产转让收益 47 893 万元。其他几个指标方面，东软与用友、华胜天成差别不是很大。

三家公司每股经营活动现金流量都是正值，而且呈上升趋势，说明公司的现金流充沛，公司盈利状况良好，具备发放现金股利的能力。

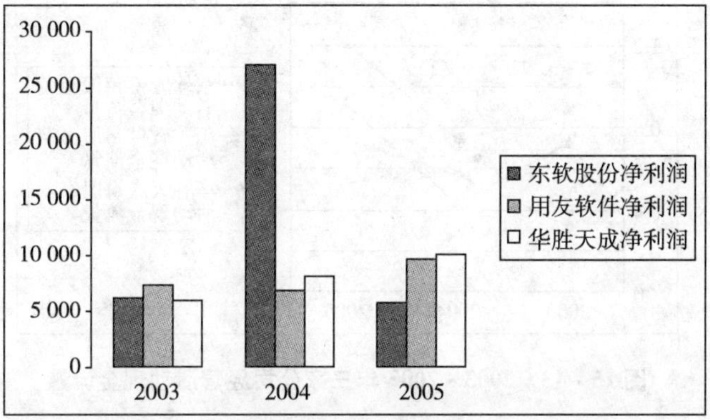

图 15－10　2003～2005 年三家公司的净利润

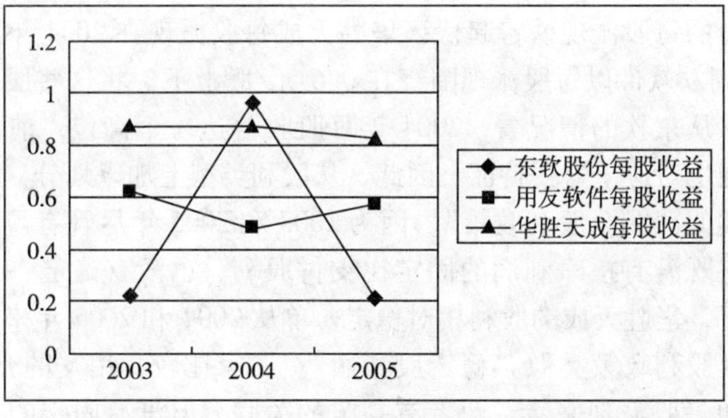

图 15－11　2003～2005 年三家公司的每股收益

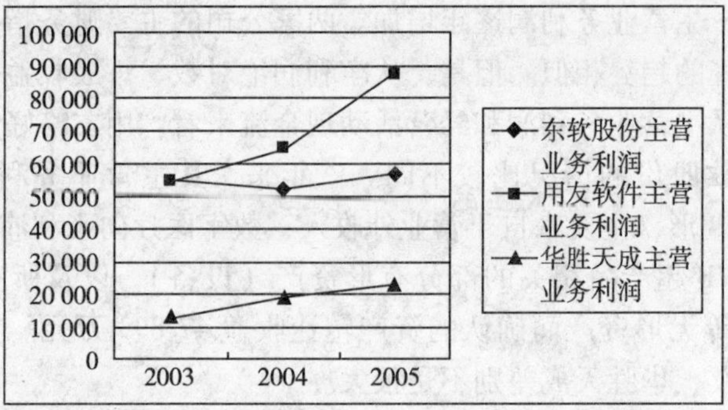

图 15－12　2003～2005 年三家公司主营业务利润

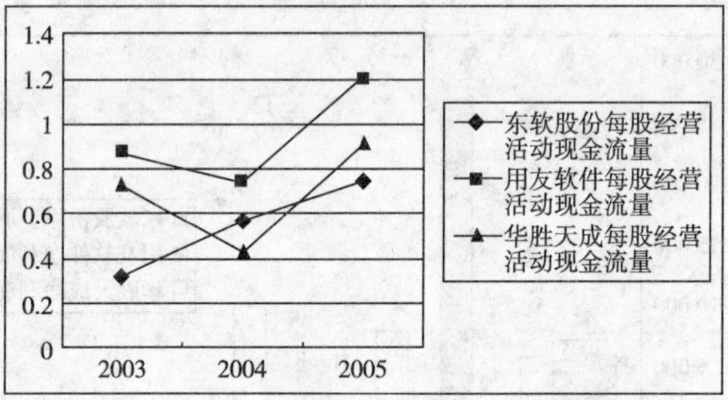

图 15－13　2003～2005 年三家公司经营活动现金流量

4. 股利政策对比

图 15－14 给出的是三家公司从 2001 年至 2005 年的每股派现情况。从图上看，东软股份的每股派现跌宕起伏；华胜天成每股派现在 2004 年上市后稳定在 0.5 元/股；用友软件以每股派现围绕在 0.6 元/股上下。将这些股利与其每股收益进行对比，从东软的情况看，2004 年每股收益达一个高位，前后两年相对低位。每股派现也对应于这一特征。因此，从股利类型上加以划分，东软股份可以说采用的是类似"剩余股利政策"，因为 2003 和 2005 年尽管有盈利，但并没有派现，显然它既没有按净利润的固定比支付股利、也没有确定一个固定的股利率。相比之下，华胜天成的股利相对稳定，单从 2004 和 2005 年来看，高额派现股利固定，其股利政策类似"稳定股利额"。三家比较，用友的介于两者之间，从每股收益和每股派现来看，两者有一定的关联，但没有固定的比例，也就是说，它采用的股利政策也是类似"剩余股利政策"，而不是固定股利支付、低正常加额外股利。

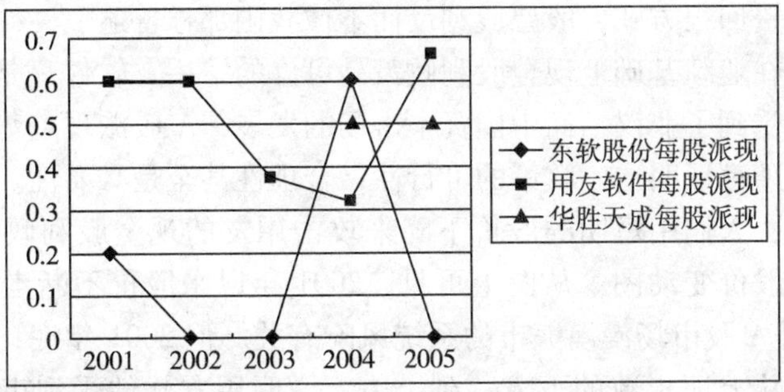

图 15－14　2003～2005 年三家公司每股派现（单位：元/股）

三家相比，我们认为，用友的股利政策更为灵活和成熟，股利高低与每年的收益联系较大，分红并不勉强，力所能及。这一点也说明，作为更加成熟的计算机高新技术企业，其日常经营活动造血功能比较强，具备派现的能力。前面从特有的股权结构与市场流通规定推测管理层出于自身利益才考虑高派现，这一推测显然过于主观。派现的稳定性与多寡受经营业绩影响，一方面有其合理的经营基础，另一方面也可以看作是对核心管理层的最佳激励。恰恰是用友这种特殊的股权结构，使得其控股投资人的利益建立在业绩的基础上。多得多分，少得少分。

15.6　市场的选择

用友的高额现金股利在推出伊始备受诘难，争论的焦点集中在王文京获得的天价回报率是否合理。有学者认为，高派现直接损害了流通股东的利益并导致流通股东“用脚投票”，使用友股价一路下跌。但我们认为，触发高派现股权结构确实是一个动因，但是市场究竟是什么态度，他们对用友高派现难道就是不认同吗？

如上所述，行业中盈利能力较好的三家公司都选择了高现金股利政策，华胜天成从上市开始就坚持高派现，而东软股份则根据自己的业绩间歇性派现。从国外股利派发情况看，国外的公司大多实行较高的派现政策。美国绝大多数公司实行的是高支付率的稳定股利政策，股利支付率一般在 50% 左右，1992～1996 年纽约证券交易所上市公司的股利支付率分别为 76.0%、56.9%、46.6%、52.1%、50.1%；德国大多数公司实行稳定的股利政策，1992～1996 年股利支付率分别为 54.8%、50.1%、48.7%、41.2%、40.3%；而日本的股利支付率相对来说较低，1992～1996 年日本东京证券交易所上市公司的股利支付率分别为 40.8%、32.4%、34.1%、32.4%、35.0%。在国外，对于投资者来说，派现是非常重要的投资回报方式，股票股利反而不像我国那样普遍。

所以建立在业绩基础上现金股利政策是可许的，用友软件只是作为这场运动的发起者率先受到了非议，而中国资本市场的发展，A 股派现趋势的变化和同行业又能者的尾随都证明这一政策的可行性，合理性甚至是必要性。

另一方面，人们用短期的股价下降来攻击用友的现金股利政策。图 15 - 15 是用友公司的股价变动图。从图上可见，2001 年以来股价不断走低，这与 2001 ~2005 年中国 A 股市场漫漫熊市的系统风险有关。但 2001 年底，用友股价走势发生了转变，从上证指数的下方移到上方，说明用友软件受到市场投资者的追捧。2002、2003、2004 年三年股价下跌，与大盘如影随同。如果说在 2002 年现金股利政策推出当年其下跌幅度超过大盘，这只能证明在短期内投资者受到舆论影响、抛售用友。而从长期来看，用友在 2005 年再次跑赢大盘，依然收到投资者追捧。当然，根据股利的顾客效应理论，市场上的股东类型是不完全相同的，各种不同的股东类型被称为顾客群。支付高股利的企业将吸引某类股东，而支付低股利的企业将吸引另一类股东，不同类型的投资群体有对不同股利支付水平的偏好。当企业选择某一特定的股利政策，其唯一的效应是为了吸引某特定类型的顾客。当企业改变其股利政策时，那么正好吸引了另一类顾客。用友实行高现金股利政策，用友的投资主体会进行洗牌，高股利规避者退出而容忍者介入。从长期股价上看，用友的股利政策并不失败。

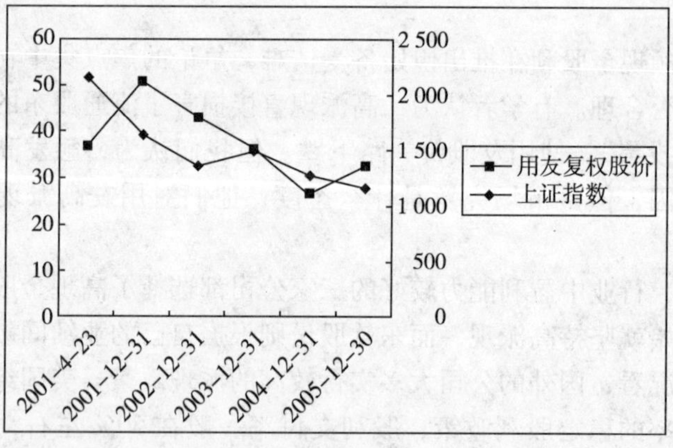

图 15 - 15 用友的复权价格与上证指数

在当时的中国资本市场，大股东侵占上市公司资金、侵犯小股东利益屡见不鲜，上市公司治理问题一直是重点监督的对象，也是各个上市公司亟需改进的软肋。一般而言，上市公司大股东侵占上市公司其他股东的利益可以采用关联交易、占用上市公司资金、派发现金股利等做法。前两者在一定的程度上易受关注，而现金股利却是合法的。尽管现金股利作为“合法”工具赋予了大股东分享上市公司现金的权利，但如果不影响经营性现金流，公司经营状况良好，公司持续的高派现又何尝不可呢？虽然些许会影响投资者信心，但所谓“姜太公钓鱼，愿者上钩”，持续的高派现政策必然使其投资群体转变为对高股息的容忍者。用友公司就是这样，具有良好的造现能力，拥有厚实的家底，管理层维持高股利支付率，最终，这种针对经营成果调整派现金额的理性高现金股利政策逐渐被市场所接受。在 2003 年年报中，关于高层员工激励问题，用友公司指出，“由于受到现行法律法规的制约，公司未能实施期权制度，公司薪酬制度的激励作用受到一定的影响，进而对公司吸引和保留人才，特别是高级管理人员的吸引，带来一定的影响。公司将进一步完善对高级管理人员和核心业务骨干人员的激励方案，加强人才工程建设。”在市场经济讲求付出与回报成比例的今天，高派息对高管的合法、用心持续经营的激励作用也不可估量。股东要谋利则用友要得利，用友得利则投资者也获利，这样，作为创始人大股东的价值得到最大化，中小投资者的价值也得到了最大化，符合股东价值最大化的经典理论。因此我们认为，对用友高派息的争议可以就此中止，用友模式不是应该讨伐的模式，而是值得借鉴的范例。面对双赢结果，何乐而不为呢？

15.7　小　结

一般来说，影响上市公司现金股利政策的因素包括利益相关者要求，如股东价值最大化、法律限制、契约限制、股权结构，还有企业的经营状况、融资能力、以及过去的股利政策延续性等。

用友之所以特殊，是因为它是中国 A 股市场中“第一个吃螃蟹”的，采用了高派现的股利政策。其动因主要有三点：（1）股权结构。控股股东拥有高比例的股份，但当时属于非流通股份，不能流通导致许多控股股东不能获得来自市场的增值部分，而通过现金股利，可以弥补这种遗憾；（2）上市公司经营状况良好，拥有十分充沛的现金，而投资机会相对有限。因此，派现成了回报投资者的最好方式；（3）具有较强的资本市场融资能力，因为是高新技术行业，市盈率较高，受到市场热捧，这种行业特色也是导致用友资金充裕的重要因素。一方面是创业股东期望有回报，另一方面是良好的经营业绩和充沛的资金，因此，高现金股利政策无疑会成为第一选择。

与同行业其他公司相比，用友采用了更为灵活和成熟的股利政策。连续多年保持较高的股利派现率，同时股利支付率又与其当年的经营业绩相联系。这样的股利政策，将吸引越来越多的股利偏好投资者，同时，其股权结构以及与业绩挂钩的股利政策，在一定程度上还构成了对公司高层管理人员的一种激励。投资者和公司管理层获得了双赢的结局。

参考文献

1. 袁振兴、杨淑娥，“现金股利政策：控制权人挖掘利益侵占‘隧道’的工具”，《经济经纬》，2006 年第 6 期。

2. 盛亦工，“对我国 2003 年上市公司股利分配政策影响因素的实证分析”，《济南金融》，2004 年第 7 期。

3. 冯卫兵、李现，“建立我国私营企业政策性融资体系的探讨”，《郑州航空工业管理学院学报（管理科学版）》，2004 年第 1 期。

4. 刘淑莲、胡燕鸿，《中国上市公司现金分红实证分析》，《会计研究》，2003 年第 4 期。

5. 赵春光、张雪丽、叶龙，“股利政策：选择动因——来自我国证券市场的实证证据”，《财经研究》，2001 年第 2 期。

6. 于延超、朱莉，“我国上市公司现金股利行为的实证研究”，《西北工业大学学报》，2003 年第 3 期。

7. 原红旗，《中国上市公司股利政策分析》，中国财政经济出版社，2004 年版。

8. 林海峰，“股利政策中的代理分析——基于用友分红的案例分析”，《财会研究》，2005 年第 10 期。

9. 于雷，“哪种股利政策对投资者好？——从用友软件高派现的股利政策看中国证券市场的制度问题”，《证券日报》，2003 年 12 月 20 日。

10. 龙瑞锋，“现金股利和股票股利两难选择的分析——基于用友软件股利政策实施的案例研究”，《经济论坛》，2004 年第 19 期。

第 16 章

AMC 公司的信用风险管理[①]

当前，在我国经济生活中，企业间相互拖欠十分严重，企业信用缺失是当今社会经济发展的巨大阻力。在这种失信行为盛行的背景下，信用风险控制和应收账款管理问题是影响企业经营成败的关键因素之一，信用问题已成为制约企业发展的瓶颈。一方面，在当前以买方市场为主的竞争格局中，信用方式已成为企业获得市场竞争力的必要手段；另一方面，巨大的信用风险又使管理落后的企业大量账款被拖欠，变成呆账、坏账，造成流动资金紧张，出现经营业绩滑坡。深入分析发现，许多企业在内部经营管理机制上存在严重的缺陷，缺少信用管理职能，企业的经营管理成本得不到有效的约束和控制，这是妨碍企业发展的根本原因之一。如何建立和完善企业的信用风险管理，就成为企业提高内部经营管理水平的一个重要方面。

为此，本章将以 AMC 公司为案例，分析企业应当如何进行信用风险控制和应收账款管理。

16.1　案例背景

1. 公司简介

AM 公司成立于 1979 年，总部位于美国加利福尼亚州的圣塔安纳。1996 年 AM 公司在纽约证券交易所上市，其产品目录涵盖 1 100 多家全球领先的硬件和软件公司生产的 48 000 种产品，作为全球知名的 IT 产品分销商和服务供应商，共有北美、欧洲、拉丁美洲和亚太地区 4 个战略区域，业务遍及 100 多个国家，分设 36 个国家的分支机构，已与全球 1400 多家厂商建立了合作关系，并为世界范围内近 165 000 家经销商提供电子商务解决方案、后勤服务、技术产品销售和营销支持。AM 公司进入《财富》杂志评出的 2006 年美国 500 强前 100 位。在

① 此案例完成的时间为 2006 年。

2005 财年，AM 公司全球销售额达到 288 亿美元，在全球 500 强企业排名近前 200 位。

随着亚太地区经济的迅速发展，于 2001 年正式建立了其在中国地区的业务机构，即 AMC 公司。AMC 中国总部设于上海，业务遍及整个中国大陆及香港地区。作为全球首家也是唯一一家在亚洲开展业务的国际性 IT 分销商，AMC 公司凭借国际领先的分销管理经验和专业的管理团队，将国际先进的管理理念本土化，并迅速成为中国 IT 分销的重要力量。如今，AMC 公司全面管理 20 个国际知名 IT 品牌的逾 12 000 种技术产品，并为全国范围内包括系统集成商、区域分销商、增值经销商、零售商在内的 6 000 余家合作伙伴提供全方位的服务。AMC 公司在上海、北京、广州和成都设有 4 个中央分拨中心，在全国 25 个重点城市设立了分支机构和联络处，并在哈尔滨、沈阳、郑州、西安、南京、杭州、武汉和福州共 8 个城市设立了二级库房。AMC 公司的客户群在这些年得以迅速发展，目前已逾 8 000 家。

截止 2004 年 12 月 31 日，AMC 中国的流动资产超过 23 亿元人民币，年销售额突破 33 亿元。

2. 信用风险控制和应收账款管理已成为企业可持续发展的关键因素

作为企业流动资产的一个重要组成部分，应收账款具有流动性差、成本高和风险大的特点。而一个企业的应收账款持有水平和质量直接取决于其信用管理能力。目前许多企业一般都存在应收账款结构不合理的状况，逾期应收账款占有的比例大。以 AMC 公司为例，2004 年末应收账款总额为 20.02 亿元人民币，占流动资产的 84.31%，其中逾期一个月以内的为 5.97 亿元，逾期一至两个月的 5.20 亿元，逾期两个月以上的 0.84 亿元，据估算企业每年投资在应收账款上的信用成本超过 1 亿元人民币（以年利率 6% 计算），见表 16－1。

表 16－1　AMC 公司的应收账款情况　单位：亿人民币

	总额	未逾期	逾期一个月以内	逾期一至两个月	逾期两个月以上
2004 年末应收账款	20.02	8.01	5.97	5.20	0.84
2004 年末应收账款分布情况	100.00%	40.01%	29.82%	25.97%	4.20%
2004 年末流动资产			23.75		
占流动资产比率	84.31%	33.73%	25.14%	21.90%	3.54%

如此巨大的拖欠损失，企业为什么还能继续生存，甚至表面上出现赢利？这除了与一些企业管理者的短期行为有关外，还与目前的财务管理制度有直接关系。许多企业往往只计算账面销售价值，不计算应收账款的占用价值（实际上是信用成本），且坏账准备的计提与实际情况相距甚远，这不仅给经营管理造成错误导向，而且往往掩盖了实际亏损。

深入研究可以发现，当前企业应收账款居高不下，流动资金紧张，经营亏损，决不是一种个别的或偶然的现象，而是有其必然的、内在的原因。信用问题实际上是一个带有全局性、战略性和决定性的重大课题。一方面，当前企业的经营环境已经发生了根本性的变化，买方市场和信用交易方式成为必然的和主导的趋势，伴随而来的，是尚不健全的宏观信用管理体系和巨大的市场信用风险（企业信用约束不足）；另一方面，企业在内部管理上也暴露了对信用风险控制能力的严重不足。在严酷的市场竞争压力下，信用管理问题已成为决定企业生死存亡、经营成败的关键因素之一。

于是，AMC公司于2003年底成立了信用管理部，隶属公司财务部，由财务总监分管。在此之前公司的信用管理职能主要由财务部的应收账款主管兼任。目前公司的信用管理部下设两位专职信用人员，一位信用经理，一位经理助理。

信用经理于2003年底公司成立信用管理部时由外部招聘进入公司。由于其先前所在公司无论在公司规模还是行业背景都与AMC公司相距甚远，因此尽管有着5年的专业信用管理经验和经济类硕士学位的背景，其工作的开展从开始就并不顺利。信用经理助理是从财务部抽调过去的，在信用管理方面明显经验不足。目前公司客户已超过6 000家，仅有2位专职人员的信用管理部无论在数量上还是质量上都显得资源不足。由于人力资源的缺乏，一些信用管理的重要环节不得不被忽略，如商账管理。目前信用管理工作只限于客户资信管理、客户信用分析及应收账款管理的部分环节，其结果直接导致在公司销售额下降的情况下，应收账款规模反而上升。2003年末，应收账款规模为15.06亿元，增长到2004年末的20.02亿元，而同比销售额却下降了11.65%。因此，改革内部管理机制，完善信用管理制度以成为当时AMC公司急待解决的问题之一。

3. 公司信用管理部门的改进措施

以公司目前的经营状况和业务发展水平，加强和完善信用管理已刻不容缓。公司在加强信用管理部建设和完善信用管理制度方面打算采用以下措施：

（1）加强信用经理的培训工作

信用经理是企业信用管理的核心。人力资源部要重视信用管理对企业经营发展的作用，重视信用经理的日常培训，在充分沟通的前提下，根据实际需要有计划地对信用经理进行培训，其中应特别重视本公司业务流程及所处行业状况特点等方面的培训，力争在培训项目的选择及培训时间的安排上都能达到较高的效用。

人力资源部对信用经理的岗位应按照工作职责定期进行考核，对于经培训其实际能力还是达不到工作要求的，应及时进行更换。

（2）增加信用人员的编制

2 名专职信用人员是难以胜任目前的工作量的。按目前的实际情况，公司信用管理部门的人员编制至少为 4 名，其中一名信用经理，一名资信管理，一名信用评审，一名商账管理。信用经理和资信管理可由现有人员担任，不足人员可委托人力资源部对外招聘，具体要求可参照“信用管理人员岗位设置”。

（3）完善信用管理的制度

目前公司有关的信用管理制度主要有：

——客户资信管理中的客户信息收集制度、客户档案管理制度；

——赊销管理与授信制度中的客户信用申请制度、信用额度稽核制度；

——应收账款管理中的应收账款日常管理制度、应收账款跟踪管理制度。

根据实际经营状况，仅有上述管理制度是不够的。应从以下几个方面入手：按照信用管理的要求，建立科学的客户信息分类标准；全面建立企业的客户信息系统；对客户的资信状况进行经常性的调查并按信用等级加以管理；充分利用计算机和现代信息技术带来的成果。

具体来说，AMC 公司至少应增加以下信用管理制度：

①客户资信管理中的资信调查管理制度；

②赊销管理与授信制度中的赊销业务预算管理与报告制度；

③应收账款管理中的应收账款总量控制制度。

16.2 实行客户资信管理

1. 全面获取客户信息

（1）为什么要全面收集客户信息

全面收集客户信息，可以建立客户信用数据库、进行信用分析、制定信用政策与决策。

首先，为企业的所有客户建立一个完整的数据库是客户信用管理的基础。该数据库汇集、容纳公司各部门、各级管理和业务人员所接触、了解到的每一条信息资料，作为对客户查询和信用分析的主要信息来源。这种数据库方式管理较我国许多企业现行的书面资料档案式管理有许多优越性。它使得公司不至于遗漏与客户每一次接触或每一次交易中所获得的珍贵资料，因为这些资料在日后对客户的信用分析中具有极其重要的作用。它也使公司客户管理保持了必要的系统性和连续性。

其次，上述信息可用于信用分析与信用等级评定。客户信息管理的核心是对客户进行信用分析和信用等级评定。所谓信用分析，就是通过对客户所有相关财务及非财务信息进行整理、分析，得出客户的尝债能力。它需要运用专门的信用技术和模型，并结合专业人员的经验来完成。

最后，依据上述分析，做出信用决策。例如，如何选择一个信用良好的客户，选择怎样的结算方式较为合适，授予其多大的信用额度，出现账款逾期应采取怎样的措施等等。

（2）AMC 公司目前在客户信息管理中存在的主要问题

①客户信息零散

公司虽然建立了客户管理档案，以各种方式收集、记录客户信息，但却没有对客户信息进行统一的管理，导致客户信息零散。

②客户信息不全

公司掌握的客户信息不够全面，仅仅是了解表面的、外在的信息（如会计报表、开户银行信息），而对于更深入的、重要的信息（如行业信息、资信状况）缺少有针对性的调查。

③客户信息陈旧

公司虽然建立了客户信息管理系统，但对已有信息的更新与维护缺乏管理，认为信息工作已经一步到位，忽视信息的实效性，从而导致公司在决策时依据的信息完全陈旧、过时，严重影响企业对客户信用状况的判断。

④客户信息管理不够科学、规范，缺少标准和专门的客户数据库

公司已经认识到客户信息管理是一项非常重要、经常性的工作并给予足够的重视，但在具体操作过程中还是采用传统的书面档案管理方式，明显不能满足现代企业客户信息管理的需要。这类企业缺少标准和专门的客户数据库进行科学、先进、规范的管理。

客户信息的开发与管理是进行信用分析和信用风险控制的基础，公司应当投入一定的人力、物力、财力进行客户信息的收集、整理和分析，并且应当作为公司管理制度中的一项重要内容加以贯彻执行。

（3）改进获取客户信息的途径

第一，客户内部信息的收集

有关客户的最重要信息是来自客户自身。在实践中，客户会隐藏一些重要的信息，这就需要业务人员耐心细致地进行有关工作。从对客户初次接触的印象到

对客户的实地走访，都可能有机会直接与客户的经理、董事或其他管理人员交谈，以此增强感性认识和直觉判断力。

对客户的必要文件资料或证明应当进行审查。从客户的注册资料中可以了解：①注册资料，包括注册名称、地址（包括注册地址和经营地址）、企业类别或企业性质、经营范围、注册资本、法人代表、董事长和总经理、经营期限和执照有效期限；②制造许可证；③行业、生产管理认证；④产品质量认证和其他相关认证文件。

第二，公司与同行业进行信息交换与沟通

公司应加强与同行业相关部门的交流，从对方获得自己需要的信息。这种与同行的信息交流可以通过电话、信函进行，不拘形式。不过要防止个别同行出于私心有意散布有关客户的不实信息。

第三，公共信息

公司仅从与客户交往过程中获得信息还是有相当的局限性。各类公开的或半公开的信息资源是企业搜集客户信息的另一类重要渠道。这类信息渠道包括：各类资料、文献、数据库、行业信息中心以及政府管理部门。

第四，商业资信证明书和银行资信证明书

商业资信证明书指的是曾经或正在与该客户发生商业往来的企业为其出具的证明其资信状况的文件。企业还可以向客户的开户银行提出申请，由其为客户出具银行资信证明书。

第五，专业资信调查机构

目前国内已有数家具备一定的资信调查和评估水平的专业机构，可以向企业提供客户资信报告服务。这类资信报告不仅可以反映客户的客观信息，而且可以对客户的资信状况（或风险程度）作出评估。

2. 客户相关信息

客户相关信息包括以下八个方面：基本信息、发展历史、组织管理、经营状况、财务状况、信用记录、实地调研结果、所处行业分析等。

(1) 客户基本信息

企业首先应当获得真实、准确的客户基本信息。这些信息可按“客户基本信息调查表”（表16－2）的格式进行记录。

这里将以AMC公司在国内的最大客户——JM电子科技（上海）有限公司（以下简称JM公司）2004年末的信息为基础，讨论如何制定授予该公司2005年度的信用条件。

(2) 客户发展历史

这部分内容包括客户的历史发展过程，重大变迁事项，企业近期大事记。公司可以通过这部分内容清楚地了解到客户的详细背景，并对每一项变迁事项及其对客户的影响做出基本的判断。这种重大的变迁可能包括法定代表人的变更，注册资本的改变，经济性质的转变等内容，其中任何一项的变更都会对客户造成较大的影响。

JM 公司从 AMC 公司成立之日起就一直是公司的主要客户。近年来 JM 公司在国内的业务不断扩大，截止 2004 年 12 月 31 日该公司年销售额已突破人民币 21 亿元。

（3）客户的组织管理状况

这部分信息包括客户的股东结构、管理组织结构、附属机构及主要管理人员背景。

（4）客户经营状况

这部分内容涉及：客户的主营业务是什么，经营业绩是否突出；客户的原材料采购地域及付款方式，主要供应商及相互关系；客户的销售区域及收款方式，主要客户及相互关系；客户的经营场所、人员构成及主要产品等。

表 16－2　　客户基本信息调查表格式

客户基本信息调查表

<table>
<tr><td>企业名称（中文）</td><td colspan="5">JM 电子科技（上海）有限公司</td></tr>
<tr><td>（英文）</td><td colspan="5"></td></tr>
<tr><td>注册地址</td><td colspan="5">（略）</td></tr>
<tr><td>注册地址</td><td colspan="5">（略）</td></tr>
<tr><td>邮政编码</td><td>（略）</td><td>电话号码</td><td colspan="3">（略）</td></tr>
<tr><td>注册日期</td><td>2000 年 5 月 31 日</td><td>传真号码</td><td colspan="3">（略）</td></tr>
<tr><td>企业性质</td><td>国内合资</td><td>注册号码</td><td colspan="3">（略）</td></tr>
<tr><td>注册资本</td><td>人民币 2 亿元</td><td>经营期限</td><td colspan="3">20 年</td></tr>
<tr><td>上级主管部门</td><td></td><td>注册机关</td><td colspan="3">（略）</td></tr>
<tr><td>法定代表</td><td>顾军</td><td>雇员人数</td><td colspan="3">650</td></tr>
<tr><td>行业类型</td><td>贸易</td><td>企业规模</td><td colspan="3"></td></tr>
<tr><td>营业收入</td><td>人民币 21.31 亿元</td><td>净资产</td><td colspan="3">人民币 2.10 亿元</td></tr>
<tr><td rowspan="2">公司是否属于上市公司</td><td>是□</td><td rowspan="2">上市地点</td><td rowspan="2"></td><td rowspan="2">上市号码</td><td rowspan="2"></td></tr>
<tr><td>否■</td></tr>
</table>

续表

公司有无进出口经营权	有□	进出口额	无			
	无■					
进出口许可证号						
经营范围	计算机软、硬件研制和销售，电子产品、半导体器件、计算机外部设备、通讯产品的加工和销售及相关业务的咨询服务（涉及进口许可证的凭许可证经营）。					

业务员：张敏　　部门：销售部　　填表日期：2005年1月20日　　资料来源：客户

表16-3　　客户组织状况调查表格式

客户组织状况调查表

客户名称：JM电子科技（上海）有限公司　　编号：0001

股东结构	股东名称	股份比例（%）	实收资本	
	TJ电子产品有限公司	99.00	人民币19 800万元	
	顾军	0.70	人民币140万元	
	王希林	0.30	人民币60万元	
1. 法定代表人				
姓名（中文）		顾　军	性别	男
（英文）			年龄	40
职务		总经理	学历	工商管理硕士
2. 其他主要负责人				
姓名（中文）		方　冉	性别	女
（英文）			年龄	55
职务		财务经理	学历	财务专业大专
企业内部组织机构：				
公司设总经理一名，下设采购部、销售部、财务部、人事部、行政部等5个部门。				
母公司情况：无				
子公司情况	公司名称	经营地址	电话	传真
	JM电子科技华北分公司	（略）	（略）	（略）
	JM电子科技华南分公司	（略）	（略）	（略）
	JM电子科技西南分公司	（略）	（略）	（略）

信用人员：王宏　　填表日期：2005年1月20日　　资料来源：客户

表 16－4　　客户经营状况情况调查

客户经营状况调查表

客户名称：JM 电子科技（上海）有限公司　　　　编号：0001

<table>
<tr><td>1. 主营业务</td><td colspan="6">计算机软、硬件研制和销售，电子产品、半导体器件、计算机外部设备、通讯产品的加工和销售。</td></tr>
<tr><td rowspan="2">2. 商品采购及付款方式</td><td colspan="6">国内 100 %、国外 0 %</td></tr>
<tr><td colspan="6">赊销 100 %，立即支付 0%</td></tr>
<tr><td rowspan="3">3. 主要供应商名称及联络方式</td><td colspan="3">名称</td><td colspan="3">电话</td></tr>
<tr><td colspan="3">AMC 公司</td><td colspan="3">（略）</td></tr>
<tr><td colspan="3"></td><td colspan="3"></td></tr>
<tr><td rowspan="3">4. 主要产品及品牌</td><td>产品名称</td><td>品牌</td><td>比例%</td><td>生产能力</td><td>实际销量</td><td>年份</td></tr>
<tr><td>计算机</td><td>HP</td><td>42</td><td>无</td><td>895 百万元</td><td>2004</td></tr>
<tr><td>网络产品</td><td>IBM</td><td>29</td><td>无</td><td>618 百万元</td><td>2004</td></tr>
<tr><td rowspan="4">5. 产品销售地域、销售方法及收款方式</td><td colspan="6">国内 100 %、国外 0 %</td></tr>
<tr><td colspan="6">批发 96%、零售 4%</td></tr>
<tr><td colspan="6">制造商 35%、个人 65%</td></tr>
<tr><td colspan="6">赊销 100 %，现销 0%</td></tr>
<tr><td rowspan="5">6. 开户银行</td><td>人民币账户</td><td colspan="2">中国工商银行</td><td>账号</td><td colspan="2">（略）</td></tr>
<tr><td>外币账户</td><td colspan="2"></td><td>账号</td><td colspan="2"></td></tr>
<tr><td colspan="6">银行对企业的评级</td></tr>
<tr><td colspan="3">有□</td><td>等级</td><td colspan="2"></td></tr>
<tr><td colspan="3">无■</td><td></td><td colspan="2"></td></tr>
<tr><td>7. 经营场所</td><td colspan="6">经营面积 5200m²、其中办公面积 400m²、仓库面积 4800m²；自有 0m²、租赁 5200m²，租金 3.10 元/m²/天</td></tr>
<tr><td>8. 人员状况</td><td colspan="6">现有 650 人，其中管理人员 210 人、技术人员 35 人、销售人员 260 人，其他 145 人。</td></tr>
</table>

信用人员：王宏　　　　填表日期：2005 年 1 月 20 日　　　　资料来源：客户

(5) 客户财务状况

该部分主要内容有客户的损益状况，资产负债及重要财务比率分析。

这一部分无疑是极其重要的。财务数据是分析客户信用状况，进行信用管理所必需的，是企业进行信息管理时应首先予以注意的内容。

资产负债表反映了企业在某一特定时间（通常为一个会计年度的年末）的资产负债情况以及股东权益的数量及构成。

损益表反映企业在一定的时期（通常为一年）内的经营成果报告，它列出了企业在一个会计年度的收入、成本、费用及利润状况。

重要财务比率是指利用报表数据计算出的各种比率，从而对企业的财务状况、经营业绩及资金周转等情况予以全面评估。

公司一旦掌握了客户的财务报表和重要比率，就可对客户做出全面的财务分析，据此对客户进行信用额度的审定。

JM 公司 2004 年度的财务状况如表 16 -5 所示。

(6) 客户的信用记录

这部分信息包括客户在银行、法院的公共记录、交易付款记录、同行评价等。客户所在银行的情况，与银行关系如何，银行信用如何，有无抵押担保记录，这方面的信息会对了解客户的信用情况有重大的参考价值。

虽然正常的商业纠纷在所难免，但是如果有多家企业与客户在债权债务上有法律诉讼行为，则表明客户的信用情况较差，需要随时关注官司的进展，并对可能的判决给客户带来的影响做出评估，因为这有可能对客户的信用情况造成严重影响。

客户的交易付款记录，包括客户与本公司之间的付款记录，也包括客户与其他企业之间的交易记录，由此可以充分看出客户是否及时付款，信誉是否良好，客户的付款习惯等内容，这是极为重要的信息来源。

客户同行对客户的评价，虽然有时缺乏公允，但在绝大多数情况下仍可以帮助企业对客户的信誉以及在行业中的地位、声望做出判断。

表 16－5　　　　　　客户财务状况调查表

客户财务状况调查表

客户名称：JM 电子科技（上海）有限公司　　　　编号：0001

截止日期：2004 年 12 月 31 日　　　　货币单位：人民币百万元

资产负债状况			
资　产		负债与所有者权益	
流动资产合计	847.86	流动负债合计	425.16
货币资产	11.85	短期借款	
应收账款	206.01	应付账款	415.73
存货	279.35	其他流动负债	9.43
其他流动资产	350.65	长期负债合计	220.00
长期投资		长期借款	
固定资产原值	7.95	长期应付款	220.00
累计折旧	0.99	负债合计	645.16
无形资产及递延资产合计	224.91	所有者权益	434.57
资产总额	1 079.73	负债与所有者权益总额	1 079.73

损益状况	
经营业绩	2004 年度
销售额	2 131.22
税前利润	11.71

重要财务比率		
序　号	指标名称	比率
1	流动比率	1.99
2	速动比率	1.34
3	应收账款周转次数	10.35
4	存货周转次数	7.44
5	资产负债率	0.60
6	销售利润率	0.55%
7	净资产报酬率	2.22%

信用人员：王宏　　　　填表日期：2005 年 1 月 20 日　　　　资料来源：客户

表 16－6　　　　　客户信用记录调查表

客户信用记录调查表

客户名称：JM 电子科技（上海）有限公司　　　　　　编号：0001

开户银行状况	中国工商银行上海市徐汇支行	* *
	中国工商银行北京市东城支行	* *
	建设银行广州市支行	* *
诉讼记录	无	
付款记录	2004 年度客户从本公司的采购额为人民币 2026 百万元	
	其中，付款总额为人民币 1651 百万元	
担保记录	无	
同行评价	从客户的其他供应商（如国际商业机器公司中国分公司）了解到客户的信用状况基本良好。	
对本企业拖欠情况	截止 2004 年 12 月 31 日应付本公司货款总计人民币 375 百万元	
	其中，在信用期内的应付货款	41%
	逾期 1～30 天的应付货款	29%
	逾期 31～60 天的应付货款	26%
	逾期 60 天以上的应付货款	4%
资信调查报告	无	

信用人员：王宏　　　填表日期：2005 年 1 月 20 日　　　资料来源：客户及本公司记录

（7）客户的实地考察

这部分信息内容主要包括公司对客户进行实地考察（面访）获得的信息和印象。

通过实地访问，公司调查人员可以了解到客户管理层的构成，弄清董事会成员及各部门主管的姓名、履历及工作风格，了解“客户的客户”的情况，了解客户所处的竞争环境、客户对产品开发和营销的计划，还可以借参观厂区的机会，观察员工的精神面貌、厂区的规划布置、生产的秩序效率等，这种直接观察所得的结论有时对信用决策的作用非常之大，而且只有通过实地访问才能做到。

利用实地访问这一途径收集信息时，由销售人员上门访问客户是通行的做法，也容易为客户所接受。见表 16－7。

（8）客户所处行业的分析

行业分析主要是指对客户所处行业自身特征及行业财务特征进行分析，通过将客户的情况与行业的平均水平相比较来了解客户的实际状况。见表 16－8。

16.3　赊销与授信管理

1. 信用政策制定的原则

建立内部授信制度的前提是信用政策制定。信用政策主要是指企业针对信用销售（赊销）情况下制定的一系列业务管理原则、标准和风险控制方法。企业的信用风险主要来自于信用销售，因此可以说信用政策是企业控制信用风险的“尚方宝剑”。信用政策主要由信用标准、信用条件、收账政策等要素构成。

（1）信用标准

信用标准是指本企业给予客户信用所要求的最低标准，通常用坏账损失率来表示。AMC 公司只对坏账损失率低于 0.5% 的客户提供信用销售，则 0.5% 即为信用标准。由于企业自身情况和市场环境的不同，企业信用标准也不同。信用标准与企业的销售和企业应收账款的投资成本有着密切的联系。

表 16－7　　对客户的实地调查记录

实地调查记录表

客户名称：JM 电子科技（上海）有限公司　　　　编号：0001

调查对象	刘志鹏	访谈日期	2005 年 1 月 8 日
电话	（略）	职务	采购经理
1. 地理位置	■商业区 □ 工业区 □ 住宅区 □ 商住混住区		
2. 办公用房外观	■好　□一般　□很差		
3. 办公室整洁程度	■干净整洁　□一般　□摆放随意		
4. 设备和办公条件	■先进　□一般　□陈旧但保管良好　□很差		
5. 仓库是否积压产品	□是　■否		
6. 工作或生产是否活跃	■是　□否		
7. 领导人使用车辆	□高级车辆　■一般车辆　□没有固定用车		
8. 员工的知识水平	■有高学历，丰富经验　□学历一般，但丰富经验　□学历较低，缺乏相关工作经验		
9. 员工的市场意识	■较强　□一般　□较弱		

续表

10. 员工士气	□很高 ■一般 □低落
11. 领导人风格	□保守型 ■开拓型 □民主型 □专职型
12. 员工对领导层的态度	■赞赏 □一般 □否定
13. 客户的主要“客户”情况	□大公司 ■中小型客户 □零散客户
14. 客户所处的竞争环境	■竞争对手多且较强 □竞争对手不多，但较强 □无强竞争对手
15. 客户对新产品开发计划	■有较详细计划 □考虑之中，没有具体计划 □没有相关考虑
16. 仓库的规划布置	■合理布局，有效利用现有资源 □简单但有一定规划 □布局混乱，有大量浪费
17. 作业的秩序效率	■秩序好，生产效率高 □有一定秩序，生产效率一般 □没有秩序，效率低下
18. 被访问者对公司的评价	公司办公条件，领导层进去开拓，员工工作井然有序

信用人员：王宏　　填表日期：2005 年 1 月 20 日　　资料来源：参观、会谈记录

表 16 - 8　　对客户所属行业的分析

客户所属行业及发展前景分析表

客户名称：JM 电子科技（上海）有限公司　　编号：0001

行业类型	□制造 ■贸易 □服务 □其他
行业产品状况	计算机软、硬件，电子产品，半导体器件，通讯设备
行业产品需求	国内 IT 产品的年需求量超过人民币 1000 亿元
行业竞争环境	国内 IT 产品销售行业竞争激烈，销售网点繁多
行业付款习惯	除小额采购以现金付款外，一般都为赊销，赊销期一般为 30 天
行业销售与利润增长情况	行业销售的年增长率在 20% 以上，销售毛利率在 2% ~3% 之间
行业流动偿债能力	一般
客户所处行业总体发展趋势	由于 IT 产业在国内的迅猛发展，行业总体发展趋势乐观
客户所在行业中的地位、排名	客户在行业内的地位较高，排名基本在前 5 位
客户发展前景	2004 年销售收入超过人民币 21 亿元，发展前景乐观

信用人员：王宏　　填表日期：2005 年 1 月 20 日　　资料来源：行业信息中心

（2）信用条件

信用条件是指企业要求客户支付信用销售货款的条件，包括信用限额、信用期限和现金折扣。信用条件的确定影响着企业应收账款的规模和成本，企业在遵循本行业的惯例和考虑自身实力的情况下确定信用条件。

① 信用限额是指根据客户的资信状况所确定的安全性销售的允许最大额度，一般以金额表示。它取决与客户的偿债能力、客户的资本、抵押品和经营状况等几个方面。

② 信用期限是指企业给客户提供的付款时间。信用期限的长短，与销售收入、应收账款、坏账损失都密切相关。信用期限越长，表明企业给予客户的信用条件优越，促使企业销售收入增长。但是，应收账款的成本和坏账损失也随之增加，必须将边际收益和边际成本两者加以比较，才能决定信用期限延长或缩短。合理的信用期限应视本身的生产能力和销售情况而定。

③ 现金折扣。企业在确定信用条件时，通常提供现金折扣以加速应收账款的回收，从而降低应收账款的成本和坏账损失。

（3）收账政策

收账政策是指当信用条件被违反时，企业采取的策略和规定。通常来说，企业如果采取积极的收账政策，会减少应收账款的投资，减收坏账损失，但成本增加；反之，如果采用消极的收账政策，收账费用会减少，应收账款的投资和坏账损失也随之增加。收账政策是根据催收所增加的收益与成本比较后作出规定的。

2. 信用分析的方法

信用分析模型一般分为两大类：预测模型和管理模型。其中相当多的一些属于预测型模型，即用于预测客户的前景或破产的可能性，如 Z 记分模型和巴萨利模型均属于此类。这类模型由于其目标专一，且对财务信用依赖性较强，不大适合一般企业的客户信用分析。营运资产分析模型和特征分析模型属于管理模型，它们侧重于均衡地解释客户信息，从中衡量客户的实力。其中营运资产分析模型通过资产负债表衡量客户的实力与规模，而特征分析模型则更偏重于利用各类财务、非财务信息评价客户风险大小。管理模型不像预测模型那样目标单一，同时具有很大的灵活性，通过适当的调整可以用于各种场合。由于管理模型具有很大的灵活性且通俗易懂，所以在信用分析中得到广泛应用。

（1）特征分析模型

顾名思义，特征分析就是通过一个客户的各种特征，来对其信用状况进行全面分析。简单来说，此模型就是从客户的种种特征中选择出对信用分析意义最大、直接与客户信用状况相联系的若干因素，把它们编成几组，分别对这些因素平分并综合分析，最后得到一个较为全面的分析结果。

特征分析模型选择的分析指标有三组，共18项。

第一组，客户自身特征。这类因素主要反映那些有关客户表面的、外在的、客观的特点。共包括6项指标：①表面影响；②组织管理；③产品与市场；④市场竞争性；⑤经营状况；⑥发展前景。

第二组，客户优先性特征。这类因素主要是指企业在挑选客户时需要优先考虑的因素，体现与该客户交易的价值。这类因素具有较强的主观性，共包括6项指标：①交易利润率；②对产品的要求；③对市场吸引力的影响；④对市场竞争力的影响；⑤担保条件；⑥可替代性。

第三组，信用与财务特征。这类因素主要是指能够直接反映客户信用状况和财务状况的因素。共包括6项指标：①付款记录；②银行信用；③获利能力；④资产负债表评估；⑤偿债能力；⑥资本总额。

由上面这三组指标可以看出，特征分析技术涵盖了反映客户经营实力和发展潜力的一切重要指标。特别是"优先性特征"的设置使分析工作更接近实际情况，有助于企业的销售工作。

在这三组特征中，除了取得客户详尽的财务信息相对较为困难，对其他两组特征的有关信息，企业都可凭自己的力量获得，不需要求助于第三方。

特征分析模型的计算过程分为4个步骤：

第一步，根据预选制订的评分标准，在1～10范围内，对上述各项指标评分。客户公司的某项指标情况越好，分数就应打得越高。在没有资料信息的情况下，则给0分。

第二步，根据预先给每一项指标设定的权数，用权数乘以10，计算出每一项指标的最大评分值，再将这些最大评分值相加，得到全部的最大可能值。

第三步，用每一项指标的评分乘以该项指标的权数，得出每一项的加权评分值，然后将这些加权评分值相加，得到全部加权评分值。

第四步，将全部加权评分值与最大可能值相比，得到百分比。该数字即表示对客户的综合分析结果。百分比越高表示该客户的资信程度越高，越具有交易价值。

根据上述计算得到的综合分析结果，可以将不同的百分比列入不同的信用等级，得到客户的信用评定的结果。一般可以将百分比从0到100%划分为6个等级，即AG1到AG6，分别表示客户资信状况的程度，AG1最好，AG6最差。具体分级见表16－9。

表 16－9　　　　客户信用等级界定

客户等级

评估百分比	等级	信用评定	建议提供的信用额度（考虑具体行业因素）
0～15	AG6	极差：不应与其交易	不考虑提供信用额度，不进行赊销交易
16～30	AG5	较差：需要适当地寻求担保	尽量不提供信用额度，并进行实时监控
31～45	AG4	较差：需要进行信用监控	提供小量信用额度，并须定期核定
46～60	AG3	一般：可以正常地进行	提供适中的信用额度
61～85	AG2	优良：可以迅速地给予信用核准	提供较大的信用额度
86～100	AG1	极佳：可以给予优惠的结算方式	提供大额的信用额度
缺少足够的数据	N/A	未能作出评定：数据不完整	对信用额度不作建议

根据上述方法，对 JM 公司的资信状况分析结果如下：JM 公司的资信状况属于 AG1 级，可以给予大额的信用额度和优惠的结算方式。见表 16－10。

表 16－10　　　　JM 公司的特征分析模型评估总表

特征分析模型评估总表

客户名称：JM 电子科技（上海）有限公司　　　　编号：0001

评估因素		评分	权数	最大可能值	最终评估值	评估百分比
客户自身特征	表面现象	9	2.00%	0.20	0.18	90.00%
	组织管理	9	3.00%	0.30	0.27	90.00%
	产品与行业	9	5.00%	0.50	0.45	90.00%
	市场竞争性	9	3.00%	0.30	0.27	90.00%
	经营状况	8	6.00%	0.60	0.48	80.00%
	发展前景	9	5.00%	0.50	0.45	90.00%
	综合评价	53	24.00%	2.40	2.10	87.50%

续表

评估因素		评分	权数	最大可能值	最终评估值	评估百分比
优先性特征	交易赢利率	9	10.00%	1.00	0.90	90.00%
	交易条件	8	5.00%	0.50	0.40	80.00%
	对市场竞争力影响	9	5.00%	0.50	0.45	90.00%
	对市场吸引力影响	7	3.00%	0.30	0.21	70.00%
	付款担保	9	8.00%	0.80	0.72	90.00%
	可替代性	8	6.00%	0.60	0.48	80.00%
	综合评价	50	37.00%	3.70	3.16	85.41%
财务信用特征	付款记录	9	10.00%	1.00	0.90	90.00%
	银行信用	10	10.00%	1.00	1.00	100.00%
	获利能力	8	6.00%	0.60	0.48	80.00%
	资产负债表评估	7	6.00%	0.60	0.42	70.00%
	偿债能力	9	5.00%	0.50	0.45	90.00%
	资本总额	7	2.00%	0.20	0.14	70.00%
	综合评价	50	39.00%	3.90	3.39	86.92%
模型分析结果		153	100.00%	10.00	8.65	86.50%

（2）营运资产分析模型

防范客户信用风险的一个关键点在于能否科学地确定应当给予客户的赊销制度。实践当中，由于缺少必要的分析工具，导致业务人员仅凭主观判断或感情、意气用事，冒然签约放单。一旦客户信用出现问题，账款无法收回，严重者甚至出现坏账。

解决这类问题的方法在于企业必须实行严格的授信制度，控制给予客户的信用额度。核定客户的信用限额是一项非常重要的工作，它直接决定着企业应收账款的管理水平，同时也对销售工作产生很大的影响，所以必须依照科学的方法进行信用额度的评定。

营运资产分析模型是用来企业信用分析工作的另一个重要模型。此模型自1981年起在国外开始应用，在计算客户的信用额度方面具有非常实用的价值。

此模型的计算分成两个阶段，即营运资产计算和资产负债比率计算。

①营运资产计算

此模型首先提出考察的指标是营运资产，以此作为衡量客户规模的尺度。这一指标与销售额无关，只同客户的净流动资产的账面价值有关。

营运资产的计算公式是

营运资产 =（营运资本 + 净资产）/2

其中：营运资本 = 流动资产 - 流动负债

净资产即为企业自有资本或股东权益

从这个公式中可以看出，此模型在营运资产的计算上，不仅考虑了客户当前的偿债能力，而且还考虑客户的净资产实力。用这两方面的综合平均值来衡量客户风险具有很大的功效。因为从信用管理的角度看，仅考虑客户的流动资产和流动负债情况还不足以反映客户的真正资本实力，净资产是保障客户信用的另一个重要指标。

②资产负债表比例计算

在营运资产计算的基础上，此模型应用 4 个常用的财务比率进行计算，得到评估值。该评估值作为衡量客户资信状况的另一个重要指标，使用的 4 个比率分别是：

流动比率 = 流动资产/流动负债　　……A

速动比率 =（流动资产 - 存货）/流动负债　　……B

短期债务净资产比率 = 流动负债/净资产　　……C

债务净资产比率 = 债务总额/净资产　　……D

评估值 = A + B - C - D

从上述公式中我们可以看到，A、B 两项表示客户的资产流动性，而 C、D 表示客户的资本结构。流动比率越高，评估值越高；资本结构比率越高，评估值越低。这说明该评估值同样用来评估客户的资信状况，不仅考虑了客户的资本流动性，同时也考虑了客户的资本结构。

③信用额度的计算

将前面的营运资产计算和评估值加以综合考虑，即可计算出客户的信用额度。

具体方法是，每一个评估值都对应一个百分比，以该百分率乘以营运资产即得出了信用额度。例如，JM 公司 2004 年 12 月 31 日的营运资产是人民币 429.78 百万元，其评估值计算结构是 0.87，对应的百分比为 40%（见表 16 - 12），那么它的信用额度 = 428.64 × 40% = 171.45 百万元（见表 16 - 11）。

表 16－11　　JM 公司信用额度的计算

营运资产评估表

客户名称：JM 电子科技（上海）有限公司　　货币单位：人民币百万元

项　目	定　义	评估值
A 营运资本	流动资产－流动负债	422.70
B 净资产	企业自有资产净值（股东权益）	434.57
C 营运资产	（营运资产＋净资产）/2	428.64
D 流动比率	流动资产/流动负债	1.99
E 速动比率	（流动资产－存货）/流动负债	1.34
F 短期债务净资产比率	流动负债/净资产	0.98
G 债务净资产比率	负债总额/净资产	1.48
H 财务评估值	D＋E－F－G	0.87
I 营运资产百分比	按照财务评估测算的百分比	40.00%
J 信用额度	营运资产×百分比	171.45
K 特征分析调整系数	AG1 的调整系数	1.50
L 调整后的信用额度		257.18

信用人员：王宏　　填表日期：2005 年 1 月 20 日　　资料来源：客户、行业信息中心

现在，问题的关键是营运资产百分比（表 16－11 中第 I 项）的确定。这是一个经验性的数字，评估值代表了信用等级，在不同的等级上，可给予的营运资产百分比是不同的，这是专业分析人士在大量经验基础上获得的重要信息。需要指出的是，针对不同的行业，上述百分比是不相同的，需要专业研究人员加以认真总结确定。根据行业统计，一般情况下 IT 产品销售行业的评估值与经验性统计比率的关系如下（见表 16－12）。

另外，以评估值表示客户的信用等级标准与营运资产百分比的对应关系也可以根据企业的经营状况及信用政策进行调整。例如，在形势较好的时候，可以给予较高的百分比，在形势较差的时候，给予较低的百分比。

在特征分析模型确定了 JM 公司的资信状况属于 AG1 级后，应对营运资产的信用额度进行调整。见表 16－13 中的调整系数。按该表，JM 公司的调整系数为 1.5，故其最后的信用额度为 171.45×1.5＝257.18（百万元）（见表 16－11 中的

第L项)。

表16-12　　IT行业评估值与经验性统计比率

评估值与经验性统计比率

计算值	风险类别	信用程度	营运资产%
<= -4.60	高	低	0.00%
-4.59 ~ -3.90	高	低	5.00%
-3.89 ~ -3.20	高	低	10.00%
-3.19 ~ -2.50	高	低	15.00%
-2.49 ~ -1.80	中	中	20.00%
-1.79 ~ -1.10	中	中	25.00%
-1.09 ~ -0.40	中	中	30.00%
-0.39 ~ 0.30	低	高	35.00%
0.31 ~ 1.00	低	高	40.00%
>1.00	低	高	45.00%

表16-13　　信用额度调整系数

根据特征分析模型调整信用额度

评估百分比	等　级	调整系数
0 ~ 15	AG6	—
16 ~ 30	AG5	1.10
31 ~ 45	AG4	1.20
46 ~ 60	AG3	1.30
61 ~ 85	AG2	1.40
86 ~ 100	AG1	1.50
缺少足够的数据	N/A	—

16.4 应收账款管理

1. 客户信用不良的征兆

通常情况下，客户发生信用危机之前会有一些不良的征兆，有可能是在组织结构管理、财务调度、经营效益或产品前景等方面产生了不利的因素。因此，企业在与客户往来时一旦发现异常的情况，就应引起高度重视，并对异常现象进行分析和作进一步的调查。

①企业出售不动产。一般企业除非特殊原因，否则不会轻易将手中的不动产出售。经营者在处理其名下的不动产时，大部分是因为公司周转困难，借贷无门，为了维持营运，才会以卖产方式解决。遇到此类情况应尽快查明事实真相再作出判断。

②企业及负责人官司缠身，长期诉讼。诉讼是耗时又伤财的事，如果企业败诉有可能会涉及巨额的赔偿，会影响到企业今后的业务发展。

③企业或负责人有欺骗的行为或企图。信用是企业延续生存的命脉，企业或负责人如果有欠税、逃税或是仿冒等记录，终将影响企业的信用，增加未来交易中的风险。

④企业发出或接受订单量超出正常值。经常往来的客户，除季节性变动外，全年销售额应不会发生很大的变化。如果客户的订货量有异常增减，一定要探究其原因，密切注意该企业的负责人是否潜逃的意图，或者有囤积商品、转卖、欺诈的可能。当然客户也有可能是接到其他客户的大批订单，对原材料的采购数量也相应大幅度提高，若不能查明真相，发货过于保守，就可能损失一笔大生意。

⑤企业临时急于交货，要求提前付款。若经常往来的供货商有固定的交货期，却突然急于交货、取款，这通常是企业资金周转不灵的征兆，可能在财务上出现了困难，应引起高度重视。

一般情况下，企业大多注意买方的信用，担心对方是否能够及时付清货款。但事实上，卖方的交货信用亦应加以留意。因为如果卖方发生财务危机时，可能会倒闭停工，将会连带影响买方的正常作业，也可能因此而延误了买方与下家的合约。

⑥企业高价购进原材料。如果排除该项原材料特别紧俏的因素，客户若以高价或现金购买原材料，应查明该客户是否因信用不良，导致其供货商不愿再给以赊销。此种举动将造成该客户经营成本上升，增加流动资金支出的压力，容易发生财务周转不灵。与这类客户交往应特别小心。

⑦变更付款方式。正常经营的公司对于进货付款都有一定的标准。如果无特殊原因而改变付款方式，应特别引起注意，对于非常没有保障的支付方式应拒绝接受。

目前公司尚未发现 JM 公司有信用不良的征兆。

2. 账龄分析制度

有时企业在应收账款的时间监控方面缺乏力度，这与销售部门和财务部门的工作相互脱节有关，财务部门往往不了解客户的应付日期和交易背景，对客户付款的时间缺少足够的监控，这种状况极大地影响了企业营运资金的流动性，也是造成日后应收账款拖欠的直接原因。

在市场经济发达国家和地区，一般对应收款都有一套成熟科学的管理模式和体系，其中最为核心的部分就是账龄分析。所谓账龄分析，就是将应收账款的回收时间加以分类，统计个时间段内支付的或拖欠的应收账款情况，从而监督每个客户的应收账款支付进度，从而对不同时间段内的逾期账款采取不同的对策。总体说来，在应收账款管理上采用账龄分析方法，至少有如下几个明显的益处：

①财务部门可以了解每一笔拖欠的应收账款的逾期情况，便于及时催收；

②财务部门可以了解每个客户的拖欠情况，作为以后对其交易时的资金审批参考；

③具体地分析企业的应收账款回收状况，便于及时地调整信用政策；

④利用账龄分析表，进行应收账款的跟踪管理；

⑤按应收账款账龄的长短不同分别确定不同的比率计提坏账准备金，加速企业的资金周转。

（1）账龄记录表

账龄分析的基本信息来源是账龄记录表，它可以详细地记录每一个客户的详细付款信息，包括每笔应收账款的账单日期、付款日期、已付金额、未付金额、拖欠时间。

JM 公司 2004 年 12 月 31 日的账龄记录表如下（见表 16 - 14）。

（2）账龄分析表

根据账龄记录表，企业可以制定账龄分析表，按照客户付款的时间段，衡量企业的应收账款管理水平。

根据账龄分析表，财务人员可以获得如下信息：

①在各个不同的付款时间内，已付账款占应收账款总额的百分比，拖欠账款占应收账款总额的百分比，拖欠账款占应收账款余额的百分比；

②有多少应收账款是在信用期内支付的；

③有多少应收账款是逾期支付的；

④有多少应收账款仍未支付；

⑤有多少应收账款已成为呆账、坏账。

JM 公司 2004 年 12 月 31 日的账龄分析表如下（表 16－15）。通过账龄分析表可以发现，该客户的应收账款超过信用限额的 45%，且绝对额较大，信用部门对此应予以重视。

表 16－14　JM 公司的账龄记录表

账龄记录表

客户名称：JM 电子科技（上海）有限公司　　货币单位：人民币百万元　　编号：0001

收支类别	应付日期	应付金额	信用期内	逾期		
				0～30 天	31～60 天	60 天以上
商品销售	2004 年 10 月 30 日	15.00				15.00
商品销售	2004 年 11 月 30 日	97.50			97.50	
商品销售	2004 年 12 月 30 日	108.75		108.75		
商品销售	2005 年 1 月 30 日	153.75	153.75			
合计		375.00	153.75	108.75	97.50	15.00

表 16－15　JM 公司的客户账龄分析表

客户账龄分析表

客户名称：JM 电子科技（上海）有限公司　　货币单位：人民币百万元

账龄	应收账款	百分比	备注
信用期内	153.75	41.00%	
逾期 1～30 天	108.75	29.00%	
逾期 31～30 天	97.50	26.00%	
逾期 60 天以上	15.00	4.00%	
合计	375.00	100.00%	
情况说明	① 期末应收账款总额为 375 百万元，新设定的信用额度只有 257.18 百万元。		
	② 逾期账款达到 59%。		

续表

处理意见	① 控制该客户的应收账款规模，对客户要求的新增赊销要求寻求担保。
	② 分析逾期账款产生的原因，特别是逾期 60 天上的要求客户书面说明并展开调查。

3. 逾期应收账款的管理

影响逾期账款的因素涉及到交易过程、拖欠原因、债务人状况等许多方面，而且各种因素的影响程度很不相同，因此分析、判断逾期账款是非常复杂的工作。怎样科学地分析逾期账款，为债务决策提供正确的依据，一直是企业有待解决的问题。

这里，债务分析模型是较为有效的分析工具。

（1）债务分析模型选取的因素

影响债务追回可能性的主要因素有以下四类：

①债权特征

债权特征是商账追讨的重要依据，用来衡量债务的债权确定程度。它包含以下四个因素：

a. 债权文件。指交易双方往来的所有与债权相关的文件，包括合同、发票、提单、付款承诺协议等。这些具有法律效力的文件可以有效地证明企业与客户发生过交易，必须妥善保管。如果一旦丢失或者缺损，将无法证明企业拥有这笔债务，企业债务追讨工作很难开展，甚至无法进行。

b. 债务关联。指债务涉及的当事人、中间人的数量和关联程度，明确关联对象在债务中的地位和关系，对有效解决未来可能产生的问题非常重要。

c. 债务认同。指交易双方对债权债务关系的认识。如果双方在认识上有分歧，则可能会加深债务拖欠程度。企业应与客户进行进一步沟通，分析客户对债务的认同情况，避免拖欠程度加重。

d. 债务确认。指债务人对债务的确认情况。如果债务人口头上认同债务的存在，但却不肯出具确认证明，则拖欠行为性质就比较严重。所以，信用管理者应尽可能地要求债务人给予书面上的确认，并对这一过程发生的任何凭证做好收集和保管工作，以此协助追账工作。

②拖欠特征

拖欠特征指债务产生的有关情况和拖欠的具体表现。及时、准确了解债务产生的过程以及拖欠细节，是制定决策、进行有效追讨的基础。其主要针对以下内容进行分析：

a. 拖欠时间。这是一个时期指标，指应收账款到期日至评估分析日的时间长度。拖欠时间内债务人有可能发生很大变化，以至于对追讨工作造成极其不利的影响，甚至可能发生超过诉讼时效的现象。所以对这一因素要格外关注，尽可能缩短时间长度，保证在诉讼时效以内；同时密切关注客户动态，如果出现有利时机，要及时追回所欠账款；如果客户情况恶化，则应该及时借助法律程序来保障公司的利益不受更大损失。

b. 拖欠地点。是指债务人所在地或追账实施地点。这一因素会直接影响债权人所采用的追讨方式。比如，距离远的，电话追讨会更节约成本；距离近的，则可派人上门追讨，效果更有效。

c. 交易内容。指交易涉及的行业、产品和背景。这是分析的基础因素。不同行业和产品有着不同的特点，把握这些因素有助于正确的预测该企业的未来发展趋势，并为调整追讨策略提供有益的信息。

d. 拖欠性质。企业要分析客户拖欠的真实原因。是经营上确实出现困难无力支付，还是蓄意欺诈或恶意拖欠，债务人应注意调查、判断实质，以做好充分的追讨准备。

③债务人特征

这一特征用来衡量债务人偿还欠款的可能性，将有助于企业制定出切实有效的追账方案。

a. 债务人背景。指债务人的上级管理部门、股权结构、高管人员背景、历史发展状况等。

b. 信用状况。指债务人以往的付款、诉讼、信贷情况。

c. 偿债能力。债务人偿还债务的实际能力大小影响着追账的方式方法和力度。债权人可以根据其银行存款、其他债务、固定资产、其他权益等分析判断其实际能力，然后决定债务处理方式。

d. 偿还意愿。债务人对待债务的真正意图是追讨账款的重要前提。

④追讨特征

债权人采取不同的追讨方式，产生的效果也会有所不同。

a. 自行追讨。指债务人自行采取的追讨手段及结果。

b. 司法追讨。指以仲裁或法律方式追讨的情况。

c. 专业机构追讨。指委托专业追账机构处理。

d. 协商追讨。指追讨过程中双方达成某种协议及执行状况。

（2）对 16 个分析因素进行评分

评定原则是各因素 10 分制，视其对债务影响大小予以高低不同的分数，没有获得任何信息的因素定为 0 分。

评分之前，企业应根据行业模型，由经验丰富的追账人员或请专业追账公司参与制定一套相对规范、稳定的评分标准。评估人员参照评分标准进行评分，就会增强准确性。

（3）综合分析

对各项因素评分之后，就进入债务分析模型的综合分析阶段。综合分析就是利用定量化的评分评估债务质量。这一步骤的关键环节是权数的选择，根据每项因素在分析中的重要程度，在 1% ~10% 中选择数值。数值越大，表示重要程度越高。这一环节也要求企业根据经验总结一套切实的权数。

再往下，就可以进行债务分析模型的分析计算：

①用各因素的权数分别乘以 10，计算出可能得到的各因素的最大评分值，然后相加得出最大可能值之和。

②用各因素的权数分别乘以其实际评分，得到其加权评分值，再进行加和。这里需要指出的是，如果缺少某因素信息，该因素此处作 0 分处理。

③用加权评分值之和除以最大可能值之和，得出的百分率即是综合评估值。该数值就是债务质量和收回欠款可能性的反映。

（4）根据综合分析结果制定追账策略

现在设计一个债权分析表，其中包括各特征最终评估值、综合评估值，这里称债权特征最终评估值为评估值一，拖欠特征、债务人特征、催讨特征依此为评估值二、三、四。

根据各评分值高低可作如下决策：

①综合评估值较高时，表示欠款收回的可能性较大，应尽快追回。

②综合评估值很低时，表明收回欠款的可能性很小，应避免追收过程中过多投入。

③评估值一较低时，债权特征不显著，应力求协商解决债务，必要时可作较大的让步。不适合采用仲裁或诉讼追讨方式。

④评估值二较低时，显然该债务属于长期或恶性拖欠，应立即委托专业追账机构审核诉讼实效，核实债务地址，通过多种途径向债务人施加压力。

⑤评估值三较低时，表明债务人状况不佳，应尽快进行实地调查，如果确定债务人无力偿还，可考虑暂停追账；如果债务人具备偿还能力却无理拒付，应向其施加更大的压力，必要时可进行诉讼追讨。

⑥评估值四较低时，表明现行追讨方式不能收回欠款，应加大追讨力度，或改变追讨方式。

JM 公司逾期超过 60 天的欠款质量分析见表 16 - 16。

表 16－16　　JM 公司债权质量综合分析表

债权质量综合分析表

债务人名称：JM 电子科技（上海）有限公司　　拖欠时间：逾期 60 天以上

评估人：王宏　　评估时间：2005 年 1 月 20 日

评估项目		评估值	权数	最大可能值	最终评估值	百分比
债权特征	债权文件	10	10.00%	1.00	1.00	100.00%
	债权确认	10	8.00%	0.80	0.80	100.00%
	债务关联	8	6.00%	0.60	0.48	80.00%
	债务认同	9	6.00%	0.60	0.54	90.00%
	评估值一	37	30.00%	3.00	2.82	94.00%
拖欠特征	拖欠时间	9	8.00%	0.80	0.72	90.00%
	拖欠地点	7	3.00%	0.30	0.21	70.00%
	交易内容	8	5.00%	0.50	0.40	80.00%
	拖欠性质	10	8.00%	0.80	0.80	100.00%
	评估值二	34	24.00%	2.40	2.13	88.75%
债务人特征	债务人背景	9	6.00%	0.60	0.54	90.00%
	信用状况	9	8.00%	0.80	0.72	90.00%
	偿债能力	9	6.00%	0.60	0.54	90.00%
	偿债意愿	10	8.00%	0.80	0.80	100.00%
	评估值三	37	28.00%	2.80	2.60	92.86%
催讨特征	自行追讨	9	6.00%	0.60	0.54	90.00%
	司法追讨	0	3.00%	0.30	—	0.00%
	专业机构追讨	0	3.00%	0.30	—	0.00%
	协商情况	9	6.00%	0.60	0.54	90.00%
	评估值四	18	18.00%	1.80	1.08	60.00%
综合评估值		126	100.00%	10.00	8.63	86.30%
评估金额		人民币 15 百万元				

从表 16－16 债权质量综合分析表中可以看出，JM 公司逾期 60 天以上的欠款综合评估值较高，达到 86.30%。这表明欠款收回的可能性很大，公司应通过

协商尽快收回欠款。

4. 逾期应收账款的催收目标

企业应就逾期应收账款的催收工作设立目标，以便制定达到目的所采用的方式。

（1）最高目标。在对恶意拖欠的客户能够进行业务往来的条件下，以最低的成本，完整收回客户欠款，并获得客户为违约而付出的罚款和利息。

（2）具体目标。企业信用管理部门还可以根据企业和行业的自身情况，设立不同层次的催收目标。

①低成本全额收回客户欠款而又保持与客户的良好关系

这是企业一贯的催收目标。特别是对于企业的核心客户、重要客户，企业的信用管理部门建立一系列管理制度和有效的程序，来达到这一目标。

②全额收回客户欠款而不考虑同客户的关系

这一目标主要针对信用度差、对企业影响不大的小客户。

③追回货物

主要针对严重不讲信用或欺诈的客户，一旦发现客户有欺诈的迹象，则应不在乎同客户的关系，尽快追回货物，减少损失。

④部分追回客户欠款

对于恶意拖欠、有可能破产的客户采取极端手段：申请破产或提起诉讼以尽快收回欠款。对于担保信用销售来说，也可以采取拍卖质押物等措施，以取得优先受偿权。

⑤逾期欠款作为坏账注销

对于无法收回欠款或追回成本过高的客户，企业应断绝同客户的往来，把客户的欠款当坏账注销。

⑥公布欠款客户的信用

对于恶意拖欠的客户或者不讲信用的客户，断绝同客户的往来，把客户的不守信用情况向征信机构诉讼或者公布客户的不守信用情况。

5. 欠款的追讨方式

欠款的追讨一般有几种方式：自行追账、委托律师诉讼、委托专业追账机构追账、风险外包等。怎样在三者之间进行选择，这是大多数企业在货款拖欠之后首先面临的问题。究竟采用怎样的追讨方式较为有效，其中应考虑的因素包括拖欠时间、追账效率、追账成本、债务人与债权人的关系等。

（1）自行追账

自行追账的主要特点是：

①减少中间环节。直接参与追讨的人员也是交易的当事人，对拖欠的全部过

程及相关人员有深入的了解，在追讨过程中使债务人较难寻找借口逃避追讨。

②便于维护客户与债务人的关系。自行追讨主要是以双方协商的方式来解决拖欠问题，对于客户希望继续保持贸易往来的债务人，客户在追讨过程中比较容易掌握分寸做合理的退让，既不会使双方的合作破裂，又可以加快达成还款协议。然而，有一些债务人正是抓住供应商的这种不愿意破坏合作关系的心理，对账款一拖再拖。

③追讨成本不易确定。如果客户只是通过函电催讨，则费用较低。但是，如需要客户对债务人进行实地调查和催讨，则往往要派人员出差，支付高额的差旅费用。拖欠时间较长，一般不适合采用自行追讨。

（2）委托律师诉讼

对于客户放弃协商解决的债务问题，如果基本债权债务关系清楚，且客户能够提供准确的债务人经营或通讯地址及必要的证据文件，那么直接委托律师进行诉讼是比较便捷的，但费用也是最高的。因为客户不仅要支付昂贵的调查费用、法庭费用，而且一项国外案件的诉讼往往费时费力，如果发生债务人破产或失踪的情况，则即使胜诉也有可能收不会欠款。

（3）委托专业追账机构追账

这种方式的主要特点是：

①提高效率。将案件委托专业追账机构处理，可以使客户不必为这些陈年旧账牵扯过多的时间和精力。

②降低成本。客户委托专业追账机构追讨债务只需支付少量的立案费用，但得到的是全面的高质量的专业服务。

③追讨方式多样化。专业追账机构根据案件情况、债务人情况和追讨阶段等因素，通过追账人员协商、律师非诉讼与诉讼等多种方式对债务人实施追讨。

④收取必要的佣金。如果委托专业追账机构，债权人将付出一笔佣金。该佣金的比例视追讨的金额、时间、地点等不同而大不相同。

从目前 JM 公司的拖欠情况分析，采用自行追讨的方式还是行之有效的。

（4）风险外包服务

对企业来说，最棘手的问题就是出现应收账款被拖欠。它不仅使企业的流动资金被严重占用，而且可能会产生经营者最不愿意看到的后果。一般来说，企业出现拖欠后，首先采取的行动便是业务部门自己催讨。如果追讨一段时间之后仍没有实质性效果，企业面对债务人各种借口下的一再拖延，常常面临一种两难的困境。一方面，由于债务人的一再拖欠，表明他的资信状况不佳：要么经营困难，要么蓄意拖欠，企业自己追讨已没有太大作用。另一方面，如果诉诸法律，则可能由于费用较高、程序繁杂、漫长，判决结果的执行有困难，使企业一般不愿采用这种方法。那么在这两种欠账追讨方式中间，是否还有其他的方法能更有效地帮助企业讨回欠款？选择风险外包服务便是一种常用的方法。

风险外包服务就是债权人将其逾期账款追收的权利交给专业机构，由其代理完成向债务人追讨工作。目前国际上大部分的逾期账款的追收工作都有专业机构承担，且效果较好。

①增加追收力度

专业收账机构大都采用自己的专业收账员或代理机构在债务人当地进行追讨，这样无论在追收形式上，实际追收效果上，还是对债务人心理压力上，都远远高于自己的追讨力度。

②对案件的专业化处理

专业机构一般多具有相当丰富的经验和知识，对每一类拖欠案件，都会制定一套包含多种手段的措施，包括对案件的分析评估；调查追踪债务人；与债务人的直接接触、协商；施加各种压力；律师参与协作追讨；代理法律诉讼。

③节约成本费用

企业在产生账款拖欠后，已经造成了相当大的损失。尤其是考虑到对账款被收回的可能性没有多大把握时，更不愿意过多地支付追讨费用，从而造成更大的损失。而国际专业追账一般都采取“不追回账款，不收取佣金”的政策，它对于客户来说，是一种即能减少损失又不必冒额外风险的方法。当然，国际追账机构一般也会考虑自己的经营风险，对于超过一定时间的账款要事先收取一部分手续费，以作为案件处置的部分费用。除此之外，客户不必承担非诉讼追讨中的任何其他费用。

④节省追讨时间

企业自行追讨时，由于不熟悉债务人当地的法律和相关商业惯例，有时会费时费力，而国内专业机构一般委托当地追账公司代理操作，由于没有语言文化的障碍，便于沟通和协商，一般能较快收回账款。

对于追账业务来说，一个合格的信用服务机构应承诺做到：

①为客户设立专门的案件档案，由指定的业务主管负责；

②定期向委托人汇报追讨进展情况并及时听取委托人的意见；

③灵活、高效的采取各类商业性追讨手段；

④协助委托人采取法律行动。

16.5 AMC 公司信用风险管理的成效

2004 财政年度 AMC 公司的销售收入为 33.82 亿元，税前利润为 0.33 亿元；

与此同时公司的应收账款规模突破20亿元，赊销成本高达1.20亿元。由于应收账款规模过大，导致公司流动资金紧张，全年流动资金借款利息高达0.51亿元。公司如能进一步加强信用管理，严格控制应收账款规模，公司的经营业绩将会有大幅度的增长。就拿JM公司来说，如果能将其赊账金额控制在信用限额之内，即从目前的3.75亿元下降到2.57亿元，那么单凭这一家客户公司的赊销成本就能下降7百万元，换言之公司利润可增加7百万元。由此可见，加强信用风险控制和应收账款管理已刻不容缓。

AMC公司在2005年建立了一整套的信用管理制度，包括：客户资信管理制度、赊销管理与授信制度和应收账款管理制度，从业务前期、中期和后期全方位的进行信用风险管理。从而到2005年底AMC公司取得显著的业绩：销售收入突破人民币37亿元，比2004年提高了9%；税前利润已经超过了0.70亿元，比2004年提高了55%；同时AMC公司的应收账款下降为2.4亿元，比2004年下降了56%，相应的信用成本从2004年的1.20亿元下降为0.96亿，比2004年下降了25%。这些数据的变化可以说是惊人的，可见加强信用管理，对AMC公司的影响是巨大的。

但是，应该看到，AMC公司在信用风险管理还存在一些值得注意的事项。如（1）由于一些小客户提供的财务背景信息可能不真实、不全面，所以有待信用管理部门进一步调查，应谨慎提供信用额度；（2）催账时间有待进一步提前，不能等到信用期满后才进行催账程序；（3）虽然AMC公司在2005年已经新招聘了两名信控人员，分别负责信用评审和追账管理，但随着AMC公司的业务量的逐步增大，客户数量的增加，信用管理部门仍然出现人手紧张的现象。所以，在管理成本许可的范围内，可以考虑再增加1名信用管理人员。

尽管AMC公司在信用管理中已取得一定的成效，但由于是处于信用分险管理的起步摸索阶段，其在应收账款的管理上仍缺少一套科学有效的方法。AMC公司打算吸取国际上先进的应收账款的管理方法①，以提高应收账款的回收率。

参考文献：

1. 张德霖、陈洪，《中国社会信用体系建设——理论、实践、政策、借鉴》，机械工业出版社，2002年版。

2. 谢旭，《客户管理与账款回收》，企业管理出版社，2001年版。

① 应收账款跟踪管理系统就是一种先进的应收账款管理方法。其含义是：采用信用方式结算时，债权人或其代理人对应收账款的整个回收过程实施严格的跟踪管理，从而最大限度地降低逾期账款的发生率。

3. 叶陈毅，《企业信用制度论》，中国财政经济出版社，2006 年版。

4. 张亦春，《中国社会信用问题研究》，中国金融出版社，2004 年版。

5. 刘秋华，《现代企业管理》，中国社会科学出版社，2002 年版。

6. 银通投资咨询公司，《中国企业信用评级指南》，中国经济出版社，2003 年版。

7. 李晓安、阮俊杰，《信用规制论》，北京大学出版社，2004 年版。

8. 周道许，《信用风险管理》，中信出版社，2003 年版。

9. 蒋树宽，《银企信用风险管理》，广东经济出版社，2001 年版。

10. 夏敏川、林汉川，《企业信用评级》，上海财经大学出版社，2006 年版。

11. 迟国泰，《企业信用管理》，大连理工大学出版社，2005 年版。

12. 魏建，《谁为我们担保——诚信危机在中国》，山东人民出版社，2003 年版。

13. 吴晶妹，《现代信用学》，中国金融出版社，2002 年版。

14. 安贺新、李志强，《中国信用制度建设》，经济科学出版社，2003 年版。

15. 张健、曹玲，《营销信用风险与控制》，中国纺织大学出版社，2002 年版。

16. 张美灵、欧志伟，《信用评估理论与实务》，复旦大学出版社，2004 年版。

17. Robert Cole，《Consumer and Commercial Credit》，1992 年，Richard Irwin Inc.，pp. 340 ~ 425。

18. 刘宏程，《赊销与风险控制》，中国社会科学出版社，2003 年版。

19. John B. Caouette，Edward I. Altman，Paul Narayanan，《Managing Credit Risk：The Next Great Financial Challenge》，机械工业出版社，2001 年版。

20. 范云峰，“回款管理的五大法宝”，《商》，2002 年第 9 期第 77 ~ 82 页。

21. 苗培宁，“浅谈应收账款风险的控制与防范”，《山西科技》，2004 年第 1 期第 22 ~ 24 页。

22. 明洪盛，“建立现代企业信用管理的对策”，《企业天地》，2006 年第 8 期第 142 ~ 143 页。

第 17 章

创业投资项目分析①

小企业从创立、成长到成熟，大多要经过一个曲折、非常艰辛的阶段。从已有的统计数据来看，国内小企业一般存活期只有 3 年。也就是说，创业的风险是极其巨大的，如何选择好项目就是一个非常棘手的问题。这里我们给出 5 个创业故事，主要考察他们最初是如何选择项目的，总结其得失。

17.1 童家眼镜店②

1. 创业故事

童先生，毕业于上海理工大学化学系，在计算机销售公司干了几个月后嫌一个月八、九百块的工资太低，于是在兄长的陪同下与另外两个合伙人到陕西去开眼镜店。当时童先生的兄长已在南京开了两家眼镜店，在进货渠道方面已有了相当不错的关系。当他们到了陕西后，便开始做开店前的准备。首先，找出几个高校比较集中的地区。之所以瞄准高校主要是因为学生用眼比较厉害而且喜欢跟潮流，所以更换眼镜的速度较快。确定了范围后，便开始逐个地实地调察。第一，通过询问门卫和学生来了解学生的总数。这样对客源的多少有了大致的了解；第二，看交通是否方便。像有些学校离市区或城镇比较远，如果要到市内买一副眼镜需要一两个小时，这对于惜时如金的学生来说，机会成本实在是太高了；第三，看学校周围哪条马路平时人流最多，特别是上下学和上下班时；第四，看附近眼镜的价格和店面的租金。

经过一系列的调查、分析和艰苦的谈判后，童家“中际”眼镜店终于开张了。当时也就是 1997 年，眼镜业的利润是很高的，那时摆在“中际”面前有两条路，一条是跟着大部队走，定同样的价格，另一条就是走自己的路。最终，

① 本组案例完成于 2004 年 6 月。

② 调研和执笔：蔡震东。

“中际”没有只看眼前的利益，而是主动降价并提供免费维修镜架、清洗眼镜和免费更换小部件等服务。由于“中际”这一系列的“利民政策”深受群众爱戴，使得生意相当红火。每天从早上 7 点一直要忙到晚上 12 点，“中际”也因此在陕西有了一定的知名度，同时也拥有了自己的忠实客户。但是“中际”的新政策触犯了陕西的其他眼镜店的利益。其中，海昌、强生、博士伦、卫康的陕西店家分别要求工商局、物价局、技术监督局对“中际”进行检查。陕西的卫康店还要求陕西的卫康供货商不给“中际”发货，以此切断“中际”的货源。但是出乎海昌、强生、博士伦、卫康的意料，“中际”在降价的同时，既保证质量，又提供优质的服务，而且“中际”的货源是从南京来的，根本就不受制于陕西的“老大哥们”。经过一番折腾，陕西的其他眼镜店也只能无奈地跟着“中际”一起跳水，但是此时的“中际”已从他们手里抢去了相当一部分的顾客。就这样，“中际”在短短的几个月内以匪夷所思的速度，从一个“儿童”迅速成长为一位“壮士”。

正当“中际”业务蒸蒸日上的时候，童先生于合伙人之间的矛盾开始显现。三个合伙人经常在定价和其他方面产生分歧，为此，童先生最终决定撤资。

2000 年，有了一定资金和经验的童先生来到了上海。根据陕西开店的经历，童先生首先来到了闵行的交大，本想盘下老乡的店面，无奈老乡不肯出让，由于其他店面位置不是最理想，只得作罢。接着又来到了奉贤，当时上海师大有近两万师生，而且要一小时的车程才能到镇上买到眼镜，地理位置可谓得天独厚，但遗憾的是没有店面。后来根据兄长的意见，在上海财经大学旁边开了现在的“亮视”（见左图）（那时他的兄长在上海已经有两家眼镜店了）。

童先生秉承“中际”的服务特色，提供低廉的价格、优质的服务。在价格方面，由于童家三兄弟共开了七家眼镜店，每次的定货量比其他店家要多，所以从厂家拿到的折扣也多，因此他们的利润空间要大一点。就拿护理液来说，童家店要比大多数眼镜店便宜两元钱。在服务方面，“亮视”许诺如果框架眼镜佩戴不舒服立刻解决、隐型眼镜在两周内可免费更换、免费清洗镜架、免费整形镜架和提供小配件，这些服务并不是所有眼镜店都提供的。功夫不负有心人，“亮视”的销售额不断攀升，其中 80% 是由老顾客直接或间接贡献的。

现在，“亮视”已不满足仅从价格和服务方面入手，而是到代理商那里购买品牌独家经营权，这样既能提高自己的销售额，又能积极地防御来自市场竞争者的挑战。

2. 财务分析

表17－1是“亮视”近三年的平均损益表和产品报价表。从表中可见，该店的销售收入三年平均为65万，利润6.8万（税率按33%计算）。

表17－1　　三年平均损益情况和个别产品价目表

“亮视”眼镜店（三年平均损益表）		
销售收入		RMB 648232
费用：		
销售成本	498 640	
房租	17 000	
店员工资	22 000	
伙食费	4 950	
水电费	1 440	
工商管理费	900	
清洁费	240	
治安费	400	
仪器维修费	150	545 720
税前收入		102 512
所得税		33 828. 96
税后收入		RMB68 683. 04

“亮视”眼镜价目表

售价（元）	镜架	镜片
128	高弹性	1. 56树脂加硬加膜片
140	高弹性	1. 56超薄树脂加硬加膜防水片
160	高弹性	日本1. 57树脂加硬加膜片
198	钛合金	1. 56树脂加硬加膜防辐射片
280	超轻记忆架	日本1. 57树脂加硬加膜防辐射片
378	超轻记忆合金架	1. 61树脂加硬加膜片
460	高档钛合金架	1. 61高清晰树脂加硬加膜防水片
600	纯钛镜架	1. 61进口高清晰树脂抗辐射片

注：“亮视”眼镜店（1）仪器共31 800元（平均每四年换一批仪器）；（2）压货费100 000元（如果镜架掉漆可与厂家调换，式样过时可与厂家协商退款）。

现在让我们来分析一下“亮视”眼镜店的财务数据：

（1）存货周转率 = 498 640/100 000 = 4. 9864

4. 9864 的存货周转率并不算高，但眼镜属于耐用品，与同行业的其他眼镜店比较，“亮视”的存货周转率还是不错的。

（2）资产周转率 = 648 232/131 800 = 4. 918

资产周转率与存货周转率接近，说明固定资产贡献较少，这也与眼镜这个行业的特性有关。在这个科技迅速发展的时代，眼镜设备两年左右就要更新，在固定资产上投入太多显然是不合适的。

（3）销售利润率 = 68 683. 04/648 232 = 0. 11

“亮视”的销售利润率不算高，因为它的房租、工商管理费等较便宜，特别是房租，年租金只有 17 000 元。现在要在杨浦区花 17 000 元租一家 45 平米的商铺实在是一个不可能完成的任务。正是因为部分费用低，才拉高了“亮视”的销售利润率。造成“亮视”的销售利润率不高的主要原因是现在杨浦区眼镜店已开了不少，竞争激烈，同行经常祭出价格战这一杀手锏，利润空间不断被压缩，所以“亮视”的销售利润率只有 0. 11。

（4）资产回报率（ROA） = 68 683. 04/131 800 × 100% = 52. 1%

在低价销售的情况下仍有 52. 1% 的回报率已经不错了，这也充分说明了眼镜行业是个有盈利前景的行业。

3. 评价与建议

虽然童家店只从事于眼镜行业，但他们的一些成功经验是值得其他行业借鉴的。

第一，放长线钓大鱼——牺牲高额利润来换取顾客。这一招特别适合与一些市场新进入者。当时“中际”完全可以定与其他眼镜店一样的价格，但是这样“中际”将永远是市场的追随者。对一个市场新进入者来说，如果没有什么能够打动消费者的特色，那么起初的客流肯定是比较少的，这样不仅减少了起初的收入，损失了一部分货币的时间价值，更重要的是“中际”将淹没于芸芸众“店”之中，随波逐流自己无法把握住自己的命运。

从结果来看，“中际”的策略是正确的，而且在“亮视”身上再次获得了成功，所以说这一策略是有可复制性的，也就是说是有可行性的。“中际”和“亮视”这两个案例是小鱼斗大鱼的成功典范。

第二，要有货源保障。只有在货源上有了保障，企业在制订计划时才有底气，否则将受制于人。兵马未动粮草先行——企业在准备采取行动之前一定要确定后方的稳定，不要贸然出击。

第三，服务至上。虽然这是地球人都知道的道理，但有些人认识得深，而有些人认识得浅。对于眼镜店来说，免费调整镜架、更换小零件和清洗镜架等服务只是举手之劳，正是这些大家都认为只是微不足道的小事，在童先生眼里却是拉拢顾客的大好机会。就是这么一丁点的付出，换来的却是巨大的回报。

其实很多小企业和市场新进入者就是靠价格、服务在夹缝中成长，甚至击败原来的市场领头羊。

第四，注重科学管理。这点对于许多小企业来说很重要。现在很多小业主错误地认为，科学管理是大企业的事，所以对科学管理敬而远之，只注重日常经营。其实科学管理离我们并不遥远，更不是可望而不可及。运用科学管理方法来给自己的商铺选址和确定目标市场，往往可以取得事半功倍的效果。童家眼镜店之所以选在大学附近是因为根据调研，人到成年以后，眼睛一般就不长度数了，开在大学附近也是为了站好这最后“一班岗”。

第五，利用规模经济。以前规模经济这个概念好像只可能出现在大企业身上，其实小企业一样能行。童家兄弟仗着“人多势众”——七家店的进货量要相当于一家大中型眼镜店的进货量，就是仗着进货量上的优势，童家店才能得到相对较低的价格。很多业主虽然没有那么多做生意的兄弟姐妹，但是做生意的朋友应该还是有的，与其大家各自行事，不如统一购货，从而获得更多的折扣。

当然，童家兄弟的经营理念中还是有需要改进的地方的。

童家兄弟共有七家眼镜店，但这七家眼镜店的名称各不相同，而且也没有关联。如果这七家眼镜店采用同一品牌、统一店堂设计、统一服务标准，模仿连锁经营，这样可以彰显品牌实力，区别于其他小作坊式的眼镜店，效果一定会更好。

其次，童家兄弟魄力不够。如果想赚今天的钱，现在的经营模式是完全可以的，但想要赚明天的钱，那么规模要扩大，模式要转变。

童家兄弟应将投资在其他店上的资金抽回来扩大门面，推出新产品、新服务（他们经常将闲钱投资于他人的眼镜店，从而获得一定的收入。虽然这部分资金的收益率比银行要高，但比起自己开的眼镜店的收益率却要低）。

市场光靠守是守不住的，如果没有创新，被市场淘汰是迟早的事。

眼镜不仅是解决近视的工具，它同时也关系到一个人的仪表，“爱美之心人皆有之”。如果眼镜店既能为顾客解决近视之忧，又能为顾客挑选出适合顾客仪表的眼镜式样，甚至能为女性顾客提供与眼镜相配的彩妆的话，这样的一站式服务是人人都满意的。而且现在很多化妆品公司都采取提成的薪金制度，并且只要是成年人都能成为其销售员。更重要的是它不要求销售人员压货，也就是说对于销售人员而言，基本不存在资金上的风险。如果眼镜店能将彩妆服务运用得好的话，这样不仅能提高眼镜的销售额，而且还能增加一个新的收入增长点，可谓一箭双雕——始终为顾客着想就能不断创新。

另外，童家眼镜店的广告宣传力度也不够。这也是制约发展的一个不可忽视的原因。

17.2　极浪运动工厂①

1. 极限运动

极限运动近年来在我国蓬勃发展，爱好者与日俱增，这主要是因为城市化的进程让越来越多的人变得慵懒、缺乏激情，而极限运动所带来的挑战和刺激往往让他们一发不可收拾的爱上这项运动。攀岩作为极限运动中对心理挑战最大、所需训练时间最小的一个项目，更是成为了其中的一颗新星。

这里介绍的极浪运动工厂坐落在上海市四平路同济大学校园内，建成于2001年9月，占地1 100平方米，场内设攀岩、滑板和竞技单车三个运动区，供极限运动爱好者们开展活动，同时为同济大学免费提供攀岩课的教学场地。

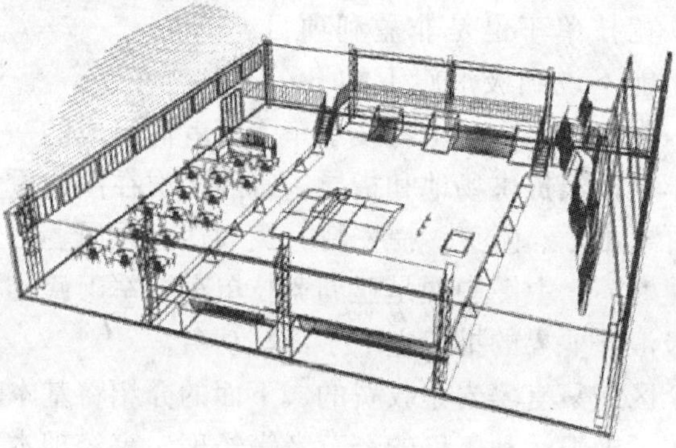

图 17－1　极浪运动工厂场地概图

极浪运动工厂的项目分成三大块：

(1) 攀岩区

攀岩是极浪运动工厂中唯一一个盈利性的项目。攀岩区由四条独立的赛道和一个“L”型抱石板组成。

喜欢寻求刺激的人往往一进场就迫不及待地套上下降器，直奔赛道而去，场内则有专门的保护员负责在顾客攀爬的时候提供保护。失手跌落的可谓大有人在，但每次都有惊无险——跌落的人会被保护员手中的绳子吊在半空。

① 调研和主笔：马绍松、刘磊。

注意基本功的人则会选择抱石，抱石和攀赛道的区别在于抱石是横向爬，而攀赛道是纵向爬，前者更注重技巧和体能的训练。

攀岩要求人们克服心中对高度本能的恐惧，与此同时对自己下一步的路线做出准确的判断，这不仅是对生理极限的挑战，也是对心理极限的挑战，只有身体强健，头脑冷静，意志坚强的人才能在这项运动中胜出。

（2）滑板区

滑板在极浪是非盈利项目，被用作推广宣传的一种手段。极浪为滑板爱好者们免费提供场地。各人自备装备，在极浪尽情发挥、相互切磋。

同时，极浪也常在该区举办各项滑板、滑轮比赛，较有成效的提高了极浪在极限运动爱好者们中的知名度。

（3）竞技单车区

和滑板一样，竞技单车也是非盈利项目。说到竞技单车就不能不说到极浪旗下的 B6 车队。这是极浪的一张王牌，它是由特技单车爱好者们组成的一支竞技队伍，选手自己出资装配单车，极浪提供场地和指导，曾经多次在国内重大的比赛中取得佳绩，并成功地为百事可乐、耐克、捷安特、美利达、凤凰、三星电子等知名企业作产品推广的商业表演。上图中便是亚洲竞技单车冠军廖武雄在极浪表演单车特技。这支车队为极浪在业界的推广立下了汗马功劳。

由于以上三个区中只有攀岩是收费的，下面的介绍将基本略去其他两项。

我们电话采访了极浪运动工厂的经营者窦经理，窦经理本人就是同济大学的毕业生，也是个极限运动爱好者，毕业之后与几个志同道合的朋友一起创办了这个运动场，一来回报母校，二来为众多同道中人提供一个难得的切磋交流的场地。他们共同创立了一家合伙制公司 X - Breaker 并以公司的身份投资五十万，将一个十分简陋的风雨棚建设成了今天的极浪运动工厂——上海地区唯一一家专营极限运动的体育场馆，在全国也可谓水平一流，作为回报，同济大学将该场地的使用权无偿提供给 X - Breaker，为期五年。X - Breaker 的想法是将自身打造成一个运动装备品牌，而 X - Breaker 旗下的极浪运动工厂则是扮演当前经营收入的主要来源兼宣传手段。窦经理说：“极浪能赚钱最好，我们公司的确需要一个稳定的收入来源，但是我们并没有把盈利放在第一位，回报母校、为广大爱好者提供一个场地才是最重要的。”据我们多方调查，极浪的经营状况甚忧，开始两年窦经理亲自负责运作时略有盈利，但最近他将此场管托付给他人后管理较为混乱，持续亏损，影响力下降。

2. 经营情况分析

电话采访后，我们又进行了两次实地调查，取得了所需的数据及图片，现将极浪运动工厂的收支情况及运营状况总结如下：

极浪日常运营的操作流程：顾客进场——员工售票——提供保护及指导——顾客离开。

（1）销售收入的估算

极浪运动工厂现阶段的收费方式分门票和会员卡两种。门票工作日 15 元/张，节假日 20 元/张，学生凭学生证可享受八折优惠。会员卡有季卡和半年卡之分，售价分别为 200 元和 300 元。顾客凭票进场后没有时间和次数的限制，可以尽情娱乐。由于场内工作人员主要是同济大学来此勤工俭学的学生，寒暑假场地不营业，平时也只有下午和晚上开放（15：00～22：00），早上供同济大学作体育课场地之用。据了解，其一年的各个阶段场地的客流量存在明显的淡旺季。窦经理告诉我们，冬天是他们的淡季，主要是因为冬天人们穿得多，行动不便，再加上岩壁冷，有时甚至一天连一位顾客也没有。天气暖和时客流量可能达到每天四十人。我们估计了一下，一年中，平均每天有 20 多位顾客来极浪攀岩，其中持会员卡的人极少，绝大部分是买门票入场的。这样算下来，极浪运动工厂的年营业收入大约是 86 400 元（即 $20\times270\times16=86\ 400$）。

另外，极浪运动工厂还得到了众多运动装备厂商的赞助包括 Converse、Coleman 这样的国际知名运动品牌，具体得到的赞助金额我们没有得到明确答案，但根据 X－Breaker 官方网站上公布的数据和现场调查的结果我们算出一次性赞助大约有 243 000 元，详见表 17－2。另有各赞助商对极浪举行的活动给予的赞助，由于无法取得具体数据在此省略。

表 17－2　　销售收入估算

广告类别	单价	数量	总价
A 字板	8 000.00	16	128 000.00
吊顶幕布	5 000.00	12	60 000.00
场内商务区	20 000.00	2	40 000.00
侧墙	1 250.00	8	10 000.00
岩壁斜面	5 000.00	1	5 000.00
总计			243 000.00

（2）费用支出的估算

极浪运动工厂的营业支出按科目可分为四块：人工、设备维护及更新、电费和广告费用。场内有三种活动需要人工：收银、保护、清洁。员工主要是同济大学来此勤工俭学的学生，他们经过专业训练，可以作保护员，同时兼顾收银和打扫，人工费为10元每人每天。一般场中有两到三人工作。设备维护包括岩点和主保险绳。主绳共4根，每根24米，半年更换一次，每米保险绳需要20元；岩点每个80元，年耗五个左右。下降器（200元/个）、绳扣及八字环（90元/个）不容易坏，极少更换。电费则归属场内照明灯，共9盏，每盏功率400瓦，电费支出为每年500元。至于广告费用，窦经理坦言："我们已经很久没有为极浪做广告了。"计算得出现阶段每年营业支出为10 320元（10×2.5×300+20×24×4+5×80+500 =10 320）。

每年的税费按15%税率计算为11 412元｛（86 400－10 320）×15%＝11 412｝（未包含广告收入，原因见下文）。

作为极限运动场，事故是必须要考虑的，到目前为止还没有发生此类费用，经营者也未对此作财务上的预防（例如投保），但他们对场内的活动规范作出了较严格的规定，并称顾客一旦违规，极浪将不对由此发生的事故负任何责任。

（3）利润估算与分析

按估计，年净收入为64 668元（86 400－10 320－11 412＝64 668，不含广告收入），其销售利润率为64 668/86 400＝74.85%。

从统计数据看，极浪运动工厂的盈利能力甚强，但在近半年内却出现了亏损，我们对此作出如下分析。

门票收入有水分。由于场内工作人员没有受到管理和监督，顾客和工作人员如有私交的话往往可以不买票便入场，再加上会员卡上没有个人信息，往往造成一人办卡，数人轮用的情况，这就造成了每天入场的二十余人中真正付费的可能不到一半。

广告收入缺乏持续性。上文提到的广告报价理论上是按年计算，但据我们估计在2001年的第一笔收入后，便再没有广告收入进账，运营商也不愿将所有过期广告撤去造成大片广告牌空白，所以每年都在为别人做免费广告。

3. 管理中的问题及改进建议

这两类收入的问题集中在公司的管理上，虽然窦经理并未将盈利放在第一位考虑，但是企业应该在合理的情况下将利润最大化，这就要求极浪运动工厂从管理结构及发展方向上做出一定的调整。

首先，极浪运动工厂作为X－Breaker的分支，应该对自己的发展方向作一个合理的定位。据了解，X－Breaker希望将自己打造成一个运动品牌，自己不生产运动产品，专门作品牌包装，这是一个不错的方向。我国目前为止还没有一个极限运动品牌，占据市场的是 Five - ten、Black diamond 之类欧美品牌。他们的质量、信誉虽好，但价位极高，普通人难以承受，尤其是学生，这就给了 X - Breaker 一个良好的成长空间。这也要求 X - Breaker 及其下属部门在其打造品牌的阶段投入大量的广告宣传费用，极浪运动工厂也不例外。但据我们观察，上海各高校的学生对极浪的了解甚少，这要归咎于极浪在广告上的投入太少，对潜在客户群的挖掘不够，宣传针对性不强。

其次，管理不可唯亲任用，造成监督不力。现阶段极浪人员结构如图 17 - 2 所示。这其中极浪负责人环节存在较大问题。我们曾经去过数十次极浪，却从未发现负责人的存在。学生没有人监管，工作不力，甚至不按时开门的情况都时有发生。据我们了解，先后曾有两任负责人，但均与窦经理关系密切。

再次，场内的规划也有欠缺。许多人第一次去极浪的感觉是灯光昏暗，人员及设施专业性不强。据我们观察，极浪的顾客中有很大一部分是初学者，他们对环境要求很高，希望能在专业的场地里得到专业人员指导，但极浪给他们的第一印象可想而知。

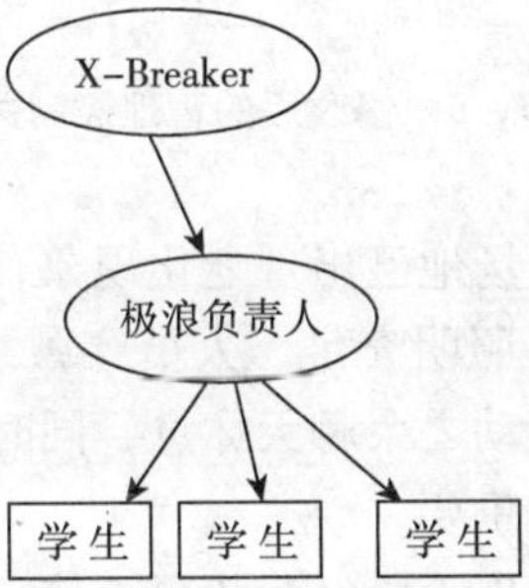

图 17 - 2　极浪运动工厂的管理控制关系

对这一系列的问题，我们建议如下：

首先，极浪应做大量针对性较强的宣传推广活动。极浪的客户群主要是各高校的学生，他们时间相对宽裕，但经费较为短缺，极浪则可利用自身人工成本极低的优势降低价格，招徕顾客。上海主要有三大攀岩馆：八万人体育馆（票价 25 元）、虹口足球场恒毅馆（票价 40 元）和极浪。如果极浪能将价格调至一个合适的水平，再推广会员卡的话，将拥有明显的价格优势。同时，极浪还可利用身处大学校园的，贴近学生优势，在各高校进行巡回推广活动，并与他们的社团建立稳固的合作关系。在这方面，上千元的成本就可为极浪的客流量带来极大的上升空间。另外，针对全社会的消费者，极浪还可以在《上海一周》、生活时尚频道、FM103.7 等媒体上刊登相应的广告。

其次，聘用专门的管理人员来负责极浪的运营。由于极浪雇员较少，原先的管理结构可以保留，但需给予修改，见图 17－3。公司聘请专人负责极浪，为其支付工资并以提成利润促进其工作，以利润和宣传效果作为其工作的考核标准。此人应有效地监督学生的工作，打破原先完全按天计酬的方式，用报酬作为奖惩手段，杜绝他们的违规行为，同时也负责广告招商，以扭转广告收入的颓势。

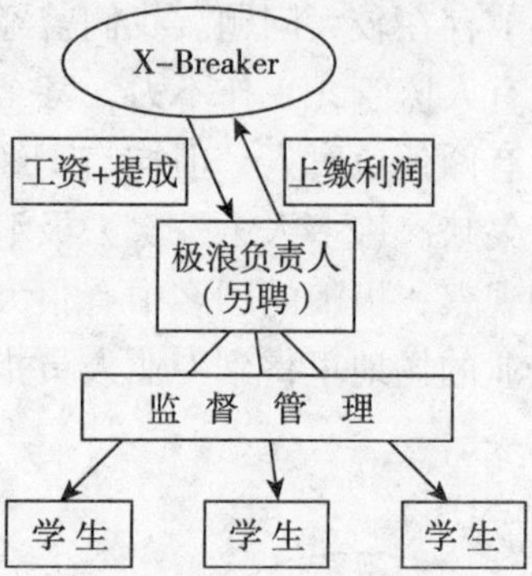

图 17－3　修改后的管理控制关系

再次，经过三年的使用，场地已出现老化现象，应投入一定的经费进行维修和翻新，必须做到场地整洁、照明充足、人员穿戴统一、提供专业装备的租赁。另可开辟休闲区，供顾客在活动之余聊天休息，同时亦可经营饮料等副业。一个良好的环境对于极浪来说极其重要。

总之，极浪运动工厂虽然现阶段经营状况不佳，但它的潜力极大，经过改良后，应该可以在打响 X－Breaker 这个牌子的同时，为母公司带来丰厚的利润。

17.3　美美地球村①

现如今，越来越多的大学生选择毕业后不给别人打工，而是自己做老板，自己给自己打工，或是工作两三年，积累了一点工作经验后，再自立门户。或许是受了前几年风靡全球的畅销书《富爸爸，穷爸爸》的影响，脑子活络又正满怀梦想，抱负远大的大学生们不再愿意只做普普通通的中产阶级，而是以比尔·盖茨

① 调研和主笔：孙岚。

为榜样，踌躇满志，打算白手起家开创属于自己的事业。

笔者走访的那家小装饰品店的店主，两位年轻漂亮的女大学生，就是本着这样的想法，在大学毕业后放弃了一般人眼中很“稳定”的工作，开了这家位于“民众乐园”内、仅有九平方米大的名为“美美地球村”的可爱小店。

1. 店主介绍

小店的主人是一对表姐妹，年龄相差三岁。姐姐姓田，今年 26 岁，毕业于华中科技大学，主修电脑专业，为人宽厚诚实，心眼特别好，在大家庭中很受弟弟妹妹的拥护；妹妹姓钱，今年 23 岁，毕业于武汉市城建学院（现已并入华中科技大学），精明干练，脑子转得特别快，从小被家人喻为“小精怪”。这两人联合起来开店，得到了全家人的支持。一个憨厚老实，一个精灵古怪，生意应该做得起来。

姐妹俩都很漂亮，并且都处于二十多岁的花样年华，对新鲜事物和潮流特别敏感，也很感兴趣。姐姐从小就对服饰和小工艺品很感兴趣，经常自己设计，或者对着杂志做自己喜欢的衣服。由于对潮流的嗅觉敏锐，经她手改过的衣服穿在身上，每件都很能突出个人的气质，因此回头率都很高。妹妹精明伶俐，任何情况下，脑子一转，最符合成本—效益的决定就出来了。

2. 开店经过

姐姐毕业后，由于学校有名，专业又热门，很快就在一家电脑公司找到了一份工作，月薪 3 000 元人民币，专为别的公司做网页等等。但由于一起工作的同事意见总是不一致，提出的意见和建议又不能被老板所接受，她感觉到工作没激情，于是跳槽到一家室内设计及装潢公司，既满足了自己的兴趣，又能施展一技之长。这样过了两年，日子倒也过得挺安稳。

说来也巧，妹妹这时大专毕业，在外打工转了一圈后，也应聘来到了这家室内设计及装潢公司，负责制定预算和对外公关等。由于公司不大，姐妹俩经常在工作上有讨论及合作等。她们工作努力，配合默契，并且在日常的工作中一点一点积累着经验，也一点一点成长着。

公司虽小，但老板对这姐妹俩很是器重，多次委以重任。应该说，姐妹俩的工作的职业成长性是很好的，只要她们自己努力不放弃，还是有机会做得更好的。

但是俗话说：人算不如天算。由于公司人事变动，原来那个老板被换掉。一朝天子一朝臣，新上任的老板不再让这姐妹俩负责比较重要的任务，只分配给她们一些日常性的很琐碎的事情。

姐妹俩心烦了一阵，也对自己的未来重新做起了规划。塞翁失马，焉知非福。她们本来就不想给别人打一辈子的工，现在正好有机会可以重新考虑一下了。可开店不是说说那么简单：初期投资额不菲；卖什么样的东西颇伤脑筋；市场饱和度如何；下一季的流行趋势是否把握得准；供货商是否稳定可靠；客流是否稳定……一系列的问题接踵而来，让这两姐妹对于开店创业能否成功产生了怀疑。

这期间，姐妹俩也对市内的各大商业区做了实地考察。租金、客流、货物来源，不同的地区上述特征都有明显差异，关键在于自己给自己的定位。

正巧，这时候，市内最热闹的商业点之一，民众乐园，新建了一批新的店铺招租。民众乐园位于六渡桥，毗邻江汉路步行街，离武汉商场和武汉广场也仅有一站之遥，是武汉市汉口商业区的核心地带。这里人流如织，门庭若市，是时尚青年和年轻白领最常光顾的地方。但也正因为如此，所以内部的店铺租金相对其他地方较贵，竞争也更为激烈。这也成为姐妹俩的一大顾虑：刚开店，如果连租金都没法赚回来怎么办？

经过深思熟虑后，姐妹俩决定闯一闯。一来她们觉得已经积累了几年的经验，给自己点信心，加上妹妹天生的经商头脑，总不至于血本无归；二来这样的旺铺招租也确实是个好机会，错过了也许就不会再有了；三来姐妹俩工作几年也有点积蓄，大不了全部投进去，没有后顾之忧；最后，出于年轻人初生牛犊不怕虎的精神，她们不想瞻前顾后，就此放弃了自己的梦想。

再来就是决定卖什么东西了。一开始，她们本来准备卖衣服，可是考虑到卖衣服的投资较高，且风险较大，这一季的衣服到下一季就过时了，在还没有摸清楚市场之前就盲目投资，岂不是只有莽夫之勇么？于是，在对周边环境进行了调查，并结合了自己的实际情况后，她们决定以卖小装饰品为发展方向，例如来电闪啦，小铃铛啦，手机贴纸啦，钥匙扣啦，等等。既满足了自己的心愿，又可以借此攒点经验，以备日后扩大规模或者转型所需。

一切都规划妥当，姐妹俩就开始实际行动了。说干就干，用“火速”来形容她们的动作一点都不为过：

第一日：找到“民众乐园”售楼处负责人，实地考察了所有店铺后挑选了地理位置最好，最为满意的一间，签订合同，月租金人民币 3 000 元；

第二日：筹集资金，姐妹俩各拿出一万元，再加上双方家长“赞助”一万元，三万元资本金敲实落定；

第三日：回公司递交“辞职信”。由于并不是经理级以上员工，所以不用等待一月后批准。姐妹俩与财务部将工资结算清楚后便离开了公司；

第四日：去“汉正街”小商品市场，淘到自己中意、又正符合潮流的小商品样本；

第五、六日：坐火车去浙江义乌小商品批发市场，批发符合自己心意的小商品带回武汉；

第七日：马不停蹄赶往深圳，进行实地考察；

第八日：回武汉，去“汉正街”按采集的样品对货品进行批发。

在对所购买来的商品进行了必要的盘点、包装和定价后，“美美地球村”就正式开张了。

3. 经营成绩

小店开业至今，刚好一年的时间，所以还称不上“经营业绩”，但好的成绩却是有目共睹。表 17－3 是“美美地球村”部分商品的进价和卖出价。

表 17－3　　部分商品的进价和卖价

名　称	进　价	卖出价
来电闪	6.00～8.00	12.00～15.00
娃娃	2.50～3.00	5.00～8.00
手机贴纸	2.50～3.00	5.00～7.00
钥匙扣	4.00～5.00	8.00～10.00
杯子	11.00～14.00	20.00～25.00
抱枕	16.00～20.00	25.00～35.00
铃铛	2.00～3.00	6.00～8.00
卡通来电闪	15.00～17.00	20.00～25.00

实际成本＝进价×1.5（0.5 包括了房租、电费、日常损耗等）

开张一年，现在“美美地球村”每月可净赢利 2 000 元，姐妹俩每人可赚 1 000元。姐妹俩坦言：1 000 元并不多；可目光放长远一点，现在还处于创业期，很多顾客都是回头客，时间一长，牌子打出来了，就不愁没有生意了。而且笔者在周围逛了一圈，看到姐妹俩的店卖的东西果然有自己的特色，只要继续保持下去，应该会有很好的发展。姐妹俩还说，只要做得好，说不定还会开分店；让更多的人都能在“美美地球村”买到适合自己的小饰品。

4. 经营之道

小店开张后，生意很是兴隆。开张的第一个月，除了交纳租金3 000元外，到了月底，姐妹俩共赚了两千元。开张伊始能有如此好的成绩，已经是了不起的事情了。那么，在竞争如此激烈的环境下，这姐妹俩又是如何取得这一成绩的呢？

在与她们交谈并作深入了解后，笔者归纳出几点可供参考的意见：

(1) 目光开阔

许多做小商品生意的人，觉得这是小本生意，赚的利润本来就少，若投入太多，从经济效益上来看就不合算，于是他们所赚的就仅仅是零售商与批发商之间的差价。可姐妹俩偏不这么觉得。进货时她们就想：大部分商店的商品都是从“汉正街”进的，因此样式价格都差不多，没什么很特别的能吸引人。比如说“来电闪”，看来看去也就那几种款式，所有店都有，别人为什么一定要到我们店里来买呢？打价格战？小饰品利润本来就薄，几块钱的小布娃娃也就几毛钱的利润，再一降价，恐怕真连租金都付不起了。

于是姐妹俩把眼光投到了武汉市以外。浙江义乌是全国有名的小商品市场，去那里瞧瞧，肯定会有收获。很多店主觉得这样一来成本太高，来回的车费都不知道要靠卖多少个铃铛才赚得回来。可她们不这么想。“你有我新，你新我奇”，我卖的东西你没有，还怕没有客人专门来我的店吗？

去了一趟义乌，果然收获颇丰。她们找到了一些目前在武汉还不常见的小玩意，比如说带镂空花纹的小铃铛啊，真花标本做的手机贴纸啊等等。一眼望去，果真琳琅满目，拿起一看，精致少见，让人真的是爱不释手。

笔者在那里和她们交谈的期间，还真亲眼目睹了专程来她们小店买东西的，说逛了一大圈，其他的店就是没有，连比较一下价格都不行；又着实喜欢，就又回来买啦！笔者不由得佩服她们的远见卓识。这样的商品，利润自然就高出那些普通商品许多。

去深圳也有所收获。可由于那里成本相对较高，买回来不一定会有人买，所以她们只买了几样很别致的，数量也不多。用她们的话来说，先探探路再说，卖不出去还可以送给家里的弟弟妹妹呢！

当然，这样一趟路费都不便宜，所以姐妹俩觉得和供应商保持稳定的关系相当重要。现在，她们和几家义乌的批发商保持着密切联系，直接打电话订货就行，不用每次都亲自去。不过每过一段时间她们还是会出去逛一逛，用她们敏锐的观察力看看有什么新的可能领导潮流的小玩意诞生。

对于那些在武汉市内就有，价格也不高的商品，她们觉得就没有必要跑那么远去买了，在市内买也行。这就要考眼力了，在一大堆灰蒙蒙的商品中淘到宝，没有一双“火眼金睛”是万万不行的。

(2) 分工合理

姐妹俩共同开店，分工显得尤为重要。姐姐负责早上去开店，妹妹就去进货。有客人来的时候，妹妹巧舌如簧，跟客人谈价钱，说得人买东西买得心甘情愿，连说下次还来；姐姐细心，就负责收钱、盘货和记账等等。由于彼此信任，不会无谓地去猜忌对方，所以两人一唱一和，配合得恰到好处，令其他小店的店主连说难得。

(3) 待人真诚

开店除了圆梦，当然就是为了赚钱。可姐妹俩深知：在这样一个环境下，口碑很重要。民众乐园是全市人都知道的地方，有哪些小店在熟客间也都传得很广。一旦出现信用危机，想要再翻身就很难了。现在年轻人的爱好又不确定，发现被欺骗了从此不再光顾也极有可能，这样一来生意就很难做了。

于是姐妹俩一直保持着诚实的态度做生意，即使是在劝说客人买东西的过程中，也不会故意夸大其词，或漫天要价。对待客人也很客气，即使有些顾客说话很刺耳，不中听，她们也保持着很好的风度不和顾客吵架。但吵架在其他很多店中，是很平常的事情。

(4) 善于利用自身优势

善于利用自身优势的人是聪明的。这在姐妹俩身上主要体现在两方面：

第一，由于姐妹俩都很漂亮，打扮又很时尚，所以无论挂什么小饰品在身上都很好看。于是她们就把自己店里的小玩意挂在手机上啦，包上啦，吸引了不少的眼球。笔者在走访时，就亲眼看到有人被姐姐身上的一串长长的手机链所吸引，连新的都不要，指定要姐姐正在用的那一条，真是世界之大，无奇不有。

第二，姐姐是学计算机出身，自然也深谙网络在当今社会所扮演的重要角色。早在开店伊始，她就和朋友一起做了一个网页，主题也是“美美地球村”，接受网上订购，这就大大提高了顾客的人数。每天都有成百上千的人浏览网页，若小店提供的产品他们都认可的话，这生意还愁做不大么？

这也是笔者最佩服店主的原因之一。一般来说，大公司有自己的网页，网站都毫不希奇，甚至是必须的；可一个九平方米的小店的店主能充分运用先进的科学技术，设立自己的网页来扩大生意，这种远见卓识不得不让笔者佩服。

或许正是这许许多多的不同于别家小店的特点，让“美美地球村”能够在众多卖小饰品的店中脱颖而出，形成了自己独特的风格，吸引了一批又一批的顾客，逐渐走上了良性循环的道路。

现在选择创业的人越来越多，可真正能坚持下来的却是少之又少。走出“美美地球村”，我们唯有衷心祝福姐妹俩：开动自己的脑筋，发挥坚韧不拔的精神，将可爱小店越办越红火！

17.4 “点留”的创业[①]

“赚女人和小孩的钱。”这是犹太民族著名的商界名言，而在当今的中国，商人们则喊出了另一句震耳欲聋的口号“将掏大学生口袋的运动进行到底！”再加上中华民族源远流长的那一句“民以食为天”，也无怪乎在学校附近陆陆续续地冒出了不少的中餐馆、西餐厅和日韩料理店。坐落于牛奶棚二楼的点留西菜馆就是这其中颇有名气的一家。

推开点留底楼的玻璃门，我们惊艳这里的世界竟然如此的艺术。与一般餐馆不同，这里的一楼并没有安排任何的餐位，楼梯底下是潺潺的流水，十几尾金色的小鲤鱼在其中安闲自在地畅游，不时可爱地吐出一串小泡泡，也就凭白地给一般人印象中气氛正式严肃的西餐厅增添了不少的灵气，让我们不由地想起了唐代大诗人刘禹锡的那句经典“山不在高，有仙则名；水不在深，有龙则灵。”

拾阶而上，墙上挂着一溜的画，风格颇有几分怪异和抽象，沿着这些画进入二楼，却别有一番洞天，座位都像情侣雅座，用高高的椅背隔开，椅背上方和走廊边的玻璃都是碎碎的，看似随意，但是又处处透出老板的精细用心。抬起头来，墙上是风格相近的画幅，欧式澡堂里的场景，淑女与野兽共舞。

就在这里，我们见到了点留的总经理——龚先生。第一眼，我们的感觉是诧异，非常诧异，在我们的印象中，一家有名的西菜馆的经理应该是一位早已被岁月刻下痕迹的人，而他，看上去真的很年轻；第二眼，我们的感觉是认同，他那一身考究的西服和漂亮的领带准确无误地昭示了他的身份；第三眼，竟有些佩服的感觉涌上心头，金丝边框的眼镜，尤其是眉目中所散发出来的睿智，使得他的

① 调研和主笔：潘旻岚、印子健、李爽。

气质不像商人，倒更像个大学中的年轻讲师。

座定之后，龚经理告诉我们点留这个名字的由来：始于点滴，忠于根本，拾荒不辍，方能欲去还留。这短短的四句话让我们看到了创业者的用心良苦。当我们提及创业史时，他缓缓地点燃了一支烟……

1. 创业史：积淀——厚积薄发

从学校毕业之后，年轻的龚先生进入了上海滩西餐业的鼻祖——红房子西餐馆工作，并且一干就是六年，在这六年中，他感觉到自身知识修养的不足，在每天辛苦的工作之后，晚上参加夜校和函授，补习英文和礼仪。个中的辛苦，也只有自己才能够体会了。

六年之后，他开始去一些知名的大酒店工作，包括宝龙和兰生，凭着自己的努力和年轻人特有的热情和干劲，他成为兰生大酒店的餐厅经理。至此，他并没有停止自己的脚步，勇敢的放弃了已有的地位，又来到了美洲 Club，全上海规格最高的俱乐部，这里的客人以外国人为主，并且对客人的素质和地位有着严格的要求。就在这里，龚先生通过和外国客人的大量的接触，开始让自己的经营理念成熟和先进起来。

提到这一短将近十年的过程，龚经理异常诚恳地说，他非常感谢有这一段的经历，这因为如此，他才有足够的自信和勇气接手当时生意清冷，摇摇欲坠的点留餐馆。

2. 创业初始的定位

为什么点留会选择做西餐而不是中餐或者韩国料理，面对这个问题，龚经理笑了笑，其实点留和楼下的牛奶棚是一家，归同一个奶业集团所有。众所周知，好的西餐，原料的质量是至关重要的，上好的新鲜牛奶扮演着不可或缺的角色。这么一来，依傍着庞大的奶业集团，点留打出西餐馆的招牌自然是近水楼台先得月了。

龚经理告诉我们，开好一家西餐馆，消费群的定位必须慎之又慎，过高，则势必曲高和寡，关门大吉。当点留还处于摸索阶段的时候，为了能够比较准确地定位，龚经理制作了一张比较特殊的顾客登记表，主要内容包括：时间、客人人数、大致身份、大致关系、消费金额。每时每刻餐厅都有专人进行记录，每天统计。正因为这样不辞辛苦的兢兢业业，使得点留在定位上取得了成功，并且能够逐渐地走入正轨。

直到现在，这样的顾客登记表仍然在运作着，在我们的好奇心下，龚经理给我们拿来了当天的登记表，我们颇有些兴奋地看到了对我们的描述：晚 7:50，三人，学生，朋友关系，消费 36 元整。

龚经理淡淡地吐出一口烟圈，其实做餐饮是很辛苦的，一日三餐几乎不着家，即使在冬季，天寒地冻的凌晨一点，他也会来到餐厅，检查员工的休息情况，以防止他们因为精力不足而影响第二天的工作。

此时，再看与我们面对面接受走访的龚经理，我们心中又添了几分佩服。

3. 过程——高潮迭起

点留经历过挣扎的时期，食客寥寥无几，大堂里没有平常饭店里该有的人气，唯一为它装点的生气恐怕就是门口闲游的红鲤鱼了吧。没有人气，是经营饭店的禁忌。菜没有人来吃，原料待在冰箱里的时间就会变长，等到下一批来吃饭的人吃到的菜的味道就会变差，长此以往，就会陷入恶性循环，不利于饭店的经营。在行话里有一个词叫做“洗冰箱”，是指一家饭店很少有人来吃饭，原料就都隔在冰箱里，下一批人来吃就好比帮这个饭店淘空冰箱里的原料，所谓的“洗冰箱”说的就是这种恶性循环。饭店就像一个仓库，它需要的是流通，是零存货。

在龚经理刚接手的时候，点留毫无疑问，是一幅惨淡经营的气象。面对这样一个似乎是扶不起的阿斗，龚经理并没有气馁，他很有耐心很认真的去寻找问题的症结。点留所处的位置靠近复旦和财大，周边的餐馆有许多，它们中有不少已经在学生心里树立了品牌，如夏朵、娘家、MisterPizza，要想在学生中再树立一个新的品牌谈何容易，毕竟是先入为主啊。可是学生是这一带的主打消费群体，抓住了学生们的胃就等于抓住了大半个消费群。于是如何抓住学生的胃成了当务之急。学生们鲜少来这吃饭，难道是点留选的菜味道不适合学生吗?

要知道一张饭店的菜单是有讲究的，尤其是西餐。龚经理告诉我们，定制一份菜单是一门学问。首先，选的菜要适合当地的口味，其次就是要考虑原料的成本，而且菜单要时时翻新。为了定制好一份菜单龚经理定期去周边的大大小小的饭店试菜，一方面是要看看其他饭店的招牌菜，了解哪些是客人们常点的，哪些是客人不大点的，另一方面就是观察在那的客人的年龄层次及消费能力。当然，试菜不仅仅是去吃，去观察，更重要的是与食客进行交流，以便了解他们对于饮食的想法。每次吃饭，龚经理都要和不同的食客搭讪。应该说在点留菜的选择方面是完全可以适应学生们的口味的，那么这种冷淡景象有什么其他原因吗?

一次很偶然的机会，龚经理了解到了问题的症结所在。一天，他在一家饭店试菜的时候，向一个来自东北的男学生搭讪，问他怎么不去附近的一家点留去吃饭，那里的环境比这家的好，味道也不错，谁知那男学生回了一句说：“那家西餐厅的门槛太高，我一个学生哪消费的起!”龚经理没有想到让他引以为傲的精心的装潢竟成了那一道无形的槛，把学生们挡在了门外。震惊归震惊，但终究找到了症结，一切问题便可迎刃而解了。

凭良心说，在同档次的西餐厅里，同样的菜式，点留的价位定的要比其他西餐厅要低。然而学生们心里已经筑起了一道槛，该如何解除这道槛，让他们到点留来看一看，吃一吃，比一比，让他们可以了解点留的大致价位？“顾客是上帝”是一切行业的宗旨。龚经理想了许久，他觉得要想让学生接受点留，就得采取主动。首先要让学生们知道点留这个品牌，然后才能一步一步的让点留深入人心。于是龚经理带着点留走进了校园，赞助学生们的社团活动，为点留作出一系列宣传。在财大，点留就曾成功的赞助举办了一次烹饪大赛，学生们热情参与，反响甚好，而点留的名字也在校园内广为流传。

在成功的打响了第一炮后，点留趁胜追击，继而推出了十元一份的牛柳饭。一份饭要十元！听上去是不是很贵？现在给你解释一下这十元一份牛柳饭的概念。与其说它是一份饭，不如说它是一份套餐。这份套餐包括一盘点缀精美的牛柳饭，一份时令汤，一份蔬菜色拉，一杯咖啡，两片土司和一份时令水果。你可以想象这些通通只要十元吗？在听说了点留有过这样的举措之后，我们都觉得很不可思议。龚经理说在他做出这样的决定时，遭到了大家的一致反对，很显然这是一个不赚钱的生意。在我们问到推出这个牛柳饭是不是是亏本的，龚经理只是淡淡的说了一句“卖的越多就亏得越多”。我们不很理解，作为一个生意人，赚钱是第一要义，为什么他要舍弃这样的机会，宁可亏本的。龚经理告诉我们：挣钱当然很重要，但是没有客源，如何可以挣钱？宁可先牺牲一下眼前的利益，挣钱的事可以慢慢来，在那时最重要的事是打好基础。在听了他的话后，我们似乎有所领悟。龚经理还告诉我们，除了他这一家西餐厅，没有其他西餐厅敢推出这种低价的牛柳饭套餐。在推出牛柳饭后，学生们络绎不绝，点留的人气一下子旺了起来。点留开始让一些学生们意识到，西餐不是那么高高在上的，你可以付出少量的钱而得到高雅的享受。学生们开始接受了点留。学生有时候像一个传话筒一样，吃到一家又好吃又实惠的饭店就会不自觉地一传十十传百，无形中起到了宣传的作用。如此下去，越来越多的学生去点留吃饭了。

由于地处复旦和财大的交界处，这一带的留学生有很多，不少留学生也会去点留用食。考虑到语言问题，留学生去用餐，一般都是龚经理去招呼。虽然服务员小姐和他们之间存在着语言障碍，按照龚经理的要求，每次服务员小姐都会很用心得把这些留学生的口味喜好给记下来。以后在碰到同样的留学生，就可以提供更好的服务。服务员小姐细致周到的服务给留学生们也留下了好印象，在那里的外国的回头客也有不少。我们还了解到，点留还提供外卖，免费送饭到口。这无疑迎合了不少想吃好的但又不想费力的学生们的口味。龚经理告诉我们，很多时候，外卖都是他亲自去送的，碰到留学生叫外卖，更是亲自上阵。这样子做，可以给顾客留下一个深刻的印象，让顾客觉得自己受到了重视，在留学生方面，也可以起到很好的沟通作用。除此之外，通过这种途径他可以直接了解到客户的喜好。

随着点留的日益上升的人气，它的竞争力也随之上升。龚经理意味深长的告诉我们：本来在点留对面的 MisterPizza 由于受到点留的冲击，不得已关门大吉，将店面盘给了韩国人，而那家匹萨店的老板是龚经理的好朋友。龚经理说：生意场上没有朋友，竞争就是这样残酷，有几家饭店新开就有几家饭店关门。从某种意义上说，“成者为王败者为寇” 的局面也可以验证点留一系列改变的成功。

虽然在很短的时间里取得了大量的成就，龚经理并没有就此放松。他更是认真的搜集客户的信息。在点留就餐的大厅里，他会扮成一个普通的食客，静静的坐在一旁，仔细观察周围用餐食客的反应，对菜的评价，对环境的看法等等。有时候，他还会主动上去和食客搭话，问他们一些问题。比方说，你觉得这里的菜味道怎么样；这里的价位可以接受吗等之类的。有时候他还觉得不够满意，这时，龚经理就会穿着便服，站在点留餐厅的门口，听吃完饭的顾客在走的时候对餐厅的菜及服务之类的评价；听来往行人在路过点留餐厅后的反应，哪些人会愿意进来吃饭，为什么；哪些人不愿意进来吃饭，又是为什么。在这期间，我们有问过龚经理，为什么不去设计一个社会调查，让食客给与评分，这样不是方便了很多。龚经理告诉我们说，这类的所谓调查不能真实反应一个客户的真正想法，太空了，不可信。他想要得是第一手的真实的反馈资料，只有这样才能更好的为顾客服务。

4. 自助——挑战自我

过了打败 Mister Pizza 那阵子“痛并快乐着” 的日子后，新的问题又跳出来了：一方面特惠活动不能长期持续——做的越久，亏的也就越多；而另一方面，顾客天生的“喜新厌旧” 不允许点留永远保持现状。经过一番调查研究和深思熟虑，龚经理提出了点菜自助双管齐下的方案，取得老板同意之后，他开始了一系列的筹备活动：通过每天的顾客信息记录单，发现主要客人（附近大学生）的平均消费大概在 30 元左右，由此订立了 29 元的自助价位；再考虑到附近居民区的上班族和一定数量的留学生，实行中午 29 晚上 39 两相结合的方式，顾此也不失彼。然后是时间的选择——11 月 18 日，在圣诞节之前“试行”，给予自己一定调整时间以从容不迫的赶上圣诞高峰。

所谓万事开头难，自助餐推行伊始并没有达到预期的效果。18 日当天，龚经理的满怀雄心在无情的现实面前消逝殆尽：顾客对自助这个新鲜事物具有与生俱来的排斥情绪，面对服务小姐的热情推荐，大多数客人都以一种无法理解的语气直接拒绝“我们是来吃点菜的，怎么会有自助?”结果 5 桌客人有三桌离开，而剩下的两桌也是坚持点菜的传统，将自助抛之一边。这当头的一瓢冷水确实让龚经理消沉了一段时间——明明是以顾客的利益为出发点，没想到却得不到顾客的理解。和朋友借酒消愁之后，不服输的本性又让他有了继续改进的动力，通过调查找出了问题所在：第一天由于准备时间不够充裕，自助形式不是很到位——菜的种类不多；刚刚招贴的广告也没有吸引人们的关注。

于是，新一轮的改进又开始了：为了保证客人愉悦的就餐心情，餐桌上的饭菜做到色彩缤纷，香气怡人，给每位到来的顾客视觉上的冲击。而烧烤之类的“热菜”则边做边供应，确定其新鲜美味；同时把餐厅内柔和轻缓的背景音乐换成时尚流行歌曲，一来吸引人气，二则给自助的客人“壮胆”——细腻的心思终于换来了一定成效：楼下颇具诱惑力的广告吸引了一定数量的顾客，大家怀着试一试的心态进了点留，然后就被餐厅内的红火气氛所吸引而留了下来，自助推行第二天便有了 3 桌客人“尝试”，而楼下广告牌上诱人的低价位加上一传十十传百的“活人广告”又给点留带来了一批又一批顾客。现在步入点留，依旧是蜡烛摇曳，格调高雅，但总体的气氛较之以前红火了很多。时刻都有客人无拘无束的拿着盘子在餐桌前挑选自己喜欢的菜肴，而彬彬有礼的侍应生则会举着新出的烧烤依照每个人的需求挨桌“分配”。尤其是在礼拜五，厅堂内满满簇簇的都是客人，没有觥筹交错的繁杂，却有了细语交谈的和谐与畅快。而情侣们依然可以在星星点点的烛光中营造属于自己的浪漫。更有甚者，可以取来各种水果蔬菜亲自调拌一份沙拉，享受一次亲力亲为的满足感。

然而事情还没有结束，所谓户枢不蠹，流水不腐。龚经理并没有满足于暂时的成功，而是在不断进行调整。依靠自己“看起来很年轻”的先天优势，龚经理时常身着便装穿梭于餐厅内，顾客们丝毫没有发觉餐厅的经理就在身边，于是从他们纯朴无遮掩的言谈中，龚经理就可以获取许多宝贵的“军情”，采取相应的对策进行改观。不仅如此，龚经理还会时不时的走出餐厅，在楼外聆听来往行人以及来过的顾客对点留及其自助活动的评价与反应，随后对菜式菜样做出调整。这样进行的有目标有对象的改变比起凭空臆想出来的点子要有效的多。除此之外，龚经理还在用心观察着每天的消费。刚开始时曾经试过在午餐时推行当场制作寿司，本想即可以让顾客尝试新口味，让进来的人都可以有所选择，又可以依照顾客的要求做出新鲜寿司，物有所值。可试验之后的结果却是这些在上班族眼中价廉物美的寿司在中午的主要顾客——学生心中依然是价高不可攀而无人问津。于是，龚经理就将这项活动调在了晚上，果然大受欢迎。

自助餐的出场给点留注入了一股强劲的生命力。然而，消费者是一群喜新厌旧的群体，他们信奉“没有最好，只有更好”，对他们而言，只有可以不断创造新意的品牌才是最经典的品牌。龚经理知道，虽然自助餐取得了一时的成绩，但是长久下去，即便在菜的花色上再有创意，消费者也会厌倦的！于是龚经理为点留得未来又展开了新的蓝图。龚经理告诉我们说：在不久他会继续推陈出新的。在天冷的时候，对想学做牛排和意大利面条的食客们点留正是个好去处。在那个时候点留会推出大厨现场表演做牛排和意粉。让食客在大快朵颐的同时还可以一饱眼福。这只是他蓝图中的一个小亮点，还有更多的想法在酝酿中。饮食业几多沉浮，谁也拿捏不准自己的明天会是怎样。

然而，我们相信，只有不断进取，不断创新，才能我自岿然而立。我们真诚地希望点留可以越办越好。

5. 项目可行性分析

对于点留项目，我们做了一个简单的可行性分析，见表 17－4（a）和（b）。简要分析的结论是，该项目的内含报酬率达到达 17.5%，净盈利率 NPM 达到 19%，显示该项目有盈利潜力，从投资项目评价指标上看具有可行性。

表 17－4（a）　　项目的现金流估计

初始投资	地皮	0
	装潢	200 000
经营项目	营业额	3 000～4 000 元/天
	食品成本	1 350～1 800 元/天
	水电费	10 000 元/月
	普通员工工资	16 000 元/月
	税	3 800 元/月

表 17－4（b）　　现金流折现分析

投资分析				
	第 0 年	第一年	第二年	第三年
现金流	－200 000	－27 345	－6 720	370 211
年收益率（预期收益率 10%）		－0.137	－0.034	1.851
NPV（净现值）	￥47 732			
净盈利率（Net Profit Margin）	19%			
IRR（内含报酬率）	17.5%			

但是要入行，还应注意以下几点：

（1）可能存在的风险。投资于餐饮业，尤其是规模比较大档次比较高的餐厅，需要的前期投资是比较大的，这势必带来资金回收方面的风险性。而且由于入行的人数众多，竞争势必很激烈。

（2）可能带来的收益。“民以食为天”，所以“酒香不怕巷子深”，只要你有充分的信心加实力，相信可以在餐饮业大展宏图。

“三思而后行”，以下几个步骤可供参考：

首先是地址的选择，心中有了初步目标以后，还应进行人流量的测定以得到未来可能顾客群的信息：在同一地点连续一个月目测的方法对来往行人进行记录，了解其年龄层次、国籍、身份等情况。同时观察附近相同或相似餐厅的距离和分布状况及其装潢规格、营业时间。

地址确定后开始装潢，为了吸引顾客的眼球，可以采取或另类或典雅的风格，前者可以刺激客人的好奇心，后者则能带来美的享受。

前期工作完成后就该把重心放在员工培训上了，员工的素质即是餐厅的另一张门面：细致入微的服务是吸引回头客的重要因素。应通过正规培训使员工掌握得体的礼仪、了解用餐习惯，必要的时候还应学习外语以方便与外国客人的交流沟通。

餐厅开张了，这时需要依据其主要顾客群的消费层次和偏好选择恰当的菜谱和菜价。同时餐厅要极力打造具有特色的招牌菜，让自身在林林总总的各色餐厅中脱颖而出。“知己知彼，百战不殆”。为了更好的竞争，还可以不时去附近餐厅试菜，取其所长为己所用，不断更新自己。

17.5　花缘小苑[①]

清晨，上海的曹安路花鸟市场里一如往常，满眼是花团锦簇与人来人往的景象。取花、修剪、换水、整理台面……小陈老板又开始了忙碌的一天。

这间名为“花缘小苑”的小店，面积才不过五六平方米，但生意却也很不错，整整一个上午人流不断。好不容易到了中午的吃饭时间，老板才能休息片刻。在这里做了一年多老板的小陈老板一边吃着午饭，一边与笔者讨论起了自己的生意经。

① 调研和主笔：周妍。

（热闹的花市）

1. 为什么投资开花店

在开花店之前，小陈老板做了6年的木材加工生意。花了6年时间刚到了谙熟市场、谋求发展的时机，然而由于没有自有品牌、资金规模有限、行情看淡等原因，几经思量，小陈老板最终还是决定退出。由于小陈老板不服输而且又肯吃苦的个性，他开始在上海寻觅另一个市场机遇。

这一年多的时间里，小陈老板在上海及周边地区跑了不少地方，了解了好几个行当。比较之后，他还是选择了开花店。至于为何选择投资花店小陈老板讲了以下这三个原因：

第一个原因是投资小，像他这样在市场中租一个柜台，费用一季度一交，配上必需的设施，维持正常的进出货，初期投入一般三、四万元即可。

第二个原因是周转快，花店这个行业商品周转期短，勤进快出，十分灵活，即使要转行也不会积压商品。

第三个原因是符合消费趋势，鲜花消费与生活水平及文化品位密切相关，在上海这样时尚的大都市，人们的高平位于高素质使得鲜花在这里的消费量相对较大。

2. 经营体会

开业一年多来，尽管生意一直不错，但小陈老板还是比较实际的，他说："上海鲜花生意的顶峰是在1999年、2000年前后，听老花商讲，那个时候一个情人节前后就能赚下20多万元，这在现在恐怕是不太可能的了。暴利时代已经过去了。"

那么，开花店生意的关键是什么呢？小陈老板认为：

首先，选择门面的时候最先考虑的一定是地段。花市要讲求客流量，这是小陈老板跑遍了上海几大花卉市场后得出的结论。地点上要靠近收入较高、生活方式较时尚的目标客户群，像周边居民的收入水平、文化氛围、社区消费习惯等都应该是考虑因素。小陈老板现在选择的曹安路花鸟市场附近有几个高级住宅小区，还有几个小区也在建设中，住在这种小区里的人相对收入水平较高，对鲜花的需求量也较大，所以现在以及将来的客流量是有保证的。

其次，经营环节中最重要的是用人。在花卉市场中，鲜花的品种基本是同质的，竞争很激烈，这时服务就显得格外重要。现在“花缘小苑”用了三位小工，一位花艺师。花艺师是店主的左膀右臂，插花等“技术活儿”最能体现花店的艺术品位；他要在三言两语中迅速领会顾客的要求并提出恰当的建议，这些都是吸引顾客的关键因素。

（花艺师的作品）

第三就是要培养固定客户。要讲求货真价实，“一分钱一分货”，并且讲究“贴心服务”拉住“回头客”才能有长远、稳定发展。

（小陈老板为情人节特别准备的小卡片）

小店有许多为顾客着想的贴心规定，“顾客凡买花后不满意，可以退回再换”就是其中的一条。就这条规定，小陈老板还给我讲了一个小故事。

那时候刚开店没多久，一天晚上，一位客人进店，看中了一束人造花，想用来装饰新居，但嫌价钱太贵。因为考虑到临近打烊，而且又是一笔大生意，所以小陈老板破例给他打了八折，并且告诉他说，如果不适合新居摆设，三天内还可以来换。但谁也没有想到，这一换竟连换了四次，就连送花的小工都沉不住气了，说：“这是故意挑我们的毛病呢。”谁都不想再去跑腿了。小陈老板想，已经收了人家的定金，不送是不行的，而且也好奇：买花时还很开心的客人，后来为什么又不满意了呢？第五次，他亲自驱车送花到客人家。结果，这次竟然被要求换回第一次的样子。“照这样，工钱都不够哇！”小陈老板心里这样想，但仍耐着性子问原因。原来，客人第一天买花回家，因为太贵，又刚买完房子，节俭的太太大为生气，竟然跟他吵了一晚上的架，现在他根本就不想要了。明白原委，小陈老板深感抱歉，自己一束花使得人家夫妻闹矛盾，这可怎么办好呢？“我们再打八折，花给换回第一次的样子，希望你们不吵架了，行不行?”，原本已经很内疚的客人非常感动，换花事件终告一段落。而客人是一位公司经理，从此以后，凡是他的员工买花，他一定不厌其烦地向他们推荐：“你们要去花缘小苑，他们质量有保证，而且服务很周到！”

“这就是品牌。”小陈老板说起来很感慨，“从那以后，我们有很多生意是经他介绍来的。花店自己做多少宣传没有用，客人的口碑是最重要的！”可以想象，那对刚刚起步的花缘小苑，这一偶然事件多么有力地推动了它的发展。

另外，还有两点很重要，那就是懂得鲜活时效性和陈列摆设的技巧。

一般来说，鲜切花的保存期短，夏季五六天，冬季十几天，因此要根据市场的行情及时提前进货、备货，而备多少货、备什么货就要根据个人的经验了。鲜花的价格变动大，有时候几乎一天一个价，平时一支玫瑰的批发价在八角到一元左右，若到了情人节这样比较特殊的日子，就会涨到五六元。如果进多了就会造成浪费，但如果进的少了，要是赶上行情看涨，就只能看着机会溜走。2003 年 9 月 6 日，上海婚礼用花出现“井喷”行情，小陈老板的店只能量力而行，接了四辆花车装饰，而光这一天的进账有 3 000 多元。花市的价格和需求变化非常大，每天的收入在四五百到三四千元之间变动。

除了鲜切花、人造花，植物租摆也是花店的重要业务之一。这样的业务，花店主要是利用自己的信息和供应网络，提供中介。前两个礼拜，他们接了一单“关爱女孩西部行”大型活动的租摆业务，在人民广场那里摆了 1 000 多盆花，外加两个 2.5 米高的花篮，租摆 2 小时，毛收入 7 000 多元，除去成本赚了 4 000 元。这是小店开门来的一宗大生意，小陈老板说，如果能有这样几家固定的客户，那花店的运转就会轻松得多。

（婚礼用的花车）

另外，店面布置也很有讲究。因为小店的面积只有五六平方米，所以，如何利用有限的空间，尽量多的展示花卉产品就是一个非常考验小陈老板的智慧的问题。小陈老板介绍说把立体空间充分利用起来以增大有限的使用面积是个不错的办法。使用各种质地的架子以及悬挂用具等都是填充立体空间的方法，但在布置效果上会稍显死板。小陈老板用一块主要墙壁为背景做了一些高低不同的白色立柱，在墙壁上做了些半圆形的突起，把一盆盆绿色观赏植物摆放其上，错落有致，不仅使原本白色的墙壁充满了生气，起到美化、装饰的作用，还充分利用了立体空间，使植物摆放的数量增加了，可谓一举两得。小陈老板还告诉我花店的布置很重要，精巧、美丽的布置，不但能吸引消费者的视线，引领其走进花店，而且巧妙的布置有时也会给顾客带来灵感，顾客也会把看到的一些好点子与家居装修、装饰结合起来，进而成为花店的常客。

（店内可爱的小装饰让人感觉非常温馨）

3. 项目的可行性

对于该项目，笔者做了一个简单的项目可行性评估：计算投资项目的回收期。见表 17 –5。如果按其初始投资 4 万元，月净收入 3 400 元估算，大概 1 年也就可以收回投资了。

表 17 –5　　花店的投资项目回收期估算

投资项目回收期估算（暂不考虑税收因素）：

初期投资：3 ~4 万元

月租金：1 000 元

每月水电费：800 元

工人工资（月）：3 个小工：600 元；花艺师：2 000 元

日收入（毛）：变动较大，400 ~3 000 元

计算：（日净收入按 300 元算）

月平均净收入：300 ×30 –1 000 –800 –600 ×3 –2 000 =3 400（元）

回收期：40 000/3 400 =12（月）

第一步走稳之后，小陈老板希望能再开两三家店，还打算进小区开门面店。最近他正有意开展网上购花，初期投入大概需要 2 万多，之后每年需要二三千元维持，主要针对的是办公室一族和时尚消费者。

在与笔者的聊天过程中，小陈老板一再说自己才刚刚起步，离成功还差得很远，然而多年来“小生意”场中的摸爬滚打，使他表现了出生意人的特质。他认为，功夫要多下一点。不管做什么都要对手中的生意行情了如指掌，不能完全依赖别人的经验和技术，所以为了摸出门道，他每天跟朋友跑早市，仔细观察学习了一个月。他说，要摸清鲜花经营的门道，最好从大的批发市场起步，因为这里接触面广、信息灵通，入门快。

谈起创业的酸甜苦辣，小陈老板说，他最相信“什么样的环境造就什么样的人”。没有谁天生就有经营头脑，市场中的磨炼最能教会你生存的技巧。

第 18 章

烟草行业的集团财务管理①

近年来，企业集团的国际化、联盟化，竞争与合作的趋势仍在继续。企业集团的成立不仅是出于扩大市场份额，提高竞争实力的角度考虑，更是要体现出规模效应，使资源得以更加充分的利用，最终实现“1 + 1 > 2”的集团化效应。因此，这一国际化的趋势更加要求中国的企业集团不仅要加强自身建设和发展，而且必须高度重视企业集团的管理和公司治理问题，以真正提高企业集团的核心竞争力。在这个新的历史阶段，如何突出财务管理的地位和作用，建立、健全科学、合理、有效的企业集团财务管理模式是非常必要和非常及时的。

中国烟草从 2002 年开始，就酝酿行业的联合重组。从 2003 年上海烟草与北京、天津的联合重组开始，重组浪潮席卷全国烟草行业。全国卷烟工业企业已由原来 185 家调整减少到 41 家。同时，品牌的集中度也显著增强，2001 年全国卷烟牌号 1 049 个，2006 年 12 月份行业在产牌号数为仅为 168 个，企业的竞争力也不断提高。目前，国家烟草专卖局提出在前阶段整合的基础上，要进一步提升整合的力度和整合的水平，争取建立十多个更大规模的烟草集团，以整合资源，增强竞争实力。

在烟草行业目前联合重组的大势下，探讨集团财务管理模式的构建具有相当重要的意义。如何从财务视角使集团化效应发挥出来，如何在当前专卖专营的特殊环境和体制下实行集团化财务管理，如何在没有筹资压力的垄断企业实施集团财务管理，这些都是非常有必要进行探讨的课题。

18.1　案例背景

1. 行业背景

烟草行业是全球最早进行重组整合的行业之一，也是当前整合程度最高的行

① 本案例完成于 2007 年 5 月。

业之一。自19世纪80年代第一台卷烟机问世并推动现代卷烟工业进入大规模机器制造阶段以来，全球烟草行业迅速从分散走向集中，较高程度的寡头垄断成为全球烟草行业最为显著的结构性特征。譬如，在美国烟草市场上，最大的五家烟草公司市场集中度在1950年就达到了80%左右，目前已接近100%。在全球绝大部分国家，目前烟草市场均为少数几家烟草公司所控制，其中最大的一家烟草公司所占份额大都超过了50%。从2005年的数据看，奥驰亚集团、英美烟草公司、日本烟草公司、帝国烟草公司、加莱赫烟草公司和阿塔迪斯烟草公司这六大跨国烟草公司合计卷烟销量达2.81万亿支，占全球卷烟市场的比重为47.6%，占中国以外国际卷烟市场的比重高达70.9%。在中国烟草行业着力推进更高水平、更高层次的重组整合的背景下，认真分析全球烟草行业的重组整合历程和趋势，以全球视野和世界眼光来观察中国烟草行业的重组整合战略，无疑具有重要的启示意义。

纵观中国烟草行业，集团化的趋势和要求也十分紧迫。从规模上看，尽管中国是目前世界上最大的烟草生产和消费国家，卷烟总产量占世界卷烟总产量的30%，同时烟草消费也占世界的三分之一。但是我们的单个企业的竞争实力相比国际烟草巨头仍旧差距明显，以2005年的数据来看，全国烟草的销量达19 000亿支，而菲利普·莫里斯公司的销量达到9 900亿支，日本烟草公司销量达到4 307亿支，两者合计已接近全国的销量，而单个企业，以上海烟草（集团）公司来看，2005年的销量仅为1 075亿支，与国际烟草巨头差距很大。这种现状也客观上要求我们加快集团化建设。

从外部生存环境来看，尽管我们目前仍旧按照《烟草专卖法》执行烟草专卖制度，烟草制品的生产和销售没有实行市场化运作，国内的烟草行业处于一种强势的垄断地位。但是跨国烟草公司的压迫日益严峻。根据中国加入世贸组织规定，进口烟草关税将会进一步降低。据有关资料显示：菲利普·莫里斯公司、英美烟草公司、日本烟草公司这三家巨头就控制了除中国外的全球60%的市场份额。而且继英美烟草公司兼并乐富门、日本烟草公司兼并雷诺公司国际部后，以兼并、收购、控股、合资的方式扩大市场、完成本土化、绕开关税及非关税壁垒已经成了国际烟草巨头最常用的方式。而这几家跨国公司在发达国家烟草市场日益萎缩的形势下，早将占世界三分之一市场的中国视为决胜之地。

从发展后劲上来看，尽管目前烟草行业取得了非常好的经济效益，仅2005年中国烟草行业利税更是突破2 400亿元，将近全国财政收入的10%。但这种效益应该说和专卖专营的制度保护有很大的关系，同时中国政府已经加入《国际烟草控制框架公约》。根据公约要求，我国去年已禁止生产焦油含量超过15毫克的卷烟。且中国产卷烟的平均焦油含量将降低到12毫克/支。同时对于烟草广告宣传则有更严厉的规定，《公约》第 13 条还规定：“各缔约方应根据其《宪法》或宪法原则，在公约对其生效后的 5 年内，广泛禁止所有的烟草广告、促销和赞助。”在未来 5 年内，不但烟草产品广告将完全禁止，现有国内企业的企业形象广告和各种赞助活动也将被禁止。随着国家整体经济的不断发展，烟草行业在国家税收中占的比例将越来越少，一旦烟草行业失去财政支柱性地位，中国烟草的发展将越来越艰难，中国的烟草企业必须改变自己的生存方式。

最近几年，国家烟草专卖局（以下简称“国家局”，又称中国烟草总公司）多次强调，烟草实行专卖制度，其目的是为了维护国家利益和消费者利益，非常明确地提出了烟草发展的价值导向。围绕维护国家利益和消费者利益的价值导向以及提高中国烟草总体竞争实力的目标要求，国家局对中国烟草发展的战略方针、目标任务和具体措施进行了系统谋划，制定并实施了高远务实的发展战略，引领中国烟草行业稳步迈入整合发展之路。在 2002 年，国家局提出中国烟草要突出主业，开始实施归核化战略，并且提出要在坚决关闭小烟厂的同时，区别不同情况积极推进中型烟厂的联合重组。2003 年国家局进一步把“做精做强主业，保持平稳发展”作为指导烟草发展的战略方针，提出要加快对中型烟厂的重组步伐，鼓励有实力、有发展前途的大企业通过联合兼并重组整合实现规模扩张，制定了在 2 至 3 年或更长一段时期内把全国卷烟工业企业调整至 30 ~ 50 家的战略目标。在 2004 年，国家局把“深化改革、推动重组、走向联合、共同发展”作为烟草工作的主要任务，并强调要以品牌为纽带，通过品牌扩张实现企业规模扩张。在 2005 年，国家局进一步提出要在更高水平、更高层次上推进企业联合重组，强调要在继续抓好非重点企业整合的同时，积极推进重点企业的联合重组。总体上说，正是坚持了符合专卖制度本意要求的价值导向，制定了符合烟草发展规律的总体战略，实施了符合烟草行业实际的有效措施，这为中国烟草指明了努力方向、奋斗目标和任务要求，有效地促进了烟草行业的整合与发展。

因此，中国烟草从 2002 年开始，就酝酿行业的联合重组，从 2003 年上海烟草与北京、天津的联合重组开始，重组浪潮席卷全国烟草行业，比如云南烟草原来有大小十几个烟厂，目前仅整合为红云集团、红塔集团、红河集团三大集团，年产量 3 000 亿支以上；浙江烟草的大红鹰集团和杭州卷烟厂也完成了联合重组；武汉烟草集团也将整个湖北省的卷烟制造企业进行了整合，等等上述措施，使全国烟草的集中度大大增强，目前全国卷烟工业企业已由原来 185 家调整减少到 41 家。同时，品牌的集中度也显著增强，2001 年全国卷烟牌号 1 049 个，2006 年 12 月份行业在产牌号数为仅为 168 个，企业的竞争力也不断提高。目前，国家烟草专卖局提出要进一步提升整合的力度和整合的水平，争取建立十多个更大规模的烟草集团，以整合资源，增强竞争实力。

2006年，国务院颁发57号文件，明确了中国烟草总公司代表国家行使烟草行业的出资人权利，从而从根本上解决了行业内存在的出资者缺位的诟病。在57号文颁发之前，中国烟草总公司与各个省公司和卷烟厂仅仅是行政隶属和行业管理的关系，并没有产权关系，而各个卷烟生产企业和销售企业尽管是国有企业，但上级出资人一直没有明确，因此出资人应该行使的权利在某些层面上有所淡化。在行业体制理顺后，全国烟草行业的资产全部上划给中国烟草总公司后，烟草集团化财务管理就显得尤为必要，以产权为纽带的企业集团就必须按照现代企业制度的要求建立集团化财务管理体系，以满足管理要求。

2. 公司背景简介

上海烟草（集团）公司于1993年由原上海市烟草公司所属企业改制组建，拥有一流水准的现代化卷烟工业及其烟草储运、印刷、机械、材料等配套工业，并涉足商业、食品加工业、房地产业、金融保险业、宾馆酒店业等领域，是一个以卷烟工业为主的，多元化、集约化、现代化的大型企业。2005年，公司实现税利211亿元，其中利润81亿元；净资产达到384.22亿元。公司连续十一年获得全国烟草行业经济运行质量和效益一等奖；在2004年度中国纳税百强排序中，名列全国第三、上海第一、烟草行业第一；在2004年度全国工业重点行业效益十佳企业评比中名列榜首，人均创利能力全国第一。

上海烟草（集团）公司卷烟生产的装备、技术达到了当今国际先进水平，并率先在全行业通过了ISO9001:2000质量管理体系和ISO14001环境管理体系认证。公司出品的“中华”、“熊猫”、“红双喜”、“牡丹”和“中南海”等名优卷烟畅销国内、远销海外，深受消费者青睐。公司通过跨地区合作，建立了22个烟叶基地，发展了50个烟叶供应方，基本形成了一条稳定的烟叶供应渠道；积极探索以“电子商务、连锁经营、现代物流、优质服务”为主要特征的网建新模式，基本形成了由30 000余家卷烟销售网点构成的上海城乡最具规模、最为完善的市场网络体系。

公司组建以来，凭借产品和资产优势，不断加大资本经营力度，先后出资7亿元，与原市、区县烟糖公司共建20家烟草糖酒有限公司；先后投资20多亿元，参股交通银行、海通证券公司、东方证券公司和太平洋保险公司等，并成为其大股东之一；兴建上海商业规模最大、技术最为先进的商业第三方物流中心。目前，公司对外投资93亿元，控股、参股企业78家。

近年来，公司以推进市场建设、品牌建设和客户关系管理为重点，努力开发、拓展有税和免税市场，不断“优化出口卷烟结构、优化海外市场结构、优化客户关系管理”。2005年，公司出口创汇9 785万美元，利润5 016万元。目前公司海外有税市场达19个，免税市场覆盖37个国家和地区的81个城市；有税及免税市场投放量占出口总量的比例达100%。并且，在海外建立了10个销售网络，彻底改变了海外市场销售主要依靠转口市场的经营方式。公司还建立和推进了“有我参与、共同经营”的出口卷烟经营方式，提高了对市场经营的参与度，保证了在激烈的国际市场竞争中集团卷烟产品持续稳定发展。

最近两年，公司按照国家局“深化改革，推动重组，走向联合，共同发展”的要求，先后与北京卷烟厂、天津卷烟厂实施了战略性联合重组。京津沪工业企业联合重组，不仅在产品、技术、市场等方面实现更大范围的资源配置和优势互补，进一步增强上海烟草的综合竞争实力；而且对做精做强中国烟草，实施大企业、大品牌、大市场战略具有深远的战略意义。

近年来的财务情况见表 18 - 1。

表 18 - 1　　近年来的财务状况　　单位：万箱、亿元

项目		2001 年度	2002 年度	2003 年度	2004 年度	2005 年度	2006 年度
产量		128.72	134.80	141.94	157.93	159.64	162.8
销量		124.64	134.02	140.93	156.98	161.54	163.3
其中：内销		117.44	126.29	132.47	148.76	152.99	154.6
销售收入	工业	107.88	141.89	157.77	188.4		216.16
	商业	113.17	78.25	88.04	95.55	101.06	100.82
合计		221.05	220.14	245.82	283.95	101.06	316.98
税利合计	工业	80.91	117.95	135.95	176.03	179.48	187.41
	商业	31.23	10.14	12.72	13.62	17.83	16.3
合计		112.13	128.08	148.67	189.65	197.31	203.71
利润总额	工业	21.34	40.52	48.43	69.9	64.94	64.17
	商业	25.96	9.17	11.66	12.67	15.97	14.24
合计		47.31	49.68	60.09	82.57	80.91	78.41

3. 集团化财务管理存在的问题

（1）理财观念落后

由于烟草行业长期处于计划体制下，因此行业财务人员普遍在思想上受到旧的财务制度的财务观念的束缚，现代财务管理的意识比较薄弱。同时，随着市场经济体制的逐步完善和企业财务会计制度的不断颁布与实施，可以说，各大集团公司面临着一个全新的财务管理环境，集团财务管控的措施和手段还没有完全到位，诸如时间价值、风险价值、边际成本、机会成本等科学财务管理的理念还没有真正建立。

（2）集团内部管理体制运行不畅

尽管目前全国烟草行业成立了若干大的集团公司，但是如何实现集团财务管理上的权限分配和管理控制仍是急需解决的问题。很多集团仍无法从体制上和机制上真正驾驭各子公司（或分公司），难以从集团整体发展的战略高度来统一安排投资和融资活动，结果是下属企业各自为政、各行其是，追求局部利益“最大化”，损害了集团的整体利益。

（3）协调手段缺乏

一些已经联合重组形成的烟草集团尽管是通过产权纽带联结起来，但是内部结构相对松散，缺乏凝聚力，尚未形成集团利益的整体意识，往往过于强调局部利益，集团财务控制管理没有达到全局的一体化高度。不少企业集团没有建立起整体财务战略和财务监督体系。因而，难以编制全面预算，开展财务分析，更没有形成统一的财务报表结算中心，财务协调手段缺乏，很难使集团形成协同的效应，发挥整体优势。

（4）监控缺乏全过程、财务监督力度不强

不少烟草集团目前的财务控制集中于事后控制，缺乏至关重要的事前预算和事中控制。事前无预算或预算形式化，而事中的控制也往往限于年度利润规划，而没有把计划进一步具体化，编制出月份，季度和年度预算加以进行控制管理，从而事中控制流于形式。同时，对下属企业的授权没有明确，约束机制没有形成，企业处置资产的权利得不到有效的约束，从而导致了企业集团资产处于缺乏监控的状态。

（5）资金管理松散

当前，烟草行业由于专卖政策的保护，存量资金普遍比较大，但是集团企业在资金管理上普遍存在着方式落后、手段欠缺的问题。下属企业多头开户的现象比较普遍，资金管理不严，体外循环现象较难避免，投资随意性大、沉淀现象、周转慢、使用效率不高的问题日益显露。

（6）预算管理活动难以开展

由于部分集团公司目前尚未建立统一的财务管理体系，整体的预算还处于简单化的“拍脑袋”方式。财务预算工作对每个企业都是非常重要的，但对于大多数集团单位在手工方式下预算管理有很多问题是无法解决的，特别是对于集团这样多元化的企业，更是如此。

（7）信息孤岛现象比较严重

尽管集团公司所属的各个子公司的信息化工作（特别是会计电算化）起步比较早，但由于缺乏统一的规划，使用的财务软件各不相同，集团难以通过汇总子公司的财务数据进行分析和管理，形成了一个个信息孤岛。而且，由于以前实行的财务信息化工作大部分局限于财务核算信息化层面，而没有形成一个财务和业务联动的集成系统，因此集团的各下属企业内部，业务处理系统中的数据无法流入到财务软件中进行核算，既系统间不能无缝联接，财务核算人员需要根据大量的业务单据整理后的结果制作凭证，一方面加重了财务人员的手工工作，另一方面业务处理核算过程延缓也降低了数据的准确性和时效性，使集团企业内部也同样存在着信息孤岛。

18.2　集团化财务管理的规划

1. 分类管理

烟草行业由于目前仍旧实行专卖专营政策，而且集团化建立和运作仅仅处于初始阶段，而且业务相对单一，因此笔者认为，在设计烟草行业集团化财务管理框架的时候，首先应该分类分层，将集团内的企业至少分为三种类型：

（1）烟草主业（卷烟制品的生产和销售企业）；

（2）多元化企业（与卷烟生产制造和销售不直接相关的企业）；

（3）行政代管企业（与集团无资产关系，但属于行政管理范畴的企业）。

在分类分层的基础上，对烟草主业实行集权型财务管理，对多元化企业实行以集权为主，部分分权式的相融型财务管理，对行政代管企业实行分权为主的财务管理模式。在本章中，我们重点围绕第一类企业的集团财务管理进行讨论。

2. 模式选择考虑因素

（1）烟草行业计划色彩浓厚

烟草行业实行的专卖制度，卷烟的生产和销售应该说市场进入的壁垒相当高，基本上全部由国家控制，具有相当强的计划性色彩。卷烟的生产是有严格计划限制的，每个卷烟生产企业的月度、季度、年度生产指标都受到国家的限制，不能随意安排生产和销售，同时，尽管目前国内的卷烟市场竞争比较激烈，但实质上仍旧是一种在垄断环境下的适度竞争，并没有完全实现充分的市场竞争。在这样一种强烈的计划氛围下，对烟草行业的财务监管客观上必须要求高度集权，以保证烟草专卖制度的有效推行。

（2）行业的集团化发展尚处于初始阶段

烟草行业大规模的联合重组和企业集团的建立仅仅是从 2002 年开始，因此目前组建的集团应该说还处于初始阶段。尽管组建集团之前某些企业有为数不小的对外投资，但这些被投资企业要么是自身组建的上下游企业，要么就仅仅是进行投资收益的管理，没有进行实质上的集团化运作，集团化财务管理的意识、能力、水平、手段等等都相当欠缺，各成员企业在资金配置和市场定位及企业文化等方面尚未形成合力，在这个阶段如果进行分权管理，很容易导致集团总部被架空，整个集团出现无序发展的状况。

(3) 集团下属企业的财务活动尚不规范

烟草行业近年来由于收到专卖政策的保护，因此行业内大多数企业处于由传统的企业向现代企业制度转型的阶段，财务活动一方面沿袭着计划经济时的传统做法，另一方面也显得较为随意。比如说行业内大多数企业的闲散资金较充裕，基本上没有筹资压力，因此前两年也出现过委托理财、随意进入高风险的证券市场、违规挪用资金等等不规范的行为。因此，必须采用权力相对集中的财务管理模式，将子公司重大财务决策权集中于总部，由母公司通过建立并实施有效的内部财务管理制度来规范子公司的财务活动。

(4) 集团业务比较单一，股权结构相对简单

从现状来看，烟草行业集团企业内的成员单位大多是围绕“两烟”——烟叶生产和卷烟生产来开展业务的，生产流程衔接紧密，因此成员单位对主业的依赖程度比较高，且集团总部一般都是卷烟生产制造实体，对主业的熟悉程度非常高；其次，烟草集团企业中大致可以分为两种股权类型：一种是100%的国有企业，另一种是国有成分占控股地位的被投资企业。因此，在这种环境下，集权制的选择无疑更加合适。

(5) 分支企业对集团财务战略影响较大

如上所述，烟草集团企业中的主体企业，或者说是支柱企业就是主业单位，它们提供了整个集团的大部分利润贡献，其地位和作用是举足轻重的，这些分支机构如果采用分权制，那势必会与总部企业争夺烟叶资源和销售市场，那就会形成一个集团内部的无效竞争，甚至是恶性竞争，这对整个集团的发展是不利的，因此，笔者认为应选择集权模式。

(6) 信息化管理手段为相对集中管理提供了便利

近年来，烟草行业的信息化建设发展迅速，围绕卷烟生产和卷烟销售，从国家烟草专卖局到各个烟草集团企业都建立了各种信息化系统，从业务系统集成到财务集成，再到整个企业集团的ERP集成（如云南红塔集团的SAP项目），使得信息的传递和处理更加快捷、及时、准确，同时也为集权式财务管理模式创造了有利的外部条件。

(7) 跨国公司财务管理的成功经验值得借鉴

目前，财务管理的集中控制已经成为国际上一种流行的趋势。20世纪80年

代末 90 年代初，国外企业集团纷纷对原有的财务管理模式进行了重新设计，大多数均建立了集中式财务管理模式，世界 500 强中，有 80% 已经实现了财务集中控制。实践证明，实行财务集中控制可以有效解决集团和子公司之间的信息不对称问题，有利于保证集团内部财务目标的协调一致。

18.3　集团化财务治理：权限与组织

集团财务治理是集团财务管理中的第一个环节，它是指建立一组联系各相关利益主体的正式和非正式关系的制度安排和结构关系网络，目的在于通过这种制度安排，达到各相关利益主体之间的权力、责任和利益的相互制衡，实现效率和公平的合理统一。

财务治理主要涉及到出资者财务、经营者财务和财务经理财务三个层次。结合烟草行业现状来看，集团化财务治理的主要内容应包括：财务管理权限的配置、财务领导体制的确定、财务组织机构及职责和流程等内容。

1. 权限配置

（1）集团总部的财权配置。主要是指集团总部控制的财权。这些权力通过总部、总部预算委员会和集团财务部三个层面来实现：首先，集团总部审核通过重大发展战略、规划和年度财务预算和资金预算；其次，集团总部预算管理委员会审查和批准重大财务决策事项；再次，集团财务部门在集团财务副总的领导下，组织实施集团财务资产管理工作。

（2）集团总部与下属企业之间的财权配置。为了确保集团整体发展战略的贯彻实施，下属企业中影响总体战略目标实现的重大事项，将由集团总部统一管理和控制，这些事项包括：

①对外投资管理。集团的对外投资一律由总部按照战略规划统一安排，并经集团投资委员会进行可行性论证。未经集团总部批准，下属单位不得对外进行投资。

②对外借款管理。集团内企业的对外融资一律由集团总部安排，采用委托贷款等形式，通过资金管理中心进行操作。

③对外担保管理。未经集团总部同意，下属单位不能对集团内企业进行担保。

④银行账户管理。集团实行统一信贷和统一开户销户。集团内企业的银行账户开设、变更、销户等手续必须报资金管理中心审核同意后操作。

⑤资金运作管理。为了控制风险，集团内各个单位不能擅自从事资金运作和委托理财。

⑥预算管理。集团各成员单位的预算由集团总部统一审定和调整，预算下达后，各单位组织实施，如确需追加、调整，可按照集团预算管理有关规定执行。

⑦资产处置管理。集团内企业处置资产，应该按照集团资产处置规定，在相应的权限内进行处置，下属企业不能擅自超越权限进行处置。

⑧法人授权管理。集团内企业根据总部制定的法人授权范围和权限，签订经济合同。不得超越授权范围和授权金额签订合同。

⑨对外捐赠管理。未经集团总部同意，下属单位不得向任何机构进行捐赠。

⑩收益分配管理。由集团总部和集团企业共同商定其收益分配方案。

（3）在集团总部的统一领导下，集团内企业有部分财权：①在集团总体制度框架内，制定适合本企业的财务实施细则；②成本费用管理。各企业根据年度总体预算，自行控制和管理本单位的各项成本费用支出；③组织本企业的预算管理，财务核算、资金管理等财务管理工作；④对于留存收益按照集团总部的有关规定自行安排。

2. 领导体制

领导体制是实施治理机制、强化对成员企业财务管理和控制的有效手段。为确保集团内部财务管理的规范化、制度化、程序化，在烟草行业集团财务领导体制上，实行总会计师、会计机构负责人逐级委派制度。

总会计师是企业财务工作的直接负责人，被委派的总会计师集监督与管理职能于一身，代表委派单位监督受委派单位的会计行为和经济活动，参与受派单位的经营决策和经营管理。按照集团化运作、分级管理的原则，结合企业实际情况，对成员企业的总会计师、会计机构负责人实行逐级委派，以确保财务管理与监督职能到位。

3. 组织机构

企业集团财务组织机构是企业集团财务管理与控制的职能的实施主体，完善的财务组织结构是企业集团有效发挥财务治理机制作用的保障。在财务组织机构的设置上，根据各级工作的侧重点不同，分别设置相应的组织机构。

（1）集团总部财务机构

总部设置财务部，由其负责领导和组织集团财务资产管理工作，是集团的财务管理中心、会计信息中心和资金管理中心。

集团总部财务部的主要职责包括：负责制定集团财务规章制度和核算办法，并组织实施；负责组织编制集团财务规划，并组织实施；负责编制集团财务预算，并组织实施；负责集团的资金筹措和资金安全管理工作；负责集团会计核算、决算的组织和管理工作；负责集团税收筹划及管理工作；负责集团固定资产管理工作；负责集团国有资产产权管理工作；负责集团会计人员管理和会计执法检查工作。

其中，集团资金管理中心集筹资管理和企业资金监管职能于一身，主要职责为：负责安排集团所属企业的资金筹措；负责管理和监督所属企业的资金收支活动；负责集团企业的资金预算的审核和资金用款的审批；负责调剂集团资金余缺，办理内部委托贷款等业务。

（2）集团内各企业的财务机构

集团内各下属企业也设置相应的财务机构，其主要职责包括：负责本单位预算的编制，并在预算下达后组织实施；负责本单位的财务核算与管理工作，提供决策支持；负责本单位的成本控制和成本管理；负责在集团制度框架内建立适合自身特点的实施细则等。

18.4　基于分类的集团财务管理

集团财务管理模式的选择必须充分考虑企业集团目前所处的发展阶段、集团内部的组织结构形式以及集团整体发展战略等多种因素，根据烟草行业的特点，宜采用分类分层地进行分权程度的设置。如对烟草主业下属企业，实行集权型财务管理模式，对多元化企业，实行以集权为主、部分分权式的相融型模式，对行政代管企业，则实行分权为主的模式。

1. 烟草主业下属企业——集权模式

对以烟草为主业的下属企业采用的是集权式管理。集团总部和各企业财务部门的管理职责分工明确。总部主要负责集团相应制度的制定，以及下属企业的预算、资金、资产、价格等重大事项，同时还负责对下属企业进行内部审计、业绩考评等。各下属单位则主要负责本单位相应制度的制定、落实总部财务和资产管理方面的要求、执行预算、日常财务管理和会计核算、对下属企业的内部审计、向总部提供各类信息等。具体内容参见表 18－2。

表 18－2　　集权模式下的财务管理职责

集团总部职责： 1. 负责制定集团统一的财务、资产和审计各项基本制度和管理规定。 2. 决定集团主业单位资本变动、利润分配、对外投资（短期、长期）、对外筹资、对外担保等重大事项。 3. 审批集团主业单位的年度财务预算及其调整方案。 4. 负责集团主业单位资金的集中统一管理。

续表

5. 负责监控集团主业单位的会计信息质量。 6. 负责集团主业单位的价格管理工作。 7. 按照国家有关规定，组织集团主业单位国有资产管理工作。 8. 负责对集团主业单位实施内部审计。 9. 按照有关制度和规定，审批集团主业单位其他重要事项。 10. 对集团主业单位的财务、资产、审计工作进行指导、检查和考核。 11. 有关法律、制度规定的其他职责。 集团主业单位职责： 1. 按照集团统一的财务、资产和审计基本制度和管理规定，制定和修订本单位相应的管理制度。 2. 按照集团管理要求，落实相应财务、资产和审计管理职能和职责。 3. 编制并执行经批准的年度财务预算及其调整方案。 4. 组织开展本单位日常财务管理与会计核算工作，并负责监管下属单位的财务管理与会计信息质量。 5. 负责本单位范围内的内部审计及对下属单位实施审计。 6. 按照集团统一部署，负责本单位及下属单位的国有资产监督和管理工作。 7. 按规定上报有关重要财务、资产、审计事项和各项报表，并按照集团总部要求提供各项信息。 8. 集团总部授予的其他职责。

在财务管理方面，集团总部确定了一系列的管理程序，主要涉及四个方面：财务与会计、资金与资产、定价管理以及审计监督。

“财务与会计”是财务管理中的一项主要工作，其管理程序包括对下属企业的预算管理、会计管理、工效挂钩、合同管理和组织管理等。对于预算，总部不仅要求实行全面预算、还要求通过预算加强成本费用的控制。通过对预算执行情况的检查，监督整个预算的实施。在会计工作方面，总部要确定所用的会计政策，收集月度、季度和年度的各类财务资料，还要统一安排外部审计的实施。下属企业的工资总额由总部根据其绩效来确定，总部在监督合同管理的同时还要负责对其财务机构负责人的任免等。具体内容见表 18－3。

集团总部在“资金与资产”方面，主要负责资金管理、财产处置、对外投资和国有资产管理几项工作。原则上，总部对资金收支活动采取集中管理的模式，通过资金结算中心，实行“收支两条线”。在财产处置方面，将资产划定一定标准，下属企业重要资产的处置要报总部登记备案，报损要获得总部确认。在对外投资方面，下属企业在立项、变更、撤销方面要经总部审批。下属企业负责对外投资的产权管理、日常监督和收益管理，总部有权选派派出人员。对于国有资产的新设、变动和注销，以及年检和清产核资，由总部统一部署。主业单位对其下属企业国有资产的评估要向总部申请。国有资产的保值增值指标下达和考核则由总部完成。具体内容详见表 18－4。

在“定价管理”方面，生产牌号、规格、销售价格等均由总部上报国家和地区有关部门批准后执行。在“审计监督”方面，总部负责定期对主业单位的进行收支审计、经济责任审计和专项审计。各主业单位则要负责自己本单位的各项内部审计工作（见表 18－5）。

表 18－3　　集团总部关于“财务与会计”方面的管理程序与要求

预算管理
1. 集团主业单位应当按照集团的管理要求实行全面预算管理，建立起由生产经营预算（包括销售预算、生产预算、成本预算、期间费用预算、采购预算等）、资本性支出预算和财务预算（包括税利预算、现金流量预算等）构成的全面预算体系。
2. 集团主业单位应当按照集团的管理要求加强成本预算控制，成本管理制度和成本定额标准应上报集团总部审批后实施。
3. 集团主业单位的预算是集团预算的重要组成部分，应当符合集团对集团主业单位在经营业绩目标、财务状况、资本保值增值等方面的要求，以及有关法律、法规、政策的规定。
（1）集团主业单位的年度财务预算（附经营性预算和资本性支出预算）应按规定时间上报集团总部，经与集团年度财务预算一并审核批准后执行。
（2）集团主业单位的季度财务预算应按规定时间上报集团总部备案。
4. 集团主业单位的年度财务预算可在预算年度中期作一次调整，调整后的预算应按规定时间上报集团总部审核批准后执行。
5. 集团主业单位应当对年度、季度预算执行情况进行分析，并按规定时间上报集团总部。
会计管理
1. 集团主业单位应当执行集团统一的会计政策。凡是涉及资产计价、准备金计提、折旧摊销、成本归集与费用分摊等重要会计政策的调整，必须上报集团总部批准后执行。
2. 集团主业单位应按规定向集团总部上报月度、年度会计报表、月度快报及其分析、月度量本利报表、季度财务分析等会计资料，以及其他必要的信息。
3. 集团总部应对集团主业单位会计基础规范化工作以及会计信息质量进行定期或不定期的检查。
4. 团主业单位的会计决算由集团总部统一布置汇审，并由集团总部委托会计师事务所对其年报进行审计。
5. 集团主业单位财务软件的开发与变更由集团总部统一安排。

续表

6. 集团主业单位当前执行的地方财税政策及其变更情况应当上报集团总部备案。
工效挂钩
1. 集团主业单位的工资总额由集团总部根据集团主业单位当年的经济效益目标，按照工效挂钩的口径予以核定。
2. 集团主业单位应向集团总部上报工效挂钩清算所需的财务资料，由集团总部统一负责集团主业单位的工效挂钩清算工作。
合同管理
1. 集团主业单位应参照执行集团总部有关合同管理的规定，开展合同管理工作。
2. 集团主业单位的法人授权办法和法人授权变更情况应当及时上报集团总部备案。
组织机构
1. 集团主业单位财务机构设置应当符合集团财务管理的要求。
2. 集团主业单位对财务机构负责人的任免应事先征得集团总部主管部门的同意。

表 18－4　　集团总部关于“资金与资产”方面的管理程序与要求

资金管理
1. 集团总部对集团主业单位的资金收支活动原则上采取集中管理。
2. 集团主业单位的银行开户与销户、对外借款等事项，必须事先将有关方案上报集团总部审核，经批准后方可实施。
3. 集团主业单位实施的易地改造项目应设立项目资金专户进行管理。
4. 集团主业单位应每月向集团总部上报资金收支报表。
5. 集团主业单位纳入集团资金结算中心后，将实行“收支两条线”的资金管理模式，即在集团主业单位开设收入与支出两个专户承担全部资金往来。集团总部依据集团主业单位的资金预算向支出专户划拨资金。
6. 集团主业单位在执行资金预算过程中，发生突破预算的事项并且须追加资金的，应当按规定向集团总部提出预算追加申请，经批准后方可执行。
财产处置管理
1. 集团主业单位取得或处置重要资产上报集团总部登记备案。重要资产的界定标准为：单项价值≥50 万元/项的固定资产、无形资产。
2. 集团主业单位报损的财产金额达到或超过规定标准的，必须上报集团总部确认。财产报损的上报金额标准为：固定资产、无形资产报损金额≥50 万元/项；坏账损失金额≥30 万元/批；存货损失金额≥50 万元/批。
3. 集团主业单位的对外捐赠事项应上报集团总部审批。

续表

对外投资和国有资产管理 1. 对外投资管理 (1) 集团主业单位应按照集团总部投资企业监管的要求，负责本单位对外投资企业的产权管理、日常监督和收益管理。 (2) 集团主业单位对外投资项目变更、撤销必须报集团总部审批；集团主业单位全资、控股企业的对外投资、企业改制及对外担保等重大事项，均须报集团总部主管部门审核。 (3) 集团主业单位派出到投资企业担任董事、监事、高层管理人员及财务负责人名单及其变动情况，须报集团总部对外投资主管部门和组织部门备案。 (4) 集团主业单位应做好本单位投资企业有关资料的档案管理工作。其中，集团主业单位投资企业的章程、工商执照复印件等有关资料及每年经审计的年报、审计报告及其他相关文件，应报集团总部投资管理处备案。 (5) 集团主业单位应按照国家局和集团总部统一布置，编制和上报多元化经营统计报表和其他统计报表。 2. 国有资产管理 (1) 集团主业单位及其对下属单位的国有资产产权的新设、变动、注销登记、产权年度检查登记以及清产核资工作，由集团总部统一组织和布置。集团主业单位及其下属企业的产权登记证正本和副本须报集团总部备案。 (2) 集团主业单位及下属单位的国有资产进行资产评估，应向集团总部提出立项申请，经集团总部审核后，上报国家局立项。评估结果需经集团总部审核后，由其报国家局及有关部门确认。 (3) 集团总部负责对集团主业单位进行国有资产保值增值指标的下达、考核和确认工作。集团主业单位应按照下达的国有资产保值增值指标组织有关工作，并做好情况分析。分析情况应及时上报集团总部。 (4) 集团主业单位应按当地政府及有关部门的规定对下属集体企业进行管理，其产权变动、企业改制、歇业等重大事项，应报集团总部审核。

表 18-5　集团总部关于“价格管理”和“审计监督”方面的管理程序与要求

价格管理 1. 集团主业单位新牌号、规格卷烟产品的内销调拨价格，由集团主业单位按梯次化档次提出，并向集团上报有关成本资料、外包装式样等资料后，由集团物价部门审核，报国家局备案后执行。 2. 集团主业单位老牌号规格的卷烟产品的内销调拨价格，原则上应保持稳定，确需调整的，应上报上海市烟草专卖局物价部门审核后，报国家局核准。 3. 集团主业单位向外贸企业销售的卷烟外销调拨价格，参照内销调拨价格定价，由上海市烟草专卖局审批。

续表

4. 集团主业单位直接向外商销售卷烟、烟丝、复烤烟叶的外销调拨价和向国内烟草企业销售烟丝、复烤烟叶的调拨价格，由集团主业单位决定，并报上海市烟草专卖局备案。
5. 集团主业单位名优卷烟应实行全国或区域统一批发价格。集团主业单位制定和调整统一批发价格具体方案，应报上海市烟草专卖局审核并由其上报国家局审批。
6. 集团主业单位应按规定上报月度卷烟价格信息报表。
审计监督
1. 集团主业单位应落实具体部门，统一负责本单位的内部审计、工程项目审计及对下属单位的审计工作。
2. 集团总部应定期对集团主业单位开展财务收支审计、经济责任审计和有关专项审计。
3. 集团主业单位年初应编制年度内审工作计划，并上报集团总部审计处审批后实施。年末应编制汇总审计报表，并上报集团总部备案。
4. 集团主业单位的年报审计由集团总部统一委托会计师事务所进行审计。
5. 集团主业单位应按照内审工作计划开展内审工作，有关审计结果，包括审计报表和审计报告以及接受其他有关部门专项审计的审计报告等，应及时上报集团总部审计处备案。
6. 由集团总部负责实施的重大工程项目审计需委托社会审计的，由集团总部审计处负责；一般工程项目审计，由集团主业单位负责。

2. 多元化下属企业——集权为主、部分分权模式

对于集团内的多元化企业，其生产经营的计划性没有经管主业的企业（主业即烟草）强，同时其参与市场竞争的程度也相对主业高，从理论上讲应该采用分权制为主的财务管理模式。但是如上所述，烟草行业的多数多元化企业与主业的依附程度比较大，多为主业的上下游企业，同时这类企业原来就接受集团的垂直管理，因此接受集权管理的意识和管理方式有一定的惯性，如简单进行分权管理，一方面可能出现比较大的财务风险，另一方面这类企业可能也一时难以适应新的管理模式。因此综合平衡来看，对烟草行业的多元化企业应该采用集权为主，部分分权式的财务管理模式。

（1）成立投资公司等中间机构，将烟草行业的多元化企业纳入中间机构进行管理，总部尽可能少地与多元化企业发生关系，集中精力进行集团战略思考和操作。这样就将集团总部的管理权限部分下放到中间机构，由其通过董事会或相关机构对多元化企业进行统一管理，关注其生产经营的业绩回报和对主业的保障程度。

（2）预算管理模式。多元化企业的预算审核和调整由中间机构进行审核，并报集团总部备案。如果多元化企业有涉及与主业相关的重大投资项目，则需经集团总部论证审批后方能实施。

（3）资金管理模式。多元化企业的资金管理纳入集团资金管理中心，其银行账户的开设、销户、筹资、资金用款由集团总部审批控制。其中，对于资金用款的使用情况集团总部仅作为监控管理，无需每笔资金流动均通过集团资金管理中心审批，但如果资金流向涉及证券、保险、投资、捐赠等内容，则需集团总部审批同意。

（4）投资管理。多元化企业的投资须经中间机构审核同意，纳入企业预算。对于自筹资金且投资方向为非主业相关的投资项目，由中间机构审批同意后操作；如投资项目与主业相关且金额较大，涉及多元化企业以后的发展方向，则由集团总部审批。

（5）资产管理。对于集团总部管理的资产，由集团总部审批处置；对于企业其他资产的处置，由中间机构审批同意后进行处置。

（6）对外担保管理。不允许多元化企业自行对外担保。

（7）会计核算管理。由多元化企业自行按照准则进行会计核算，集团总部原则上不对多元化企业进行会计核算和会计政策的统一，也非必须将账套纳入集团统一账套进行核算。集团总部仅保留会计信息质量的检查权和考核权。

（8）合同管理。多元化企业可以根据自身情况制定法人委托的权限，并自行对外签订经济合同。对于供应商、供应价格等内容，集团总部不进行制定，保留多元化企业的自主权。

（9）审计管理。集团总部审计处可定期不定期对多元化企业进行专项审计，以保证其会计信息质量。

3. 行政代管下属企业实行分权为主的财务管理模式

对于集团行政代管的企业，由于其本身与集团并没有建立资产关系，因此集团可以对其生产经营预算等进行了解，不进行过多干预。如果其生产经营过程中发生困难，比如说其筹资过程中发生困难，集团可以利用掌握的资源为其解决困难，在生产经营过程中，集团也可在法律环境、资源允许的情况下，为这些代管企业提供方便。

18.5　集团化财务管理的推行

1. 进行投资清理

由于烟草行业前几年发展速度比较快，积累了大量的闲散资金，因此目前烟草行业的投资比较多，涉及的领域也比较广，但是这些投资都处于较低层次，初衷并非是控制被投资企业，更多的是出于投资回报的角度考虑。同时，烟草行业的投资管理水平也参差不齐，有些企业尽管是以大股东身份入主被投资企业，但是由于对其他行业不熟悉，且自身也没有素质很好的职业经理团队进行管理，所以往往只是表面上控股，实际上不控制或较少控制。基于这种状况，在烟草行业进行集团化管理的时候，就必须首先进行投资的清理，将需要控制的或可控制的企业纳入集团管理，其余企业作为参股管理，派驻董事参与决策，维护企业的投资利益。

（1）主辅分离。根据主业的定义，将主业的投资单位和投资项目首先进行清理，成立中间机构，如投资公司，对多元化企业进行集中管理。主业腾出精力来发展卷烟，以对抗 WTO 后的行业竞争，尤其是国外烟草巨头的竞争。

（2）多元化企业清理。对于分离出来的多元化企业，也并非一定要全盘接受到中间机构进行管理和控制。对于与主业相关的多元化企业，对于原来控制力强的企业，对于发展潜力较大的企业，纳入中间机构进行管理。而对于主业不熟悉的行业，对于主业不占控制地位的企业，分两种方式进行处理：一是加快清理，转让或退出股份；二是对于优质资产，保留股份，按照出资比例进行股权管理，关注投资收益。

2. 建立会计委派制

在清理被投资企业的基础上，由集团总部针对主业单位派驻财务总监，对于多元化企业也可视情况尽可能派驻财务总监，以加强集团财务管理和控制，使集团内的各企业的财务治理结构加强。

（1）财务总监不仅仅是子公司的董事会成员，受董事会任命，对董事会负责，在董事会闭会期间代理董事会的财务审批和监控职能，同时也是子公司管理层或经营班子成员，指挥公司财务运作。

（2）集团对委派的财务总监实行双层考核，一层为日常的薪酬支出，由被派驻企业发放；另一层为年度或半年度经营业绩考核，这层奖金的考核权重由集团总部占较大比例，由集团总部发放。

（3）为了防范“合谋”，财务总监实行定期轮岗制度，禁止同一总经理和同一财务总监长期共事。

（4）财务总监在遇到违反国家财经法规、制度或经济上可能造成重大损失的事项时，具有一票否决权，并要及时向集团总部汇报。

（5）对下列业务，委派财务总监的集团企业实行“联签制”，即企业负责人和财务总监联合签字后业务才生效：

①企业的重大财务收支项目

②公司的融资项目

③公司的资产处置项目

④公司的大额现金和信用卡业务

⑤公司超过规定标准的费用支出和超过年度预算的费用支出。

3. 推行预算管理

全面预算管理是贯彻集团化财务管理模式的有效手段，在集团内推进全面预算管理的过程中，以下几项因素需重点考虑：

（1）预算组织机构设置

集团总部设置预算管理委员会、财务部、预算专业管理部门、用款部门四个预算层级，集团下属企业根据业务的复杂情况，不一定设置预算专业管理部门，但其余三个机构必须设置。

（2）预算流程

集团下属企业根据集团总体战略，先自下而上的编制年度预算，然后自上而下进行平衡，汇总后将企业预算报集团总部，集团总部发挥各预算专业管理部门的作用，从各个业务专业角度对下属企业的总体预算进行审核和确认，集团总部财务部再根据集团战略，对下属企业的效益情况进行总体平衡，最终由集团预算管理委员会进行批准下达。预算下达后，各个下属企业根据下达的预算进一步部署，如果遇年度预算进行追加，则按照原编制程序进行流转，如仅仅是项目之间或用款时间的调整，不突破年度预算总额，仅需报预算专业管理部门和集团财务部备案即可。

（3）预算的过程控制

预算管理的重点和难点是预算的过程控制，因此集团要借助信息化手段建立预算的过程控制系统，该系统与业务系统、核算系统无缝链接，对于每一笔业务支出，必须首先通过预算审核，然后信息再传递到核算系统，通过动态会计平台自动生成会计凭证，之后该笔款项才有可能支付，这样就杜绝了“秋后算账”的现象。同时，由于所有信息均是实时反映，各级管理层均可对预算的执行情况及时掌握，因此可以及时调整、控制，以保证集团预算的严肃性和准确性。

4. 加强资金监管

集团内主业企业和多元化企业都应该纳入集团资金管理中心的监管范围，各成员企业按时向资金管理中心上报资金预算，资金管理中心根据不同企业性质对成员企业采取收支两条线或收支一条线管理，并对行业内单位的付款设置权限，超过付款权限的付款请求必须经集团资金管理中心审核同意后才能进行支付。

从资金管理的模式选择上来看，烟草行业可采用收支两条线的管理模式：

收支两条线模式是基于“现金集合库”模式原理的一种典型应用，广泛应用于众多集团企业资金集中管理工作中。

“现金集合库（Cash Pooling）”是由一组形成上下级联动关系的银行账户和

内部结算系统账户及其定义在这一组账户上的资金收、付、转的记账规则组成的。现金集合库模式的基本工作原理是近几十年来，国际著名跨国集团公司及其集团公司与国际银行联手开发的集团资金管理主流模式。

收支两条线模式如图 18－1 所示。

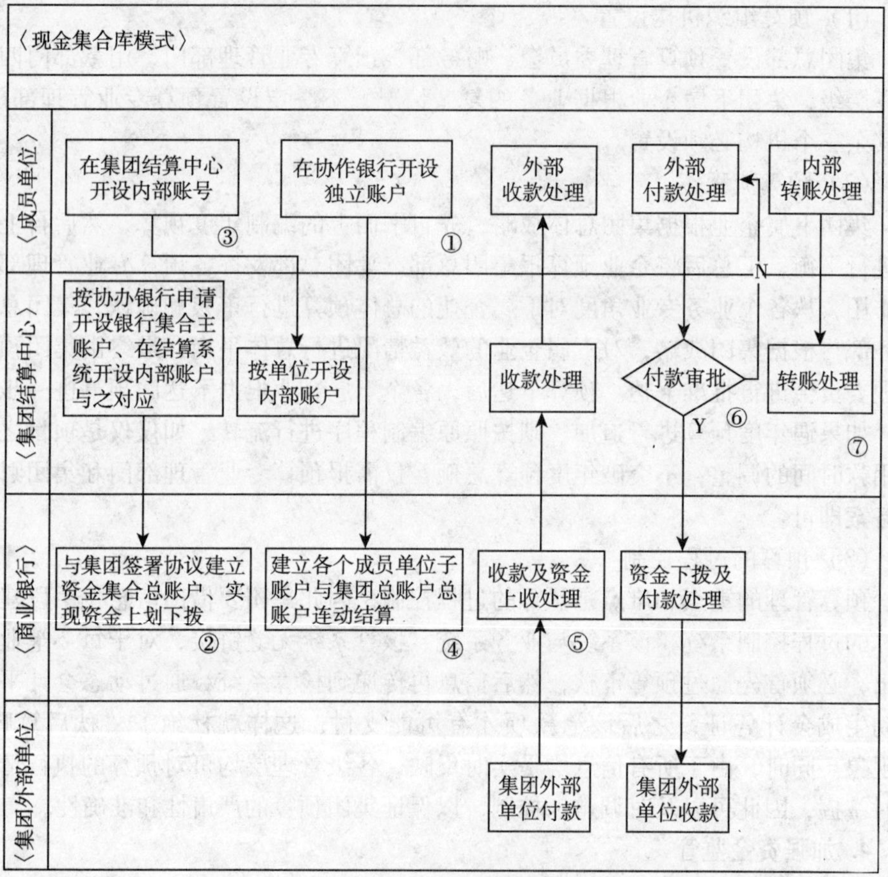

图 18－1　收支两条线模式

上述模式的运作方式是：

（1）各个集团成员单位可以在各合作银行中保留或开设自己独立的结算账户即二级账户；可以"收、支两条线"的分别开设账户，也可收支合一的开设账户；

（2）集团结算中心在合作银行中开设资金集合主账户；

（3）内部账户根据业务不同可以开设不同性质的账户：结算户、贷款户、票据户、保证金户等。其中结算账户反映集团成员单位二级账户与总账户之间的债权、债务关系，所以与外部账户存在对应关系。内部账户开设在对其直接管辖的结算中心，总部审批后方可启用；

（4）在二级账户收到资金时，银行根据集团企业与银行签署的合作协议将资金上划到主账户；成员单位需要资金时结算中心向银行发出网上付款指令将经过审批的资金从主账户拨付到二级账户中去；

（5）收款业务规则：在下属成员单位从系统外收款时，资金经过二级银行账户上划到银行主账户；集团结算系统根据通过银行资金上收的到账通知增加该二级银行账户对应的内部结算账户余额；成员单位根据银行到账通知进行会计处理；

（6）付款业务规则：成员单位通过集团结算系统从网上向结算中心提交付款委托书，结算中心根据①集团资金管理规定；②该成员单位内部账户余额；③是否有资金收支计划预算额度等来判断是否支付；

如果审批通过则发出网银付款指令将相应资金由银行总账户下拨到二级银行账户，同时集团结算系统减少该二级银行账户对应的内部结算账户的余额；

（7）转账业务规则：在两个成员单位在集团内部转账时，集团结算系统增减涉及交易的两个内部账户余额，而资金始终在外部的银行总账户中未进行任何移动；

现金集合库模式的特点是：适应集团企业多个法人实体的现实、融合多种资金集中策略、可以与其他模式共同使用，实现最有效地统一调拨集团全部资金，最大限度地降低集团持有的头寸的管理目的。

5. 进行集中统一核算

集团投资战略的实施，导致集团进入不同的市场区域、业务领域。因投资、税务与业务的需要，形成了分权化的经营实体。分权经营的好处在于业务本地化并可快速适应市场变化，但同时也带来集团资金的分散、周转速度与使用效率的下降，业务组织间的信息不透明、不对称也加大了资产与运营的风险盲区和监管成本。在财务核算中，应收账款与会计记录竟然占据 60% 的会计成本，特别是在集团成员存在内部交易、资金往来的时候，大量的公司间业务将加大会计成本与财务费用，并导致集团财务合并报告困难。

建立基于网络的集团共享服务中心—集中财务核算可以有效解决上述问题，并支持集团的财务监控，进而支持集团经营业务的协同增效；集中财务核算的功能还在于：可控制的标准化与规范化会计流程，同时满足集团和子公司对外公布信息和公司管理层获取管理信息需求；规范核算，忠实记录业务活动、资产状态和经营成果，为业绩考核提供数据支持。

以下是关于集中统一核算的若干工作：

（1）建立集团账套

集团总部建立统一的会计核算软件，建立集团账套，主业各单位应在集团账套下开设自己的分账套，但分账套的信息和权限不能超越主账套的设置。集团各企业的核算信息、预算执行信息都通过一个系统进行实时反映，集团总部可以随时对下属企业的会计凭证、会计资料进行查阅，在条件成熟时，各下属企业的重要原始凭证也可通过快速扫描的方式储存在集团总部数据库中，方便总部的调阅，实现总部对证、账、表的联合查询。

图 18－2 给出的是集团账套的基本架构。

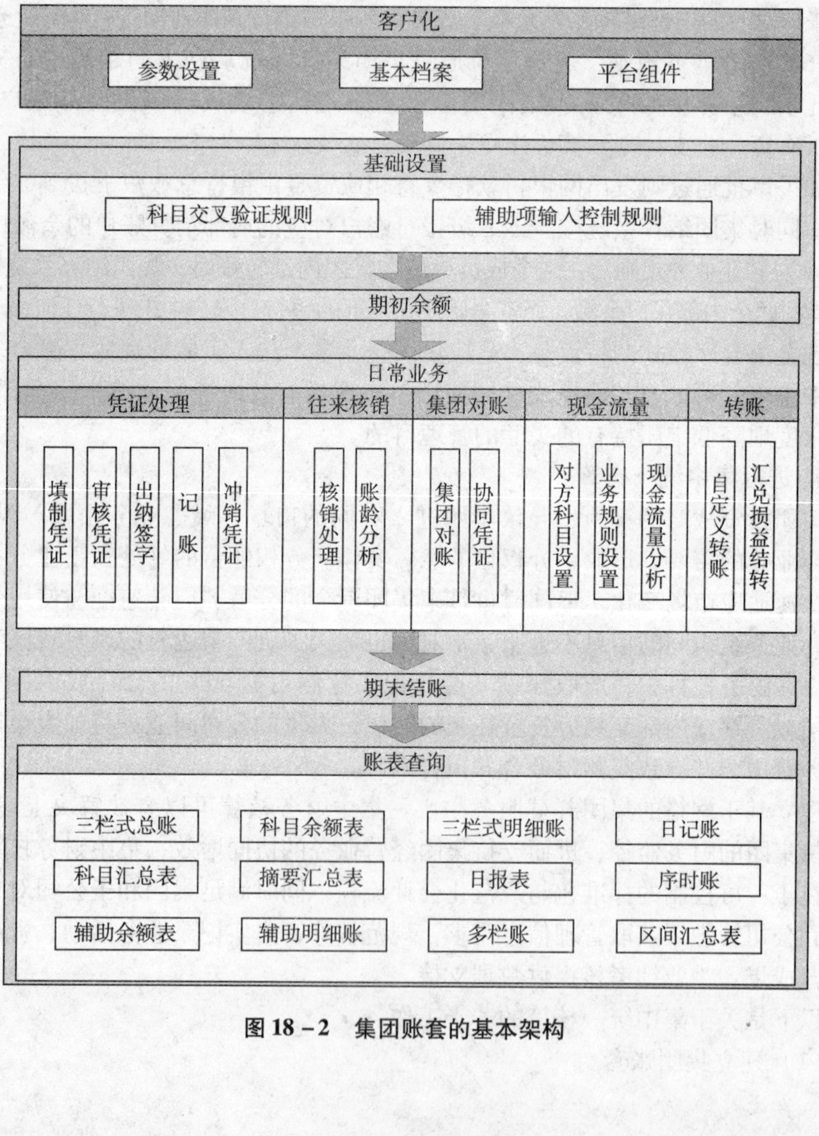

图 18－2　集团账套的基本架构

(2) 资产处置

处理资产的购置、报废、转让及资产账簿的记录和折旧的计算与分摊。集团可以通过建立审批流程，复核重大资产的采购计划与采购申请。这一流程可用图 18－3 来表示。

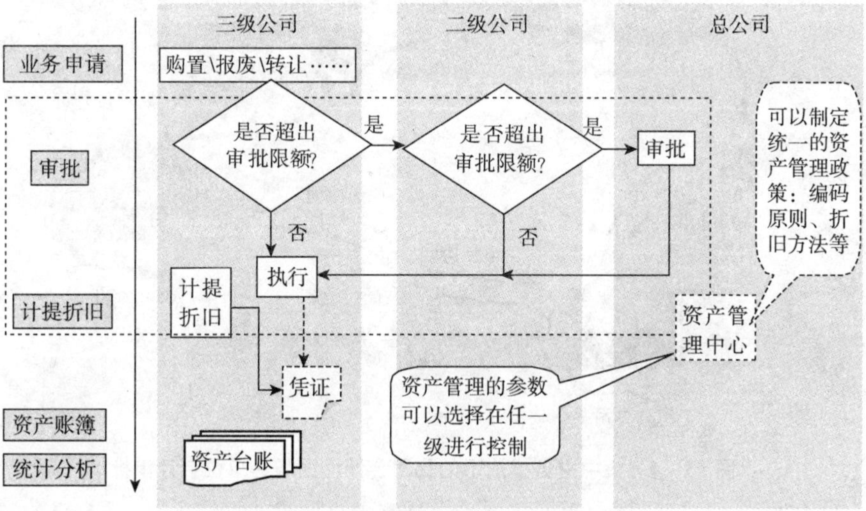

图 18－3　集团资产管理的流程图

(3) 公司间会计业务

我们将属于集团成员企业间的内部资金往来、资产划拨、内部交易与结算业务统称为公司间会计业务。它可以是发生在集团总部与子公司之间，也可以是发生在两个子公司之间。

在集中财务核算系统中，公司间会计业务可以依托内部协同凭证产生双方会计协作。这个功能的价值在于可以及时确认、记录公司间会计业务，避免集团公司间的往来账目产生错误，消除因内部业务不清而产生资金流失的机会。

集中财务核算系统还提供公司间的对账平台，它可以按往来对象、选定的会计期间核对、核销集团内部会计往来记录。

(4) 集团组织间的会计审核

对于需要进行会计审批事项，除了满足在公司内部必要的审批流程外，重大支出一般需要得到上级集团的审批。例如：超过授权金额权限以上的会计事项，资本性支出；另外，公司间业务也需要得到双方的复核后才能入账。

集中财务提供在公司间建立业务审批流程，可以定义审批流程与授权的金额条件，以实现跨组织的会计审核。见图 18－4。

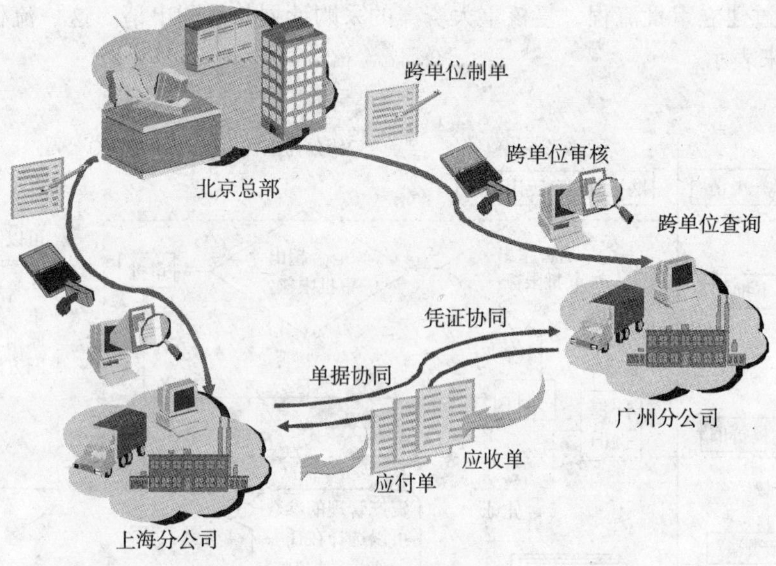

图 18－4　集中财务模式下的集团会计协同与跨单位会计审批

（5）集团合并总账

在集中管理的情况下，集团总账中包含了子公司的逻辑分账，也就是说，子公司的分账与集团总账是一体化的。只要子公司在终端输入了会计分录，它在动态刷新该公司逻辑分账的同时，也刷新集团总账。

集团总部或子集团的财务主管可以在授权的情况下直接查询分公司的账簿与会计分录，以完成对子公司财务的非现场监督；集团也可以随时完成账簿合并，了解整个集团的经营成果与资产、负债、权益，并查看整个集团资金与利润的分布和来源。

基于共享的集中会计核算中心，集团总部可以破除管理层级、地域、时间上的限制，随时把握整个集团的业务进程，使得业务目标、业务过程、业务结果透明化，以便集团及时发现运营风险、寻找改善业务的机会和对策。

在集中统一核算具体实施时，可以采取两种方式：一种是集团总部和下属单位的数据均存放与总部的数据库中，下属企业类似于终端操作，会计信息存放于总部；另一种是下属单位根据总部要求自行设立数据库对会计信息进行存放，总部通过每天一次的数据采集将下属企业的会计信息及时更新到总部数据库中，便于及时查阅。

表18－6 成本（费用）预算管理考核内容及标准

考核项目	考核内容	考核要求	加分	减分
1. 标准成本体系建设	1.1 建立分级标准成本指标体系及成本责任框架	按厂级、车间、班组、工段等成本中心分别制定标准成本指标，并落实相应的成本责任。	完成的加0.3分。	未完成的，扣0.5分。
2. 成本预算编制	2.1 按时上报成本费用预算	＊按照财务处年度预算布置时要求的时间上报；每季末25日前上报下季度预算；每月25日前上报下月度预算。	——	未按时报送的，年度扣0.3分，季度扣0.2分，月度扣0.1分。
	2.2 成本预算的先进性	＊当年成本（费用）预算中期调整值较年初预算节约。	下半年成本（费用）预算调整后总额较年初预算降低2%以内的，加0.2分；降低2%～5%的，加0.3分；降低5%以上的加0.4分。	成本（费用）预算总额较年初预算增加5%以内的，扣0.3分；增加5%～10%的扣0.4分；增加10%以上的扣0.6分。
		＊次年成本（费用）预算值较上年同期节约。	次年成本（费用）预算较上年同期降低2%以内的，加0.2分；降低2%～5%的，加0.3分。	成本（费用）预算总额较上年同期增加5%以内的，扣0.3分；增加5%～10%的扣0.4分；增加10%以上的扣0.6分。
		提高预算编制质量，加强特批项目控制。	——	每季度特批项目超过3项的，每超过一项扣0.2分。

续表

考核项目	考核内容	考核要求	加分	减分
3. 成本预算执行	3.1 实际执行情况	*正常情况下应在预算额度-5%～+1%之内执行，要避免因预算质量不高而导致的执行偏差。	实际完成指标（生产经营目标）与预算相差-5%以内（含-5%）的加0.3分。	实际完成指标（生产经营目标）与预算相差+1%以内（含+1%）或-5%～-10%（含-10%）的不扣分； 实际完成指标（生产经营目标）与预算相差+1%～+10%（含+10%）或超过-10%的扣0.5分，相差超过+10%的扣1分。
4. 成本分析	4.1 按时上报月度成本分析	每月8日前上报月度成本（费用）分析。	——	未按时报送扣0.2分。
	4.2 月度成本分析质量	分析维度包括与上月环比、与上年同比、与本年预算，分析内容包括数据对比及差异因素分析，重要成本费用项目差异率≥±10%的，应进行重点分析。	有详细的数据对比及分析报告，能充分揭示原因、披露问题并有整改措施加0.1～0.3分。	分析内容不全、避重就轻的扣0.2。
5. 成本管理课题	5.1 成本管理课题的落实	制定实施成本管理课题具体方案、实施步骤，定期撰写成本管理课题专题分析报告（或总结）。	严格按照课题进度、方案实施，专题分析报告能揭示问题，明确改进措施的加0.1～0.4分。	未申报课题的扣0.6分，无具体措施、推进进度慢的扣0.1～0.4分。
	5.2 成本管理课题成效	通过成本管理课题，促使成本费用下降5%以上。	成本费用下降5%～10%的加0.2分；超过10%的加0.4分。	成本费用不降反升的扣0.5分。
6. 信息化管理	6.1 配合财务集成系统开发及资金管理中心系统上线运行	配合财务集成系统的开发方案设计与实施，以及资金管理中心系统的上线运行。	配合积极有效加0.2～0.4分。	配合不积极并影响开发进程的扣0.5～1分。

6. 建立集团考评体系

适合的集团考评体系对财务模式的支撑非常关键，从理论上说，一套评价体系不仅仅包含财务指标，更应该由经营目标、安全管理、廉政管理、质量管理、信息化管理等多项内容组成，以下就对集团企业成本费用和预算管理的考评作一简单阐述。

以成本（费用）预算管理的考核为例，考核内容涉及六个方面：标准成本体系建设、成本预算编制、成本预算执行、成本分析、成本管理课题、信息化管理。见表 18－6。在考核标准中，一些指标被具体细化，具有可操作性。如成本预算执行，其标准是“正常情况下应在预算额度－5%～+1%之内执行，要避免因预算质量不高而导致的执行偏差。”在这一基础上，通过加分和减分，得到各项的分数，最后加总。

表 18－7 是对会计信息质量的考评表，考核的工作具体体现在月报、季报和年报等会计信息的提供方面，是否及时、准确、高质量地完成。表 18－8 是一张具体的会计资料考核结果，上面有多家工厂就会计资料各个方面的考核情况。

表 18－7　　XX 集团会计信息质量考核内容与标准

考核项目	考核要求	分值
一、年度报送资料	**按年考评**	21 分/年
1. 按时上报	按（集团）公司规定或通知的时间报送。 每延迟一次扣 1 分，扣完为止。	7 分
2. 内容完整	会计报表种类及附注资料符合企业会计制度、国家局和（集团）公司的有关规定；审计报告装订整齐，内容完整且符合国家局有关规定；预算项目、报表内容及说明资料符合的（集团）公司有关规定。 内容不全的，每缺一项扣 1 分，扣完为止。	7 分
3. 质量合格	形式规范（报表格式、报送介质、装订方式等合规），签章齐全（单位公章、负责人盖章及签字等），数据真实、准确、完整，表内、表间勾稽关系正确；审计报告无否定意见和拒绝表示意见，无过多保留意见。 每发现一处问题扣 1 分，扣完为止。	7 分
二、季度报送资料	**按季考评**	25 分/年
1. 按时上报	按（集团）公司规定或通知的时间报送。 每延迟一次扣 1 分，扣完为止。	9 分

续表

考核项目	考核要求	分值
2. 内容完整	预算项目、报表种类、分析内容等符合（集团）公司的有关规定和要求。 每发现一处问题扣1分，扣完为止。	8分
3. 质量合格	形式规范（报表格式、报送介质等合规），签章齐全（单位公章、负责人盖章或签字），数据完整、口径统一，指标变动合理，依据原因清楚，表内、表间勾稽关系正确；分析指标完整详尽，差异因素分析准确，变动原因解释合理，重要信息披露充分。 每发现一处问题扣1分，扣完为止。	8分
三、月度报送资料	**按月考评**	40分/年
1. 按时上报	按（集团）公司规定或通知的时间报送。 每延迟一次扣1分，扣完为止。	14分
2. 内容完整	报表种类和内容符合国家局和（集团）公司的有关规定。 内容不全的，每缺一项扣1分，扣完为止。	13分
3. 质量合格	形式规范（报表格式、报送介质、装订方式等合规），签章齐全（单位公章、负责人盖章或签字等），数据真实、准确、完整，表内、表间勾稽关系正确。年末快报数据与年度决算数据相差在5%以内（剔除工挂、消化清产核资等影响因素）。 每发现一处问题扣1分，扣完为止。	13分
四、其他专项或临时报送资料	**按次考评**	14分/年
1. 按时上报	凡是不符合三项要求中任何一项的，每次扣1分，扣完为止。	14分
2. 内容完整		
3. 质量合格		

注：

1. 各项资料的报送时间，遇双休日不作顺延，逢节日长假则根据国家局或（集团）公司有关通知的要求执行。

2. 会计报表、财务分析、财务预算、工作计划等资料的详细目录、格式表样、内容要求、适用对象范围，由（集团）公司财务物价处制定有关规定另行发布。

3. 考核期内凡是未上报上述资料的，每次在所属类别下的三个考核项目（按时上报、内容完整、质量合格）中同时各扣1分，即一次不报扣3分。

表 18－8　　**XX 集团定期例行上报会计资料考核目录**

报送项目 ＼ 报送单位		XX厂	XX厂	XX厂	XX厂	XX厂	XX厂	XX厂	XX厂	XX厂	XX厂	XX厂	XX厂	报送时间	财务处接收人
年度（半年度）报送资料	年度决算资料		★	★	★	★		★	★	★	★	★	★	年报审计结束后5个工作日	XX
	包括：会计年报		★	★	★	★		★	★	★	★	★	★		
	包括：资产负债表		★	★	★	★		★	★	★	★	★	★		
	利润及利润分配表		★	★	★	★		★	★	★	★	★	★		
	现金流量表		★	★	★	★		★	★	★	★	★	★		
	应上交应弥补款项表		★	★	★	★		★	★	★	★	★	★		
	所有者权益（或股东权益）增减变动表		★	★		★		★							
	资产减值准备、投资及固定资产情况表		★	★		★		★							
	基本情况表		★	★		★		★							
	年度间主要指标比较表		★	★		★		★							
	烟草企业补充指标表		★	★		★		★							
	全国烟草行业主要财务指标表		★	★		★		★							
	国有卷烟厂、雪茄烟厂产品成本项目明细表		★	★											
	工资清算表		★	★		★		★							
	财务状况说明书		★	★	★	★		★	★	★	★	★	★		
	会计年报编报说明		★	★	★	★		★	★	★	★	★	★		
	年度审计报告		★	★	★	★		★	★	★	★	★	★		

续表

	报送项目 \ 报送单位	XX厂	XX厂	XX厂	XX厂	XX厂	XX厂	XX厂	XX厂	XX厂	XX厂	XX厂	XX厂	报送时间	财务处接收人
年度（半年度）报送资料	年度预算（半年度预算调整）	★	★	★	★	★	★	★	★	★	★	★	★	按（集团）公司通知要求	XX
	包括：税利预算表（表1）		★	★	★	★		★	★	★	★	★	★		
	现金预算表（表2）	★	★	★	★	★	★	★	★	★	★	★	★		
	主要经济指标预算表（表3）		★	★	★	★		★	★	★	★	★	★		
	税金预算表（表4）		★	★	★			★	★	★	★	★	★		
	卷烟产品销售利润预算表（表5）		★	★	★										
	卷烟产品进销存预算表（表6）		★	★	★										
	卷烟产品单位成本预算表（表7）		★	★	★										
	制造费用预算表（表8）		★	★	★			★	★			★			
	工资福利预算表（表9）		★	★	★	★		★	★	★	★	★	★		
	期间费用预算表（表10）		★	★	★	★		★	★	★	★	★	★		
	资本性支出预算表（表11）		★	★	★	★		★	★	★	★	★	★		
	资本性支出项目明细表（表12）		★	★	★			★	★	★	★	★	★		
	存货预算表（表13）		★	★	★	★		★	★						
	非卷烟产品销售利润预算（表14）							★	★	★	★	★	★		
	非卷烟产品成本与库存预算表（表15）							★	★	★	★	★	★		
	非卷烟产品单位成本预算表（表16）							★	★	★	★	★	★		
	卷烟价格成本资料汇编		★	★											XX

续表

报送项目 \ 报送单位		XX厂	XX厂	XX厂	XX厂	XX厂	XX厂	XX厂	XX厂	XX厂	XX厂	XX厂	XX厂	报送时间	财务处接收人
	卷烟价格信息采集表		★	★										次年 1 月 15 日前	XX
	合同统计报表（半年度）		★	★		★								7 月 10 日前、次年 1 月 10 日前	XX
	年度财务分析	★	★	★	★	★	★	★	★	★	★	★	★	次年 1 月 15 日前	XX
	半年度工作总结	★	★	★	★	★	★	★	★	★	★	★	★	6 月 30 日前	
	年度工作总结与设想	★	★	★	★	★	★	★	★	★	★	★	★	12 月 31 日前	
季度报送资料	季度财务分析		★	★	★	★		★	★	★	★	★	★	季度首月 15 日前	XX
	季度预算执行分析	★					★							季度首月 8 日前	
	季度预算	★	★	★	★	★	★	★	★	★	★	★	★	季度末月 25 日前	
	包括：税利预算		★	★	★	★		★	★	★	★	★	★		
	现金预算		★	★	★	★		★	★	★	★	★	★		
	税金预算		★	★	★	★									
	制造费用预算		★	★	★			★	★			★	★		
	期间费用预算		★	★	★	★		★	★	★	★	★	★		
	总费用预算	★					★								
	成本分析表及成本费用分析说明	★												季度首月 8 日前	XX
月度报送资料	月度快报		★	★		★		★						每月 5 日前	XX
	三项费用明细表		★	★		★		★						每月 6 日前	
	月度快报分析		★	★		★		★						每月 8 日前	
	工业量本利报表		★	★										每月 7 日前	XX
	工业产品流向表		★	★										每月 13 日前	
	商业量本利报表					★								每月 14 日前	

续表

报送项目 \ 报送单位		XX厂	XX厂	XX厂	XX厂	XX厂	XX厂	XX厂	XX厂	XX厂	XX厂	XX厂	XX厂	报送时间	财务处接收人
月度报送资料	月度会计报表	★	★	★	★	★	★	★	★	★	★	★	★	每月4日前	XX
	包括：资产负债表		★	★	★	★		★	★	★	★	★	★		
	利润表		★	★	★	★		★	★	★	★	★	★		
	应上缴及应弥补款项表（包括企业各类流转税、所得税、地方税）		★	★	★	★		★	★	★	★	★	★		
	制造费用明细表	★	★	★	★			★				★			
	管理费用明细表	★	★	★	★	★	★	★	★	★	★	★	★		
	销售（经营）费用明细表		★	★	★	★	★	★	★	★	★	★	★		
	正品销售利润明细表		★												
	正品销售利润累计表		★												
	产品生产、销售成本表		★												
	产品成本报表（上烟样式）			★											
	产品销售报表（上烟样式）			★											
	外贸企业月份财务指标快报									★					
	商品销售收入明细表									★					
	主要商品销售利润汇总表									★					
	出口主要商品销售利润表									★					
	内贸主要商品销售利润表									★					
	项目补充表												★		
	大类商品销售损益表												★		

续表

报送项目 \ 报送单位		XX厂	XX厂	XX厂	XX厂	XX厂	XX厂	XX厂	XX厂	XX厂	XX厂	XX厂	XX厂	报送时间	财务处接收人
月度报送资料	基本生产费用汇总表	★												每月4日前	XX
	烟叶成本计算表	★													
	卷包材料成本分摊表	★													
	主要材料分摊汇总表	★													
	烟叶耗用表				★									每月2日前	
	委加产品材料耗用表				★										
	烟叶、烟梗、膨丝、薄片计算表				★										
	增值税开票抄税单	★					★								XX
	月度资金预算表	★	★	★	★	★	★	★	★	★	★	★	★	每月25日前	XX
	月度资金预算执行表	★	★	★	★	★	★	★	★	★	★	★	★	每月5日前	
	月度资金预算执行分析	★	★	★	★	★	★	★	★	★	★	★	★		
	烟叶结算资金监控异常情况说明		★	★											
	货币资金情况表	★	★	★	★	★	★	★	★	★	★	★	★		
	月度财务分析	★	★	★	★	★	★	★	★	★	★	★	★	每月8日前	XX
	月度工作简报（本月工作快讯和下月工作计划）	★	★	★	★	★	★	★	★	★	★	★	★	每月3日前	

注：

1. 以上资料的报送时间：电子文档为系统记录的发送时间，书面文档为人员接收或寄出邮戳的时间，两者同时发出的以先收到者为准。
2. 各项资料的内容、格式、报送介质等要求由有关接收科室负责确定。
3. 逢年度、季度、月度分析重叠的月份，无须重复、从高报送。

附录 集团化财务管理的几种模式

归纳中外成功企业的成功经验，企业集团财务权限的配置主要有三种模式：集权型财务体制、分权型财务体制、相融型财务体制。

1. 集权型财务体制评价

集权制是指企业集团公司的相关财务部门对子公司的所有管理决策都进行集中统一管理，子公司没有财务决策权或很少有财务决策权。这里所说的“相关财务部门”不仅包括母公司的财务部门，还包括董事会及总经理或其下属的专业委员会（包括预算委员会、投资决策委员会、审计委员会等等）。因为按照财务分层管理思想，董事会或总经理或其下属专业委员会或多或少地参与财务决策。

在这种模式下，集团母公司与子公司虽为双重或多重经济实体、两级或多级核算、民事活动中地位平等，但在法律框架内紧密联系。集团的人事、财务、信息、规划都由总部控制，由总部任免经营者和委派财务总监或财务主管；投资决策权由集团总部掌握；建立财务中心或财务公司、内部银行等相关机构办理集团内各单位的存贷款和结算业务，开展财务管理；总部对各个子公司、分公司实行严密的会计控制；财会制度、规范由总部制定和监督实施；总部对子公司行使会计信息反馈权，规定子公司一系列的报告制度；建立有效的治理机制、会计与审计监督机制。

集权制的最大优势在于财务管理的效率很高，有利于企业集团发挥整体资源的整合优势，实现资源的规模效应。

集权制的不足在于：一是容易“一统就死”。在这种体制下，子公司没有或很少有任何财务权限，这样就不利于发挥子公司参与管理的主动性和积极性，也限制了其创造性的发挥，不符合“人本原则”。二是不利于母公司从事战略管理，战略将最终决定企业集团的生存和发展，关系着集团的全局和长远利益，因此母公司财务管理的一个重要内容应该是集团发展战略，如果把主要精力放在对子公司的日常财务监管上，那就不利于集团财务战略的长远规划与实施。三是不利于规范集团管理行为，由于母公司的指挥失败而导致子公司破产或清算，会在很大程度上破坏“优先责任”这一原则，也会使母公司陷入财务困境，无法清理母子公司之间的财务利益关系，更无从对公司的经理人员进行业绩评价和考核。

图 18－5 是集权制财务管理模式，其代表企业是万科集团的“强势总部”。这一模式的特点是：

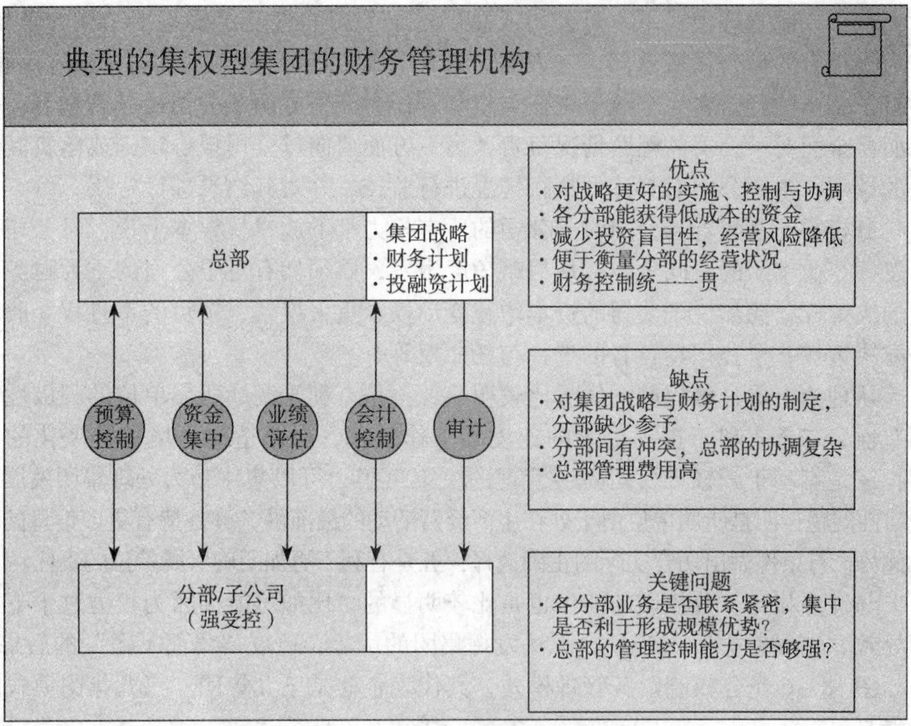

图 18－5　集权制下的集团财务管理模式

（1）总部集中了投资决策权、财务承诺权、融资权、人事权和工资制定权；子公司定位于一个执行和操作的机构。

（2）资金由总部统一管理，一线子公司的主要款项支付都是通过集团结算网络统一支付，各一线公司的主要销售回款也集中存放在集团资金中心。

（3）采用矩阵式组织结构来对子公司进行管理。子公司职能部门受子公司总经理领导，同时受总公司职能部门直线管理。

（4）总部财务部、资金管理部、规划设计部的集权程度最高；而营销企划部门、工程管理中心等部门，总部更多地是通过制定政策和管理制度、规范业务流程和监督项目执行，以指导、服务子公司。

2. 分权型财务体制评价

分权制是与集权制相对应的另一种极端的财务体制，在这种体制下，母公司只保留对子公司的重大财务事项的决策权和审批权，而将日常财务决策权与管理权完全下放到子公司，子公司只需将一些决策结果提交母公司备案即可。在这种体制下，子公司相对独立，母公司一般不干预子公司的生产经营和财务活动。

在分权制管理模式下，母公司或总部对子公司的管理主要基于结果的考核，作为委托方的母公司或总部，一方面需要有明确的目标与管理要求，另一方面也要对子公司的经营者完全赋予责任与权利；作为受托方的子公司及其管理者，一方面要全面对子公司的经营情况负责，另一方面要向母公司报告实施或落实其责任的计划，由母公司对其计划执行情况进行监控，并对其结果进行考核。

分权并不意味着母公司对子公司的所有权力都下放，从根本上说，母公司为了发挥企业集团的协同效应，从战略角度出发，必须拥有对子公司的重大财务事项的决策权，比如说子公司的资本增减变动权、重大投融资项目的审批权、股利分配决策权、子公司经营者的选择与任命权等等。

从理论上看，分权制的优势比较明显，一是有利于调动所属单位的积极性和创造性；二是有利于提高决策的速度和工作效率，提高适应环境快速变化的能力；三是有利于减轻母公司高层管理的决策负担，可以集中精力处理集团发展的战略性问题；四是所属单位由于处在生产经营活动的最前沿，具备持有更多信息的相对优势，有条件做出切合实际的正确选择；五是有利于更加明确所属单位的责任。

与优势相比，分权制的缺点也是比较明显的，比如可能会因为权力过于下放而导致“诸侯割据”的现象，无法发挥集团的优势，造成“集而不团”的后果。

图 18－6 是分权制财务管理模式，其代表企业是三九集团。三九集团模式的特点是：

（1）集团“九管”。这九个方面是：管依法经营、经营方向、国有资产、投资、企业设立、经济效益、企业形象、党团建设、经理。

（2）对子公司“六放”，放生产经营权、人事权、财务权、机构设置权、干部任命权和分配权。

3. 相融型财务体制评价

在相融制的模式下，集团总部将财权在总部与子公司等分支机构之间适度分配，将重大财务决策权与一般管理决策的适度分权相结合。集团母公司主要负责战略性的经营管理和产权经营管理，表现为对成员企业的战略规划、综合协调、提供服务和股权管理。同时，将部分投资决策权、人事管理权、工资奖金分配权、资产处置权授予子公司。

在这种模式下，最高决策层集中精力研究财务战略、资本运营；子公司的自主权有的可能较大，有的可能较小。子公司具有有限的投资决策权，比如有的按照子公司净资产的一定比例确定投资权，有的则规定投资限额。在管理上分为三个层次进行财务管理、会计控制：一是集团总部直接占用的资产，由总部进行战略规划，对重大财务活动控制，考评子公司绩效、制定子公司资金管理制度；二是具有法人资格的全资子公司，由集团总部委任董事长或者总经理，按照统一会计制度管理子公司，子公司在一定限额内有投资决策权；三是具有法人资格的非全资子公司，集团公司按照持股比例选派董事参与财务决策。

这种模式的代表企业是攀枝花钢铁集团，其模式见图 18－7。其特点是：

(1) 体制。采用“三中心”的运作模式，即：

集团公司——投资决策及资本运营中心，

分公司——生产经营和利润中心，

子公司——“四自”法人实体和市场主体；

(2) 统一财务会计制度；

(3) 对现金、预算、审计实行强有力的集权管理；

(4) 总部只管分子公司的经营班子，对子（分）公司财务人员集中控制；

(5) 在确保集团总部利益的前提下，适当下放投资项目、折旧计提使用、利润分配、工资奖金自主分配的权利。

三种模式的总部功能比较如图 18－8 所示。

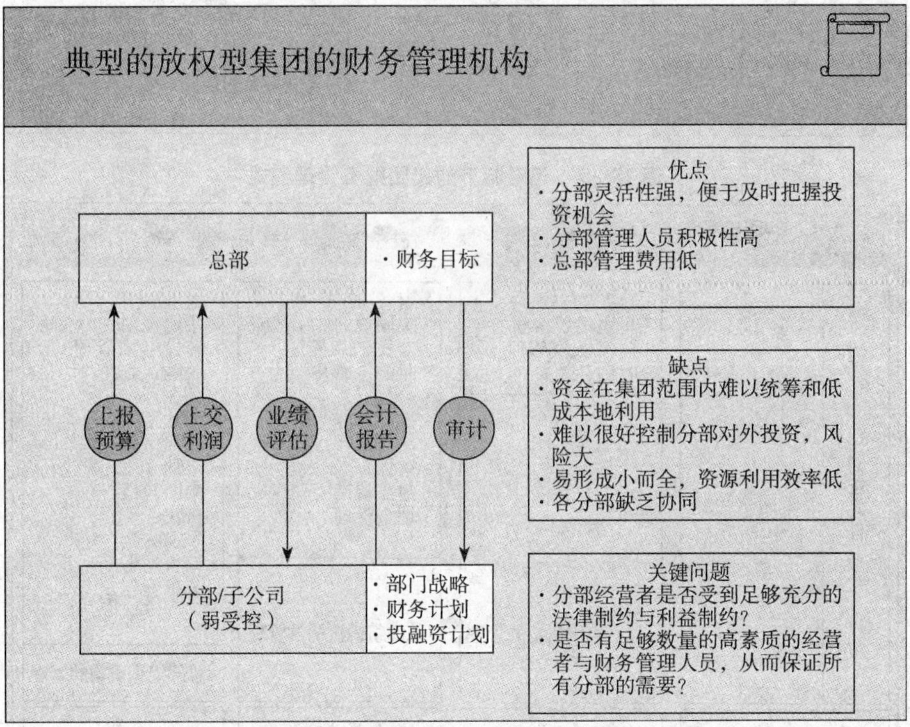

图 18－6　分权制下的集团财务管理模式

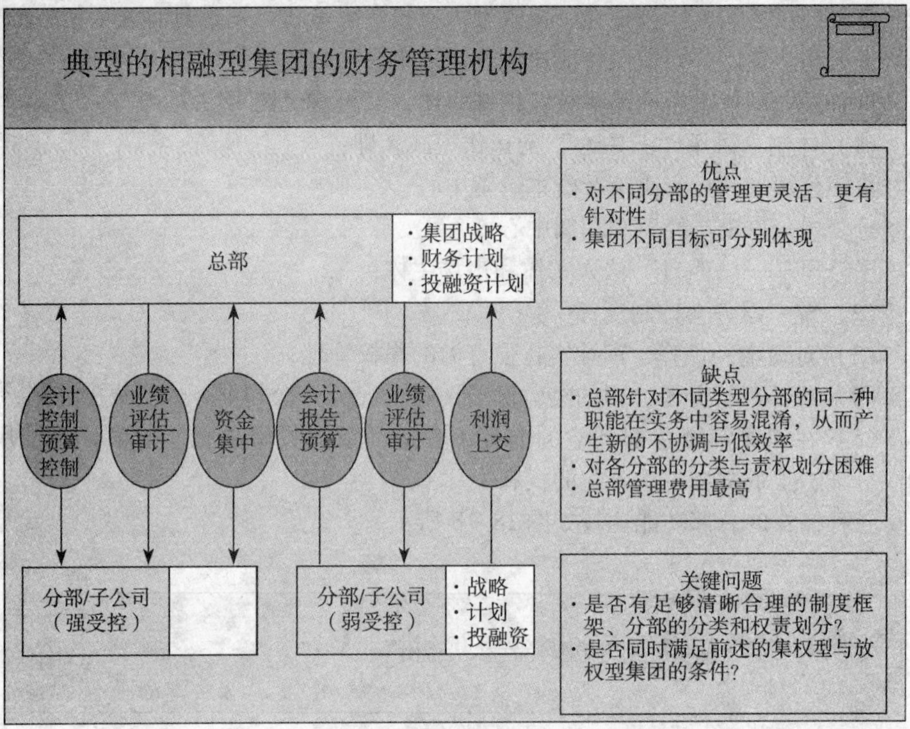

图 18－7　相融制下的集团财务管理模式

功能和人员配置＼管理模式		财务管理	战略管理	运营管理
总部功能	核心功能	· 财务/资产 · 集团规划 · 监控/投资管理 · 收购、兼并	· 财务/资产 · 集团规划/SBU战略 · 监控/投资管理 · 收购、兼并	· 财务/资产 · 集团规划/SBU战略 · 监控/投资管理 · 收购、兼并
	重要功能	+总部组织机构的管理	· 公关 · 人才培养 · 法律 · 审计 · 集团营销 · 现金管理 +总部组织机构的管理	· 公关 · 人才培养 · 法律 · 审计 · 集团营销 · R&D · 采购物流 · 销售网络 · 人事管理 +总部组织机构的管理
集分权		分权	集权与分权相结合	集权

图 18－8　三种集团财务管理模式比较

综上，三种模式各有其存在的理由，并且能够得到两种理论假说的支持。代理理论和现代管家理论是从监督责任的角度考察集中和分散的问题，只是各自所采取的假设起点不同而已。代理理论认为，人是自利的，从而具有偷懒和机会主义趋向的天然动机，为提高监督效果，企业集团需要采取集中式的控制机制。而现代管家理论则认为，以总经理为代表的高层管理人员具有利他性和自律性，集团可以依赖他们自身的约束，采取分散的控制模式可以提高企业的绩效，而且由于经营权的分散有利于管理的创新；资源依赖理论则是从环境的不确定性出发，得出是否集中或者分散控制应与环境的变化性结合起来考察的结论，因此相融型的控制模式可能是应对环境风险的最佳选择。

参考文献：

1. （美）理查德.L. 达夫特著，李维安译，《组织理论与设计精要》，机械工业出版社。

2. 赵月华，《母子公司治理结构》，东方出版社。

3. （美）泽维尔·维夫斯编，郑江淮译，《公司治理：理论与经验研究》，中国人民大学出版社。

4. 尚衍国，《母子公司财务管控》企业管理出版社。

5. 胡逢才，《企业集团财务控制》暨南大学出版社。

6. 王吉鹏，《集团管控》中国发展出版社。

7. 刘戬，“集团公司资金管理的中国特色”。

8. （美）玛格丽特·梅著，《财务职能转变与公司增值》，电子工业出版社。

9. 付永水、秦中甫著，《全面预算管理》，经济科学出版社。

10. 葛婧、王远軍、赵贸磊，“集团总部在价值创造中的角色”。

11. 袁冬安，“论集团企业产生和发展的动因”。

12. 吴文具，“企业集团管理业绩指标评价的选择”。

13. （美）詹姆斯·范霍恩等著，《现代企业财务管理》，经济科学出版社。

14. 汤谷良等著，《高级财务管理》，中信出版社。

15. 北京市法学会，《公司治理结构得理论与实践》，机械工业出版社。

16. （美）J. 弗雷得·威斯通，《兼并、重组与公司控制》，经济科学出版社。

17. 林毅夫等，“现代企业得内涵与国有企业改革方向”，《经济研究》。

18. “许继集团财务制度建设研究报告”，上海视野经济研究所。

19. （美）阿斯瓦斯·达摩达兰著，《应用公司理财》，机械工业出版社。

20. 周首华等著，《财务理论前沿专题》，东北财经大学出版社。

第 19 章

宇通客车的 MBO[①]

管理层收购（Management Buy - out，以下简称 MBO）是杠杆收购（Leveraged Buy - out，LBO）的一种，由英国经济学家麦克·莱特（Mike Wright）于 1980 年发现，专指公司的经理层利用借贷所融资本或股权交易收购本公司的行为。管理层收购活动完成之后，企业的管理层集所有权与经营权于一身，在某种程度上实现了所有权与经营权的统一。

国外企业实施 MBO 主要基于三个目的：一是帮助上市公司实现“退市”，MBO 后这类公司股票停止上市交易；二是多元化集团通过 MBO 剥离或退出非核心业务，或从某些行业中退出；三是反收购。它是一种完全的市场行为。而我国目前上市公司推行管理层收购的目的大多为了明晰产权或是激励高管人员等，行政性安排在管理层收购中起到了决定性的作用，被赋予了制度变革的意义，与国外管理层收购的背景与出发点是不同的。

从目前来看，中国的 MBO 情况大致可以分为三类：

第一类属解决民营企业带“红帽子”的历史遗留问题。一些产权不明晰的集体所有制公司，在当地政府的认可后，把国有法人股转变为公司法人股，经过管理层收购后，变为民营企业，像粤美的、深圳方大、世茂股份、万家乐等 MBO 均属于此类；

第二类包含国有股的公司，实施 MBO 后，不改变第一大股东的控股地位，管理层收购不占控股地位的国有股股权，如胜利股份、佛塑股份、特变电工等；

第三类属“国退民进”。公司是国有控股企业，管理层收购了国有股股权，改变了国有股的控股地位，如洞庭水殖和宇通客车。

在中国 MBO 的浪潮中，有好几家企业的运作是引起轩然大波的，如上市公司“中国第一例 MBO”——四通 MBO、特变电工管理层策划的对特变电工和新疆众和的双 MBO 等。

① 本案例完成于 2007 年 7 月。

我们在本章介绍的是被业内冠以“第一例公开以上市公司国有股为对象的MBO”——宇通客车 MBO。宇通客车整个 MBO 过程历时近四年。在 MBO 方案长期被财政部搁置后，凭借一纸司法拍卖的执行文书，巧取宇通集团 90% 的国有股权，由国有企业摇身变成了民营企业，上演了一出“绕道”国资委审批的“逼宫”大戏。

19.1　案例背景

1. 我国 MBO 发展概述

在我国，MBO 是作为国有企业产权改革的一种方式而发生发展的。我国首起上市公司 MBO 可追溯到 1999 年四通集团的产权改革，其后 MBO 在上市公司中迅速发展。但是国务院、财政部、证监会等主管部门一直未对 MBO 进行系统性规范，由此导致 MBO 运作中出现了一些暗箱操作、变相侵吞国有资产等现象。

例如，一些实施 MBO 的公司，收购价格都低于公司的每股净资产。如粤美的每股净资产 4.07 元，但两次收购价分别为 2.95 元和 3.00 元；深圳方大每股净资产 3.45 元，两次收购价分别为 3.28 元和 3.08 元；佛塑股份每股净资产 3.18 元，收购价为 2.96 元；特变电工的收购价格更是大大低于净资产，公司 2002 年中期每股净资产 3.38 元，最低的收购价居然只有 1.24 元。一些专家认为国有企业负责人可以利用控制国有企业的机会，做假账减少企业资产，从而使自己能够低价收购国有企业。俄罗斯推行 MBO 就是一个深刻的教训，MBO 最终演变成为权势者瓜分国有资产的盛宴，500 家大型国有企业实际价值超过 1 万亿美元，最后却只卖了 72 亿美元。

因此，我国对 MBO 放行或叫停的讨论也就一直没有停止过。王巍（2002）和钟伟（2003）等认为，推行 MBO 的条件已成熟。董辅礽（2003）和巴曙松（2003）却认为，目前推行 MBO 可能诱发国有股权被侵害和国有资产流失风险，导致社会不公。毛道维等（2004）认为，MBO 并不能成为“国退民进”主要途径，成功实施 MBO 的条件是，企业有良好业务结构、财务状况和成长潜力，管理层对企业成长做出重大贡献，企业在实施 MBO 前已对经营者和员工执行了一些合法激励计划，政府和社会对管理层价值认可等。《21 世纪经济报道》有一文描写了监管层对 MBO 态度：“一方面，MBO 在解决国有企业产权问题上的确效果卓著；另一方面，MBO 在实际操作中又可能会带来诸多社会危害。这左右两条道的确有些让人难以选择。”

监管层对 MBO 的态度究竟怎样呢？我们可以看到，一直到 2002 年 10 月，对 MBO 的约束还一直在国有股权转让的层面上进行，并没有专门针对国有股权转让给管理层的规范，也没有细分大中小国有企业的股权转让。

2000 年 5 月 19 日，财政部在履行国有资产管理职能后出台了《关于股份有限公司国有股权管理工作有关问题的通知》（财管字［2000］200 号），这也成了当时国有股权协议转让的最直接依据之一。该《通知》对省级财政与中央财政部门的审批权限进行了详细划分，规定：地方股东单位的国有股权管理事宜一般由省级（含计划单列市）财政（或国有资产管理）部门审核批准；国务院有关部门或中央管理企业的国有股权管理事宜由财政部审核批准。对于发行外资股（B 股、H 股等），国有股变现筹资，以及地方股东单位的国家股权或发起人国有法人股权转让、划转、质押担保等变动（或者或有变动）的有关国有股权管理事宜，则须报财政部审核批准。

2000 年 8 月 16 日，证监会发布的《关于上市公司非流通股份类别变更有关问题的通知》（证监市场字［2000］14 号）进一步配合了财政部出台的规定。通知规定：上市公司国有股权转让行为发生在国有法人之间的，转让后的股份类别仍然登记为国有股权；发生以下情形之一的转让行为，受让方为非国有法人（包括非国有控股企业）或其他投资者的，其受让的股权可以登记为其他非流通股份：（一）出让方取得财政部书面批准的；（二）因法院终审裁决而被执行的；（三）由法院主持或授权拍卖的。

但是，2000 年 8 月，财政部以口头形式命令地方暂停国有股权向非国有股东转让的审批工作。到此，国有企业 MBO 被第一次紧急叫停。

然而，2001 年下半年粤美的、深圳方大和宇通客车仍然陆续发布了向管理层转让股份的公告，另有近 30 家上市公司相继提出管理者持股计划。2002 年胜利股份、佛塑股份、洞庭水殖和特变电工也宣布实行 MBO，还有上百家上市公司积极准备实施 MBO。

2001 年 6 月 12 日国务院正式发布《减持国有股筹集社会保障资金管理暂行办法》，这标志着国有股减持工作正式启动，但《暂行办法》只是笼统规定“减持国有股原则上采取市场定价方式”，具体的定价细则并没有确定。结果有关部门以便函的形式批准国有股减持，决定以流通股市场价存量发行，造成股市暴跌，构成了中国股市 1994 年以来最大规模的一次调整。面对股市雪崩式的下跌，2001 年 10 月 22 日晚证监会宣布，停止执行《暂行办法》第五条关于“国家拥有股份的股份有限公司向公共投资者首次发行和增发股票时，均应按融资额的 10% 出售国有股”的规定。从而一度沸沸扬扬的国有股减持暂告一段落，到 2002 年 6 月 23 日，国务院宣布停止通过证券市场减持国有股。与此同时，已暂停的国有股向非国有单位协议转让审核工作，经联席会议决定，继续开始进行。

2002 年 8 月 20 日，方向光电（000757）国有股转让获财政部批准。这是自

2000 年 8 月财政部暂停国有股向非国有企业协议转让的审核后，政策为国有股转让重开绿灯。自此以后，财政部批准国有股转让速度明显加快。

2002 年 10 月为了规范上市公司 MBO 和加强对国有股权的监管，财政部发布了《关于国有股持股单位产权变动涉及上市公司国有股性质变化有关问题的通知》（财企［2002］395 号），其中规定：上市公司国有股持股单位产权变动时，应充分考虑对其控股（参股）上市公司的影响，合理确定国有股价值。上市公司国有股持股单位因产权变动引起所持国有股性质发生变化的，国有股持股单位应按产权关系将产权变动方案报地市级以上人民政府、中央企业主管部门批准，并在方案实施前将国有股权变动事项报财政部核准。上市公司国有股持股单位产权变动后涉及国有股性质变化的，凭财政部批复文件依照规定程序到证券登记结算公司办理所持股份变更登记手续。

10 月 18 日，证监会《上市公司收购管理办法》正式出台。在这个办法里，对涉及上市公司收购的信息披露（如资金来源、上市公司实际控制人发生变化的行为等）、收购价格、财务问题等都做了严格的限定。显然，这些方法同样适用于 MBO。之后立即有洞庭水殖、胜利股份的 MBO 方案获得批准。这两家公司提出的 MBO 方案的共通之处在于，其收购价格均高于公司 2001 年的每股净资产。

据中国证券报文章当时的统计，从 2002 年 6 月 23 日国有股向非国有股单位协议转让的审核工作解冻以来，截至 2002 年 12 月 20 日，公告国有股权向非国有单位转让的上市公司共有 90 家 130 起，其中受让方成为第一大股东的共有 56 家公司，占 62.2%，说明受让方收购股权的目的意在控股。在 2003 年第一季度披露的上市公司控制权转让案例，以股权形式存在的国有资产转让占 92.86%。

2002 年底，专门为 MBO 提供融资渠道的国内第一家开放式 MBO 基金俱乐部——利宝资本俱乐部在上海挂牌，引起一片惊呼，“2003 年将是中国的 MBO 年，这将是一场资本和企业家的盛宴。”

但事实却没有那么如意。2003 年 3 月，财政部（财企便函［2003］9 号）《国有企业改革有关问题的复函》出台：在相关法规制度未完善之前，MBO（包括上市和非上市公司）行为暂停受理和审批。财政部之所以又对 MBO 急刹车，一来因为不少上市公司 MBO 计划有国有资产流失之虞，二来也正赶上国务院机构调整，原属于财政部的国有股权转让审批工作交由新成立的国有资产管理监督委员会负责，交接尚需一个过程。

但这期间并不是所有的 MBO 都停止了，这阶段通过信托走曲线 MBO 的模式开始抬头，比如金地集团（600383 和伊利股份（600887）将股份转让给金信信托、恒瑞医药（600276）将股份转让给中泰信托等做法浮出水面。“管理层隐藏在信托公司后面，由信托公司出面受让国有股。由于这些信托公司是非国有控股，国有股过户后，股权性质立即变为社会法人股。只要财政部批准过户成为社会法人股后，此后的股权转让便不在财政部的掌控之中了”，龙策咨询合伙人涂颂华分析道，“这是极为讨巧的办法”。

国资委成立后，于2003年年底先后颁布了《国务院办公厅转发国务院国有资产监督管理委员会关于规范国有企业改制工作意见的通知》（国办发［2003］96号）和《企业国有产权转让管理暂行办法》（国务院国资委财政部令第3号），为规范国有产权转让行为及MBO作出了若干原则性和操作性的规定，要求上市公司国有股转让价格在不低于每股净资产的基础上，应参考上市公司盈利能力和市场表现合理定价；经营管理者不得参与向本企业经营管理者转让国有产权的决策、财务审计、离任审计、清产核资、资产评估、底价确定等重大事项，严禁自卖自买国有产权。经营管理者筹集收购国有产权的资金，要执行《贷款通则》的有关规定，不得向包括本企业在内的国有及国有控股企业借款，不得以这些企业的国有产权或实物资产作标的物为融资提供保证、抵押、质押、贴现等。

但事实上，低于净资产交易进行股权转让仍然屡见不鲜。如2004年张裕股份的中报和第三季报显示，公司每股净资产为4.12元，但其交易价格却为3.88元。而对此，烟台市国资局及张裕集团三缄其口，不愿多作解释。

2004年初，国务院《关于推进资本市场发展的若干意见》出台，鼓励上市公司进行以市场为主导、有利于公司持续发展的并购重组。截止2004年11月初，中孚实业、华神集团、海正药业、栖霞建设、豫光金铅、山东海龙、亚宝药业、梅雁股份和张裕A等，纷纷披露管理层间接收购公司股权事宜，MBO重新开始抬头。

2004年6月之后，香港学者郎咸平先后“三叩TCL”、“四问海尔”、“七敲格林柯尔”，对“国退民进”进程中出现的国有资产流失问题进行了评析，并认为目前我国所采取的“产权制度”改革的方式和方向有待商榷，从而引发了数十位知名学者参与“国资改革”和“国有资产流失”的大讨论。其中中国政法大学教授杨帆、中国社科院经济所研究员左大培等五学者发表言论声援郎咸平，而国务院发展研究中心企业研究所张文魁则认为，郎咸平的分析和观点并不能否定和改变国家产权改革的大方向，张维迎也称要善待有贡献之人。这场争论直接导致了2004年9月15日国资委《关于企业国有产权转让有关问题的通知》的出台，明确了产权转让的操作办法。随后国资委主任李荣融发表讲话：“目前情况下，国有及国有控股的大企业不宜实施管理层收购并控股”，“国有中小企业改制可以探索试行管理层收购或控股”。时隔不久，李荣融又表示：各地国资监管机构要规范国企改制，加快地方国有经济布局和结构的战略性调整，不能刮风出售国有资产，不能“一刀切”，不能用行政命令强行推进国有企业改制。

2004 年年底，国资委叫停国有大型企业 MBO，并联合财政部、监察局及工商总局组成联合调查组对地方国资转让过程进行抽查。发现的主要问题有：公示时间短，达不到 3 号令规定的 20 天；有的地方政府要求的符合交易资格条件都对应着某一个收购者等。

同年末，在中央企业负责人会议上，国资委前党委书记李毅中就曾明确开列了中小国企实行 MBO 的条件：一是做好经营者离任审计，对企业业绩下降负有责任的国企负责人不得购买股权；二是改制方案要由产权单位委托中介机构制定，经营者不得参与转让决策等重大事项，严禁自买自卖国有产权；三是必须通过产权交易所进场交易，出让价通过进场竞价确定，经营者购买股权与其他受让者必须同股同价；四是经营者不得向包括本企业在内的国有及国有控股企业借款，不得以企业产权或实物资产进行抵押；五是除国家规定，不得将有关费用从价款中事先抵扣，经营者持股比例应慎重考虑，比例不宜过高。

2005 年初，国资委主任李荣融明确表示国有资产流失的关键问题在管理层，认为所有者与经营者混合是不合适的，即管理层收购不合适。

2005 年 4 月 14 日，国资委和财政部联合出台了《企业国有产权向管理层转让暂行规定》（国资发产权［2005］78 号）则最终将这些意见形成法规正式执行并对 MBO 进行严格规范。《暂行规定》的核心内容，是对 MBO 的情况进行划分并予以区别对待。据此，大型国有以及国有控股企业的国有产权不向管理层转让，大型国有及国有控股企业所属从事该大型企业主营业务的重要全资或控股企业的国有产权，也不向管理层转让；同时，中小型国有及国有控股企业的国有产权，可以向管理层转让。由此，对 MBO 的管制达到了一个新的程度。

综上所述，我们可以发现，国有企业的 MBO 是一个由企业管理层积极发起，而中央政府对其逐步规范直至严格管制的过程。

为结合对宇通客车的分析，我们将宇通 MBO 过程中所涉及的重要法律法规整理列于表 19－1 中。

表 19－1　　　　宇通 MBO 期间的相关重要法律法规

时间	法规	发布单位	主要内容	MBO
2000 年 5 月 19 日	《关于股份有限公司国有股权管理工作有关问题的通知》	财政部	国家股权或发起人国有法人股权转让、划转、质押担保等变动（或者或有变动）的有关国有股权管理事宜，则须报财政部审核批准。	

续表

时间	法规	发布单位	主要内容	MBO
2000 年 8 月 16 日	《关于上市公司非流通股份类别变更有关问题的通知》	证监会	由法院主持或授权拍卖的国有股权，受让方为非国有法人（包括非国有控股企业）或其他投资者的，其受让的股权可以登记为其他非流通股份	
2000 年 8 月		财政部	以口头形式命令地方暂停国有股权向非国有股东转让的审批工作	暂停
2002 年 6 月 23 日		国务院	宣布停止通过证券市场减持国有股。与此同时，已暂停的国有股向非国有单位协议转让审核工作继续开始进行。	解禁
2002 年 10 月	关于国有股持股单位产权变动涉及上市公司国有股性质变化有关问题的通知》	财政部	上市公司国有股持股单位因产权变动引起所持国有股性质发生变化的，国有股持股单位应按产权关系将产权变动方案报地市级以上人民政府、中央企业主管部门批准，并在方案实施前将国有股权变动事项报财政部核准。 上市公司国有股持股单位产权变动后涉及国有股性质变化的，凭财政部批复文件依照规定程序到证券登记结算公司办理所持股份变更登记手续。	
2002 年 10 月 18 日	《上市公司收购管理办法》	证监会		
2003 年 3 月	《国有企业改革有关问题的复函》	财政部	在相关法规制度未完善之前，MBO（包括上市和非上市公司）行为暂停受理和审批	暂停
2003 年 11 月	《关于规范国有企业改制工作意见的通知》	国资委	上市公司国有股转让价格在不低于每股净资产的基础上，应参考上市公司盈利能力和市场表现合理定价。 不得以企业的国有产权或实物资产作标的物为 MBO 融资提供保证、抵押、质押、贴现等。	解禁
2003 年 12 月	《企业国有产权转让管理暂行办法》	国资委 财政部		
2004 年末			国资委叫停国有大型企业 MBO	

2. 宇通客车简介

宇通客车（600066）前身郑州客车厂，始建于 1963 年，是交通部在河南省唯一的一家公路客车生产厂，也是中国较早从事客车生产的专业厂之一。1993 年，根据河南省经济体制改革委员会豫体改字（1993）第 29 号文件批复，郑州客车厂与中国公路车辆机械公司、郑州旅行车厂共同发起以定向募集方式设立郑州宇通客车股份有限公司。1997 年 5 月宇通客车在上海证券交易所挂牌上市（股票代码 600066），成为国内客车行业第一家上市公司。公司总部设在郑州市。MBO 之前其股权结构如图 19－1 所示。

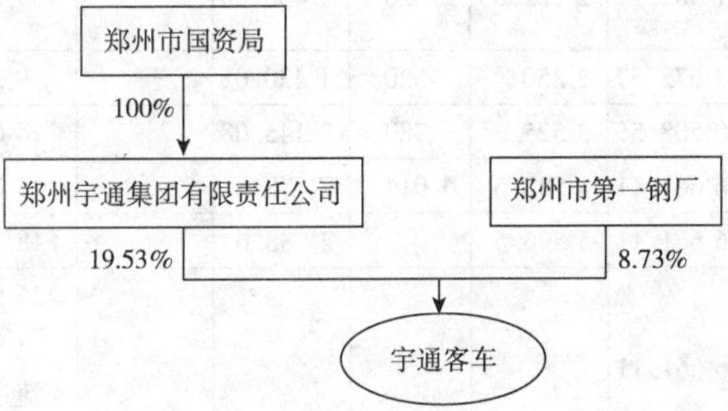

图 19－1　宇通客车 MBO 前的股权结构

宇通客车主营客车及其配件，是客车整车行业内的市场领导者，是亚洲生产规模最大、工艺技术条件先进的大中型客车生产基地。在开始 MBO 之前的四年间，财务状况良好，净利润和所有者权益呈增长态势，见表 19－2。

表 19－2　　宇通客车 MBO 前主要业绩指标

	2000 年	1999 年	1998 年	1997 年
资产总计	1 425 780 961.0	988 338 429.7	946 100 342.5	649 950 300.0
所有者权益合计	868 224 751.9	640 953 423.0	570 262 797.2	404 323 500.0
主营业务收入	1 198 968 349.0	700 109 344.5	565 416 206.9	436 671 752.8
主营业务利润	237 230 045.0	146 515 655.2	109 303 243.7	84 999 461.9
净利润	87 071 643.3	70 690 625.8	52 748 101.1	40 955 400.0

数据来源：度量衡。

表 19－3　　宇通客车股本变化情况　　单位：万元

年份	总股本	发起人国家股	发起人境内法人股	募集法人股	内部职工股	流通A股	股份变动原因
1997－05－08	7 300	1 482	452	1 100. 04	765. 96	3 500	新股上市
1998－09－30	8 755. 52	1 657. 73	452	1 100. 04	995. 75	4 550	配股
1998－10－12	11 382. 17	2 155. 05	587. 6	1 430. 05	1 294. 47	5 915	送转股
1998－12－22	11 382. 17	2 222. 65	520	1 430. 05	1 294. 47	5 915	股权转让
2000－04－24	11 382. 17	2 222. 65	520	1 430. 05		7 209. 47	内部职工股上市
2000－12－01	13 672. 37	2 350	520	1 430. 05		9 372. 31	配股
2004－04－16	20 508. 55	3 525	780	2 145. 08		14 058. 47	送转股
2005－04－20	26 661. 11	4 582. 5	1 014	2 788. 6		18 276. 01	送转股
2005－06－30	26 661. 11	5 596. 5		2 788. 6		18 276. 01	股权转让
2006－03－06	26 661. 11					26 661. 11（暂锁定流通A股 8 019. 58）	股权分置
2006－04－21	39 991. 67					39 991. 67	送转股

数据来源：度量衡。

3. 客车行业简介

自1993年厦门汽车（现为金龙汽车）上市以来，至2001年主营或兼营客车整车或底盘的上市公司已有宇通客车、亚星客车、安凯客车、中通客车、松辽汽车等8家。

1991年以来，我国大中型客车的年均增长率达到15%左右，其中，大型客车的增长率达到20%。行业分析人士普遍认为，随着公路通车里程的增加和城镇化建设的加快，我国的大中型客车行业仍处在稳定增长阶段。

在行业保持稳定增长的同时，大中型客车行业的竞争格局却相对稳定。中信证券李春波认为，虽然大中型客车市场相对分割，行业集中度不算高，而且从生产角度来看，技术的门槛不高。大中型客车的客户主要是公交公司、客运公司、旅游公司和一些集团和大机构，营销网络和产品性能的稳定性非常重要，新进入的公司很难在短期内获得市场声誉，而国际汽车公司也难以在中低档市场上获得成本优势。因而该行业能够保持一个相对稳定的竞争格局。其中，宇通客车和三家金龙是市场的领先者。

2000 年底宇通客车在行业中盈利能力是最好的，其收入、利润和股价均位于行业第一。其股价走势比大盘陡峭，即其业绩是强于大盘的。

相对整个汽车行业，似乎用“小行业的大龙头”更能形容宇通客车所处的行业地位。这意味着，充分分享行业增长的同时，宇通客车做大集团的战略也可能最先受到行业规模的限制。实际上，国外的客车企业一般都依赖于大的商用车集团，象宇通客车这样单做客车的企业并不多见。2006 年，宇通董事长汤玉祥坦言：“宇通客车已经过了高速成长期，这两年进入了稳步发展阶段，每年还可能有 10% ~15% 的增长。”

表 19 -4　　2000 年度客车行业公司业绩比较

证券名称	主营业务收入（万元）	净利润（万元）	资产总计	股东权益合计	每股收益	资产负债比率（%）	股价均价
安凯客车	37 248. 51	1 212. 30	1 106 742 698. 54	677 492 889. 00	0. 055	38. 78	8. 71
中通客车	26 129. 63	4 671. 63	659 540 868. 26	431 969 360. 51	0. 1959	34. 5	14. 06
宇通客车	119 896. 83	8 707. 16	1 425 780 961. 03	868 224 751. 90	0. 6368	39. 11	16. 94
ST 亚星	91 603. 92	5 452. 84	1 165 267 119. 06	610 198 139. 84	0. 29	47. 63	11. 52
ST 松辽	1 038. 45	3 107. 70	652 892 392. 98	238 277 092. 77	0. 22	63. 5	14. 31
厦门汽车	86 314. 19	3 674. 83	6 169 757 108. 10	310 516 723. 69	0. 2960	71. 26	13. 97

数据来源：度量衡。

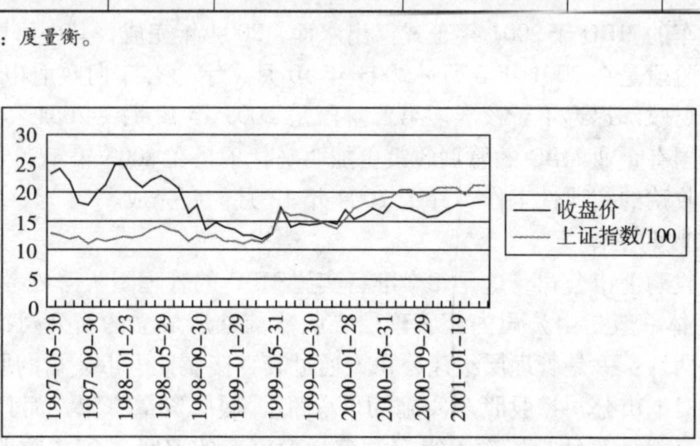

图 19 -2　宇通客车上市前股价走势与上证指数走势的比较（度量衡）

19.2 MBO之路

宇通集团的管理层为什么会走上MBO这条道路？宇通董事长汤玉祥是这样解释的："收购国家股，最先并不是我们提出的，是因为2001年第二大股东郑州第一钢厂有困难，要卖股，引发郑州市政府让国有资产全部退出宇通客车的设想。郑州市政府先后对数家有收购意向的公司进行了洽谈和实地考察，几家有收购控股意向的受让方，没有一家是从事汽车制造经营的，均为从事资本运作的机构，无专业能力和诚意围绕客车这一主业做大做强。在这种基础上，我们才在市政府的推动下走向前台。实际上，实行产权制度改革，让员工持股，将极大地激发起职工的积极性，为企业的发展注入强大的动力。"

但"宇通客车10年变身民营的三轮洗牌"一文却指出，早在1999年年中，三九集团就看上了宇通，因此在1999年10月宇通客车出了这样一则公告：郑州市国有资产管理局将其持有的宇通客车国有股22 226 490股，占其总股份的30.44%，划归郑州宇通集团有限责任公司经营管理，股权性质仍为国家股。这样，在宇通客车上市后两年，它为自己成立了一个母公司：宇通集团，为三九收购宇通准备了一个可行的收购对象。但是最后因某些双方都不愿透露的原因，三九与宇通最终分道扬镳，三九把机会让给了管理层。

无论三九想要收购宇通是否是事实，宇通集团的设立无疑为上海宇通的MBO提供了非常好的收购载体，避免了直接收购上市公司所要求的严格的信息披露。

宇通客车的MBO于2001年正式浮出水面，2004年完成，其中可以分为两个阶段。第一阶段是在2001年3月~2003年10月，宇通客车向政府申请MBO的批文，但是财政部迟迟不予核准。第二阶段是2003年12月~2004年12月，由于政府限制国有企业MBO的管制政策更加明确，于是在2003年年底宇通客车管理层加速了收购的实质性工作，并于2004年12月彻底完成。

1. 成立收购主体

由谁来收购上市公司，这是每个准备实施MBO的管理团队需要考虑的问题。MBO收购主体一般是由公司内部管理层在收购前注册成立的新公司担任，收购模式主要有两种：一是管理层组建公司，通过其直接受让上市公司的股权，如深圳方大，或对上市公司控股股东实施MBO。但管理层资金有限，而且当时《公司法》规定，对外累计投资额不得超过公司净资产的50%，完成收购需要至少双倍的资金。二是工会（持股会）和管理层共同出资组建公司，通过其受让并间接持有公司的股权，如大众科创（大众交通）。《公司法》规定有限责任公司股东人数不能超过 50 人，采用职工持股会来代员工持股，可避免与法律规定相冲突。但职工持股会的做法在法律上是有疑问的，其性质是社会团体法人，社会团体法人是不能从事营利性活动，职工持股会不能从事投资活动。

“变形”的 MBO 模式也有三种：一是信托收购。信托收购即管理层将资金交给信托投资公司，由信托公司以其名义收购目标公司的股权，如杭州工商信托接受海正药业管理层、员工委托参与增资，持有改制后海正集团 39.864% 股权，管理层间接持有海正药业 22.1% 股权，成为了第一大股东。《信托法》规定，“受托人对委托人、受益人以及处理信托事务的情况和资料负有依法保密的义务”，而《证券法》对上市公司的信息披露要求是强制性的，二者往往相冲突；二是由民营企业或投资公司作为收购中介，管理层为逃避监管及避人耳目，会刻意将收购者股权搞复杂，公开披露的信息中很难判别 MBO 实质；三是由管理层找战略投资者共同或分别收购，管理层负责协调政府、大股东和协作伙伴之间的关系，MBO 后策略伙伴和管理层再分享股权。康缘药业国有大股东将所持全部股权拆散，分别转让给三个新战略投资者，以董事长肖伟为首的 46 位高管控制的第二大股东一跃成为第一大股东。

2001 年 3 月，以汤玉祥等公司管理层为主的宇通客车 21 名职工（背后代表宇通客车 838 名员工）以自然人身份在上海成立上海宇通创业投资股份公司，注册资本为 12 053.8 万元，宇通集团作为上海宇通的发起人之一，出资 2 000 万元。2001 年 5 月，宇通集团将所持“上海宇通”的 2 000 万股股份转让给汤玉祥。宇通集团先出资后退出，完成了注册和垫资的作用。2002 年 12 月 27 日上海宇通进行增资，变更后公司的注册资本增加为 16 453.8 万元。

汤玉祥共出资 4 000 万，占 24.31%；周杰等 20 名自然人共出资 8 053.8 万，占 48.95%。此外，上海爱建信托投资有限公司出资占 14.59%；河南高科技创业投资股份有限公司出资占 12.15%。

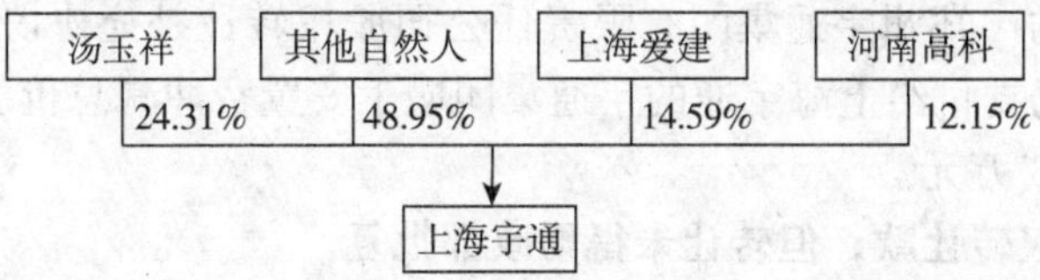

图 19－3　变更后上海宇通的股东结构

汤玉祥时任宇通客车总经理，从 1981 年调入郑州客车厂后，历任技术员、副科长、科长、车间主任、副厂长。1993 年公司改制后任董事、副总经理，

1996年任总经理、财务负责人。曾被评为郑州"新长征突击手"、市"十大青年企业家"，多次获郑州市"五一"劳动奖章。

上海爱建信托投资有限责任公司是由上海爱建股份有限公司投资组建的，于1986年8月经中国人民银行及国家外汇管理局批准成立，系全国首家民营非银行金融机构，公司注册资本金10亿元。2001年12月获中国人民银行批准重新登记。

河南高科技创业投资股份有限公司是由河南安彩集团有限责任公司、河南省经济技术开发公司、郑州高新国有资产经营有限公司等于2001年4月29日共同发起组建的，注册资本为16 100万元。其中河南安彩集团有限责任公司出资8 000万元，占49.70%，河南省经济技术开发公司和郑州高新国有资产经营有限公司各出资4 000万元，每家占24.84%。

2. 签署股权转让协议

2001年6月15日，上海宇通与郑州市国资局（郑州市国资局的职能后划转给财政局）签署了《关于郑州宇通集团有限责任公司股权转让协议》、《股权委托管理协议》和《郑州宇通集团有限责任公司股权转让补充协议》，约定由上海宇通受让财政局持有的宇通集团89.8%股权并呈报财政部审批。根据《股权委托管理协议》，在报批期间宇通集团该部分股权（含宇通客车国家股2 350万股）由上海宇通代为管理，根据协议依法对宇通集团行使相关权利义务。通过此次委托协议，即使上海宇通在股权不过户的情况下，也可以享有这部分股权的收益。

根据河南华夏会计师事务所有限公司出具的豫华夏会内审字（2001）第082号宇通集团2000年度财务审计报告，宇通集团2000年12月31日经审计净资产为13 754.5412万元；根据河南联华会计师事务所有限责任公司出具的豫联会评报字（2002）第142号宇通集团2000年度资产评估报告，评估值为16 440.83万元。《关于郑州宇通集团有限责任公司股权转让协议》约定，本次股权转让总价款17 672万元，其中由上海宇通支付89.8%，即15 763.42万元。根据上海宇通与财政局签署的《郑州宇通集团有限责任公司股权转让补充协议》，用5 104.24万元作为财政局支付给上海宇通的宇通集团职工安置费冲减总价款，上海宇通实际支付9 687.03万元。

3. 收取股权转让款，但转让未得财政部批复

2001年8月6日和8日，根据郑州市财政局出具的收款收据，郑州市财政局收取了上海宇通支付的合同约定股权转让全部价款，共计9 687.03万元，上海宇通也依照约定承担了安置职工的义务。但是财政部对郑州财政局的报告一直未予批复，"宇通客车的报批没有获得批准是因为当时财政部对上市公司国有股MBO的操作规范还在研究中"。不经财政部批准，上海宇通即使成功受让宇通客车股权，也不能改变其国有法人股的属性。宇通客车的MBO不得不延缓。不过，郑州财政局既没有向上海宇通合法转让约定股权，也没有返还已收取的股权转让款。

2002年10月22日，宇通客车收到中国证监会行政处罚决定书。处罚书指出宇通客车在编制1999年年报时，编造虚假记账凭证、虚假银行对账单及科目汇总表，共计虚减资产、负债各13 500万元。证监会的一纸判罚，无疑几乎宣判了宇通MBO的暂停。

《宇通MBO重挫：高派现从豪迈到怯懦》一文披露：宇通在经历此次“重创”之后，开始向财政部上报宇通集团修正后的股权转让方案，但其股权受让方却不再是上海宇通，“好像有上海的一家信托公司，还有别的几家公司。”

2003年2月，其持有的宇通1 193.832万股社会法人股（占8.73%）以每股6.73元的价格转让给中原信托，转让总价款共计8 034.48936万元，中原信托借势成为宇通第二大股东，仅次于宇通集团的17.19%，但并未派人参加董事会，业内人士一般认为中原信托是代宇通管理层在进行收购。“这可能正是宇通为MBO的苦心安排吧，中原信托背后应是宇通管理层。”世纪联融企业咨询公司咨询顾问王克宇说。

2003年3月，财政部叫停MBO，审批工作也从财政部移交国资委。“这么一搁，就是两年多，宇通客车实施MBO的计划成了最为尴尬的MBO。”郑培敏说。

4. 通过拍卖，高管取得宇通客车控制权

2003年12月3日，上海宇通以未能履约退还股权转让款项为由向郑州市二七区人民法院起诉郑州市财政局，要求财政局返还股权转让款96 870 300元并赔偿利息17 189 634元，共计人民币114 059 934元。2003年12月20日，郑州市二七区人民法院以郑州市财政局未履行生效法律文书确定义务为由，裁定冻结郑州财政局持有宇通集团的100%股权并委托郑州拍卖总行公开拍卖。

2003年12月21日，郑州拍卖总行在《郑州日报》刊登了拍卖公告。7日后，郑州拍卖总行于2003年12月29日对财政局所持宇通集团100%股权进行了公开拍卖。该股权拍卖保留价为经北京中企华资产评估有限公司中企华评报字（2003）208号《资产评估报告》确定的评估值人民币159 764 200元。为符合我国《公司法》关于有限责任公司两名以上股东的要求，上海宇通联合宇通发展作为一个竞买人共同参加竞拍。通过竞价，上海宇通以人民币14 850万元的价格拍得宇通集团90%的股权，宇通发展以人民币1 650万元的价格拍得宇通集团10%的股权。

郑州市二七区人民法院据此做出了司法裁定。2003年12月30日，郑州市工商行政管理局依照郑州市二七区人民法院据司法裁定等法律文件办理了工商变更登记手续，宇通集团的企业类型变更为民营企业，2004 年 1 月 5 日，中国证券登记结算有限责任公司上海分公司根据河南省财政厅相关文件将宇通集团持有公司 2 350 万股的股权性质由国家股变更为社会法人股。

2004 年 12 月 7 日，宇通客车公告收购报告书。至此，宇通客车完成 MBO。

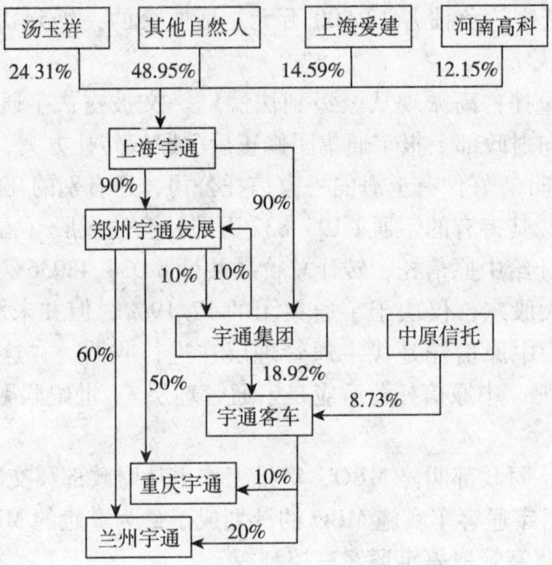

图 19－4　宇通客车 MBO 后的股权结构

19.3　市场质疑

1. 资金来源

宇通的 MBO 引起了市场的强烈关注，很多分析者对其资金的来源提出了质疑。

在国外，企业管理层以被收购企业的资产或项目的现金流为抵押，通过高级债券、次级债券等募得资金来收购他们所经营企业的现象及其普遍，这种方式也就是众所熟知的杠杆收购（LBO）。但是在我国，上市公司管理层收购的融资工具比较单一，缺乏外部权益融资和混合融资工具，而《贷款通则》规定银行贷款不得用于权益投资，收购方不能以被收购公司的资产作抵押向商业银行获得贷款；国资委规定不得以企业的国有产权或实物资产作标的物为 MBO 融资提供保证、抵押、质押、贴现等。因此收购资金大部分需要管理层自筹。

在“逼空中国——中国股市财富洗劫录”一文中采访的专家称，“管理层没有那么多钱购买股权，同时也没有渠道进行融资，挪用公司的资信进行融资也就成了必然的选择。公司管理层或进行大比例派现，或利用非法的关联交易赚取收益，或采取非法会计手段虚减资产。”

宇通客车的MBO对融资过程的披露一直采取了回避的态度，公告中只是称“资金自筹”。《郑州宇通客车股份有限公司收购报告书》（2004年12月7日公布）披露：“汤玉祥先生对上海宇通的4 000万元出资款中，400万元系其个人薪金所得和政府奖励，600万元系其向一自然人的借款，3 000万元系其向二家法人单位的借款”。报告还表明，其还款将来源于其每年的工资收入、直接持有宇通客车168 950股的分红收入及配售新股的收益、上海宇通的分红收入、可能向其他高管出售部分股权的收入等。其他高管出资均系其薪金收入等自有资金及向其他自然人借款，还款将来源于个人工资奖金收入。

而汤玉祥在公告前自己称：“对上海宇通的出资中，其他职工的资金一部分来自积蓄或私人借贷，另一部分来源于2000年4月1 294万股职工内部股的上市流通，若按当年股票均价17.27元计算，全部变现可筹集资金2.23亿元。我名下出资为3 000万元，其中自己拿出200万元现金，借了800万元，另外还向机构投资人借贷2 000万元，借款利息是5.31%。”这里的3 000万与公告的4 000万明显不符，对此宇通客车的一位证券事务代表的解释是：“另外1 000万是期权。”那么到底是期权还是借款？哪个才是真实的？

从宇通MBO前后的行为看，有一点似乎成了业界公认的宇通筹钱手段，那就是股权托管与高派现。

2001年7月3日，宇通发布分红派息公告称，每10股派发现金股利6元（含税），共计派发82 034 196.60元。上海宇通因代宇通集团管理其所持3 250万股国家股，应享有此次高额分红1 410万元。2002年4月，宇通又推出了一个10派6，上海宇通再次分得1 410万元。两次累计获派现金达2 820万元，已使MBO资金解决了20%。而且，分红降低了每股净资产，可以减小管理层收购的成本。对此，汤祥生的解释是“这个钱我完全出得起，而且我也必须回报我的股东。”表19－5为宇通客车历年的股利分配情况。

而另一个筹钱途径可以从证监会的处罚书中看出端倪。2002年10月23日，宇通客车收到中国证监会行政处罚决定书。处罚书指出“宇通客车”存在如下违法事实：宇通客车在1999年12月31日资产负债表中披露，货币资金为6 853.49万元，其他应收款为3 747.91万元，短期借款为3 700万元，应付账款为8 781.23万元，长期借款为3 550万元。宇通客车在编制1999年年报时，编造虚假记账凭证，将‘银行存款’虚减1 883.80万元，‘其他应收款’虚增1 883.80万元；又通过编制虚假银行对账单及科目汇总表，修改部分明细账，使资产负债表‘银行存款’虚减4 500万元，‘短期投资’虚减9 000万元，‘短期借款’虚减4 000万元，‘应付账款’虚减7 000万元，‘长期借款’虚减2 500万元，共计虚减资产、负债各13 500万元，宇通客车在1999年年报中披露了虚假的资产和负债”。

表19－5　　宇通客车历年的股利分配情况

年份	分红方案	股权登记日	现金股利发放总额（万元）	宇通职工（管理层）获得现金股利金额（万元）	每股收益（元）
1997年度	10股派6元（税后4.8元）	1998－6－4	4 380.00	367.6608（税后）	0.5610
1998年末期	10股派5元（税后4.05元）	1999－7－5	5 691.09	524.26（税后）	0.4634
1999年末期	不分配				0.6210
2000年末期	10股派6元（税后4.8元）	2001－7－9	8 203.42	1 410	0.6368
2001年末期	10股派6元（税后4.8元）	2002－4－11	8 203.42	1 410	0.7199
2002年末期					0.7611
2003年末期	10股派4元（税后3.2元）	2004－4－14	5 468.95	940	0.9400
2004年末期	10股派5元（税后4元）	2005－4－18	10 254.27	1 762.5	0.7000
2005年末期	10股派10元（税后9元）	2006－4－19	26 661.11		0.7000
2006年末期	10股派5元（税后4.5元）	2007－4－4	19 995.84		0.5500

面对处罚，宇通客车总经理齐建钢的解释是：“公司在1999年并没有考虑到要配股。2000年形势有所变化，同行业中的亚星已和奔驰合资，安凯已引进了德国的技术，西安沃尔沃也引进了瑞典沃尔沃的技术，当时的宇通客车显得有些孤军作战的味道。2000年4月，公司跟德国一家公司的合资项目得到原国家经贸

委批准。公司 2000 年 3 月报批经贸委时，提出该项目中中方 50% 的资金由宇通客车通过配股来解决。因此当时公司配股的欲望尤其急切。因为当时银行资金太多，为了能获得增发资格，必须减少银行存款，从而想出了虚减资产和负债的招数”。他同时解释这与后来的 MBO 并无直接关系。

而“宇通客车：最阳光的收购和不阳光的收购资金来源”一文分析：“虚减资产负债，有缩小收购标的、为 MBO 提供方便之嫌。另外，1999 年报显示宇通客车曾委托国泰君安管理 9 000 万元，当年获投资收益 1 100 万元。现在看来，除了委托国泰君安的那 9 000 万元之外，另外还有在年报中被人为虚减的短期投资 9 000 万元。那么，这 9 000 万元的短期投资收益哪里去了呢？作为宇通客车 MBO 收购主体的上海宇通，其注册地就是上海某证券营业部的大户室。人们或许有理由怀疑，宇通管理层 MBO 的自筹资金和委托理财之间存在某种关系。”

而郎咸平先生指出：融通基金和国泰基金两家公司在投资宇通客车中可能存在“猫腻”。两公司旗下 7 只基金均在 2002 年及 2003 年购入宇通客车十几万股至几百万股不等。其中，最高的基金国泰在 2002 年曾持有 292 万股。但到 2003 年 10 月，即宇通客车跌到谷底、MBO 消息公布前夕，这些基金已全部清仓。随后，宇通客车从 2003 年 10 月的 11 元左右，涨至次年 4 月的 18 元。郎咸平认为，“这是牺牲中小股民的利益，这些基金把所有股票卖给一个第三方的不明人士，而这第三方的不明人士知道所有内幕消息，他知道股价何时上升。当然到底谁持股、持股量和盈利均不得而知，但是如果这是有计划的预谋的话，这一上涨所赚的钱足可弥补对宇通集团的收购”。

除了高派现和虚减资产外，宇通客车的营业费用和管理费用增长也非常迅速。

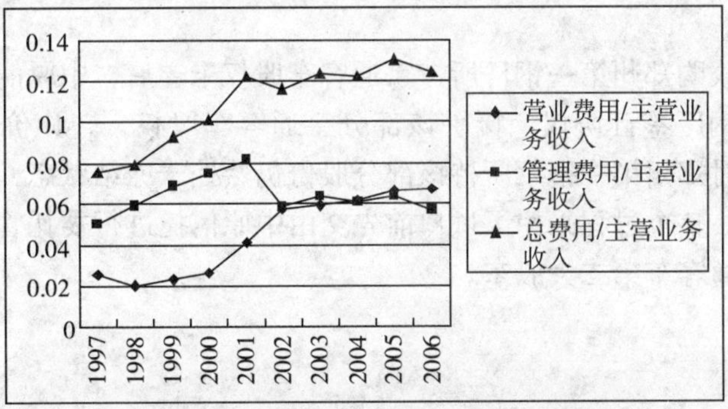

图 19－5　营业费用和管理费用的比例变化

从图19－5可见，营业费用自2000年起大幅增长，在2001年和2002年特别迅猛。2001年的管理费用与主营业务收入的比值也达到峰值8.13%。在公司管理层作为公司内部控制人，既掌握生产经营权又行使主要股东战略决策权时，构成现行公司治理主要内容的管理层与股东之间的制衡机制不复存在，管理费用、营业费用等费用性支出完成由管理层所掌控，而外界投资者却无法评价其发生的必要性和合理性。通过费用的增长来进行的资金筹集或者利益获取的方式是典型的上市公司内部控制人侵害上市公司外部股东利益的方式，如同国有企业管理层在薪酬管制下进行了额外在职消费的启示一样。

2. 拍卖流程

按照《中华人民共和国拍卖法》的有关规定，应当在拍卖前7天在报纸上刊登拍卖公告。倘若拍卖标的是上市公司股权的，还要根据中国证监会的规定，在中国证监会指定的三大权威证券报上刊登拍卖公告，即在《中国证券报》《上海证券报》《证券时报》上刊登拍卖公告，而宇通集团的主要资产即是上市公司股权及相应资产、负债，所以“尽管拍卖的是集团股权，但其中含有上市公司股权，理应根据中国证监会的规定，必须在三大证券报上刊登拍卖公告。而不是地方行的报纸《郑州日报》”郑培敏说。

19.4 各方获利情况分析

1. 中原信托

从宇通客车2001年5月22日的公告中可得知，原第二大股东郑州第一钢厂在当时已与上海宇通创业投资有限公司签订了关于宇通客车8.7%国有法人股股权转让的协议和股权托管协议，欲将所持8.7%的股权转让给上海宇通。但此后因郑州第一钢厂的担保问题，其所持8.7%股权被河南省高院冻结，股权转让协议遂未能实施。

上海宇通收购郑州第一钢厂所持宇通客车股权未遂后，中原信托于2003年2月与郑州第一钢厂签订协议，接手该部分宇通客车股权，转让价为8 034.48936万元。虽然当时郑州第一钢厂所持该部分股份仍然处于冻结状态，但转让却依然能够顺利进行，整个过程采用了过户前先交由中原信托进行委托管理的方式。中原信托成为宇通客车第二大股东。

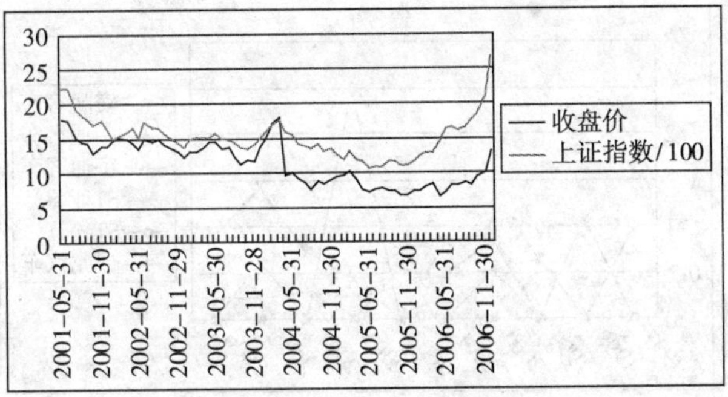

图 19－6　MBO 前后股价走势

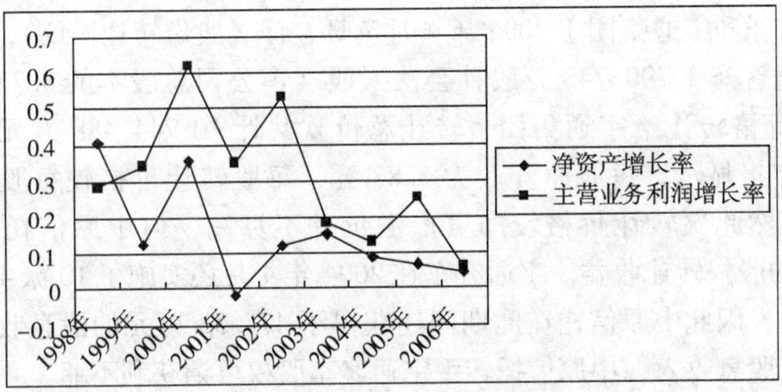

图 19－7　宇通净资产增长率变化

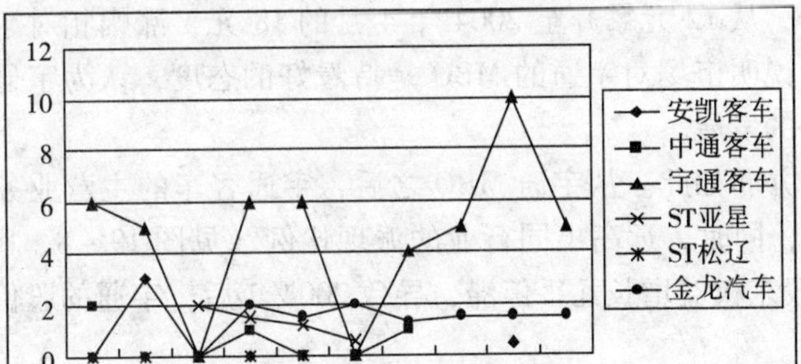

图 19－8　客车企业历年税前派现比例

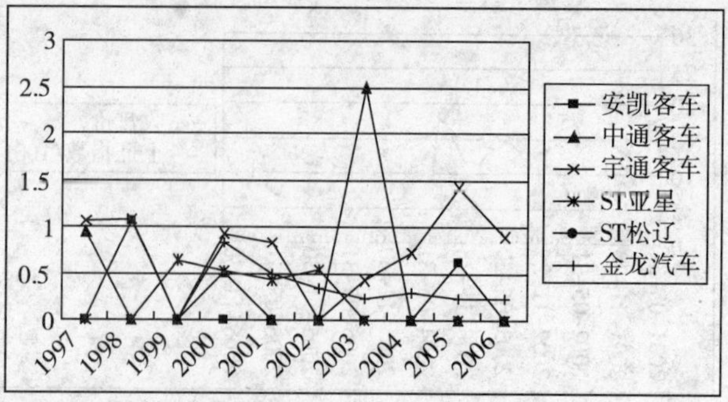

图 19－9　客车企业历年的股利支付率（股利支付率＝每股股利/每股收益）

中原信托和宇通集团于 2005 年 4 月 7 日签订《股份转让协议》，中原信托将持有的宇通客车 1 790.748 万股社会法人股（占公司总股本的 8.73%）以每股 6.00 元的价格转让给宇通集团，转让总价款共计 10 744.488 万元。宇通客车 2004 年的年报显示，每股净资产为 5.83 元，每股转让价格较每股净资产溢价 2.91%。虽然此次转让价格较净资产溢价并不算高，但中原信托依然获得了 2 710万元的股权转让收益。宇通客车在 2004 年 4 月还实施了 10 派 4 元转增 5 股的分配方案，因此中原信托在此期间还获得了 477.53 万元的股息收益。股权转让收益加上股息收入，中原信托转手宇通客车股权可谓获利不菲。

2. 公众股股东及上海宇通

从图 19－6 中可以看出，2003 年 12 月宇通宣布通过司法手段实现 MBO 后其股价节节上升，从 12 元攀升至 2004 年 4 月的 18 元，涨幅相对于同期大盘来说是有优势的，说明市场对宇通的 MBO 是持看好的态度，认为宇通在管理层手中能够获得更好的发展。

然而事实并非如此。从宇通 MBO 之后，宇通客车的主营业务利润增长放缓（见图 19－7），同时，远高出同行业的派现比例（见图 19－8、图 19－9）使得宇通 MBO 后股东权益增长几乎停滞，导致 2004 年后，宇通的股价走势远远落后于大盘。

在宇通客车主营业务放缓的同时，宇通集团由自身没有实业的投资公司转变成了一家中国企业 500 强公司，其成员企业有郑州宇通（上市公司）、兰州宇通、猛狮客车、宇通重工、科林空调、集团零部件厂以及绿都置业等，2006 年底集团总资产为 76.45 亿元。

宇通集团是如何在短短 3 年间从拍卖时的 1.6 亿元净资产增长为 76.45 亿元的呢？根据“中央政府、地方政府和国有企业利益分歧下的多重博弈与管制失效

——宇通客车管防范管理层收购中的偏差”一文的分析：上海宇通完全可以利用上市公司宇通客车与郑州发展有限公司、兰州宇通、重庆宇通之间的关联交易，从上市公司转移资源，实现自己的控制权收益。根据年报披露，2001 年以前宇通客车与宇通集团间基本无重大关联交易，但 2004 年开始宇通客车与关联企业之间的“经营性”关联交易数额巨大，以 2005 年为例，宇通客车 2005 年日常购销关联交易更是高达 11.8 亿元，其中采购 10.5 亿，销售 1.3 亿。当资源从宇通客车向上海宇通持有更高比例股权的宇通集团转移时，这些私人股东就实现了大量的私利。

另外，宇通集团与宇通客车之间经营业务雷同，势必导致实质性同业竞争问题的产生和关联交易必要性评判困难，而上海宇通控股比例较低的宇通客车无疑处于战略定位不利的地位。宇通客车 2004 年后股价的下挫也很好的体现了市场对宇通未来的担忧。

表 19－6　　2005 年宇通客车关联销售量

关联方	交易内容	定价原则	交易金额		占同类交易的比例		结算方式
			2005 年	2004 年	2005 年	2004 年	
郑州宇通集团有限公司	材料	市场定价	14 334 534.50	6 171 834.60	7.54%	1.65%	现金
兰州宇通客车有限公司	材料	市场定价	10 763 077.24	36 604 063.16	5.66%	9.80%	现金
重庆宇通客车有限公司	材料	市场定价	8 555 459.89	38 333 509.21	4.50%	10.27%	现金
洛阳宇通汽车有限公司	材料	市场定价	21 300 313.49	33 719 461.46	11.20%	9.24%	现金
郑州宇通重工有限公司	材料	市场定价	10 753 768.73	32 538 630.19	5.65%	8.71%	现金
海口耀兴公共汽车有限公司	产品	市场定价	5 435 897.44	1 656 410.26	0.12%	0.04%	现金
兰州兰宇汽车销售有限公司	产品	市场定价	58 913 104.80	49 178 017.34	1.29%	1.25%	现金

表 19－7　　2005 年宇通客车关联采购量

关联方	交易内容	定价原则	交易金额		占同类交易的比例		结算方式
			2005 年	2004 年	2005 年	2004 年	
郑州宇通集团有限公司	材料	市场定价	488 615 296.52	247 961 923.69	13.24%	6.97%	现金
兰州宇通客车有限公司	半成品及加工件	市场定价	189 444 564.12	133 238 873.36	5.13%	3.75%	现金
重庆宇通客车有限公司	半成品及加工件	市场定价	41 813 585.50	223 427 213.46	1.13%	6.28%	现金
洛阳宇通汽车有限公司	半成品及加工件	市场定价	101 666 195.04	119 981 092.97	2.75%	3.37%	现金
郑州科林车用空调有限公司	材料	市场定价	227 700 034.16	146 888 881.14	6.17%	4.13%	现金
郑州宇通重工有限公司	材料	市场定价	83 380.56	855 899.34	0.00%	0.02%	现金

19.5　小　结

我们看到，宇通客车的管理层收购经历了很长时间，从 2001 年 3 月上海宇通成立开始，其间经历股权转让及委托管理、提交财政部审批、对郑州市财政局的诉讼、法院股权拍卖，直至完成，耗时近 4 年。宇通的管理者一夜之间从企业的管理人员成为了企业的所有者，这种“不可思议”的蜕变无疑是令人神往的。

而在政策层面上，中央政府的管治与地方政府的放行最终导致了宇通管理层对国资委的“逼宫”，这使我们看到政府应当以加强证券市场正常运行所依赖的法制建设为主要职责，而不应以行政干预和行政管制的角色参与市场的活动。政府的管制行为将可能受到利益集团之间利益争夺的影响而最终损害了公共福利。唯有将政府管制的内容从管制市场竞争主体的经营行为，转变为管制市场规则的设立和执行上，不同层级的政府部门才会减少规避管制的动机，从而减少政府不同层级之间由于监管分权而产生的利益损失。

参考文献：

1. 朱红军等，“中央政府、地方政府和国有企业利益分歧下的多重博弈与管制失效——宇通客车防范管理层收购中的偏差”，《管理世界》，2006 年第 4 期。

2. “宇通客车 10 年变身民营的三轮洗牌”，《中国证券报》，2002 年 9 月 8 日。

3. “宇通客车：最阳光的收购和不阳光的收购资金来源”，《中国经济时报》，2003 年 6 月 25 日。

4. 汪恭彬，“宇通 MBO 重挫：高派现从豪迈到怯懦”，《21 世纪经济报道》，2003 年 5 月 7 日。

5. 唐凯林，“司法拍卖 MBO 第一桩”，《英才》，2004 年第 3 期。

6. “国企产权改革大讨论”，http：//business. sohu. com/。

7. “国有股权转让与产权交易所的发展”，http：//www. jrj. com. cn/。

8. “MBO 在争议中潜行　产权改革是一道绕不过的弯”，http：//finance. sina. com. cn/。

9. “防范管理层收购中的偏差”，http：//www. stock2000. com. cn。

10. “宇通客车 1997 ~2007 年公告”。

11. “逼空中国——中国股市财富洗劫录”，《商务周刊》。

第 20 章

中信证券的股改与股权激励

作为首家直接上市的证券公司、证券行业的龙头企业、行业中第一家采用股权激励的公司，中信证券在行业中有着太多的第一，因此，中信证券的股改从一开始就备受关注。然而在股改的过程中，中信证券却可谓是一波三折，其股改对价一再变化，从预案的10送2.5到10送3.2，又到最终的10送3.5，究竟是什么原因使得中信证券的非流通股股东一再让步，其对价一再攀升？其股权激励又有何特点，又有哪些值得我们借鉴的地方呢？

20.1 中信证券简介

1. 基本情况介绍

中信证券股份有限公司的前身系中信证券有限责任公司，于1995年10月25日在北京成立。1999年10月27日，经中国证券监督管理委员会批准，同年12月29日经国家工商行政管理局变更注册，公司增资改制为中信证券股份有限公司，注册资本为29.815亿元。

2002年12月13日，经中国证券监督管理委员会核准，中信证券向社会公开发行4亿股普通A股股票，并于2003年1月6日在上海证券交易所挂牌上市交易，成为中国证券市场上首家IPO发行上市的证券公司，股票代码600030。2005年8月15日，公司成功实施股权分置改革。同年，中信证券设立了中信证券（香港）有限公司，并收购了中信集团在香港的投资银行业务，建立了跨境资本市场通道，可以为客户提供更为丰富的跨境资本市场金融产品服务，满足国内企业发展战略的需要。2006年6月27日，公司向中国人寿保险（集团）公司和中国人寿保险股份有限公司定向增发5亿股普通A股股票，公司股本扩大至29.815亿股。截止2006年6月末，中信证券总资产484.38亿元，净资产105.71亿元，净资本88.53亿元，是国内资本规模最大的证券公司。

作为本土最大的证券公司，近年来，中信证券根据自身战略规划适时进行了一系列收购和扩张。继2004年收购万通证券之后，公司与中国建银投资公司一起，发起设立中信建投证券有限责任公司，全面收购原华夏证券的证券类资产；其后，公司收购了金通证券股份有限公司。经过一系列的扩张收购，公司目前下属中信建投证券有限责任公司，中信万通证券有限责任公司、中信金通证券有限责任公司、中信证券（香港）有限公司、中信基金管理有限责任公司、中信标普指数信息服务（北京）有限公司等7家控股子公司。包括所属子公司在内，中信证券合计在内地拥有165家证券营业部和61家证券服务部，弥补了公司长期以来匮乏的零售网络资源，经纪业务市场份额和产品销售能力大幅度提高，股票基金交易市场份额排名已名列第一。

作为国内首批创新类试点券商，中信证券根据国际投行卖方业务向投行上游延伸和买方业务在其总收入结构中比重越来越大的趋势，确定了“买方与卖方业务协同发展”的战略方向。在继续强化公司资产管理业务优势的同时，2006年中信证券收购了华夏基金管理公司，新设若干条与买方业务相关的业务线，加强打造基金管理、资产管理、集合理财、产业投资基金、私募股权基金、风险管理、衍生产品、金融期货、商人银行等业务，力争突破买方业务的瓶颈，实现公司盈利的均衡增长，从而将融资业务的优势及销售网络的优势与资金运用管理优势相结合，使得公司成立11年来连续盈利，截至2006年6月末累计实现税前利润65.07亿元，盈利能力居市场前列。

2005年，中信证券被《新财富》杂志社评选为“本土最佳证券公司”第一名。2003年、2004年、2005年连续三年被《亚洲货币》杂志评为“中国最佳债权融资行”，此外，中信证券还荣获了《亚洲货币》杂志2004年“中国最佳股权融资行”。

2. 财务状况

从其财务数据来看（见表20－1），中信证券近3年来飞速发展，公司的净资产收益率从2004年的3.08%上升至2005年的7.09%，又到了2006年的19.26%；而与此同时，其每股收益更是大幅度飞涨，从2004年的0.07元上升至2006年的0.8元，上升幅度高达10.43倍。与此同时，中信证券的规模也在不断扩张，其每股净资产从2004年的2.17元上升至2006年的4.13元，上升幅度达90.32%，而其资产负债率也在不断提高，从2004年的44.07%上升至77.14%。从其收入上来看，公司的主营业务收入从2004年的8.13亿上升至2006年的58.31亿，而其主营业务利润从2004年的4.06亿上升至2006年的27.48亿，其净利润从2004年的1.65亿上升至2006年的23.7亿，上升幅度竟高达13.36倍。

中信证券的财务数据无论是其收入、利润、盈利能力还是资产规模等都远远好于同行业的宏源证券，不过由于该行业2007年以前上市的公司仅此2家，因此，宏源证券的数据仅仅只能拿来作为参考，而不具有可比性。作为一个周期性的行业，中信证券的这一切虽然在很大程度上得益于2006年开始的牛市，然而我们也不能否定了公司自身成长的因素。从图20－1中中信证券的股价走势图中我们同样可以看出，公司成立以来至2005年末的走势略好于大盘，而公司股价的突飞猛进是在2006年牛市来临以后。从其2003年上市到2007年7月，其收益率竟高达约1 800%。

表20－1　　中信证券/宏源证券财务数据表

公司	年度	ROE（%）	EPS	每股净资产	净资产负债率（%）	主营业务收入（亿元）	主营业务利润（亿元）	净利润（亿元）
中信证券	2004	3.08	0.07	2.17	44.70	8.13	4.06	1.65
	2005	7.09	0.16	2.28	63.91	9.18	4.01	4.00
	2006	19.26	0.80	4.13	77.14	58.31	27.48	23.70
宏源证券	2004	－84.59	－0.96	1.13	190.73	1.42	0.35	－5.82
	2005	1.18	0.014	1.14	143.2	－0.75	－1.23	0.08
	2006	6.48	0.16	2.41	9.72	5.20	4.59	2.28

数据来源：公司年报。

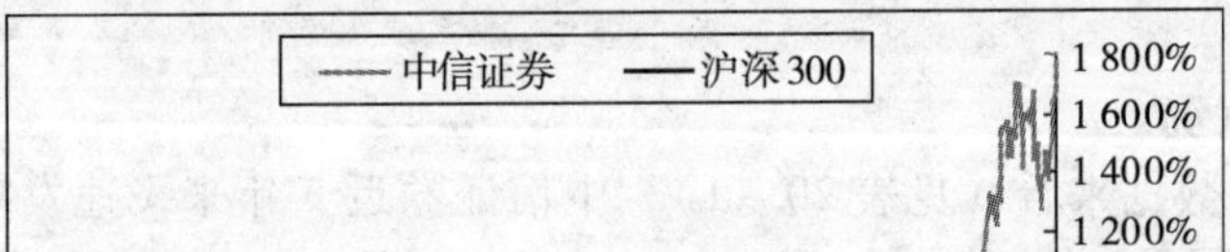

数据来源：Wind资讯。

图20－1　中信证券股价走势图

3. 股权结构

据中信证券 2005 年半年报显示，其股改前的流通 A 股为 4 亿股，占总股本的 16.12%，而其非流通股——境内法人股为 20.8 亿股，占总股本的 83.88%（见图 20－2）。据 2005 年年报显示，中信证券股改、非流通股股东支付了对价后，流通 A 股的数量增至 5.4 亿股，占总股本的 21.76%，而公司已发行未上市社会公众股为 19.4 亿股，占总股本的 78.24%。从公司的前十大流通股股东来看，公司的控股股东为中信集团，持股比例为 32.55%，性质为国有法人股，公司第二大股东和第三大股东分别为雅戈尔集团和中信国安集团，均持有中信证券 8.06% 的股权，前三大股东持股比例总和为 48.7%。而到了 2006 年底，公司前三大流通股股东中重信集团持股比例变为 25.14%，仍保持控股地位，而雅戈尔集团和中信国安集团持股比例则从第 2 名降至第 3 名，各持有中信证券 6.16% 的股权，第二大股东则变更为中国人寿保险股份有限公司，其持股比例为 11.89%。

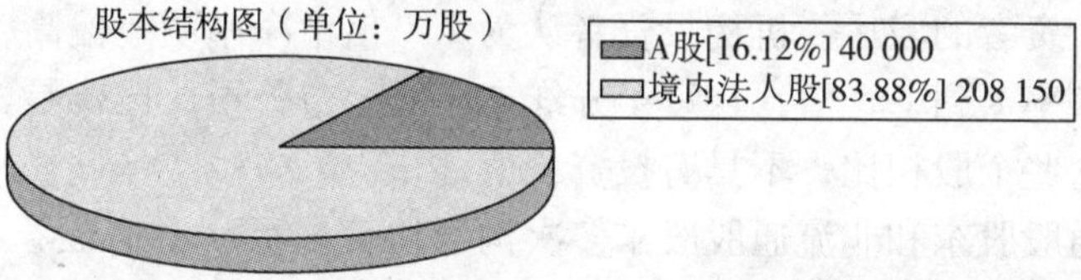

数据来源：金融界网站。

图 20－2　股改前中信证券股本结构图

表 20－2　股改前公司前十大股东

持有人名称	持股比例（%）	持股数量（万股）	股本性质
中国中信集团公司	32.55	80 780.00	国有法人股
雅戈尔集团股份有限公司	8.06	20 000.00	一般法人持股
中信国安集团公司	8.06	20 000.00	国有法人股
南京扬子石化炼化有限责任公司	5.04	12 500.00	一般法人持股
中国粮油食品进出口（集团）有限公司	4.03	10 000.00	国有法人股
中国运载火箭技术研究院	2.52	6 250.00	国有法人股
中国石化集团新星石油有限责任公司	2.42	6 000.00	国有法人股
柳州两面针股份有限公司	2.22	5 500.00	一般法人持股
上海工业投资（集团）有限公司	2.01	5 000.00	国有法人股
中国石化集团北京燕山石油化工有限公司	2.01	5 000.00	国有法人股

数据来源：金融界网站。

20.2 中信证券的股改

1. 股改历程

中信证券的股改过程可谓是一波三折，公司的三次对价支付水平更是逐次攀高。2005 年 6 月 22 日，中信证券召开了“股权分置改革投资者沟通会”，公布了初步拟定的预案——非流通股股东向流通股股东“10 送 2.5”，引发了在场机构投资者及散户的强烈不满。中信证券的保荐机构华夏证券的代表解释，该方案主要以市净率为参照标准，经他们计算，中信证券全流通后的合理估值水平应为 4.56 元（公司最新的每股净资产 2.17 元 × 国际上金融证券类上市公司平均市净率 2.1 倍）。而实施 10 送 2.5 股后，中信证券流通股股东的成本为 4.32 元（二级市场股价停牌前 30 日的平均价 5.4 元/1.25 股）。因此，保荐机构认为流通股股东的利益得到了保障，方案是合理的。然而，保荐机构提出的市净率参照标准立刻遭到了投资者的驳斥。机构投资者认为 2.1 倍市净率明显偏高，他们认为当时市场上市净率 1 到 1.5 倍，且每年分红丰厚的上市公司比比皆是，全流通后的中信证券与这些个股相比，不具有投资价值。

在与流通股股东和非流通股股东多次沟通协商之后，中信证券于同年 7 月 5 日公布了其股权分置改革方案。其主要内容包括提升对价，将对价由原来的 10 送 2.5 提升至 10 送 3.2，并且提出了股权激励计划，向公司拟定的激励对象提供总量为 3 000 万股的股票，作为实施股权激励机制所需股票来源。对于此次中信证券做出的让步，提高送股比例，市场较为看好，认为公布的每 10 股送 3.2 股的股权分置改革对价方案提高程度虽然一般，但从目前大股东实际持有 20.815 亿股非流通股份来看，其对价总支付股份 1.28 亿股仅占前者的 6.14%，与三一重工等第一批试点公司平均 10% 以上的对价程度仍显偏低。但从绝对数 10 送 3.2 股的比例看，基本与其他非龙头股股改公司一致。另外，非流通股东将提供 3 000 万股股票用于高管人员的股权激励，这一举措从中长期看显然有助于提高上市公司管理层搞好中信证券的主观能动性，是个相当积极的措施。作为一家金融板块主力品种，中信证券的方案简单易行，对价明确，便于操作，有利于减少投资者对于方案本身的争论和误解，而 10 送 3.2 的对价比例对其他金融股的股改标杆亦将产生具有相当积极的示范效应，有利于市场上对主要金融股形成统一的预期。

此后，在流通股股东与非流通股股东的再次沟通与协商下，中信证券于 2005 年 7 月 20 日再次修改股改方案。新方案将对价从 10 送 3.2 股提高为 10 送 3.5 股，同时明确了股权激励机制的第一阶段实施办法（新旧方案对比见表 20 - 3）。

中信证券表示，方案修改后，流通股股东可以多获得 1 200 万股，比此前的方案提高了 9.38%，方案实施之后，流通股股东持股比例由 16.12% 提高到 21.76%，在公司权益中所占比例提高了 5.64%，流通股股东的平均持股成本又 5.4 元/股（前 30 日均价，以 2005 年 6 月 17 日为基准）下降到 4 元每股，相应的市净率由 2.49 倍下降到 1.84 倍，低于国外成熟市场 2.17 倍的市净率水平。公司股本结构变化表见表 20－4。

表 20－3　中信证券股改新旧方案对比

	7 月 5 日旧方案	7 月 20 日新方案
支付对价方案	向流通股股东每 10 股送 3.2 股中信证券股票	向流通股股东每 10 股送 3.5 股中信证券股票
限售价格承诺	全体非流通股股东自获得上市流通权之日起至少 12 个月内不上市交易或转让；持有 5% 以上非流通股股东自上述期限满后，出售数量占总股份比例在 12 个月内不超过 5%，在 24 个月内不超过 10%。	不变
股权激励计划	在支付对价后，按改革前所持股份相应比例，以最近一期经审计的每股净资产作价，向公司拟定的股权激励对象提供总量为 3 000 万股的股票，作为实行股权激励机制所需股票的来源，该等股份自过户之日起 60 个月后方可上市交易或转让。	明确了股权激励机制的第一阶段实施办法，并以不低于最近一期经审计的每股净资产作价，向管理层及药物骨干提供总量为 3 000 万股的股票

资料来源：公司公告。

表 20－4　方案前后公司股改结构　　单位：万股

	方案实施前		方案实施后	
	股份	占总股本比例	股份	占总股本比例
非流通股	208 150	83.88%	0	0
流通股	40 000	16.12%	248 150	100%
其中：存在限售条件的流通股	0	0	194 150	78.24%
无限售条件的流通股	40 000	16.12%	54 000	21.76%
合计	248 150	100%	248 150	100%

数据来源：公司公告。

2. 股改后的公司估值

10 送 3. 2 的对价方案要好于市场之前的预期，送股比例比征集投资者意见时提高了 0. 7 股，而最终的 10 送 3. 5 股的对价方案则在 10 送 3. 2 的方案上又有所提高，并获得了投资者的认同。以下我们将以 10 送 3. 2 为例对中信证券股改后的股价进行估值。

由于同期国际证券公司市净率 PB 估值在 1. 66 到 2. 28 之间，中值为 1. 95，根据申万研究所的测算，理论对价在 10 送 2. 2 到 3. 1 之间，而 3. 2 和 3. 5 的对价超出了合理区间上限，对于投资者来说应该是个利好消息。测算过程见表20 - 5。

表 20 - 5　　对价计算表

PB \ 对价率 \ P	收盘价 6/17	10 日前复权均价	30 日前复权均价
	5. 92 元	5. 74 元	5. 40 元
1. 60	0. 53	0. 50	0. 43
1. 70	0. 46	0. 43	0. 36
1. 80	0. 40	0. 37	0. 30
1. 90	0. 34	0. 31	0. 25
1. 95	0. 31	0. 28	0. 22
2. 00	0. 29	0. 26	0. 20
2. 10	0. 24	0. 21	0. 15
2. 20	0. 19	0. 16	0. 11

数据来源：申银万国证券研究所。

从表 20 - 6 国际投行 PB 与 PE 估值比较表中我们可以看出，国际投行 PB 值区间在 1. 66 ~ 2. 28 之间，其中，Schwab Charles 在 2. 38 ~ 3. 62 之间。提出公司股价因受央行将向券商提供贷款支持利好政策的影响，以 6 月 7 日 30 日均价为参照计算，对应股价为 5. 16 元，2004 年 PB 值为 2. 38 倍，因此申万研究所认为这是国内市场在相对均衡状态下给予中信证券比较合理的市净率水平。

表20-6　　国际投行PB与PE估值比较表

公司名称	PE Ratio				PB Ratio			
	现值	中值	High	Low	现值	中值	High	Low
Morgan Stanley	12.25	12.56	14.5	11.14	2.05	2.03	2.31	1.87
JPMorgan Chase	12.09	11.7	12.64	10.05	1.18	1.25	1.8	1.12
Merrill Linch	12.54	12.56	13.97	10.7	1.67	1.68	1.9	1.52
Goldman Sachs	10.99	11.33	12.63	10.21	1.93	1.99	2.22	1.75
Lehman Brothers	11.53	10.74	11.87	8.62	1.89	1.74	1.9	1.43
Bera Stearns	10.64	1.03	10.88	8.5	1.68	1.66	1.85	1.5
Schwab Charles	28.33	26.25	30.72	19.6	3.47	3.18	3.62	2.38
E Trade Financial	14.09	13.35	16.85	10.82	2.27	2.1	2.61	1.72
Average Value	14.06	13.57	15.51	11.2	2.02	1.95	2.28	1.66

数据来源：申银万国证券研究所。

在股权分置方案实施前，每股流通股含权0.32股，因此含权每股净资产为2.8644元，除权后又回复到2.17元的初始水平。由于市场对中信证券应给予多大市净率才算合理一直存在争议，而国际投行的市净率波动也比较大，而且市场给予不同的证券公司市净率估值存在较大差异，如市场就给予Schwab Charles、E Trade Financial两家公司市净率在2.1~3.18之间（中值）而Morgan Stanley只有2倍左右。考虑到中信证券在行业中的龙头地位和中国资本市场发展阶段的特殊性，因此，我们认为给予2.28~2.5倍市净率是比较合理的。若以1季度每股净资产2.17元为计算基础，则对应的股价水平在4.94~5.43之间。

表20-7　　公司股票含权与除权后的估值水平

PB	1.66	1.95	2.02	2.28	2.38	2.50
04BVPS（含权）	4.75	5.59	5.78	6.52	6.82	7.16
04BVPS（除权）	3.60	4.24	4.38	4.94	5.16	5.43
05BVPS（含权）	4.93	5.80	6.00	6.76	7.07	7.43
05BVPS（除权）	3.73	4.39	4.54	5.12	5.36	5.63

数据来源：申银万国证券研究所。

3. 市场反应

市场对中信证券股改方案的反映不一，从最早的10送2.5的预案开始，市场就开始抱怨，认为中信证券的质地有10送4的本钱，但是预案公布的结果却是远远低于市场平均的10送2.5，因此，此时的市场对中信证券的看法普遍不满。在接下来的沟通协商中，中信证券终于妥协，于7月5日的公布中将其对价提升至10送3.2股，并在公告中表明了将进行股权激励的意向。

虽然一些机构认为这个对价超出了他们的预期，但3.2的送股比2.5的方案提高程度却显得一般。从大股东实际持有20.815亿非流通股份来看，其对价支付股份1.28亿股仅占前者的6.14%，与三一重工等第一批试点公司平均10%以上的对价程度仍显偏低，从绝对数10送3.2上来看，仅与其他非龙头股改公司一致，因此市场在接下来的复盘的当天就用跌停表达了市场对于股改对价的态度（见图20－3）。

迫于市场和流通股股东的压力，中信证券不得不再次于7月20日修改了其股改方案，将对价提升到了10送3.5股。市场对中信证券的新方案还是比较认可，以接连几天的阳线报收，表达了自己对方案的看法。我们认为中信证券作为龙头企业10送3.5的对价尚可，但是公司能够与股东协商并做出一定让步，表达了公司以股东利益为重的做法值得称赞。此外，虽然公司推出的股权激励受到一定程度的质疑，但这也在一定程度上体现了公司积极发展的意向，对于公司将来的发展将会起到积极作用。

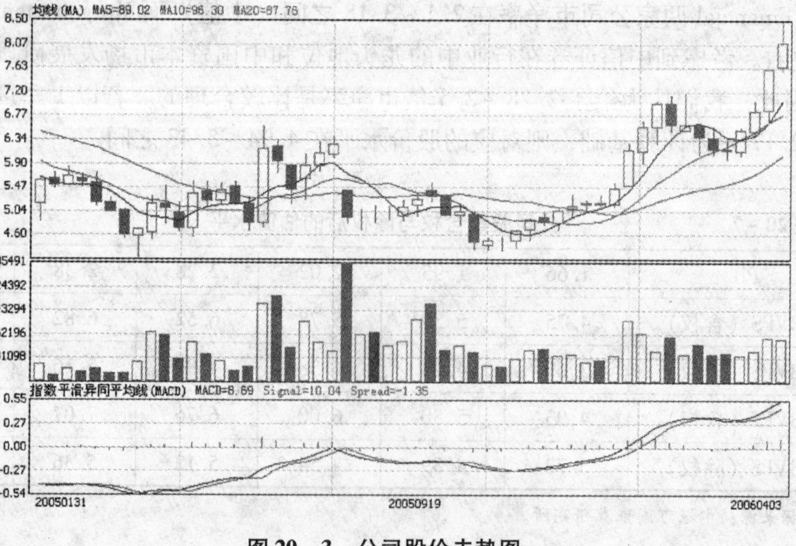

图20－3 公司股价走势图

20.3 股权激励计划

1. 中信证券的激励计划

股权激励是一种通过经营者获得公司股权形式给予企业经营者一定的经济权利，使他们能够以股东的身份参与企业决策、分享利润、承担风险，从而勤勉尽责地为公司的长期发展服务，改善公司治理结构，达到降低代理成本、提升管理效率，增强公司凝聚力和市场竞争力的作用。

一般来说，股权激励有三种主要的模式：一是增量资产股权激励，是指企业经营者在一定期限完成约定的业绩目标时，出资人以当前企业净资产增加额作为基数，按照约定的比例计提奖励制度，并以股权的方式支付给经营者团队和技术骨干；二是业绩股票激励，是指企业经营者在约定的期限内达到预定的目标时，股东大会授予其一定数量的股票或提取一定的奖励基金给予其购买公司股票；三是股票期权激励，是指企业经营者在完成预定的目标时，股东大会给予其一种权利，享有这种权利的人可以在规定的时间内以股票期权的行使价格购买本公司的股票。

中信证券的股权激励始于股改。

中信证券在 2005 年 7 月 5 日的公告中指出在支付对价后，按改革前所持股份相应比例，以最近一期经审计的每股净资产作价，向公司拟定的股权激励对象提供总量为 3 000 万股的股票，作为实行股权激励机制所需股票的来源，该等股份自过户之日起 60 个月后方可上市交易或转让。而在 2005 年 7 月 20 日的公告中，公司将“以最近一期经审计的每股净资产作价”修改为“以不低于最近一期经审计的每股净资产作价”，提高了股权激励的作价方案，并明确了股权激励机制的第一阶段实施办法，规定非流通股股东在向流通股股东支付对家的同时提供股权激励方案中的股票。在满足条件前，该股票暂存于中信集团股票账户中。当公司董事会制定并审计通过股权激励的具体方案后，该等股票方可按股权激励计划的具体方案从中信集团的账户中划至激励对象名下，或以激励计划的具体方案规定的其他处置方式进行处置。虽然有部分非流通股股东对该方案存在异议，认为股权激励的股票不应只由非流通股股东埋单，而且修改方案中仅以每股净资产作价，与市场价相比作价实在过低，然而该方案在 2005 年第一次临时股东大会决议上表决时，以 98.99% 的赞成票通过。

2006 年 9 月 6 日，中信证券第三届董事会第五次会议以通讯方式召开，会议以记名投票方式表决，一致审议通过了《关于公司首次股权激励计划分布实施的议案》（下文称《议案》）和《关于审议公司首次股权激励计划第一步实施方案的议案》（下文称《第一步实施方案的议案》）。在《议案》中，达成了股权激励

3 000 万股中的 22 163 116 股将成为首次股权激励计划第一步实施方案的来源股，当该部分股票转至股东账户后，限售期为过户日起 60 个月。其余 7 836 884 股将在取得国资委批复后，将相关实施方案报董事会审议。

在《第一步实施方案的议案》中，审议通过以上一期经审计每股净资产价格作为初次转让价，锁定期后，股票市价超过初次转让价格部分，由原股东与激励对象按财政部批复的原则共享。此外，还通过了股份的具体分配原则，以不同岗位级的人员赋予不同的系数，从而形成不同的认购股份基础数量。根据这些原则，中信证券数位高管及业务骨干分享了 2 216.3116 万股中信证券股票。其中，董事长王东明获得 80 万股，张佑军、笪新亚等 7 位高管各获得 52 万股（见表 20－8）。

表 20－8　　受激励对象职务及激励股数

序号	受激励对象	职务	本次受激励股数
1	王东明	董事长	800 000
2	张佑君	董事	520 000
3	笪新亚	董事、副总经理	520 000
4	程博明	常务副总经理	520 000
5	黄卫东	副总经理	520 000
6	吴玉明	副总经理	520 000
7	倪　军	总会计师	520 000
8	谭　宁	董事会秘书	520 000
9	雷　勇	监视、经济业务管理部	145 000
10	张　耀	监视、综合管理部	36 000
11	杨振宇	监视、资金运营部	36 000
12	公司其他业务骨干		17 506 116
合　计			22 163 116
其中高管持股合计			4 657 000

资料来源：公司公告。

在这次调整中，公司公告了首次股权激励的正式分配方案，明确了激励对象、分配数量等。从严格意义上来说，中信证券的具体激励模式可以定义为“以部分股东提供激励股票来源的限制性股票方案”，而在一些细节方面的调整，则显示出了公司正在根据股东意见、市场反馈和国资监管要求进行股权激励的积极调整。具体表现为两个方面：一是股份来源。由于在此前，股权激励方案中牵扯到中央及地方国资委管理的国有企业同比例出让的国有法人股783.69万股需得到国资委复批后才能将相关实施方案报董事会审议，因此，现将该部分股暂时搁置，在未得到相应国资部门批准前由中信集团保管，而不是授予管理层。二是受益分配。按照原来的股权激励安排，激励的对象只要支付相当于每股净资产的价格就可以获得部分存量股权的奖励（即相当于支付每股净资产的价格就可获得股票），未来股价超过净资产的部分就是管理层的受益。而在该公告中，则改为锁定期后，股票市价超过初次转让价格部分由原股东与激励对象按财政部批复的原则共享。尽管公司当时尚未披露共享的原则究竟如何，但是，共享概念的提出，就与原来"净资产之上都归激励对象"有了本质不同。这说明，中信证券这次公告中的股权激励方案是在原方案的基础上，经过与老股东们的博弈和监管部门的沟通（主要应该是财政部，因中信证券的实际控制人是中信集团、不是国资委直接监管的央企）后达成的。新方案减少了激励对象的无风险收益，应该说是对"较低的以净资产为参照的限制性股票购买价"的一种弥补，动态地增加了激励对象的成本和约束。

2. 激励方案对比

表20－9为国内几家几经实施股权激励的上市公司的激励方案对比。

（1）激励模式。从激励模式上来看，它们都各不相同。其中，万科是以净利润增加额的一定比例提取激励基金，并由信托管理公司购入公司股票，在达到条件后将股票奖励给激励对象。而宝钢是由个人筹资一定比例，公司出其余部分购入公司股票，发放给激励对象。苏宁电器的激励模式则是达到激励条件由公司向激励对象提供购入公司股票的期权。

三个公司虽然激励模式各不同，但本质均为达到激励要求后给与激励对象本公司股票作为奖励。中信证券虽然尚未公布具体激励方案，但是从其目前公布的消息中来看，估计主要是以给与激励对象股票期权的模式来实施。

（2）激励对象。从激励对象来看，三个公司大致相同，均为公司的中高级管理人员、核心技术人才、业务骨干等人员，中信证券的激励对象也与这三个公司大致相同为中高层管理人员以及业务骨干。

（3）激励条件。中信证券尚未公布其具体激励条件，但我们认为可以对这三个公司进行比较，其中万科的激励条件主要是以净利润增长率超过15%，全面摊薄的净资产收益率超过12%为主，此外，还规定行权价格要高于2006年每股净资产。而宝钢的激励条件规定公司的净资产现金回报率至少达到境内和境外同行业的平均值与当年一年期人民币贷款基准利率中的较高者，此外，宝钢还规

表 20－9　　万科、宝钢、苏宁电器股权激励方案对比

	万科	宝钢	苏宁电器
激励模式	按当年净利润增加额的一定比例提取一定的激励基金。通过信托管理的方式在特定期间购入公司 A 股股票，在公司 A 股股价符合指定股价条件下，将购入的股票奖励给激励对象	采取分期实施方式，委托管理人在公司股权激励额度和激励对象自筹资金额度内，从而既市场购入公司股票，授予激励对象并锁定两年，锁定期满后根据考核结果在三年内分配解锁	采取分期考核，分期奖励的模式，当达到激励条件时，由公司向激励对象提供以特定价格购买公司股票的权利
激励对象	中高层管理人员及业务骨干，人数不得超过员工总数的 8%	公司董事、高级管理人员、核心技术人才和管理骨干一级其他关键员工	公司董事、高级管理人员、部长级以上管理人员、连锁店店长、董事长提名的骨干人员和有特殊贡献人员
激励条件	当年净利润增长率（扣除激励基金后）超过 15%、全面摊薄的净资产收益率超过 12%，行权时，股价要高于去年的价格	1. 当年净资产现金回报率达到 MAX｛境内同行业企业的平均值和境外同行业企业的平均值，当年一年期人民币贷款基准利率｝2. 两年锁定期后的三年行权期内，任何一年公司市值必须大于等于该期计划年度（2006 年）的公司市值	1. 第一个行权期的条件：2006 年度净利润增长率达到或超过 80%，且每股收益不低于 0.9 元；2. 第二个行权期条件：2007 年净利润增长率达到或超过 50%，且每股收益不低于 1.35 元；3. 第三个行权期条件：08 年净利润增长达到或超过 30%，且每股收益不低于 1.75 元
激励数量及价格	当净利润增长率在 15%～30% 之间时，以净利润增长率为提取百分比、以净利润加额为提取基数；当净利润增长比例超过 30% 时，以 30% 为提取比例，以净利润增加额为提取基数，提取当年度激励基金，再根据事先预定的比例划分给激励对象	数量取决于该期计划公司股权激励额度、激励对象自筹金额度、购股价格以及税费等因素，其中股票获授对价＝该期计划授予价格×本人自筹资金比例/（1＋本人自筹资金比例）	2 200 万份股票期权，首次行权价格为 66.6 元
激励期限	3 年	3 年	3 年

资料来源：公司公告。

定了锁定期后三年行权期内公司市值必须大于或等于计划年度的公司市值。苏宁电器的激励条件则较为简单，分三个行权期每个行权期达到激励条件都可以获得奖励，其中第一个行权期的激励条件为2006年净利润增长率达到或超过80%，且每股收益不低于0.9元；第二个行权期的条件为2007年净利润增长率达到或超过50%，且每股收益不低于1.35元；第三个行权期的条件为2008年净利润增长率达到或超过30%，且每股收益不低于1.75元。这三个公司的条件均是将公司盈利能力或利润增长的幅度作为激励的条件，所不同的是万科和宝钢除了对盈利能力或利润增长有要求外，还对行权时公司的二级市场价格有限制，而苏宁电器则是以行权价的形式来达到该规定，因为若当行权时公司二级市场价格低于规定的行权价，公司的激励对象将一样无法从中获利。

（4）激励数量及激励价格。激励价格及数量关系到了激励对象可从激励中受益的程度，万科的做法是以净利润增加额为基础，乘以规定的比例作为激励基金，再根据实现预定的比例划分给对象。

宝钢的激励额度则是取决于该期计划公司股权激励额度、激励对象自筹金额度、购股价格以及税费等因素，并且以“该期计划授予价格×本人自筹资金比例÷（1+本人自筹资金比例）”作为对价支付给激励对象。

苏宁电器的额度则是固定的，共计2 200万份股票期权，首期行权价为66.6元。中信证券的做法与苏宁电器类似，以3 000万股为激励总额度，以上一期经审计每股净资产价格作为初次转让价，行权时股票市价超过初次转让价格的部分由原股东与激励对象按财政部批复的原则共享。也就是说中信的激励额度由原股东与激励对象共享，这种做法减少了激励对象的获利程度，主要是由于之前市场质疑公司的激励对象获得的收益过高导致（2006年半年报显示中信证券每股净资产3.546元，而2006年9月6日，股价报收13.63元）。

从激励额度上来看，我们认为万科的做法更为合理，因为将公司的利润增长额和增长率作为公司给与激励对象的额度，这样能够使激励对象尽最大限度提高公司业绩，而宝钢的激励额度则由个人出资额度和公司计划额度等结合，并为将其与公司业绩的增长程度与之联系，这种做法有可能使得激励对象在达到激励条件后就失去了更进一步提高的动力。

而苏宁电器和中信证券的则同样存在没有将业绩增长程度和激励额度联系，而是将激励额度与公司股票二级市场的表现联系，这样做虽然有可能提高股东权益，但是脱离了业绩支撑的二级市场表现有可能是公司炒作的结果。

（5）激励期限。从激励期限上来说，几个公司对激励的要求都是种长期的要求，即3年内各年都需要达到要求，并且很可能以3年为阶段，3年期满之后进行下一阶段的股权激励。

表20－10为美国主要投资银行股权激励特征，从表中我们可以看出，美国的主要投行的股权激励方案中，主要包括激励薪酬和员工福利，而激励薪酬不仅限于股票，还包括现金等，在激励要求中除了考察公司的绝对业绩还要考查公司在业内的相对水平、竞争对手的薪酬水平等。激励对象除了公司高管外，还包括普通员工，通过员工持股计划（ESOP）、员工股票购买计划等方法来使更多员工参与公司的管理、激励人员努力工作，吸引人才，起到留人的作用。从激励时间来看，美国各大投行的激励期限也相对较长，通常为5～10年。

表20－10　　美国主要投资银行股权激励特征表

投行	激励的核心	主要激励计划
摩根斯坦利	包括基本年薪、激励薪酬和员工福利，其中基本年薪较少，激励薪酬由现金和股票组成，是主要的激励部分	受限制股票，期限一般为授权日后5～10年，若限制期内辞职，将上市全部或部分权力；股票期权，面对高管，期限8～11年，员工持股计划（ESOP）、利润分享计划（Profit Sharing Plans）、延期利润分享计划（DPSP）
高盛	合伙人薪酬计划（The Partner Compensation Plans），基于股权的奖励支付，总额取决于公司业绩和竞争对手的薪酬水平	受限制股票、员工持股计划
美林	高级主管的奖励按股东批准的业绩公司决定，考虑公司绝对业绩及在业内的相对水平、长期战略	员工持股计划、员工股票购买计划（ESPP）、投资资格程序（Merrill Lynch Investment Certificate Program）、股权购买计划（Incentive Equity Purchase Plan）

资料来源：国泰君安证券研究所。

3. 中信证券股权激励简评

在中信证券公布其股权激励议案不久，国资委便于2006年10月11日公布了《国有控股上市公司股权激励测试办法》。根据实行办法的要求，中信证券不但达不到进行股权激励的条件，在激励程度上，也有与之相悖的地方。

首先，在股份转让价格上，在中信证券的议案中公布的是以上一期经审计的每股净资产为初次转让价格，锁定期后若股票的市价超过初次转让价格的部分，由原股东与激励对象按照财政部批复的原则共享，而在国资委公布的《试行办法》中则规定，股份转让价格不应低于股权激励计划草案摘要公布前一个交易日公司标的股票的收盘价或前 30 个交易日内标的股票的平均收盘价。而中信证券 2006 年中期经审计的每股净资产价格为 2.17 元，远低于其 13 元左右的市场价，因此，中信证券议案中的初次转让价格是不可能获得通过的。

其次，在中信证券公布的草案中，其激励对象不仅有公司的董事、管理层、还包括了三位监事。而在《试行办法》中明确规定，上市公司监事、独立董事以及由上市公司控股公司以外的人员担任的外部董事的，暂不纳入股权激励计划。此外，在《试行办法》中明确规定，国有控股上市公司实施股权激励，外部董事（含独立董事）应占董事会成员半数以上，同时公司薪酬委员会应由外部董事构成。而根据中信证券的公开资料显示：中信证券董事会由 11 名董事和 8 名独立董事构成，不符合《试行办法》的规定。

从上面的分析我们可以看出，中信证券的激励方案中有太多不符合规定的内容，这也是目前为何中信证券的股权激励迟迟没有消息的主要原因，因此中信证券的股权激励要想得到有关部门的批复，还需要进行更多的修改与调整，至于中信证券将来将如何按照《试行办法》更改其股权激励方案，我们将拭目以待。

20.4　小　结

现对本案例中的主要观点加以简要归纳：

1. 中信证券股该支付的对价方案为 10 送 3.5，作为证券行业的龙头，我们认为该对价方案尚可；

2. 根据测算，中信证券股改后股价水平在 4.94 ~ 5.43 之间；

3. 中信证券提出了股权激励计划草案，但由于一些条件与国资委的规定相悖，因此若公司的股权激励想得到批准，还需对其不合规处进行一系列的改进；

4. 我们认为中信证券未来提出的股权激励条件应当综合考虑公司成长和二级市场表现等因素，并且在具体方案的设定上，应吸取其他公司的长处。

参考文献：

1. 《中信证券股份有限公司第二届董事会第二十一次会议决议公告暨 2005 年第一次临时股东大会修改提案公告》，2005 年 7 月 20 日。

2. 《中信证券股份有限公司第三届董事会第五次会议决议公告》，2006 年 9 月 7 日。

3. 申银万国证券研究所研究报告，2005 年 6 月 17 日。

4. 国泰君安证券研究所研究报告，2005 年 8 月 8 日。

5. 朱金福，“中信证券股权激励案难成形”，《上海国资》，2006 年 11 月。